长寿经济理论框架与实践模式

张义丰 张 伟 编著

内容简介

本书基于多年的区域发展研究与中国长寿之乡规划实践,首次较为系统、全面地构建长寿经济的理论框架和实践模式。全书共分两篇,上篇从长寿理论研究的背景、意义与目标入手,通过研究老龄化与长寿经济关系,积极探索理论基础与研究方法,构建长寿经济发展的框架体系。下篇对广东遂溪、山西云州、贵州赤水、山东蒙阴等典型区的长寿之乡和国际长寿养生基地进行储备研究,探索长寿经济实践模式。本书可供从事生态、文化、长寿、养生、养老、旅游、经济等方面的决策者、经营者与管理者、研究者及大专院校、科研院所等参考。

图书在版编目(CIP)数据

长寿经济理论框架与实践模式/张义丰,张伟编著. --北京:气象出版社,2021.3
ISBN 978-7-5029-7399-5

Ⅰ.①长… Ⅱ.①张…②张… Ⅲ.①养老—服务业—产业发展—研究—中国 Ⅳ.①F726.99

中国版本图书馆 CIP 数据核字(2021)第 042968 号

长寿经济理论框架与实践模式

Changshou Jingji Lilun Kuangjia Yu Shijian Moshi

出版发行:	气象出版社		
地　　址:	北京市海淀区中关村南大街 46 号	邮政编码:	100081
电　　话:	010-68407112(总编室)　010-68408042(发行部)		
网　　址:	http://www.qxcbs.com	E-mail:	qxcbs@cma.gov.cn
责任编辑:	张锐锐　万　峰	终　审:	吴晓鹏
责任校对:	张硕杰	责任技编:	赵相宁
封面设计:	地大彩印设计中心		
印　　刷:	北京地大彩印有限公司		
开　　本:	787 mm×1092 mm　1/16	印　张:	36.5
字　　数:	860 千字		
版　　次:	2021 年 3 月第 1 版	印　次:	2021 年 3 月第 1 次印刷
定　　价:	178.00 元		

本书如存在文字不清、漏印以及缺页、倒页、脱页等,请与本社发行部联系调换。

序

健康长寿是人类自古以来永恒的追求,限于社会发展水平,古代社会人均寿命不足 30 岁。中国五千年的文明发展历史中,人们对"长命百年"的愿望一直只能是美好祝愿和梦想。1949 年新中国成立以来,在中国共产党领导下,中国人民生活水平逐步提高、人均寿命大幅增长,据国家卫健委发布的《2019 年我国卫生健康事业发展统计公报》显示,2019 年我国的居民人均预期寿命已经达到 77.3 岁。比新中国成立时人均预期寿命 35 岁高出了一倍多。中国人民几千年来追求长寿的美好梦想,在中国特色社会主义现代化建设的伟大进程中成为了现实。

今天的人类社会,正在进入一个新的时代,我们可以将之称为长寿时代。任何事物都有两面性,长寿时代与人口老龄化问题也相伴而生。我国进入人口老龄化社会已经 20 年,截至 2019 年年底,我国 60 周岁以上人口达到 2.54 亿,据预测,2050 年我国 60 岁及以上人口将达到 5 亿,占到总人口的 35%,中国即将迈入深度老龄化社会。与西方发达国家不同的是,中国是"未富先老"、"未备先老",人口老龄化问题带来的影响日益显现。

人口老龄化是社会发展进步的结果,中国进入老龄化社会,是新中国成立以来,特别是改革开放以来,经济社会发展取得巨大进步的结果。人类的长寿时代与人口老龄化危机相伴并存。化解人口老龄化危机与促进长寿时代发展,这是既对立又统一的矛盾两面性。如何更好地应对人口老龄化挑战,如何在长寿时代推进社会经济发展、人类文明进步,将成为关系人类社会未来发展前途命运的重大问题。

长寿时代的到来意味着社会进步发展有了全新空间与未来。中国人口老龄化的长寿特征带来了长寿经济发展的强大动力,据相关机构研究,2020—2050 年,我国老年人口的消费潜力将会从 8 万亿增长到 106 万亿元左右,中国或将成为全球健康长寿经济市场潜力最大的国家。在健康中国国家发展战略和积极应对人口老龄化国家战略形势背景下,扎实有效地推进长寿经济发展,前景广阔、势头强劲,将为我国经济健康发展增添新动能。

社会经济发展,思想理论先行。我国长寿经济作为长寿时代、国家经济社会发展和人口老龄化背景下形成的经济形态,具有鲜明的中国特色,研究探讨长寿经济发展路径,通过长寿经济助推经济转型升级,对于我国大健康产业发展和经济高质量发展有着巨大的现实价值。长寿时代到来、长寿经济发展,需要从长寿经济发展的典型地区"长寿之乡"规划建设实践中探讨长寿经济的一般理论体系;在长寿经济理论体系的建构过程中,需要进一步与区域长寿经济建设发展的实践过程相结合;经过从"实践上升到理论"、"理论指导实践"的反复过程,形成较为成熟的长寿经济理论体系。在长寿经济理论的研究中,中国老年学和老年医学学会作为国家卫生健康委员会、国家民政部和全国老龄办领导下的一级社团和专门研究老龄问题的新型智库,有着专家云集、熟悉国情、了解政策、深耕学术的独特优势,在老龄科学研究、长寿经济发展等领域具有品牌优势。学会一直把长寿问题作为重大课题进行研究,制定了中国长寿之乡认定标准,从2007年至2020年年底,学会在全国范围认定了84个"中国长寿之乡",助推长寿经济发展的工作;学会组织权威专家团队开展长寿经济发展模式的研究工作,运用长寿之乡品牌、积极与长寿之乡合作,为长寿之乡的特色经济发展提供新动能。

张义丰教授是中国科学院研究员,长期从事地理科学与区域资源经济规划发展研究,在中国老年学和老年医学学会组织"长寿之乡"认定及长寿经济规划研究与实践中,张教授及其团队通过指导国内诸多典型"长寿之乡"长寿经济规划、资源开发、产业发展等长达5年的调查研究,掌握了数量庞大的第一手资料;对于中外社会人口资源发展理论界关于应对人口老龄化、长寿时代社会转型发展的各种理论成果进行对比分析论证;团队通力合作,长寿经济规划建设实践与理论研究同步推进,撰写了大量的研究资料,形成丰富的研究成果,从而提出了全新的长寿经济理论体系。

《长寿经济理论框架与实践模式》研究人口老龄化与长寿经济关系,探讨在人口老龄化危机的社会背景下开展长寿经济规划建设的理论基础,为长寿经济研究提出方法体系,并为地区长寿经济发展以及国家新时代结合长寿时代特征进行规划发展建立框架体系;其中以团队力量开展的5个地方"长寿之乡"长寿经济发展规划研究、关于长寿经济规划建设的实践经验总结,为长寿经济理论应用于长寿时代的经济建设发展提供典型案例和参照模本,从而更加具有实践指导意义。我国国土辽阔、人口众多,全国各省份都有自然地理条件优越、健康长寿老人众多的典型"长寿之乡",《长寿经济理论框架与实践模式》一书对于长寿之乡充分利用区域优越的长寿资源、率先进行长寿经济规划建设发展有着十分重要的理论指导和实践参照意义。

《长寿经济理论框架与实践模式》是一部关于人类进入长寿时代、发展长寿经济的重要研究成果,必将为中国乃至于世界范围内更好地应对人口老龄化挑战、推动长寿时代经济发展提供有经济价值的理论思考与实践指导。它的出版,不仅为地方"长寿之乡"在新时代开展长寿经济建设规划实践提供理论参考,也为国家在新时代条件下应对人口老龄化、推动经济转型、促进社会经济可持续化发展提供有力的理论支撑。

健康长寿是广大人民群众的期盼和追求,党的十九届五中全会通过的《中共中央关于制定国民经济和社会发展第十四个五年规划和二〇三五年远景目标的建议》,提出了"全面推进健康中国建设"和"实施积极应对人口老龄化国家战略"的重大任务。2020年我们伟大祖国实现了中华民族伟大复兴中国梦第一个一百年目标——全面建成小康社会,人民生活水平全面小康,人民健康长寿理想得到实现,中国以崭新的面貌进入了人类长寿时代!2021年是"十四五"规划开局之年,未来十五年乃至三十年是中国人民全面奔向社会主义现代化、实现中华民族伟大复兴中国梦第二个一百年目标的关键时期。长寿时代,新的时代,挑战与机遇并存,在习近平新时代中国特色社会主义思想的指导下,全面应对人口老龄化问题、开展长寿经济理论与实践研究,意义重大,价值无限。

中国老年学和老年医学学会会长

刘维林

2020 年 12 月

前　言

　　古往今来,人类都在追求长寿、健康、富足,人类追求的终极目的是国家安宁、社会和谐、家庭幸福、身体健康。人类社会正在进入长寿时代,这将是关系人类未来发展的重大问题。如何应对长寿时代带来的挑战,如何让长寿时代不伴随贫困和疾病,是整个人类面临的全球性的大问题,甚至是关系人类未来发展方向和生死存亡的问题,是社会、政府和企业都需要考虑的问题,也是本书主旨所在。

　　2016年4月12日,中国长寿之乡绿色产业发展联盟成立大会暨"长寿之乡与金山银山"(丽水)高峰论坛在浙江丽水举行。该联盟由"中国长寿之乡"、长寿养生企业和绿色产业专家组成,通过联合各长寿之乡,集聚智慧、整合资源、加强合作,来进一步联手扩大品牌影响,促进各地绿色产业发展。在本次会议上笔者提出了长寿经济发展理念,并组织团队对长寿经济进行深入研究,先后启动了5个国际长寿养生基地规划和长寿经济发展规划,让长寿经济在寿乡得以落地。在此基础上,笔者组织团队力量和相关领域专家着手启动长寿经济理论框架与实践模式专项研究,通过近5年努力,完成了本书写作。

　　本书分为上下两篇,上篇从长寿理论研究的背景、意义与目标入手,研究老龄化与长寿经济关系,探索长寿经济的理论基础,提出了长寿经济的研究方法体系,并形成区域长寿经济发展的框架体系;下篇以长寿经济规划实践为基础,进行典型区长寿经济战略储备研究,主要包括"广东遂溪国际长寿养生基地规划""山西省云州区国际健康养生基地规划""贵州省赤水市长寿经济发展规划""山东省蒙阴县长寿经济规划"。

　　长寿经济理论框架与实践模式研究是利用长寿比较优势,通过市场竞争而形成的具有鲜明产业特色及企业、产品特色的经济结构。是以长寿资源为基础,以长寿特色产品为核心,以长寿产业为依托,在经济结构、组织、体制和运行上均具有强烈的时代特色,使资源、科技和市场要素相互联系、相互吸引,使优势要素得到放大和扩大,进而体现长寿特色的经济。

　　1. 长寿经济是一个新型经济体系,在这个体系里面,长寿产业的各个组成部分相互联系、相互促进、缺一不可。长寿体系一旦形成,就能带动区域经济向着高质、优化的方向发展。

　　2. 长寿经济特点鲜明:一是市场特殊性;二是经济效益性;三是市场开放性;四是资源稀缺性;五是产品优势性;六是发展持续性。

　　3. 长寿经济需要基础条件:一是生态保护与环境治理是长寿发展的基础条件;二是区域经济健康发展能够为长寿发展提供资金支持和物质保障;三是社会和谐稳定成为长寿发展的必要条件;四是文化与旅游融合为长寿发展提供重要的保障条件。

　　面对"两个一百年"奋斗目标和"十四五"重要开局,作者及其团队继续以战略眼光研究长寿经济,理解长寿经济新发展阶段、新发展格局、新发展理念的辩证统一,认真找准长寿经济发展定位,关键环节和布局落子。作者及其团队努力以前瞻见未见,要有持之以恒的历史耐心;以地缘辨全局,实现长寿经济持续发展;以创新求担当,构建国家健康长寿发展新版本而努力奋斗。

本书在写作过程中得到了中国老年学和老年医学学会会长刘维林、秘书长翟静娴、副会长王五一、姚远、长寿事业部主任杨勇等人大力支持与指导,以及广东徐闻县、遂溪县,贵州赤水市,山东蒙阴县,山西大同市云州区等地方政府大力支持,在此一并致谢!

2020 年 11 月 24 日

张义丰 毕业于北京大学地理系,中国科学院地理科学与资源研究所研究员。长期从事区域发展与规划研究,主要研究领域:生态文明建设规划研究、沟域经济与山区发展研究、农业与乡村发展研究、区域旅游与规划研究、长寿经济研究、资源开发与利用研究。主持国家自然科学基金和国家部委委托项目10余项,获得国家和省部级奖6项,发表学术论文100余篇,著作10部,主持各类规划100余部,指导各类规划60余部,为国家和部委撰写专项咨询报告10篇。

主要学术贡献:沟域经济理论创始人、提出者;"岱崮地貌"理论创始人、提出者;生态名山理论创始人、提出者;长寿经济理论创始人、提出者;中国长城经济带理论创始人、提出者。

主要承担的社会责任:建设创新型国家战略指导委员会专家;中国长城学会副秘书长;中国长寿之乡绿色产业发展联盟专家委员会执行主任;中国农业与资源区划协会休闲农业专业委员会副主任;全国有机农业产业联盟副理事长;中国中医农业产业联盟专家;中国老年学和老年医学学会长寿发展分会主任;北京农研沟域经济发展促进中心主任;中国科学院精准扶贫评估研究中心专家;北京农村经济研究中心专家。

目 录

序
前言

上篇 长寿经济理论 ··· 001

第 1 章 绪论 ·· 002
1.1 研究的背景、意义与目标 ·· 002
1.2 国内外研究综述 ·· 007
1.3 本书的结构框架 ·· 012

第 2 章 老龄化与长寿经济 ··· 014
2.1 全球人口老龄化发展趋势 ·· 014
2.2 中国人口老龄化发展趋势 ·· 019
2.3 长寿经济的基本概念 ·· 034
2.4 长寿经济发展的典型案例 ·· 038

第 3 章 长寿经济的理论基础 ·· 051
3.1 人口理论 ··· 051
3.2 产业经济理论 ··· 062
3.3 人口与可持续发展理论 ··· 073
3.4 社会变迁理论 ··· 094

第 4 章 长寿经济的研究方法体系 ··· 098
4.1 人口系统分析方法 ··· 098
4.2 产业经济系统分析方法 ··· 106
4.3 生态环境系统分析方法 ··· 119
4.4 区域发展决策系统分析方法 ··· 137

第 5 章 区域长寿经济发展的框架体系 ··· 163
5.1 长寿资源分析 ··· 163

5.2 长寿经济发展 …… 176
5.3 长寿社会建设 …… 184
5.4 长寿文化培育 …… 192

下篇 长寿经济规划实践研究 …… 203

第6章 长寿经济战略储备研究 …… 204
6.1 长寿区域地域识别特征 …… 204
6.2 发展长寿经济的典型特征和成果 …… 211
6.3 发展长寿经济的意义和区域影响力 …… 212

第7章 广东遂溪国际长寿养生基地规划实践研究 …… 215
7.1 研究背景 …… 215
7.2 国际长寿养生基地评价指标体系及分析 …… 218
7.3 长寿养生资源及环境分析评价 …… 224
7.4 发展战略研究 …… 248
7.5 空间布局和产业项目选择 …… 250
7.6 基地建设与乡村振兴 …… 256
7.7 基地创建的发展保障体系 …… 280
7.8 研究结论和建议 …… 282

第8章 山西省云州区(原大同县)国际健康养生基地规划实践研究 …… 284
8.1 研究背景 …… 284
8.2 国际健康养生资源及环境评价 …… 285
8.3 发展定位、思路和目标 …… 296
8.4 产业发展模式 …… 301
8.5 资源与产业空间关系 …… 303
8.6 健康养生农业专项研究 …… 307
8.7 健康养生加工业专项研究 …… 321
8.8 健康养生旅游服务业专项研究 …… 325
8.9 健康养老专项研究 …… 335
8.10 研究结论与建议 …… 341

第9章 贵州省赤水市长寿养生典型区域规划研究 …… 342
9.1 研究背景 …… 342
9.2 长寿资源及环境分析评价 …… 347
9.3 发展定位和目标 …… 360

9.4	长寿文化振兴	362
9.5	长寿经济体系构成和发展空间布局	367
9.6	长寿经济生产体系研究	369
9.7	长寿经济流通体系研究	397
9.8	长寿经济消费体系研究	401
9.9	研究结论与建议	444

第10章 山东省蒙阴县长寿养生典型区域发展研究 …… 445

10.1	研究背景	445
10.2	长寿资源及环境分析评价	447
10.3	发展现状分析	479
10.4	发展定位、目标和路径研究	489
10.5	长寿经济发展空间布局和示范区建设	492
10.6	长寿经济体指标体系	496
10.7	长寿经济生产体系:长寿农业和长寿产品加工业研究	501
10.8	长寿经济流通体系:品牌、渠道和营销研究	511
10.9	长寿经济消费体系:长寿旅游业和健康服务业	517
10.10	重点项目体系	532
10.11	研究结论和建议	556

参考文献 …… 557

上篇 长寿经济理论

第1章 绪论

1.1 研究的背景、意义与目标

1.1.1 研究背景

1. 全球老龄化水平不断提高

人口老龄化是21世纪最重要的社会趋势之一(Lamster,2017)。世界上几乎每个国家的老龄人口数量和比例都正在增加。人口老龄化的影响范围几乎囊括了所有社会领域,包括劳动力市场、金融市场、住房需求、交通需求和社会保障服务、家庭结构和代际关系等(Langebeek et al,2017;Bone et al,2018;Ruhmann et al,2018)。

根据联合国人口司发布的《世界人口展望:2017年修订版》,2017年,全球60岁及以上人口约9.62亿,占全球人口13%,且每年以3%左右的速度增长。60岁及以上人口的增长速度将超过年轻群体。到2050年,全球60岁及以上人口数量将增长两倍多,到2100年将增长三倍以上。老年人口数量将由2017年的9.62亿上升至2050年的21亿和2100年的31亿。同时,全球80岁及以上人口数量预计将由2017年的1.37亿增长至2050年的4.25亿。到2100年,将增长至9.09亿,是2017年的近7倍。

人类越来越长寿是人口老龄化现象的重要原因之一(Mauserbunschoten et al,2010;Astrup et al,2017)。研究表明,世界人类预期寿命已经从2000年的67岁提高到了2015年的71岁。世界各国普遍经历人类预期寿命的增长。目前,欧洲、大洋洲、北美洲的人均预期寿命分别高达为77.2岁、77.9岁、79.2岁;而亚洲、拉美和加勒比地区、非洲的人均预期寿命分别为71.8岁、74.6岁、60.2岁。2045—2050年,人类预期寿命将达到77岁;2095—2100年,人类预期寿命将达到83岁。

为了应对全球老龄化问题,许多国际组织已经纷纷开展了各种行动(Gendron et al,2017;Kennedy et al,2017)。早在1982年,联合国大会就召开了首次老龄问题世界大会,开始着手处理这些问题,并产生了包含62项内容的《老龄问题维也纳国际行动计划》,呼吁在一些问题上采取具体行动,如健康和营养、保护老年消费者、住房和环境、家庭、社会福利、收入保障和就业、教育以及研究数据的收集和分析。1991年,联合国大会通过了《联合国老年人原则》,列举了17项有关独立、参与、照顾、自我充实和尊严等老年人应享权利。1992年,老龄问题国际会议探讨了后续行动计划,并通过了《老龄问题宣言》。根据该会议提议,联大还宣布1999年为国际老年人年。每年的10月1日为国际老年人日。2002年,第二次老龄问题世界大会在西班牙马德里举行。会议通过了一项《政治宣言》和《马德里老龄问题国际行动计划》,以应对21

世纪的国际老龄化问题。该行动计划呼吁社会各阶层改变态度、政策和做法,在21世纪发挥老年人的巨大潜力。其对于行动的具体建议优先考虑老年人的发展,增进老年人的健康和福利,为老年人创造良好的环境。

综上所述,在全球老龄化比例逐渐增加,人均预期寿命越来越高,人口老龄化的影响日益显著的情况下,区域长寿经济的发展模式与路径将受到人们越来越多的关注。

2. 中国老龄化挑战日益严峻

改革开放以来,中国的经济发展取得了巨大的成就,经济增速与经济总量均创造了世界发展历史上的奇迹(王军 等,2017;刘伟 等,2018)。相应的是,我国的人口结构与社会经济结构也发生了根本性的变化(王桂新 等,2017)。人口再生产类型从"高出生率、低死亡率、高自然增长率"的过渡型转变为"低出生率、低死亡率、低自然增长率"的现代型(陈卫,2008);人口结构也由成年型向老年型转变。可以说,我国在改革开放以来的40年间,完成了发达国家用一个多世纪才完成的人口再生产类型的转型(见图1-1),快速步入了低生育水平国家的行列(翟振武,2008)。在计划生育政策、社会经济发展、医疗技术进步等多个因素的共同作用下,我国的人口出生率和死亡率不断下降,人口平均预期寿命不断延长,最终形成了当今我国人口老龄化进程加速发展的历史趋势(陆杰华 等,2018)。

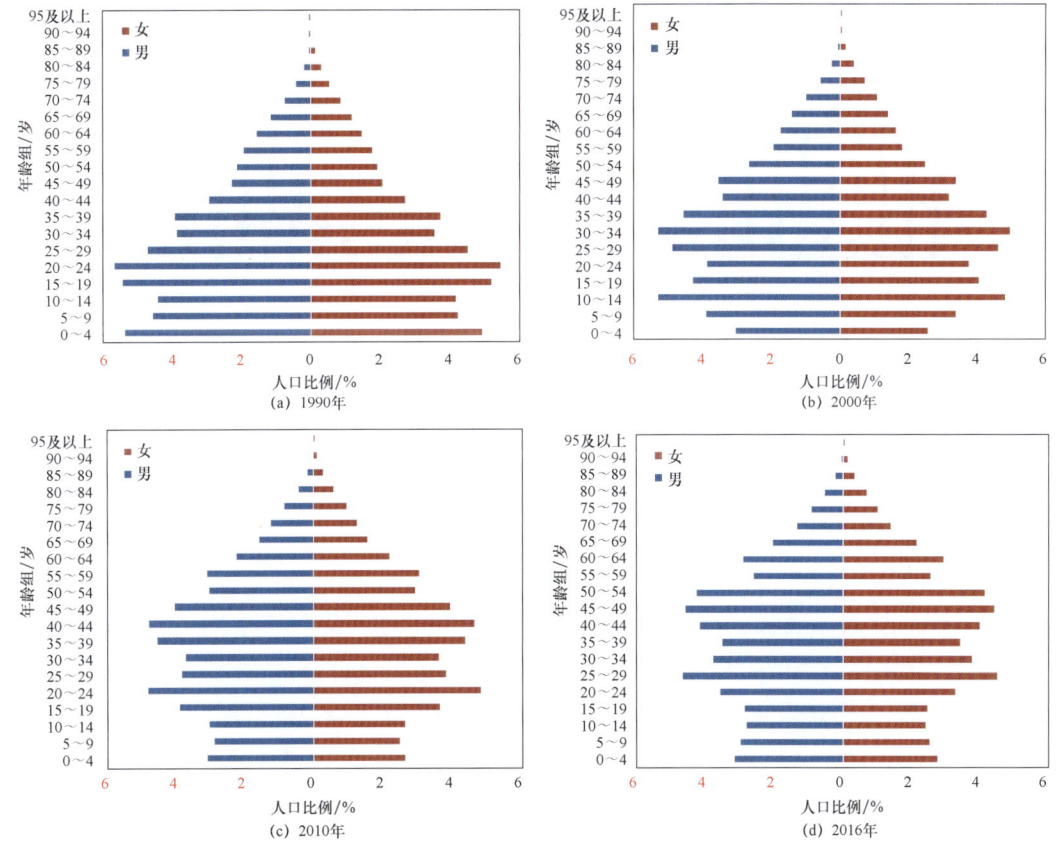

图1-1　我国不同年份人口的结构图

人口普查数据资料显示,改革开放以来,我国总人口的增长速度不断放缓,但是我国65岁及以上老年人口的数量和比重却呈现出加速增长的态势。65岁及以上老年人口的数量从1982年的4991万人,增加到2018年的16658万人,增长了2.34倍;65岁及以上老年人口的比重从1982年的4.91%,增加到2018年的11.94%,增加了7.03%。2000年的人口普查数据表明,我国65岁及以上老年人口的比重约为7%,达到国际通行的老龄化社会标准,正式迈入了老龄化社会(见图1-2)。更引人注意的是,根据中国老龄委的预测报告,在21世纪,我国的人口老龄化趋势不但不会缓解,反而会从快速老龄化阶段逐渐步入重度老龄化社会,老龄化形势非常严峻(杜鹏 等,2005;李建民,2015)。人口老龄化现象已经是影响我国经济发展与社会变革的重要因素,对我国的经济增长、劳动力市场、社会保障体系、城乡统筹发展、家庭结构与代际关系有着深刻的影响(彭希哲 等,2011;唐钧 等,2018)。

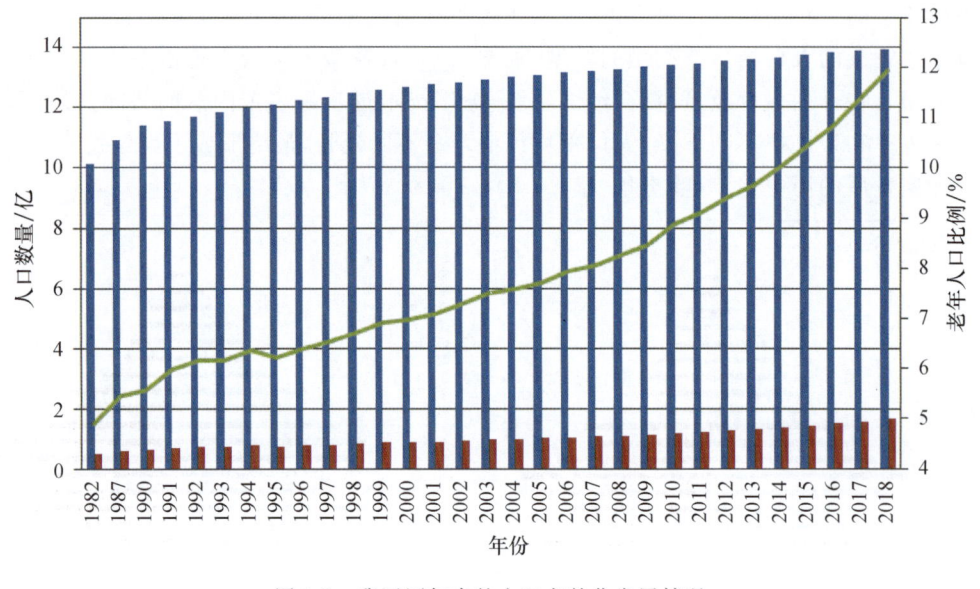

图1-2 我国历年来的人口老龄化发展情况
■ 年末总人口　　■ 65岁及以上人口　　— 65岁及以上人口比例

3. 长寿经济发展迎来新机遇

进入新时代,美丽中国、健康中国、幸福中国的建设为长寿经济的发展提供了新机遇。"美丽中国"是中国共产党第十八次全国代表大会提出的概念,强调把生态文明建设放在突出地位,融入经济建设、政治建设、文化建设、社会建设各方面和全过程。习近平同志在党的十九大报告中指出,实施健康中国战略,要完善国民健康政策,为人民群众提供全方位全周期健康服务。"美丽中国"是在对新世情、新国情和新域情的新变化和新形势进行深刻分析和科学判断的基础上提出来的,具有十分丰富的科学内涵,包含了自然之美、发展之美和百姓之美,把生态文明建设与其他各项建设相融合,并将人的幸福生活作为最终的归宿。

2016年10月,中共中央、国务院印发《"健康中国2030"规划纲要》(简称《纲要》),将国民健康提高到国家战略高度,以"共建共享、全民健康"为健康中国的战略主题,强调要以人民健康为中心,坚持预防为主,推行健康生活方式,减少疾病发生,强化早诊断、早治疗、早康复,实现全民健康。《纲要》提出到 2030 年人均预期寿命要达到 79.0 岁,健康产业总规模将达到 16 万亿元。引导居民养成健康的生活方式,增强健康管理和"治未病"意识是实现全民健康的重要手段之一。2030 年"健康中国"是"美丽中国"内涵的延伸,"健康中国"是中国人民在全面建成小康社会、实现中华民族伟大复兴"中国梦"新征程中向世界展示全新形象的奋斗目标。

"幸福中国"是"健康中国"的发展目标,幸福是人类的永恒追求和终极价值目标,党的十八大以来,"幸福中国"建设正式揭开帷幕,党的十八届三中全会提出深化改革,促进社会公平正义,增进人民福祉。党的十九大提出,中国共产党人的初心和使命,就是为中国人民谋幸福,为中华民族谋复兴。进入新时代,我们比历史上任何时期都更接近、更有信心和能力实现中华民族伟大复兴。幸福中国的建设深入人心。从"国富论"到"幸福论"的思想转变,标志着"让人民更幸福"的思想将成为未来政府工作的重点内容。长寿,是天然的恩赐,也是最为质朴的幸福。长寿经济的发展面临着重大的发展机遇。

1.1.2 研究意义

1. 有助于积极应对老龄化社会

全球人口老龄化加速是未来国际经济格局变化的十大趋势之一(Li et al,2012)。目前,全球人口发展正在经历深刻的调整,人口增长总体趋缓。全球的生育水平普遍下降,发展中国家的降幅更为明显。我国也已经长期处于低生育率水平。在 21 世纪,我国的人口老龄化趋势不但不会缓解,反而会从快速老龄化阶段逐渐步入重度老龄化社会,老龄化形势非常严峻。人口老龄化现象已经成为我国经济发展与社会变革的重要因素,对我国的经济增长、劳动力市场、社会保障体系、城乡统筹发展、家庭结构与代际关系有着深刻的影响。

为了有效应对全球老龄化现象。世界卫生组织提出了积极老龄化理论(Walker,2010;Chan,2013)。该理论自提出以来,得到了人们广泛的认可与关注,逐渐成为应对 21 世纪人口老龄化问题的新理论、政策和发展战略(Stenner et al,2011;Walker et al,2012)。深入挖掘老年人口资源,大力推动长寿经济的发展,积极应对老龄化的挑战是积极老龄化理论的题中之义。通过本研究的开展,有助于紧紧抓住我国老龄化过程中的经济增长机遇,充分挖掘老龄人群、涉老产业中的各种社会经济发展资源,走出一条积极老龄化的新路径。

2. 有助于"健康中国"目标的实现

健康是人民最具普遍意义的美好生活需要。早在在 2016 年 8 月召开的全国卫生与健康大会上,习近平总书记就强调"没有全民健康,就没有全面小康。要把人民健康放在优先发展的战略地位"。2016 年 10 月,中共中央、国务院印发了《"健康中国 2030"规划纲要》,高度重视国民健康,从国家战略层面提出"共建共享、全民健康"战略主题。2017 年 10 月,在党的十九大报告中,"实施健康中国战略"被列为国家发展基本方略中的重要内容,并将人民健康视为"民族昌盛和国家富强的重要标志"。关注健康、促进健康已经成为国家、社会、个人及家庭的共同责任与行动(华颖,2017)。

众所周知,老年人口的身体健康状况欠佳,各种医疗需求与健康保障需要也高于其他人群。因此,如何有效保障老年人口的身体健康是"健康中国"目标能否实现的关键环节。在发展长寿经济的过程中,健康管理、休闲健身、医养产业、医疗服务产业等健康服务业必将得到长足发展;尊老、爱老、敬老的长寿文化将会得到进一步的弘扬;养老保险、医疗保险等社会保障体系将会进一步完善;这将为老年人口的身心健康提供有力的保障。

3. 有助于推动我国经济的持续健康发展

积极应对老龄化,大力发展长寿经济也有助于推动我国经济的持续健康发展。发展长寿经济对我国经济发展的重要意义主要体现在以下几个方面:①中国已进入通过提高人力资本提升全社会劳动生产率,实现人口红利从数量型向质量型转换,并助力经济和综合国力持续健康发展的新阶段。老年人口的健康和老年人力资源的充分挖掘,能够为我国的经济发展提供重要的劳动力资源,积累丰富的人力资本,从而为我国社会经济的发展奠定坚实的基础。②以长寿农业、长寿加工业、长寿旅游业为主要内容的长寿经济能够为我国经济发展提供新的增长点。根据《健康中国"2030"规划纲要》中确定的目标,在2020年,我国健康服务业的总规模将超过8万亿人民币;在2030年,将达到16万亿人民币。随着我国人口老龄化进程的不断加快,长寿产业的规模不断增加,产业领域不断扩大,产业链条不断延长。这必将有力地推进我国的供给侧结构性改革,进一步优化服务业的供给结构,创造新的就业岗位,实现我国经济的持续健康增长。

4. 有助于推进区域社会经济的协调发展

区域经济的协调发展是增强国家综合实力,提升人民生活水平的重要保障,也是构建和谐社会的重要基础条件。区域经济差异过大,必将导致国家发展红利分配的不公,激化区域之间的矛盾,进一步形成和固化城乡二元结构,最终必将失去构建和谐社会的经济和社会基础。近年来,中央政府也意识到了区域协调发展的重要性。在《国民经济和社会发展第十二个五年规划纲要》(十二五规划)中明确提出,要"充分发挥不同地区的比较优势,促进生产要素的合理流动,深化区域合作,推进区域良性互动发展,逐步缩小区域发展差距"。而在《国民经济和社会发展第十三个五年规划纲要》中,进一步明确提出,要"深入实施西部开发、东北振兴、中部崛起和东部率先的区域发展总体战略,创新区域发展政策,完善区域发展机制,促进区域协调、协同、共同发展,努力缩小区域发展差距"。由此可见,如何缩小区域经济差异,实现区域协调发展已成为现阶段国家和地方政府重点关注的焦点问题。

截至2019年年底,中国老年学学会共认定了84个中国长寿之乡。从区域空间分布上看,这些中国长寿之乡主要分布在欠发达区域。其中,广西壮族自治区有31个,是全国长寿之乡数量最多的省份。而西部省份的中国长寿之乡共计42个,约占全国长寿之乡的一半。此外,位于东部和中部的中国长寿之乡也多是一些生态环境优美,但经济发展相对滞后的山区。因此,通过大力发展长寿经济,进一步加强区域间的分工与协作,充分发挥欠发达地区长寿资源丰富的优势,有助于缩小我国东中西部区域,以及各个区域内部的经济发展差异,实现区域经济的协调发展。

5. 有助于提高老年人群的幸福感

老年人口的身心健康与幸福程度关系到我国全面建设小康社会的成败。健康中国的建设既是保障民生福祉之策,也关乎社会和谐安定。随着我国人口年龄结构逐渐从金字塔状向蘑菇状演变,人口老龄化对我国经济社会发展也将形成多维度、全方位的冲击与挑战。其中,人口老龄化对经济增长、公共财政支出、养老服务体系、社会治理等方面的影响最为突出。如果老年人口时常面临许多看病难、看病贵问题;因病致贫现象普遍出现,各种社会保障无法满足自身需求,老年人口的生活质量将会不断下降,其幸福感也将显著降低,进而引发一些社会矛盾,产生部分社会不安定因素。

长寿经济的发展能够有效地拉动健康管理、休闲健身、医养产业、医疗服务产业等一系列的健康服务业。各地通过发挥长寿之乡的品牌优势,全面提升医疗卫生服务和健康养老服务能力,大力发展以旅游、休闲、养生、养老为重点的长寿养生经济,不仅能够为老年人群提供更多的养老服务产品,还能够很好地培育敬老爱老的长寿文化,完善养老保障体系,构建长寿社会,进而不断提高老年人口的幸福感和满意度。

1.1.3 研究目标

本研究主要有以下几个方面的目标:

(1)通过对国内外研究成果的总结和归纳,明确全球及我国人口老龄化的特征、趋势、时空演化格局;厘清发展长寿经济在积极老龄化战略中的地位与作用。

(2)通过对国内外长寿经济研究成果的总结和归纳,建立长寿经济研究的理论基础和基本方法,提出区域长寿经济发展的主要框架体系。

(3)以贵州省赤水市、山东省蒙阴县等地为例,探讨长寿经济研究的实践模式。

1.2 国内外研究综述

1.2.1 理论研究进展

1. 老龄化理论

(1)老龄化研究的历史脉络

改革开放以来,中国社会经济进入了高速发展时期,中国的人口结构也实现了成年型向老年型的重要转变(Li et al,2017;Williams et al,2017)。在这一时期,中国的老龄化研究从最初的老龄化概念界定、老龄化发展趋势等领域,逐渐拓展到老龄社会的主要特征、影响机理、政策响应等方面;并向长寿产业、智慧养老、旅居养老等跨学科领域不断拓展,取得了丰硕的成果(陆杰华 等,2018)。总体上看,老龄化研究大致可以划分为以下阶段。

1)起步阶段(1978—1999年)

1978—1999年是我国老龄化研究的起步阶段,其研究主要集中在老龄化概念的界定,老龄化发展趋势,老龄化原因等方面。在这一阶段,虽然我国尚未正式进入老龄化社会,但是,也有学者对我国的人口结构及其发展趋势进行了分析,意识到了未来可能的老龄化风险。

在老龄化的基本概念研究方面,穆光宗等认为,人口老龄化是人类人口发展中的客观趋势,实际上是一种特殊形态的人口逆淘汰(穆光宗,1997)。陶立群则认为,老龄是进入老年期的人和其动态演进的年龄特征;老龄化是指增龄过程或增龄现象;而老龄问题则是指正处在增龄和衰老变化中的老年人的问题(陶立群,1998)。老龄问题既包括老年人自身的问题,也包括老年人所处环境关系的问题。它涉及从家庭到社区到国家的养老支持体系和助老服务体系的建设(穆光宗,1998)。针对人口老龄化问题,健康老龄化(邬沧萍 等,1996)、生产性老龄化(穆光宗,1994)、成功老龄化等概念也开始受到学术界的广泛关注(邬沧萍,1997;陶立群,1998)。

此外,在老龄化判断标准方面,邬沧萍认为,应以65岁及以上人口占总人口的7%为标准(邬沧萍 等,1992)。除此之外,医疗技术的进步和社会经济发展所带来的人口死亡率降低和平均预期寿命延长也是人口老龄化的重要原因(顾耀德,1997)。在老龄化的发展特点方面,学者们认为该阶段的特点包括:老龄化发展速度快,老龄化区域发展不平衡,老龄化适应能力不足,人口政策影响巨大等(邬沧萍 等,1990)。老龄化问题归根结底是社会发展问题。提高劳动生产率,加快经济发展是我国应对人口老龄化问题的根本路径(陈泉,1991;尹豪,1999)。

2)迅速发展阶段(2000—2009年)

2000—2009年是我国老龄化研究的迅速发展阶段。在2000年,我国正式迈入了老龄社会,老龄化问题开始受到政府和学术界的广泛关注。2000年8月,中共中央、国务院出台了《关于加强老龄工作的决定》;2006年,老龄事业的发展纳入了中国的"十一五"规划。在此背景下,我国的老龄化研究也迅速增加,讨论的重点是我国老龄社会的基本特征及其应对策略。

在人口老龄化的基本特征方面,曾毅认为,我国的人口老龄化主要表现为"二高三大"。其中,二高是指老龄化的高速发展和高龄;三大则是指老年人口的基数大,老年抚养比大,以及区域差异大(曾毅,2001)。邬沧萍、陶立群等学者认为我国人口老龄化还具有城乡倒置显著、未富先老等特征(邬沧萍 等,2004;陶立群,2006)。

在我国人口老龄化的发展趋势方面,全国老龄工作委员会办公室将我国21世纪的人口老龄化划分为三个阶段:快速老龄化阶段(2001—2020年),加速老龄化阶段(2021—2050年)和重度老龄化阶段(2051—2100年)。在2051年,我国60岁及以上老年人口规模将达到峰值,即4.37亿(肖游,2006)。陶立群对我国改革开放至21世纪中期的老龄化趋势划分为了三个阶段:即过渡阶段(1982—2000年),发展阶段(2000—2025年)和高峰阶段(2025—2055年)。预计到21世纪中期,我国60岁以上老年人口将达到4.4亿左右(陶立群,2006)。杜鹏等根据2000年人口普查数据对我国21世纪的人口老龄化趋势进行了预测,认为我国人口老龄化的峰值将会出现在2055年。届时,60岁及以上老年人口总量将达到4.3亿(杜鹏 等,2005)。

在人口老龄化的政策应对方面,学者们的讨论重点集中在老龄化的保障制度方面,如养老保障体系、养老保险制度、医疗保险制度。养老保障体系等方面的政策与制度建设(左学金,2001;凌文豪,2009;王武林 等,2018)。学者们普遍认为,我国的人口老龄化将进一步弱化传统的家庭养老保障功能,养老保险基金将会面临较大的资金危机,养老相关保障与服务也将出现较为严重的缺口。为此,国外发达国家应对老龄化的养老保险制度、养老服务制度等可为我国今后的改革提供有益的借鉴(蒋岳祥,2002;王桂新 等,2005)。

3)跨学科综合研究阶段(2010年以后)

老龄化问题涉及人口学、医学、经济学、公共管理学、地理学等多个学科,许多问题都需要多学科研究人员的协调与合作才能解决(Haux et al,2010;Hennessy et al,2011)。2010年以后,随着我国人口老龄化水平不断提速,与之相关的许多重大问题也日益突显,迫切需要跨学科交叉研究。事实上,国际老年学会很早就明确提出,老年学的支柱学科包括生物学、临床医学、心理学、社会服务和应用社会问题研究等多个学科(杜鹏 等,2001;Coupland,2009;Gunnar et al,2010)。在社会科学领域,老龄化的研究内容包括老龄化对经济发展的影响、老年贫困、老年人犯罪、老年人法律保护、老年人精神健康、老年人社保制度等多个方面(彭希哲 等,2011;吴琬婷 等,2017;杨垚 等,2018);在自然科学领域,老龄化的研究内容还包括老年人疾病的诊断和治疗、基因与老龄化关系、老年疾病的护理、养老建筑、老年人生物医学指标研究等(张颖 等,2015;王春耀 等,2017;胡洁 等,2018;冀萌萌 等,2018)。2015年,国家发展和改革委员会等部门联合下发了《关于进一步做好养老服务业发展有关工作的通知》,提出要"加快发展现代养老服务业,应紧密跟随信息化前沿,大力运用互联网、大数据、云计算、物联网等现代信息技术手段,探索并创新养老服务模式"。大数据、物联网、智能云计算等新兴技术在老龄化研究中也得到了越来越多的关注(席恒 等,2014;单忠献,2016;睢党臣 等,2016;谢瑞霞,2016)。

(2)积极老龄化研究

20世纪90年代,美国掀起了一场积极老龄化运动(Gergen et al,2001;Ng et al,2006;Asquith et al,2009)。2002年,世界卫生组织(WHO)在其《积极老龄化:政策框架》一书中,提出了积极老龄化的概念:即老年人不仅能够保证身体各方面机能和心理层面的健康,而且能根据自己的潜能、需求、喜好,参与到社会生活中,为社会创造价值(世界卫生组织,2003)。积极老龄化是一套比健康老龄化更全面、更概括的概念和理论。1997年,在西方七国丹佛会议上,首次提出了"积极老龄化"的概念。1999年,在人口老龄化最为严重的欧洲,世界卫生组织发起和开展了一场"积极老龄化全球运动",并在2002年1月正式出版了《积极老龄化:从论证到行动》一书。2002年4月,世界卫生组织正式公布了《积极老龄化:政策框架》的报告。从此,积极老龄化理论日渐成为应对21世纪人口老龄化问题的新理论、政策和发展战略(宋全成 等,2013)。

积极老龄化的目的是使所有进入老年的人,包括那些虚弱、残疾和需要照料的人,都能提高健康的预期寿命和生活质量(Elfving-Hwang,2016;Cramm et al,2017)。相对于健康老龄化,积极老龄化理论将老年人视为长期被忽视的宝贵社会资源。只要他们健康地参与社会、经济、文化与公共事务,将依然是社会财富的创造者和社会发展的积极贡献者(Cramm et al,2017)。

积极老龄化的理论基础包括积极心理学、生命周期理论等多个理论(Kalache et al,1997)。邬沧萍等人认为,对老年人口健康状况的关注不应局限在老年时期,而是应该从胎儿时期就开始(邬沧萍,2013)。宋全成等人认为,积极老龄化应以承认老年人的人权和联合国关于独立、参与、尊严、照料和自我实现的原则为基础(宋全成 等,2013)。邬沧萍(2013)指出:"在增龄过程中的老年人有机会均等和处理生活各方面的权利"。Alan则认为,积极老龄化既包括享有社会保险、终身教育和培训等方面的权利,又包括了部分社会责任和义务(Komp et al,2016)。还有学者认为,积极老龄化应该作为老龄政策发展的核心(Ng et al,2006;Seedsman,2017;Robbins et al,2018)。

老年人口的积极参与是积极老龄化理论的核心,也是积极老龄化与其他老龄观的最大区别。李双玲等人认为,社会参与是积极老龄化的精髓所在(李双玲 等,2011;林卡 等,2016)。通过鼓励老年人积极参与各种社会活动,让社会参与和创造能力不再受到年龄的严格限制,有利于代际公平的实现(Kruse,2013)。

2. 长寿产业发展理论

长寿经济是一个新生事物,长寿产业的概念也仍然比较模糊,国内外学者并没有达成一致的观点(Harrison,2003;Christodoulou et al,2008)。李甫春等人认为,健康长寿养生保健产业可以简称为长寿养生,它是指为人们提供养生保健服务,使之达到既健康,又长寿这一目标的现代服务行业(李甫春 等,2008)。张玉琴等人认为,长寿产业主要是指依托绿色长寿资源,以"长寿"为主打品牌,能够为延长人寿命或对疾病防患于未然、促进人身心健康提供产品和服务的产业的总称(张玉琴,2017)。

长寿产业是一个较为广泛的产业类型,它包括长寿农业、长寿食品加工业、养生旅游业、康养产业、长寿文化产业等多个产业分支(叶有根,2013;孔丹丹 等,2016)。其中,长寿产业的核心特征在于它是基于各种长寿资源而发展起来的产业(张玉琴,2017)。它与其他产业的区别主要体现在以下几个方面(Annabi et al,2010):①长寿产业具有显著的资源依赖性。长寿产业的业态和发展状况与各地的长寿资源禀赋息息相关。一般而言,能够影响到人们的健康状况的资源都属于长寿资源。常见的长寿资源包括富含负氧离子的优质空气、舒适的气候、独特的水质、丰富的生物资源、雄厚的长寿文化底蕴等(凌常荣,2001;刘亚萍 等,2012;顾小光,2014)。长寿资源是发展长寿产业的重要前提,也是长寿产业能否顺利发展的重要影响因素。②长寿产品的目标均是健康长寿。长寿产业涉及多个产业,包括很多产业类型,也生产出了很多类型迥异的产品。但是,这些长寿产品的最终目标都是一致的,即延长人体寿命,治疗或预防疾病,促进人的身心健康。以消费者的健康长寿为目标是长寿产业的根本特征。③长寿产业具有正外部性。长寿产业中的各种经济主体的经济活动对他人和社会能够带来积极的影响。一方面,长寿产业的发展方式是健康、环保的,符合国家提倡的绿色健康发展理念,能够对我国的生态经济体系构建起到积极的作用(马剑平 等,2016;周志超,2016)。另一方面,长寿产业崇尚长寿效应,宣传长寿文化,倡导科学健康的生活方式,这对于促进社会发展具有重要作用(杨胜雄,2017)。

从总体上看,我国当前的长寿产业研究仍处于起步阶段。主要集中在长寿之乡的形成原因剖析(陈树榆 等,2005;程爱珍 等,2010),长寿资源的开发(李漫 等,2009;熊文慧,2012),老龄化对社会经济发展的影响(张桂莲 等,2010;鞠方 等,2019),长寿文化的培育(黄尚茂,2009;王艳红 等,2018)等方面。在基本概念剖析、产业特征提炼、发展模式总结等方面仍然有待进一步深入和完善。

1.2.2 实证研究进展

1. 老龄化与经济发展

人口老龄化对于经济发展有着深刻的影响。从总体上看,人口的老龄化对于区域经济发展来说,既能够带来经济发展的机遇,同时又会产生一系列的挑战(Groezen et al,2008;Ranzijn et al,2010)。如何用好这一把"双刃剑",因势利导地促进经济发展,是当前长寿经济研究的主要领域。目前,已经有许多学者开展了相应的实证研究,定量分析老龄化与经济发展之间的关系(Mantel,2001;Bintu et al,2005;Riach et al,2013)。

(1)消极影响

许多学者均论证了老龄化对经济发展的不利影响。如莫龙使用联合国、世界银行等机构的最新数据,量化了人口老龄化对经济发展所产生的压力。结果表明,1980－2050年,中国的人口老龄化一直显著超前于经济发展。老龄化对于经济发展的压力是一个长期的过程,并将在2040年前后达到峰值(莫龙,2009)。齐传钧基于联合国2008年的人口预测数据,分析了人口老龄化对劳动力供给、资本形成和全要素生产力3个要素的影响,最后得出了人口老龄化一定会对经济增长产生的不利影响的结论,而且这种不利影响体现在经济增长的各个要素中(齐传钧,2010)。郑君君等人使用1995－2010年的面板数据,构建计量模型,分析了我国9个省市劳动年龄人口份额和劳动力老龄化对经济增长的影响,发现劳动力老龄化将会对我国经济增长造成不利影响(郑君君 等,2014)。李余等人以四川省为例,构建了人口老龄化与经济发展协调指数(ACEI),讨论老龄化与经济发展的关系。结果表明,四川省经济发展与人口老龄化是完全或基本同步的,即人口老龄化加速对经济发展带来了不利影响(李余 等,2013)。

(2)积极影响

虽然大多数学者都认为人口老龄化会对经济发展带来不利影响,但是,仍然有部分学者发现,人口老龄化也会在一些方面带来积极的经济影响。如李孟鑫等人以西部地区的内蒙古为例,探讨了人口老龄化对经济发展的积极影响(李孟鑫 等,2012)。张佳乐等人以贵州省为例,探讨了贵州人口老龄化在需求结构、产业结构、要素结构等层面给贵州经济发展带来的积极影响,认为应科学看待老龄化,大力发展银发经济,促进老年产业快速发展(张佳乐 等,2014)。杨晓奇则分析了人口老龄化对实体经济的积极影响(杨晓奇,2014)。徐长生等人利用2003－2013年的数据,分析了我国各省份的老龄化水平、城镇化水平、经济发展水平对医疗费用增长的影响。结果发现,老龄化对我国医疗费用的增长的影响要小于城镇化和经济发展水平(徐长生 等,2015)。

2. 长寿产业培育

长寿产业涉及的产业领域比较广泛,它包括长寿农业、长寿食品加工业、养生旅游业、康养产业、长寿文化产业等多个产业类型。许多学者探讨了各区域中特定长寿产业的发展路径。如林艳明等人以广西巴马为例,探讨了基于县校合作模式的长寿之乡医药产业发展的路径(林艳明 等,2013);周方永以重庆市江津区为例,探讨了利用江津区的富硒土壤,发展富硒特色养殖的产业模式(周方永,2014);周志超以广西壮族自治区为例,开展了长寿产业发展的SWOT分析,进而提出了科学规划,建立"政府＋村民＋社会组织"生态保护网,加强品牌建设等产业发展建议(周志超,2016);邹继陈以江苏省如皋市为例,分析了其养老产业的经济发展现状与影响因素,进而提出了相应的应对策略(邹继陈,2018);林轶等人以产业链理论为理论基础,分析了广西巴马县的旅游产业开发现状,提出了一种基于品牌整合的旅游产业链模式,着力推动巴马县长寿旅游业的健康发展(林轶 等,2011);陈文捷等人也以广西为例,利用波特提出的钻石理论,分析了广西健康养老养生旅游产业的优势和劣势,提出了相应的发展策略(陈文捷等,2016);刘记红以江苏省南通市为例,利用 PEST 分析法,从政治、经济、社会、技术 4 个方面入手,分析了其养老产业发展的宏观环境,探讨了南通市养老产业的基本结构,提出了其养老产业的发展路径(刘记红,2018);孔丹丹等人则以安徽省亳州市为例,探讨了如何在经济欠发达地区的中国长寿之乡发展养老服务产业的问题,提出应紧密结合皖北的地域风情和社会经济特点,着力构建具有皖北特色的养老服务产业基地旗舰,大力发展养老服务产业化(孔丹丹 等,2016)。

3. 区域长寿经济发展

区域长寿经济的发展不仅需要长寿产业的支撑,还需要考虑自然资源禀赋、生态环境约束,各产业之间的协调互补,区域长寿文化、长寿社会构建等多个方面的问题。许多学者也进行了相关的探讨,提出了一些区域长寿经济发展的策略和路径。韦义勇以广西壮族自治区的河池市为例,提出应依托国家宏观政策,充分利用河池市的长寿资源优势和巴马长寿品牌,努力打造桂西北健康休闲养老和医养结合示范区,从而推动全市的区域经济发展(韦义勇,2018);杨华锋通过对广西巴马瑶族自治县的实地访谈和深入调查,提出了构建原生态文化节体系,大力建设区域长寿产业品牌,进而推动区域经济协调发展的建议(杨华锋,2009);叶有根以贵州和广西两个省份为例,分析了两省(区)联手打造长寿经济文化大产业的优势;认为应进一步加大两省区长寿文化产业的整合开发力度,着力打造中国长寿养生旅游目的地,推动区域经济发展(叶有根,2013)。林武民以广西恭城县为例,提出应围绕"生态环境良好、产业发展相融、养生文化独特、服务设施完善"的目标,优化恭城的产业发展布局,打造恭城特色养生基地(林武民,2014);阙立峻以浙江省丽水市为例,探讨了区域品牌的特点,分析了政府在区域品牌打造中的重要性,探讨了"秀山丽水、养生福地、长寿之乡"区域品牌对于当地长寿经济发展的影响(阙立峻,2015)。

1.3 本书的结构框架

本书主要分为 3 大部分:一是绪论与研究概述,二是长寿经济的理论与方法研究,三是长寿经济的实证研究。其总体框架结构图如图 1-3 所示。

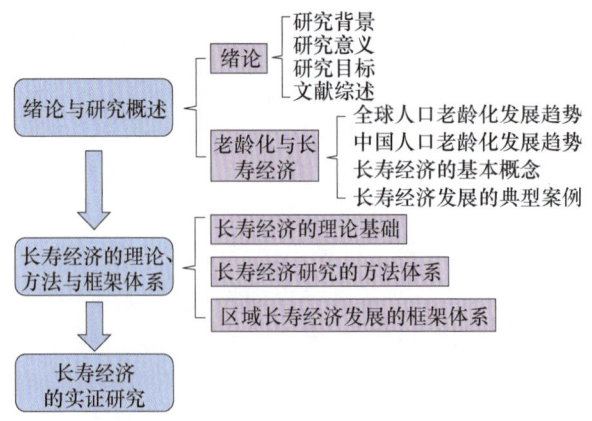

图 1-3 本书的总体框架结构

第一部分中，主要包括老龄化和长寿经济的基本概念、发展特征、演化趋势、国内外研究进展等内容。①在绪论部分，将简要介绍本研究的研究背景、研究意义、研究目标等内容，并对国内外长寿经济的研究进展进行总结和归纳。②在老龄化与长寿经济研究部分，首先将对全球和中国的人口老龄化发展趋势进行了全面的分析和探讨。主要包括全球和中国人口老龄化的发展阶段、时空格局、基本特征、主要影响和应对策略等内容。其次，重点探讨了长寿经济的基本概念与特点，提出了长寿经济的发展基础与路径，介绍了国内外长寿经济发展的典型案例。

第二部分中，主要包括长寿经济的理论基础，研究方法体系，区域长寿经济发展的框架体系3个内容。①在长寿经济的理论基础部分，将重点介绍与长寿经济发展密切相关的人口理论、产业经济理论、人口与可持续发展理论和社会变迁理论这4大理论。其中，人口理论部分主要包括马克思主义人口理论、适度人口理论、人口转变理论、人口红利理论和老龄化理论；产业经济理论主要包括区域经济发展阶段理论、产业结构演化理论、产业转型升级理论、产业创新理论、产业集群理论等。②在长寿经济的方法体系部分，将着重介绍与长寿经济研究相关的方法。主要包括人口系统分析方法、产业经济系统分析法、生态环境系统分析方法、区域发展决策系统分析方法4个部分。③在区域长寿经济发展的框架体系部分，主要是从长寿资源分析、长寿经济发展、长寿社会建设、长寿文化培育等4个方面入手，提出了区域长寿经济发展的总体思路、建设内容与发展路径。

第三部分中，主要是长寿经济的实证研究部分。该部分将以贵州省赤水市、山东省蒙阴县等为例，探讨长寿经济建设的总体思路、建设目标、建设内容、政策机制等方面的内容。

第 2 章　老龄化与长寿经济

2.1　全球人口老龄化发展趋势

2.1.1　总体趋势

1956 年,联合国在其发布的《人口老龄化及其社会经济后果》中,确定了老龄化的划分标准,即当一个国家或地区 65 岁及以上老年人口数量占总人口比例超过 7% 时,则意味着这个国家或地区进入老龄化。1982 年,在联合国的维也纳老龄问题世界大会,确定 60 岁及以上老年人口占总人口比例超过 10%,意味着这个国家或地区进入老龄化。1851 年,法国 60 岁及以上人口比重达到 10.1%,成为世界上第一个老龄化国家。此后,瑞典、挪威、英国等一批欧洲国家步入老龄化。20 世纪 70 年代以后,老龄化逐渐向亚洲和美洲地区扩散,目前已经成为全球现象。进入 21 世纪,全球老龄化的速度不断加快。联合国发布的数据表明,全球人口正步入老龄化阶段。世界上几乎每个国家的老龄人口数量和比例都正在增加。人口老龄化是 21 世纪最重要的社会趋势之一,其影响范围几乎囊括了所有社会领域,包括劳动力市场、金融市场、住房需求、交通需求、社会保障服务、家庭结构和代际关系等。

2.1.2　驱动因素

全球人口的规模和年龄结构由 3 大人口进程共同决定:生育率、死亡率和移徙率。

1. 生育率和死亡率

全球人口老龄化的加速发展主要源自低生育率与高预期寿命(低死亡率)的叠加效应。

首先,持续走低的生育率使青少年人口比例不断降低,间接造成了老年人口比重的增高。进入 21 世纪以来,许多国家的生育率大幅下降,低生育率版图不断扩张。1975—1980 年,全球 23% 的人口生活在高生育率(生育率高于 5)的国家和地区;但是 2010—2015 年,这一比例跌至 8%。与之相反,生活在低生育率(生育率低于 2.1)的国家和地区的人口比例则从 1975—1980 年的 21% 迅速增加到 2010—2015 年的 46%。预计 2045—2050 年,这一比例还将上升到 69%。

其次,随着医学的进步,人类的死亡率不断降低,人口平均预期寿命逐步延长。预期寿命的延长是老年人口比例,特别是高龄人口比例不断增加的首要原因。自 1950 年以来,全球所有区域的预期寿命都在显著延长。随着出生时预期寿命的提高,老年人死亡率的降低对整体寿命延长的影响也越来越大。相关数据表明,全球人口平均预期寿命已由 2005—2010 年的

69.1 岁增长到 2010—2015 年的 70.8 岁。到 2015—2020 年,全球人口平均预期寿命将达到 71.9 岁(见表 2-1)。

表 2-1 世界各地区人口平均预期寿命变化情况(王杰秀 等,2018)

区域	1990—1995	2005—2010	2010—2015	2015—2020	2025—2030	2045—2050	2095—2100
全球	64.6	69.1	70.8	71.9	73.8	76.9	82.6
非洲	51.7	57	60.2	62.4	65.7	70.9	78.4
亚洲	65.2	70.3	71.8	72.9	74.6	77.5	83.5
欧洲	72.7	75.3	77.0	78.1	79.8	82.8	89.3
拉美与加勒比海	68.4	73.4	74.6	75.7	77.7	81.3	87.9
北美	75.9	78.4	79.2	79.9	81.4	84.4	89.9
大洋洲	73	77	77.9	78.8	80.2	82.3	87.4

2. 移徙率

在某些国家和地区,国际移民也会影响人口年龄结构的变化。因为移民往往都是处于工作年龄的青年,因此,在外来移民数量较多的国家中,众多的国际移民至少会暂时减缓老龄化的进程。但是,虽然国际人口迁移依然活跃,欧洲等深度老龄化地区的移民数量仍然无法补足因低生育率而造成的人口减少。预计 2015—2050 年,欧洲人口仍将减少 2500 万左右。

总体而言,1950—2015 年,欧洲、北美洲和大洋洲都是国际移民的净接收地区,而非洲、亚洲、拉丁美洲和加勒比海地区则是移民净输出地区,且净移民数量随着时间的推移而增加。2010—2015 年,每年有超过 10 万净移民流入到高收入国家。按净流入量排序,分别为美国、德国、沙特阿拉伯、加拿大、英国、澳大利亚、阿曼、科威特和卡塔尔。同期,每年有超过 10 万净移民流出的国家,包括印度、孟加拉国、中国、巴基斯坦、菲律宾和西班牙。预计 2015—2050 年,美国、德国、加拿大、英国、澳大利亚和俄罗斯为国际移民最大的净接收国;印度、孟加拉国、中国、巴基斯坦和印度尼西亚每年将有 10 万以上的净输出人口。

近半个世纪以来,全球移民格局的主要特征是亚洲、非洲、拉丁美洲和加勒比地区的人口向欧洲、美洲和大洋洲迁移。但是,各个区域内的移民流动也变得越来越显著。近年来,非洲、亚洲、拉丁美洲及加勒比海地区的一些高收入及中等收入国家也吸引了大批移民。各国之间巨大的、持续的经济和人口不对称仍将是未来国际移民的主要驱动力。

2.1.3 空间格局

1. 洲际尺度

全球各地区的老龄化进程并不同步。欧洲作为老龄化较严重的区域,60 岁及以上人口比例高达 25%(见图 2-1)。美洲、亚洲、大洋洲的老龄化步伐正在加快。预计到 2050 年,全球除非洲以外所有地区 60 岁及以上人口将接近甚至超出人口总数的 1/3。全球老龄化趋势已难逆转。

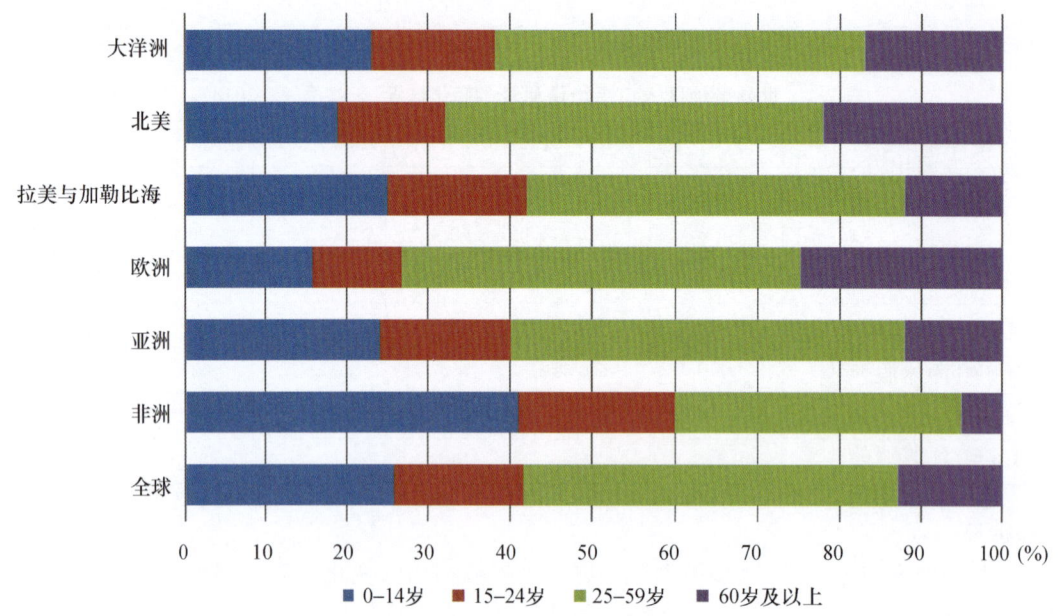

图 2-1 2017 年世界各地区各年龄组人口比例

资料来源：United Nations, World Population Prospects：The 2017 Revision, Key Findings and Advance Tables, Working Paper, No. ESA/P/WP/248, 2017.

2. 国家尺度

全球各国的老龄化程度也有很大的差别。全球老龄化程度是非常不均衡的。将国家按老龄化程度可划分为五级分布区。其中老龄化程度最高的五级区集中在西欧以及东亚的部分地区；四级区主要分布在北美洲和大洋洲，三级区主要分布在东亚部分地区以及南美洲大部分地区。一级区和二级区分布于非洲几乎全部地区以及亚洲大部分地区（除东亚部分国家）。根据老龄化社会的划分标准，可以看出发达国家已全部进入了老龄化社会，意大利、芬兰、日本等部分发达国家甚至已经步入了深度老龄化和超老龄化社会。相应的，一些欠发达地区的老龄化程度要轻一些，如非洲绝大多数国家还未进入老龄化社会。

美国学者诺特斯坦指出，人口转变的根本原因社会经济发展和医疗水平提升。在其人口转变理论中，提出了以工业发展进程为基础的四阶段论：①工业化前期，高出生率，高死亡率，人口增长较慢。②工业化早期，死亡率较低，人口增长较快。③工业化后期，出生率和死亡率都比较低，但是死亡率降幅达到最大，此时人口增长速度达到最高。④完全工业化时期，低出生率，低死亡率，人口呈现负增长。根据这个理论，发达国家大多处于完全工业化时期，生育率和死亡率的降低使得老年人口在总人口中所占的比例越来越大，而发展中国家和欠发达地区处于工业化早期和工业化后期，人口还属于增长较快时期，人口老龄化现象相对没有这么严重。

2.1.4 主要应对策略

就全球尺度来看,发达国家最先面对老龄化的挑战;他们也从生育政策、福利政策、社会管理等多个方面出发,提出了许多老龄化应对策略。

1. 生育政策

鼓励生育,增加青少年人口的数量是延缓老龄化进程的重要举措。在具体实施上,鼓励生育政策的核心是降低家庭抚养子女的成本,拉升逐年下降的生育率。发达国家的鼓励生育政策主要有生育休假、经济补偿、保育服务等内容。

(1)生育休假

延长生育休假的时间,扩大生育休假的范围有助于提高人们的生育意愿。从目前来看,夫妻共享、产育兼顾的生育休假方式已经被视为当今生育休假政策的主流趋势。从发达国家的生育休假政策来看,已经执行的生育相关假期主要包括产假(maternity leave)、陪产假(paternity leave)、生育假(parental leave)、育儿假(home care leave)等多种类型。据统计,2016年,在经济合作与发展组织(OECD)国家中,母亲带薪产假和生育假平均时长为52.6周,育儿假的平均时间更是达到85.6周。

(2)经济资助

养育后代需要大量的资金投入。各种经济支持政策能够弥补父母在抚育子女方面的经济投入,降低其育儿的机会成本,缓解家庭收入的剧烈波动。大部分发达国家都以儿童津贴与税收优惠的形式向育儿家庭进行经济资助。如瑞典规定,对所有子女年龄低于16岁的家庭给付育儿津贴;同时,补贴金额还会随着子女数量的增加而递增。日本的儿童津贴制度则主要面向3~6岁的儿童,从2012年起,开始对3~15岁儿童实行差异化补贴。

(3)保育服务

增加保育服务能够有效降低父母的养育成本,减少父母养育后代的时间投入。近年来,欧盟国家在儿童照料服务上取得了长足进展,其覆盖面不断扩大。截至2014年,法国和瑞典2岁以下的儿童获得正式照料的比例分别高达51.9%和46.9%;韩国、英国、德国、日本的儿童保育比例也分别达到35.7%、33.6%、32.3%、30.6%。针对女性婚后继续工作比例上升的情况,日本政府相继启动了天使计划(1994年)、待机儿童零作战计划(2001年)、儿童育儿支援计划(2004年)等,试图补强保育服务。

2. 退休政策

(1)延迟退休

提高退休年龄,增加老年人口对社会的贡献是应对人口老龄化过程中的常用政策。在延迟退休政策的推行过程中,发达国家普遍坚持了以下两项原则。

1)通过循序渐进的方式延长退休年龄。1950—2050年,许多国家的平均退休年龄随预期寿命的增加呈逐渐递增的趋势。但是,大多数国家均采取了"小步慢走"的方法,通常需要10余年的时间来延迟1岁的退休年龄。如英国计划在2018—2020年将退休年龄从65岁提高到66岁;在2026—2028年将退休年龄延至67岁。

2)将养老金收益与工作年限挂钩。为了激励人们自愿选择延迟退休,许多国家将未来的养老金收益与工作年限挂钩,以鼓励人们增加工作年限。如德国政府规定在65岁退休即可全额领取养老金,每提前1个月退休则扣减0.5%,每推迟退休1个月则增发0.7%的养老金。但是,对于丧失劳动能力,或失业后无再就业可能的群体,政府将全额发放养老金。

（2）养老金制度改革

为了减轻老年人口迅速增加,养老金支出剧增所带来的公共财政负担,大部分发达国家都在积极推动养老金制度改革。这些措施主要有:

1)降低养老金的数量。如希腊、匈牙利、韩国、葡萄牙和瑞士等发达国家均不同程度地降低了养老金待遇水平,以保持财政的可持续性。

2)推动养老金制度的结构性改革,强化养老金待遇和缴费之间的精算联系,避免养老金待遇水平过度扩张,保证养老金支出不出现巨大波动。

3)积极探讨多种养老方式,完善多层次、多渠道的养老金体系。如德国就建立了一套以法定公共养老保险为主体,以企业养老保险和私人养老保险为补充的养老金体系。

3. 养老政策

许多发达国家都在使用一些金融政策工具来弥补公共养老服务的资金压力与供给缺口。这些政策包括扩大政府负债、增加税收、削减非健康护理开支、提高护理服务效率、限制公共服务的质量或范围等。除此之外,还有一些直接针对养老服务的政策措施。

（1）改善长期护理服务递送模式

通过加强资源配置效率,提升服务可及性等措施,能够有效改善长期护理服务递送模式,缩减长期护理服务的成本开支,从而控制养老服务成本。例如,荷兰的友好护理区和希腊的开放护理中心都是以邻里和社区为基础,重新构建了一套长期照料护理服务的递送模式。他们将长期照料护理服务的重点定位在家庭照料与初级护理之间,并通过提供标准较低,但覆盖面更广的初级护理服务来满足更多老年人的护理需求。

（2）建立老年护理体系的社会风险共担机制

大部分发达国家都采取了政府、企业、个人按比例分担养老护理费用的筹资模式,通过建立老年护理体系的社会风险共担机制来提高医疗健康与护理服务体系的可持续性,弥补养老资金缺口。如德国的公共长期护理保险由国家、雇主、雇员共同筹资。其中,国家财政承担1/3以上,余下部分由雇主与雇员各承担一半。失业者的缴费则全部由失业保险提供。

（3）鼓励志愿者参与

在发达国家,参与养老服务的非正式照料者数量在不断下降。其原因主要包括:

1)许多女性需要进入社会工作,导致非全职女性数量减少。尽管大部分老年人口都有一个及以上成年子女,但由于工作和家庭结构等原因,这些成年子女直接提供老人照料服务的可能性很低。

2)无偿照料者的负担过重。虽然有一些志愿者在无偿提供老人照料服务,但是由于其人数较少,负担过重,导致他们持续提供非正式养老服务的意愿和能力均在降低。因此,许多国家开始采取各种措施,鼓励各种非正式照料者参与各种老人照料服务。第一,通过将现金福利纳入养老服务政策当中,为非正式照顾者提供经济回报。例如,在荷兰,非正式护理人员被允许提供有偿服务,并且能够获得一些专业上的支持。第二,为非正式照顾者提供政策支持。在奥地利、德国等实行社会医疗保险的国家,非正式照料者可以享受一些优惠政策,并藉此获得养老金贷款。

4. 组合政策

发达国家通过教育、就业、产业等多项政策的深度融合,鼓励老年人口参与各种社会工作,发挥老年人口的作用,积极应对老龄化社会。

(1) 鼓励就业

鼓励老年人口就业是积极老龄化策略中的重要环节。老年人口参加各种社会工作,不仅能够创造社会价值,也有助于减轻政府的养老资金负担。如冰岛在2005—2009年实施了"50岁积极行动"计划,通过在劳动力市场中赋予老年人口更加积极的角色和更重要的地位,以支持和鼓励老年人口就业。德国的"动议50+"项目为了鼓励50岁及以上老年人接受工资较低的工作,由社会福利部门对这些老年人口的收入损失给予一定的补偿。日本则提出了一套"终身劳动"方案,尝试通过开设老年人职业介绍所,为老年人提供职业培训,帮助他们适应技术进步等措施,鼓励老年人口就业。

(2) 灵活就业

为了缓解工作与家庭生活之间的矛盾,许多发达国家致力于为国民提供兼职等更加灵活的就业机会,以协调工作与家庭生活,鼓励老年人参与社会工作。如在一些北欧国家,大约50%的工人都可以根据个人的特殊需求在一定范围内调整工作时间,从而提高劳动力的参与率。

(3) 加强教育

许多发达国家都高度重视职业教育和终身教育,试图通过加强教育的方式来提升人力资本,最大程度减轻老龄化对劳动生产效率的不利影响。如欧洲设立的就业指导目标是,在25~64岁人群中,终生学习的参与率应该达到12.5%以上。2003年,日本颁布了《促进终身学习的相关法》,积极推广在职教育,让有愿望、有能力的国民任何时候都可以获得学习机会,实现学习—就业—再学习—再就业的良性循环。

(4) 推进科技创新

科技进步特别是人工智能的推广,有望成为解决老龄化时代经济停滞问题的决定性力量。在许多发达国家,快速老龄化的形势逼迫各国政府大力发展各种技术,积极推广人工智能,减少单位工作所需的劳动力数量,以此来抵消人口年龄结构变迁的负面影响。

2.2 中国人口老龄化发展趋势

改革开放以来,我国的经济发展取得了巨大的成果,经济增速与经济总量均创造了世界发展历史上的奇迹。相应的是,我国的人口结构与社会经济结构也发生了根本性的变化。我国在改革开放以来的40年间,完成了发达国家用一个多世纪才完成的人口再生产类型的转型,快速步入了低生育水平国家的行列(见表2-2)。人口增长率下降和人均寿命延长导致的人口老龄化现象已经成为我国经济发展与社会变革的重要因素,对我国的经济增长、劳动力市场、社会保障体系、城乡统筹发展、家庭结构与代际关系有着深刻的影响(程志强 等,2018)。

表 2-2　六次人口普查中我国年龄结构的变化情况　　　　　　　　　　单位：%

普查年份	0~14 岁	15~64 岁	60 岁及以上	65 岁及以上
1953	36.28	56.40	7.32	4.41
1964	40.69	53.18	6.13	3.56
1982	33.59	58.79	7.62	4.91
1990	27.69	63.74	8.57	5.57
2000	22.89	66.78	10.33	6.96
2010	16.60	70.14	13.26	8.87

注：数据来源于历年的《中国人口普查资料》。

更引人注意的是，根据中国老龄委的预测报告，在 21 世纪，我国的人口老龄化趋势不但不会缓解，反而会从快速老龄化阶段逐渐步入重度老龄化社会。未来的老龄化形势非常严峻，这为我国的养老保险制度及各类社会管理体系带来巨大的挑战（见表 2-3、图 2-2）。

表 2-3　21 世纪中国人口老龄化发展趋势（李通屏 等，2008）

时间段	发展阶段	老年人口最高峰度值	80 岁以上的人口规模
2001—2020 年	快速老龄化	2.48 亿	3067 万
2021—2050 年	加速老龄化	超过 4 亿	9448 万
2051—2100 年	重度老龄化	峰值 4.37 亿	7500 万~1.2 亿

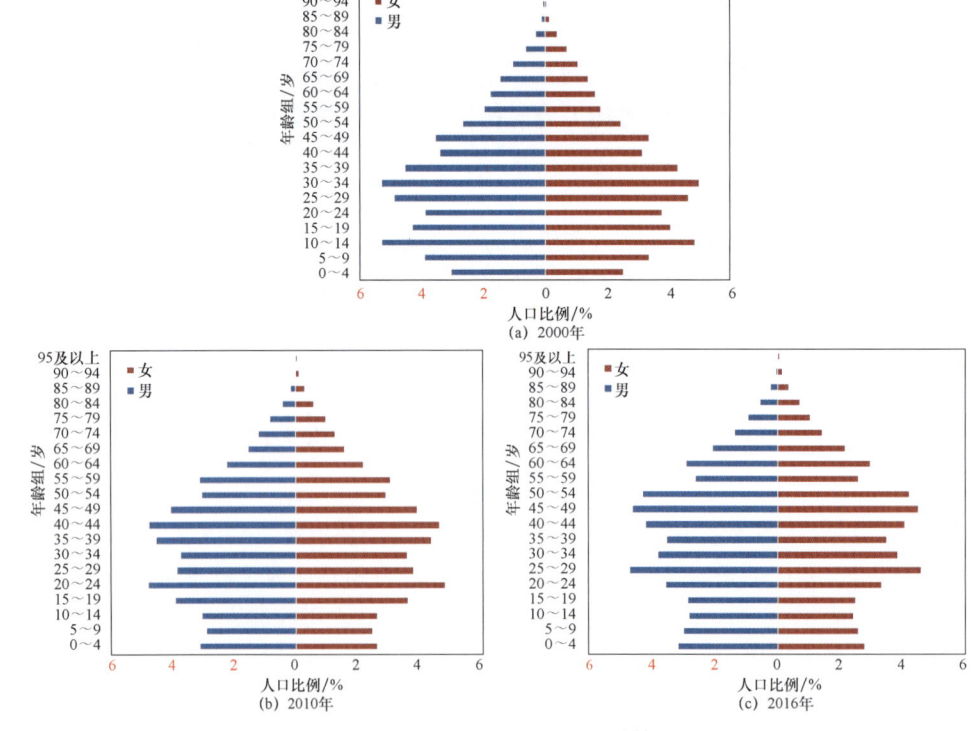

图 2-2　我国不同年份的人口结构图

2.2.1 发展阶段

改革开放后,我国在经历了20世纪80年代初期和后期的人口高速增长后,人口出生率与自然增长率持续下降,人口死亡率维持在较低水平(见图2-3),老龄人口数量与老年人口抚养比呈不断上升趋势,少儿人口抚养比则不断下降(见图2-4)。这使得我国的人口结构在很短的时间内发生了根本性的转变,逐渐从成年化阶段步入老年化阶段。总体上看,我国的人口结构变化大致可以分为以下几个阶段。

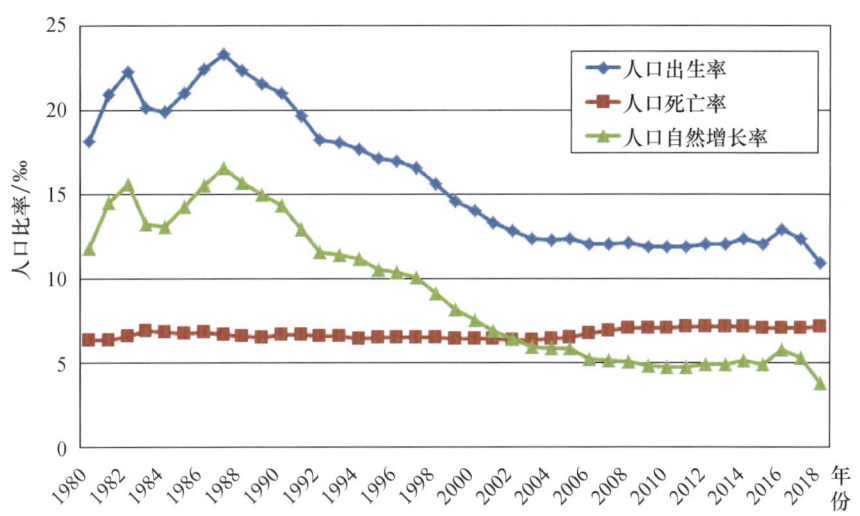

图 2-3 我国历年的人口出生率、死亡率与自然增长率

注:数据来源于历年的《中国统计年鉴》

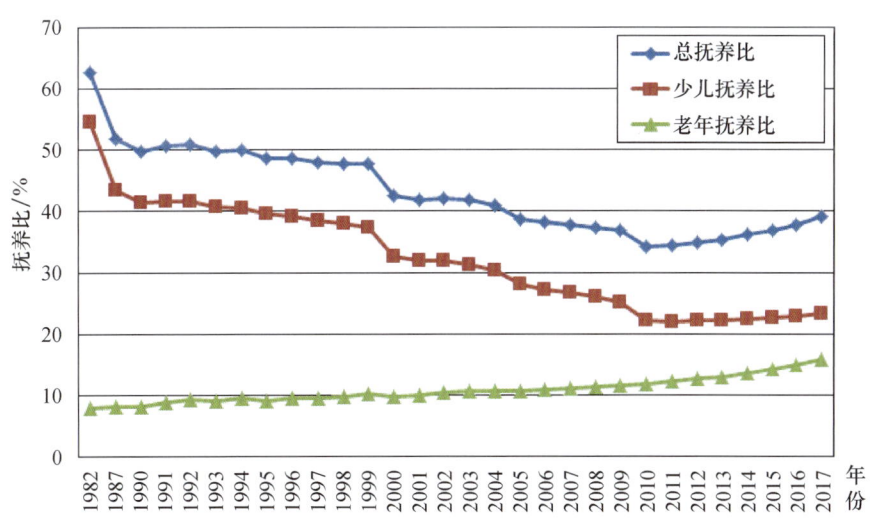

图 2-4 我国历年人口抚养比的变化情况

注:数据来源于历年的《中国统计年鉴》

1. 成年化阶段

在20世纪70、80年代,我国的人口结构仍然处于成年化阶段。在20世纪70年代初,我国开始实行计划生育政策,努力控制人口的过快增长。计划生育政策使得我国的生育率发生了历史性的转变。我国的总和生育率[①]从1971年的5.44快速下降到1977年的2.84。在整个20世纪80年代,我国的总和生育率一直维持在3以下,并呈现出较为明显的下降趋势。总和生育率的下降直接导致了我国少儿人口的减少。同时,当20世纪70年代婴儿潮时期出生的人口成为劳动年龄人口后,我国的人口年龄结构很自然地转变成了成年化人口结构。根据历年来的人口普查结果,我国0~14岁人口比重从1982年33.59%下降到1990年的27.69%,降低了5.90%。与此同时,我国15~64岁人口比重从1982年58.79%上升到了1990年的63.74%,增加了4.95%。同期,我国65岁及以上人口比重仅上升了0.66%,变化幅度并不明显。

2. 老龄化形成阶段

20世纪90年代是我国老龄化人口结构的形成阶段。在20世纪90年代,我国的总和生育率进一步下降。总和生育率从1990年的2.31下降到1995年的1.99,并在20世纪90年代后期再次下降到1.8左右,已经低于国际公认的正常生育更替水平(2.1)。因此,在20世纪90年代,我国的人口结构延续了20世纪80年代少儿人口比重下降,劳动年龄人口和老龄人口比重上升的总体演化趋势,使得我国的老龄化人口结构逐渐形成。人口普查数据表明,我国0~14岁人口比重从1990年27.69%下降到2000年的22.89%,降低了4.80%。与此同时,我国15~64岁人口比重从1990年63.74%上升到了2000年的66.78%,增加了3.04%。同期,我国60岁及以上人口比重上升了1.76%,65岁及以上人口比重上升了1.39%,老龄化速度明显加快。2000年第五次人口普查数据表明,我国60岁及以上人口比重达到10.33%,超过了国际社会通行的老龄化标准(10%),表明我国的人口年龄结构开始转变为老年型人口结构,我国也正式进入了老龄化社会。

3. 加速老龄化阶段

进入21世纪,我国的老龄化程度呈现出加速发展的趋势。2000—2010年是我国老龄化人口结构的加速发展阶段。在此期间,我国的总和生育率一直处于很低的水平。2000年,2005年,2010年我国的总和生育率分别只有1.22,1.34,1.18,远远低于正常的人口更替水平(2.1)。人口普查数据表明,我国0~14岁人口比重从2000年的22.89%下降到2010年的16.60%,降低了6.29%。与此同时,我国15~64岁人口比重从2000年的66.78%上升到了2010年70.14%,增加了3.36%。同期,我国60岁及以上人口比重上升了2.93%,65岁及以上人口比重上升了1.91%,老龄化速度不断加快。2010年第五次人口普查数据表明,我国60岁及以上人口比重达到13.26%,65岁及以上人口比重达到8.87%,双双超过了国际社会通行的老龄化标准(60岁及以上人口比重占10%,65岁及以上人口比重占7%),这表明我国已经全面进入加速老龄化社会。

---

① 注:指该国家或地区的妇女在育龄期间,每个妇女平均的生育子女数

4. 高速老龄化阶段

2010年以来,我国的人口结构进入了高速老龄化阶段。根据2010年人口普查数据,我国2010年的总和生育率仅为1.18。其中,城市的总和生育率仅为0.88,农村的总和生育率为1.44。但是,根据联合国公布的世界人口数据统计结果。在2010年,全球的平均总和生育率为2.5。其中,发达国家、欠发达国家和最不发达国家的总和生育率分别为1.7,2.7和4.5。这意味着我国的总和生育率不仅不到世界平均水平的50%,而且低于发达国家的平均水平。为此,我国的生育政策出现了巨大的转折。在2011年11月,中国各地全面实施双独二孩政策。在2014年,出台了单独一胎的生育政策。2016年1月1日,正式实施"全面二孩"政策。但是,我国2015年1%的人口抽样结果表明,中国的总和生育率持续下降为1.047,远低于2.1的正常人口更替水平。国家统计局公布的数据表明,2016年、2017年和2018年,我国的出生人口分别为1786万人、1723万人和1523万人,下降趋势非常明显。与此同时,我国65岁人口数量则从2010年的11894万人上升到了2018年的16658万人。65岁人口比重则从2010年的8.87%上升到了2018年的11.94%,增加了3.07%。这些数据表明我国的人口结构已经进入了高速老龄化阶段。

2.2.2 时空格局

1. 空间格局演化

我国的老龄化发展水平具有明显的空间差异。本节根据全国第五次和第六次人口普查数据,分析全国各省老龄化水平的空间差异。老龄化系数是指65岁及以上人口占总人口的比例。根据联合国的老龄化标准,老龄化系数小于7%的为未进入老龄化社会的区域;在7%~9%的为浅度老龄化社会,大于9%为深度老龄化社会(见表2-4)。

表2-4 我国人口老龄化水平的区域差异及时序演化

地区	65岁以上老年人口占比/%		变化幅度(2000—2010)/%
	2000年	2010年	
全国	7.10	8.92	1.82
北京市	8.42	8.71	0.29
天津市	8.41	8.52	0.11
河北省	7.05	8.24	1.19
山西省	6.33	7.58	1.25
内蒙古自治区	5.51	7.56	2.05
辽宁省	7.88	10.31	2.42
吉林省	6.04	8.38	2.34
黑龙江省	5.56	8.28	2.72
上海市	11.46	10.13	−1.33
江苏省	8.84	10.88	2.04
浙江省	8.92	9.34	0.41
安徽省	7.59	10.23	2.63

续表

地区	65岁以上老年人口占比/%		变化幅度(2000—2010)/%
	2000年	2010年	
福建省	6.69	7.89	1.21
江西省	6.27	7.60	1.33
山东省	8.12	9.84	1.72
河南省	7.10	8.36	1.25
湖北省	6.42	9.09	2.67
湖南省	7.47	9.77	2.30
广东省	6.17	6.79	0.62
广西壮族自治区	7.30	9.24	1.94
海南省	6.74	8.07	1.33
重庆市	8.01	11.72	3.71
四川省	7.56	10.95	3.38
贵州省	5.97	8.71	2.74
云南省	6.09	7.63	1.53
西藏自治区	4.75	5.09	0.34
陕西省	6.15	8.53	2.38
甘肃省	5.20	8.23	3.03
青海省	4.56	6.30	1.74
宁夏回族自治区	4.47	6.39	1.92
新疆维吾尔自治区	4.67	6.48	1.81

从表 2-4 中可以看出,我国各地区的老龄化水平在时空上都有巨大的差异。①在 2000 年,我国大部分地区都还处于非老龄化社会。只有上海市的老龄化率较高,达到 11.46%,为深度老龄化区域。浅度老龄化区域包括浙江省、江苏省、北京市、天津市、山东省、重庆市、辽宁省、安徽省、四川省、湖南省、广西壮族自治区、河南省、河北省 13 个省份,其余的 17 个省份尚未进入到老龄化社会中。②到了 2010 年,我国老龄化趋势变得非常明显。深度老龄化区域由 2000 年的 1 个区域(上海市)迅速增加到 11 个区域。即重庆市、四川省、江苏省、辽宁省、安徽省、上海市、山东省、湖南省、浙江省、广西壮族自治区和湖北省。其中,重庆市的老龄化系数最高,达 11.72%。与之对应的是,未进入到老龄化社会的省份数量则由 2000 年的 17 个省份锐减为 5 个省份,即广东省、新疆维吾尔自治区、宁夏回族自治区、青海省、西藏自治区。

2. 老龄化系数变化的空间差异

2000—2010 年,我国各地老龄化系数的变化情况也有很大的空间差异。其中,重庆市的老龄化程度的上升速度最为明显。其老龄化系数从 2000 年的 8.01% 迅速上升到 2010 年的

11.72%,成为我国老龄化水平最高的省份,上升幅度达3.71%。此外,四川省和甘肃省的老龄化水平也在快速上升,分别由2000年的7.56%和5.20%快速上升到2010年的10.95%和8.23%,升幅分别为3.38%和3.03%。此外,东北的黑吉辽三省和中部的湖北、湖南等省份的老龄化水平也上升极快,升幅均在2.30%以上。

3. 城乡空间格局

（1）城镇人口老龄化格局

从表2-5中可以看出,我国各地区的城镇人口老龄化水平在时空上都有巨大的差异。①在2000年,我国大多数省份的城镇人口都还处于非老龄化社会。只有上海市的城镇人口老龄化系数比较高,已经进入深度老龄化社会。城镇人口的浅度老龄化区域只有6个省份,即天津市、北京市、辽宁省、重庆市、江苏省、浙江省。其余24个省份的城镇人口尚未进入到老龄化社会中。②到了2010年,我国共有5个省份的城镇人口已经步入深度老龄化社会,即辽宁、上海、重庆、黑龙江、江苏。其中,辽宁省的城镇人口老龄化系数最高,达10.30%。与之对应的是,未进入到城镇人口老龄化社会的省份数量则由2000年的23个省份锐减为8个省份(见表2-5)。

表2-5 我国人口老龄化水平的城乡差异及时序演化

地区	城镇65岁以上老年人口占比/%		变化幅度(2000—2010)/%	乡村65岁以上老年人口占比/%		变化幅度(2000—2010)/%	城乡差异/%	
	2000年	2010年		2000年	2010年		2000年	2010年
全国	6.42	7.80	1.38	7.50	10.06	2.56	−1.08	−2.26
北京	8.42	8.55	0.13	8.43	9.71	1.28	−0.01	−1.16
天津	8.58	8.36	−0.23	7.98	9.15	1.18	0.61	−0.80
河北	5.82	7.53	1.71	7.49	8.80	1.31	−1.67	−1.27
山西	5.33	6.46	1.13	6.87	8.61	1.74	−1.54	−2.15
内蒙古	4.99	7.05	2.07	5.90	8.20	2.30	−0.91	−1.14
辽宁	7.95	10.30	2.34	7.80	10.33	2.53	0.15	−0.03
吉林	6.18	8.92	2.75	5.91	7.77	1.86	0.27	1.15
黑龙江	6.05	9.15	3.10	5.04	7.19	2.15	1.00	1.96
上海	11.31	9.89	−1.42	12.62	12.14	−0.47	−1.31	−2.26
江苏	7.52	9.10	1.58	9.81	13.58	3.77	−2.29	−4.49
浙江	7.17	7.07	−0.09	10.59	12.97	2.39	−3.42	−5.90
安徽	6.69	8.52	1.83	7.92	11.51	3.59	−1.24	−2.99
福建	5.90	6.33	0.44	7.25	9.97	2.71	−1.35	−3.63
江西	5.67	6.90	1.23	6.50	8.15	1.65	−0.83	−1.25
山东	6.61	8.21	1.60	9.06	11.45	2.40	−2.44	−3.24

续表

地区	城镇65岁以上老年人口占比/%		变化幅度(2000—2010)/%	乡村65岁以上老年人口占比/%		变化幅度(2000—2010)/%	城乡差异/%	
	2000年	2010年		2000年	2010年		2000年	2010年
河南	5.85	7.17	1.32	7.49	9.10	1.61	-1.64	-1.93
湖北	5.69	7.69	2.00	6.91	10.47	3.55	-1.23	-2.78
湖南	6.11	8.15	2.04	7.98	11.01	3.02	-1.87	-2.86
广东	4.95	5.49	0.54	7.70	9.34	1.64	-2.75	-3.85
广西	6.16	7.52	1.36	7.75	10.39	2.64	-1.59	-2.87
海南	5.43	6.85	1.42	7.64	9.27	1.63	-2.21	-2.42
重庆	7.74	9.25	1.51	8.15	14.51	6.36	-0.41	-5.26
四川	6.83	9.00	2.17	7.84	12.26	4.42	-1.01	-3.26
贵州	5.61	7.17	1.56	6.08	9.49	3.41	-0.47	-2.32
云南	5.56	7.16	1.60	6.25	7.88	1.62	-0.70	-0.72
西藏	3.10	3.45	0.35	5.15	5.57	0.43	-2.04	-2.12
陕西	5.81	7.57	1.75	6.31	9.34	3.03	-0.50	-1.77
甘肃	4.98	7.39	2.41	5.28	8.71	3.43	-0.30	-1.31
青海	4.60	6.70	2.10	4.54	5.98	1.44	0.06	0.72
宁夏	4.63	6.39	1.76	4.40	6.40	2.00	0.23	-0.01
新疆	4.49	7.70	3.21	4.76	5.57	0.81	-0.27	2.13

(2) 乡村人口老龄化格局

从表2-5中可以看出,我国各地区的乡村人口老龄化水平在时空上都有巨大的差异。①在2000年,我国大部分地区的乡村人口都还处于非老龄化社会。只有上海市、浙江省、江苏省、山东省的乡村人口老龄化系数比较高,为深度老龄化区域。其中,上海市的乡村人口老龄化系数最高,达12.62%。北京市、重庆市等13个省份的乡村人口结构为浅度老龄化。湖北等14个省份的乡村人口尚未进入到老龄化社会。②2010年,我国乡村人口老龄化趋势变得非常明显。深度老龄化区域由2000年的4个区域迅速增加到19个区域。即重庆市、江苏省、浙江省、四川省、上海市、安徽省、山东省、湖南省、湖北省、广西壮族自治区、辽宁省、福建省、北京市、贵州省、陕西省、广东省、海南省、天津市、河南省。其中,重庆市乡村人口的老龄化系数最高,达14.51%。与之对应的是,未进入到老龄化社会的省份数量则由2000年的14个省份锐减为4个省份,即宁夏回族自治区、青海省、西藏自治区、新疆维吾尔自治区。

(3) 城乡差异比较

我国人口老龄化水平的城乡差异非常明显。2010年,我国城镇区域中65岁及以上人口比例为7.50%,而农村区域则为10.06%。相关分析表明,2010年,我国各省份的城镇/乡村人口老龄化水平的相关系数仅为 0.2922,表明我国人口老龄化水平的城乡差异非常显著。将 2010 年各省份的城镇人口老龄化系数减去乡村人口老龄化系数,得到 2010 年我国人口老龄化水平的城乡差异分析结果。从总体上看,大部分省份(27 个省份)城镇人口的老龄化水平要低于乡村人口老龄化水平。此外,城乡老龄化水平也呈现出比较明显的南北差异。从表 2-5 中可以看出,在北方地区,城镇人口的老龄化水平普遍高于乡村人口老龄化水平。如新疆、黑龙江、吉林三省份的城镇人口老龄化系数分别比农村高 2.13%、1.96%、1.15%。但在南方,特别是东南沿海地区,城镇人口的老龄化水平普遍低于乡村人口老龄化水平。如在浙江省、江苏省、广东省、福建省,其城市人口老龄化系数分别比农村低 5.90%、4.49%、3.85% 和 3.63%。

2.2.3 基本特征

我国的人口老龄化主要表现出以下几个方面的特征:

1. 老龄人口规模大

由于我国的人口基数大,使得我国的老年人口规模也极为庞大。早在 2011 年年末,中国大陆 60 岁及以上老人已达 1.78 亿,约占总人口的 13.26%。老年人口规模超过欧洲老年人口的总和,位居世界首位。根据全国老龄办公布的数据,截至 2017 年年底,我国 60 岁及以上老年人口已达 2.41 亿人,占总人口的 17.3%。预计到 2050 年前后,老年人口占比将达 34.9%,老年人口规模约为 4.87 亿,分别占届时亚洲老年人口的 2/5 和全球老年人口的 1/4,比届时所有发达国家老年人口的总和还要多出 1 亿(总报告起草组,2015)。

2. 老龄化速度快

中国是世界上人口老龄化速度发展最快的国家之一,其老龄化速度要比发达国家快得多(李杰 等,2008;杜鹏 等,2009)。2000—2017 年,我国 65 岁以上老年人口数量从 2000 年的 0.88 亿迅速增加到 2017 年的 1.58 亿,其占总人口的比例也由 2000 年 6.96% 上升至 2017 年的 11.4%。我国老年人口的比重从 4.91% 上升到 7.0% 这一国际老龄化标准只用了 18 年的时间。与之相应的是,瑞典用了 340 年的时间,老年人口比重才从 5.2% 上升到 8.4%;法国老龄人口的比重从 7% 上升到 14% 花了 115 年。我国的人口老龄化速度大大快于欧美等发达国家,与世界上老龄化最严重的日本大致相当(见表 2-6)。

表 2-6 若干国家人口老龄化速度(邬沧萍,1999)

国家	65 岁以上人口比例达到的时间		所需时间/a
	7%	14%	
日本	1970	1996	26
英国	1930	1975	45
瑞典	1910	1975	66
德国	1890	1975	85
法国	1865	1980	115
中国	2000	2025	25

3. 高龄化趋势显著

改革开放后,随着我国社会经济水平的不断发展,人们的生活水平不断提升,医疗技术不断进步,医疗保障制度不断完善,使得我国人口的死亡率不断下降,预期寿命不断提高。我国人口预期寿命的提高意味着我国高龄老年人口将越来越多。根据老年人口的细分标准,低龄老年人口为60~69岁;中龄老年人口为70~79岁;80岁以上则为高龄老年人口。根据历年的人口普查数据,80岁以上的高龄老年人口规模从1982年的505万迅速增加到2010年的2099万;高龄老年人口占老龄人口总数的比例也从1982年的6.59%迅速增加到2010年的11.82%。研究表明,相对于中低老龄人口,高龄老龄人口身体健康程度更低,各种疾病风险更高,日常照护需求和社会保障需求也更多。老龄人口的高龄化是未来我国养老保障体系与医疗卫生体系需要面对的严峻挑战(见表2-7)。

表2-7 我国平均预期寿命的变化情况

年份	平均预期寿命/岁	男性平均预期寿命/岁	女性平均预期寿命/岁
1981年	67.77	66.28	69.27
1990年	68.55	66.84	70.47
1996年	70.8	——	——
2000年	71.4	69.63	73.33
2005年	72.95	70.83	75.25
2010年	74.83	72.38	77.37
2015年	76.34	73.64	79.43

注:数据来源于国家统计局。平均预期寿命根据人口普查数据计算。

4. 未富先老

一般而言,人口老龄化现象通常出现在法国、德国和瑞典等经济发达国家。而我国在经济不发达的条件下迎来了人口老龄化,人口老龄化程度远超于相应的社会经济发展水平,属于典型的未富先老型国家。中国在2000年时,65岁及以上人口所占比例约为7%,达到了国际社会通行的老龄化标准,正式步入老龄化社会。但是,在2000年,中国的人均GDP仅为1740美元,与发达国家的经济发展水平相去甚远。因此,在相同的老龄化阶段,中国的经济发展水平严重落后于其他发达国家(见表2-8、表2-9)。

表2-8 不同国家老龄人口比例和人均GDP对比

国家	65岁及以上人口占比/%			人均GDP(2010年不变美元价格)		
	1980年	2000年	2010年	1980年	2000年	2010年
日本	8.91	17.20	23.00	9333	40167	43118
德国	15.65	16.30	20.80	12091	36517	40164
法国	13.92	16.01	16.82	12709	22262	40629
意大利	13.33	18.30	20.30	8431	34832	33761
美国	11.56	12.40	13.10	12458	43890	46616
中国	4.70	7.00	8.90	307	1740	4434

表 2-9　美国、日本、中国老龄化程度达到 7% 时的经济水平（王杰秀 等，2018）

国别	老龄化达到 7% 的年份	老龄化达到 7% 时	
		人均 GNP（美元）	按 PPP 计算的人均 GDP（国际美元）
世界	2001	5170	7442
美国	1944	1392	—
日本	1970	1940	—
中国	2000	840	3976

5. 城乡倒挂

改革开放以来，我国一直处于快速城市化时期。城市区域的社会经济发展状况和医疗卫生条件都要远远高于乡村地区，使得城市人口的预期寿命也比乡村地区要高。因此，正常情况下，城市区域的老龄化程度应该高于农村地区。但是，由于我国正处于快速城市化阶段，大量劳动年龄人口从乡村不断涌入城市，滞留在农村的多为无法进入城市生产体系的老龄人口。这使得城市区域的人口老龄化进程得以减缓，而乡村人口老龄化现象则日益严重。从历年的人口普查数据可以看出，虽然城市的人口生育率要低于农村地区，但劳动年龄人口所占比例要高于农村地区，老龄化水平也低于农村地区。在 2000 年，农村和城市地区的人口老龄化率分别为 7.50% 和 6.42%，二者相差 1.08%；但是，到了 2010 年，农村和城市地区的人口老龄化率分别为 10.06% 和 7.80%，二者相差 2.26%。这表明，我国城乡老龄化水平不仅呈现出倒挂现象，而且其差距还在不断扩大。乡村地区的医疗条件和社会保障普遍不如城市地区，未来农村地区的养老问题将成为我国社会经济发展中所需要面对的重要民生问题（见表 2-10）。

表 2-10　我国城乡人口年龄结构的对比

年份	0~14 岁人口比例/%		15~64 岁人口比例/%		65 岁及以上人口比例/%	
	城镇	农村	城镇	农村	城镇	农村
2000	18.42	25.52	75.16	66.98	6.42	7.5
2005	16.6	21.95	74.91	68.5	8.49	9.55
2010	14.08	19.16	78.12	70.78	7.80	10.06

注：数据来源于第五、六次全国人口普查数据和 2005 年全国 1% 人口抽样调查数据。

6. 区域差异明显

根据第六次人口普查的结果，我国的人口老龄化水平具有显著的区域差异。2010 年，中国人口老龄化程度最高的 6 个省份分别为重庆、四川、江苏、辽宁、安徽和上海。它们的老龄化率均在 10% 以上，高于 9% 的深度老龄化国际标准。但是，中国人口老龄化程度最低的 5 个省份分别为广东省、新疆维吾尔自治区、宁夏回族自治区、青海省和西藏自治区。它们的老龄化率均在 7% 以下，尚未达到国际公认的老龄化标准，尚未进入老龄化社会（见表 2-11）。

表 2-11　我国各省（市、自治区）的老龄化率（2010 年）

序号	区域	老龄化率/%	序号	区域	老龄化率/%	序号	区域	老龄化率/%
1	重庆市	11.72	12	北京市	8.71	23	云南省	7.63
2	四川省	10.95	13	贵州省	8.71	24	江西省	7.60
3	江苏省	10.88	14	陕西省	8.53	25	山西省	7.58
4	辽宁省	10.31	15	天津市	8.52	26	内蒙古	7.56
5	安徽省	10.23	16	吉林省	8.38	27	广东省	6.79
6	上海市	10.13	17	河南省	8.36	28	新疆	6.48
7	山东省	9.84	18	黑龙江省	8.28	29	宁夏	6.39
8	湖南省	9.77	19	河北省	8.24	30	青海省	6.30
9	浙江省	9.34	20	甘肃省	8.23	31	西藏	5.09
10	广西省	9.24	21	海南省	8.07	—	—	—
11	湖北省	9.09	22	福建省	7.89	—	—	—

7. 性别差异明显

历年中国人口普查数据表明，我国的人口老龄化水平具有显著的性别差异；女性的人口老龄化程度要显著高于男性。1982 年以来，我国 65 岁以上的女性老龄人口明显高于男性；平均差值为 7.39%，我国 80 岁以上的女性高龄人口与男性老龄人口之间的差异更大，平均差值高达 25%。出现该现象的原因主要在于女性的平均预期寿命要远高于男性。

从表 2-12 不同性别老龄人口比例的对比中可以看出，改革开放以来的 40 年间，我国 65 岁以上的女性老龄人口及 80 岁以上的女性高龄人口多于男性老龄人口与男性高龄人口。其中，在 65 岁以上的老龄人口中，男性老龄人口所占比例不断上升，性别比例差异不断降低，1982 年性别比例差异为 11.36%，而 2010 年仅为 3 个百分点，在 80 岁以上的高龄人口中，男性高龄人口所占的比例持续上升，但性别比例差异仍较大。

表 2-12　不同性别老龄人口比例对比

年份	65 岁以上人口比例/%		80 岁以上人口比例/%	
	男性	女性	男性	女性
1982	44.38	55.62	34.97	65.03
1990	45.50	54.50	35.31	64.69
2000	47.25	52.75	37.92	62.08
2010	48.10	51.90	41.81	58.19

资料来源：历年中国人口普查数据

2.2.4 主要影响

随着我国人口年龄结构逐渐从金字塔状向蘑菇状演变,人口老龄化对我国经济社会发展也将形成多维度、全方位的冲击与挑战。其中,人口老龄化对经济增长、公共财政支出、养老服务体系、社会治理等方面的影响最为突出。

1. 经济增长

人口红利是指当一个国家或地区的劳动年龄人口占总人口比重较大,抚养率比较低时,能够为经济发展创造有利的人口条件,使整个国家的经济呈高储蓄、高投资和高增长的局面。人口老龄化程度不断加深意味着我国的劳动力资源将逐渐从丰富转向匮乏,劳动成本不断提高,人口红利将逐渐消失,从而阻碍经济的持续增长。许多学者的研究表明,人口老龄化通过劳动力供给格局、经济运行成本、消费需求结构的影响进而影响金融系统稳定与经济增长潜力,不利于宏观经济的平稳较快增长。老龄化系数的提高将降低总的储蓄水平与投资水平,影响资本积累与经济增长潜力。研究表明,中国老龄化对经济增长潜在负面影响的强度远远高于世界平均水平和OECD国家的平均水平(郑伟 等,2014)。

2. 劳动力市场

人口老龄化对劳动力市场的影响主要包括以下几个方面:

(1)劳动力市场萎缩

随着我国人口老龄化的加剧,劳动年龄人口比例不断下降,劳动力供给持续萎缩,导致劳动力供给相对不足甚至短缺。从全球角度上看,欧洲发达国家大多经历了劳动年龄人口比例的持续下降。亚太地区未来也将成为劳动力数量萎缩的重灾区。预测表明,2016—2030年,亚太地区的劳动人口将大幅减少。其中,中国香港地区降幅高达13.03%,中国大陆的降幅也在5%以上。

(2)劳动力需求变化

人口老龄化将对我国的消费结构和产业结构产生影响,最终改变我国的劳动力需求结构。首先,人口老龄化将会提高社会平均消费倾向,促进社会总消费增长。其次,人口老龄化也会为长寿产业带来新的机遇,进而提高劳动力需求。

(3)抑制劳动生产率

一般而言,个人的劳动生产率与年龄之间存在着倒U型曲线的关系。即低龄与高龄劳动者的劳动生产率较低,而年龄适中的劳动者生产率较高。因此,随着人口老龄化不断加剧,劳动力也会不断老化,进而降低劳动生产率,导致经济活力下降。

3. 公共财政体系

人口老龄化的提高意味着老龄人口在总人口中的比重不断增大,退休人口与在职人口的比例逐渐提高,即老年赡养系数不断增大。老年赡养系数的加大会对我国的公共财政体系带来一系列的影响。

(1)涉老公共支出增加

随着老年人口的不断增加,与老年人口密切相关的养老金、卫生健康等公共社会支出将会不断增加。研究表明,日本和欧洲一些国家人均养老支出的增长与人口老龄化增速直接相关(张士斌 等,2012)。

(2)公共财政收入减少

总体上看,人口老龄化将会减少公共财政收入。其原因包括:第一,人口老龄化将会导致劳动生产率的降低,进而引发社会投资的不足,抑制经济产出,使得国家税基缩减,税收收入下降。第二,为促进养老产业发展,许多国家的政府都在实施一些税收优惠政策,鼓励养老服务机构的发展与老年人口的就业,从而造成税基在一定程度的缩减。

(3)财政收支失衡

人口老龄化常常会导致公共财政入不敷出,政府债务不断攀升,全国的养老体系不可持续。我国的养老保险制度仍然采取现收现付制,即根据当年所需支付的养老金额来决定当年所需要筹集的资金数量。这种养老金体系依赖于缴费者与受益者之间在数量上应该大致平衡。但是,由于人口老龄化不断加剧,劳动年龄人口的比例缩减,频繁出现养老金收不抵支的局面有可能会引发支付危机。

4. 乡村振兴

一般而言,人口老龄化现象多出现在已经进入城市化后期的经济发达国家。但是,由于我国的人口老龄化进程受到强烈的人为干预,使得人口老龄化进程与快速城市化进程交替进行。在这样的时代背景下,农村适龄劳动力大量向城市转移,提升了城市经济的发展水平,而许多不能适应城市经济体系的农村老年人口仍然滞留在乡村地区。这不但导致了城乡经济差异越拉越大,还产生了城乡老龄化的倒挂现象,即城市地区的老龄化程度低于农村地区。农村地区人力资源的匮乏导致乡村经济发展乏力,为我国的乡村振兴政策的实施带来了诸多困难。

5. 医疗与养护

老年人口的身体状况较差,需要更多的医疗与养护资源。因此,人口老龄化也会加重医疗健康与养老服务领域的压力。

(1)医疗健康需求增大

由于老年群体对医疗健康服务的需求量明显高于其他年龄段,因而老龄人口规模的不断扩大将会导致医疗需求不断增加,医疗支出攀升。其中,门诊病人和长期护理费用是主要的支出。

(2)养老服务需求增加

随着我国人口的预期寿命不断延长,高龄老人和失能老人也在不断增加,养老服务存在巨大的缺口。由于我国人口老龄化速度非常快,老年人口的规模非常庞大,使得我国的养老机构及床位数量严重不足,长期护理人员也存在巨大的缺口。

6. 社会治理

随着人口老龄化的不断加剧,人口年龄结构和家庭结构都将发生巨大的变化,进而引发代际利益的冲突,增加社会治理的难度。

(1)老年群体日益脆弱

由于老年人口往往具有身体健康状况不佳,收入减少,医药支出增加等特征,使得老年人口容易陷入贫困,进而出现各种生活上的困境。其中,体弱多病、无子女、社交活动较少的老年人口更是处于高危状态,需要各种社会政策来保障其基本生活。

(2)家庭结构变化

我国的计划生育政策极大地改变了传统的家庭结构,使得家庭的人口规模不断缩小,"4-2-1"倒金字塔型家庭结构不断增多。在这种家庭结构下,劳动年龄人口的养老负担非常沉重,家庭养老功能不断弱化,容易引起家庭内部的代际冲突与矛盾,影响社会结构的稳定与代际关系的和谐。

2.2.5 应对策略

1. 鼓励生育

人口老龄化的重要原因之一是出生率的下滑。结合其他国家的人口发展经验,应多策并举,鼓励生育,着力提高我国的人口生育率水平。

(1)制订鼓励生育的相关政策制度

通过进一步制订和完善产假制度、婴幼儿保育服务、财政补贴等方面的政策和制度,支持家庭更好地承担养育培育子女的责任,进一步挖掘生育潜力,形成鼓励生育的宏观政策环境。

(2)切实降低育儿成本

通过进一步制订和完善育儿财政补贴制度,育儿保障基金制度等,降低家庭在孕育、分娩、子女教育等方面的困难,让育龄人群不仅"能生",而且"敢生"和"想生",以真正实现人口政策的中长期目标。

(3)提高人口管理政策的便捷性

在新生儿的登记、管理、教育等各个公共服务环节进行改进,切实提高行政效率,提高人们对各种人口管理制度的满意度。

2. 建立医养护结合机制

长远来看,老年人口的主要压力来源并不是生活费用,而是医疗养护费用。而在医疗养护服务中,更为需要的是日常生活照料、非治疗性康复护理等长期照护服务,而不是以诊断、治疗和手术为主的医疗服务(胡湛 等,2018)。总体上看,我国目前老年人口的年龄结构仍然相对年轻,高龄老年人口并不多;这为我国不断完善养老服务体系提供了重要的机遇期。因此,在未来的老龄化发展战略中,应着重建立医养护结合的公共服务机制,着重发展老年长期照护服务,优先解决失能、失智老人的长期照护问题。具体而言,主要包括以下内容:

(1)根据不同类型、不同等级的老年人失能、失智水平,结合其行为特征和服务需求,设计出不同的照护模式。

(2)积极鼓励和推动政府机构、社区和家庭等多类主体参与到长期照护体系的运作机制中,建立多元化的公共照护服务体系。

(3)充分考虑不同类型家庭的支付能力,灵活使用财政补贴、税收优惠以及政府直接购买服务等政策工具,将老年人口潜在养护需求转化为有效需求。

(4)重点关注农村地区的失能、失智老年人口,根据各农村地区的实际需要,不断完善农村高龄老年人口的医疗照护体系。

3. 完善社会保障体制

随着人口老龄化程度的加深,社会养老负担也随之增加。总体上看,目前现收现付的养老金制度难以满足我国人口快速老龄化而带来的养老需要。应从以下几个方面来进一步完善我国的社会保障体制。

(1)在政府的有效监管和科学规划下,拓宽养老基金的投资渠道,逐步放开对社会保险基金投资运营的限制,加强养老基金投资管理,逐步构建和完善多元化、多层次的城镇养老保障体系,为未来的人口老龄化高峰奠定良好的资金基础。

(2)针对农村人口老龄化程度快速增加,家庭养老保障功能弱化,农村养老保险体系尚未完善的现实情况,着力建立和完善农村社会保障体系,增加医疗卫生、长期照护等方面的人力和财力投入,逐步缩小医疗服务的地区差距与城乡差距。

4. 大力发展长寿经济

虽然人口老龄化为我国的社会经济发展带来了一系列的问题与挑战,但也提供了新的发展机遇。应通过各类资源的有机整合,大力培育长寿经济,推动各地社会经济的发展。具体包括:

(1)在政府的宏观管理下,出台相应的公共政策,努力创造有利的制度和政策环境,推动长寿农业、长寿旅游业、长寿产品加工业等长寿产业的快速发展。

(2)数量庞大的老年人口也是重要的劳动力资源。政府应根据老年人的体力和脑力特征,充分利用老年人所拥有的人力和社会资本,提供更加灵活多样的就业方式和就业岗位,合理引导老年人就业,积极参与社会经济的发展。

2.3　长寿经济的基本概念

长寿经济是一个全新的研究主题,已成为社会及学术界普遍关注的焦点。当前学者从长寿之乡提出的背景出发,重点分析了长寿之乡的概念内涵、探讨了长寿建设路径、阐述了长寿之乡建设的意义。多数学者认为,基于生态安全、环境友好和可持续发展现状的反思提出了绿色发展理念。因此,长寿经济建设是一个系统的复杂工程,应从生态保护、经济发展、社会和谐、文化建设等方面进行研究。

2.3.1　核心概念与特点

1. 基本概念

长寿经济是指一个区域在经济发展中,利用长寿比较优势,通过市场竞争而形成的具有鲜明产业特色及企业、产品特色的经济结构;是以长寿资源为基础,以长寿特色产品为核心,以长寿产业为依托,在经济结构、组织、体制和运行上均具有强烈的时代特色,能使资源、科技和市场要素相互联系、相互吸引,使优势要素得到放大和扩大,并进而体现长寿特色的经济。

长寿经济是一个新型经济体系,在这个体系里面,长寿产业的各个组成部分相互联系、相互促进,缺一不可。长寿体系一旦形成,就能带动区域经济向着高质、优化的方向发展。长经济的概念主要包括以下几个方面的内涵：

(1) 以长寿产品为前提

以产品的"名、特、优、新"为基础，根据市场的变化而不断优化，实现长寿产品的系列化，以满足特殊需要和多样化的市场需求，这样的长寿产品具有不可替代性。因此，长寿经济是靠长寿产品来体现的，检验长寿经济的综合效益，也要看长寿产品的市场竞争能力。

(2) 以长寿产业发展为核心

长寿产品要形成巨大的经济优势，必须以产业集聚为基础，以实现产业化为前提，依托适度规模产业开发，以大健康产业市场为导向，实行区域化布局、专业化生产、一体化经营和社会化服务，形成独具优势的长寿经济区域化产业聚集。

(3) 以特色长寿资源为基础

没有独特的长寿资源，长寿经济发展便是无源之水、无本之木。发展长寿经济，必须立足寿乡实际，抓住特有资源，大做特色文章。依托特色资源发展特色经济，可以避免产业结构和产品结构雷同以及由此引发的过度竞争，并减少内耗。

(4) 以长寿科技为支撑

当代经济的一个显著特征，是以先进科学技术为基础的比较优势居于主导地位。先进的长寿技术集成成为决定长寿区域特色的主要因素。长寿技术及其创新能力决定了长寿之乡的优势产业，也决定了长寿经济的生命周期。

(5) 以长寿区域为载体

长寿经济是一种关联性较强的区域经济，其内部是自然、经济、社会、文化等系统的有机组合，其外部则是在与其他区域的差异化基础之上，通过科学的选择，形成具有特色的长寿经济区域。因此长寿经济的发展需要营造寿乡良好的经济、社会和生态环境，实现区域可持续发展。

2. 基本特点

长寿经济的特点主要体现在以下几个方面：

(1) 市场特殊性

市场需求是长寿经济产生与发展的基础，没有市场需求，就没有长寿商品的交换与分工，就没有长寿经济。在老龄化市场经济条件下，市场的特殊性是对长寿经济的基本要求，也是其发生、发展、壮大的前提。长寿经济生产经营必须以市场需求为出发点和落脚点，进行长寿产品的市场定位，以市场需求决定生产什么、生产多少以及如何组织生产。

(2) 经济效益性

长寿经济是一个比较效益较高的经济。其经济效益性包括三个方面：一是经济效益，与其他经济相比更具经济效益性。二是社会效益，长寿经济不仅要使其自身具有良好经济效益，还要能够影响和带动其他产业的发展，创造出更高的经济效益和社会效益。三是生态效益，长寿经济对生态、生产、生活条件能够产生有益影响和有利效果。

(3) 市场开放性

长寿经济是一种优势经济，要在开放的市场竞争中发挥优势，要以全球市场为着眼点，参与国际国内竞争。长寿经济不是静态的比较形式，而是时时刻刻关注外界市场的变化、需求的变化，在动态中不断突破封闭的自我运行状态，以特色介入开放与交流过程，在开放与交流中体现经济特色。

(4)资源稀缺性

长寿经济必须具有某种或某些稀缺性特质,如独特资源、独特技术、独特生产工艺、独特产品,使其供给具有特定约束条件,难以被类同。没有资源稀缺性就没有市场独立性,也就没有自己鲜明的个性特征,寿乡经济就很难树立起自己的形象,就很难在市场上找到自己的位置,"个性"就难以形成。

(5)产品优势性

长寿经济是优势经济,具有两层含义,一是指寿乡经济具有优势性,要比一般区域都能创造出更高的经济、社会和生态效益,更具发展前景;二是指在更大的区域内仍有不可比拟的发展优势。长寿经济在开放市场竞争中具有比较优势,资源配置能够体现资源要素的特色,并能够得到更加充分的利用,才能在区域竞争中以产品优势赢得市场。

(6)发展持续性

长寿经济具有良好的可持续发展性,发展持续性不仅注重眼前的利益和当代人的利益,还要注重长远利益和后代人的利益,既要注重经济发展,又要注重社会发展和保持良好的生态环境,实现眼前利益与长远利益、局部利益与全局利益有机地统一,使经济能够沿着健康的轨道发展。

2.3.2 长寿经济的发展基础与路径

1. 发展基础

长寿经济的发展需要具备以下几项基础:

(1)生态保护与环境治理是长寿发展的基础条件

长寿经济对生态环境具有较强的依赖性,强化对原有的生态进行保护与环境治理,提升和改善长寿旅游资源品质;依托自然环境改善,吸引受众和扩大长寿市场需求。

(2)区域经济健康发展能够为长寿发展提供资金支持和物质保障

区域经济稳定发展,既能促进体验时代和康养时代的到来,扩大长寿旅游需求创造条件,又能为长寿经济提供良好的外在环境,避免长寿发展出现大起大落,有利于促进长寿产业效益提升。

(3)社会和谐稳定成为长寿发展的必要条件

城镇和农村居民人均可支配收入增加和家庭恩格尔系数下降,将不断催生居民长寿旅游动机形成和增加出游频率,使城乡康养消费潜力不断释放,最终通过增加康养设施和接待人次,促进长寿产业发展。

(4)文化与旅游融合为长寿发展提供重要的保障条件

博物馆、文化馆、图书馆以及精品艺术本身具有吸引功能而成为长寿旅游产品,而文化与旅游的融合能够优化整个社会软环境,公民形象、文化氛围,这对于提升区域品位和塑造区域长寿形象起到重要作用。

长寿发展具有生产美丽、销售健康、传播幸福的特点,是建设美丽中国的优势产业,主要表现在生态环境、经济发展、社会和谐、文化建设等方面。

2. 发展路径

(1) 打破行政分割格局,促进区域经济协调发展

一般而言,邻近区域范围内的行政单元其地理条件基本相同,自然资源基本相似,经济发展水平基本相当,同质化现象严重。只有打破现有行政分割格局,消除行政壁垒影响,提高区域自然资源的整合利用程度,推动长寿产业和市场的规模化、集约化水平,才能促进长寿经济形成大产业发展。

(2) 推动长寿相关产业发展,形成市域经济的主导力量

开发长寿资源,探讨长寿秘诀,打造长寿品牌是时代的呼唤。大力发展长寿经济,通过"长寿之乡"品牌示范带动引导其他区域的长寿经济文化发展,也有利于带动其他产业发展,形成区域经济的主导力量。一是发展长寿旅游业;二是长寿旅居养老产业;三是发展保健疗养业;四是发展健康服务业;五是加强长寿产品的开发与生产。

(3) 发扬孝道文化优良传统,营造尊老、爱老、助老的氛围

长寿的原因有遗传、生态环境、生活方式等多方面因素的影响,受到尊敬、生活有满足感,也是长寿的主要原因。通过鲜活的尊老、爱老的典型示范,进一步发扬中国传统文化中"百善孝为先"的优良传统,在全社会营造尊老、爱老、助老的氛围。

(4) 增强地域认同感,促进区域协调发展

长寿之乡的形成与当地人群的生活习惯、生活方式、文化精神是密切相关的。通过长寿经济的培育,能够进一步提高长寿区域的知名度,使更多的国内外游客了解和体验当地长寿文化,促使当地群众进一步认同自己的地域特色文化,增强地域自豪感和认同感,从而产生使家庭和谐、民族团结的强大凝聚力和向心力。

(5) 弘扬"两山理论",促进生态文明建设

自古以来,中国人敬畏自然,提倡人与自然和谐相处,形成了代代相传的环境保护意识,造就了天蓝水碧、绿意盎然的良好生态环境。长寿经济的发展,应紧紧围绕"两山理论",将其与区域生态文明建设和长寿经济发展有机地结合起来。其内在联系主要体现在以下几个方面:一是绿水青山形成了原生态宜居的自然环境和富集延年益寿的心理基因;二是绿水青山伴生出优良的气候环境,天然的"绿色空调"和"天然氧吧",富集延年益寿的体能基因;三是绿水青山孕育出丰富的原生态绿色食品,生津爽口,健脾养胃,富集延年益寿的饮食基因;四是绿水青山催生出丰富的原生态民族文化,天籁之音,鼓舞飞扬,富集延年益寿的快乐基因。

(6) 依托长寿文化主题,加大长寿旅游商品的开发力度

按照"绿色、养生、旅游、长寿"主题,拓展文化外延,在更高层次和更宽领域深入挖掘和开发长寿养生旅游文化。积极开发户外徒步休闲养生、水疗养生、理疗养生、登山养生、森林养生等养生项目。充分利用长寿之乡独有的特色手工艺品等,开发一批有特色、易携带、有竞争力的长寿旅游商品,鼓励企业和群众进行生产和销售,形成特色长寿旅游商品品牌。

(7) 整合长寿资源,集中力量打造长寿养生旅游目的地城市

树立打造"中国长寿养生旅游目的地"的品牌理念,着力提高长寿休闲养生旅游活动的策划水平和促销效果。积极做好长寿养生休闲"候鸟"工程和养生名牌产品研发生产。扩大长寿文化的对外影响,促使旅游品位更高、旅游品牌更响、旅游核心竞争力更强。把树立品牌意识作为突

破口,整合旅游资源,加大基础设施和景区建设,大力开发休闲养生旅游产品体系,逐步完善软硬件设施,构建以长寿文化为主题、以养生度假、乡村休闲为主要功能的长寿旅游目的地。

2.4 长寿经济发展的典型案例

2.4.1 国外典型案例

1. 格鲁吉亚(Georgia)

(1)地理环境

格鲁吉亚地理环境优越,地处外高加索中西部,西濒黑海,西南与土耳其接壤,南毗邻亚美尼亚,东连阿塞拜疆,北界俄罗斯,属亚热带地中海气候,降水量、日照充足,气候宜人。

(2)长寿资源

格鲁吉亚地处外高加索中西部,南北是雄伟的大小高加索山脉,国土面积80%是山地、山麓或山前丘陵地带。史前的造山运动使格鲁吉亚形成了丰富的自然资源。

1)格鲁吉亚的海拔跨度较大,拥有丰富的水利资源,是世界上人均水利资源最丰富的国家之一。格鲁吉亚共有大小河流319条,蕴藏的总能量理论上可达每年1560 kW·h,50%的能量蕴藏在几条大河上,目前开发利用程度较低。

2)格鲁吉亚盛产葡萄酒和矿泉水,是良好的旅游度假胜地,被誉为"上帝的后花园"。格鲁吉亚被认为是葡萄酒的发源地。农业领域具有较好条件,葡萄酒生产在独联体地区乃至全世界都具有一定知名度。格鲁吉亚年降水量为1000~2500 mm,生态环境优良,茶叶种植条件得天独厚,在其传统农业中占有重要地位。在苏联时代,格鲁吉亚的茶叶种植面积近7万 hm^2,茶叶产量高居世界第四位,占苏联产量的95%。格鲁吉亚的茶叶不仅满足了苏联90%以上的市场需求,还出口到一些欧洲国家。

3)格鲁吉亚历史悠久,地理位置优越,拥有丰富的自然景观和人文资源,旅游景观多样。格鲁吉亚境内有亚热带沼泽、半沙漠、高耸的高山植物群、雪峰等极其多样性的景观,都在不到几百千米的范围内,在世界上也是少见的。拥有12000多处历史文化遗址,其中4处是联合国教科文组织认定的世界遗产。在休闲旅游方面,格鲁吉亚拥有130处度假胜地,约2400处温泉,8个国家公园,31个自然保护区,还拥有300 km的黑海海岸线。

(3)长寿产业

1)旅游业:有多处国际性度假酒店,也是国际知名的冬季滑雪圣地。

2)农业产业:格鲁吉亚自然条件优越,具有21种不同的小气候,适合种植多种谷物、蔬菜、水果、肉类、奶制品。在出口农产品中,葡萄酒、矿泉水、坚果和水果占60%。茶叶产品有散装茶、砖茶、板状茶、速溶茶、干茶、浓缩茶、鲜茶饮料等。乳制品的种类主要有发酵酸奶、奶酪、酪渣等。

2. 日本(Japan)

日本是全世界老龄化程度最严重的国家之一,但是日本又被称为"长寿之国"。日本有许多企业另辟蹊径,从中挖掘到了新的利润增长点。提出了"银发经济"这一概念,在对长寿人群产业开发方面可以说走在了世界前列。日本的银发经济多集中在对城市老年服务产业上,从长寿中寻找商机,从长寿中赚钱。日本的银发经济主要具有以下特点:

(1)众多的日间陪护机构

从 2010 年开始,日本各地开办了多达 4 万家的日间陪护机构。其中有一种为"拉斯维加斯式"日间陪护——模拟赌场,这种陪护场所里设置了若干个老虎机,有卡牌、筹码、各种模拟赌博游戏。这里使用只能通过锻炼"挣得"的虚拟货币。所谓锻炼是指每天上午和下午各 10 min 配着 Lady Gaga 的音乐进行的伸展运动。老年人的动机也不是赚钱,而是获得冠军奖杯的荣誉。多个平均年龄高达 80 岁的老人在 200 m^2 的空间里尽情玩乐、大声欢笑。这种的"拉斯维加斯式"日间陪护已经成了当地退休人员生活的核心部分。

(2)让长寿科技拥抱老年人

丰田公司开发了训练中风患者恢复对四肢控制的陀螺仪平衡板和能够灵活移动的"伙伴机器人",帮助卧床不起的老人坐轮椅或去厕所。

日本软银公司公布了一款名为"佩珀"的机器人,它能够阅读和表达感情,担任医疗工作者和保姆,定价 19.8 万日元(约合人民币 1 万元)。日本政府也采取措施加快新技术的发展和应用。政府向一些科技公司的开发人员提供补贴,以降低护理机器人的售价,并将使用国有家庭医疗保险来支付机器人的费用。

据日本总务省发布的报告,超过 50%的日本老人有意向使用智能电子设备,老年人正成为高科技、智能产品的有力消费群体,而后者也成为日本"银发经济"的主要发展方向。

3. 比尔卡班巴(Vilcabamba)

(1)地理环境

比尔卡班巴是南美厄瓜多尔的一个村庄,位于厄瓜多尔南部洛哈省的山谷之中。比尔卡班巴的海拔约 1500 m,气温常年在 20 ℃左右,全年只有雨季和旱季两个季节。由于该村居民的寿命相当长,被世界誉为"长寿之地"。比尔卡班巴,在印第安语中是"圣谷"的意思,也有当地人称它为"青春谷"。因当地风景优美以及当地居民的长寿而闻名,为一大旅游胜地。

(2)长寿资源

比尔卡班巴盛产水果、蔬菜。水果有香蕉、香瓜、梨、柑橘、葡萄、番木瓜、苹果等,蔬菜更是品种繁多。

比尔卡班巴地区有钦巴和扬巴拉两条大河和很多的山泉。因此,当地人喜欢饮用泉水,科学分析发现,当地泉水中的矿物质含量较高,其中铁、镁等成分的比例很理想。

比尔卡班巴人喜欢吃豆类、玉米、香蕉、甘薯、大米、芒果等。大多数人每周只吃一两次鸡或鱼等动物食品。当地人很少得心脑血管疾病。科学家认为,这主要归功于当地人没有金钱和竞争概念,喜欢劳动,这使得他们对心脑血管疾病"免疫"。而很少吃动物和高热量食品,使得当地人拥有缓慢稳定的新陈代谢。

(3)长寿产业

随着比尔卡班巴名声渐响,越来越多的外乡人移居于此,全世界的游客也频频到访。比尔卡班巴的旅游业和房地产业开始兴起,尤其是随着越来越多的欧美人来在此定居,小小的比尔卡班巴甚至曾出现了房地产热潮。这里的房地产公司还打出"70万美元坐拥20英亩[①]健康山林"的广告吸引客户。沿山而建的豪华别墅,视野最好、设备完全西化的旅店、温泉和酒吧在比尔卡班巴逐渐增多。

4. 罕萨山谷(Hanza Valley)

(1)地理环境

罕萨山谷位于巴基斯坦罕萨河北端,海拔2500m,周围群山环绕,风景秀丽,是巴基斯坦最有名的旅游胜地之一,也是世界五大长寿乡之一。

罕萨山谷距离我国的新疆仅30km。4.5万罕萨人世代过着"日出而作,日落而息"的农耕生活。在罕萨,当地人几乎从不患病,六七十岁根本不叫老人,八九十岁仍可在地里劳作,健康地活过一百岁在这里并不算什么稀罕事。罕萨人喜欢吃粗制面粉、奶制品、水果、青菜、薯类、芝麻等。他们还喜欢适量饮用一种由葡萄、桑葚和杏制成的烈酒"罕萨之水"。罕萨山谷附近有许多冰川、河流,这些水体中含有丰富的矿物质,常年饮用有利于人体健康。罕萨人在种庄稼时也用这种水进行灌溉,从来不施农药,种出来的瓜果蔬菜特别有营养。罕萨人多以务农为生,古朴的生活习惯使他们远离了现代社会的竞争,又为自己的长寿增加了一块砝码。

(2)长寿资源

罕萨山谷是由无边无际的果树、梯田和村庄组成的富饶王国。千百年来罕萨人与世隔绝,在这个360度雪山的怀抱里开辟了层层叠叠的梯田,种植了漫山遍野的杏树、梨树和苹果树,过着平静简朴、与世无争的恬静生活。

(3)长寿产业

1)**文化旅游**:英国人詹姆士·希尔顿那篇著名的小说《消失的地平线》改编的电影在这里拍摄,罕萨成了西方人心目中"香格里拉"的代名词。罕萨也是日本动画大师宫崎骏的杰作《风之谷》里,娜乌西卡驾驶飞车掠过的那片美丽山谷的原乡,吸引了无数背包游客前来寻梦。

2)杏子也被罕萨人充分利用制造成多样化的食品,包括杏子果酱、杏子果脯、杏子饼、杏子汁、杏子干等。更绝的是,罕萨人还将果核内的果仁磨成杏子油,用以烹饪。

3)"罕萨之水"是一种烈性无糖红酒,用罕萨地区种植的葡萄制成,经常在宴会等特殊场合饮用。其实,罕萨的"特殊场合"很多,所以人们经常可以喝到红酒,从酒中吸收了很多抗氧化物质。

2.4.2 国内典型案例

长寿经济的发展必须有聚合度较高的长寿资源。我国的长寿经济发展是伴随着对长寿人群与地理环境的关系研究、长寿地区长寿资源研究、"世界长寿之乡""中国长寿之乡"评选、中国五大长寿地带的公示而引起全社会的广泛关注及高度重视的。

从2006年开始,中国老年学学会开展了"中国长寿之乡"的评审活动,并制定了15项考核标准。其中最重要的标准项为:长寿的代表性,即百岁老人占总人口的比例达到国际共识的标

[①] 1英亩=4047 m²。

准十万分之七;长寿的整体性,即区域人口平均预期寿命要明显高于全国平均水平3岁;长寿的持续性,即80岁及以上的老人占总人口的1.4%。

截至2019年年底,全国共有84个县市、地区获得了"中国长寿之乡"的称号。我国的长寿经济、长寿产业借助于"中国长寿之乡"的品牌优势,在各地党政部门的高度重视和政策的引领下,取得了显著的经济效益和社会效益。

1. 广西巴马

(1)地理环境

巴马瑶族自治县位于广西盆地云贵高原的斜坡地带,地势西北高,东南低,境内山多地少,素有"巴山一水一分田"之称。巴马最高处海拔1216m,最低处221m,大多在600~800m。境内盘阳河自北向南悠然而下,将石山带和土山带一分为二,恰似银河系牛郎和织女,两岸相望。巴马是世界五大长寿之乡中百岁老人分布率最高的地区,被誉为"世界长寿之乡·中国人瑞圣地"。

(2)长寿资源

1)长寿自然资源

水资源:巴马的长寿老人大都饮用盘阳河及其两岸的山泉水和地下水。巴马属于喀斯特地貌区,泉水河水多为岩溶水,带有人体需要的多种微量元素,且水呈弱碱性。

空气资源:巴马空气负离子含量达到5000~20000个/cm^3,百魔洞甚至可以达到60000个/cm^3。

2)长寿农业资源:以水稻、珍珠黄玉米、甘蔗、油茶、林果业、秋冬菜及香猪、土鸡鸭养殖为主,还有巴马香猪、油鱼、银鱼、黑山羊、麻鸡等特色农业品种资源。

(3)长寿产业

从2000年起,巴马县的长寿产业成为地方经济支柱产业之一。虽然,长寿产业在全国处于起步阶段,但长寿产业发展前景十分广阔。2013年河池市制定了《巴马长寿养生国际旅游区发展规划纲要(2013—2020年)》,将巴马县的"长寿养生旅游"作为核心产业进行打造。

1)核心旅游产品建设

依托世界级的长寿养生旅游资源、优良的养生度假环境,以盘阳河流域为重点区域,以长寿养生文化为主题特色,以休闲养生、康体健身、文化体验为主要功能,大力发展长寿养生、休闲度假旅游产品,打造一系列大型长寿休闲养生度假旅游基地建设,举办国际性的长寿养生文化旅游论坛。依托盘阳河流域沿岸长寿村屯、月亮河等建设一批长寿文化村,开发长寿村屯旅游。将旅游区打造成为世界级的长寿养生旅游目的地。

2)世界长寿之乡品牌建设

系统建设"世界长寿之乡"品牌,增强品牌国际市场竞争力。将"世界长寿之乡"和"寿乡巴马、养生天堂"确定为旅游区总体形象,加强世界长寿之乡品牌的营销,突出宣传世界长寿之乡——巴马自然环境条件的优越性、地方生活习俗的特色性、长寿养生哲学的科学性,突出宣传巴马是世界长寿之乡中唯一长寿人口比率还保持增长的地方,突出宣传巴马长寿现象的研究对世界长寿文化研究具有的重要地位和作用,并在此基础上,通过国际旅游营销代理网络、旅游连锁营销网络、旅游电子商务企业群,以及国际性旅游社区等国际化营销网络,充分运用新媒体,扩展延伸世界长寿之乡品牌,大力塑造旅游区整体长寿养生品牌,体现品牌个性,系统地进行旅游品牌识别、包装和推广,打造相匹配的旅游服务品质和信誉,依托国家旅游推荐线路,促进旅游区的国际形象上台阶、大跨越。

3)巴马的长寿产业分为5个方面——长寿食品、长寿旅游、长寿地产、长寿疗养、长寿文化

绿色长寿食品有:珍珠黄玉米、巴马火麻、巴马藤茶、油茶、南瓜、竹笋、香猪、山羊、油鱼、银鱼、黑山羊、麻鸡、香猪等名优特产和五谷杂粮,为长寿老人提供纯天然、无污染的食品。中国长寿绿色食品生产基地、国家地理标志产品巴马香猪生产基地、广西矿泉水生产基地等长寿食品基地建设相继建成。

长寿旅游景区有:百魔洞、长寿水晶宫、长寿岛、巴马命河、水波天窗·百鸟岩等。

长寿地产、长寿疗养区:巴马弄劳国际养生都会、百魔洞养生度假区、寿乡绿色养生园、赐福湖国际休闲养生度假中心、"云外天乡"国际养生度假区、命河景区、巴马东盟文化养心园、龙洪高端养生度假区、巴马仁寿源景区、灵岐河养生度假区、东兰月亮河长寿村、东兰红水河国际生态养生休闲度假区、坡豪福禄寿度假村、三门海国际生态养生度假基地、都安红水河三岛湾国际旅游度假区等。

长寿文化:清朝的嘉庆皇帝为瑶族142岁高寿老人蓝祥题诗:"烟霞养性同彭祖,花甲再周衍无极"。清光绪戊戌年,光绪皇帝钦命广西全省提督冯子才为那桃乡平林村邓诚才题赠"惟仁者寿"的匾牌。

在巴马民间,有补粮、备棺、赐寿匾、赠寿联、送寿等传统习俗。如"送寿歌""劝孝歌""祝寿联"等。

巴马的长寿文化不仅体现在本体的起居、生活、心理、社会交往等方面,还体现在"和合"、孝道的传统美德和饮食文化等各领域中。

巴马神奇的地理环境、奇特自然风光以及蕴含的哲学以地理地貌中的"阴阳"山水、天然"八卦"山水图、"时空"隧道岩洞、"命河"等为载体,融合了巴马长寿文化的自然秉赋和居民精神的归依,被较好地当作旅游养生文化得以开发。

2. 佛山三水

(1)地理环境

三水区位于广东省中部,佛山市境西北部,珠江三角洲西北端。三水地势自西北向东南倾斜,西北多高丘,东南多冲积平原及低丘。三水因北江、西江与绥江三江汇流而得名,三水自然风光优美,生态旅游资源丰富。三水荷花世界、森林公园先后荣膺"国家4A级旅游景区"称号。大旗头古村、胥江祖庙等文化底蕴深厚,迳口九道谷漂流、侨鑫生态园成为极具特色的新景点。开发建设中的云东海将使三水呈现"前江后湖"的美丽景观,而迳口华侨经济区将变身"广东香格里拉"。

(2)长寿资源

2008年6月26日,中国老年学学会正式宣布授予三水区"中国长寿之乡"称号,是广东省首个"中国长寿之乡",全国唯一的富裕型长寿之乡。中国老年学学会制定的健康长寿12项考核指标,三水区全部达标。三水地处广东西江和北江交汇处,饮用水源水质常年达到饮用水源地一级保护标准。三水的百岁老人多生活于西江和北江河畔的村镇中。

农业资源:三水白鸭、乌鬃鹅、韭菜花、瘦肉型猪、黑皮冬瓜、"四季获"椰菜、桂花鱼、乐平雪梨瓜等特色品种独占鳌头。

(3) 长寿产业

1) 南山镇富硒特色小镇：规划面积 6 km², 以"富硒大健康＋文化"为主体,融合自然古村、田园文化、生态水岸、农业花海等产业内容,构筑产业特而强、功能聚而合、形态小而美、机制新而活的南山特色富硒度假小镇。规划一环一带三线八组团构筑环状旅游动线,形成"文化＋水＋山地"的文化＋大健康农旅产业综合体。

2) 大健康产业谷：规划面积 9 km², 划分为 4 大区域：核心制造区、创新创业聚集区、选种育种示范区、养生休旅度假区。依托现有的饮料食品基地北园和佛山市农科所以及南山镇得天独厚的生态自然环境和丰富的硒资源,打造大健康产业全产业链,重点发展富硒饮料食品、生物医药保健食品、医疗器械装备、富硒农业新品培育及深加工、休旅养生养老度假等产业。未来,南山镇将与广东省营养健康产业协会和广东省现代健康产业研究院联手建设在全省颇具影响力的大健康产业谷。

3. 江苏如皋

(1) 地理环境

长江北岸江海平原上的江苏南通市辖下的一个县级市。如皋位于扬子准地台的下扬子台褶带上,为苏北坳陷中的苏南——勿南沙中新生代相对隆起区。地质构造的主要特征为：北东向切割呈带状,北西向切割成块。境内为平原地带,整体水平面高于邻县。地势由西北向东南略有倾斜(海拔 2~6 m),如泰运河中段两岸地势最高,沿江以东地势归低。地域酷似桑叶,地形如"复釜"。

(2) 长寿资源

如皋的长寿之乡与当地的环境、水质、饮食结构及生活起居等有关。就食品而言,当地的银杏、萝卜、长生果、茶干、潮糕、荞麦饼,无一不具益寿之效。就器用而言,草席、木屐、荞壳枕、瓦罐、铁锅、杉木盆,无一不具健身之妙。就艺术而言,中国盆景七大流派、中国风筝四大产地、中国篆刻三大流派,如皋皆居其一,其养年之功尽可意会言传。目前,当地还保留着百岁巷、万寿堂、水绘园等与长寿、养生有关的历史文化遗址,以及百岁碗、过百路、千家米等寿文化民俗。

(3) 长寿产业

1) 如皋市长寿研究会：如皋市长寿研究会成立于 2002 年 6 月,是全国首家县(市)级长寿研究社会团体。长寿研究会成立 10 多年来,多角度、多层次深入探讨如皋长寿奥秘,成效显著,硕果累累,先后在《长寿探秘》等专业期刊或相关高峰论坛上发表研究论文近 200 篇,其中有 20 多篇论文获中国老年学学会等专业委员会优秀论文奖。编撰出版专著或论文汇编 20 多本,系统汇集了长寿研究成果,对于如皋长寿文化宣传起到了巨大的推动作用。

2) 政府"大健康课题组"率先引领。自从跻身"世界长寿乡"后,如皋市政府成立了"大健康产业课题调研组",就"如何抢抓健康产业发展机遇,充分发挥'世界长寿乡'的品牌优势,切实将长寿资源转化为发展资源和产业优势,有效推动大健康产业发展"这一重大课题,展开调查和思考。2014 年 5 月,课题组发布了如皋《充分发挥"长寿"品牌优势,做大做强我市大健康产业》报告;2016 年 7 月,课题组又发布了"十三五"如皋大健康产业发展深化研究汇报——《抓住机遇迎接挑战发展"大健康"产业助推经济转型升级》。

3) 坚持科学养生,立体打造与"世界长寿之乡"品牌相适应的"五大产业化"大健康产业体系。致力使如皋成为具有较强影响力的集健康保健、养生康复与养老健康旅游为一体的"长三角"知名的健康养生养老基地,形成具有核心竞争力和长寿特色的健康养生养老服务聚集地。

4)长寿富硒食品加工产业化。"十二五"期间,如皋市把本地富硒水土种植的农作物、绿色果蔬,本地富硒粮食饲料喂养的优质畜禽及其深加工产品,初步打造成了如皋长寿系列食品,发展壮大了长寿、玉兔、银燕、康寿、中翠米业等上规模的食品企业集团,现有如皋白蒲"万珍"黄酒、"平康"牌富硒"五谷杂粮"、"千翠湖"富硒大米、"仁宗"牌"春华"牌萝卜条、"寿硒"牌富硒大寿桃、"寿曦"牌富硒无花果、"雒水"牌富硒草鸡(蛋)、"康威尔"银杏粉等富硒食品生产,都已形成规模。先后组建了寿都密码、富硒农业网、生态农业网、如皋农业网及相关电子商务公司,注册了"苏皋长寿"集团商标及"平康""寿硒""寿曦""千翠湖"等个体商标,成立了"苏皋长寿"如皋富硒农业食品速销销售公司,目前以上海为中心的全国销售网络已经形成,富硒长寿食品加工产业化已成为如皋经济社会,特别是作为第一产业的如皋农业转型升级的重要抓手。

5)做优长寿乡村旅游产品、打造长寿乡村旅游品牌。如皋市从战略发展的角度考量,以"局部先行,全境贯通"为原则。比如,如皋百岁以上长寿人口比率的分布基本在北部—东部—东南部。这一地区土壤质量高,富含有效硒、锌、硼、锰等微量元素,出产丰饶的富硒农作物,是长寿乡村旅游产业开发的重要物质基础。特别是区内已发展成形生态农庄20余家,包括省四星级乡村旅游区2家,省三星级乡村旅游区2家,AAA级旅游景区一家,江苏省历史文化名镇1个,多个省级旅游村,发展长寿乡村旅游产业,基础扎实、底蕴深厚、元素多元、便于操作。作为如皋长寿乡村旅游产业的先行区,优先规划、优先开发、优先打造、优先发展。如皋市委、市政府编制了《如皋市白雪线乡村旅游养生带总体规划》,并于"十三五"期间全面付诸实施。

4. 四川彭山

(1)地理环境

彭山区是四川省眉山市市辖区,古称武阳。彭山位于四川盆地西部,地处岷江中游。县境东邻仁寿县,南接东坡区,西与蒲江、邛崃两县交界,北与新津、双流两县相连,属成都经济区。

彭山区境内中部为平原,东西部为浅丘。中部为平坝区,占总面积的32%。彭山属于亚热带湿润气候区,其基本特点是:气候温和,雨量充沛,四季分明。彭山境内河流属岷江水系,府河、南河自北向南汇于下江口,流入岷江,继续南流,径流量135亿 m^3。

(2)长寿资源

1)农业资源:有彭祖寿柑之乡、葡萄之乡、二金条海椒之乡、泽泻之乡称号。

2)文化资源

彭祖长寿文化、忠孝文化、茶叶文化、厚重文化底蕴。彭祖作为长寿的象征,其独创的以导引行气术、调摄养疗术、膳食养生术、房室养生术为核心的彭祖长寿养生文化,堪称中华文化之瑰宝。其"适身、通神、一志、导心"八字要诀,分别从生理和情理方面补益健养人体,从而使人得以健康长寿,因此具有很高的科学研究价值。

(3)长寿产业

1)长寿文化产业:将以彭祖长寿养生文化和李密孝文化列为彭山长寿产业的核心。1991年开始,彭山就举行了首届并确定每5年举办一次彭祖长寿养生文化节。彭祖国际养生养老产业高端论坛、彭祖祭祖大典等系列活动,进一步突显了彭山长寿文化的历史名片底蕴。目前,长寿养生文化节已经具有一定的知名度和美誉度,是四川省政府同意保留的会节之一。

2)长寿养生养老产业:高起点、高标准规划养生养老产业"三大片区",即沿府河、黄龙溪一线的高端养生片区,以彭祖新城为核心的城市养老片区,成乐高速以西的田园养老片区,最终形成重点突出、方向明确的养生养老产业发展格局。围绕"一核一带三区九园",打造以孝文化为主题的养生养老产业园区。加快推进双凤湖养生度假城项目,打造环双凤湖养生养老产业带;推动凤凰文化养老项目落地,规划建设养生养老全体系产业链,打造全国养老产业发展典范。

3)长寿旅游产业:彭祖山文旅综合开发区、岷江现代农业主题公园、东山养生文化体验度假旅游区、西山忠孝文化生态田园旅游区、寿星谷景区。开发了彭祖旅游书签,武阳古陶,彭山印象主题茶杯等一批旅游产品。

4)长寿食品:开发以葡萄、猕猴桃、米枣为主题的彭山味道,彭祖八百寿的"老彭百礼酒"、牧马山"桑葚养生酒"等养生食品。

5. 湖北钟祥

(1)地理环境

钟祥地处湖北省中部,汉江平原北端,地貌山地、丘陵、平原、溶洞、山冲均有。汉江纵贯市境,两岸支流水量丰富。气候四季分明,光能充裕,雨量适中。土壤成土母质以近代河流河谷冲击物和第四纪黏土为主,占全市耕地总面积的 59.14%。

(2)长寿资源

湖北钟祥古称长寿县,钟祥市自古长寿者众多,历史上有 1000 多年称长寿县。当地许多地名与"长寿"相关,如长寿店、长寿河、长寿村、万寿岩等。钟祥人长寿秘诀与生态环境相关:该市水量 5000 亿 m^3,人均 5.6 万 m^3,水质都在国家规定的二级标准以上;1/3 地方有富含锶、钼、钾等多种微量元素的矿泉水。土壤质量好,土壤种类齐全,酸碱度适中,一二级耕地占 95%。大气环境质量的主要指标均控制在国家二级标准以内,适合人体健康。

(3)长寿产业

进入 21 世纪,钟祥总结长寿经验,开发出枸杞酒、野生葛粉、矿泉水、云雾茶、长寿豆等长寿系列产品,备受国内外客商青睐,进一步充实了钟祥长寿文化的内涵。

6. 四川都江堰

(1)地理环境

都江堰市位于成都平原西北部,因举世闻名的都江堰水利工程而得名,被誉为"天府之源",境内拥有世界文化遗产青城山、都江堰、龙溪—虹口国家级自然保护区。

(2)长寿资源

1)文化资源:人文胜迹众多。历经两千多年风雨仍发挥巨大作用的都江堰水利工程被誉为"世界水利文化的鼻祖","幽甲天下"的青城山是中国道教发祥地、天师道的祖庭。

2)生态环境资源:龙溪—虹口国家级自然保护区内有包括大熊猫、金丝猴、珙桐等珍稀物种在内的高等植物和动物 14000 余种,被誉为"世界天然植物园""野生珍稀动物基因库",是中科院全国生物多样性五大基地之一。

3)人居环境资源:全市森林覆盖率高达59.59%,城区绿化率33%,空气质量和水质常年保持国家一级水平。

4)中草药资源:都江堰市中药材资源丰富。尤以川芎、"三木药材"(杜仲、黄柏、厚朴)为最,大宗药材种植面积已达17万亩[①],产值3亿元以上。红梅、泽泻等中药材形成了规模化生产。药用动物养殖以人工养殖黑熊、鹿、林麝等最为著名,其养殖技术和取药方法居全国前列。

(3)长寿产业

1)中草药养生产品开发:川芎王国"川芎酒"、川芎叶成为老人家中常吃的食物。

2)长寿文化产业:四月的清明放水节、六月的长寿文化节、十月的青城山道教文化节等均在国内外享有盛誉。

7. 桂林永福

(1)地理环境

永福县隶属于广西壮族自治区桂林市,位于广西东北部,桂林西南。县域山多、丘陵多,属于典型的喀斯特地貌。海拔在1100 m以上的山地分布在县的西部、西北部和东南部,西南部是海拔300~500 m的是山峰林地带,河谷平原以及山间平地遍布其间,东北部为海拔200 m以下的冲积平原。全县地势西北部、中部和东南部高,中部两侧及东北部较低。永福县地处中亚热带季风气候区,冬短夏长,气候温和,日照充足,雨量充沛。

(2)长寿资源

1)水资源:境内地表水年径流量57.84亿 m³,经有关专家检测,境内泉水水质优良,许多泉水达到了直接饮用标准,具有小分子团,呈弱碱性、氧化还原低、矿物质含量丰富,矿化度优于国家天然矿泉水标准。

2)土壤资源:永福县土壤富含硒元素,全县2/3的耕地富硒,土壤含硒1.1 mg/kg,是全国平均值的3.3倍。生产的罗汉果、优质米等农副产品富含天然硒元素,罗汉果含硒189 μg/kg,优质米硒含量75 μg/kg,大大超过富硒标准。"永福老人长寿现象是一种智能长寿"。这是中国卫生部老年医学研究所等专家针对永福长寿现象开展调研后得出的科学结论。广西永福县的长寿现象绝少遗传基因,没有家族长寿史,呈现出智能长寿的趋势,是人类长寿的必然之路。

3)长寿文化:永福县寿星辈出,自古皆以"三千水旱无忧峒,十里常逢百岁人"而著称。廖扶(约公元前350年—前192年),永福县百寿镇人。史料载,廖扶,汉初始安县人,寿158岁,惠帝时得道,敕封拯危真人,享祭于都峤山(今广西容县)中。晋代道教大师葛洪曾到永福县百寿镇(晋代为常安县)的夫子岩(今百寿岩)炼丹著书。

4)农业资源:水稻、罗汉果。有"中国罗汉果之乡""广西无公害蔬菜生产基地""无公害水果生产基地""优质谷生产基地"和"广西中药材产业十强县"等荣誉、称号。

(3)长寿产业

1)2014年,永福县将长寿健康养生产业确立为战略支柱型产业,经自治区发展改革委批复永福成为全区第三个获自治区层面批复实施的"长寿健康养生产业"发展县(区)。《永福县养生

---

① 1亩=666.67m²。

长寿健康产业发展规划(2014—2025年)》,以发展医疗保健、观光旅游等8个产业为重点,以建设国家级养生产业示范区为目标,面向国内外两个市场,建设具有资源和要素配置优势的养生产业平台,使永福县成为全国养生长寿示范县、广西养生长寿健康产业创新发展的典型样板。

2) 富硒农产品:以富硒罗汉果、永福香米、富硒砂糖橘三大主导产品,开发了长寿健康养生茶、养生饮料、养生酒、富硒米等农产品、罗汉果系列食品。

3) 富硒中草药产品:桂林中族中药股份有限公司开发的罗汉果系列产品、广西惠康生物科技有限公司,利用当地的罗汉果、金线莲等原材料研制出的系列保健茶饮料。

4) 健康产业:有桂林龙光长寿养生谷、凤山福园、拉槁温泉、桂林国际养生城、桂林葫芦湾福寿养生休闲园、富硒养生山泉水、红太阳健康功能农业等一大批长寿健康养生产业项目。

8. 湖南麻阳

(1) 地理环境

麻阳县为湖南省怀化市辖县,位于怀化市西北部。全县地形略似筲箕,南、西、北三面高,中部低,朝东倾斜开口。境内峰峦重叠,溪河众多。麻阳属亚热带季风气候区,四季分明,雨量充沛。麻阳历有"松柏参天无尽头,山高水清常年流"之称。境内有大小溪河287条,流域面积1500 km^2。各溪河都汇入锦江。

(2) 长寿资源

1) 土壤资源:麻阳土壤富含铜、锌、铁、锰、硒、锶、铬等微量元素,是一个天然的"矿化池"。

2) 地形资源:麻阳总体地形较为奇特,西、南、北三面较高,朝东倾斜开口,呈筲箕状,形成了一个天然的"地磁场"。麻阳天气基本上是"冬无严寒,夏无酷暑",还具有小盆地气候,南、西、北三面有高山阻挡,有逆温层存在,形成了一个天然"保温室"。麻阳大多为林区、山区,空气中含有大量负氧离子,是一个天然"氧化池"。

3) 水资源:麻阳十分丰富,平均产水69.22万 m^3/km^2,境内溪河密度达到0.583 km/km^2,水质优良。

4) 森林资源:目前全县森林覆盖率62.1%,良好的森林资源环境,造就了天然的"空气调节器"。

5) 农业资源:麻阳柑桔、西晃山猕猴桃、西晃山葡萄、麻阳糯米甜酒、大麻鸭、锦江白鹅、锦江滩螺等特色农业品种声名远扬,又是"中国冰糖橙之乡"和"湖南水果之乡"。西晃山野生猕猴桃资源十分丰富。品种有圆柱、椭圆、猪腰子、珍珠等形状果实,分为软毛、硬毛、无毛三类,肉有绿、淡绿、淡黄、黄肉紫心、绿肉黄心之分。还有西晃山葡萄、冰糖柑地方特色水果品种。世界卫生组织公布的14类长寿食品,麻阳占有13类。

6) 长寿文化资源:麻阳长寿文化源于盘瓠文化,盘瓠文化是根,长寿文化是枝,盘瓠文化是麻阳长寿文化的原始积累。

(3) 长寿产业

1) 长寿农业:全县林药、林畜、林养和特色水果等林下经济经营面积达20多万亩;冰糖橙、脐橙、塔罗科血橙,7.5万亩黄桃、红心猕猴桃、富硒刺葡萄等特色水果达30多万亩。

2) 长寿工业园:在原有锦江产业园基础上,投资5亿多元新建长寿产业园,先后入驻湖南米米生态、怀化锦江农汇等8家企业,逐步建成了以微电子信息、农副食品加工为主的绿色、新兴产业园区。

3) 长寿农产品物流:大力实施"互联网+商贸物流",加快推进电商物流园建设,完善乡镇物流网点,鼓励电商、微商发展,形成了以"果果绿"为龙头的电商企业和数以千计的微商,年实现销售农产品收入达1.4亿多元,正逐步形成商贸物流业新增长极。

4) 长寿旅游业:张吉怀精品生态文化旅游带融入苗族特色、生态长寿元素。滕代远故居开发、少数民族传统村落保护、石羊哨温泉及黄土溪旅游资源开发等项目,培育了一批苗族特色村寨、长寿村落、休闲农业、乡村旅游和健康养生等生态长寿文化旅游产业。

9. 山东莱州

(1) 地理环境

莱州市位于山东省东北部,烟台市西部,西临渤海莱州湾。莱州拥山海之利,地势自东南部低山向西北部沿海低地呈台阶式下降。其中,低山占10.25%,丘陵占48.12%,平原占41.63%。莱阳有南阳河、王河、朱桥河、龙泉河、苏郭河、龙王河、沙河、胶莱河等河流16条,多属季节性河流。

莱州属北温带东亚季风区大陆性气候,四季分明,光照充足。年降水量约610 mm,属于半湿润地区。莱州依山傍海,既有云峰山、大基山、寒同山等道教文化名山,又有尚家山、崮山、马山等原生态野外旅游胜地,是一处山清水秀的宜居之地。史料记载,秦始皇、汉武帝曾亲驾莱州"三神山"(今三山岛)寻仙求寿,可见莱州早为长寿之地。

(2) 长寿资源

1) 土壤资源:莱州土壤质地适中,富含锰、锌、硼等多种微量元素,当地人少有心脑血管发病;莱州生活用的地下水中锌、硒、镁、铁等微量元素含量高,对人身体健康非常有益。

2) 空气资源:莱州海岸线达108 km,沿海八万亩松林是"天然氧吧"。莱州大气质量优于国家大气环境质量一级标准,空气中负氧离子含量适中,有益于人体健康。

3) 文化资源:莱州是道家养生文化的发祥地。莱州大基山是道家圣地,道家一贯主张修身养性、清心寡欲,倡导活动健身。莱州人深受道教养生文化的影响,养生文化如同孔孟之道一样在民间根深蒂固。莱州的道观、寺庙、牌坊中许多匾牌联都有摄生保养方面的名言警句,在民间流传极广。

4) 农业资源:海产品有蟹、鱼、虾、贝、藻等300余种。其中对虾、梭子蟹、文蛤、大竹蛏被称为莱州"四大名鲜",举世闻名。"中国月季之乡""中国草艺品之都"。

(3) 长寿产业

打造"常到莱州·健康长寿"品牌知名度。长寿旅游产业有AAAA级景区大基山森林公园、AAA级景区云峰山森林公园、莱州市桃源山庄老年公寓、城港路街道著名的"长寿村"朱旺村、凤毛寨长寿文化基地。

2.4.3 长寿经济发展现状述评

1. 总体发展状况

(1) 区域长寿经济发展战略研究开始起步

以中国科学院地理科学与资源研究所、中国老年学学会和老年医学学会为代表的一些科研机构及其学术团体,结合长寿之乡的长寿资源,开始系统地进行长寿经济的战略研究、区域长寿产业规划和设计。

(2)"长寿之乡"品牌有力地带动了寿乡的经济发展

广西巴马等长寿之乡在"世界长寿之乡""中国长寿之乡"等品牌的助力下,提出了各具区域特色长寿之乡品牌战略。通过长寿旅游、长寿文化、长寿农产品开发,带动了地区经济的发展,提高了长寿之乡的经济收入,成为了地方经济发展的新增长点。

(3)长寿产业得到较快的发展

依托寿乡品牌和资源优势,我国的许多长寿之乡开始面向高端市场,大力发展富硒产品、有机产品、绿色产品、健康养生产品、保健产品等长寿产品。通过加快企业技术革新和产品创新,提高产品的科技含量和附加值。根据消费升级趋势,大力发展休闲养生旅游业、长寿健康养生产业、壮瑶医康体保健业、养生养老服务业、长寿房地产业等。抓住国家鼓励发展民族医药产业和健康产业的机遇,抢抓先发优势,做大做强长寿系列新兴产业,提高产业竞争力,培育经济新增长点。

(4)长寿经济助推区域特色经济发展

我国的长寿之乡大多数在生态较好的山区,通过长寿产业的开发,推动了地方特色旅游业、特色农业(林药渔业)、特色食品、特色民俗文化产业的发展。

2. 存在的问题

(1)区域发展不平衡

全世界的长寿带、长寿之乡在长寿经济的发展过程中由于受到各国区域经济发展的不平衡、社会安定的程度、交通旅游等因素的制约,长寿经济发展水平差异很大。有的长寿旅游年规模突破上千万人次,有的则在十几万人次。有的长寿经济产值上百亿元,有的才上百万元。

(2)侧重于养老产业发展

考虑到未来全世界 60 岁以上老人将占到总人口 1/3 比例的情况下,许多区域开始以养老产业为突破口,通过解决老化居养的问题,着力提高老年人长寿生活质量,发展相关的长寿经济。

(3)长寿产业结构不够合理

部分长寿之乡在长寿产业建设过程中,缺乏高起点、重长远、区域统筹的科学合理规划。长寿产业结构融合度差,空间布局不合理,长寿产业特色不突出。此外,由于地缘相近,许多寿乡的农业气候条件、品种资源、旅游资源都比较相似,从而出现了长寿产业同质化的现象。

(4)长寿产业链条尚未形成

升级长寿产业,延长长寿产业链是"长寿之乡"长寿经济从发展初期向发展中期过渡的重要一环。在长寿经济发展的成长期,应加快产业转型升级,调整优化产业结构,不断把长寿链条做长、做深、做细、做精。但是,出于种种原因,目前区域性、国际性的长寿经济价值体系,长寿产业开发体系尚未构建,长寿产业链条尚未形成。

(5)长寿经济品牌建设重视不够

部分地区虽然已经被评为长寿之乡,但是对自身的长寿资源挖掘的不够;对自身长寿产品、长寿产业、长寿企业的品牌建设重视不够。

（6）过度开发

部分区域没有重视长寿经济发展与生态环境承载力的关系。在发展长寿经济时，无序使用长寿之乡的各类资源，过度发展长寿旅游业、长寿养老地产等，致使在有限的生态空间、生活空间中到处都是房地产开发。污水、垃圾未得到及时的处理，环境保护不到位，使长寿之乡的可持续性发展受到伤害，不得不重新规划和整改。

第 3 章　长寿经济的理论基础

3.1　人口理论

3.1.1　马克思主义人口理论

1. 两种生产理论

（1）理论的提出

两种生产理论是马克思主义人口观的重要构成要素,也是我国制定人口政策的理论基础和基本原则(郑爱文 等,2018)。在 1844 年,恩格斯就在《政治经济学批判大纲》一书中,首次提到了"人的生产"的概念。同年,马克思在《1844 年经济学哲学手稿》中,从哲学角度对"人口生产"的含义进行了更加详细的论述。明确指出:"人的生产和动物的生产是有差异的,即人的生产是全面的,动物的生产是片面的"(马克思 等,1979)。此后,马克思和恩格斯在《德意志意识形态》中,对人口生产理论进行了进一步的建构:"首先,人们行为活动的前提是物质生产,即生产出生活所需要的生产资料;其次,人们在已有需要的前提下产生新的需要,这些新的需要主要是指精神层面的需要;再次,人类社会存在的基本前提就是有生命的个人存在。假如缺少'增殖',缺少人类自身的生产和再生产,人类社会就无法延续"(马克思 等,1979)。通过以上著作,马克思和恩格斯初步建立起了两种生产理论的基本框架。

（2）基本内容

两种生产理论的基本内容如下:

1）人口生产的基本内涵。马克思从狭义和广义两种语境来阐述了人口生产的基本内涵。从狭义上讲,人口生产是指人口的繁衍。例如,在谈及关于工人工资问题时,马克思认为:"对人的需求必然调节人的生产,正如其他任何商品生产的情况一样"。如果对工人的生产超过了需求,那么一部分工人就可能会面临沦为乞丐或者饿死的情况。从广义上讲,人口生产是指人的全面生产。马克思在分析资本主义异化劳动问题时,曾经明确指出:"动物的生产是片面的,而人的生产是全面的"。因此,相对于动物而言,人口生产是人的全面生产。其中,人的生产不仅进行物质资料的生产,而且进行人自身的生产、精神生产,是人类创造物质财富和精神财富活动和过程之总和。

2）人口生产和物质生产之间的关系。在马克思和恩格斯共同完成的《德意志意识形态》一书中,马克思和恩格斯初步阐述了人口生产和物质生产之间的关系。他们认为,首先,物质资料的生产主要包括两个方面:一是物质生活资料的生产。物质生活资料指的是人们在生活过程中消耗(衣食住行)的物质生活,是满足人类最基本生活资料的生产。物质生活资料的生产从消费的目的来看主要是为了满足我们生存资料的消费。二是生活需要的再生产。生活需要的再生产指的是物质资料的生产得到满足之后,在新的需要的基础上开始进行新的生产。人们在满足了物质生活资料的需要之后,会开始追求发展资料的消费和享受资料的消费。比如,人类在满足了最基本的衣食住行之后,开始会追求更高的消费。其次,人口生产也包含着双重含义:一是自己生命的生产。对自己生命的生产,包括对人的自然生命和人的精神世界的生产,实现人的全面生产。自然生命的生产指的是人类生命的存在是通过对物质产品的消费来实现的,达到人的体力和智力得到恢复。精神世界的生产指的是,人类在对自身生命的生产的过程中,人类形成新的品质,比如在劳动的生产过程中形成坚强的意志、超强的耐心等品质,产生新的观念,同时为了实现人与人之间的交流,产生可以交流的语言。这些品质和思想共同丰富人类的精神世界。二是指他人生命的生产。人们在生产自身的过程中,也在不断地进行着对他人生命的生产,也就是人口的繁衍。他人生命的生产,不仅包括对他人生命的生产,还包括在对他人生命的生产中生产出的社会关系。因此,对他人生命的生产必须在一定的社会关系中实现。最后,人口生产和物质资料生产之间存在着密切的内在关系。一方面,人口生产以物质资料的生产为前提和基础。因为人口要进行生产必然离不开物质资料提供的最基本的需求,在这些需求满足的基础上才能够进行人口的生产。另一方面,人口生产寓于物质资料的生产中。由于人们对与物质资料的生产实际上是人类为了自身的生存和发展而进行的生产,因此这种物质资料的生产也是对人自身的生产。

综上所述,马克思的人口生产理论认为,首先,人口生产是人的全面的生产,包括人自身的生产、物质资料的生产和人口精神的生产,是人类创造物质财富和精神财富活动和过程之总和;其次,人口生产的内容包括对自身的生产,对他人的生产,以及人的再生产这3个部分。最后,在人口生产的过程中,物质生产和人口生产二者之间是密不可分的关系。

(3)现实意义

马克思主义人口理论的传入为我国特色人口理论体系建成奠定了基础,也成为我国制定人口政策的理论指南(王雪超 等,2018)。例如独生子女生育政策、全面二孩政策都是在马克思主义人口理论的指导下根据我国特定时期制定的人口生育政策。

新中国成立后,庞大的人口基数在一定程度上抑制了我国的发展。为了缓解生存、就业的压力,党和政府提出要控制人口增长,推动经济发展的目标,进而催生了独生子女政策,并在1982年将计划生育政策列为我国的基本国策,正式写入宪法。30多年的独生子女政策改变了我国的人口结构,也成为人口红利消失、劳动力逐渐萎缩和快速老龄化的关键因素之一。为了缓解劳动力缺失、人口老龄化、男女性别比失衡等新问题。2011年,政府推出允许双独生子女可以生二孩的政策,2013年,政府提出了"单"独生子女可以生二孩的政策。2016年,开始全面实施一对夫妇可生育两个孩子政策。这表明我国的独生子女政策正式退出历史舞台,全面进入二孩政策的新时期。

深入分析马克思主义人口理论的当代价值不仅有利于解决我国存在的人口问题,还有利于我国社会的经济、政治、文化的发展,促进人全面而自由的发展,最终实现人口与经济、社会资源、环境之间的协调和良性互动,真正实现人口的可持续发展。因此,人口政策的制定既需要坚持科学的人口理论为指导,也要与本国实际相结合,制定全局、长远的人口政策,追求可持续的发展。不管是独生子女政策的制定,还是全面二孩政策的实施,都是以马克思主义人口理论为指南,运用具体问题具体分析的方法并结合当时特定的国内背景而制定的政策。我国已经进入新时代,新时代下我们有了新的使命、新的目标、新的理论。全面二孩政策的实施,目的是增加一定数量的人口,保持人口发展和社会发展动态上的平衡,进一步推动社会的发展。也许随着社会的发展,在特定的时期"全面二孩政策"也不再符合我国的发展情况,生育率始终不能达到 2.1,那么未来的人口生育政策很可能就是完全放开人口生育政策,孩子生育几个完全凭借妇女个人的生育意愿。但是不可忽略的是未来人口生育政策的制定需要在马克思主义人口理论下变化,人口与环境、社会发展之间长期处于动态平衡。除此之外,未来政策的制定也是需要在总结独生子女政策、全面二孩政策的教训、吸取其他国家的经验,但不可盲目照搬,因为我国特殊的人口状况、文化传承和社会发展程度与其他国家都是有差别的。

2. 人口质量理论

马克思和恩格斯在其论著中,详细阐明了有关人口质量的思想,提出了有关人的"生理素质和精神素质",研究了人口质量在人类社会发展进程中的重要作用。其人口质量思想主要包括以下几个方面的内容。

(1)人口的身体素质

在《家庭、私有制和国家的起源》一书中,恩格斯阐述了人类的起源问题,并认为人的身体是进行一切活动的前提和基础,强调了人的身体素质的重要性。在他看来,人的身体素质的主要影响因素主要包括两大类:一是自然因素。自然因素就是指人类的遗传因素。人类的婚姻状况可以分为蒙昧时期和野蛮时期。在这两个不同时期的婚姻演变路径是由血缘婚姻状况到非血缘状况。非血亲关系会对遗传和后代的身体和智力都会产生影响。二是社会因素。社会因素是指人类的生活环境和生活条件,如居住环境、营养状况、劳动强度等等方面。以资本主义社会中工人的生活情况为例,常年的高强度劳动和不良的劳动的环境,会影响到工人阶级的身体状况。

(2)人口的思想和道德素质

马克思和恩格斯认为,工人的思想道德主要表现为两种类型。其中,一类是在资本主义压迫下,一部分工人仍然具有良好的道德品质,他们富有同情心,在工作上勤勤恳恳,努力挣钱养活家;另一类就是在资本主义制度的压迫下,面对生活压力失去道德底线的一部分人,如犯罪的,酗酒的,游手好闲的等。

(3)人口文化素质

马克思主义产生于资本主义的发展时期,马克思和恩格斯亲眼见证了科学技术对生产力发展的巨大推动作用。例如,工业革命的发展,使得各项工作的分工更加精细,对劳动者素质的要求也更高。通过对发达的资本主义国家与落后的封建制国家之间的比较,马克思和恩格斯指出了教育对于人口文化素质的重要性,认为教育是提高人口文化素质的主要途径。因此,工人阶级接受相关的教育是社会发展的必然,也是历史发展的趋势。

3. 相对过剩人口理论

马克思将相对过剩人口的产生与资本家对剩余价值的剥削联系起来,与资本有机构成提高的必然性联系起来,并将相对过剩人口的周期性波动与经济周期联系起来,深层次地解读了资本主义生产方式下失业问题的根源与实质(王珊娜,2014)。

(1)基本内涵

马克思认为,在资本积累形成过程中会产生超过资本增值所需要的工人人口,这部分人口被称为相对过剩人口。相对过剩人口是资本主义特有的人口规律。在《资本论》中,他指出:"工人人口本身在生产出资本积累的同时,也以日益扩大的规模生产促使他们自身成为相对过剩人口的手段。这就是资本主义生产方式所特有的人口规律"。在资本主义私有制度下,资本家是人格化的资本,资本增值就表现为资本家榨取工人更多的剩余价值。为了达到这一目的,资本家就在工作日一定的前提下提高劳动生产率,让更少的劳动力支配更多的生产资料,即资本的有机构成提高,相对过剩人口产生,这是资本主义所特有的人口规律。马克思曾用"产业后备军"来形容工人阶级中的相对过剩人口。经济波动中,劳动力需求的变化随之波动,失业率忽高忽低,正是"后备军"的体现。因此,大量相对过剩人口的存在是资本主义经济制度的必然结果,也是资本主义发展的前提。一方面,在业工人受到相对过剩人口存在的威胁,甘于承受资本家对现有工人的严苛剥削;另一方面,大量相对过剩人口还可以调节和满足因资本主义生产发展周期性特点下资本对劳动力不定时的需要(张存刚 等,2015)。

(2)表现形式

相对过剩人口主要表现为以下3种形式:

1)流动形式。流动形式是指就业情况并不稳定,常常处于就业与失业的摇摆状态中的劳动者。如次级劳动力市场上的非正规就业者,以受教育程度低的中年女性为主。经济衰退时,附加性劳动力效应与悲观性劳动力效应同时存在,且作用方向相反,如次级劳动力市场是经济周期中劳动参与变动幅度较大的群体。

2)潜在形式。潜在形式是指农村剩余劳动力。农村中的剩余劳动力在某种程度上也充当着"产业后备军"的角色,他们在农村与城市之间不停摇摆。发展经济学家刘易斯也注意到了这一部分的劳动力,并提出了推拉理论。

3)停滞形式。停滞形式是指没有固定职业,长期处于失业状态或就业不足的群体。这部分人的生活水平长期处于工人阶级的正常水平以下。这部分就业困难群体,长期在最低生活水平中徘徊,很难实现就业,或者失业持续时间很长,成为最难就业的过剩人口。

(3)后工业社会的变化

工业社会主要以商品生产为基础,后工业社会主要以服务行业为基础。在资本主义从工业社会向后工业社会发展和演化的过程中,社会结构也出现了很多的变化。这些变化有的符合马克思的预见,有的超过马克思的预见,比如产业工人的减少,职业经理人、高级技术员工与白领等新的中产阶级的涌现,生育率的明显下降等(王珊娜,2014)。

1)劳动力结构的变化。工业革命开始后,西方社会最重要的变化是工业活动的扩大,农民的消失以及产业工人的出现。而从产品生产经济到服务经济的发展过程中,劳动力在部门间的分布又出现了重大的变化,即产业工人不断减少,专业技术和服务业劳动力不断增加,并在劳动力群体中逐渐处于主导地位。此外,服务业的职业范围也在不断扩大,出现了个人服务业、分配性服务业、社会服务业和生产性服务业等,并涌现出了娱乐、休闲、保健、金融保险、商务服务等越来越多的新行业。

2）新的社会阶层的出现。当代资本主义社会的许多现代工商企业已经与马克思时代的企业有了千差万别的变化，企业的日常经营决策由职业经理人来完成，而大股东退出管理活动。值得注意的是，职业经理人既不是雇主，也不是普通的雇员，资本家和工人阶级两大对立的阵营中出现了新的分化，使得原来的劳资关系中，出现了一层润滑剂。这也意味着，所有权和经营权的分离在某种程度上可以实现经营目标的多元化，而不是必然地追求利润最大化，或者说剩余价值最大化。

3）生育率的明显下降。马克思认为，劳动生产率越增长，劳动供给就会比劳动需求增加的得快，从而产生更多的相对过剩人口，即"生产力压迫人口"。但是，全球长期的生育数据表明，随着妇女受教育程度的提高和工作收入的提高，生育的机会成本上升了，同时由于精力有限，对孩子培育质量的重视程度开始上升，导致随着资本主义经济的发展，生育率出现显著下降。虽然生育率明显的下降并不一定会缓解相对过剩人口问题，但它会对人口结构的变化产生重要影响，进而直接影响劳动力数量和结构的变化。

3.1.2 适度人口理论

1. 马尔萨斯人口理论

马尔萨斯（T. R. Malthus）是近代人口学科的奠基人，其1798年出版的著作《人口原理》在学术界产生了深远的影响。马尔萨斯人口理论传入中国后，所产生的反响和争论几乎超过了当时所有从西方传入的资产阶级政治经济学说，在中国近代人口思想史上占据了突出的位置（朱慈恩 等，2018）。

马尔萨斯的人口理论是一个逻辑严谨的科学体系，其主要内容包括以下部分（赵晓晶，2018）：①两个公理。第一，食物是人类生存所必需的；第二，两性间的情欲是必然的，且几乎保持恒常状态。根据这两个公理，马尔萨斯提出了"人口增殖力远远大于土地所生产的人类生活所需的物质资料的能力"的基本假设。②两个级数。马尔萨斯认为，人类自身的生产和物质生活资料的生产是社会发展的两个不可或缺的基础条件和决定因素。人口通常是按1、2、4、8、16……的几何级数增加，而生活资料只按1、2、3、4……的算术级数增加。因此，人口增殖力要大于土地生产力的增殖力。③三个命题。首先，人口的生存必然受到生活资料的限制；其次，只要生活资料出现增长，除非受到某种强烈和明显的抑制作用的控制，人口一定会随之不断增长；最后，这些抑制可以大致归纳为道德的节制，罪恶和贫困3个类型。④两种抑制。马尔萨斯认为，抑制人口增长的方式主要包括两种：一种是通过独身、晚婚和禁欲等行为以降低人口出生率的方式，即道德抑制；另一种是大自然以权威的方式进行发号施令，如通过失业、疾病、饥荒、瘟疫、战争等方式来提高人口死亡率，消灭过剩的人口，即积极抑制。

马尔萨斯的《人口原理》一出版，立刻在全球激起了轩然大波，引起了最广泛的争议（杨晋锋，2011）。虽然马尔萨斯人口理论带有固有的时代和阶级局限性，但是不可否认，马尔萨斯的人口论在以后的经济学和人口学领域都有着重要地位，他的理论仍是人口学理论研究的起点。

2. 适度人口理论的后续发展

适度人口主要是指人口行为应该保持的某种程度，究竟何种程度则主要由人口行为环境对应的要求决定,比如经济产出最大化要求、社会福利最大化要求、生态环境破坏最小化要求等。

马尔萨斯人口理论可被视为适度人口理论的雏形。埃德温·坎南(Edwin Cannan)则是现代适度人口理论的奠基人。坎南将适度人口分析拓展到各个产业,以社会综合生产能力的最优状态作为适度人口规模确定和变化的重要依据,并指出社会综合生产能力的最优状态所对应的极大报酬点会随着知识进步和其他要素的变化而变化。1952年,索维出版了《人口通论》(阿尔弗雷·索维 1978),第一次系统阐述了适度人口的概念和理论,并将适度人口从经济领域拓展到非经济领域。索维明确指出,适度人口应与目标相对应,不同的目标对应不同的适度人口,包括经济目标、社会目标、军事目标等。此外,他还认为技术进步和经济发展方式转变能增加适度人口,从而正式区分了"静态适度人口"和"动态适度人口"。当前,伴随着福利经济学、社会学等学科向人口学的渗透,适度人口理论的内涵不断地从经济增长向社会福利、资源环境拓展。

根据上述适度人口相关思想及理论,可以围绕物质资料生产和人口自身生产,设定经济社会发展目标和资源环境发展目标,进而将适度人口界定为这两种生产的一致或相适应并对应着既定目标条件的人口数量。在可持续发展的框架下,适度人口的确定要充分考虑人口与经济、社会、资源、环境等之间的内在关系。其中,基本条件是经济发展,最终目标是社会发展,基础底线是生态发展,即保持资源和环境发展的可持续性。在不同的社会发展阶段,适度人口目标应该与之相对应。在确定适度人口的过程中,关键在于找准可持续发展目标中的短板,围绕"依靠人"和"为了人"提升既定模式下的适应度(见图3-1)。

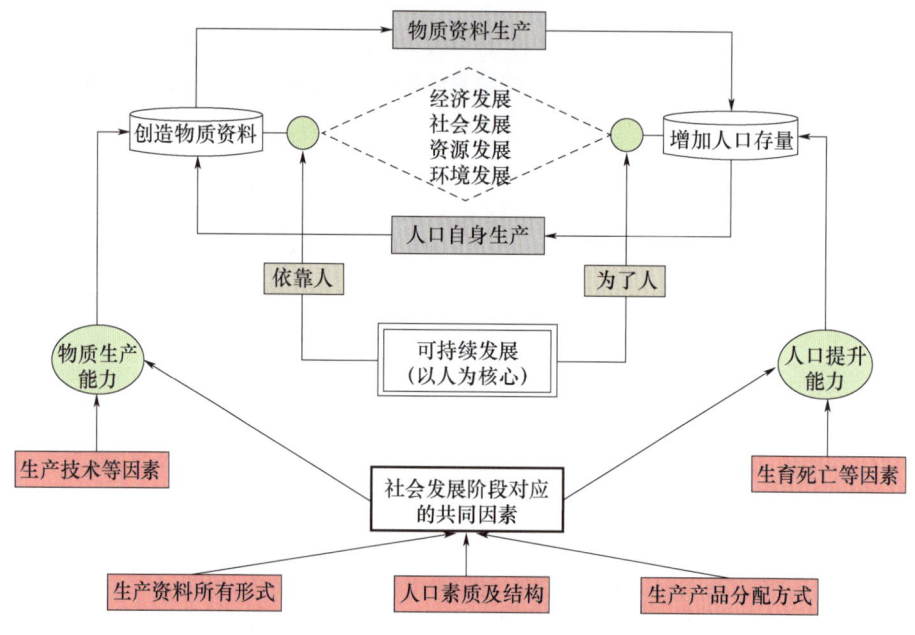

图3-1 适度人口决定理论机制(王婷,2017)

3.1.3 人口转变理论

人口转变理论(the demographic transition theory)是现代西方人口理论的重要组成部分,也是用来解释当前世界人口发展状况与趋势的基本理论(周仲高,2014)。1909 年,法国人口经济学家阿德尔费·兰德里(Adolphe Landry)在其《人口的三种主要理论》一文中,提出了人口转变的思想。随后,在 1934 年出版的《人口革命》一书中,更加系统地阐述了人口转变理论(孙晓芳,2012)。随着社会经济发展,人口转变理论已经经历了经典、现代和后人口转变时期三个阶段,并在理论演进与拓展中形成了众多流派。如何结合特定国家或地区的人口变动历史,从多维视角解释后人口转变时期的人口变动趋势已经成为人口学常见的研究内容。

1. 基本内容

人口转变理论是一种联系社会经济发展、人口发展过程及其演变的主要阶段为研究对象的人口理论,它并不是纯理论演绎的结果,而主要得自对历史经验和实际资料的分析(李竞能,2004)。

(1)经典人口转变论

兰德里的"人口革命"论是经典人口转变论的代表性内容。他根据西欧特别是法国的人口统计资料,结合人口出生率和死亡率的变动,首次提出人口转变的 3 个阶段,并把人口发展过程看作与社会经济条件密切相关的过程。首先,在原始阶段,人类的生产力水平低下,经济因素主要通过死亡率来影响人口发展,对生育率没有抑制作用。人口增长的限度最终决定于生活资料。其次,在中期阶段,为维持现有的生活水平,人们往往较晚结婚,甚至终身不结婚,从而降低了生育率和人口增长速度。经济因素对人口发展的影响是通过婚姻关系来实现的。最后,在现代阶段,较高的生活水准和伴随经济发展而来的社会心理变化,逐步地完成了人类生育观的重新塑造;人们通常自觉地限制家庭规模,生育率普遍降到低水平。这种情况下,马尔萨斯所说的人口过剩已不存在,取而代之的则是人口不足。

(2)现代人口转变论

经典人口转变理论仅局限于描述人口转变本身,以及它与社会经济发展的关系。但是,随着人口转变研究的深入,人们发现人口转变是多种因素综合作用的结果。代表性的理论包括寇尔的人口转变标准模式,彼得和拉金的五类型-五阶段模型,临界值假说等。现代人口转变理论有一个共同点是在人口死亡率稳定在低水平的条件下,研究重点转向生育率的研究。

(3)后人口转变理论

如何进一步发展和完善人口转变理论来应对人口转变完成之后的社会现实,是人口转变理论后续发展过程中面临的重要问题。如荷兰学者 Van deKaa 提出了第二次人口转变理论,认为在人口转变完成后,社会的结构、文化和技术等三个维度上都会发生相应的变化,进而推动人口的生育、婚姻和家庭等都产生了根本性的变化。国内学者也提出了后人口转变理论,认为人们应尽快跳出人口数量多少和生育水平高低的狭隘视野,更多地关注今后低生育水平下的中国人口,以及相关的人口质量、结构、分布和开发问题(于学军,2000)。

2. 人口转变模式

由于所处的政治经济文化环境的不同,世界各国的人口转变模式也各具特色。其中,欧洲模式、日本模式和中国模式是比较具有代表性的人口转变模式(孙晓芳,2012)。

(1)欧洲模式

从18世纪中期到20世纪30年代,欧洲发达国家经历了一个多世纪的人口转变过程。在此期间,生产力水平的快速发展,资本有机构成不断提高,资本对劳动力需求相对过剩。由于科技进步提高了对劳动者素质的要求,增加了劳动力再生产的费用。此外,妇女受教育与就业机会也不断加大。医疗技术的进步使得死亡率明显下降。在这些因素的综合作用下,欧洲发达国家的人口发展不断转为现代人口再生产类型。欧洲发达国家的人口转变过程是与经济社会发展过程同步的,是产业革命与工业化进程中人口再生产类型的自然转变。这种转变历时较长,但引发的经济社会波动较小。

(2)日本模式

从二战后到1957年,日本仅用十几年时间就完成了从传统型人口再生产向现代型人口再生产的转变。在此期间,日本政府大力提倡计划生育,制定相应人口政策,从而有效实现控制人口数量、提高人口素质的目标,使人口转变适应经济发展的需要。日本的人口转变的是在经济发展和政府推动下双重作用的共同结果。

(3)中国模式

中国的人口转变始终是在政府的干预下开始和进行的。1949年以后,虽然中国人口转变的过程同样经历了"高高低""高低高""低低低"三个阶段,但中国完成人口转变的时间大大缩短,人口转变的速度也比发达国家快很多。由于中国在短时间内完成人口转变,造成人口结构变化与经济社会发展不相适应,生产力发展水平与人们的生育意愿还未完全吻合,导致中国的人口转变呈现出不彻底、不稳定、不平衡的特点,这都成为当前中国应对人口转变问题的核心和关键(见图3-2)。

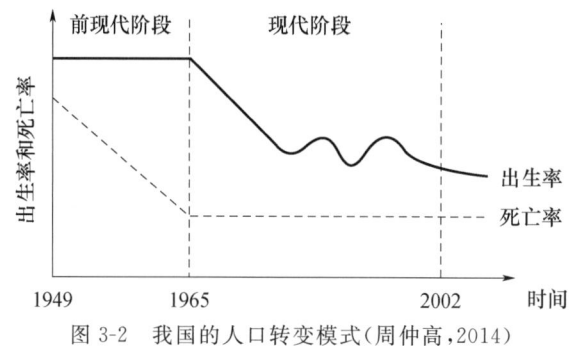

图3-2 我国的人口转变模式(周仲高,2014)

3.1.4 人口红利理论

1. 人口红利的基本概念

人口红利是指一个国家的劳动年龄人口占总人口比重较大,抚养率比较低,为经济发展创造了有利的人口条件,整个国家的经济呈高储蓄、高投资和高增长的局面。1998年,David E. BIoom

和 Jeffrey G. Williamson 等人在研究人口转变对东亚经济增长的推动作用时,首次提出人口红利(demographic gift)的概念(Bloom et al,1998)。他们认为,出生率、死亡率的降低和人口年龄结构的变化给绝大多数发展中国家提供了一个经济快速发展、生活水平迅速提高的机会窗口。在人口转变过程中,由于出生率的下降速度快于人口老龄化的速度,少儿人口抚养比与老年人口抚养比在一个时期内较低,总人口中劳动年龄人口所占比重较大,为经济社会发展提供了充裕的劳动力供给,对经济发展有着很大的促进作用。当然,拥有人口红利并不意味着经济必然增长,还需要分析转变后的人口结构是否与经济社会发展相协调。因此,在不同的经济、政治和文化环境下,如何使人口机会窗口更大程度地转变为人口红利,是理论界关于人口红利问题讨论的核心。

2. 第二人口红利

随着研究的深入,人们把人口红利进一步细分为第一人口红利和第二人口红利。其中,第一人口红利通常是指人口转变过程中由于劳动年龄人口占总人口比重增加,从而导致经济增长的现象。第二人口红利则是指人们由于预期到人口年龄结构的变化,调整个人消费储蓄行为,做出有利于资本积累的个人决策,并最终使得经济产出水平增加的现象。

这两种人口红利均强调人口年龄结构变化可能带来的经济增长。但是,第一人口红利主要关注劳动年龄人口的作用,而第二人口红利则把重点放在个人储蓄行为变化而产生的经济影响上。结合人口转变理论,可知人口转变的最终结果必然会是人口的高抚养比,即老龄化社会的加速到来。这也意味着第一人口红利是阶段性的,而第二人口红利则可能是持久性的。当社会出现"少子高龄化"现象时,一方面,可以通过各种手段来增加劳动者的人均资本水平;另一方面,老龄人口也会为了老年生活的稳定而积累财富,从而使得人均资本占有率和人均收入可能会稳定在一个相对较高的水平。

3. 人口红利的实现机制

在现实社会中,很多国家和地区虽然处于人口红利期,但没有很好地利用人口年龄结构优势,没有真正将其转化为经济动力,使得人口红利期很快消逝并造成很多社会问题。研究表明,人口红利的兑现通常需要以下途径:

(1)劳动力供给

有利的人口年龄结构能够增加劳动力供给,促进经济增长。第一,年轻的人口年龄结构意味着劳动人口比较多;充足的劳动力资源为经济发展提供了供给保障。只要能够提供足够的就业机会,所有劳动力都将转化为现实的生产力,从而提高国民总收入和人均收入。第二,更充足的劳动力资源有利于实现分工,进而通过合理的分工来提高劳动生产率,实现规模经济,促进整个社会总产出水平的提高和人均收入的增加(王德文,2007)。第三,有利的人口年龄结构还意味着较低水平的抚养负担,这使得更多的女性劳动力资源可以摆脱非生产性的家庭劳动,参与到生产性经济活动过程中。这些女性劳动力资源也创造大量的经济产出,促进经济增长(Lindh,1999)。

(2)储蓄

有利的人口年龄结构能够提供更多的储蓄作为资本积累的源泉,促进经济增长。根据生命周期理论,一个人一生的储蓄将随着年龄的变化而呈现出倒 U 型的变化过程。就整个社会而言,少儿人口和老年人口属于储蓄能力较低的人群,而劳动年龄人口是储蓄能力最大的群体。因此,当人口年龄结构比较年轻时,意味着整个社会中劳动年龄人口占据了较大比重,他们较大规模的储蓄通常会作为社会的资本积累,有力地推动经济的发展。此外,劳动力的增加将导致整个社会收入的增加,进而带来社会储蓄水平的上升,也将推动经济的发展。

(3) 技术进步和人力资本

有利的人口年龄结构能够促进人力资本投资,实现经济增长。第一,人口死亡率的下降意味着人们的健康状况得到改善,人们的预期寿命将会不断延长。健康的身体素质和更长的预期寿命使得人们更加有机会和有条件进行人力资本的投资与积累。第二,随着人口转变的实现,人们会延长受教育的时间,参与更多的知识和技能培训;人们还会延长工作的年限,推迟退休年龄;女性也会更多地接受教育并参与到各种工作中。这些将会为社会提供更多的劳动力,积累更多的人力资本,促进经济增长。第三,由于总和生育率的下降,家庭拥有的孩子数量减少,每个孩子的教育资源和社会资源会增加,从而不断提高整个社会的劳动生产效率,增加经济产出,改善人们的生活水平和收入状况。

3.1.5 老龄化理论

1. 健康老龄化理论

1990 年,世界卫生组织(WHO)在哥本哈根世界老龄大会上首次提出了"健康老龄化"的目标。健康老龄化是不仅要使人长寿,而且要健康地长寿。因此,健康老龄化的实质含义便是追求健康长寿。

健康老龄化的主要内容如下(宋全成 等,2013):①健康老龄化是国家针对人口老龄化提出的战略对策,它的目标是从整体上不断提高老年群体的生命长度和生活质量。②健康老龄化提出了"健康预期寿命"的概念,表明其不仅关注平均预期寿命,而且更加关注生命的质量。③健康老龄化旨在使绝大多数老年人都按人体的正常衰老过程发展,着重追求老人在生活过程中身体是健康的,功能是正常的,生活是能自理的。④健康老龄化把预防保健、治疗康复结合起来,把饮食营养、体育锻炼、心理保健、环境保护、公共卫生、个人卫生、健康的行为方式等各个方面都作为实现健康老龄化的一个组成部分,强调通过多学科、多方式来解决老人的健康问题。⑤健康老龄化是全民族、全社会共同的愿望,更是大家共同的责任。

实现健康老龄化的基本思路包括(华宏鸣,2013):①更新观念。人的衰老是一个缓慢的过程,只要没有较大的疾病,80 岁之前是完全可以自理的。因此,提高老龄人的健康水平,关键要更新观念,调动老龄人自我保健、自我养老的积极性。虽然政府为了老年人口的健康实施了各种措施,包括改善公共卫生条件、倡导全民健身运动、进行健康知识宣传、推进健康老龄化等。但是,只有老年人积极参与和密切配合时才能起到切实有效的作用。②工作重心前移。对健康的重视和促进不能等到老年阶段,而是需要在人整个生命周期中进行全程关怀。因此,应对人口老龄化的各种措施不应只限制在老年阶段,而是应该前移到中青年阶段。如果中青年人能保持健康、良好的身体状况,既能有效地保证健康地进入老年期,也能为国家节约大量医疗成本。③早做准备。老龄人不仅要在健康方面早做准备,在经济方面也应做一些准备。例如,除了储蓄和缴纳养老保险金外,也可适当进行一些投资理财活动,积累个人财产,以此作为自己老年期生活的主要来源。此外,每个老龄人都要努力实现终生健康、终生学习、终生参与社会发展的目标,为建立世界卫生组织倡导的"不分年龄,人人共享的社会"做出自己的贡献。

2. 积极老龄化理论

(1)基本内涵

积极老龄化是指在整个人的一生中要抓住机会和合理利用身体、社会和精神幸福的各种机会,以延长健康的预期寿命(世界卫生组织,2003)。积极老龄化是一套比健康老龄化更全面、更概括的概念和理论。1997年,在西方七国丹佛会议上,首次提出了"积极老龄化"的概念。1999年,在人口老龄化最为严重的欧洲,世界卫生组织发起和开展了一场"积极老龄化全球运动",并在2002年1月正式出版了《积极老龄化:从论证到行动》一书。2002年4月,世界卫生组织正式公布了题为《积极老龄化:政策框架》的报告。从此,积极老龄化理论日渐成为应对21世纪人口老龄化问题的新理论、政策和发展战略(宋全成 等,2013)。

积极老龄化的目的是使所有进入老年的人,包括那些虚弱、残疾和需要照料的人,都能提高健康的预期寿命和生活质量。相对于健康老龄化,积极老龄化理论将老年人视为长期被忽视的宝贵社会资源。只要他们健康地参与社会、经济、文化与公共事务,将依然是社会财富的创造者和社会发展的积极贡献者。

(2)积极老龄化政策的三个关键经济因素

积极老龄化政策的实施需要各种条件的支撑,其中,部分经济因素起着关键性的作用。一是收入因素。能否有效减少贫困人口,特别是贫困老年人口,是决定能否实施积极老龄化政策的重要因素。如果没有可靠或足够的收入,人们就无法获得有营养的食物,足够的住房和健康的照料,也就无法实施积极老龄化。因此,老年人拥有足够的收入,既是实施老龄化政策的前提条件,也是积极老龄化政策的重要内容。二是工作因素。老年人是否能够继续工作,不仅取决于老年人的当下状况,而且取决于在其生命的早期,是否拥有体面的、有尊严的工作。应当鼓励、保护和支持那些有能力或正在继续工作的老年人,而不应让老年人的工作受到排斥。在所有国家,都应当鼓励老年人在学校、社区、宗教机构,以及商业、卫生、政治机构从事志愿工作。通过参与这些志愿工作,老年人不仅能够为社区和国家做出贡献,也有利于增加老年人的社会交往,增进心理健康。三是社会保护因素。发达国家通常具有成功的和成熟的社会保障政策、服务与机构。但是,在发展中国家,那些需要帮助的老年人一般依靠家庭供养、非正规的服务交换和个人储蓄。因此,发展中国家更应对需要帮助的老年人提供社会保护,特别是代际社会保障。对老年人进行社会保护,既是积极老龄化政策的内容之一,也是影响积极老龄化政策的重要因素。

(3)积极老龄化政策框架的三个支柱行动

积极老龄化是以联合国"独立、参与、尊重、照料和自我实现"的原则为理论基础而提出的政策框架,这个框架包含三个支柱行动:健康、参与和保障。

1)健康

世界卫生组织认为,健康不仅仅是没有疾病,而且是一种在身体上、精神上和社会适应能力方面的完好状态。保证老龄人的健康,一是要积极开展老龄人健康教育,养成良好的生活习惯。通过开展健康教育,使广大老人懂得卫生健康知识,了解自身的身心健康状况,了解疾病的原因和防治方法,提高自我保健意识,把疾病防治在萌芽状态,节省医药开支,减轻家庭和社会的护理负担。二是要创造良好的社会环境,有效促进老年人口真正融入社会,增加与社会的交流与沟通机会,促进老年人的心理健康与社会适应能力。

2)参与

参与是指鼓励健康的、有能力工作的老年人继续参与各种工作与社会活动,以帮助老年人继续生活在主流社会中。老年人是国家和社会发展的宝贵资源,应根据个人的基本人权、能力、需要和喜好,支持老年人参与社会经济、文化和精神活动,通过收入性的和非收入性的活动,为社会继续做出建设性的贡献。

3)保障

保障是指政府应着力解决人们在年老过程中的社会、经济、人身安全上的保障需要,保障老年人在不能维持和保护自己的情况下受到保护、照料和有尊严。一般而言,政府、社区和家庭向老年人提供的保障主要包括供养、医疗、安全、权益等。这些保障能够提高其生命和生活质量,保障老年人的基本权利和尊严。

(4)现实意义

当健康、劳动力市场、就业、教育和生活政策能够有效地支持老龄化时,积极老龄化理论与政策能够在以下方面发挥积极的作用:

1)能够有效应对个体和群体的老龄化挑战。就个体而言,积极老龄化政策能够延长人的寿命,促进老年人口的健康,使老年人口能够享有良好的生活质量;就人类群体而言,积极老龄化政策能够帮助越来越多的老年人积极参与各种社会、文化、经济和政治生活,成为社会财富的继续创造者和贡献者。就这个意义而言,积极老龄化政策的确是人类个体和群体应对老龄化挑战的重要社会政策。

2)能够鼓励和平衡个人责任、代际友好与团结。一方面,积极老龄化的老人参与了更多的社会、经济、文化和政治活动,从而增加了收入,具有了更好的经济能力,从而能够更好地保证自身的身心健康,实现自我照料。另一方面,积极老龄化的老人通过在家庭中照料后代,不仅能够享受天伦之乐,也为子女创造了更好的工作条件,从而有利于代际的友好、和谐与团结。

3)有助于缓解养老金、收入保障计划以及医疗和社会照料支出不断增加的压力。目前许多国家的社会抚养比急剧上升,迫使政府从有限的财政收入中支付更多的养老金和社会福利,降低了社会的活力,医疗和社会照料支出不断增加,社会和政府的压力巨大。而积极老龄化政策将使越来越多的老年人开始参与社会公共生活,有助于减少养老金、收入保障计划以及医疗和社会照料的支出,从而提高社会的活力。

3.2　产业经济理论

3.2.1　区域经济发展阶段理论

长寿经济的成长和发展是一个漫长而艰巨的动态过程,认识和判断区域经济发展的阶段性和连续性,既是确定区域长寿产业发展目标和发展重点的重要环节,也是选择长寿产业发展方向的基础和出发点(陈映,2005)。在区域经济发展阶段性的理论中,比较有代表性的理论有胡佛(Edgar Malone Hoover)、费雪尔(Joseph Fisher)、罗斯托(Walt Whitman Rostow)等人的理论。

1. 胡佛—费雪尔的区域经济增长阶段理论

美国经济学家胡佛(E. M. Hoover)和费雪尔(J. Fisher)于1949年发表了《区域经济增长研究》(Research in Regional Economic Growth)的著作。他们认为,从制度背景和产业结构演化的角度上看,任何区域的经济增长都存在着一个"标准阶段次序"。根据这个假设,他们将区域经济增长的过程划分为以下五个阶段:

(1) 自给自足阶段

在这个阶段,区域经济活动的主体是农业。区域之间的经济交流很少,区域中的各种经济活动在空间上呈散乱分布的状态,表现出较为明显的孤立封闭的特征。

(2) 乡村工业崛起阶段

随着农业的发展和农产品的增加,商品贸易得到了发展,乡村工业开始兴起,并在区域经济的增长过程中起到了积极的推动作用。在本阶段中,由于乡村工业主要依托农产品、农业剩余劳动力和农村市场而发展起来的,因而它们主要分布在农业发展水平较高的区域。

(3) 农业生产结构转换阶段

随着生产力水平的提高,农业生产方式开始逐渐发生变化,开始由粗放型向集约型和专业化的方向转化。农业的专业化发展又进一步推动了区域之间的贸易和经济往来。

(4) 工业化阶段

在这个阶段,随着采矿业和制造业的发展,工业开始兴起,并逐渐成为推动区域经济发展的主导力量。一般而言,首先发展起来的是以农副产品为原料的食品加工、纺织、木材加工等行业,随后是以煤炭、矿石等原料为主的石油加工、冶炼、机械生产、化学工业等行业。

(5) 服务业输出阶段

在本阶段,服务业得到了快速的发展,服务的输出逐渐成为推动区域经济增长的主要动力。此时,拉动区域经济持续增长的主要因素包括资本、技术、专业性服务的输出等。

2. 罗斯托的经济增长阶段理论

1960年,美国经济史学家罗斯托出版了《经济增长的阶段》一书(Rostow,1990)。在书中,他采用部门总量分析方法,选择了一些已经完成了工业化的国家作为研究对象,对它们的经济增长过程进行了分析,从宏观经济层面上提出了一个国家或地区经济增长的主要阶段。

(1) 传统社会阶段

传统社会的生产力水平较为低下,产业结构单一,主要是作物栽培等传统的农业活动。农业是居民和国家的主要收入来源。

(2) 准备起飞阶段

本阶段的经济特征主要包括以下几点:一是农业的生产技术有所改进,但农业产出的增加往往被人口的增长所抵消。二是家庭手工业和商业逐渐兴起,出现了简单的产业化分工,并开始进行简单的扩大再生产。三是人们开始储蓄活动,金融制度应运而生,从而为资本的循环提供了条件。四是企业家阶层正在逐渐形成,在经济活动中的作用和影响力不断增强,增加了市场上的投资机会和就业机会。五是各类经济活动开始突破地域的限制,出现了较为专业化的分工与协作。

(3) 起飞阶段

区域经济经过长期的积累,其经济增长会在一定的时候发生质变,从而进入持续高速的增长,即区域经济开始起飞。区域经济进入起飞阶段需要满足3个基本条件:一是生产性投资率不断提高。二是工业部门成为区域的主导产业,并开始高速发展。三是建立起有利于现代产业扩张的社会、政治和制度结构。本阶段的主要经济特征是人均国民收入得以持续快速的增长;农业生产水平不断提高,商品化趋势日益明显,农村的剩余劳动力加速向工业领域流动;资本在经济部门间的转移不断加快,并开始大量地向工业领域集中;工业和交通运输业成为了推动经济增长的主导力量,它们的发展也推动着其他产业的快速发展。

(4) 成熟阶段

区域经济在经过一段时期的高速增长后,经济增长速度将逐渐趋缓,进入成熟阶段。本阶段的经济特征主要包括:一是钢铁、机械、化学等重化学产业成为带动区域经济增长的主导部门。二是农业劳动力仍然持续地向工业部门转移。三是劳动力逐渐向高学历化、熟练化和专业化的方向转变。四是人口继续向城市区域集中。

(5) 高消费阶段

在成熟阶段后,区域经济水平得到了更大的提高,物质生活更加丰富,区域经济增长就进入了高消费阶段。本阶段的经济特征主要包括:一是人均国民收入水平明显提高,人们对耐用消费品和劳务服务的需求不断提高,导致居民消费结构发生重大变化。二是为了满足耐用消费品需求的增长,各企业开始大量生产耐用消费品。三是企业竞争日益激烈,市场垄断倾向逐渐明显。四是社会生产能力的提高逐渐超过了市场需求的增长,在经济生活中出现了市场调节和政府干预并存的局面。

(6) 追求生活品质阶段

本阶段的经济特征主要包括:一是在物质生活需求得到满足之后,人们开始追求文化、娱乐方面的精神享受。二是随着消费倾向的改变,第三产业对经济增长的贡献逐步超过了其他生产部门,教育、文化、卫生、旅游等着重提升生活品质的产业部门成为推动经济增长的主导部门。

3. 我国学者的经济增长阶段理论

通过长期的研究,我国学者也提出了一些区域经济增长阶段的观点(肖金成,2014)。比较有代表性的是将区域经济增长划分为待开发、成长、成熟、衰退4个阶段。

(1) 待开发阶段

待开发阶段也被称为不发育阶段,是区域经济增长的初始阶段。其主要特征是社会生产力水平低下,第一产业在产业结构中所占的比重极高,商品经济不发育,经济增长速度缓慢,属于自给自足的自然经济。

(2) 成长阶段

当区域经济开始工业化进程时,就进入了成长阶段。其主要特征是区域产业结构发生了根本性的变化,第二产业逐渐成了区域中的主导产业。此时的区域经济总量迅速扩大,专业化分工迅速发展,商品经济逐步发育;人口和经济活动不断向城市和产业区集中,形成了区域中的增长极。

(3) 成熟阶段

本阶段的主要特征是:工业化已经达到了较高的水平,区域经济高速增长的势头减缓并逐渐趋于稳定。同时,生产部门结构的综合性日益突出,第三产业已经较为发达。本阶段也孕育着导致经济衰退的因素。如要素价格的上涨,生产和生活成本增高,许多产业和产品的比较优势逐步丧失等。

(4) 衰退阶段

在经历了成熟阶段后,部分区域有可能进入衰退阶段。本阶段的主要特征是:处于衰退状态的传统产业部门在产业结构中仍然占有很大的比重,导致区域经济出现结构性衰退,经济增长滞缓,区域逐渐走向衰落。区域经济衰退的原因主要包括区位性衰退、资源性衰退、结构性衰退和消聚性衰退 4 种。当然,并非所有区域都会经历衰退阶段。如果在一个区域出现衰退征兆时,能够及时采取有效的产业结构调整政策,就可以防止衰退,甚至有可能进入新的经济增长时期。

3.2.2 产业结构演化理论

随着世界经济的不断发展,长寿产业不断发展和演化,已经逐步形成了涵盖长寿农业、长寿工业、长寿旅游服务业等多种产业类型的长寿产业体系,使得长寿地区的产业结构和经济发展模式发生了巨大的变化。因此,依托经典的产业结构演化理论,来分析和预测区域长寿产业结构变化的方向、方式和途径,对于确定长寿产业发展的方向和目标具有重要的价值。本部分将简要介绍几种较有影响的产业结构演化理论。

1. 配第-克拉克定理

1940 年,克拉克(Colin Clark)基于威廉·佩第(William Petty)的研究,通过对 40 多个国家和地区不同时期三次产业的劳动投入产出资料的整理和归纳,首次提出了佩第-克拉克定理(Clark,1940)。

该理论认为,由于农业的生产周期较长,农业生产技术的进步也比工业要困难得多,导致劳动力的收入增长也较为缓慢。因此,当社会经济发展到一定程度时,对农业的投资就会出现报酬递减的情况。但是,工业和服务业的技术进步要比农业迅速得多,对它们的投资常常处于报酬递增的情况,因而劳动力的收入水平也更高。因此,随着社会经济的发展,劳动力将逐步从第一产业向第二产业转移。当人均国民收入水平进一步提高时,劳动力就会向第三产业转移。这样,劳动力在产业之间的分布状况就会变为:第一产业的劳动力减少,第二和第三产业的劳动力将逐步增加(李小建,2006)。

出现上述现象的根本原因在于,在经济发展的过程中,各产业之间总会出现收入差异。在市场机制的作用下,劳动力总是会流向高收入的产业。当一个区域的人均国民收入水平越高,那么其农业劳动力在全部劳动力中所占的比重就越小,而第二产业和第三产业的劳动力比重就越大。事实上,许多区域的统计数据也证实了这一趋势。

2. 工业化阶段理论

美国经济学家霍利斯·钱纳里(Hollis B. Chenery)利用二战后部分发展中国家在 1960—1980 年的历史资料,建立了多国模型,提出了工业化阶段理论。他根据人均国内生产总值这一指标,将不发达经济到成熟工业经济的整个变化过程划分为 3 个阶段 6 个时期(钱纳里,

1989)。产业结构的转化推动着低阶发展阶段向更高阶发展阶段的跃进(见表3-1)。

(1)初级产品生产阶段

本阶段的产业以初级产业为主。所谓初级产业,是指在经济发展初期对经济发展起主要作用的制造业部门。如食品、纺织、皮革等初级制造业。初级产品生产阶段又可划分为两个时期:①不发达经济时期。在这段时期,其产业结构以农业为主,没有或极少有现代工业,生产力的水平很低。②工业化初期。在这段时期,产业结构逐渐由以农业为主的传统结构逐步向以现代工业为主的工业化结构转变。其工业主要包括食品、纺织、采掘、烟草等初级产品的生产为主,劳动密集型的产业特征非常明显。

(2)工业化阶段

本阶段的产业以中期产业为主。中期产业是指在经济发展中期对经济发展起主要作用的制造业部门。包括橡胶制品、石油、化工、木材加工、煤炭等部门。工业化阶段也被划分为两个时期:①工业化中期。在这段时期,制造业内部由轻型工业逐渐转向重型工业,非农业劳动力开始占主体地位,第三产业开始迅速发展。重化工业的大规模发展是支持区域经济高速增长的关键因素,因而本时期也被称之为的重化工业阶段,资本密集型的产业特征比较明显。②工业化后期。在这段时期,在农业、工业协调发展的同时,第三产业开始由平稳增长转入持续高速增长,并成为区域经济增长的主要力量。这一时期快速发展的产业主要是金融、广告、信息、咨询服务等新兴服务业。

(3)发达经济阶段

本阶段的产业以后期产业为主。后期产业是指在经济发展后期起主要作用的制造业部门。主要包括服装、日用品、印刷出版、金属制品和机械制造等。发达经济阶段也被划分为两个时期:①后工业化时期。在这段时期,制造业的内部产业结构逐渐由资本密集型产业向技术密集型产业转换。同时,高档耐用消费品被推广普及。②现代化时期。在这段时期,第三产业开始分化,知识密集型产业逐渐从服务业中分离出来,并占据了主导地位。人们的消费选择表现出多样化和个性化的趋势。

表3-1　钱纳里的工业化划分阶段标准(张美云,2012)

时期	人均国内生产总值变动范围/美元				发展阶段
	1964年	1970年	1982年	1996年	
1	100~200	140~280	364~728	620~1240	初级产品生产阶段
2	200~400	280~560	728~1456	1240~2480	工业化阶段
3	400~800	560~1120	1456~2912	2480~4960	
4	800~1500	1120~2100	2912~5460	4960~9300	
5	1500~2400	2100~3360	5460~8736	9300~14880	发达经济阶段
6	2400~3600	3360~5040	8736~13104	14880~22320	

3. 产业生命周期理论

1966年,雷蒙德·弗农(Raymond Vernon)提出了产品生命周期(product life cycle)(Vernon,1982)。在此基础之上,1982年,Gort和Klepper通过对46个产品的长时间序列数据进行了分析,建立了产业经济学意义上的第一个产业生命周期模型(Gort et al,1982)。产业生命周期理论认为,产业生命周期是指从产业的出现到完全退出社会经济活动所经历的时间,它是每个产业都必然会经历的一个由成长到衰退的演变过程,一般可分为初创阶段、成长阶段、成熟阶段和衰退阶段4个阶段(见表3-2)。

(1)初创阶段

在这一阶段,新产业刚刚诞生,只有为数不多的创业公司存在,企业进入壁垒较低。初创阶段行业的产品研究开发费用较高,而产品市场需求狭小,销售收入也较低。因此,这些创业公司可能不但没有盈利,反而普遍亏损,创业公司面临很大的投资风险。这一时期的产业又被称之为先导产业或朝阳产业。

(2)成长阶段

在这一阶段,新产业的产品经过广泛宣传和消费者的试用,逐渐赢得了大众的欢迎或喜好,市场增长率很高,需求高速增长,技术渐趋定型。由于市场前景良好,投资于新产业的厂商也大量增加,企业的进入壁垒提高。一些拥有一定市场营销和财务力量的企业开始逐渐主导市场。这一时期的产业又被称之为主导产业。

(3)成熟阶段

在这一时期里,由于技术已经成熟,行业特点、行业竞争状况及用户特点非常清楚和稳定,市场和需求的增长率陷于停滞,从而导致行业盈利能力下降,其利润主要依靠产品的销售数量。在竞争中生存下来的少数大厂商垄断了整个行业的市场,每个厂商都占有一定比例的市场份额,行业的进入壁垒很高。这一时期的产业又被称之为支柱产业。

(4)衰退阶段

在这一时期里,由于新产品和大量替代品的出现,原产业的市场需求开始逐渐减少,产品的销售量也开始下降,某些厂商开始向其他更有利可图的产业转移资金。当正常利润无法维持或现有投资折旧完毕后,整个产业便逐渐解体了。这一时期的产业又被称之为夕阳产业或衰退产业。

从区域发展的角度而言,可以根据产业生命周期理论,掌握各类产业的发展规律,并针对每个阶段的特征进行产业规划,才能做出正确的产业战略和区域战略,推动区域经济的发展。

表3-2 基于产业生命周期理论的区域发展模式

项目	先导产业	主导产业	支柱产业	夕阳产业
规模	小	较大	大	由大到小
速度	不一定快于GDP	明显快于GDP	初期略快于GDP,后期略慢于GDP	明显慢于GDP
效益	不一定好	较好→很好	很好→一般	差
当前地位	低	较高	高	由高到低
未来影响	逐渐增大	越来越大	大而稳,后期开始减小	逐渐减小
政策取向	政府大力扶持;制定优惠政策;给予资金扶持	依靠社会力量建设;政府的作用主要是引导、服务,发展配套产业和相关产业	自我积累、自我发展。政府的作用是适当提供技术援助,及时更新换代以延长黄金时间	鼓励转移;适当促退。但要解决好有关的社会问题,诸如失业后的再就业安排、最低生活保障等

3.2.3 产业转型升级理论

产业的转型升级是构建新型长寿产业,推动长寿产业不断扩张与壮大的重要目标。本部分将简要介绍几个主要的产业转型升级理论,从而为长寿产业转型升级提供理论依据。

1. 比较优势理论

1817年,大卫·李嘉图(David Ricardo)根据亚当·斯密(Adam Smith)的绝对成本学说,在其代表作《政治经济学及赋税原理》中,提出了著名的比较优势原理(Law of Comparative Advantage)(Ruffin,2012)。

李嘉图认为,由于资本和劳动力不能在国家之间完全自由地流动和转移,因而不应该以产品的绝对成本高低来作为国际分工和贸易的原则,而应该根据某产品的比较成本来进行国际分工与贸易。假设有A和B两个国家,它们之间具有不同的生产率。如果相对于B国,A国任何一种商品都处于绝对有利的地位,但有利的程度不同,即对于不同的商品,A国和B国的生产率之差是不同的。B国家生产任何一种商品都处于绝对不利地位,但不利的程度不同。在这样的情况下,A国和B国仍然可以通过国际分工和贸易而获利。这是因为一个国家无论处于什么发展阶段,经济力量如何,都有其相对优势。在自由贸易的条件下,各国应该把资本和劳动用于具有相对优势的产业部门,生产本国最有利的产品,利用国际分工和贸易完成相互之间的互补。换言之,每个国家都应该根据"两利相权取其重,两弊相权取其轻"的原则,集中生产并出口其具有"比较优势"的产品,进口其具有"比较劣势"的产品。据此,则可以在消耗等量资源的情况下,提高资源的利用效率,从而实现本国经济的快速发展。

比较优势原理的提出主要是用于解释国际分工和国际贸易的产生。但是,该理论也常常被用于区域产业转型升级中(刘拥军,2005;张其仔,2008)。在长寿经济发展区域的产业重构过程中,选择最适合当地实际情况的,具有比较优势的产业,无疑是进行产业重构和转型升级中的重要理论依据。

2. 竞争优势理论

1990年,美国学者迈克尔·波特(Michael E. Porter)在《国家竞争优势》一书,创立了竞争优势理论(Porter,2010)。通过对多个国家和企业的实证研究,波特提出了一个从企业到产业,再到国家的竞争力分析框架。波特认为,一个国家在某产业上的竞争优势主要是由以下4个方面的因素所决定:国内需求,生产要素,支撑产业和相关产业,企业的战略、结构和竞争。这4个因素相互组合,共同形成了一个菱形结构,形似钻石,因此常被称之为"钻石理论"(顾国达 等,2007)(见图3-3)。

在钻石模型的基础之上,波特将国家的经济发展划分为以下4个阶段:要素驱动阶段、投资驱动阶段、创新驱动阶段和财富驱动阶段(李健,2014)。在区域经济的发展进程中,随着主要推动力量的变换,区域中的产业结构和集聚的要素类型都会发生较大的变化。①首先,在要素驱动阶段,区域经济的主要发展动力是自然基本要素。在这个阶段,大量的廉价劳动力和丰富的自然资源是提升区域竞争力的关键。区域内的主导产业也多是劳动力密集型和资源密集型产业。②在资本驱动阶段,区域内的经济发展需要大量的资本要素。生产率水平成为本区域吸引投资,提升区域竞争力的重要因素。本阶段的区域产业结构将以资本密集型产业为主。在该阶段,企业甚至可以主要以代工生产(OEM)的方式进行生产,技术和专利都来自外部的技术许可、外资和合资企业。③在创新驱动阶段,创新将成为决定区域竞争力高低的关键要素。企业为了生存和发展,将不断推出创新性强,处于全球技术前沿的产品。在这个阶段,区域产业结构将以知识技术密集型产业为主,并在政策和制度上形成完备的创新支持环境。④在财富驱动阶段,国家竞争优势的基础是已有的财富。在这个阶段,企业进行实业投资的动力逐渐降低,金融投资的比重不断上升。部分企业试图通过影响和操纵国家政策来维持原有的地位。在市场中,出现了大量的企业兼并和收购现象,行业内部竞争降低。在这4个阶段中,前3个阶段是国家竞争优势发展的主要力量,通常会带来经济上的繁荣。而第4个阶段则可能是经济开始走向下坡的转折点。

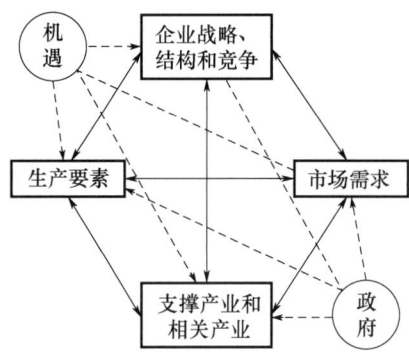

图 3-3　钻石模型示意图

3. 全球价值链理论

全球价值链(global value chains)是指在全球范围内,连接某类产品生产、销售和服务等不同价值增值环节的跨企业和跨区域网络组织。它涵盖了包括产品的概念设计、研发、生产制造、市场营销、售后服务、最终消费和回收处理的整个过程(Ali-Yrkkö et al,2015)。在全球价值链理论的分析框架下,产业升级主要是指提升生产效率,改进产品品质,以及进入利润和技术水平更高的领域等几个方面的内容(Poon,2004;Fleury et al,2010)。在嵌入全球价值链分工体系之后,发展中国家的企业或产业集群通常会沿着"流程升级→产品升级→功能升级→链际升级"的方向顺次推进产业的转型升级,并沿着"原始设备组装(OEA)→原始设备制造(OEM)→自有设计制造(ODM)→自有品牌制造(OBM)"这样一条价值链功能环节实现产业等级的攀升(李玮,2017)(见表3-3)。

表 3-3　产业升级的特征、内容和表现形式

升级类型	升级内容	表现形式
流程升级	提升生产流程的运转效率	原始设备组装(OEA)
产品升级	生产新产品或改进原产品的性能	原始设备制造(OEM)
功能升级	生产活动攀升至附加值更高的价值链环节	自有设计制造(ODM)/自有品牌制造(OBM)
链际升级	将既有价值链中的相应能力应用于新的价值链	自有设计制造(ODM)/自有品牌制造(OBM)

产业集群是指一个明确空间范围内相关企业和生产部门的集中(Lund-Thomsen et al,2016)。在经济全球化的背景下,以产业集群为单位参与国际化分工已经成为推动发展中国家经济发展的重要组织方式(Gereffi et al,2016)。其原因主要包括以下两个方面:①由于发展中国家的当地企业往往存在着规模和技术方面的劣势,因而很难以个体企业的身份融入全球价值链分工体系。②产业集群内的外部经济效应和联合行动所带来的集体效率(collective efficiency)可以成为发展中国家迅速实现产业升级的重要助力。在产业集群中,地理上的临近性和密切的社会联络有助于减少各企业的交易成本,培养相互之间的信任,组建高效协作的供应网络。这有助于实现产业集群中各个企业在技术人才、信息、专业知识以及基础设施等资源的共享,从而提升整个产业集群在全球价值链特定分工环节上的竞争能力。

3.2.4 产业创新理论

创新活动及其所带来的进步是人类生产力水平不断提高的核心动力。进入到21世纪,发达国家为了加快实现产业结构高级化,努力将其产业结构的重心向着高技术化、信息化和服务化的方向发展。创新已经成为一个国家、地区和企业竞争优势的核心来源(石扬令 等,2004)。长寿区域产业发展的关键环节同样在于产业创新和内生增长动力的培育(见图3-4)。本部分将简要介绍产业创新的主要理论,从而为长寿产业的发展提供理论支撑。

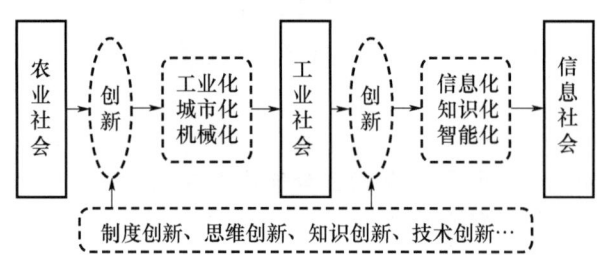

图3-4 产业创新在社会进步中的作用

1. 熊彼特的创新理论

美籍奥地利经济学家约瑟夫·熊彼特(Joseph Alois Schumpeter)是最早将创新一词引入经济学领域的学者。1912年,熊彼特在其著名的《经济发展理论》一书中首次提出"创新理论"的概念(代明 等,2012)。熊彼特以"创新理论"为核心,采用动态均衡分析等方法,研究了资本主义经济发展的动力、机制和本质,探讨了经济增长和经济发展的模式和周期波动,预测了经济发展的长期趋势,从而建立了一套独特的经济发展理论体系。熊彼特的创新理论主要包括以下内容(庄卫民 等,2005):

(1)创新的概念

熊彼特认为,所谓创新就是把生产要素和生产条件的新组合引入生产体系,建立一种新的生产函数,以获取更大的利润。这里的生产函数是指在一定的技术条件下,生产要素的投入同产出的数量关系。例如,假设生产某一种产品,以前是手工生产,生产工具比较简单,经营管理水平也较多。因此,生产单位产品所需要的劳动力较多。此时的生产要素投入同产出之间的数量关系即为原有的生产函数。当改用机器操作,并提高了经营管理水平后,生产单位产品所需要的劳动力将大为减少。此时的生产要素投入同产出之间的数量关系即为创新重组之后所形成的新生产函数。

在熊彼特的理论中,创新,或称为生产要素的新组合主要包括5种情况:①产品创新。即引进或制造一种消费者不熟悉,或者与过去产品有本质区别的新产品。②生产技术创新。即采用一种生产部门从未使用过的新方法开展生产和经营活动。③市场创新。即开辟一个以前尚未进入的市场进行生产经营活动,不管这个市场以前是否存在。④资源创新。即获得一种新的原料或半成品的供给来源,不管这种资源是已经存在的,还是首次创造出来的。⑤组织管理创新。即实行一种新的企业组织形式。如形成新的产业组织形态,建立或打破某种垄断等。

(2)创新与企业家

熊彼特把新组合的实现称为"企业",把职能是实现新组合的人们称为"企业家"。企业家对垄断利润或超额利润的追逐,由此实现了新组合或创新。企业家是资本和新技术的使用人,也是实现生产要素新组合的首创人。因此,创新的主体只能是企业家,而企业家的创新活动则是区域经济兴起和发展的主要原因。当然,企业家也可以是发明者、资本家和股东。但是,纯粹的发明者、资本家和股东等却并不是企业家,也不应视为创新活动的主体。

熊彼特认为,企业家应具备以下3个条件:有眼光,能看到市场中潜在的商业利润;胆略,敢于承担生产要素新组合的经营风险;有能力,善于动员和组织社会资源,实现生产要素的新组合,最终获得利润。

(3)创新与经济增长

熊彼特认为,首先,经济会因为创新而不断增长。企业家通过实现生产要素的新组合,不但获得了超额利润,同时也为其他企业开辟了道路,树立了榜样。因此,创新活动一旦出现,往往就会引起其他企业的模仿,进而引发更大的创新浪潮,最终推动经济的不断增长。创新所带来的经济增长将呈现出较为明显的周期性。当较多的企业开始模仿同一种创新后,该创新活动所带来的浪潮便将消逝,所有的企业家将不会因该创新活动而获取超额利润,因而经济增长也将陷入停滞状态。如果要使经济再度进入快速增长的状态,就必须有新一轮的创新。只有不断创新,才能保证经济的持续增长。

(4)创新与经济发展

熊彼特认为,经济发展是一种质变或生产方法的新组合。经济发展是一个动态的过程,是经济体内部自行发生变化的结果。

在熊彼特的理论中,创新就是实现生产方法的新组合,创新就是经济发展。创新的过程,就是不断破坏旧的结构,又不断创造新的结构的过程。因此,创新也可以被视为一个创造性的破坏过程。一批企业在创新浪潮中被淘汰,又会有一批新的企业在创新浪潮中崛起。生产要素则将在创新过程中不断实现优化组合,经济就会不断发展。持续创新,持续破坏,持续优化,持续发展,这就是创新的经济发展逻辑。

2. 弗里曼的国家创新体系理论

20世纪中期,经济学家们将系统论的思想和研究方法引入到技术创新领域,开始了技术创新系统理论的研究。其中,克里斯托弗·弗里曼(Christopher Freeman)所提出的国家创新体系理论(national system of innovation)影响最为深远。

1987年,英国经济学家弗里曼在《技术和经济运行:来自日本的经验》一书中首次提出了国家创新系统的概念(Sutz,2011)。其后,国家创新系统逐步成为一个新的研究领域,并形成了以弗里曼和纳尔逊(Richard R. Nelson)为代表的宏观学派和以伦德瓦尔(Bengt-Ake Lundvall)等为代表的微观学派(张治河 等,2008)。

弗里曼将国家创新体系定义为公私部门的各类机构所组成的网络。这些机构的活动和相互作用促进、引进、修改和扩散了各种新技术。弗里曼认为,在国家创新体系中,以下4个因素最为重要:一是政府的政策;二是企业及其技术研发;三是教育和培训;四是产业结构(见图3-5)。此外,弗里曼还特别强调了在剧烈的技术变革中,将技术创新、组织创新和社会创新三者紧密结合起来的必要性。创新的成败将主要取决于国家调整其社会经济范式以适应技术经济范式的要求的能力。

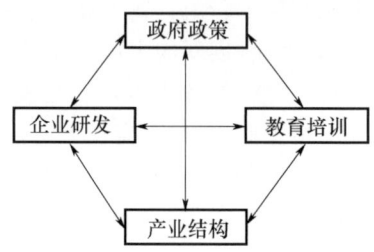

图3-5 国家创新体系理论的基本框架(Green,2010)

3.2.5 产业集群理论

1990年,美国学者迈克尔·波特(Michael E. Porter)出版了《国家竞争优势》一书,首次提出了产业集群的概念(杨飞虎,2007)。他认为,产业集群是那些在特定领域内既竞争又合作的公司、专业化供应商和服务商、相关产业的企业和有联系的机构(如大学、贸易协会等)的地理集中或所形成的地理集聚体(Porter,2000)。产业集群理论提出之后,引发了学术界和政府的广泛关注。许多国家和地区都把培育产业集群,促进产业集群的发展作为提高其经济发展竞争力的重要手段。联合国、世界银行等国际机构也在积极地推动产业集群理论在发展中国家的应用(王缉慈,2004)。

产业集群的发展方式主要有以下一些优势(李小建,2006):

1. 有助于获取外部规模经济和外部范围经济

首先,企业在空间上的集聚能够有利于开展分工与合作,促进知识和技术的传播与学习,从而使众多的中小企业也能够通过外部合作而获得规模经济。其次,产业的集聚使得企业的数量不断增加。企业之间不断建立的垂直或者水平联系能够扩大产业集群的生产范围,使得中小企业能够就近拓展业务,增加发展机会,从而获得外部范围经济。

2. 有助于降低交易费用

根据交易费用理论,企业在空间上的集聚使得交易的对象和空间范围变得相对稳定,有利于减少企业经营活动的不确定性。同时,众多中小企业的集聚增加了本地市场的参与者数量,也有利于市场机制发挥作用,促使产业分工的不断深化,进而使得企业集聚的规模又将进一步扩大。

3. 有助于促进创新的产生

企业在空间上的集聚,一方面,使得众多的中小企业、中介机构、研发机构、教育培训机构、消费者等集聚在一起,为企业的创新提供了良好的环境条件,有利于专门化知识的积累和传播,从而有利于企业的创新。另一方面,在产业集群内,企业之间激烈的竞争也为创新的产生提供了外在动力。创新成功而产生的财富示范效应,也会引导越来越多的企业加入到创新的行列。

4. 具有良好的企业进入/退出机制

根据产业组织理论,在产业集群中,劳动力市场、基础设施、中介服务、市场需求等要素都比较丰富和完备,使得创建一个企业相对容易和方便。另外,在产业集群中,金融、产权交易、市场管理等方面的机构比较健全,使得企业的退出也比较方便。因此,在产业集群中,企业的进入和退出壁垒都较低,有利于产业集群的发育和成长。

3.3 人口与可持续发展理论

人口是社会系统的核心,是发展的原动力和终极受益者,也是社会经济发展的关键因素之一(陶裕春,2008)。没有人类参与的自然资源进行的物质变换,是自然进化,只有人类参与并且按照人的目的进行的物质变换,才是可持续发展。因此,从某种意义上说,人口是实现总体可持续发展的关键。

3.3.1 可持续发展的提出

开始于18世纪60年代的工业革命将人类带入了工业文明时代。随着科学技术的飞速发展,人类的物质财富迅速增加,生活水平也不断提高。但是,工业文明也带来了严重的环境污染和生态破坏,导致了伦敦烟雾事件、洛杉矶光化学烟雾事件等一系列的生态灾难。1962年,美国海洋生物学家蕾切尔·卡森(Rachel Carson)出版了著名的《寂静的春天》(Silent Spring)一书,第一次引发了公众对环境问题的关注(蕾切尔·卡森,2015)。1970年4月22日,美国举行了声势浩大的"地球日"(Earth Day)环境保护运动,共有约2000万人参加,是全球第一次大规模的群众性环境保护运动(Carter,1970)。1972年,罗马俱乐部发表了题为《增长的极限》的研究报告(Robinson,1973),该报告首次挑战和批评了人类传统的发展观,提出通过建立全球意识来解决全球的生存和发展问题。1972年6月,联合国首次召开了人类环境会议,共同探讨了人类面临的环境问题,并发布了《只有一个地球》(Only one Earth)的报告(Dodds et al,2012)。1980年,由世界自然保护联盟(IUCN),联合国环境规划署(UNEP)和野生动物基金会(WWF)共同发表的《世界自然保护大纲》(World Conservation Strategy)中,首次提出了可持续发展(sustainable development)的概念(Mccormick,1986)。1987年,以挪威首相布伦特兰(Brunt Land)夫人为首的世界环境与发展委员会(WCED)发表了报告《我们共同的未来》(Our Common Future),正式提出了可持续发展理论,在世界各国掀起了可持续发展的浪潮(Cassen,1987)。1992年6月,在巴西里约热内卢召开的联合国环境与发展大会第一次提出了经济发展应与资源环境保护相协调的思想,并通过了"里约宣言"和《21世纪议程》(Agenda 21)。《21世纪议程》主要包括可持续发展战略、社会可持续发展、经济可持续发展、资源的合理利用和环境保护4个部分,很快成为世界各国实施可持续发展的行动蓝图(Lafferty et al,2000)。

3.3.2 可持续发展的内涵

在布伦特兰夫人的《我们共同的未来》报告中,将"可持续发展"定义为"既满足当代人的需求,又不对后代人满足其自身需求的能力构成危害的发展"。1989年,联合国环境发展会议(UNEP)发布了《关于可持续发展的声明》,认为可持续发展包括以下4个方面的含义:走向国家和国际平等;形成一种支援性的国际经济环境;维护,合理使用并提高自然资源基础;在制订发展计划和政策时纳入对环境的关注和考虑(赵士洞 等,1996)。

最近30年来,学者们从各个角度出发,对可持续发展的内涵进行了解析。牛文元教授认为,可持续发展的理论内涵包括发展的动力、质量和公平这3个本质元素。可持续发展的最终战略目标,就是追求上述3大元素的最大化交集(牛文元,2014)。①发展的动力元素(DS)。可持续发展的驱动力通常由区域的发展能力、发展潜力、发展效率、发展速率及其可持续性组成,它们共同形成了不断推动区域发展的动力源。②发展的质量元素(QS)。可持续发展的质量是指区域内的自然平衡、资源支撑、生态服务和环境容量状况,以及它们对于理性需求的匹配和优化程度。③发展的公平元素(ES)。可持续发展中的公平是指区域内的共同富裕程度;主要包括社会财富占有的人际公平、资源共享的代际公平和平等参与的区际公平3个方面。

3.3.3 可持续发展的原则

可持续发展的内涵十分丰富,涉及的领域众多。因此,将可持续发展的核心理念拓展为更加具体和明确的原则,可以为各个国家和地区践行可持续发展理论提供更加直接的参考和指导。可持续发展理论主要包括以下的几个原则:

1. 持续性原则

即人类的社会经济发展不能超过自然资源与环境的承载能力。资源与生态环境系统是区域发展的支持系统,它的维持取决于其物质与能量循环的平衡,存在着承受干扰的上限与下限。如果人类在发展过程中在资源使用、污染排放等方面超出了生态系统的承受能力,不但会造成生态环境的破坏,也会限制人类的发展,甚至导致人类的灭亡。因此,在追求发展的同时,人们必须根据区域生态系统持续性的条件和限制因子来调整自身的生产生活方式,保持生态系统的平衡和稳定。

2. 公平性原则

可持续发展是一种机会、利益均等的发展。可持续发展理论所倡导的公平主要包括3个方面：一是区际间的公平，即一个地区的发展不能以损害其他地区的发展为代价；二是代际间的公平，即既满足当代人的需要，又不能损害后代的发展能力；三是人际间的公平，即区域发展过程中应尽量实现社会财富占有的相对公平，避免出现贫富悬殊、两极分化的情况。

3. 共同性原则

可持续发展所关注的问题是全球性问题，它所追求的是全人类共同的目标。因此，可持续发展要求各个国家和地区跨越文化与历史的障碍，全球合作，共同行动。只有全人类共同努力，将地区的局部利益与全球的整体利益紧密结合起来，才能最终实现可持续发展的总目标。

4. 时序性原则

发达国家优先利用了地球上的部分资源，剥夺了应当由发展中国家来公平利用该部分资源以促进经济增长的机会。另外，发达国家还利用先发优势控制了世界经济与政治的基本格局，使得发展中国家处于更加不利的地位。因此，在可持续发展过程中，发达国家应当担负起更多的责任。

5. 需求原则

需求是人的生命存在、发展和延续的直接反映，是自然界生命物质和社会历史长期进化的产物。满足人类的合理需求是可持续发展的重要目标。区域的发展应立足于人类的合理需求，一方面，通过推动社会生产力的发展，不断提高人类的生活水平，满足人类的物质需求；另一方面，通过社会制度、文化、价值观等的建设，形成文明和谐的社会氛围，满足人类的精神需求。

6. 质量原则

可持续发展更加强调社会经济发展的质量，而非 GDP，人均收入等数量指标。可持续发展对质量的追求主要包括3个方面：一是经济发展的质量，即在经济发展中，应努力提高资源利用的效率，以尽可能低的资源环境代价换取尽可能多的产出。二是社会发展的质量，即在社会发展中，应通过加强精神文明建设，实现政治制度和社会结构的改善，科技教育的进步，文化的交流与融合，提高社会成员的生活水平和幸福指数等。三是生态环境系统的质量，即在人类发展过程中，不断改善生态环境，维护生态平衡，提高生态环境的质量。

3.3.4 可持续发展的指标体系

指标体系的设计是可持续发展研究的核心和关键。通过相应的指标，可以客观地衡量区域可持续发展能力的高低，也是开展后续宏观调控的主要依据。自可持续发展理论提出以来，对其评价指标体系的设计就成为许多国际组织、国家政府以及专家学者重点关注的主题。20世纪90年代以来，联合国开发计划署（UNDP）、联合国统计局（UNSTAT）、联合国环境规划署（UNEP）、世界银行、经济合作与发展组织（OECD）、世界粮农组织（FAO）、荷兰政府、日本政府等诸多机构都开展了相应的研究工作，提出了一系列的可持续发展指标体系。总体上看，这些指标体系大致可以分为以下4类（谢强 等，2001）：

1. 单一指标

即采用一个指标或指数来衡量区域可持续发展的程度。比较有代表性的主要有以下几个指标:一是由联合国开发计划署所提出的人文发展指数(human development index,HDI),它是由平均寿命、成人识字率和平均受教育年限,人均国内生产总值所组成的综合指数(Neumayer,2001)。二是世界银行(World Bank)开发的国家财富(wealth of nations)指标(Bank,2011)。该指标由自然资本、人力资本、社会资本、生产资本所组成。利用该指标来衡量区域可持续性的方法被称为真实储蓄(genuine saving)。三是由世界资源研究所(WRI)提出的绿色国民生产总值(GNP)指标。绿色 GNP 就是指从原来的 GNP 指标中减去对资源环境的消耗后剩下的 GNP 值。

2. 综合核算体系

即通过一个综合核算体系来反映区域的可持续发展水平。其中,影响最为广泛,接受程度最高的是由联合国建立的综合环境与经济核算体系(SEEA)。2003 年联合国发布的 SEEA 体系主要由流量账户、环境保护支出和环境市场交易账户、资产账户、环境调整总账户 4 个账户组成。通过该核算体系,可以比较全面反映区域的可持续发展状况(Smith,2007)。除此之外,还有欧盟统计局所建立的欧洲环境经济信息收集体系(SERIEE),荷兰统计局建立的包括环境账户的国民经济核算矩阵体系(NAMEA),菲律宾所使用的环境与自然资源核算计划(ENRAP)等。

3. 多指标体系

即通过多个评价指标所形成的指标体系来反映区域的可持续发展水平。如英国环境部制订了可持续发展的 4 个目标,即保持经济、人和环境的健康,不可再生资源的优化利用,可再生资源的可持续利用,经济活动负面影响的最小化。围绕这些目标,构建了由 144 个指标组成的可持续发展指标体系。美国可持续发展委员会围绕健康与环境、自然保护、资源管理、经济繁荣、可持续发展社会、平等、公民参与、人口、教育、国际责任这 10 个目标构建了可持续发展指标体系(曹凤中,1997)。此外,较有影响的包括中国科学院可持续发展战略研究组,毛汉英等所提出的可持续发展指标体系(毛汉英,1996)。

4. PSR 指标体系

即通过一套"压力—状态—响应"(PSR)的指标体系来反映区域的可持续发展水平。该类指标体系能够较好地反映出经济、资源、环境之间相互依存、相互制约的关系,突出了环境所受到的压力与环境退化之间的因果联系,因而受到了不少学者的青睐。比较典型的是由联合国可持续发展委员会(UNCSD)所制定的"驱动力—状态—响应"(DSR)指标体系(见图 3-6)。该指标体系包括社会、经济、环境、制度 4 个子系统,共计 142 个指标。

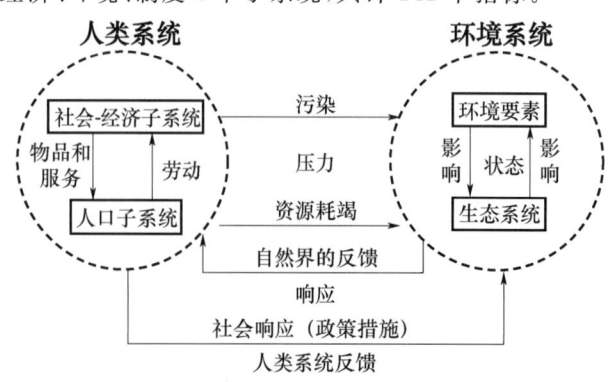

图 3-6 可持续发展的压力-状态-响应概念框架

3.3.5 可持续发展的实现路径

1. 清洁生产

(1) 发展历史

20世纪60年代开始,为了治理环境污染,工业界开始在生产过程的末端,对所产生的污染物进行治理,以降低污染物对自然界及人类的危害。这就是末端治理,也就是通常所说的"先污染后治理"模式。

由于末端治理并未从根本上解决工业污染问题,各国政府和企业开始探索在生产过程中减少污染的产生。1977年,欧共体委员会制订了关于清洁工艺的政策,并于1984年和1987年制订了两个法规,对清洁工艺生产工业示范工程提供财政支持。1989年,联合国环境规划署(UNEP)首次提出了清洁生产的概念。1990年,美国国会通过了《污染预防法》,污染预防正式成为了美国的国家政策,取代了之前采用以末端处理为主要手段的污染控制政策。1992年,在联合国环境与发展大会通过的《21世纪议程》中,首次明确提出了清洁生产的定义。1998年,联合国环境规划署在第五届国际清洁生产高级研讨会上正式发布了《国际清洁生产宣言》,包括中国在内的多国政府要员签署了该宣言,表明清洁生产正式得到了许多国家的官方认可与支持;2009年,联合国环境规划署等筹备并建立了全球资源高效利用与清洁生产网络(RECPnet),以加强各成员国之间正式联络,分享各成员国在资源高效利用与清洁生产方面的经验与成果。

清洁生产是我国最早践行的可持续发展策略(李宇,2011),其主要经历了4个发展阶段:第一阶段是1992—1997年,在此阶段,主要由国家环保部门进行清洁生产理论和技术的引进和准备推广工作。第二阶段是1997—2002年,本阶段主要开展了清洁生产立法的政策研究工作。同时,相关经济部门也正式介入了清洁生产行动,开展了清洁生产的试点工作。第三阶段是2002—2012年,2002年6月,国家正式审议通过了《清洁生产促进法》,标志着我国可持续发展在立法方面有了重大突破,清洁生产也从此走上了法制化和规范化的轨道。第四阶段是2012年至今,2012年7月,修订后的《中华人民共和国清洁生产促进法》正式实施。该法案将清洁生产促进工作纳入了国民经济和社会发展规划、年度计划当中,并建立了落后生产技术、工艺、设备和产品限期淘汰等制度,进一步推动了清洁生产的落实和完善。

(2) 基本概念

自清洁生产理论提出以来,其定义经过了多次修改和完善。在1998年联合国环境规划署发布的《国际清洁生产宣言》中,清洁生产被定义为一种新的创造性思想,该思想将整体预防的环境战略持续应用于生产过程、产品和服务中,以增加生态效率,减少人类及环境的风险(KlausToepfer et al,2002)。其概念模型如图3-7所示。

在2012年修订后的《中华人民共和国清洁生产促进法》中,对清洁生产的定义是:不断采取改进设计、使用清洁的能源和原料、采用先进的工艺技术与设备、改善管理、综合利用等措施,从源头削减污染,提高资源利用效率,减少或者避免生产、服务和产品使用过程中污染物的产生和排放,以减轻或者消除对人类健康和环境的危害(钟少芬 等,2012)。

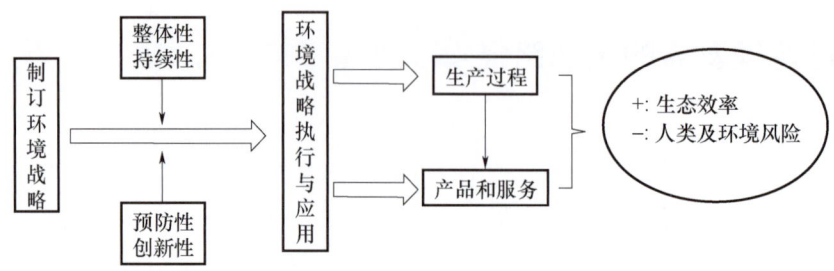

图 3-7　清洁生产的概念模型(刘燕 等,2010)

(3)理论基础

清洁生产的理论基础主要包括以下几点(石芝玲 等,2004):

1)物质平衡理论

在生产过程中,人类通过具体的劳动,将生产资料转变为产品和废弃物。根据物质平衡理论,废弃物的数量越少,则产品的数量就越多,生产效率也就越高。因此,清洁生产理论实现了生产资料利用的最大化和废弃物数量的最小化,是一种更有效率的生产模式。

2)劳动价值理论

商品的价值由生产资料的转移价值和新创造的价值这两部分构成。一方面,清洁生产可以提高生产资料转化为商品的比例,从而提高其转移价值。另一方面,清洁生产降低了产生废弃物的比例,也就减少了废弃物处理的成本,进而实现了更多的新创造价值。

3)外部性理论

工业生产过程中的环境污染往往会造成外部不经济性,环境破坏的成本最终只能由全社会负担。而清洁生产模式减少了生产过程中废弃物的数量,也就减少了环境污染的外部不经济性。

(4)基本思路与模式

1)基本思路

清洁生产的技术主要包括源头控制、过程减排和末端循环利用 3 大类。其基本思路是通过源头削减、过程减排、末端循环利用技术来减少生产过程产生的主要污染物,减轻末端处理的负荷。宏观层面,努力通过技术的进步,使得减排能力逐渐赶超因经济发展而导致的污染物增加量;微观层面,努力在帮助企业实现减排目标的同时,提高企业的经济效益。其基本思路如图 3-8 所示。

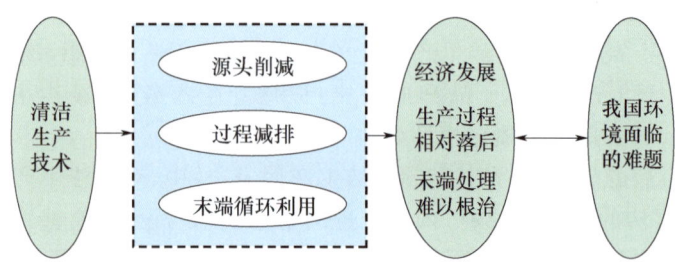

图 3-8　清洁生产技术解决环境难题的基本思路(段宁 等,2010)

2) 实施模式

清洁生产具有多种实施模式,现在简单介绍基于生命周期评价(LCA)的清洁生产模式(曹利江 等,2010)。

该模式共包括 5 个步骤:第一,确定清洁生产系统的边界。理论上讲,清洁生产应包括从原材料的获取直到其产品最终废弃处置的全过程。但在实际应用中,企业可根据自身情况,只考虑其中的某个生产过程及其相关系统。第二,分析清洁生产清单。即根据 LCA 的要求,为审计对象建立详细的数据清单,并根据 ISO 14040 中所规定的分配原则进行数据的分配。第三,处理清单数据。对生产系统的资源消耗和环境排放进行详细的分类和定量评价。分析重点是产品和生产活动对全球变暖、富营养化、臭氧合成及资源耗竭等的贡献。第四,确定清洁生产方案。根据数据分析和影响评价的结果,在产品生产的整个生命周期内寻找降低能源、资源的消耗,减少污染物排放的机会。第五,清洁生产方案的实施。设计具体的实施方案,实施清洁生产计划(见图 3-9)。

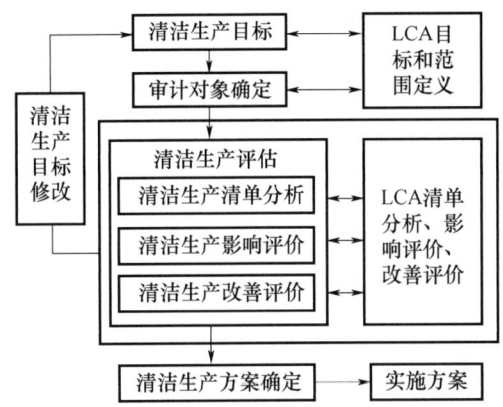

图 3-9 基于生命周期评价的清洁生产模式(曹利江 等,2010)

2. 循环经济

(1) 发展历史

1969 年,美国经济学家鲍尔丁(Kenneth Ewert Boulding)在其专著中首次提出了循环经济(circular economy)的概念(孟祥林,2016)。在书中,鲍尔丁将人类生存的地球比喻为一艘"飞行在宇宙中的飞船",它依靠消耗自身有限的资源而生存。如果不能合理地开发和利用资源,"地球飞船"就将早早地走向毁灭。为了延长"飞船"飞行的时间,人们就需要创造出各类资源能够循环利用的循环式经济发展模式,替代传统的单程式经济模式。因此,循环经济理论又被称为"宇宙飞船理论"。

该理论提出后,得到了人们的广泛关注,提出了一系列类似的概念和理论。如康芒纳(Barry Commoner)提出的封闭循环理论(巴里·康芒纳,1997),费洛施(Frosch R. A.)等人提出的工业生态学理论(Frosch et al,1989)等。20 世纪 90 年代后,可持续发展的热潮也推动了循环经济理论的快速发展。1992 年,以德国为代表的欧洲各国倡导实行循环经济战略,得到了其他发达国家的积极响应。循环经济理论在官方的推动下,开始指导实践工作。丹麦卡伦堡生态工业园模式,德国的废弃物双元回收系统(DSD)模式,美国的循环型消费模式,日本的循环型社会建设等都是实施循环经济的典型案例。

1994年,我国引入了循环经济理论,并展开了丰富的实践应用工作。2009年,《中华人民共和国循环经济促进法》正式实施,循环经济的运行进入了法制化的轨道。在我国的《国民经济和社会发展第十三个五年规划纲要》中,也明确提出要实施循环发展引领计划,大力发展循环经济(张忠华 等,2016),为我国今后循环经济的发展提供了指导和依据。

(2)基本概念

目前,循环经济并没有一个公认的定义。从狭义上讲,循环经济是一种以资源的高效、循环利用为核心,以减量化、再利用、资源化(3R)为原则,以低消耗、低排放和高效率为特征,符合可持续发展理念的经济增长模式(韩玉堂,2008)。从广义上讲,循环经济则是一个由经济系统、社会系统和自然系统所组成的复合型人工生态系统。

在2009年实施的《中华人民共和国循环经济促进法》中,将循环经济定义为在生产、流通和消费等过程中进行的减量化、再利用、资源化活动的总称。其中,减量化是指在生产、流通和消费等过程中减少资源消耗和废物产生。再利用是指将废物直接作为产品,或者经修复、翻新、再制造后继续作为产品使用,或者将废物的全部或部分作为其他产品的部件予以使用。资源化是指将废物直接作为原料进行利用,或者对废物进行再生利用。

(3)理论基础

循环经济的理论基础主要包括以下几个理论。

1)马克思主义理论

马克思在《资本论》的第三卷中,专门分析了社会再生产过程中的物质循环,提出必须弥补物质变换中的裂缝,减少物质循环过程中的废弃物,并尽可能地使其重新投入再生产过程,从而使自然生态与社会经济系统的物质循环实现有机统一和良性循环(张忠华 等,2016)。这些思想是循环经济理论的思想萌芽。

2)环境库兹涅茨曲线与脱钩理论

在20世纪90年代,经济发展与合作组织(OECD)提出了脱钩理论。该理论以脱钩(decoupling)这一术语来表示阻断经济增长与资源消耗或环境污染之间的联系,即实现二者的脱钩发展(Mackillop,1990)。

1991年,美国经济学家Grossman和Krueger根据大量的实证研究结果,提出了环境库兹涅茨曲线(EKC)理论。该理论认为,环境质量与人均收入之间呈倒U型的关系。即在一开始,环境质量会随着收入的增加而降低。但是,当收入水平上升到一定程度之后,环境质量会随着收入的增加而改善(Stern,2004)(见图3-10)。

上述两个理论均表明,尽管地球上的自然资源是有限的,但是,当经济发展到一定水平时,经济活动所消耗的资源与排放的污染物都会出现下降的趋势,这就为循环经济的可行性提供了坚实的理论基础(苑泽明 等,2016)。

3)技术创新与内生增长理论

著名经济学家约瑟夫·熊彼特(Joseph Alois Schumpeter)提出的技术创新理论认为,创新是生产要素和生产条件的新结合,它建立了一种新的生产函数。基于技术创新理论的内生增长理论认为,技术是一种内生的生产要素。通过技术不断地内生增长,可以促进社会分工水平的提高,降低协调成本,从而促进经济的不断发展(Michaelides et al,2010)。该理论也为循环经济提供了有力的理论支撑,即经济的增长不一定需要增加对资源和能源的消耗,通过技术创新、制度创新、市场创新等同样可以实现经济的发展。

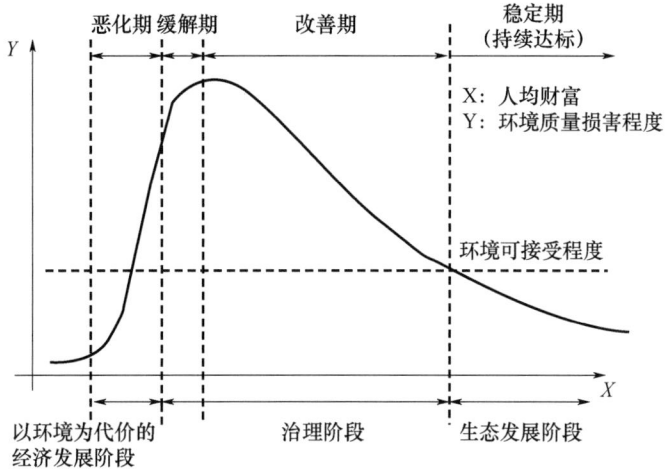

图 3-10　不同发展阶段的环境库兹涅茨曲线(许云峰,2016)

(4)实践模式

国外已经出现了许多循环经济模式,其中,最为典型的当属丹麦卡伦堡生态工业园模式。该园区主要由火力发电厂、炼油厂、制药厂和石膏板生产厂这4个企业组成。企业间通过收购对方生产过程中产生的废弃物或副产品来作为自己生产中的原料,自发生成了一个产业共生网络。这不仅减少了废弃物的数量和废物处理费用,还产生了很好的经济效益,使经济发展和环境保护处于良性循环之中(见图 3-11)。

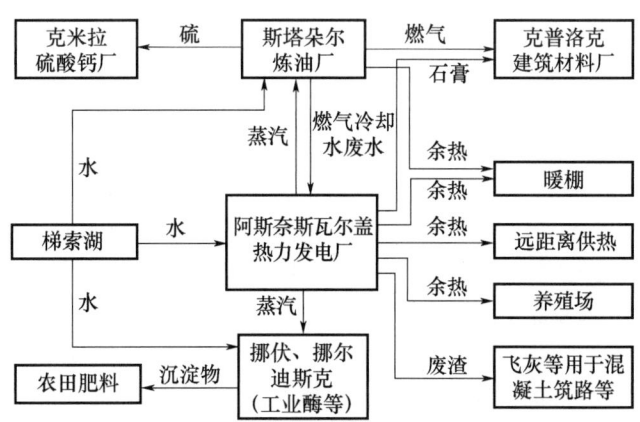

图 3-11　丹麦卡伦堡生态工业园模式

国内循环经济的实践模式大致可以分为微观、中观、宏观3种尺度,每种尺度下又有不同的实践领域(见表3-4)。

表3-4 中国循环经济的实践模式汇总(Su et al,2013)

实践领域	微观尺度 (单一对象)	中观尺度 (共生联盟)	宏观尺度 (城市、省、国家)
生产领域	清洁生产	生态工业园区	区域生态产业网络
三大产业	生态设计	生态农业系统	
消费领域	绿色采购与绿色消费	环境友好公园	租赁服务
废物管理	产品回收体系	废物交易市场	城市共生
		静脉产业园区	
其他	—	政策与法律;信息平台; 能力建设;非政府组织	—

3. 低碳经济

(1)发展历史

1988年,吉姆·汉森(Jim Hansen)首先提出了全球变暖的概念(Hansen et al,1988;Besel,2013),迅速得到了全世界的广泛关注,碳排放也成为热点话题。1990年,芬兰开征了碳税,成为全球最早征收碳税的国家。1992年,联合国环境与发展大会通过了《联合国气候变化框架公约》(UNFCCC)。这是世界上第一个为全面控制CO_2等温室气体的排放,应对全球气候变暖的不利影响的国际公约。1997年,多个国家签署了《京都议定书》,这是人类历史上首次以法规的形式限制温室气体的排放。2002年,英国成立了全球第一个CO_2排放权交易市场,并在与欧盟的碳排放权交易市场合并后,成为世界上最大的碳交易市场(李玉婷,2015)。2003年,英国政府在其发布的能源白皮书《我们能源的未来:构建一个低碳经济》(Our Energy Future: Creating a Low-Carbon Economy)中,首先提出了低碳经济的概念,并提出了到2050年,英国要实现CO_2等温室气体排放量比1990年减少60%的目标。

低碳经济的概念一经提出后,迅速成为政府和学术界广泛关注的热点话题。2005年,特雷福斯(Treffers T.)等学者探讨了德国在2050年实现温室气体排放量比1990年减少80%的可行性(Treffers et al,2005)。2006年,世界银行首席经济师,英国经济学家斯特恩(Nicholas Stern)经过一年的调研,完成并发布了著名的《斯特恩报告》。该报告指出,如果全球目前每年为低碳经济投入1%的GDP,则未来每年可以减少5%~20%的GDP损失(Stern,2007)。2007年12月,联合国气候变化大会在印尼巴厘岛举行,制订了应对气候变化的"巴厘岛路线图"。

中国也是低碳经济的积极倡导者与参与者。在2009年的哥本哈根会议上,中国承诺至2020年,单位国内生产总值的CO_2排放量将要比2005年下降40%~50%(刘海龙 等,2017)。在我国的《国民经济和社会发展第十三个五年规划纲要》中,也明确提出要积极应对全球气候变化,有效控制电力、钢铁、建材、化工等重点行业的碳排放,推进工业、能源、建筑、交通等重点领域的低碳发展。这为我国今后低碳经济的发展提供了指导和依据。

(2) 基本概念

综观国内外的研究,目前尚未对低碳经济的概念进行明确而清晰的界定。在 2003 年,英国政府发布的能源白皮书中,认为低碳经济的目标是降低和控制 CO_2 等温室气体的排放,避免全球气候发生灾难性变化,最终实现人类可持续发展。其实现路径则是在包括生产、交换、分配、消费等环节的社会再生产全过程中,推动经济活动的低碳化和能源消费的生态化。其本质是一场涵盖生产模式、生活方式、价值观念和国家权益的全球性能源经济革命(程全国 等,2013)。中国环境与发展国际合作委员会认为,低碳经济是一种新的经济形态,其最终目标是将 CO_2 等温室气体的排放量控制在生态环境可以调控的范围之内,从而避免全球气候变暖给各国带来的生态环境损失,危及人类的生存(王云飞,2015)。刘再起则认为,低碳经济是一种以低能耗、低污染、低排放为特征的全新经济发展模式,是一个由低碳政策、低碳产业、低碳技术、低碳城市及低碳生活所构成的低碳经济体系(刘再起 等,2010)。

(3) 理论基础

低碳经济的理论基础主要来自于经济学中的基本理论。

1) 低碳经济的思想渊源:世界主义经济学

以西斯蒙第(Sismondi)、弗朗斯瓦·魁奈(Francois Quesnay)和亚当·斯密(Adam Smith)为代表的世界主义经济学认为,经济学绝不仅是研究如何增加一个国家的 GDP 的学科。经济学的研究不仅要关注本国经济的发展,更要关注世界经济的发展,关注整个人类的发展。这样的全球性思维是低碳经济关注全球气候变化,减少全球温室气体排放的思想渊源(方大春 等,2011)。

2) 碳排放管制的理论基础:外部性理论

碳排放及其政府管制的经济学本质可以追溯到马歇尔(Alfred Marshall 2006)在 1890 年提出的外部性(externality)理论。根据该理论,碳排放属于企业或个人的私人行为,但是,由此造成全球气候变暖的损失却是由所有人共同分担,即产生了碳排放的负外部性效应。在这种情况下,市场对于生态环境等公共物品的供给是失灵的,因而需要政府的干预来弥补市场的失灵,即政府对于碳排放的管制。

3) 碳交易的理论基础:科斯定理

碳交易的经济学理论源于科斯(Ronald H. Coase)在 1960 年提出的科斯定理(赵守国 2004)。该理论认为,如果交易费用为零,则无论权利是如何界定的,都可通过市场交易来达到资源的最佳配置。因此,虽然碳排放是一个典型的公共物品,如果不考虑交易成本,且政府能够对碳排放权进行明确的产权界定,那么碳排放权就能够在市场机制的作用下进行有效的分配,自动实现帕累托最优。

4) 碳税的理论基础:庇古税理论

碳税的经济学理论源于庇古(Arthur Cecil Pigou)在 1920 年提出的庇古税理论(甘清明 2006),其主要目的是解决外部性问题。该理论认为,市场失灵的原因是经济主体的私人成本与社会成本不一致,从而使得市场配置的结果是私人收益的最优,而非全社会收益的最优。因此,解决的方案是政府通过征税或者补贴来提高经济主体的私人成本,使得私人成本和私人利益与相应的社会成本和社会利益相等。

(4) 减排方式

减少 CO_2 排放的方式可大致分为过程控制和末端治理两大类(Gerlagh et al,2006)。

1）过程控制

过程控制是指通过一系列的政策工具和经济手段,以限制或减少经济主体在生产过程中的碳排放的减排方式。具体包括以下几种:第一,行政命令。即以国家强制执行的行政命令方式,来控制和减少碳排放。这种直接控制的效果并不好,往往出现在推行低碳经济的早期阶段。第二,税收工具。即针对CO_2等温室气体的排放而对经济主体征收额外的税赋,其本质是一种用于纠正负外部性的庇古税。税收工具具有简单易懂、可操作性强、成本低等优点,成为最早应用于的低碳政策工具。目前,芬兰、挪威、瑞典、德国、英国、意大利、美国、加拿大、日本等许多国家都已经开征了碳税或类似的税种。第三,财政补贴。补贴是一种与税收相对应的政策手段。即政府通过直接补贴、税收返还、电价补贴、公共研发支出等方式来鼓励节能技术及新能源的发展,实现经济活动的低碳化。国际能源署(IEA)的报告称,2012年全球对可再生能源的补贴金额高达1010亿美元,并呈逐年增长的趋势(Ahmad et al,2013)。第四,碳排放交易。即通过评估碳排放的社会成本,确定减排目标和排放权配额,进而建立全球碳排放权交易市场,实现碳排放权的市场化交易。通过碳排放权交易市场的建立,可以促使企业将低碳减排自动纳入决策,从而降低减排的整体成本并提高效率(Voss,2007)。第五,碳金融市场。碳金融是指服务于碳排放权交易市场的各种金融制度安排和金融交易活动,主要包括碳排放权及其相关产品的交易和投资,各种低碳产业项目开发的投资和融资,以及其他相关的金融中介活动等。世界银行的数据显示,自《京都议定书》实施以来,全球碳金融市场规模保持了每年100%以上幅度的高速增长,2011年已经达到960亿欧元,有望很快超过石油市场成为世界第一大市场(李玉婷,2015)。第六,碳关税。碳关税最早是由法国前总统希拉克在2006年提出的,是指主权国家针对高碳排放产品的进口而征收的特别关税。碳关税是对国内碳税的延伸和补充。

2）末端治理

末端治理是指通过一些生物、物理方法,减少生产过程结束后已经产生的CO_2等温室气体的碳治理方式。具体包括以下几种:第一,生物措施。目前的主要研究方向是森林碳汇(forest carbon sinks),即利用森林生态系统来吸收大气中的CO_2,并将其固定在植被或土壤中,从而降低CO_2在大气中的浓度,减缓全球气候变暖(Mcgarvey et al,2015)。第二,物理措施。目前的主要研究方向是碳收集和封存技术(CO_2 capture and storage,CCS)。如通过一定的技术手段,将化石燃料燃烧后产生的CO_2进行收集,并将其安全地封存于地质结构层或海洋中,从而减少大气中的CO_2含量。另外,也有学者提出通过实施太阳光反射工程等大规模的地球工程(geo-engineering)来减少照射到地球上的太阳辐射,从而缓解温室效应(Schelling,1996)。

4. 生态文明建设

（1）历史演进

生态文明是工业文明之后,人类社会发展的高级文明形态。具有中国特色的社会主义生态文明建设是中国社会主义建设的重要组成部分,也是中国共产党历届领导集体对马克思主义生态文明观的继承和发展,也是对人类文明发展作出的重要贡献。

1978年召开的中共十一届三中全会,形成了以邓小平为核心的中央领导集体[①]在大力开展

---

① http://dangshi.people.com.cn/n/2013/0608/c85037-21793779.html.

经济建设的同时,也意识到了环境保护的重要性,提出要走保护生态环境的可持续化战略道路。

以江泽民同志为核心的党中央领导集体明确指出了我国要坚持走可持续发展的道路,认为保护环境就是保护生产力,应大力建设减排节能、节能减耗、开源节流的资源节约型社会。

因胡锦涛总书记[①]为首的党中央领导集体在2003年提出了科学发展观这一重要战略思想。在2004年9月召开的中国共产党十六届四中全会上提出了建设社会主义和谐社会的重要任务。在2007年10月召开的第十七次全国代表大会的报告中,正式提出要建设生态文明,基本形成节约能源、资源和保护生态环境的产业结构、增长方式和消费模式。在2012年11月召开的第十八次全国代表大会的报告中,生态文明建设首次与经济建设、政治建设、文化建设和社会建设这四大建设一起,纳入到了社会主义建设"五位一体"的总体布局中。建设生态文明,是视为一项关系人民福祉,关乎民族未来的长远大计(王贯中 等,2013)。

以习近平同志为核心的党中央领导集体在2015年5月下发了《关于加快生态文明建设的意见》,对生态文明建设做出了顶层设计和总体部署。2015年10月,"美丽中国"首次被纳入到国家"十三五"规划当中,成为生态文明建设的最终目标。2016年12月,中共中央办公厅、国务院办公厅正式印发了《生态文明建设目标评价考核办法》,这对于引导各地区落实生态文明建设等相关工作起到了重要的推动作用。

(2)基本概念

生态文明是一个复合性概念,具有丰富的内涵。从不同的角度出发,可以得到不同的理解。

从人类社会发展的维度上看,生态文明是人类社会继原始文明、农业文明和工业文明之后的一种更高级的文明形态,它是对工业文明的反思和扬弃。

从现实社会系统的维度上看,人类社会文明是由物质文明、精神文明、政治文明和生态文明等构成的完整体系(黄勤 等,2015)。生态文明是在马克思主义生态价值观的理论基础之上,人类为实现人与自然和谐发展所做出的全部努力和所取得的全部成果,即人类社会系统中生态环境建设领域的文明。我国目前开展的主要是指现实社会系统维度的生态文明建设。生态文明建设与经济建设、政治建设、文化建设和社会建设一起,共同构成了社会主义建设的总体事业。

(3)理论基础

我国现阶段生态文明建设的理论渊源主要包括以下几个方面。

1)中国传统文化中的生态思想

中国传统文化具有非常丰富的生态伦理思想。如儒家思想中"天人合一"的主张,认为人与自然是一体共生的关系。道家思想则倡导"道法自然",强调人类在生产生活中一定要适应自然,努力达到"天地与我并生,万物与我同一"的境界。《资治通鉴》也提出"取之有节,用之有度,则常不足"的思想,深刻地揭示了人与自然,开发与保护之间的辩证关系。

2)马克思主义的生态思想

马克思始终对生态极限和生态可持续性等问题表现出了深切的关注(陈恭,2015)。在《资本论》中,马克思对当时资本主义的生产方式进行了批判,认为资本主义生产既对外部生态环境产生了破坏,又对人际生态产生了破坏。

---

① http://www.gov.cn/jrzg/2012-11/04/content_2257156.htm.

3）当代西方社会的生态思想

20世纪50年代以来,西方社会面临着工业化所带来的一系列生态危机,开始反思工业文明背后的生态问题,进而提出了可持续发展、工业生态学、清洁生产、循环经济、低碳经济等一系列的生态理论。这些理论为我国生态文明理论的形成与发展奠定了坚实的基础。

（4）建设内容

我国的社会主义生态文明建设主要包括以下几个方面的内容：

1）优化国土空间开发格局

国土是生态文明建设的空间载体。在生态文明建设过程中,应按照人口、资源和环境相协调,经济、社会和生态效益相统一的原则,着力促进生产空间的集约和高效,生活空间的宜居和适度,以及生态空间的山清水秀,形成科学合理的城市化格局,农业发展格局和生态安全格局。

2）促进资源的节约利用

节约资源是生态环境保护的根本之策。在生态文明建设过程中,应着力推动资源利用方式的根本转变,节约集约利用资源和能源,提高利用的效率和效益。同时,大力发展循环经济,促进生产、流通、消费等过程中的减量化、再利用和资源化。

3）加强对生态环境的保护

良好的生态环境是人和社会持续发展的根本基础。在生态文明建设过程中,应加大对自然生态系统和环境保护力度。通过重大生态修复工程和防灾减灾体系的建设,提高生态系统服务功能。坚持预防为主、综合治理,解决损害群众健康的突出环境问题。同时,国际社会一道积极应对全球气候变化。

4）加强生态文明制度建设

保护生态环境必须依靠制度。在生态文明建设过程中,应努力建立国土空间开发保护制度；健全生态环境保护责任追究制度和环境损害赔偿制度；完善最严格的耕地保护制度,水资源管理制度和环境保护制度。同时,将资源消耗、环境损害、生态效益等纳入经济社会发展评价体系中,着力建立一套体现生态文明建设要求的目标体系、考核办法和奖惩机制。

3.3.6 人口与可持续发展

可持续发展理论是以人为本的发展理论。人口因素在可持续发展中占据了极为重要的地位,并发挥着重要的作用。因此,恰当地确定人口在可持续发展中的角色,确定可持续发展中的人口战略,对于深入研究人口与可持续发展的关系,充分、有效地发挥人口在可持续发展中的作用具有重要的指导意义（陶裕春,2008）。

1. 人口与经济可持续发展

在可持续发展框架体系中,经济可持续发展是其重要组成部分。一方面,经济可持续发展能够直接为资源、环境和社会可持续发展提供必要的经济保障；另一方面,经济可持续发展能够有力地推动科学技术的发展,进而间接地为资源、环境和社会可持续发展提供必要的技术支撑。

人口与经济发展是相互联系、相互制约的。一方面,经济是人口存在和发展的基础,经济发展制约着人口的发展,制约着人口再生产的速度和规模及人口的质量、素质的变化;另一方面,人口作为经济活动的主题,作为物质资料生产主要物种起决定作用的要素,它的变化发展对经济的增长起着重大的作用。

(1)基本概念

经济可持续发展是指在一定的区域经济发展战略指导下,在社会生产、流通、分配、消费过程中,加强资源的保护和管理,推动科技进步和体制创新,促使经济系统的结构和功能不断调整、重组和优化,进而在确保生态环境安全的前提下,不断提高经济发展质量,不断满足人类对日益增长的生态、物质、精神的需要的可持续发展过程(陶裕春,2008)。从本质上讲,经济可持续发展是一种生态型经济发展模式,它要求经济效益、社会效益和生态效益的协调统一。在经济可持续发展过程中,经济、社会、生态这3个子系统之间相互依存、相互影响、相互制约,共同存在于统一的生态经济系统之中。

根据经济可持续发展理论,区域经济发展应该遵循以下要求:首先,区域经济发展应以高产、优质、低耗、高技、无废弃物的生产模式和适度消费模式为核心,以合理分配、代内平等、消除贫困,并力求代际平等为宗旨。其次,区域经济发展应遵循人类与自然协调发展,经济与资源、环境协调发展的基本原则,对经济结构和功能不断进行调整、重组和优化,使之符合生态规律的客观要求,确保经济发展必须在生态环境的承受能力允许范围内满足当代人发展和后代人发展的需要。再次,区域经济发展应能够满足当代人日益增长的需要。其中,既包括维持人类生存的基本需要,也包括更高层次的精神需要和提升自身素质的发展需要。而在区域经济发展的过程中,必须强化对资源和环境的管理与保护,保证人类的永续发展。

(2)人口数量与经济可持续发展

人口数量对经济发展具有重要的影响。

1)积极影响

适当的人口数量能够促进经济可持续发展。充足的劳动力资源供给是区域经济发展的基本前提。适量的人口不仅能够为社会经济发展提供足够的劳动力资源,也不会因为人口众多而进行资源的掠夺性开采,破坏生态环境。

2)消极影响

不适当的人口数量也可能会延缓或抑制经济可持续发展。具体表现在以下几个方面:第一,人口数量过少会导致劳动力供给不足,社会生产力下降,经济活力不足,从而不利于经济的持续快速增长。第二,人口增长过快,会造成失业人数增多,影响社会稳定,抑制经济的可持续发展。第三,人口数量增长过快会导致人均资源占有量相对不足,增加资源环境的压力,导致资源短缺和生态环境退化,进而削弱经济可持续发展能力。第四,人口增长过快,会导致福利支出比例不断增加,缩减劳动资料和资本的比例,进而削弱储蓄和投资能力,不利于经济可持续发展。第五,人口增长过快,会阻碍消费水平的增长,影响经济发展的质量和速度。

(3)人口素质与经济可持续发展

当今世界已经进入知识经济时代,区域经济的增长方式也已经出现了重大转变。在知识经济和信息化进程的双重作用下,人口素质已经越来越成为经济可持续发展的关键因素。人口素质过低将会对经济可持续发展产生显著的制约作用,主要表现为:

1）技术进步能够有效地提高劳动生产率，进而推动现代经济的发展

然而，科学技术水平与人口的科学文化素质、劳动技能水平有直接的关系。国民人口素质的低下，必然会影响到科技水平的提高，不利于经济增长方式的转变，阻碍经济的发展。

2）通常而言，人均收入水平与人口整体素质成正相关的关系

人口素质的低下，会导致人口的平均收入水平降低，使得社会消费需求低迷，无法为社会再生产提供的充足的动力，不利于促进经济的发展。

3）研究表明，人口生育率与人口科学文化素质的高低成反比关系

人口的科学文化素质较低，受教育年限较少，会造成人口的早婚率较高，妇女的生育期变长，出生率变高。这不利于人口再生产模式的转变，也不利于经济的长期可持续发展。

（4）人口结构与经济可持续发展

合理的人口结构是实现经济可持续发展的重要条件，人口年龄结构和人口产业结构对经济可持续发展具有重要影响。

1）人口年龄结构主要从就业、资金积累和消费水平等方面对宏观经济发展产生影响

首先，对于年轻型年龄结构的人口群体，其少儿系数很高，劳动年龄人口比重居中，就业压力最小。但是，由于被抚养人口多，资金积累相对较少，不利于扩大再生产，经济发展速度受到影响。同时，由于未成年人口消费水平最低，使得社会再生产的动力不足，对经济发展的促进作用也相对较弱。其次，对于成年型年龄结构的人口群体，其抚养系数最小，劳动年龄人口比重最高，就业压力也较大。同时，由于抚养系数小，社会负担较轻，对经济发展有利。此外，劳动年龄人口的消费水平最高，能够有力地推动社会再生产，助力经济可持续发展。最后，老年型年龄结构的人口群体，就业压力相对较小，抚养系数大。老年人口消费水平介于成年人口和未成年人口之间，其对经济发展的促进作用也处于中间状态。

2）人口产业结构与经济发展密切相关

人口产业结构的转变可以使生产力要素在更高层次上进行优化组合，推动经济发展。人口产业结构对经济可持续发展的影响主要表现为：首先，人口的产业结构类型不同，对经济可持续发展的促进作用也不同。相对于以从事第一产业的从业人口为主的传统型人口产业结构，以及以第二三产业从业人口为主的发展型人口产业结构相比，以第三产业从业人口为主的现代型人口产业结构的比较劳动生产率接近，其消费结构也进入了较高层次，实现了低投入、高产出、高效益、低污染的生产模式，最有利于实施经济可持续发展。其次，如果人口产业结构严重滞后于经济产业结构，出现人口产业结构与经济产业结构的严重偏离，就会抑制劳动生产率的提高，不利于实现经济可持续发展。

（5）人口分布与经济可持续发展

人口分布状况是自然、经济、社会等多种因素共同制约、长期作用的结果。人口分布对经济发展的影响，具体表现在以下几个方面：

1）一个地区的人口数量决定了该地区劳动力的供给能力。人口分布过疏或过密都不利于生产力的合理布局。人口分布过疏，就会出现劳动力不足，影响对自然资源的充分和有效地开发和利用。人口分布过密，提供的劳动力过多，就会出现劳动力资源过剩，区域的生态环境压力将会增加。

2) 人口分布不合理,不利于人们的物质和文化生活水平的提高和消费市场的发展。一方面,人口数量过少,区域经济活力下降,不利于区域经济的发展。另一方面,人口数量过多,增长过快,也会降低人均资源占有量和人均收入,影响区域经济的积累,不利于消费市场的发展,也不利于人们物质和文化水平的提高。

3) 信息化已成为当今社会实现经济可持续发展的重要条件。人口是传播信息和技术的重要载体。人口密度过疏或人口规模过小,都不利于信息和技术的传播,不利于实现生产过程的信息化和网络化,无法有效地推动区域经济的可持续发展。

2. 人口与社会可持续发展

(1) 基本概念

社会是指人类以共同物质生产活动为基础,按照一定的行为规范相互联系而结成的有机总体,是全部社会关系的总和。一般而言,社会是以物质资料的生产活动为基础,以一定数量和质量的人口为主体建立的社会关系体系,以从事物质生产活动为满足人类需求、维持人类生存的基本手段,以人际交往为纽带的复杂社会关系体系。

社会发展是指社会经济、政治和文化的进步性变迁。它包括满足人类对生产劳动需要方面的发展,满足人类对物质生活需要方面的发展,满足人类对社会关系需要方面的发展,满足人类对精神文化需要方面的发展等四个方面的内容(章人英,1992)。在社会发展中,经济因素具有决定性的意义。

社会可持续发展是指保持社会和文化体系的稳定,推动社会资本的不断增值、延续和继承;是在经济继续增长、环境得到保护的过程中,人们的生活质量不断提高,社会公正和民主不断得到改善和实现的发展过程。社会可持续发展的前提是资源持续利用和环境持续发展。如果资源出现危机,环境不能有效地治理和保护,人类的生存就会受到威胁和伤害,社会也就不能持续发展。

(2) 人口数量与社会可持续发展

人口数量对消除贫困、提高生产质量、改善住区建设和发展卫生事业均具有重要影响。换言之,当人口数量与社会发展相协调时,就表现为正向效应;反之,则为负向效应。具体包括:

1) 人口数量与经济发展不协调时,会影响人民生活水平的提高,并在人均国民收入上有明确的反映。当人口增长过快时,当年新增国民收入不得不大部分用于满足新增人口的需要,必然会使投资积累、产业结构调整、科技进步和投入产出效益受到影响,进而影响经济发展,不利于生活水平的提高。

2) 人口数量增长过快不利于消除贫困。第一,人口增长过快会造成人均农业资源占有量减少,形成大量剩余劳动力,这不但制约了农业生产效率的提高,还破坏了自然资源和生态环境。第二,人均产量和人均产值的增长受经济增长和人口增长的共同制约,人口增长过快会导致人均产量和人均产值的增长缓慢。第三,人口增长过快,未成年人口比重增加,势必要求增加消费基金比重,减少用于生产建设投资的比重,阻碍了农村工业化的发展,使贫困地区经济发展缓慢。第四,当人口数量迅速下降时,也会造成未来社会可用劳动力的急剧减少,使未来社会贫困状况更趋恶化。

3) 人口数量与卫生事业发展之间存在着既相互促进,又相互制约的矛盾关系。卫生事业发展使人口死亡率下降、平均寿命增加,促进人口数量快速增长;但是,人口过快增长又会影响对卫生事业的投资水平,限制卫生事业的发展,不利于卫生事业的改善。

(3)人口素质与社会可持续发展

人口素质的提高有助于人们接受现代化的技术和信息,催生不断提高生活质量的要求和动力,有利于促进生活质量的提高和社会可持续发展。

1)高素质的人群会促进经济增长,提高生活质量;低素质的人群会抑制经济增长,减缓生活质量的提高。人口素质的低下将阻碍经济发展和人们生活水平的提高。

2)人口素质低下是构成贫困的重要原因。人口的身体素质、文化素质和心理素质都会对经济发展产生重要的影响。身体素质低下会显著地影响劳动生产效率;文化素质低下会导致技术进步缓慢、产品的交换价值低、人口流动率低、资源环境保护力度不够以及传统生育观念根深蒂固等问题,对经济发展产生强烈地阻滞作用。思想素质低下往往会导致改革意识、竞争意识、参与意识和商品意识的不足。

3)人口素质低下时,规范个人行为的能力往往弱,容易出现消极越轨行为,会对社会秩序构成威胁,降低群体和社会的凝聚力,导致社会不稳定。

(4)人口结构与社会可持续发展

人口性别结构、年龄结构、产业结构和职业结构等各种人口结构对社会发展都具有一定的影响和制约。其中,人口年龄结构和产业结构的影响最为显著。

1)人口年龄结构的老化通常会引发以下社会问题。第一,人口老龄化使得国家收入分配中投资资本积累的比例减少,影响社会扩大再生产的进行,增加企业负担,影响人们生活水平的提高。第二,人口老龄化会引起代际间的一系列矛盾,如果处理不当,可能危及社会的稳定发展。如资源代际间分配的矛盾,"年龄歧视""能力歧视"等问题。第三,人口老龄化必然对医疗保健事业带来巨大的压力,一方面是因为老年人增长迅速,规模巨大;另一方面是因为老年人口的健康状况很脆弱,对医疗费用、医疗技术和医疗护理的要求更高。

2)人口的产业结构是社会分工的产物。随着科学技术不断进步和劳动生产率的提高,经济活动人口在各产业之间也必然重新分布,人口产业结构也会随之变化。一方面,如果人口产业结构转变滞后于经济结构的转变,就会制约经济发展,进而减缓了人民生活水平和生活质量提高的速度,也不利于社会稳定。另一方面,如果人口产业结构转变滞后,失业激增,会导致城市贫困阶层扩大,使职工与企业、政府的矛盾突出,对政治和社会稳定构成威胁。

(5)人口分布与社会可持续发展

人口分布对社会可持续发展的影响与人口环境容量有密切的关系。

1)如果人口分布密度与人口环境容量相适应,能使自然资源得到充分利用,促进经济发展;同时,也能使人力资源得到充分利用,使不同素质、不同专业技能的人力资源同相应规模的自然资源、资本资源和技术水平紧密结合,形成相应的专业化、区域化和社会化分工,推动经济发展,提高人们的生活水平和生活质量。

2)如果人口分布密度超过或低于人口环境容量,会带来资源的过度利用,甚至使资源和生态环境遭到破坏,丧失生存基础,陷入贫困境地。这不利于人们生活水平和生活质量的提高,对社会可持续发展也会起到抑制作用。

3) 如果人口分布密度低于环境人口容量,区域内的资源环境不能充分利用,长期处于空载状态,部分可更新资源形同浪费。人力资源短缺也不利于形成专业化、区域化和社会化分工,不利于产生规模效益。这同样也会抑制或减缓经济发展,不利于人们生活水平和生活质量的提高。

3. 人口与环境可持续发展

(1) 基本概念

根据《中国大百科全书·环境科学卷》的定义,环境是指围绕着人群的空间,及其中可以直接、间接影响人类生活和发展的各种自然因素的总体,但也有人认为环境除自然因素外,还应包括有关的社会因素。因此,环境就是指围绕人类周围的各种自然因素和社会因素的总和。其中,自然环境是指围绕人类周围的各种自然因素的总和;社会环境是指围绕人类周围的各种社会因素的总和。

环境为人类提供了生存空间、社会和经济发展所需的物质和能源以及一定的净化功能。在自然力和人为活动的作用下,环境容易遭到各种破坏和污染,产生诸多环境问题。环境可持续发展实质就是维系环境的正向演替过程,要求当代人为满足自身生存与发展,既要科学、合理、高效地利用环境,又不能超越环境容量,使环境遭受破坏,危及环境对后代生存与发展的支撑能力。从宏观上看,强化环境意识,建立可持续生产和消费模式,是实现可持续发展的根本途径;从微观上看,污染源治理,推行清洁生产,节约能源,减少废弃物排放,植树造林,保持水土,推广生态农业,保护物种多样性等都是环境可持续发展的具体途径。

(2) 人口数量与环境可持续发展

在世界人口高速增长的当今社会,人口数量增长对环境的影响最为突出。

1) 人口数量与环境破坏。一般而言,如果人口增长过快,为了满足人类的生存和发展的需要,人们对可再生资源的索取速度往往会超过可再生资源的更新速度,从而使环境遭到破坏。粮食和燃料是人类生存所需的最基本需求。但是,受技术条件的限制,粮食产量的增产幅度有限,使得人们需要不断扩大耕地面积来增加粮食,于是出现了大面积的毁林开荒,使大面积的森林和草原遭到破坏。

2) 人口数量与环境污染。人口数量的增长也会带来废弃物的增加。环境的污染净化能力具有一定限度。人口增长,对生产资料的需求量增加,工业生产产生和排放的废弃物也在增加。当人类排放的废弃物超出环境容量时,就会造成环境污染,破坏生态平衡,进而危及人类的生存和发展。

(3) 人口素质与环境可持续发展

人口素质高低对环境的影响主要体现在以下方面:

1) 环境可持续发展的实现往往需要建立在人类高度自觉的基础上。它要求人类对环境有一个全面正确的理解,掌握环境发生发展的规律,摆正人类与环境的关系。但是,在人口素质较低的情况下,往往不考虑长远、全局的整体利益,更容易造成环境污染和生态破坏。

2) 一个国家的整体人口素质在很大程度上可以决定科学技术人才的数量和质量,进而决定科学技术的水平。在生产过程中,能源和资源利用率的高低主要取决于科学技术水平。因此,以高素质的人口群体为依托,不断提高环境科学技术水平就成为了防治环境污染的关键。

3) 由粗放型经济增长方式向集约型经济增长方式的转变是实现环境可持续发展的根本途

径,也是治理环境问题的治本措施。人口素质水平较低会制约经济增长方式的转变,阻碍环境的可持续发展。因此,要实现经济增长方式的转变,就必须提高劳动者的素质。

(4)人口结构与环境可持续发展

人口的年龄结构和产业结构不同,其消费结构也会有所不同,对资源需求也会不同,从而对环境产生不同的影响。

1)人口年龄结构的影响。在年轻型、成年型、老年型这3种年龄结构类型中,年轻型年龄结构的人口群体对生活资源和生产资料的需求量相对最少,对资源和环境压力最小,对环境的不利影响也很小。对于成年型年龄结构的人口群体,其劳动适龄人口比例最高,对生活消费和生产消费需求的资源量最高,对资源和环境的压力最大。老年型年龄结构的人口群体,对生活和生产资料的需求居中,对资源和环境的压力也居中。

2)人口产业结构的影响。人口产业结构对环境的影响主要表现在两个方面:一方面,不同的人口产业结构类型对资源的需求不同,向环境排放的污染物不同,对环境的压力也不同;环境污染和破坏会随着人口产业结构由传统型向发展型的转化而加重,随着由发展型向现代型的转化而减轻。另一方面,当人口产业结构与经济产业结构失调时,会对环境造成更大的冲击。人口产业结构的转化过程实际是由低层次向高层次的转化过程,对人口素质的要求也逐渐提高。当人口素质的提高跟不上产业结构转化的要求时,就容易引发各种环境问题。

(5)人口分布与环境可持续发展

人口分布是多种因素综合作用的结果。当区域人口分布数量超过区域人口承载能力,就会对环境产生破坏或污染。

1)在生态脆弱地区,人口的承载能力很低。但是,在种种原因下,这些地区的人口分布密度并不比平原和丘陵地区低,导致人口分布数量超过了其承载能力,造成环境破坏。

2)在工业发达地区,各种企业不断向环境排放各种大气污染物、工业废水和工业废渣,使环境被污染的程度比其他地区要严重得多。此外,工业发达地区的人口密度往往也很大,生活污染物的产生量和排放量也会随之增加,对环境污染起到一种叠加作用,使得环境污染更加严重。

4. 人口与资源可持续发展

(1)基本概念

资源就是指财富的来源。一般而言,资源可分为自然资源和社会资源两大类。其中,社会资源包括技术资源、管理资源和资金资源等;自然资源则是指自然界中能被人类用于生产和生活的物质和能量的总称。如生物资源、水资源、气候资源、土地资源、矿物资源、风力资源、太阳能资源和潮汐资源等。根据自然资源的生成机理、生成条件、稳定性和蕴藏量,可以对自然资源进行分类(见图3-12)。

自然资源的有限性与人类对自然资源需求的不断增加,使不可再生资源储量迅速减少,一些不可再生资源出现稀缺。即使是可再生资源,当人类的利用不够合理时,也会破坏可再生资源的再生能力,导致一些可再生资派出现稀缺或危机。资源的可持续利用就是指既要充分开发利用,使资源利用效率达到最高,以满足当代人生存和发展的需求;同时,又不能超过资源承载能力,使资源遭受破坏,危及后代的生存与发展对资源的需求。

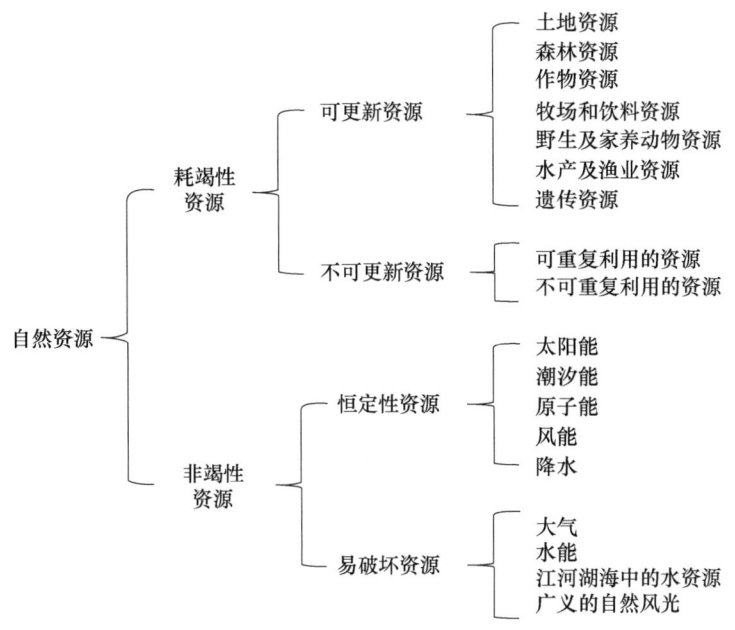

图 3-12 自然资源的分类系统

(2) 人口数量与资源可持续利用

人口数量对自然资源可持续利用的影响不仅表现为人口总量对自然资源总量的制约,还表现为人口消费结构和经济发展模式对资源可持续利用的影响。

1) 人口数量增长通常会加速资源稀缺。随着人口数量的增加,人们对于各类资源的需求也会不断增加,从而加大对各类资源的开发强度,导致各种自然资源不断减少。

2) 人口消费模式也会对资源的可持续利用产生重要的影响。同样的人口数量,消费模式不同,对资源需求量具有明显差异。伴随着人们生活水平的提高,人均资源消费量也在不断提高,进而加剧了人口与资源稀缺之间的矛盾。这在发达国家表现得尤为突出。因此,在提高人们生活水平的同时,还必须提倡适度消费,并寻求一种持续的消费模式。

(3) 人口素质与资源可持续利用

高素质的劳动人群往往能够更加合理、高效地开发和利用自然资源,使各类自然资源得到合理配置,提高资源开发的效率。提高人口素质的过程就是对人力资源强化和集约的过程。提高人口素质可以减少自然资源的消耗,更好地实现对自然资源的可持续利用。

1) 人口的科学文化素质是科学技术的基础,也是科技进步的基础。人口素质的高低在很大程度上决定了科学技术水平的高低。当科技水平不断提高时,人类可以开采的资源总量和资源类型也会不断增加,资源开发的效率也会不断提高。

2) 人口素质偏低时,一方面,会造成在资源利用过程中的浪费;另一方面,也限制了对资源的广泛利用。由于资源开发的类型比较少,使得人类往往对少数资源具有较强的依赖性,从而导致对这些资源的过度利用,甚至使其遭到严重的破坏。

3)在人类的生产和生活过程中,往往需要较多的不可再生资源。延缓、避免这些不可再生资源耗竭的重要途径之一就是开发各种替代资源。这些替代资源的开发技术往往需要科技文化素质较高的专业人才和劳动群体。因此,人口素质对开发替代资源的影响十分明显。

(4)人口结构与资源可持续利用

人口结构既是过去人口长期变动的结果,又是未来人口变动的基础。人口结构决定了未来人口发展的速度、规模和类型,也对社会经济的发展产生重要影响;进而制约着资源的可持续利用。

1)人口年龄结构。拥有年轻型人口结构的人口群体预示着未来人口的高速增长,人口数量会不断增加,资源耗竭速率会加快;对于成年型人口年龄结构的人口群体,其人口增长速度大大低于年轻型,对资源的压力也会相应降低;老年型人口群体的人口增长速度最为缓慢,因而对资源的压力最小。

2)人口产业结构。人口产业结构不同,其资源消耗的类型和强度也很不相同。第一产业消耗的资源主要是可再生资源,只要不破坏资源再生能力,资源储量就不会减少;第二产业消耗的资源包括恒定资源、可再生资源和不可再生资源,是加速不可再生资源耗竭的主要产业。第三产业的资源消耗强度则是最低的。

(5)人口分布与资源可持续利用

人口分布具有不均匀性、稳定性和均衡变动性等特点,对资源的利用也会产生重要的影响。

1)自然环境条件和经济发展水平是制约人口分布的两个主要因素。随着生产力的提高,经济发展水平对人口分布的作用越来越大,可能会导致人口分布密度与资源环境承载能力之间的错位,使得人均资源量明显减少。

2)资源分布不均,人口分布相对集中,往往会导致对优势区位的激烈竞争。竞争的结果往往是优质耕地不断转变为建设用地,影响了粮食产量,也加重了剩余耕地的负担。对剩余耕地的过度利用又容易引起土地退化等不良生态后果,带来恶性循环。

3.4 社会变迁理论

西方经典的社会变迁理论是西方社会转型时期的产物,反映了社会转型时期社会变迁的动态图景,揭示了社会变迁的原因、方向、动力等客观规律,对西方社会的发展与现代化进程产生了积极的影响(黄陵东,2003)。当代中国社会正处于社会转型和快速老龄化进程中,社会变迁理论也对长寿社会的构建具有重要的启示意义。西方社会变迁理论的流派众多,通常可以分为进化论、循环论、功能论和冲突论等4个学派(闫磊,2010)。

3.4.1 进化论学派

进化论学派认为,社会就像一个有机体一样,它是通过不断进化而来的。社会的进化是连续的,并且存在着一定的次序。进化论学派的代表人物包括斯宾塞(Herbert Spencer)、孔德(Auguste Comte)、滕尼斯(Ferdinand Tonnies)等人。

1. 斯宾塞

早在达尔文(Charles Robert Darwin)出版《物种起源》之前,社会学家斯宾塞已经发表了一篇名为《发展假设》(Development Hypothesis)的论文,阐述了有机物的进化过程。斯宾塞认为,进化是一个从相对模糊的、松散的和同质的状态向明确的、紧凑的和异质状态的转变过程。社会进化是一个持续的,没有倒退的,不间断的过程。社会进化贯穿于人类历史的始终。但是,斯宾塞也认识到,如果把所有的社会看作是一个整体,那么社会的进步是必然的。而对于个别的社会,进步则不一定是必然的,在某些情况下,甚至是不可能的(童志锋,2002)。

2. 孔德

孔德(张小山 1996)从进化论的角度出发,构建了人类进步的三阶段法则,用以解释人类社会或政治组织形式的发展演变过程。他认为,人类社会的进步可以分为以下 3 个阶段:①神学阶段;这一阶段主要表现为神治的社会和政治组织,宣传君权神授,实行君主专制统治。②形而上学阶段。在这一阶段,防御性的军事组织取代了进攻性的军事组织,自然科学和哲学的抽象概念和原理代替了神学;在政治上,出现了重视人权、法制的政治组织。③工业阶段。在这一阶段,工业体制取代了神学下的军事体制,人对自然的统治取代了人对人的统治。生产和科学技术逐渐成为人类社会活动的中心。

3. 滕尼斯

社区和社会是滕尼斯是社会变迁理论中的核心内容。滕尼斯(张国芳 2019)认为,社区是指一种由一些具有共同价值观念的同质人口所组成的关系亲密、守望相助的社会团体。社区主要有三种实现形式:一是自然形成的家庭、宗族等群体;二是具有共同历史文化传承的村庄、城市等联合体;三是通过朋友、师徒等关系形成的思想联合体。其中,血缘共同体、宗教共同体和地缘共同体是社区的主要形式。

社会则是由一些具有不同价值观念的异质人口所组成的群体。在社会中,人们之间主要依靠分工和契约联系,重理性而不讲人情。社会具有以下几个特征:第一,社会是一种目的性的联合体。人们根据一定的目的而聚集起来共同行动。第二,虽然社会中的人也以和平的方式相互共处、一起居住,但人与人之间是分离的。第三,社会是以个人的思想和意志为基础的,即人们是主动加入社会的。

滕尼斯认为,在人类的发展历程中,社会的出现要晚于社区。人类社会历史的发展过程总是由家庭、村社、城邦等社区逐渐走向民族、国际的社会。

3.4.2 循环论学派

循环论学派认为,人类社会的变迁是一个由发展、成熟、衰落等环节组成的循环往复的过程。该学派的代表人物包括索罗金(Pitirim A. Sorokin)、斯宾格勒(Oswald Spengler)和汤因比(Arnold Toynbee)等人。

索罗金在对人类历史上的社会进行了详细研究之后,提出了两种基本的文化形式:观念文化(ideational culture)和感知文化(sensate culture)。其中,观念文化的特点是将现实置于超越人类感知的范畴之外。因此,观念文化主要包含着宗教信仰,抽象艺术,非经验的哲学思想等。而感知文化的特点则是将现实置于人类感知器官能够直接感知的范围之内。因此,感知文化的艺术是形象化的,其哲学则是基于经验的。在感知文化中,各类科学技术、知识和技能较为发达,且通过学习和交流不断传播。索罗金根据这两个概念,认为在历史发展过程中,所有的社会总是在感知文化和观念文化之间循环往复的变动,进而体现出历史潮流的不断涨落。

汤恩比也认为社会的发展是一种循环往复的过程。他认为,首先,每个循环都是以某种"挑战"而开始,这种挑战可以是为了在某个地域谋生,也可以是为了社会适应。其次,每种挑战都会有一个相对应的反应。如果反应成功,社会就会实现适应而继续生存,于是将进入下一个循环过程,开始新的挑战;如果反应失败,则社会可能会走向衰退,甚至毁灭。社会正是在不断的"挑战-反应"的循环之中向着更完善的文明前进(徐滨 2009)。

斯宾格勒则用一个有机体的生命周期来形容社会的变迁过程。他认为,社会就像是一个有生命的有机组织。每个社会都会从诞生开始,进入迅速发展的青年期;逐渐进入成熟期,即它的黄金时代;再进入长期而缓慢的衰弱期;最后进入一种快速崩溃的时期(邵鹏 2001)。

3.4.3 功能论学派

帕森斯(Talcott Parsons)是功能论学派的代表人物。他认为社会是一个相互依存的体系,社会的每个部分都在为维持社会的稳定发挥着各自的功能。社会体系中各个组成部分的均衡则形成了人类社会的正常状态。人类社会中的冲突只是一种反常因素(杨方 2010)。

帕森斯从社会体系中的基本要素出发,将社会变迁分为两类:一是在外部因素的影响下,社会系统发生的变迁;二是由于社会系统内部的张力和紧张关系导致的社会系统各个组成部分的变迁。

帕森斯认为,人类社会是一个不断由低级向高级进化的过程。他将人类社会的进化划分为3个阶段(原始阶段、中间阶段、现代阶段)和5种形态(原始社会、古代社会、中古帝国社会、温床社会、现代社会)。在分析整个人类社会进化历程中,帕森斯还提出了进化共相的概念,用以概括各个社会在进化历程中必然会出现的一些普遍的制度性特征,如分层结构、政治结构的文化合法性、市场体制、普遍性法则和民主体制等。同时,帕森斯还强调了文化在社会变迁中的作用。他将文化比喻为维持各个社会要素紧密结合的胶水。如果社会结构的变迁方向和文化是冲突的,那么其变迁速度将会变得非常缓慢。

3.4.4 冲突论学派

冲突论学派的观点与功能论学派是不同的,他们认为社会是不平等的、紧张的、冲突的。因此,社会变迁常常是必然的,不可抗拒的,急遽的。冲突是社会变迁的基本动力,社会变迁的目的不是维持,而是打破现存社会的稳定和均衡。冲突论学派的代表人物有马克思(Karl Marx)和达伦多夫(Lord Ralf Dahrendorf)等。

1. 马克思

马克思认为,一切社会变迁的根源都可以追溯到生产力的发展及其与生产关系的矛盾冲突上。社会的生产力决定生产关系,而生产关系则对生产力起反作用。当旧的生产关系不能适应生产力发展的需要时,就会发生社会的质变。在阶级社会中,生产力与生产关系的矛盾往往表现为阶级斗争,进而引起社会变迁。社会中最大的冲突就是不同阶级之间的冲突,阶级社会变迁过程中最强有力的动力就是一个阶级战胜另一个阶级(于幼军 1998)。

根据马克思的理论,社会变迁主要包括 3 种基本类型,即自然形态、派生形态和超越形态。根据马克思的观点,斯大林将其概括为 5 种社会形态:原始社会、奴隶社会、封建社会、资本主义社会、社会主义社会和共产主义社会。

2. 达伦多夫

达伦多夫认为,社会具有"两副面孔",即它的一致性和冲突性。他认为,每个社会在每时每刻都在经历着不一致和冲突,因而社会冲突是普遍存在的;在社会冲突的作用下,每个社会每时每刻也都在经历着社会变迁过程;每个社会都是以其中一些成员对另一些成员的压制为基础的。社会中的每一个要素对社会的分解和变迁都发挥着积极作用(苑国华 2011)。

达伦多夫分析了社会冲突的根源、形成、程度和结果等多个方面。他指出,冲突而引起的社会结构的变迁主要有 3 种形式:革命变迁,即几乎所有统治人员的更换。改革变迁,即部分统治人员的更换。协商变迁,即统治者在一定程度上改变自己的政策,更多地照顾到被统治阶级的利益诉求。这是最低层次的变迁。

第4章　长寿经济的研究方法体系

4.1　人口系统分析方法

人口是社会经济活动的主体。人口的发展变化与迁移趋势对长寿经济区的发展具有重要的影响。

4.1.1　人口规模分析

1. 人口预测

人口预测是指以区域范围内的现有人口现状为基础,结合对未来人口发展趋势的宏观控制要求和假定条件,计算得出区域未来人口数据的技术方法(杨丽霞 等,2006)。人口数量的多少将直接影响到区域的经济社会发展、资源利用和生态环境状况。准确的人口预测是制定国民经济计划和区域发展战略规划的基本依据。人口预测的方法很多,下面将简单介绍几种常见的人口预测方法。

(1)马尔萨斯人口模型

马尔萨斯人口模型是由托马斯·罗伯特·马尔萨斯(Thomas Robert Malthus)于1798年提出的。马尔萨斯认为,在一般情况下,人口增长率是一个常数。即随着时间的增加,人口总量将按指数规律无限增长。因此,可以采用指数增长函数进行人口的预测。其人口预测公式为(杨丽霞 等,2006)。

$$Y_t = x_0(1+r)^t \tag{4-1}$$

式中,Y_t 为该区域 t 年之后的人口数;x_0 为区域初始年的人口数;r 为人口的年增长率;t 为人口预测年限。

根据区域已有的历史人口数据,利用最小二乘法(OLS)进行线性回归运算即可求出模型的参数 x_0 和 r,进而实现人口的预测分析。

(2)Logistic人口增长模型

马尔萨斯的人口预测模型在中短期的人口预测中是比较合适的。但是,从长远来看,人口的增长必将受到环境的约束,人口数量也不可能无限增长下去。因此,有学者在马尔萨斯的人口预测模型中增加了一个资源环境约束因子,从而形成了Logistic人口阻滞增长模型。其计算公式如下:

$$P_t = \frac{k}{1+\exp(a+bt)} + \varepsilon \tag{4-2}$$

式中,P_t 为第 t 年的总人口数;t 为预测的时间;k、a 和 b 均为为模型参数,可利用历史数据进行拟合计算得到;ε 为随机误差。

(3) 宋健人口发展模型

人口发展模型是我国学者宋健等人提出的人口预测模型。该预测模型具有对预测变量的设置更为合理,对预测参数因素的考虑更为周密,操作简单方便,易于应用推广等优点,因而在国内外得到了较为广泛的应用(蒋远营 等,2011)。其计算过程如下:

$$B(t) = \text{TFR}_{(t)} \sum_{x=a1}^{a2} P_{x(t)}^F \times H_x(t) \tag{4-3}$$

$$\begin{cases} P_{0(t+1)} = S_{00} \times \delta_{(t)} \times B_{(t)} \times g_{00}(t) \\ P_{1(t+1)} = P_{0(t)} \times S_0 + g_0(t) \\ P_{2(t+1)} = P_{1(t)} \times S_1 + g_1(t) \\ \cdots \\ P_{w-1(t+1)} = P_{w-2(t)} \times S_{w-2} + g_{w-2}(t) \end{cases} \tag{4-4}$$

式中,$B(t)$为出生人口数量;$\text{TFR}_{(t)}$为总和生育率;$a1$为育龄妇女的最低生育年龄,通常设为15岁;$P_{x+1(t+1)}$为在预测年度时$x+1$岁的人口数量;$P_x(t)$为在预测基准年时x岁的实际人口数;S_{00}为出生当年的人口存活率;S_x为人口在x岁时的存活率;$g_{00}(t)$为出生当年的净迁移人数;$g_x(t)$为x岁的净迁移人数。

2. 人口承载力分析

随着人类社会经济的不断发展,全球人口也呈现出非常明显的高速增长态势,给全球的资源和生态环境带来了巨大的压力。因此,人口承载力从诞生之日起,就得到了政府和社会的广泛关注。根据联合国教科文组织的定义,人口承载力是指某个特定区域在可以预见的时期内,利用该区域的自然资源、智力、技术等条件,在保证符合社会文化准则的物质生活水平条件下,所能够持续供养的人口数量(张英飒,2008)。目前已经提出了许多人口承载力的计算方法。总体上看,可以将这些方法大致划分为2大类:直接测算法和间接测算法(张燕 等,2013)。

直接测算法是指直接根据人口承载力的影响因子来测算区域人口承载力的方法。根据人口承载力计算模型中影响因子的数量,又可将直接测算法细分为单因子测算法和多目标测算法。

(1) 单因子测算法

单因子测算法是指计算区域系统中某个因素的人口承载力大小。如金荻采用多元回归分析法,分析了人均需水量与用水总量、水资源产出率、万元工业增加值用水量和农田灌溉亩均用水量等因素之间的关系,建立了预测模型,计算出嘉峪关市的水资源人口承载力(金荻,2015)。张贵军等人运用一元线性回归法和GM(1,1)灰色预测模型法,预测了石家庄市的耕地面积和人口数量,进而计算了该区域的耕地资源人口承载能力(张贵军 等,2013)。

(2) 多目标测算法

多目标测算法是指通过对区域系统中各种影响因素的综合考虑来计算区域综合人口承载力的大小。如汪志红等人基于马尔萨斯的人口增长模型,从概率的角度构建了一套人口承载力动态综合测度模型(汪志红等,2016)。师翠英等人利用可能-满意度方法,从目标实现的可能度和满意度这两个角度出发,构建了人口承载力的可能-满意度函数,测算了天津市人口的最优规模(师翠英 等,2016)。

间接测算法是指通过区域人口密度或区域适度人口规模来测算区域人口承载力的方法。

如陈仲常等人利用适度人口指标考察了我国各省(区、市)的经济人口承载容量和资源环境人口承载容量,进而建立了一套人口承载力预警系统(陈仲常 等,2011)。Zheng 等利用盈余函数非线性模型(surplus function),引入家庭可支配收入总额、工业产出水平、家庭总开支、劳动力工资等变量,检验了城市在不同阶段的适度人口规模(Zheng,2007)。

4.1.2 人口结构分析

人口结构是指在一定地区、一定时点的人口总体内部,根据性别、年龄等各种不同质的规定性进行划分而得出的数量比例关系。人口结构分析主要包括性别结构分析、年龄结构分析等内容。

1. 性别结构

性别是人最基本、最明显,也是最恒定的特征之一。性别结构是指一个国家或地区两性人口数量的比例关系,它是衡量一个社会人口状况的重要内容(张善余,2013)。性别结构主要通过性别比这一指标来分析。性别比是指每 100 位女性所对应的男性数目。其计算公式如下:

$$性别比 = \frac{男性人口数}{女性人口数} \times 100\% \tag{4-5}$$

一个区域的性别比大于 100,则意味着该区域中男性人数多于女性。一般而言,出生婴儿性别比为 105 左右。

2. 年龄结构

一个国家或地区人口的年龄结构是指总人口中不同年龄组人口的数量比例关系。度量和分析人口年龄结构的指标主要包括以下几类。

(1)人口比重

人口比重是指特定年龄组人口数占总人口的比重,主要包括少年儿童比重、老年人口比重等分析指标。其计算公式如下:

$$少年儿童比重 = \frac{0 \sim 14 \text{ 岁人口数}}{总人口数} \times 100\% \tag{4-6}$$

$$老年人口比重 = \frac{\geqslant 65 \text{ 岁人口数}}{总人口数} \times 100\% \tag{4-7}$$

(2)老少比

老少比也是反映一个国家或地区人口年龄结构的重要指标。老少比越高,则说明该区域的人口老龄化趋势越严重。老少比的计算公式如下:

$$老少比 = \frac{\geqslant 65 \text{ 岁人口数}}{0 \sim 14 \text{ 岁人口数}} \times 100\% \tag{4-8}$$

(3)抚养比。抚养比是指非劳动力人口数与劳动力人口数之间的比值。抚养比是衡量劳动力人口负担的重要指标。抚养比又可细分为少年儿童抚养比,老年抚养比,总抚养比三个子指标。其计算公式如下:

$$少年儿童抚养比 = \frac{0 \sim 14 \text{ 岁人口数}}{15 \sim 64 \text{ 岁人口数}} \times 100\% \tag{4-9}$$

$$老年抚养比 = \frac{\geqslant 65\ 岁人口数}{15\sim 64\ 岁人口数} \times 100\% \qquad (4\text{-}10)$$

$$总抚养比 = 少年儿童抚养比 + 老年抚养比 \qquad (4\text{-}11)$$

抚养比越大,则表明每个劳动力人口所承担的抚养人数就越多,劳动力的抚养负担就越严重。一个区域的老龄人口抚养比越高,则表明该区域的人口老龄化趋势越严重。

4.1.3 人口分布

人口分布是指人口在一定时间范围内的空间存在形式和分布状况。人口分布既包括区域总人口的分布状况,也包括某些特定人口(如城市人口、民族人口)、特定人口组分(如年龄、性别等)的分布。区域人口分布状况既是区域自然、社会、经济和历史状况的综合反映,也会对区域自然环境和社会经济发展产生重要影响。可利用如下指标来衡量区域的人口分布状况。

1. 人口密度、广狭度和接近度

(1) 人口密度

人口密度是指某区域内单位土地面积上的人口数量,主要用于衡量世界各地人口的密集程度,通常以每平方千米或每公顷内的常住人口为计算单位。其计算公式如下:

$$人口密度\ D = \frac{人口数量\ P}{土地面积\ S} \qquad (4\text{-}12)$$

人口密度是衡量人口空间分布的重要指标。一般而言,人口密度可以划分为 4 个等级:第一级为人口密集区,指人口密度大于 100 人/km² 的区域。如韩国、日本、香港等地。第二级为人口中等区,指人口密度为 25~100 人/km² 的区域。如美国、埃及等地。第三级为人口稀少区,指人口密度为 1~25 人/km² 的区域。如加拿大、俄罗斯等地。第四级为人口极稀区,指人口密度小于 1 人/km² 的区域。如格陵兰岛、南极等地。

为了将人口密度同区域的自然资源和社会经济更加紧密地联系起来,人们又对人口密度指标进行了细分,提出了农业人口密度、比较人口密度、经济人口密度等指标。其中,农业人口密度是指单位面积上的平均农业人口数;比较人口密度是指单位农用土地上的平均人口数;经济人口密度是指各种自然、社会、经济资源与人口的比值,如人均水资源量、人均国民生产总值、人均收入、人均工农业产品产量等。

(2) 广狭度

广狭度是指某区域内人均占有土地面积的大小。广狭度是人口密度的倒数,通常以 m²/人或 km²/人为计算单位。其计算公式如下:

$$广狭度\ F = \frac{土地面积\ S}{人口数量\ P} \qquad (4\text{-}13)$$

(3) 接近度

假设区域内人口呈等距离分布,则可将以单位面积计量的广狭度转换成以距离计量的接近度。假设人口呈正方形分布,则接近度 H_1 的计算公式如下:

$$接近度\ H_1 = \sqrt{广狭度\ F} \qquad (4\text{-}14)$$

假设人口呈六方形分布,则接近度 H_2 的计算公式如下:

$$接近度\ H_2 = 1.07457\sqrt{广狭度\ F} \tag{4-15}$$

综合使用人口密度、广狭度和接近度等指标,则可以简单清晰地反映出区域之间人口分布的差异。

2. 不均衡指数、集中指数和再分布指数

利用不均衡指数、集中指数和再分布指数这 3 个指标,可以方便地分析区域人口分布是否均衡(见图 4-1)。

(1)不均衡指数

不均衡指数的计算公式如下:

$$U = \sqrt{\frac{\sum_{i=1}^{n}[\sqrt{2}/2(x_i - y_i)]^2}{n}} \tag{4-16}$$

式中,U 为不均衡指数;n 为地域数量;x 为各地域占总人口的比重;y 为各地域占土地总面积的比重。不均衡指数的值越小,则表明人口分布越均衡;反之,则越不均衡。

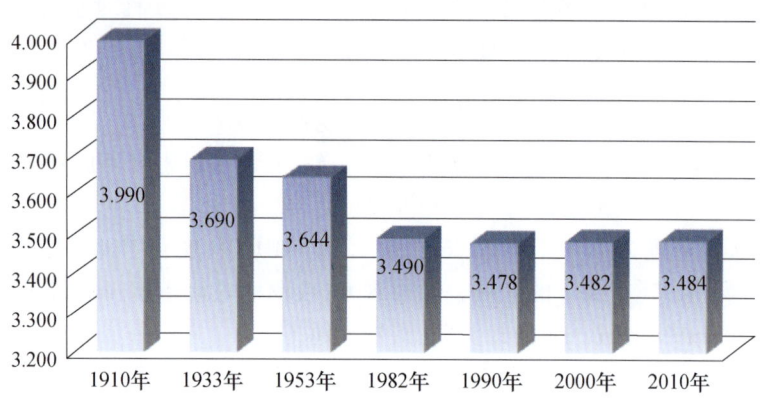

图 4-1 中国人口分布不均衡指数的变化趋势(张善余,2013)

(2)集中指数

集中指数的计算原理来源于著名的洛伦兹曲线,即频率累积曲线。集中指数是一个研究人口分布状况的常见方法,其计算公式如下:

$$C = \frac{1}{2}\sum_{i=1}^{n}|x_i - y_i| \tag{4-17}$$

式中,C 为集中指数;n 为地域数量;x 为各地域占总人口的比重;y 为各地域占土地总面积的比重。集中指数的值越小,则表明人口分布越均衡;反之,则越不均衡。

(3)再分布指数

人口的地域分布是不断变化的,这一演化过程一般称为人口再分布。人口的再分布通常会受到自然增长和人口迁移流动的双重影响。人口的再分布状况通常可以用再分布指数来衡量,其计算公式如下:

$$R = \frac{1}{2} \sum_{i=1}^{n} | y_{i,t+m} - y_{i,t} | \tag{4-18}$$

式中,R 为再分布指数;n 为地域数量;$y_{i,t}$ 为各地域在 t 时占总人口的比重;$y_{i,t+m}$ 即为各地域在 $t+m$ 时占总人口的比重。再分布指数的值越大,则说明区域人口的自然增长速度越快,或人口的迁移流动比较频繁。

3. 人口分布重心

假设某区域内每个居民的重量都相等,则在该地域全部空间平面上力矩达到平衡的点就是人口分布重心。其计算公式如下:

$$x' = \frac{\sum_{i=1}^{n} p_i x_i}{\sum_{i=1}^{n} p_i}; y' = \frac{\sum_{i=1}^{n} p_i y_i}{\sum_{i=1}^{n} p_i}; \tag{4-19}$$

式中,x' 和 y' 为某区域人口分布重心的坐标,通常指经度和纬度;n 为该区域内子区域的数量;p_i 是指这些子区域的人口数,x_i 和 y_i 是指这些子区域人口分布重心的坐标。

区域人口分布重心及其变化轨迹可以反映区域的人口分布状况及其变化趋势。通过区域人口分布重心与各类资源分布重心的分析和比较,有助于人们理解人口与资源分布的关系,以及人口与自然生态环境的协调性。

4.1.4 人口迁移分析

人口迁移是指人口在两个地区之间的地理流动或者空间流动。这种流动通常会涉及永久性居住地由迁出地到迁入地的变化。这种人口迁移被称为永久性迁移,它不同于其他形式的、不涉及永久性居住地变化的人口移动。根据这个概念,人口迁移具有两个重要的属性:一是时间属性,即只有那些居住地发生永久性变化的运动才能称为人口迁移;二是空间属性,即人口迁移必须迁出原居住地一定的距离。这个空间距离通常是以是否跨越行政界线为判断依据。经典的人口迁移模型主要包括推拉模型、成本-收益模型、两部门模型、托达罗模型等。

1. 推拉模型

推拉模型是解释农村劳动力流动的经典模型。推拉理论最早可追溯到英国学者拉文斯坦(E. G. Ravenstein)提出的人口迁移七大法则。博格(D. J. Burge)则首次提出了人口迁移的推拉模型。博格认为,人口迁移是由于迁出地的推力和迁入地的拉力共同作用的结果。人口流动的根本目的在于改善其自身的生活条件。迁出地的不利生活条件是人口流动的推力,而迁入地的诸多有利于改善人们生活条件的因素就是人口流动的拉力。人口流动的出现是迁出地推力和迁入地拉力共同作用的结果。推拉模型隐含着两项假设:一是假设人口的流动是人的理性选择;二是假设流动者对迁出地及迁入地的信息有比较深入的了解(金沙,2009)。

基于推拉理论,学者们提出了许多人口迁移的量化模型。1946 年,美国社会学家吉佛(zipf)将万有引力定律引入到推拉模型中,提出了人口迁移的引力模型(Zipf,1946)。吉佛认为,两地之间迁移人口与两地人口规模成正比,与两地之间距离成反比。其计算公式为:

$$M_{ij}=k\times\frac{P_iP_j}{(D_{ij})^a} \tag{4-20}$$

式中，M_{ij} 为 i 地与 j 地之间的人口迁移量；P_i、P_j 分别为两地的人口规模；D_{ij} 为 i、j 两地之间的距离；k 为常数；a 为距离衰减系数。该模型的优点是将阻碍两地之间人口迁移的因素尽量的简化，从而使区域间的人口迁移分析真正从定性描述转为了定量分析。

2. 成本-收益模型

1962年，美国芝加哥经济学派的著名经济学家舒尔茨(Theodore W. Schultz)首次提出了人口迁移活动的成本-收益理论(Pasour, 2013)。舒尔茨认为，迁移是人们追求更大经济收益的行为决策过程。迁移者通过对迁移的成本和收益进行比较，当他们认为迁移带来的预期收益大于预期成本时，就会进行迁移活动。其中，迁移的成本包括货币成本和非货币成本。货币成本主要包括迁移费用和迁移时因失业而减少的收入。非货币成本主要包括迁移的时间成本、心理成本等。同样，迁移的收益也包括货币收益和非货币收益。货币收入包括收入的增加；非货币收入包括社会关系的改善、心理的满足等。后来，夏斯达(Sjaastad L A)对成本-收益理论进行了量化，从而建立了成本-收益模型(Sjaastad, 1962)。

$$PV=\left(\frac{L_j-L_i}{r_{di}}\right)-G_{ij} \tag{4-21}$$

式中，PV 是指迁移者获得的净收益；L_j 是指迁移者在迁入地获得的实际收入；L_i 是指迁移者在迁出地获得的实际收入；r_{di} 是指迁移者在迁移之后，将收益转换为迁出地现实收入的贴现率；G_{ij} 是指迁移者从 i 地迁移到 j 地所花费的迁移费用。如果 PV 为正值，则表示迁移后的总收益大于迁出地实际收入和迁移成本之和。此时迁移者才会选择迁移。否则人们就不会迁移。

该模型提出之后，有许多学者根据当地的实际情况，提出了相应的成本-收益计算方法。我国也有学者建立了农业人口向城市迁移的成本-收益计算模型。认为总成本包括城市生活成本、住房成本、城市基础设施成本、社会保障成本、义务教育成本、成人教育培训成本和机会成本等；总收益包括农业转移人口的收入、对政府财政收入的贡献以及对企业利润的贡献。总收益则主要包括农业迁移者的收入、迁移者对政府财政收入的贡献，和迁移者对企业利润的贡献(见表4-1)。

表 4-1　农业转移人口市民化成本分类表(周春山 等, 2015)

序号	需求层次	相应的内容及成本	市民化的内涵	本文选取的成本
1	生理需求	衣、食、住、行等	人们在行为和生活方式上的改变	城市基础设施成本 C1、城市生活成本 C2、住房成本 C3
2	安全需求	生命财产、安全、劳动权利、医疗服务等社会保障的需求及其成本	增加社会权利和社会保障	社会保障成本 C4
3	情感和归属需求	背井离乡所导致的归属感缺乏。	由城市边缘人向真正的城市建设者转变	—

续表

序号	需求层次	相应的内容及成本	市民化的内涵	本文选取的成本
4	尊重需求	对农业转移人口存在观念上的偏见和行为上的歧视	社会地位的提高,心理上的转变	—
5	自我实现	职业教育培训	日益与城市生活相融合	教育成本 C5

3. 两部门模型

1954 年,美国经济学家威廉·阿瑟·刘易斯(William Arthur Lewis)发表了《劳动无限供给下的经济发展》一文,提出了两部门模型(two-sector model)(Cumper,1963)。刘易斯认为,发展中国家的经济通常由两个不同的经济部门组成:传统部门和现代部门。传统部门主要是指自给自足的农业及简单的、零星的商业、服务业。这些产业部门具有劳动生产率很低,边际劳动生产率接近于零,非熟练劳动力的工资很低,存在大量的隐蔽性失业等特点。现代部门则是指技术比较先进的工矿业、建筑业、近代商业等。这些产业部门具有容纳就业人员较少,劳动生产率较高,工资水平较高等特点。刘易斯将其称之为发展中国家的二元经济结构。在二元经济结构中,现代产业部门的工资要高于传统产业部门,这将诱使农业剩余人口向城市的工商业部门转移。农业劳动力的进入有利于城市工商业部门的发展,从而吸引更多的农业剩余人口进入城市工商业部门。当农村的剩余劳动力逐渐消失,传统部门和现代部门的劳动生产率和边际生产率基本一致,劳动力工资水平也较为一致时,国民经济中的二元结构也就消失了。按照刘易斯的两部门模型,在区域经济的发展过程中,必然会出现农业剩余人口向非农产业转移的现象。只有农业剩余人口向非农产业的转移,才会推动现代工业和服务业的发展,也能使农业生产实现规模化和现代化,最终实现从二元经济结构向一元经济结构的转化。

费景汉(John C. H. Fei)和古斯塔夫·拉尼斯(Gustav Ranis)认为,刘易斯提出的两部门模型主要有两点缺陷:一是没有足够重视农业在促进工业增长中的作用;二是没有注意到农业剩余产品的出现是农业劳动力向工业流动的前提条件。因此,1961 年,他们对刘易斯的两部门模型进行了改进,将农业劳动力向工业的流动过程划分为 3 个阶段(Fei et al,1971)。第一阶段与刘易斯的两部门模型是一致的,即农业中劳动生产率等于零的那部分劳动力的流出;第二阶段是农业中边际劳动生产率低于农业部门平均产量的劳动力向工业部门的流动。此时,农业劳动力的边际产量为正值,他们向工业部门的转移导致了农业部门的萎缩,使得农产品的供给出现短缺,工农业产品间的贸易条件开始变得有利于农业,工业部门劳动力的工资开始上涨。第三阶段是农业已经完成了从传统农业向现代农业的转变。此时,农业和工业的劳动力工资都由其边际生产力决定,产业之间的劳动力流动完全取决于各自边际生产力的变动。

4. 托达罗人口迁移模型

1970 年,美国发展经济学家托达罗(Michacl P. Todro)和哈里斯(Harris J R)提出了著名的 Harris-Todaro 城乡人口迁移模型(Harris et al,1970)。托达罗等人认为,农村人口向城市迁移的主要驱动力是城乡间预期收入水平的差异。在发展中国家,农村人口向城市的流动主要取决于两个关键因素:一是城乡二元经济结构所带来的收入差异;二是迁移者在城市中就业

的概率。城市预期收入与农村收入的差异越大,则农村人口流动的动力就越强,流动人口就越多。其数学模型如下:

$$\frac{S'}{S}(t)=F\left[\frac{Y_u(t)-Y_R(t)}{Y_R(t)}\right],F'>0 \tag{4-22}$$

式中,S'表示农村流入城市的净劳动力数量;S表示城市原有的劳动力数量;$Y_u(t)$表示在t时段中,一个非熟练农村劳动力在城市务工可获得收入的折现值;$Y_R(t)$表示在t时段中,一个农村劳动力在农村的预期收入的折现值。该公式表明,农村向城市迁移的劳动力数量是城乡预期收入差异比率的函数。

若$V(0)$表示迁移者在一定时期内城乡预期收入差异的净贴现值,则劳动力流动量可用下式来表达:

$$M=F[V(0)],F'>0 \tag{4-23}$$

$$V(0)=\int_{t=0}^{n}[p(t)Y_u(t)e^{-n}-Y_r(t)e^{-n}]dt-C(0) \tag{4-24}$$

式中,$Y_u(t)$表示在t时段内城市劳动力的工资率;$Y_r(t)$表示在t时段内农村劳动力的工资率;r表示贴现率;$p(t)$表示劳动力流动时段内的就业率;$C(0)$表示劳动力流动的成本。当$V(0)$的值为正时,农村劳动力就会做出由农村向城市迁移的决定;反之,劳动力就会选择留在农村。

4.2 产业经济系统分析方法

4.2.1 产业选择

产业是长寿经济发展中的核心问题。在区域经济发展中,如何选择合适的主导产业和战略性新兴产业,直接关系到长寿经济区的发展前景。在产业选择方法的研究可以主要分为两类,一是以定性判断为主,确定主导产业的选择基准;二是以定量分析为主,提出各种产业选择模型。

1. 产业选择基准

在不同的历史时期,不同的社会背景和生产组织方式之下,学者们所提出的区域主导产业选择基准也各不相同。随着科技的进步,区域联系的日益紧密,以及生态环境问题的日益凸显,地理学者对区域研究的重点和研究范式有了明显的变化。而在不同的区域研究范式的指导下,主导产业选择基准也会有明显的不同。

国外主导产业的选择基准研究多是建立在整个国民经济的基础之上的。他们认为,主导产业应是扩散效应较强、需求收入弹性高、生产率上升较快、技术要素密集、产业关联度高带动性强、比较优势明显的产业。比较有代表性的产业选择基准包括罗斯托基准、赫希曼基准、筱原两基准等(见表4-2)。

表 4-2 国外主导产业选择基准及其评价指标体系研究进展（李新 等，2008）

序号	评价基准	评价指标体系	代表人物
1	罗斯托基准	产业扩散效应	美国；罗斯托；20世纪50年代初
2	筱原两基准（需求收入弹性基准、生产率上升率基准）	需求收入弹性系数、全要素生产率上升率	日本；筱原三代平；1957年
3	产业关联基准	感应度系数、影响力系数	美国；艾伯特·郝希曼；1958年
4	动态比较优势基准	比较优势系数、资源密集度	李嘉图、郝克歇尔和俄林
5	过密环境基准、劳动内容基准	能耗和排放治理的综合指数、就业增长指数	日本；产业结构审议会；1971年

国内主导产业选择基准研究起步于 20 世纪 80 年代（秦耀辰 等，2009），学者们既开展了国家层面的主导产业选择研究，也探讨了区域层面的主导产业选择问题。由于国内地理学者有许多区域应用的机会，因此在区域主导产业的选择基准研究上不断的丰富和进步，主要表现为选择基准的逐步补充，选择指标的不断更新，指标体系的区域差异性不断增强（见表 4-3）。

表 4-3 国内有代表性的区域主导产业选择基准及其评价指标体系（黄春分 等，2014）

基准类型	基准构成	评价指标体系	主要研究者
三基准	生产率上升率基准，收入弹性基准，产业关联度基准	全要素生产率增长率，产业关联度，需求收入弹性系数	许秋星（2001）
四基准	需求弹性基准，生产率上升率基准，比较优势基准，产业关联基准	全要素生产率上升率、比较集中率系数、比较输出率系数、比较生产率系数、比较利税率系数、比较优势系数、感应度系数、影响力系数	黄继忠（2000）
五基准	产业规模基准，经济效益基准，增长速度基准，比较优势基准，技术水平基准	工业总产值规模、工业增加值规模、固定资产规模、就业规模、利税规模，工业增加值效益率、员工生产效率、总产值利税率、资本利税率，工业总产值增长率、工业增加值增长率，区位商、比较市场占有率，技术水平系数	惠长虹等（2012）
六基准	产业关联基准，区域比较优势基准，增长潜力基准，可持续发展基准，就业功能基准，技术进步基准	产业关联度，区位商，需求收入弹性，成本费用利润率，就业综合指数，技术进步率	赵波，张秀利等（2006）
补充基准	产业创新基准，产业风险基准，创业环境基准	技术进步贡献率、科技人力投入、科技经费投入、新产品产值、高学历人员比重、技术风险因素、市场风险因素、财务风险因素、在孵企业比例、在孵企业总收入比重、海外回国创业人数比例、国内扶持产业人数比例	王敏晰，李新（2010）

近期,唐常春结合我国的主体功能区建设背景,参考了波特钻石模型的研究思路,构建了一套重点产业环节选择的水晶模型,认为重点产业环节的选择主要包含主体功能区建设、市场需求、技术经济、生产要素供给、产业基础、产业关联、政府和全球化 8 大主要影响要素,进而提出了相应的八大选择基准(唐常春,2010)。

2. 产业选择方法

随着人们对区域发展的认识不断深化,区域产业选择方法也在不断地丰富和改进。比较常用的产业选择方法包括区位熵法、偏离-份额分析法(SSM)、投入产出法、层次分析法、聚类分析法等(见表 4-4)。

表 4-4 区域产业选择的主要方法(秦耀辰 等,2009)

代表模型	简单描述
区位熵法	方便地分析现有产业形成的区域比较优势
投入产出法	以物质流的形式分析各部门之间投入产出的依存关系
SSM	动态综合反映区域产业的现状基础和发展趋势
DEA	根据产业的输入输出数据来评价产业运行效率,科学客观,操作性强
钻石理论基准法	同时考虑区域的比较优势和竞争优势
主成份分析法	集中了原变量的大部分信息,通过综合得分来客观地评价分析对象
因子分析法	对原变量进行重组后的公因子具有更强的解释力
聚类分析法	根据变量的域间相似性逐步归群成类
层次分析法	建立层次模型,构造判断矩阵,确定指标值大的为区域主导产业
加权求总法	充分体现了主导产业的多属性、多功能、多层次等复杂特点
模糊分析法	能够从多层次、多角度处理复杂事物
灰色关联分析法	使指标间的灰化关系更加清晰化,找出主要影响因素
BP 神经网络法	有自适应能力,能够客观处理复杂指标间的非线性关系

(1)区位熵法

区位熵是由哈盖特(P. Haggett)首先提出的,现在已经成为评价区域优势产业的基本分析方法。区位熵又称专业化率,它能够反映某一产业部门的专业化程度,以及某一区域的产业在更高层次区域中的地位和作用。通过计算某一区域产业的区位熵,可以找出该区域在全国具有一定地位的优势产业。区位熵的计算公式如下(张会新 等,2009)。

$$LQ_{ij} = \frac{x_{ij}/\sum_{i}^{n}x_{ij}}{\sum_{j}^{m}x_{ij}/\sum_{i}^{n}\sum_{j}^{m}x_{ij}} \tag{4-25}$$

式中,LQ_{ij} 是指第 j 个地区,第 i 个产业的区位熵;x_{ij} 表示第 j 个地区的第 i 产业的产业指标,如工业增加值、就业人数、销售收入等。

区位熵的计算结果为一个数值。其值越大,则该产业的专业化率也越高,其比较优势也更强。在省域尺度上,当 $LQ_{ij}>1$ 时,则表明 j 省的 i 产业在全国层面具有比较优势,显示出该产业在全国具有较强的竞争力;当 $LQ_{ij}=1$ 时,则表明 j 省的 i 产业在全国处于平均水平上,比较优势并不明显;而当 $LQ_{ij}<1$ 时,则表明 j 省的 i 产业在全国处于劣势,其竞争力较弱。

该方法操作简单,计算量较小,含义明确,因而得到了广泛的应用(姚文捷,2015;刘慧 等,2016)。但是,该方法仅考虑了一个指标的影响。当区域内两个或多个产业的区位熵比较接近时,就很难判断哪一个产业对区域产业优势的形成具有更大的贡献。因此,区位熵往往只能用于区域优势产业的初步判断和选择。

(2)偏离-份额分析法(SSM)

偏离-份额分析法(shift-share method)是由美国学者邓恩(Dunn)佩罗夫(Perloff)等人提出的(Hoppes,1991)。

偏离-份额分析法(SSM)将区域经济发展视为一个动态变化的过程。它将研究区域所在的大区域的产业发展作为参照对象,把本区域的经济总量在某一时期的变动分解为份额偏离、结构偏离和竞争力偏离3个基本分量。根据这3个分量来分析区域经济的增长与衰退状况,评价本区域产业结构的优劣程度,判断本区域各产业的竞争力,进而找出本区域具有相对竞争优势的产业,为区域产业发展提供科学依据。与其他方法相比,偏离-份额分析法具有较强的综合性和动态性,能够较好地揭示区域产业部门结构变化的原因,确定区域产业发展的主导方向。其基本计算过程如下(卓玉国 等,2012):

假设研究区域在经历了时段 $[0,t]$ 之后,其经济总量和产业结构均发生了一定的变化。将区域产业划分为 n 个产业部门,以 $b_{ij,0}$ 和 $b_{ij,t}$ ($j=1,2,\cdots,n$)来分别表示第 i 个区域第 j 个产业部门在初始年(0)和截止年(t)的经济规模;以 $b_{i,0}$ 和 $b_{i,t}$ ($i=1,2,\cdots,n$)来表示第 i 个区域在初始年(0)和截止年(t)的经济规模;以 $B_{j,0}$ 和 $B_{j,t}$ 表示标准区第 j 个产业部门在初始年(0)和截止年(t)的经济规模;以 B_0 和 B_t 表示标准区在初始年(0)和截止年(t)的经济总规模。则可计算出:

第 i 个区域第 j 个产业部门的变化率 r_{ij}:

$$r_{ij}=(b_{ij,t}-b_{ij,0})/b_{ij,0} \quad (j=1,2,\cdots,n) \tag{4-26}$$

标准区第 j 个产业部门的变化率 R_j:

$$R_j=(B_{j,t}-B_{j,0})/B_{j,0} \quad (j=1,2,\cdots,n) \tag{4-27}$$

产业规模的标准化处理。根据标准区各个产业部门所占的比重,将第 i 个区域各个产业部门的经济规模进行标准化。

$$b'_{ij}=(b_{ij,0}\times B_{j,0})/B_0 \quad (j=1,2,\cdots,n) \tag{4-28}$$

因此,可以将第 i 个区域第 j 个产业部门在时间段 $[0,t]$ 的经济增长量 G_{ij} 分解为份额偏离分量 N_{ij}、结构偏离分量 P_{ij} 和竞争力偏离分量 D_{ij}。其计算公式为:

$$G_{ij}=N_{ij}+P_{ij}+D_{ij} \tag{4-29}$$

$$N_{ij}=b'_{ij}\times R_j \tag{4-30}$$

$$P_{ij}=(b_{ij,0}-b'_{ij})\times R_j \tag{4-31}$$

$$D_{ij}=(r_{ij}-R_{j})\times b_{ij,0} \qquad (4-32)$$
$$PD_{ij}=P_{ij}+D_{ij} \qquad (4-33)$$

式中,份额偏离分量 N_{ij} 是指第 i 个区域中标准化后的产业部门 j 按照标准区的平均增长率发展后所产生的变化量。以此分量作为产业选择基准,代表了区域产业部门的经济发展趋势。如果该值为正,则说明产业部门 j 在第 i 个区域中具有较好的发展前景。结构偏离分量 P_{ij} 是指,假设研究区域与标准区具有相同的增长速度,研究区域与标准区由于产业比例的差异而引起的第 i 个区域第 j 产业部门的增长相对于标准区的标准所产生的偏差。以此分量作为产业选择基准,则代表了区域产业部门的产业结构基础。如果该值为正,则说明产业部门 j 在第 i 个区域中具有较好的产业结构基础。竞争力偏离分量 D_{ij} 指由于第 i 个区域第 j 产业部门的增长速度与标准区相应产业部门增长速度的差异而引起的偏差。以此分量作为产业选择基准,则代表了区域产业部门的相对竞争力。如果该值为正,则说明第 i 个区域中的产业部门 j 产业部门的增长速度要高于标准区的相应产业部门,具有较强的竞争力(见图 4-2)。

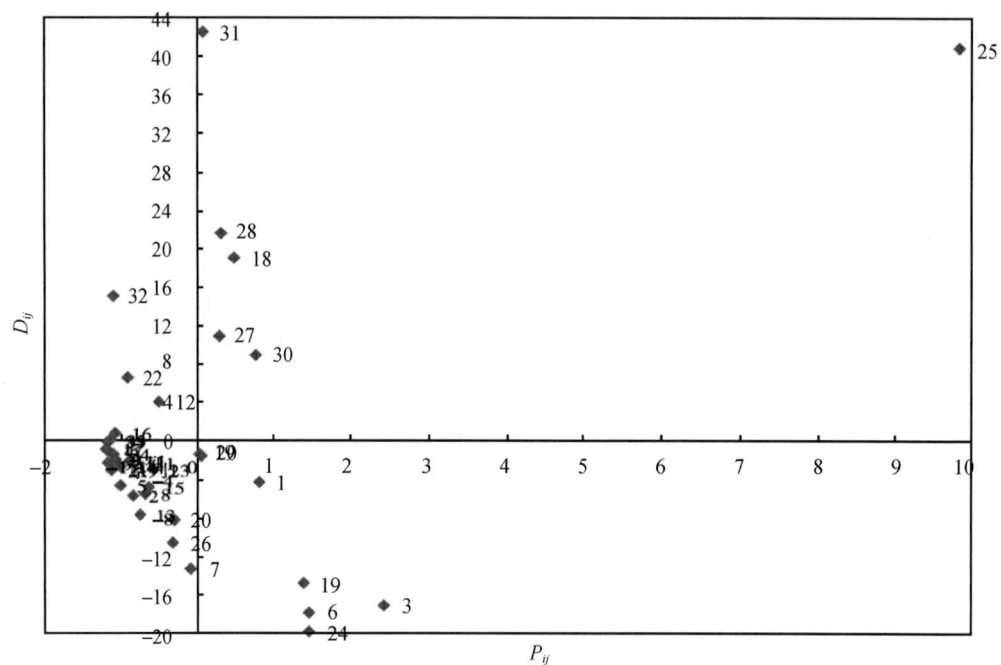

图 4-2　2005—2010 年河北省产业部门偏离分量图(卓玉国 等,2012)

(3)模糊聚类法

无论是在自然科学中,还是在社会科学研究中,都存在着许多定义不很严格或者说比较模糊的概念。即对于事物是否具有某种性态,以及是否属于某个类别等问题,具有亦此亦彼性或中介过渡性等性质,导致很难做出非此即彼的明确结论。在传统的集合论框架下,很难处理这些比较模糊的概念,从而催生了模糊数学这一科学分支,以便于更好地描述和处理现实世界中的各种模糊性数量关系(Zadeh et al,1996)。1965 年,模糊数学由美国加利福尼亚大学的自动控制专家 Lotfi Zadeh 教授所创立。他在论文《Fuzzy Set》中,首次引入了隶属函数的概念,用于描述中间过渡问题(Zadeh,1965)。经过多年的发展和完善,模糊数学在理论上不断成熟,在各个领域得到了广泛的应用。

模糊聚类与灰色聚类之间既有相似性,也有差异性。灰色聚类法主要是利用白化权函数进行样本的分类,而模糊聚类法则依据隶属函数,通过迭代算法来搜寻样本数据集中具有较高隶属度的样本簇。相较于灰色聚类法,模糊聚类法更加侧重于反映各样本数据间的贴近程度。模糊聚类法的具体计算步骤如下(赵亚莉 等,2009):

第一,构建指标体系。设有 n 个待分类的产业,m 个评价指标。根据评价目标构建产业类型划分的评价指标体系,获取相应的评价指标值,构成原始数据矩阵 X。

$$X = \begin{bmatrix} X_{11} & X_{12} & \cdots\cdots & X_{1m} \\ X_{21} & X_{22} & \cdots\cdots & X_{2m} \\ \cdots & \cdots & \cdots\cdots & \cdots \\ X_{n1} & X_{n2} & \cdots\cdots & X_{nm} \end{bmatrix} \tag{4-34}$$

第二,进行原始数据的预处理。为了满足模糊矩阵的计算要求,必须对原始数据矩阵进行预处理。通常需要进行如下两种变换:

首先,利用下式进行平移・标准差变换:

$$x'_{ik} = \frac{x_{ik} - \overline{x_k}}{\sigma_k} \quad (i=1,2,\cdots,n; k=1,2,\cdots,m) \tag{4-35}$$

式中,$\overline{x_k}$ 为第 n 个产业第 k 个指标的平均值;σ_k 为第 n 个产业第 k 个指标的均方差。其计算公式分别为:$\overline{x_k} = \frac{1}{n}\sum_{i=1}^{n} x_{ik}$,$\sigma_k = \sqrt{\frac{1}{n}\sum_{i=1}^{n}(x_{ik} - \overline{x_k})^2}$。数据变换后,每个变量的均值为 0,标准差为 1,且消除了量纲的影响。

其次,可利用下式进行平移・极差变换:

$$x''_{ik} = \frac{x'_{ik} - \min\limits_{1 \leqslant i \leqslant n}\{x'_{ik}\}}{\max\limits_{1 \leqslant i \leqslant n}\{x_{ik}\} - \min\limits_{1 \leqslant i \leqslant n}\{x_{ik}\}}(i=1,2,\cdots,n; k=1,2,\cdots,m) \tag{4-36}$$

通过上述变换,不但消除了各指标值量纲的影响,还将各指标值一一映射到[0,1]区间内,从而获得了标准矩阵。

第三,建立模糊相似矩阵 R。设论域 $U=\{x_1,x_2,\cdots,x_n\}$,评价矩阵 $x_i=\{x_{i1},x_{i2},\cdots,x_{in}\}$,则可根据一定的方法来计算分类对象间的相似系数 r_{ij},建立论域 U 中的模糊相似关系矩阵 R。r_{ij} 的计算方法主要有以下几种(湛红,1994):

➤ 数量积法:

$$r_{ij} = \begin{cases} 1 & i = j \\ \dfrac{1}{M}\sum_{k=1}^{m} x_{ik} \cdot x_{jk} & i \neq j \end{cases} \tag{4-37}$$

其中,$M = \max_{i \neq j}\left(\sum_{k=1}^{m} x_{ik} \cdot x_{jk}\right)$。显然,$|r_{ij}| \in [0,1]$。

➤ 夹角余弦法：

$$r_{ij} = \frac{\sum_{k=1}^{m} x_{ik} \cdot x_{jk}}{\sqrt{\sum_{k=1}^{m} x_{ik}^2} \cdot \sqrt{\sum_{k=1}^{m} x_{jk}^2}} \tag{4-38}$$

➤ 最大最小法：

$$r_{ij} = \frac{\sum_{k=1}^{m}(x_{ik} \wedge x_{jk})}{\sum_{k=1}^{m}(x_{ik} \vee x_{jk})} \tag{4-39}$$

➤ 切比雪夫距离法：

$$d(x_i, x_j) = \overset{m}{\underset{k=1}{v}} |x_{ik} - x_{jk}| \tag{4-40}$$

第四，建立模糊等价矩阵。前面建立的模糊相似矩阵通常只具有自反性和对称性，并不具备传递性。为了满足产业分类的需要，还需要将模糊相似矩阵 R 改造为模糊等价矩阵 R^*。一般可通过传递闭包法进行 R 的改造。计算方法如下：

利用平方法对矩阵 R 进行自乘改造，即先将 R 自乘改造为 R^2，再自乘得 R^4。如此继续下去，经过有限次运算后，将存在 k 使得 $R^{2k} = R^k = R^*$。这一过程可以直观地表达为：$R \to R^2 \to R^4 \to R^8 \to \cdots \to R^{2k}$。此时，改造后的 R^* 满足了传递性，成为一个模糊等价关系矩阵。

第五，聚类动态分析。根据前文建立的模糊等价矩阵 R^*，利用"λ-水平截集法"，给定不同置信水平的 λ，即可按下式求取 R_λ^* 阵：

$$r_{ij}^*(\lambda) = \begin{cases} 0, & \text{当 } r_{ij} < \lambda \\ 1, & r_{ij} \geqslant \lambda \end{cases} \tag{4-41}$$

每取一个 λ 值，即对矩阵 R^* 中的元素进行一次代换，从而获取不同的模糊截距阵。当 $\lambda=1$ 时，每个产业自成一类。随着 λ 值的降低，产业将由细到粗逐渐归并，最后即可得到动态聚类谱系图（见表4-5）。

表 4-5 产业模糊聚类结果（田雅娟 等，2014）

类型	国家需求	地方需求	现实实力	所含行业
1	高	高	高	通用设备制造业、交通运输设备制造业、电气机械及器材制造业、黑色金属矿采选业、金属制品业
2	高	高	低	纺织服装鞋帽制造业、皮革毛皮羽毛（绒）及其制品业、通信设备计算机及其他电子设备制造业
3	高	低	低	木材加工及木竹藤棕草制品业、家具制造业、化学纤维制造业、文教体育用品制造业、工艺品及其他制造业、烟草制品业、废弃资源和废旧材料回收加工业、燃气生产和供应业、水的生产和供应业、电力、热力的生产和供应业、印刷业和记录媒介的复制、仪器仪表及文化、办公用机械制造业

续表

类型	国家需求	地方需求	现实实力	所含行业
4	低	高	高	食品制造业、农副食品加工业、饮料制造业、化学原料及化学制品制造业、橡胶制品业、塑料制品业、金属冶炼及压延加工业、石油和天然气开采业、专用设备制造业、煤炭开采和洗选业、纺织业、石油加工、炼焦及核燃料加工业、非金属矿物制品业、黑色金属冶炼及压延加工业
5	低	低	低	造纸及纸制品业、金属矿采选业

4.2.2 产业结构分析方法

区域产业结构就是指区域经济中各类产业之间的内在联系和比例关系(陈栋生,1993)。通过对区域产业结构的分析,可使决策者掌握区域产业结构变动的方向和程度,把握产业结构的发展特征。

进行产业的分类是开展产业结构分析的前提。目前,已经提出了三次产业分类法、产业功能分类法和要素集约度产业分类法等多种产业分类方法。但是,应用最为广泛的仍然是克拉克(C. G. Clark)所提出的三次产业分类法。根据该方法,所有的国民经济活动被划分为第一次产业、第二次产业和第三次产业。在我国,第一产业是农业,主要包括种植业、林业、牧业和渔业等;第二产业为工业(包括采掘业,制造业,电力、煤气、水的生产和供应业)和建筑业。第三产业是指除第一、第二产业以外的其他各业。第三产业可细分为4个部分,即流通部门(交通运输、仓储及邮电通信业,批发和零售贸易、餐饮业等);生产和生活服务部门(金融、保险业,地质勘查业、水利管理业,房地产业,社会服务业等);科教文卫部门(教育、文化艺术及广播电影电视业,卫生、体育和社会福利业,科学研究业等);社会公共服务部门(国家机关、政党机关和社会团体以及军队、警察等)。

1. 产业结构变动分析法

常见的产业结构变动分析方法包括产业结构变动度、产业结构熵、Moore指数和产业结构超前系数等(范金,2004)。通过这些方法,可以比较方便地掌握区域产业结构变动的程度。

(1)产业结构变动度

产业结构变动度能够反映某一产业的结构变动程度及变动方向,其计算公式如下:

$$K_i = [(q_{i1} - q_{i0})/q_{i0}] \times 100\% \tag{4-42}$$

式中,K_i 为第 i 产业部门的产业结构变动度;q_{i0} 为基期的产业构成比;q_{i1} 为报告期的产业构成比。当 K_i 为负值时,表示第 i 产业所占的份额下降;反之,则说明份额上升。

(2)产业结构熵

根据信息理论中干扰度的概念,可以将产业构成的变化视为产业结构的干扰因素。进而通过计算产业结构熵,来综合反映产业结构变化程度的大小。其计算公式如下:

$$E_{it} = \sum_{i=1}^{n} w_{it} \ln(1/w_{it}) \tag{4-43}$$

式中：E_{it} 为第 i 产业在 t 时期的产业结构熵；w_{it} 为第 i 产业在 t 时期所占的比重；n 为产业部门的个数。

一般而言，由于计算得出的产业结构熵值的波动性较小，难以反映各产业在数量上的变动关系。但是，产业结构熵能够很好地反映产业结构的整体变动趋势。如果各产业的结构比例非常均衡，产业结构熵的值就会越大；反之，则越小。而产业结构熵的值越大，就说明区域产业结构的发展形态愈趋向于多元化；反之，产业结构熵的值越小，则说明区域产业结构的发展形态愈趋向于专业化。

(3) Moore 指数

整个国民经济可以分为 n 个产业。根据空间向量测定原理，如果我们将每一个产业都当成空间中的一个向量，那么这 n 个产业就可以构成一组 n 维空间向量。当某一产业在国民经济中的份额发生变化时，它与其他产业向量的夹角就会发生相应的变化。将所有的变化累计起来，就可以得到整个国民经济系统中各产业的结构变化情况，即 Moore 指数。Moore 指数的计算公式如下：

$$M_t = \sum_{i=1}^{n} W_{i,t} / \left[\sum_{i=1}^{n} W_{i,t}^2\right]^{1/2} \times \left[\sum_{i=1}^{n} W_{i,t+1}^2\right]^{1/2} \tag{4-44}$$

式中：M_t 表示 Moore 指数；$W_{i,t}$ 表示第 i 产业在 t 时期所占的比重；$W_{i,t+1}$ 表示第 i 产业在 $t+1$ 时期所占的比重。

2. 产业结构比较分析法

常见的产业结构比较分析方法包括产业结构相似系数和霍夫曼系数等（范金，2004）。通过这些方法，可以比较方便地比较不同区域产业结构的异同。

(1) 产业结构相似系数

利用产业结构相似系数，可以反映不同国家或地区间同种产业结构的相近程度。其计算公式如下：

$$S_{ij} = \sum_{k=1}^{n} X_{ik} X_{jk} / \left[\sum_{k=1}^{n} X_{ik}^2 X_{jk}^2\right]^{1/2} \tag{4-45}$$

式中，S_{ij} 表示区域 i 和区域 j 的产业结构的相似系数；X_{ik} 表示 k 产业部门在区域 i 的产业结构中所占的比重；X_{jk} 表示 k 产业部门在区域 j 的产业结构中所占的比重。

(2) 霍夫曼系数

霍夫曼系数是霍夫曼（W. G. Hoffmann）在 1931 年提出的，用于揭示一个国家或区域在工业化进程中工业结构的演变规律。通过霍夫曼系数的计算和比较，可以分析不同区域的工业化进程（见表 4-6）。其计算公式如下：

$$H_k = P_m / P_n \tag{4-46}$$

式中，H_k 表示区域 k 的霍夫曼系数；P_m 表示区域 k 的消费资料工业净产值；P_n 表示区域 k 的资本资料工业净产值。如果一个区域的霍夫曼系数呈现出不断降低的趋势，则表明该区域的工业化程度在不断加强，重工业化程度不断提高。

表 4-6　工业化进程的四个阶段(范金,2004)

工业化阶段	霍夫曼比例
第一阶段	5(±1)
第二阶段	2.5(±1)
第三阶段	1(±1)
第四阶段	1 以下

注:该比例值后面括号里的数字,表明做判断时所允许的误差

3. 产业结构效益分析法

常见的产业结构效益分析方法包括比较劳动生产率、技术进步率、出口竞争力指数等(何天祥 等,2004)。通过这些方法,可以比较方便地比较不同区域产业结构的经济效益。

(1)比较劳动生产率

比较劳动生产率是指一个区域中,不同产业所创造的国民收入份额与所投入的劳动力份额之间的比例关系。其计算公式如下:

$$B_i = P_{inc}/P_{lab} \tag{4-47}$$

式中,B_i 代表区域中 i 产业的比较劳动生产率;P_{inc} 表示 i 产业在区域国民收入中所占的比例;P_{lab} 表示 i 产业在区域劳动力总量中所占的比例。

一般认为,结构效益高的产业结构应该是各产业的比较劳动生产率接近 1(郭亚帆,2012)。按三次产业分类法,则可以构建比较劳动生产率差异指数 S。

$$S = \sqrt{\frac{(B_1-1)^2+(B_2-1)^2+(B_3-1)^2}{3}} \tag{4-48}$$

式中,S 代表区域产业结构的比较劳动生产率差异指数;B_1、B_2 和 B_3 分别代表区域中三次产业的比较劳动生产率。一般而言,经济越发达的国家或地区,其第一次产业与第二、三次产业的比较劳动生产率的差距越小。

(2)技术进步率

在现代社会中,技术进步是导致区域产业结构向高度化和高附加价值化方向演化的主要原因。技术创新对产业的发展前景也起着越来越重要的影响。因此,产业技术进步率也就成为了衡量产业结构效益的重要标志。在产业结构分析中,通常使用全要素生产率(total factor productivity,TFP)来代表技术进步率。全要素生产率一般含义是指各类资源(包括人力、物力、财力)通过开发利用,转换为产出的效率,即总产量与全部要素投入量之比。全要素生产率有多种计算方法,下面将简单介绍索洛残差法的计算过程。

索洛残差法最早是由罗伯特·索洛(Robert Merton Solow)提出的,其基本思路是在估算出总量生产函数之后,利用产出增长率扣除各投入要素增长率后的残差来测算全要素生产率的增长。总量生产函数的计算公式为:

$$Y_t = \Omega(t)F(X_{nt}) \tag{4-49}$$

式中，Y_t 为产出；X_{nt} 为第 n 种投入要素；$\Omega(t)$ 为希克斯中性技术系数，即技术进步不会影响投入要素之间的边际替代率。

$$\mathrm{TFP}_t = \Omega(t) = Y_t / F(X_{nt}) = Y_t / (K^\alpha)(L^\beta) \tag{4-50}$$

式中，TFP_t 为全要素生产率；$F(X_{nt}) = (K^\alpha)(L^\beta)$ 为要素投入函数。其中，资本存量需要通过下式测算：

$$K_t = I_t / P_t + (1 - \delta_t) K_{t-1} \tag{4-51}$$

式中，K_t 为 t 年的实际资本存量；K_{t-1} 为 $t-1$ 年的实际资本存量；P_t 为固定资产投资价格指数；I_t 为 t 年的名义投资；δ_t 为 t 年的固定资产折旧率。在确定了资本存量的初始值和实际净投资后，便可计算出各年的实际资本存量，估计出平均资本产出份额 α 和平均劳动力产出份额 β，最终得到全要素生产率增长率。

(3) 出口竞争力指数

出口商品竞争力指数主要用于衡量某一产业的产品在国际贸易中所处的地位。该指数较为全面地反映了该产业在附加价值程度、加工深浅度、技术密集度等方面的情况，是一个比较重要的产业结构效益分析指标。其计算公式如下：

$$R_{ij} = \frac{X_{ij} / \sum_{i=1}^{m} X_{ij}}{\sum_{j=1}^{n} X_{ij} / \sum_{i=1}^{m} \sum_{j=1}^{n} X_{ij}} \tag{4-52}$$

式中，R_{ij} 代表第 i 区域第 j 产品的出口竞争力指数；X_{ij} 为第 i 区域第 j 产品的出口值；$i = 1, 2, \cdots, m$；$j = 1, 2, \cdots, n$。如果第 i 区域第 j 产品的出口商品贸易额中所占比例较大，则 R_{ij} 的值也越大。当 R_{ij} 的值 >1 时，则表明该项商品的外销竞争力强；反之，则外销竞争力较弱（范金，2004）。

4.2.3　产业关联分析方法

产业关联是指在经济活动中，各产业之间所存在的广泛、复杂和密切的技术经济联系。产业关联分析就是对国民经济中各产业部门之间的技术经济联系与联系方式进行分析，探讨各产业之间的数量和比例关系。产业关联分析主要是利用美国经济学家里昂惕夫（W. Leontief）提出的投入产出法进行分析。

1. 投入产出表

投入产出表是投入产出分析法的核心内容，主要用于反映一定时期内，各产业部门之间的相互联系和平衡比例关系。根据计量单位的不同，投入产出表可以分为实物表和价值表；根据计算范围的不同，可分为全国表、地区表、部门表和联合企业表等；根据模型特性的不同，又可分为静态表和动态表。本部分仅简单介绍静态的价值型宏观投入产出表。其基本格式如表 4-7 所示。

表 4-7　简化的全国价值型投入产出表（范金，2004）

投入\产出		中间需求						最终需求				总需求（总产品）
		1	2	3	4	5	…	小计	投资	消费	净出口	小计	
中间投入	部门 1	x_{11}	x_{12}	…	…	…		$\sum x_{1j}$				f_1	q_1
	部门 2	x_{21}	x_{22}					$\sum x_{2j}$				f_2	q_2
	部门 3	…	…					…				…	…
	部门 4	…	…										
	部门 5												
	…												
	小计	$\sum x_{i1}$	$\sum x_{i2}$	…	…	…		$\sum x_{ij}$				$\sum f_i$	$\sum q_i$
附加价值	折旧	D_1	D_2	…	…			$\sum D_j$					
	劳动报酬	V_1	V_2	…	…			$\sum V_j$					
	社会纯收入	N_1	N_2	…	…			$\sum N_j$					
	小计	$D_1+V_1+N_1$	$D_2+V_2+N_2$					$\sum(D_j+V_j+N_j)$					
总供给（总产量）		q_1	q_2	…	…	…		$\sum q_j$					

从表 4-7 可以看出，投入产出表是一张纵横交叉的矩阵平衡表格，主要由三大象限组成。

第Ⅰ象限主要用于反映各产业部门的生产技术联系，即产业部门间互相分配，互相消耗中间产品的情况，故又称之为中间产品象限。第Ⅰ象限是投入产出表的核心部分。通过该象限的有关数据，可以计算各部门的直接消耗系数，进而得出完全消耗系数。从而反映各产业部门之间的生产技术联系，也可反映一定时期内一个区域在社会再生产过程中，各产业之间相互提供中间产品的相互依存和交易关系。

第Ⅱ象限主要用于反映各产业部门产品的最终使用量，故而又称为最终使用象限。从水平方向看，该象限表明了各产业部门的产品作为最终产品的使用去向；从垂直方向看，则表明不同类型的最终使用的规模及其实物构成。因此，该象限反映的主要是产业部门间的社会经济联系。

第Ⅲ象限主要用于反映国民收入的初次分配，因而又被称为增加值象限或初次投入象限。该象限的主栏是增加值构成，宾栏则是各产业部门。主宾栏结合，能够反映出增加值是由哪一个产业部门提供的，以及各部门所提供的增加值之构成。

2. 投入产出指标

完整的国民经济价值型投入产出表包括中间使用、最终使用、中间投入和增加值4个部分。根据投入产出表，可以计算一些常用的投入产出指标，进而对区域内的产业关联情况进行分析。一般而言，投入产出模型主要包括以下几个计算指标（姚星 等，2012；楚明钦，2013）。

(1)中间需求率

中间需求率是指国民经济的各产业对第 i 产业的中间需求量之和与第 i 产业的总需求之比。该指标主要反映了在各产业部门的总产品中，有多少产品属于中间产品，即其产品将会作为其他各产业的原材料。某一特定产业的中间需求率越高，则表明该产业越具有中间产品的性质。如果不考虑进出口贸易时，任何产品不是作为中间产品，就将是作为最终产品。此时的中间需求率加上最终需求率即等于1。中间需求率的计算公式如下：

$$D_i = \frac{\sum_{j=1}^{n} x_{ij}}{\sum_{j=1}^{n} x_{ij} + Y_i}, i = 1, 2, \cdots, n \tag{4-53}$$

式中，D_i 表示第 i 产业的中间需求率，x_{ij} 为国民经济中的 j 产业对第 i 产业产品的中间需求量；Y_i 为第 i 产业的最终需求量。中间需求率越大，说明该产业产品被其他行业的需求越多。

(2)中间投入率

中间投入率是指第 j 产业在生产过程中所需要的国民经济其他产业的中间投中间投入率是指第 j 产业在生产过程中所需要的国民经济其他产业的中间投入之和，与该产业需要的总投入的比值。该指标主要反映了该产业对国民经济其他产业的依赖程度。中间投入率的计算公式如下：

$$T_i = \frac{\sum_{i=1}^{n} x_{ij}}{\sum_{i=1}^{n} x_{ij} + Z_i}, i = 1, 2, \cdots, n \tag{4-54}$$

式中，T_i 表示第 i 产业的中间投入率，x_{ij} 表示第 i 产业在生产过程中需要的第 j 产业的投入；Z_i 表示第 i 产业的增加值。产业的中间投入率越大，则说明该行业在生产过程中使用的中间投入越多。

(3)影响力系数

影响力系数是指当第 i 产业增加一个单位的投入时，对国民经济中其他产业的中间投入所产生的波及影响程度。影响力系数也被称为后向关联系数，其计算公式如下：

$$E_j = \frac{\sum_{i=1}^{n} b_{ij}}{\frac{1}{n}\sum_{j=1}^{n}\sum_{i=1}^{n} b_{ij}}, i, j = 1, 2, \cdots, n \tag{4-55}$$

式中，E_j 为第 j 产业对其他产业的影响力系数；b_{ij} 为里昂惕夫逆矩阵 $(I-A)^{-1}$ 中第 i 行

第 j 列的系数。当一个产业的影响力系数大于 1 时,则表明,表明该产业的影响力在全部产业中居于平均水平以上。产业的影响力系数越大,表明该产业对其他产业的带动作用越强。

(4)感应度系数

感应度系数是指当国民经济的各产业部门每增加一个单位的最终使用量时,第 i 产业部门由此而感受到的需求程度。即该产业部门为其他产业部门生产而提供的产出量。感应度系数也被称为前向关联系数。其计算公式如下:

$$S_j = \frac{\sum_{i=1}^{n} B_{ij}}{\frac{1}{n}\sum_{i=1}^{n}\sum_{j=1}^{n} B_{ij}}, i,j = 1,2,\cdots,n \tag{4-56}$$

式中,S_j 为第 i 产业部门受其他产业部门影响的感应度系数,B_{ij} 为里昂惕夫逆矩阵 $(I-A)^{-1}$ 中第 i 行第 j 列的系数。当第 i 产业的感应度系数大于 1 时,表明当国民经济的各产业部门每增加一个单位的最终使用量时,第 i 产业部门由此而感受到的需求程度大于社会平均值。若将各产业按照感应度系数的大小进行排序,那么,排在前面的产业就属于区域的瓶颈产业。加快瓶颈产业的发展可以有效地推动区域经济的协调发展。

4.3 生态环境系统分析方法

4.3.1 区域环境质量评价模型

按照《中华人民共和国环境保护法》中的规定,环境是指影响人类生存和发展的各种天然的和经过人工改造的自然因素的总体,包括土地、矿藏、大气、水、海洋、森林、草原、野生生物、自然保护区、风景名胜区、自然遗迹、人文遗迹、城市和乡村等(孙福丽 等,2010)。从广义上讲,环境评价是指通过对环境系统的要素、结构、状态、质量、功能等方面的分析,预测其变化趋势,评定环境系统对于各种人类行为(包括政策、法令、规划、经济建设在内的一切活动)的响应和协调性(张征,2004)。开展环境评价的最终目的是调整人类自身的行为方式,协调人类社会与自然环境之间的关系,促进人类活动影响下的环境系统得以稳定和改善,实现人类社会和环境系统的协调和可持续发展。

环境评价具有重要的理论和实践意义,它是人类认识环境、保护环境、建设环境的重要基础科学研究工作,可以为人类调整自身的行为,实现可持续发展提供科学依据和技术保障。自 20 世纪 60 年代诞生以来,环境评价的研究内容和手段日益丰富,已经从传统的环境管理措施和评价技术发展为环境科学体系下的一个重要的新兴分支学科:环境评价学(张征,2004)。

1. 评价类型

由于环境评价涉及的领域非常广泛,目前还没有一个公认的类型划分方案(张征,2004)。研究者可以从不同角度出发,对环境评价进行分类。

(1)按照评价要素划分

根据环境评价的对象要素,可以将环境评价分为3类:

1)单要素评价。即针对单个环境要素开展的评价,主要包括大气环境质量评价、水环境质量评价、土壤环境质量评价、声学环境质量评价、生物环境质量评价等。

2)多要素评价或联合评价。即对两个或两个以上的要素同时进行评价。如地表水和地下水的联合评价,土壤与农作物的联合评价等。

3)综合评价。指对环境系统中所有的要素同时进行评价。

(2)按照评价参数划分

根据环境评价的目的及其所选择的主要评价参数,可以将环境评价分为生态学评价、卫生学评价、污染物评价(化学污染物、生物学污染物)、物理学评价(光学、电磁学、热力学等)、地质学评价、经济学评价、美学评价等类型。

(3)按照评价区域划分

根据环境评价所在区域的不同,可将环境评价分划为城市环境评价、农村环境评价、流域环境评价、景区环境评价、自然保护区环境评价、海洋环境评价、矿区环境评价、交通环境评价、全球环境评价等类型。

(4)按照评价时间划分

根据环境评价时间属性上的差异,可以将环境评价划分为回顾评价、现状评价和影响评价三种类型(丁桑岚,2003)。

1)环境质量回顾评价。即根据历史数据,对某一区域某一历史阶段的环境质量的历史变化态势进行评价。

2)环境质量现状评价。即根据最新的区域环境监测数据,对区域当前的环境质量状态进行评价。

3)环境影响评价。即针对区域内的某个重大决策或重大建设项目可能对环境产生的影响进行评价。环境影响评价也是目前开展的最多的环境评价。按照评价层次的不同,环境影响评价又可细分为建设项目环境影响评价、区域开发活动环境影响评价、规划环境影响评价和战略环境影响评价等类型。

2. 评价标准

环境标准是指为了保护生态环境与人类健康,改善环境质量,有效控制污染物排放,由政府所制定的强制性的环境保护技术法规(张从,2005)。环境标准既是开展环境评价的主要技术依据,也是环境评价工作的法律依据。按照内容的不同,环境标准体系主要包括环境质量标准、污染物排放标准、环境基础标准、环境监测方法标准,环境标准物质标准,环境保护行业标准等六大类。

(1)环境质量标准

环境质量标准是指为了保护人类健康,维持生态平衡,结合当前的技术经济条件,对一定时间和空间范围内的环境有害物质或因素的容许浓度所做出的限制性规定。它既是衡量环境是否受到污染的标尺,也是有关部门进行环境管理,制定污染物排放标准的基本依据。

根据环境要素的不同,环境质量标准又可分为水质量标准、大气质量标准、土壤质量标准、生物质量标准、声环境质量标准等类型。

(2)污染物排放标准

污染物排放标准是指相关单位根据区域环境质量的要求,结合本区域的技术经济条件和环境特点,对污染排放主体排入环境的污染物在浓度和数量上所制定的控制标准。污染物排放标准是实现环境质量标准的具体手段,可以直接控制污染排放主体的污染物排放行为。

根据污染物类型的不同,污染物排放标准也可分为气态污染物排放标准、液态污染物排放标准、固态污染物排放标准、噪声污染排放标准等类型。

(3)环境基础标准

环境基础标准是指在环境标准化工作范围内,对有指导意义的代号、符号、指南、规范、程序等所做的统一规定。如我国环境保护部发布的《环境保护标准编制出版技术指南(HJ 565—2010)》等。环境基础标准是制定其他环境标准的基础。

(4)环境监测方法标准

环境监测方法标准是指为规范环境质量监测和污染物排放、规范采样、分析测试、数据处理等技术环节而制定的各种技术规范和技术要求。环境监测方法标准是强化环境监督管理的有力保证,也是提高环境质量,推动环境科学技术进步的重要动力。已有的环境监测方法标准包括《城市区域环境噪声测量方法(GB/T 14623—93)》《水质采样方案设计技术规定(GB/T 12997—1991)》等。

(5)环境标准物质标准

环境标准物质是指按照规定的准确度和精密度确定了物理特性值或组分含量值,在相当长的时间内具有高度的稳定性、均匀性和量值准确性,并在组成和性质上接近于环境样品的物质。如水质 pH 标准样品(GSBZ 50017—90),土壤标准样品标准值(GSS 1—16)等。

在环境监测中,环境标准物质标准主要用于确定物质特性的量值、校准监测仪器、检验分析测定方法及监测质量考核等,以保证环境监测数据的可比性、一致性和可靠性,在环境监测的质量保证中发挥着非常重要的作用。

(6)环境保护行业标准

环境保护行业标准是对在环境保护工作中需要统一协调的仪器设备、技术规范、管理办法等方面内容所做出的统一规定。如《场地环境监测技术导则(HJ 25.2—2014)》《环境影响评价技术导则(HJ 2.1—2011)》等。

3. 评价方法

经过多年的发展,国内外已经提出和应用许多环境质量评价方法。但是,目前的环境评价还没有形成统一的方法体系。较为成熟,应用较广的环境评价方法主要包括环境质量指数法、数理统计法、模糊数学法和生物指标法等(见表 4-8)。

表 4-8　环境质量评价的主要方法（刘绮 等，2008）

类型	子类	逻辑概念	评价因子（参数）	备注
环境质量指数法	(1)一般指数类 (2)分级指数类	在一定时空条件下，环境质量是确定性的、可推理的	(1)理化指标 (2)通过民意测验或专家咨询取得的评分值	这三类方法可以互相渗透，综合运用
数理统计法		在一定时空条件下，环境质量是随机变化的	(1)理化指标 (2)通过民意测验或专家咨询取得的评分值	
模糊数学法	(1)模糊定权法 (2)模糊定级法 (3)区域环境单元模糊聚类法	环境质量等级的界限是模糊的；环境质量变化的界限也是模糊的	(1)理化指标 (2)通过民意测验或专家咨询取得的评分值	
生物指标法	(1)指示生物法 (2)生物指数法 (3)其他	生物与它生存的环境是统一整体；生物对其生活环境质量的变化非常敏感	(1)生物的生理反应指标 (2)环境中生物的种、群变化	(1)生物指标也可用概率统计和模糊数学进行分级和聚类； (2)生物指数也是一种环境指数

4. 评价程序

环境评价的类型很多，评价过程也不尽相同。下面将以区域环境质量评价为例，简单介绍环境评价的基本流程（刘绮 等，2008）。环境质量评价一般按以下程序进行（见图 4-3）：

1)确定评价目的。进行环境质量评价首先应明确本次评价的目的，即本次评价的对象、性质、要求，以及评价结果的用途。评价目的决定了本次评价的区域范围、评价参数、采用的评价标准等基本内容。明确了评价目的后，即可制定评价工作大纲及详细的实施计划。

2)背景资料收集。根据评价目的和评价内容的要求，收集相应的背景资料。不同类型的环境评价，其资料收集重点也有很大的不同。如环境污染方面的评价工作需要重点收集污染源与污染现状的调查资料；环境美学方面的评价工作则需要重点收集自然景观方面的资料。

3)环境质量现状监测。根据本次评价的目的，通过对背景资料收集、整理、分析，确定主要的环境监测因子，开展环境质量现状监测工作，获取最新的环境监测数据。

4)背景值的预测。如果评价区域比较大，或者实地监测能力有限的情况下，就需要根据实地监测得到的数据，建立污染物等数据的背景值预测模式。

5)环境质量现状的分析。分析区域内的主要污染源，确定污染物的种类和数量。

6)评价结论与对策。建立环境评价的数学模型，对环境质量进行分级，得出区域环境质量状况的总体评价结果，并提出相应的污染防治对策、环境管理措施等。

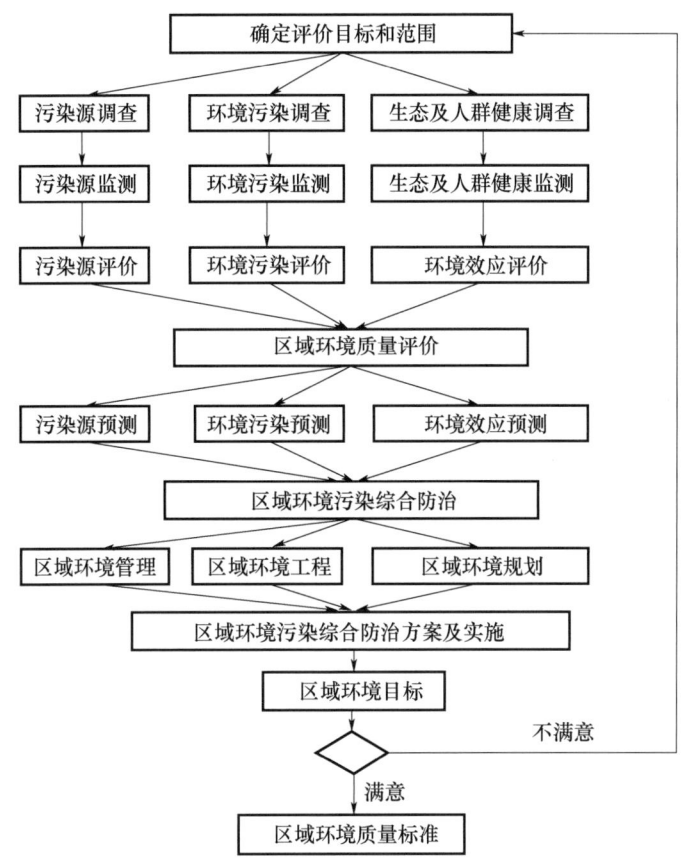

图 4-3　区域环境质量评价的基本程序

4.3.2　生态足迹模型

1992 年,加拿大学者威廉·里瑟(Willian E. Rees)提出了生态足迹(ecological footprint)的概念(Rees,1992)。生态足迹是指在一定的技术条件下,支撑一个区域内一定数量人口的自然资源消费,以及吸纳和转化其所产生的废弃物所需要的生物生产性土地面积。里瑟形象地将生态足迹比喻为"一只承载着人类所创造的城市、工厂、农田……的巨脚踏在地球上留下的脚印"(Wackernagel et al,1996)。根据生产力大小差异,里瑟又进一步将地球表面的生物生产性土地划分 6 大类:耕地、草地、森林、化石能源用地、建筑用地和海洋(景跃军 等,2008)。

1. 基本假设

生态足迹的计算是建立在一系列的假设上的。2002 年,Wackernagel 博士等人总结了计算全球生态足迹的 6 个基本假设:人类社会所消费的大部分自然资源,以及生活中所产生的废弃物数量都是可以跟踪和估算的;人类所消耗的自然资源和所产生的废弃物可以通过一定的方式统一换算成生物生产性土地面积;各类生物生产性土地面积可以折算成统一的单位,即全球公顷。假定全球公顷土地的生物生产能力等于当年全球土地的平均生产力;假设上述6类生物生产性土地的用途是互相排斥的;它们之间的加和即为人类的总消费需求;自然生态系统所提供的生态系统服务也可以用生物生产性土地面积来计量;在一定的范围内,生态足迹可以大于生物承载力,即出现生态赤字(Wackernagel et al,2002)。

2. 基本计算过程

(1)生态足迹的计算

生态足迹的计算公式如下(向秀容 等,2016):

$$\text{ef} = \sum_{j=1}^{6} w_j \times A_i = \sum_{j=1}^{6} \left(w_j \sum \frac{c_j}{p_j} \times y_j \right) \tag{4-57}$$

$$\text{EF} = N \times \text{ef} \tag{4-58}$$

式中:ef 为人均生态足迹;j 为生物生产性土地的类型;i 为资源消费科目的种类;y_j 为产量因子;w_j 为均衡因子;A_i 为消费科目 i 的生物生产性土地面积;c_j 为消费科目 i 的人均消费量;p_j 为消费科目 i 的当地单位面积产量;EF 为该区域的总生态足迹;N 为区域内的人口数量。其中,均衡因子是一个换算参数,用于进行各类生物生产性土地面积的统一汇总计算。生态足迹模型中设定的耕地、草地等6类生物生产性土地的生态生产力具有明细的差异,故而需要设置均衡因子,将不同类型的生物生产性土地面积换算为具有相同生物生产力的土地面积,以汇总生态足迹和生态承载力。均衡因子的计算公式为:

$$r_j = d_j / D \quad (j=1,2,\cdots,6) \tag{4-59}$$

式中,r_j 为第 j 类土地的均衡因子;d_j 为全球第 j 类生物生产性土地的平均生态生产力;D 为全球所有生物生产性土地的平均生态生产力。2010年,世界自然基金会(WWF)所采用的均衡因子如表4-9所示(谭伟文 等,2012):

表4-9 各种生物生产性土地的均衡因子

生物生产性土地类型	均衡因子
耕地	2.51
草地	0.46
森林	1.26
水域	0.37
建筑用地	2.51
化石能源用地	0.31

注:该模型假设建筑用地占用了农业用地,因而建筑用地和耕地具有相同的均衡因子

产量因子也是一个换算参数,用于进行全球各个地区土地生产力的差异。在现实中,由于在不同国家或地区中,各类生物生产性土地的生态生产能力存在着很大差异,不宜直接进行汇总和比较。因此,在计算过程中,需要将不同国家或地区的各类生物生产性土地面积换算为全球平均生产力的土地面积。产量因子的计算公式为:

$$y_{jk} = q_{jk}/Q_j \quad (j=1,2,\cdots,6) \tag{4-60}$$

式中，y_{jk} 是指第 k 区域第 j 类生物生产性土地的产量因子；q_{jk} 是指第 k 区域第 j 类生物生产性土地的平均生产力；Q_j 是指全球第 j 类生物生产性土地的平均生产力。

(2) 生态承载力的计算

生态承载力指在不损害该区域生态环境本底的前提下，一个区域所能承载的人类最大负荷量。生态承载力的计算公式如下(赵先贵 等,2005)：

$$EC = \sum_{j=1}^{6} w_j \times y \times A \tag{4-61}$$

$$ec = EC/N \tag{4-62}$$

式中：EC 为该区域的总生态供给；ec 为人均生态供给；w_j 为第 j 类生物生产性土地的均衡因子；y 为该区域的产量因子；A 为该区域的生物生产性土地面积；N 为该区域的人口数量。需要注意的是，该计算结果还需要扣除 12% 的生物生产性土地面积，作为生物多样性保护用地。

(3) 生态赤字/盈余的计算

在计算出一个区域的生态足迹和生态承载力之后，即可通过对二者的比较，判断出该区域所处的状况。当该区域的生态足迹大于其生态承载力时，则表明该区域出现了生态赤字。生态赤字越高，说明该区域的生态环境压力越大；反之，则表明，该区域存在生态盈余，生态环境状况良好。

3. 模型的改进与拓展

近年来，Niccolucci 等人将自然资源存量的概念引入到生态足迹模型中，以圆柱体的体积来表征区域的生态足迹，将原有的生态足迹/生态承载力二维模型拓展到三维模型的立体分析，从而建立了三维生态足迹模型(Niccolucci et al,2009)。该模型引入了足迹深度和足迹广度这两个新的指标，用以解释人类对自然资源流量和自然资源存量的占用情况。当自然资源流量不能满足人类的消耗时，额外的资源消耗就将来自于自然资源存量。生态足迹模型的拓展过程如图 4-4 所示(靳相木 等,2017)：

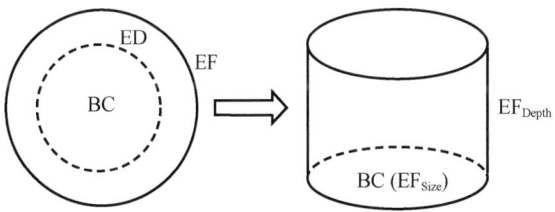

图 4-4 生态足迹模型由二维向三维的演变

在三维生态足迹模型中，存在以下关系：

$$EF = BC + ED \tag{4-63}$$

$$0 < EF_{Size} \leq BC \tag{4-64}$$

$$EF = EF_{Size} \times EF_{Depth} \tag{4-65}$$

$$EF_{Depth} = 1 + (EF - BC)/BC \tag{4-66}$$

式中，EF 为区域的生态足迹；BC 为该区域所能提供的生物生产性土地的面积；ED 为该区域的生态赤字；EF_{Size} 为该区域的足迹广度；EF_{Depth} 为该区域的足迹深度。

在三维生态足迹模型中，当区域的生态足迹小于其生态承载能力时，就以足迹广度来表征人类活动对自然资源流量的占用程度。此时的足迹广度就等于生态足迹；当区域的生态足迹大于其生态承载力时，就需要引入足迹深度指标来表征人类活动对区域内自然资源存量的占用程度。此时，足迹深度就等于生态足迹与生态承载力之比。足迹深度的含义，就是指为了满足该区域目前社会经济发展的需求，当地的生态系统需要多少年才能再生产出该区域 1 年中所消耗的资源量。从这个角度上讲，足迹深度就是一个从时间尺度上反映区域生态压力的指标（靳相木 等，2017）。

4.3.3 生态系统服务价值评估

生态系统服务（ecological services）是指人类通过生态系统的结构、过程和功能直接或间接得到的生命支持产品和服务（谢高地 等，2015）。生态系统服务价值评估是开展生态环境评价、生态功能区划、环境经济核算和生态补偿决策等工作的重要依据。1997 年，Daily（1997）和 Costanza 等（1997）的研究成果把生态系统服务价值评估的研究推向了一个新的高潮，相关研究成果层出不穷。

目前，生态系统服务价值评估方法大致可以分为两类：一是功能价值法，即基于单位生态系统服务功能来核算其总价值的方法；二是当量因子法，即基于单位面积的价值当量因子来核算其总价值的方法（谢高地 等，2015）。

1. 当量因子法

当量因子法是在划分生态系统服务类型的基础之上，根据可量化的标准来构建单位土地面积上各类生态系统服务的价值当量，进而结合各类生态系统的土地面积进行生态系统服务价值总量的评估。该方法较为直观易用，所须输入数据较少，特别适合于区域和全球尺度的生态系统服务价值评估（Costanza et al，2014）。其基本评估过程如下：

（1）确定标准当量

标准当量是指一个标准单位生态系统服务价值当量因子的价值量。通常用区域内单位面积农田生态系统的年平均粮食产量的经济价值来表示。确定好标准当量后，即可根据专家知识，确定其他生态系统服务的当量因子，用于表征和量化各个生态系统类型对生态服务功能的潜在贡献能力。标准当量的计算公式如下：

$$D = \sum_{i=1}^{n} S_i \times F_i \quad (4-67)$$

式中，D 代表一个标准当量因子的生态系统服务价值量（元/hm²）；S_i 代表该区域内第 i 种粮食作物的播种面积占所有 n 种作物播种总面积的百分比（%）；F_i 代表该区域内当年第 i 种粮食作物的单位面积平均净利润（元/hm²）。

（2）划分生态系统服务的类型

目前，学术界已经提出了多种生态系统服务的类型划分方案。其中，由联合国发起的千年生态系统评估(the millennium ecosystem assessment)项目所提出的生态系统服务分类方案得到了许多学者的认可。在该分类方案中,生态系统服务共被划分为供给服务、调节服务、支持服务和文化服务4大类;涵盖了食物生产、原料生产、水资源供给、气候调节、气体调节、水文调节、净化环境、土壤保持、生物多样性、维持养分循环和美学景观11个生态系统服务细类(赵士洞 等,2006)。

(3)确定基础当量

基础当量是指各个类型生态系统在单位面积上的各类生态系统服务的年均价值当量。基础当量的确定是构建动态当量表的前提和基础。通过动态当量表,可以有效地表征生态系统服务价值的区域空间差异和时间动态变化。在具体计算过程中,可以根据各类统计、观测数据,运用专家经验法、CASA模型等来综合确定(见表4-10)。

表4-10 单位面积生态系统服务价值的基础当量(谢高地 等,2015)

生态系统分类		供给服务			调节服务				支持服务			文化服务
一级分类	二级分类	食物生产	原料生产	水资源供给	气体调节	气候调节	净化环境	水文调节	土壤保持	维持养分循环	生物多样性	美学景观
农田	旱地	0.85	0.40	0.02	0.67	0.36	0.10	0.27	1.03	0.12	0.13	0.06
	水田	1.36	0.09	−2.63	1.11	0.57	0.17	2.72	0.01	0.19	0.21	0.09
森林	针叶	0.22	0.52	0.27	1.70	5.07	1.49	3.34	2.06	0.16	1.88	0.82
	针阔混交	0.31	0.71	0.37	2.35	7.03	1.99	3.51	2.86	0.22	2.60	1.14
	阔叶	0.29	0.66	0.34	2.17	6.50	1.93	4.74	2.65	0.20	2.41	1.06
	灌木	0.19	0.43	0.22	1.41	4.23	1.28	3.35	1.72	0.13	1.57	0.69
草地	草原	0.10	0.14	0.08	0.51	1.34	0.44	0.98	0.62	0.05	0.56	0.25
	灌草丛	0.38	0.56	0.31	1.97	5.21	1.72	3.82	2.40	0.18	2.18	0.96
	草甸	0.22	0.33	0.18	1.14	3.02	1.00	2.21	1.39	0.11	1.27	0.56
湿地	湿地	0.51	0.50	2.59	1.90	3.60	3.60	24.23	2.31	0.18	7.87	4.73
荒漠	荒漠	0.01	0.03	0.02	0.11	0.10	0.31	0.21	0.13	0.01	0.12	0.05
	裸地	0.00	0.00	0.02	0.02	0.00	0.10	0.03	0.02	0.00	0.02	0.01
水域	水系	0.80	0.23	8.29	0.77	2.29	5.55	102.24	0.93	0.07	2.55	1.89
	冰川积雪	0.00	0.00	2.16	0.18	0.54	0.16	7.13	0.00	0.00	0.01	0.09

(4)构建动态当量表

由于生态系统的内部结构与外部形态一直是不断变化的,因而其所提供的生态系统服务及其价值量也应该是不断变化的。研究发现,生态系统服务与生物量、降水量、地形坡度等因素的关系比较密切;因而可以根据上述因素,结合生态系统服务价值的基础当量,构建生态系统服务的时空动态变化价值当量表。其具体计算公式如下(谢高地 等,2015):

$$F_{nij} = \begin{cases} P_{ij} \times F_{n1} \text{ 或} \\ R_{ij} \times F_{n2} \text{ 或} \\ S_{ij} \times F_{n3} \end{cases} \quad (4\text{-}68)$$

式中：F_{mij}是指某生态系统在第i区域第j月第n类生态系统服务的单位面积价值当量因子；F_n是指该生态系统第n类生态系统服务价值的当量因子；P_{ij}是指该类生态系统在第i区域第j月的NPP时空调节因子；R_{ij}是指该生态系统在第i区域第j月的降水时空调节因子；S_{ij}是指该生态系统在第i区域第j月的土壤保持时空调节因子；n_1表示该生态系统服务为食物生产、原材料生产、气候调节、气体调节、净化环境、维持生物多样性、维持养分循环和提供美学景观8类生态系统服务中的某一类；n_2表示该生态系统服务为水资源供给或者水文调节服务功能；n_3表示该生态系统服务为土壤保持服务功能。

(5) 计算生态系统服务价值

根据上述参数，即可计算某区域的生态系统服务价值。其计算公式为：

$$\mathrm{ESV} = \sum_{k=1}^{n} A_k \times F_k \tag{4-69}$$

式中，ESV为该区域的生态系统服务价值总量；A_k是指该区域第k种土地利用类型的面积；F_k为第k种土地利用类型的单位面积价值当量因子。

2. 功能价值法

功能价值法主要是通过建立单一生态系统服务功能与局部生态环境变量之间的生产方程来模拟区域范围内的生态系统服务功能，进而根据生态系统服务功能量的多少和功能量的单位价格来计算区域内的生态系统服务总价值（谢高地 等，2015）。根据生态系统和自然资本的市场发育程度，功能价值法又可划分为3大类（见表4-11）。

(1) 直接市场法

此类方法主要应用于具有实际市场的生态系统产品和服务，根据以市场价格来估算生态系统服务的经济价值，主要包括费用支出法、市场价值法、人力资本法等。

(2) 替代市场法

此类方法主要应用于尚未形成直接的市场价格，但是这些服务的替代品已经形成了较为成熟的市场价格的生态系统服务，主要包括旅行费用法、享乐价格法、机会成本法、恢复和防护费用法、替代成本法等。

(3) 模拟市场法

对于没有实际市场价格的生态系统服务，可以通过构造假想市场来估算该生态系统服务的价值，主要包括意愿调查法等。

表4-11 生态系统服务功能价值评估法的比较（刘玉龙 等，2005）

分类	评估方法	优点	缺点
直接市场法	费用支出法	生态环境价值可以得到较为粗略的量化	各类费用的统计不够全面合理，不能真实反映游憩地的实际游憩价值
	市场价值法	评估结果比较客观，争议较少，可信度较高	必须拥有足够、全面的数据
	人力资本法	可以对难以量化的生命价值进行量化	违背伦理道德，效益归属问题以及理论上尚存在缺陷

续表

分类	评估方法	优点	缺点
替代市场法	旅行费用法	可以核算游憩生态系统的使用价值,也可以评价无市场价格的生态环境价值。	不能核算生态系统的非使用价值
	享乐价格法	通过侧面的比较分析估算出生态环境的价值	主观性较强,受其他因素的影响较大
	机会成本法	比较客观全面地体现了资源系统的生态价值,可信度较高	待评估的资源必须具有稀缺性
	恢复和防护费用法	可通过生态恢复费用或防护费用来量化生态环境的价值	评估结果为最低的生态环境价值
	替代成本法	可以将难以直接估算的生态价值用替代工程表示出来	替代工程具有非唯一性。各种替代工程的时间、空间性差异较大
模拟市场法	意愿调查法	适用于缺乏实际市场和替代市场的生态系统产品价值评估,能评价各种生态系统服务功能的经济价值,适宜于以非实用价值为主的独特景观和文物古迹等的价值评价	调查结果的准确与否在很大程度上依赖于调查方案的设计和被调查对象的个体因素,导致评估结果容易出现重大的偏差

4.3.4 景观格局分析方法

景观生态学(landscape ecology)是研究一定的区域范围内,景观单元的类型组成,空间配置及其与生态学过程之间的相互作用的综合性学科。其研究的核心是景观的空间格局、生态学过程与尺度之间的相互作用(邬建国,2007)。随着景观生态学的不断发展,各种景观生态学的数量方法也广泛应用于区域生态建设(肖笃宁 等,2004),城市生态规划(张林英 等,2005),城市群生态网络构建与优化(尹海伟 等,2011)等领域。

景观格局数量研究方法主要包括 3 大类:一是主要用于景观组分特征分析的景观空间格局指数;二是主要用于景观整体分析的景观格局分析模型;三是主要用于模拟景观格局动态变化的景观模拟模型(傅伯杰 等,2011)。

1. 景观格局指数

景观格局通常是指景观的空间结构特征,主要包括景观单元的类型、形状、大小、数量和空间组合等。一定区域范围内的景观格局及其动态变化是在自然和人为等多种因素的相互作用下产生的,反映了该区域范围内生态环境的综合特征。

各种景观格局指数是对景观格局的量化表达。通过对各种景观格局指数的计算,不但可以对各种景观格局进行定量的描述,探讨其生态学意义;还可以对不同的景观进行多角度的比较,分析它们在结构、功能和生态过程中的异同。景观格局指数通常可分为景观单元特征指数和景观异质性指数两大部分。景观单元特征指数是指主要用于描述景观单元的面积、周长和斑块数等特征的指数;景观异质性指数则是指从整体上定量描述景观格局的指数,主要包括景观多样性指数、景观镶嵌度指数、景观距离指数和景观破碎化指数等。

(1)景观单元特征指数

1)斑块面积(CA)

斑块面积(CA)是指某一斑块类型中所有斑块的面积之和,即某斑块类型的总面积。该指标具有很重要的生态意义,其值的大小制约着以此类型斑块作为聚居地的物种的丰度、数量、食物链及其次生种的繁殖;同时,不同类型斑块面积的大小能够反映出其间物种、能量和养分等信息流的差异。斑块面积(CA)的计算公式如下:

$$CA = \sum_{j=1}^{n} a_{ij} \tag{4-70}$$

式中,a_{ij}是指第i类斑块的总面积,j为斑块数量。CA 的单位通常为 hm^2;$CA > 0$。

2)斑块个数(NP)

斑块个数(NP)是指景观中某一斑块类型的斑块总个数。该指标经常被用来描述整个景观的异质性。它对许多的生态过程都有影响,如可以决定景观中各种物种的空间分布特征;改变物种间相互作用和协同共生的稳定性等。另外,斑块个数对景观中各种干扰的蔓延程度有重要的影响;其值的大小与景观破碎度也有很好的正相关性。

3)面积加权的平均形状因子(AWMSI)

面积加权的平均形状因子是度量景观空间格局复杂性的重要指标,它对许多生态过程都有影响。如斑块的形状会影响到动物的迁移、觅食等活动,也会影响到植物的种植与生产效率;另外,对于自然斑块或自然景观的形状分析还有助于分析景观的边缘效应。

在斑块级别上,该指标等于某斑块类型中各个斑块的周长与面积比乘以各自的面积权重之后的和;在景观级别上等于各斑块类型的平均形状因子乘以类型斑块面积占景观面积的权重之后的和。当 AWMSI=1 时,表明所有的斑块形状为最简单的方形;AWMSI 的值越大,则说明斑块形状越复杂。

4)平均斑块分维数(FRAC_MN)

平均斑块分维数(FRAC_MN)主要用于反映景观内斑块形状的复杂性程度。其值越大,则说明斑块形状越复杂。平均斑块分维数(FRAC_MN)的计算公式如下:

$$PRAC\_MN = \frac{FRAC}{n_i} = \frac{2\ln(0.25P_{ij})\ln a_{ij}}{n_i} \tag{4-71}$$

式中,P_{ij}代表第i类第j个斑块的周长;a_{ij}代表第i类第j个斑块的面积;n_i为景观中第i类斑块的总数量。

(2)景观异质性指数

1)景观多样性指数(SHDI)

景观多样性指数(SHDI)是一个基于信息理论的测量指数,对景观中各斑块类型的非均衡分布状况较为敏感,在生态学中应用很广泛。当 SHDI 等于 0 时,表明整个景观仅由一个斑块组成;SHDI 的值越大,则说明景观中的斑块类型越多,或是各斑块类型在景观中呈均衡化趋势分布。景观多样性指数(SHDI)的计算公式如下:

$$\text{SHDI} = -\sum_{i=1}^{n}(P_i)(\log_2 P_i) \quad (4-72)$$

式中,SHDI 为多样性指数;P_i 为景观类型 i 所占面积的比例;n 为景观类型的数量。

2) 蔓延度指数(CONTAG)

蔓延度指数主要用于描述景观中斑块类型的团聚程度或延展趋势。蔓延度指数的值较大,则表明景观中的优势斑块类型形成了良好的连接;反之,则表明景观主要呈现为多种要素的散布格局,景观的破碎化程度较高。一般而言,蔓延度指数与边缘密度呈负相关关系,与优势度和多样性指数高度相关。蔓延度指数(CONTAG)的计算公式如下:

$$\text{CONTAG} = \left[1 + \frac{\sum_{i=1}^{m}\sum_{k=1}^{m}\left[P_i\left(g_{ik}\Big/\sum_{k=1}^{m}g_{ik}\right)\right]\left[\ln p_i\left(g_{ik}\Big/\sum_{k=1}^{m}g_{ik}\right)\right]}{2\ln(m)}\right] \quad (4-73)$$

式中,P_i 表示第 i 类型的斑块所占面积的百分比;g_{ik} 表示第 i 类型和第 k 类型斑块毗邻的数目;m 表示景观中斑块类型的总数目。

3) 景观破碎度

景观破碎度主要用于表征景观被分割的破碎程度,反映景观空间结构的复杂性。该指标也在一定程度上反映了人类对景观的干扰程度。景观破碎度的计算公式如下:

$$C_i = N_i/A_i \quad (4-74)$$

式中,C_i 为景观类型 i 的破碎度,N_i 为景观类型 i 的斑块数量,A_i 为景观类型 i 的总面积。

2. 景观格局分析模型

景观格局分析的主要内容包括景观的空间异质性,景观斑块的空间相关性,景观格局的趋向性和空间梯度,景观格局的等级结构,景观格局与景观过程的相互关系等。在该领域应用比较广泛的模型包括空间自相关分析、小波分析、地统计分析、波谱分析、聚块方差分析、趋势面分析、亲和度分析等。

(1) 地统计分析

地统计学是统计学一个新的分支。由于它最先是在地质学、采矿学等地学相关学科中逐步应用和发展起来的,因而被命名为地统计学。现在,地统计学的基本方法已经广泛应用于各种自然现象的空间格局分析,成为一种研究空间变异的有效方法(傅伯杰 等,2011)。

目前,地统计学已经成为空间统计学的核心领域,其研究的主要内容包括区域化变量的变异函数模型、克里格估计、随机模拟等 3 大方面(秦昆,2010)。近年来,地统计学开始在景观生态学研究中得到了较为广泛的应用,主要用于描述和解释景观格局的空间相关性,建立空间格局的预测性模型,进行空间数据的插值、估计和设计抽样方法等。涉及的主要方法包括变异矩、相关矩、半方差分析、空间局部插值、探索性数据分析等。

(2) 小波分析

小波分析是当前应用数学和工程学科中一个迅速发展的新领域。1974 年,法国工程师

J. Morlet 首先提出了小波变换的概念(Grossmann et al,1987)。与 Fourier 变换相比,小波变换是空间(时间)和频率的局部变换。通过伸缩和平移等运算功能,小波变换能够对函数或信号进行多尺度的细化分析,解决了许多 Fourier 变换不能解决的困难问题。

在景观格局研究中,通常会使用多种遥感影像作为数据源。在数字图像的处理过程中,通常可利用离散二进制小波来对遥感影像进行多频道、多分辨率的分析,通过分解原始遥感影像上的结构信息,计算一定的分解尺度下各个通道中相应像元小波系数的小波方差。以尺度和小波方差作图,则可反映出不同尺度上的图像结构特征,进而获得该景观格局的特征尺度。特定尺度上的小波方差越大,则表示该尺度上的结构信息越丰富,是该景观格局的主要特征尺度。研究表明,小波分析不受所分析数据统计的平稳假设的约束,在解释多尺度和多方向的景观结构上具有明显的优势(孙丹峰,2003)。

(3)趋势面分析

趋势面分析(trend surface analysis)是利用数学曲面模型来模拟各种地理系统要素在地表空间上的分布及变化趋势的数学方法。趋势面分析最早应用于地质学的研究中,现在已经广泛应用于几乎所有空间数据的数量分析中(傅伯杰 等,2011)。

一般而言,在大尺度上,景观将主要受到降水、气温、土壤性质等宏观环境因子的控制,其分布格局往往也由此产生出某种比较稳定的趋势或规律性。但是,在小尺度上,景观单元也会受到地理位置、植被等局地环境因子的影响,从而破坏了规律性的宏观分布格局。在某些复杂的景观格局中,局地环境因子的影响较大,甚至能够对宏观趋势带来很大的干扰,导致难以辨识大尺度的总体趋势。趋势面是一种抽象的数学曲面,它能够有效地过滤掉一些局域随机因素的影响,从而使得某种要素的空间分布规律明显化。

趋势面分析法最常用的计算方法是多项式回归模型。趋势面本身可以被看作一个多项式函数。一般而言,趋势面多项式的次数越高,则其拟合程度也就越高。同时,由于趋势面分析法是多元统计分析方法中的一种,因而可以很方便地应用于多变量、多样本的海量数据处理中(王江萍 等,2009)。样本数据越多,则其拟合程度也就越高,与要素的真实分布就越接近。

3. 景观模拟模型

景观模拟模型是理解和建立景观结构、功能和过程之间的相互关系,预测景观未来变化趋势的有效工具。利用景观模拟模型,人们可以模拟出特定参数下景观生态系统的结构、功能或过程,分析不同参数条件下系统状态的响应,从而为景观决策和管理提供急需的信息和证据。常见的景观模拟模型有元胞自动机、马尔柯夫链模型、林窗模型等。

(1)元胞自动机

元胞自动机(CA)是一时间和空间离散的动力系统模型。它是由数学家冯·诺依曼(John von Neumann)在 20 世纪 50 年代提出的。一个简单的 CA 模型由栅格网络、元胞状态、邻域规则和转换方程组成。转换规则既可以是确定的,也可以是随机的。其基本定义如下(何东进 等,2012):

$$A_{t+1}^s = f(A_t^{s-r}, \cdots, A_t^s, \cdots, A_t^{s+r}) \qquad (4\text{-}75)$$

式中:A_t^s 表示元胞 s 在 t 时刻的状态;r 是元胞 s 与相邻元胞的距离;f 是转移规则。

散布在规则网格中的每一个元胞都处于有限的离散状态,遵循同样的转移规则,依据确定的邻域规则进行同步更新。大量元胞通过简单的相互作用,可以形成精密而复杂的系统演化。

(2)空间马尔柯夫链模型

空间马尔柯夫链模型是一种常用的景观空间动态模型,常被景观生态学家用于模拟土地利用格局的动态变化。空间马尔柯夫链模型通常假设各个景观斑块的转移概率不随时间改变,而且其转移概率仅与该景观斑块前一个时间点的状态有关。在具体计算过程中,该模型用转移矩阵来模拟景观斑块从一种类型向另一种类型转化的动态规律。空间马尔柯夫链模型的基本公式如下(常成 等,2010):

$$A(t+1) = A(t) \times P \tag{4-76}$$

式中,$A(t)$为各景观斑块在时刻t的状态矩阵;$A(t+1)$为各景观斑块在$t+1$时刻的状态矩阵;P为景观斑块的转移矩阵。

空间马尔柯夫链模型在计算转移概率时并不考虑空间格局本身对转移概率的影响,反映的是景观变化的总概率。因此,该模型可以比较准确地预测某些斑块类型的变化面积比例。但是,其预测结果在空间格局上的误差通常比较大(何东进 等,2012)。

4.3.5 绿色国民经济核算

绿色国民经济核算的主要目的是在原有的国民经济核算体系基础之上,将资源环境因素纳入其中,通过描述经济系统与资源环境系统之间的相互影响关系,提供更加全面和系统的核算数据,从而为国家或区域的可持续发展的分析、决策和评价提供依据。绿色国民经济核算体系就是为了开展绿色国民经济核算而确定的一套理论方法。绿色国民经济核算通常包括自然资源核算与环境核算,其中环境核算又由环境污染核算和生态破坏核算组成。

1. 国外的绿色国民经济核算

早在1972年,美国经济学家诺德豪斯(William D. Nordhaus)和托宾(James Tobin)就提出应该修改国民经济核算体系,在核算过程中减去污染所造成的损害(Bartelmus,2003)。后来,多个国家和国际组织建立了各自的绿色国民经济核算体系,如联合国建立的综合环境与经济核算体系(SEEA),欧盟统计局建立的欧洲环境经济信息收集体系(SERIEE),菲律宾提出的环境与自然资源核算计划(EN RAP),以及荷兰统计局建立的包括环境账户的国民经济核算矩阵体系(NAMEA)。其中,联合国统计局建立的SEEA体系影响最为广泛,并被联合国、欧盟、国际货币基金组织、世界银行和经济合作与发展组织5大国际组织接受(朱启贵,2006)。

2003年发布的SEEA体系主要由4个部分组成:

(1)流量账户

流量账户包括实物流量账户和混合型流量账户,主要用于分析资源和环境利用过程中产生的实物流量,并将其与经济生产过程中的实物和货币信息关联起来。流量账户只考虑与原料和能源流量等相关的实物数据,并尽可能地使用传统的国民经济核算体系(SNA)对其进行定义、分类和整理。

(2)环境保护支出和环境市场交易账户

该账户主要用于对现行的国民经济核算体系(SNA)进行拆解,以便于找出与环境直接相关的货币交易。包括环境保护活动,自然资源管理与利用活动,减灾活动等的相关支出,以及生态补偿、环境税、环境补贴项目等。

(3)资产账户

资产账户主要用于了解各种环境资源在核算期间的存量及其变动情况,包括实物和货币资产账户。该账户主要记录了自然资源、土地与生态系统这 3 类自然资本。

(4)环境调整总账户

该账户主要用于探讨如何对现行的国民经济核算体系进行调整,以更好地分析经济体对环境的影响。

2. 国内的绿色国民经济核算

2004 年 3 月,国家环境保护总局和国家统计局启动了《中国绿色国民经济核算研究》项目,完成了《中国绿色国民经济核算研究报告(2004)》。

2004 年的绿色国民经济核算内容主要由 3 部分组成:

(1)环境实物量核算

该部分主要是运用实物单位来建立不同层次的实物量账户,用于描述与经济活动相对应的各类污染物的产生量、处理量、排放量等。在核算中,将污染物分为水污染、大气污染和固体废物实物量 3 类进行计算。

(2)环境价值量核算

该部分在实物量核算的基础上,运用治理成本法和污染损失法这两种方法来估算各种污染排放造成的环境退化价值损失。

(3)经环境调整的 GDP 核算

该部分把经济活动的环境成本从 GDP 中予以扣除,并进行相应的调整,从而得出一组以"经环境调整的国内产出"为中心的综合性指标。其中,环境成本包括环境退化成本和生态破坏成本(王金南 等,2006)。

事实上,《中国绿色国民经济核算研究报告(2004)》并不是完整意义上的绿色 GDP 核算。该报告仅仅涉及了环境核算的部分内容,并没有包含资源核算。另外,报告中的环境核算也是不完整的。如环境保护的投入产出核算,生态破坏损失核算均未被纳入;室内空气污染损失,地下水污染损失,土壤污染损失等多项环境污染损失也并没有核算在内。

4.3.6 能值分析法

能值分析法是由美国生态学家奥德姆(Howard Thomas Odum)创立的(Campbell,2016)。能值(emergy)是指一种流动或贮存的能量中所包含的另一种类别能量的数量(蓝盛芳 等,2001)。所谓能值分析,就是以能值为基准,通过一定的转换规则,将生态经济系统中不同种类、不可比较的能量统一换算为能值,并对生态经济系统的结构功能特征和生态经济效益分析进行量化分析,判断系统的可持续发展状况。由于各种自然资源、产品或劳务的能量均是直接或间接地来自于太阳能,因而通常对将太阳能值作为统一的计量标准,以此来衡量各类能量的真实价值及其对生态经济系统的贡献(李苏,2010),如图 4-5。

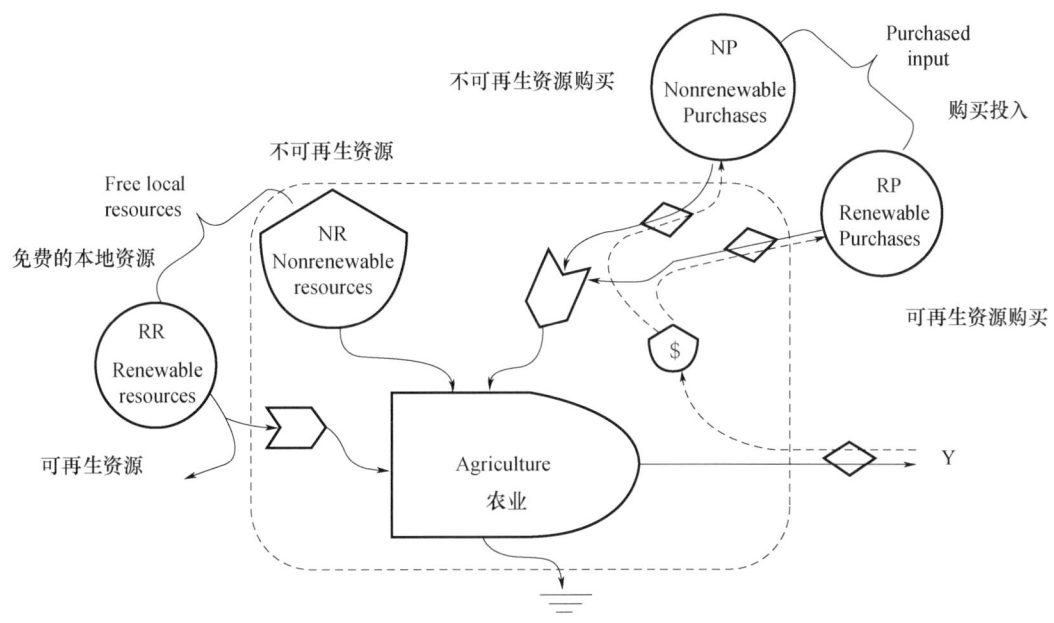

图 4-5　农业生态经济系统的能量系统图(自绘)

能值分析的基本步骤如下(蓝盛芳 等,2001):

1. 资料收集

根据研究对象的特点,全面收集相关的资源环境、地理条件和社会经济等各种调查资料和统计数据。

2. 绘制能量系统图

根据 Odum 提出的能量系统语言,绘制研究对象的能量系统图,分析生态经济系统的主要组分及其相互关系。

3. 编制能值分析表

根据前期收集的数据和资料,分析生态经济系统的主要物质流、能量流和经济流。同时,根据各类资源的能值转换率,将这些不同类型的物质流、能量流和经济流统一换算为能值单位(sej)。在此基础上,编制各种能值分析表,评价各类物质流、能量流和经济流在生态经济系统中的地位和贡献。

4. 构建能值综合结构图

以能值为单位,构建生态经济系统的能值综合结构图,对生态经济系统及其子系统的能值流进行综合分析。

5. 建立能值指标体系

基于能值分析表和系统能值综合结构图,选取和计算出各种能值指标,建立能值指标体系,分析生态经济系统的各方面状态,明确影响生态经济系统发展的关键因子(见表 4-12)。

表 4-12　常见的生态经济系统能值评价指标体系(李俊莉 等,2013)

序号	能值指标	计算公式	含义
1	可更新资源能值	R	系统自有的能值财富
2	不可更新资源能值	N	系统自有的能值财富
3	输入能值	I	输入的资源、产品等财富
4	输出能值	O	输出的资源、产品等财富
5	废弃物能值	W	系统排放的废弃物的能值
6	总能值	$U=R+N+I$	系统拥有的总能值财富
7	能值货币比	$EDR=U/GDP$	系统的经济现代化程度
8	人均能值	$EPP=U/人口$	人民生活水平的高低
9	能值密度	$EPA=U/面积$	能值的集约度和强度
10	能值自给率	$ESR=(N+R)/U$	系统的自我支撑能力
11	能值投资率	$EIR=I/(N+R)$	系统的经济发展和环境负载程度
12	可更新资源能值比	$RER=R/U$	系统可利用的环境能值潜力
13	不可更新资源能值比	$NER=N/U$	系统资源的利用对环境的压力
14	能值产出率	$EYR=(R+N+I)/I$	系统的经济效率
15	资源产出率	$REYR=(R+N+I)/N$	系统产出对经济贡献的大小
16	资源循环利用率	RRR	资源及废弃物的综合利用情况
17	环境负荷率	$ELR=(U-R)/R$	系统各类活动对环境的压力
18	废弃物能值比	$EWR=W/U$	系统的废弃物排放对环境的压力
19	人口承载量	$PCC=8\times(R/U)\times P$	目前环境水准下可容纳的人口总量
20	可持续发展指数	$ESI=EYR/ELR$	系统的可持续发展状况
21	改进的可持续发展指数	$SDI=ESI\times(I/O)$	系统可持续发展性能的综合状况
22	循环经济能值指数	$EREI=ESI\times RRR$	循环经济的发展状况
23	生态效率指数	$UEI=EYR\times(1-W/U)^2\times(1-N/U)^2$	资源、环境及经济的协调发展状况

6. 系统模拟

利用各种能量系统动态模拟方法,对影响生态经济系统发展的关键因子进行模拟,评估和预测生态经济系统的发展态势。

7. 系统发展策略

根据能值指标分析和系统评价和模拟的结果,提出未来发展中可行的管理措施和生态经济发展策略,促进生态经济系统的良性循环和可持续发展。

经过多年的发展,能值分析已经形成了比较完整的理论和方法体系,为各类生态经济系统提供了一系列的系统可持续性分析与评价的指标体系,现已广泛应用于农业生态系统(张伟 等,2012)、工业生态系统(何秋香 等,2010)、旅游生态系统(王楠楠 等,2013)、区域可持续发展(张书凤 等,2007)、城市新陈代谢分析(宋涛 等,2015)等多个领域。与传统的经济学和能量分析方法相比,能值分析方法的优点主要体现在以下几个方面(付晓 等,2004):能值分析为经济系统和生态系统的联合分析提供了一个统一的平台;能值分析提供了一种以生态为中心的评价方法,弥补了现实货币无法客观地评价非市场性输入的缺陷;能值分析具有坚实的理论基础,既具备了科学上的合理性,兼具了热力学方法的严密性;能值分析均以能值为统一的量纲,使得人们可以在一个统一的平台上比较所有不同类型的资源和能量;能值分析法给出了系统发展过程中的环境贡献与资源利用可持续性的信息,为许多与环境相关的决策方提供了一个更加全面的分析方案。

4.4 区域发展决策系统分析方法

4.4.1 区域规划方法

1. 区域规划的一般步骤

区域规划是指在一定时间和空间范围内,对区域未来的经济社会发展和建设所做出的总体部署。在我国,区域规划实质是由大规模资源开发和产业基地建设所提出的综合布局问题(毛汉英,2005)。在长寿经济区的建设过程中,也需要利用区域规划方法,来明确长寿经济区的宏观发展战略。

一般而言,区域规划可以分为以下几个步骤(见图4-6):

(1)明确基本问题

在正式开展规划工作以前,首先,需要明确规划的性质和要求。其次,需要明确规划区域的边界和规划的基本内容。最后,需要明确规划的总目标。上述基本问题的确定是搞好区域规划的前提。

(2)确定评价指标体系

根据区域规划的性质、目标和要求,确定一系列的区域规划优劣的评价标准。如规划目标的先进性,规划目标的可行性,信息资料的可靠性,规划方法的科学性等。

(3)区域系统分析

深入分析规划区域内各组成要素,以及各子系统之间的相互关系,探讨区域与周围环境之间的联系。具体而言,区域系统分析包括历史演化过程分析、现实状况分析和未来发展趋势的预测三大部分。区域系统分析的主要目的在于确定区域内各类资源和产业的优势与劣势,明确区域经济社会发展的主要制约因素,发现区域经济系统的演化规律,找出有效的调控措施。

(4)获取初步规划方案

在全面的系统分析之后,即可根据区域规划的性质和要求来设计多个备选的规划设计方案。各个备选方案均应包括总目标、发展路径、重点项目、投入产出分析等部分。

(5)确定规划方案的评价标准

建立一套评价指标体系,用于对各个初步规划方案的比较。总体上看,评价的标准主要包括满意度和可行性两个方面。

(6) 规划方案的比较和评价

利用前面建立的评价标准,对各个备选的规划方案进行综合评价。从多个备选方案中选择一个或两个经济上合算,技术上可行,社会上认可的方案作为最终规划方案。如果达不到上述要求,则需要对规划方案进行修改。

(7) 规划方案的确定

选择好最终规划方案后,即可进行规划方案的最终撰写和定稿工作。最终的规划方案既能使决策部门能够快速准确地了解规划的基本内容,也要使得社会各界易于接受。

(8) 规划的落实与实施

规划确定后,应根据实际需要和现实可能性,将总体目标和规划重点分解到不同的地域和产业部门,提出规划方案的实施要点和保障措施。

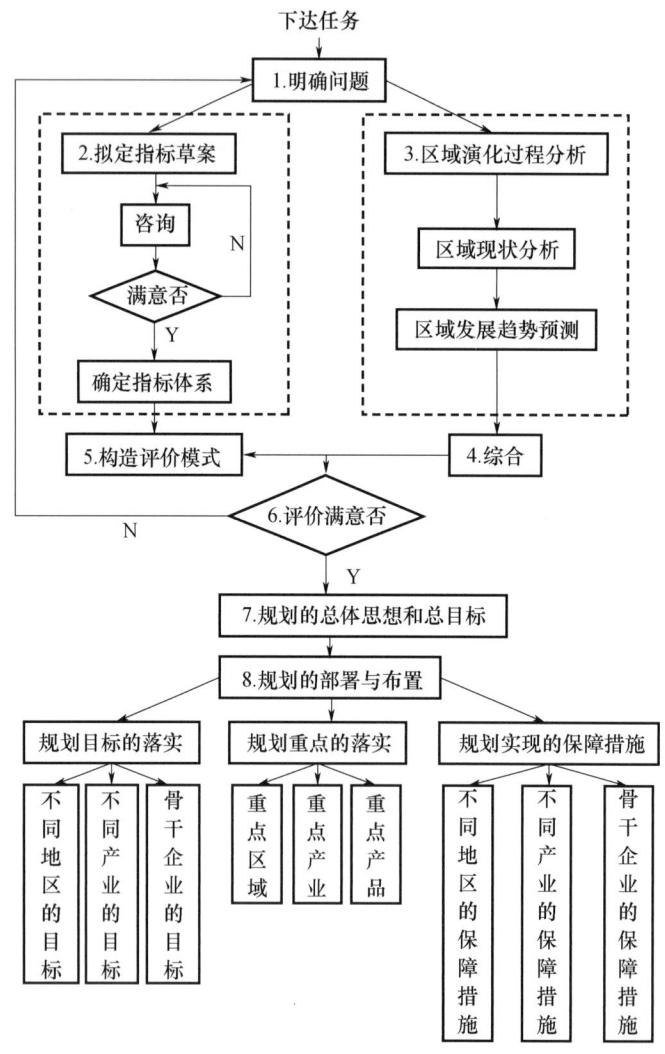

图 4-6　区域规划的一般步骤(陈才,2001)

2. 区域规划中常用的方法

(1) 区域评价方法

区域评价工作是区域规划的重要基础。通过区域评价,能够使规划者掌握规划区域的基本情况,进而制定合理的规划方案。视规划目的的不同,区域评价包括区域综合实力评价、区域发展潜力评价、区域竞争力评价等多个类型。总体而言,此类的评价多是根据评价目的,构建评价指标体系,进而获取最终的评价结果。一般而言,区域评价主要包括以下步骤。

1) 评价指标的选取

评价指标的选取通常是根据研究的目的,遵循系统完备性、动态发展性、可比可量性、可操作性等原则,选择相应指标(见表4-13,以辽宁地区为例)。

表4-13 辽宁区域发展能力评价指标体系(邢青,2016)

目标层	准则层	指标层	性质
区域发展能力	科技创新能力	科技支出占地方财政支出比重(X1)	正指标
		人均科技经费支出(X2)	正指标
		科技经费占GDP比重(X3)	正指标
		每万人在校大学生数(X4)	正指标
		每万人专任教师数(X5)	正指标
	要素集聚能力	人均GDP(X6)	正指标
		人均固定资产投资(X7)	正指标
		人均社会消费品零售总额(X8)	正指标
		人均地方财政收入(X9)	正指标
		人均邮电业务量(X10)	正指标
		人均全年用电量(X11)	正指标
		人均公路客运量(X12)	正指标
	持续发展能力	建城区绿化覆盖率(X13)	正指标
		人均园林绿化面积(X14)	正指标
		废水排放密度(废水排放量/GDP)(X15)	逆指标
		废气排放密度(废气排放量/GDP)(X16)	逆指标
		固体废物密度(固体废物排放量/GDP)(X17)	逆指标

2) 基础数据的处理

由于指标所反应的对象千差万别,其采用的量纲也各不相同。因此,指标之间往往缺乏可比性。同时,由于性质不同和量纲不同,往往使得各项指标的绝对值相差较大。此时,如果直接使用原始指标值进行分析,无疑会突出绝对值较高的指标在综合评价中的作用,而削弱绝对值较低的指标的作用,导致难以准确的揭示社会经济状况,更谈不上利用其进行分析和评价。因此,在使用基础数据之前,必须对其进行无量纲化处理。

数据的无量纲化处理是指通过简单的数学变换,来消除量纲不同对各指标的影响。常用的处理方法包括直线型无量纲化、折线型无量纲化、曲线型无量纲化等。现在主要介绍两种运用比较广泛的无量纲化方法:标准差标准化和极值标准化方法。

标准差标准化的处理过程如下:

设有 n 个样品,每个样品观测 m 个指标,将原始数据写成矩阵:

$$X = \begin{bmatrix} X_{11} & X_{12} & \cdots\cdots & X_{1m} \\ X_{21} & X_{22} & \cdots\cdots & X_{2m} \\ \cdots\cdots\cdots\cdots\cdots\cdots\cdots \\ X_{n1} & X_{n2} & \cdots\cdots & X_{nm} \end{bmatrix} \tag{4-77}$$

然后对基础数据进行逻辑检查,剔除异常值,在此基础上利用下式进行标准差标准化。

$$X'_{ij} = \frac{X_{ij} - \overline{X}_i}{S_i} \quad (i = 1, 2, \cdots, m) \tag{4-78}$$

式中,$\overline{X}_i = \dfrac{\sum_{i=1}^{n} X_{ij}}{n}$,$S_i = \sqrt{\dfrac{\sum_{i=1}^{n}(X_{ij} - \overline{X}_i)^2}{n-1}}$ (n 为样品数,m 为指标数)

极值标准化的处理过程如下:

同样,设有 n 个样品,每个样品观测 m 个指标,将原始数据写成矩阵:

$$X = \begin{bmatrix} X_{11} & X_{12} & \cdots\cdots & X_{1m} \\ X_{21} & X_{22} & \cdots\cdots & X_{2m} \\ \cdots\cdots\cdots\cdots\cdots\cdots\cdots \\ X_{n1} & X_{n2} & \cdots\cdots & X_{nm} \end{bmatrix} \tag{4-79}$$

对基础数据进行逻辑检查,剔除异常值。按下式对各个指标值进行处理。得到全新的矩阵 X'。另外,由于影响因子中既有正向因子,又有逆向因子,因而还需要对基础数据进行同趋化处理。基于此,对于正向影响因子,采用下式进行标准化处理,即:

$$X'_{ij} = \begin{cases} 100 & X_j\max \leqslant X_{ij} \\ 100 \times \dfrac{X_{ij} - X_j\min}{X_j\max - X_j\min} & X_j\min \leqslant X_{ij} \leqslant X_j\max \\ 0 & X_{ij} \leqslant X_j\min \end{cases} \tag{4-80}$$

对于负向影响因子,采用下式进行处理,即:

$$X'_{ij} = \begin{cases} 100 & X_{ij} \leqslant X_j\min \\ 100 \times \dfrac{X_j\max - X_{ij}}{X_j\max - X_j\min} & X_j\min \leqslant X_{ij} \leqslant X_j\max \\ 0 & X_j\max \leqslant X_{ij} \end{cases} \tag{4-81}$$

其中,X_{ij} 为第 i 个位置第 j 个影响因子的值,$X_j\max$ 和 $X_j\min$ 表示第 j 个影响因子中的最大值、最小值;X'_{ij} 为消除量纲影响后的第 i 个位置第 j 个影响因子的值。

3)指标权重的获取

在多指标的综合评价中,指标权重的确定是一项重要的内容。当前的权重确定方法大致可以分为两种:一是主观赋权法。如德尔菲法、层次分析法(AHP)等;二是客观赋权法。如因子分析法、熵权法等。主观赋权法主要是通过专家的知识和经验来判断各指标的重要程度,比较容易受到个人意愿偏好的影响。客观赋权法则主要是根据各指标值的统计分布规律,以及信息传递量的大小来确定权重,并不能反映各指标在现实意义上的重要性。由于主客观赋权法各有其优劣势,也可以将定性判断与定量分析结合起来,为各指标赋予综合权重。例如,以层次分析法和熵权法为基础的指标权重获取方法如下:

首先,通过专家咨询法获取各指标间的成对模糊判断矩阵;其次,利用层次分析法构造指标判断矩阵,并通过归一化处理将其改造为标准矩阵;最后,运用熵技术对 AHP 法确定的权系数进行修正,增加赋权结果的信息量,提高其可信度。其具体计算公式如下:

$$a_j = v_j p_j / (\sum_{j=1}^{n} v_j p_j), v_j = (1-\lambda_j) / \sum_{j=1}^{n} (1-\lambda_j), \lambda_j = \frac{\sum_{i=1}^{n} r_{ij} \ln r_{ij}}{\ln(n)} \quad (4-82)$$

式中:a_j 为采用熵技术支持下的 AHP 法求出的指标权重,p_j 为采用 AHP 法求出的指标权重,v_j 为信息权重,λ_j 为输出的熵值,r_{ij} 为采用 AHP 法构造的判断矩阵经归一化处理后的标准矩阵值。

4)评价结果的获取

得到各评价对象的评价指标指及其权重之后,即可计算每个评价对象的综合指数。根据这些评价结果,即可进行 GIS 空间表达等后续的处理和分析(见图 4-7,以河南省为例)。

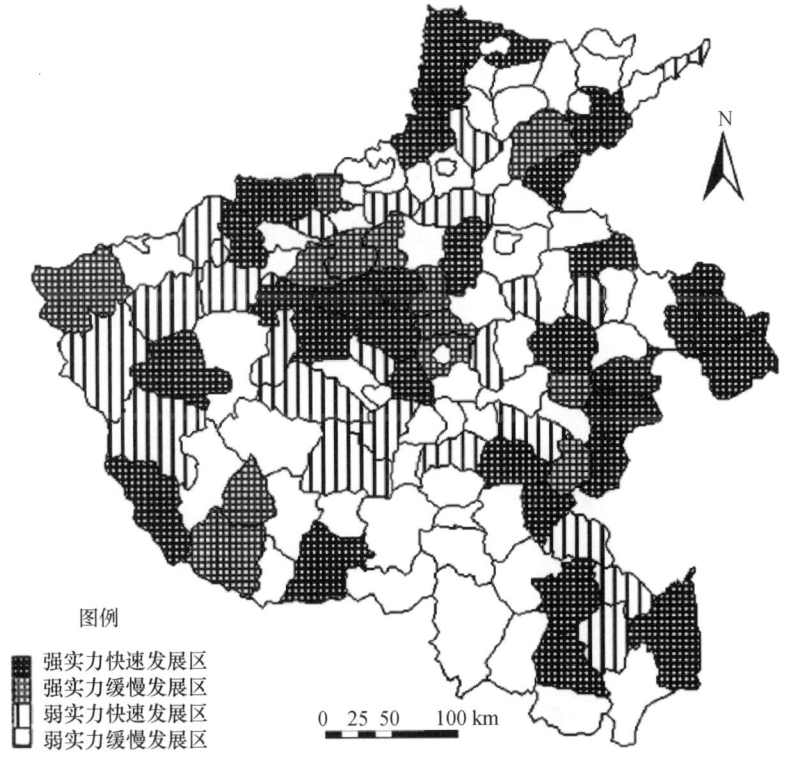

图 4-7　河南省县域综合实力的空间格局(崔彩辉 等,2015)

(2)区域发展预测

预测,即用已知的信息去估计和推断事物未来的发展趋势或结果。区域发展预测是对与区域发展密切相关的各种经济指标未来变化趋势的测定。区域发展预测在区域规划中占据着重要的位置,是进行区域决策的基础。

社会经济预测方法大致可以分为两类,一是定性预测法。定性预测法是指在历史和现实数据很少或完全没有的情况下,根据决策者的主观经验和感觉对未来的发展趋势进行预测。包括专家预测法、决策树法、市场调查法、主观概率法等。二是定量预测法。定量预测方法是指通过对历史和现实的数据或信息进行收集、分析、加工和处理后,使用现代数学方法和模型来预测未来发展趋势的一种方法。定量预测方法主要包括时间序列预测法、回归预测法、经济计量模型法、模糊数学预测法、神经网络预测法等。下面将简要介绍一些常见的预测模型。

1)时序回归预测法

回归分析是一种应用极为广泛的数量分析方法,主要用于分析事物之间的统计关系。利用回归模型,可以分析各变量之间的数量变化规律,进而通过回归方程的形式量化这种关系,以帮助人们准确把握变量受其他变量影响的程度,从而为控制和预测提供科学依据。

回归分析又可分为单因素回归分析和多元线性回归分析。单因素回归分析只能分析单因素对预测对象的影响。多元线性回归分析是指在线性相关条件下,研究两个和两个以上自变量对一个因变量的数量变化关系的分析方法。表现这一数量关系的数学公式,被称为多元线性回归模型。在经济预测中,人们把预测对象作为因变量,把与预测对象密切相关的一些因素作为自变量。根据二者的历史统计数据,建立回归模型,进而利用回归模型来预测因变量的变化趋势。

假定因变量 Y 与 p 个自变量 $X_1, X_2, \cdots, X_p$ 之间的回归关系可以用线性函数来近似反映。多元线性总体回归模型的一般形式如下:

$$Y = \beta_0 + \beta_1 X_1 + \beta_2 X_2 + \cdots + \beta_p X_p + \varepsilon \tag{4-83}$$

其中,ε 是随机扰动项;$\beta_1, \beta_2, \cdots, \beta_p$ 是总体回归参数。β_j 表示在其他自变量保持不变的情况下,自变量 X_j 变动一个单位所引起的因变量 Y 平均变动的单位数,因而又叫做偏回归参数。

多元线性预测模型的形式和计算过程相对简单,应用较为方便。该模型避免了单因素预测局限性,充分考虑预测对象的多种重要影响因素(见图4-8)。

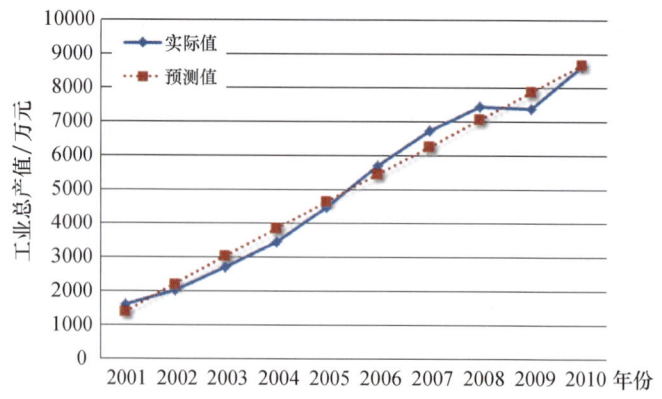

图4-8 基于回归预测法的杭州市工业总产值预测

2) 灰色模型预测法

灰色系统理论(grey system)是由我国的邓聚龙教授在20世纪80年代初创立的。该理论将信息完全明确的系统定义为白色系统;将信息完全不明确的系统定义为黑色系统;将信息部分明确、部分不明确的系统定义为灰色系统(邓聚龙,2002)。由于在现实世界中,经济、社会、生态环境等许多领域均存在着信息不完全的情况,因此,灰色系统理论一经提出后,就得到了广泛的关注和应用。

灰色预测法是应用灰色模型 GM(1,1),对灰色系统进行分析、建模、预测的方法。它具有原理简单,所需样本少,计算方便,预测精度高和易于检验等优点。但是,灰色预测方法也存在着一定的缺陷,一般不宜用于中长期预测(张军,2008)。其建立的步骤如下(段锋 等,2008)。

设有 k 个因素,形成一组原始非负样本序列:

$$x^{(0)} = \{x^{(0)}(1), x^{(0)}(2), \cdots, x^{(0)}(k)\} \tag{4-84}$$

首先,会进行原始数据的预处理。对序列 $\{x^{(0)}(k)\}$ 进行一阶累加生成,即 1-AGO,得到下式:

$$x^{(1)}(M) = \sum_{i=1}^{M} x^{(0)}(t) \tag{4-85}$$

由此,可得到一个新的数列:

$$x^{(1)}(k) = \{x^{(1)}(1), x^{(1)}(2), \cdots, x^{(1)}(k)\} \tag{4-86}$$

据此,可建立关于 $x^{(1)}(k)$ 的一阶线性白化微分方程:

$$\frac{\mathrm{d}x^{(1)}}{\mathrm{d}t} + ax^{(1)} = u \tag{4-87}$$

利用最小二乘法,可以求解式中的参数 a, u。为:

$$\hat{a} = \begin{bmatrix} a \\ u \end{bmatrix} = (B^T B)^{-1} B^T Y_N \tag{4-88}$$

其中,B 的计算公式为:

$$B = \begin{bmatrix} -\frac{1}{2}(X^{(1)}(1) + X^{(1)}(2)) & 1 \\ -\frac{1}{2}(X^{(1)}(2) + X^{(1)}(3)) & 1 \\ \vdots & \vdots \\ -\frac{1}{2}(X^{(1)}(n-1) + X^{(1)}(n)) & 1 \end{bmatrix}, Y_N = [X^{(0)}(2), X^{(0)}(3), \cdots X^{(0)}(n)]^T \tag{4-89}$$

由此可得 $x(1)$ 的灰色预测 GM(1,1) 模型为:

$$\hat{x}^{(1)}(k+1) = \left[X^{(0)}(1) - \frac{a}{u}\right] e^{-ak} + \frac{a}{u}, k = 1, 2, 3, \cdots, n \tag{4-90}$$

其实际预测值可通过下式计算得出:

$$\hat{x}^{(0)}(k+1) = \hat{x}^{(1)}(k+1) - \hat{x}^{(1)}(k), k = 0, 1, 2, \cdots, n \tag{4-91}$$

最后,为确保所建立的 GM(1,1) 模型有较高的预测精度,还需要对模型进行检验。对于 GM(1,1) 模型,通常采用平均相对误差检验法;而对于多因素的灰色预测模型,通常采用 F 检验法,取其显著水平为 0.01(陈相东 等,2012)。

3)神经网络预测法

1986 年,鲁梅哈特(Rumelhart)和麦克雷伦德(McCelland)等人提出了误差反向传播算法,即 BP(back propagation)神经网络模型。BP 神经网络是一种按误差逆传播算法训练的多层前馈网络,是目前应用最为广泛的神经网络模型。研究证明,只要隐含层的节点数足够多,三层神经网络就具有模拟任意复杂的非线性映射的能力。由于神经网络模型具有结构简单,可操作性强,具有较好的自学习和自适应能力,能模拟任意非线性的输入和输出关系等优点,现已被广泛用于模式识别、智能控制、预测、函数拟合、系统仿真等领域(杨娟丽 等,2013)。

BP 神经网络是一种具有两层及以上的阶层型神经网络,其层间的神经元实现了全连接。即上下层的每个神经元都实现了连接,但层内的各神经元之间无连接。典型的 BP 神经网络是三层前馈阶层网,包括输入层(input)、隐含层(hidden layer)和输出层(output layer)(欧邦才,2004)(见图 4-9)。

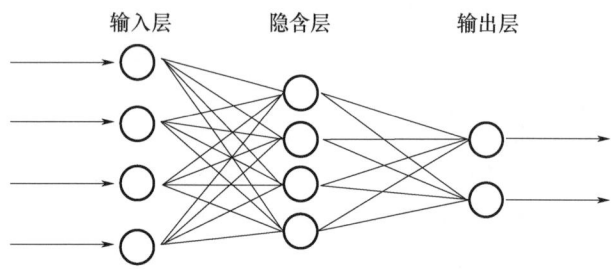

图 4-9　BP 神经网络模型结构(郭杰 等,2009)

BP 神经网络的学习由 4 个过程组成。首先是模式顺传播过程。即输入模式由输入层经中间层向输出层的过程。其次是误差逆传播过程。即网络的希望输出与网络实际输出之差的误差信号,由输出层经中间层向输入层逐层修正连接权的过程。再次是记忆训练过程。即在模式顺传播与误差逆传播之间反复交替进行的训练过程。最后是学习收敛过程。即神经网络的全局误差趋向于极小值的收敛过程。其学习步骤具体如下(欧邦才,2004):

设输入向量为 $A^K=(a_1^k,a_2^k,\cdots,a_n^k)$;希望的输出向量则为 $Y^K=(y_1^k,y_2^k,\cdots,y_n^k)$;中间层单元的输入向量为 $S^K=(s_1^k,s_2^k,\cdots,s_n^k)$;输出向量则为 $B^K=(b_1^k,b_2^k,\cdots,b_n^k)$;输出层单元的输入向量为 $L^K=(l_1^k,l_2^k,\cdots,l_n^k)$;输出向量则为 $C^K=(c_1^k,c_2^k,\cdots,c_n^k)$;输入层至中间层的连接权为 $\{w_{ij}\}$,$i=1,2,\cdots,n;j=1,2,\cdots,p$;中间层至输出层的连接权为 $\{v_{jt}\}$,$j=1,2,\cdots,p;t=1,2,\cdots,q$;中间层各单元的输出阈值为 $\{\theta_j\}$,$j=1,2,\cdots,p$;输出层各单元的输出阈值为 $\{r_t\}$,$t=1,2,\cdots,q;k=1,2,\cdots,m$。

BP 神经网络的具体算法如下:

首先,进行数值和阈值的初始化。为各连接权 $\{w_{ij}\}$、$\{v_{jt}\}$ 及阈值 $\{\theta_j\}$、$\{r_t\}$ 赋予 $(-1,1)$ 间的随机值。

其次,给定输入向量 $A^K=(a_1^k,a_2^k,\cdots,a_n^k)$;以及希望的输出向量 $Y^K=(y_1^k,y_2^k,\cdots,y_n^k)$。

再次,计算神经网络的前向传播信号。对于三层网络而言,输入-隐含层的输出信号为:

$$b_j^k = f\left[\sum w_{ij}a_i^k - \theta_j\right], j=1,2,\cdots,p \tag{4-92}$$

隐含层-输出层和输入层的输出信号则为：

$$c_t^k = f\left[\sum v_{jt}b_j^k - r_t\right], t=1,2,\cdots,q \tag{4-93}$$

网络的响应函数为：

$$f(x) = \frac{1}{1+e^{-x}} \tag{4-94}$$

接下来，将进行权值的修正。从输出层开始，将误差信号沿神经连接通道进行反向传播，以修正权值，即：

$$v_{jt}(N+1) = v_{jt}(N) + \alpha d_t^k b_j^k \tag{4-95}$$

$$w_{ij}(N+1) = w_{ij}(N) + \beta e_j^k a_i^k \tag{4-96}$$

$$v_t(N+1) = v_t(N) - \alpha d_t^k \tag{4-97}$$

$$\theta_j(N+1) = \theta_j(N) - \beta e_j^k \tag{4-98}$$

其中，$0<\alpha,\beta<1$，为学习系数。输出层各单元的一般误差为：

$$d_t^k = (y_t^k - c_t^k)c_t^k(1-c_t^k), t=1,2,\cdots,q \tag{4-99}$$

中间层各单元的一般误差则为：

$$e_j^k = \left(\sum_{t=1}^q d_t^k v_{jt}\right)b_j^k(1-b_j^k), j=1,2,\cdots,p \tag{4-100}$$

最后，当神经网络进行学习训练，直至其误差达到精度要求时，神经网络的学习过程就宣告结束。此时，则认为神经网络获得了一组最佳权值，即预测模型的参数。根据这些参数，即可进行后续的预测。

(3) 决策分析法

决策是指在占有一定信息和经验的基础之上，借助一定的工具、技巧和方法，对影响目标实现的诸多因素进行总体分析、计算和判断选优后，对未来开展何种行动作出决定的过程。一般而言，决策方法可以划分为定性决策方法和定量决策方法两大类。定性决策方法是指利用决策者或决策小组的知识或经验，通过主观判断来作出决定的方法。主要包括头脑风暴法、名义小组技术、德尔菲法等。定量决策方法是指通过一些数据方法和模型，对各种行动的可能结果进行量化分析，进而进行决策的方法。定量决策方法又可分为确定型决策方法、不确定型决策方法和风险型决策方法3大类。

1) 确定型决策方法

确定型决策是指制定决策时的理想状态是具有确定性，即由于每一个方案的结果都是已知的，管理者能够根据已知信息做出理想而精确的决策。确定型决策的方法一般有判断选择法、盈亏平衡法、边际利润法等。下面将以盈亏平衡法为例，对确定型决策方法进行介绍。

盈亏平衡分析法又称量本利分析法。它主要用于研究生产、经营一种产品达到不盈不亏时的产量或收入的决策问题。这个不盈不亏的平衡点就被称为盈亏平衡点。显然，当生产量或销售量低于这个量时，企业将会发生亏损；而当生产量或销售量超过这个量时，企业则会获得盈利。如图4-10所示，随着产量的增加，总生产成本与销售额也将随着增加。当产量到达平衡点A时，总成本将等于销售额。此时，企业的成本等于收入，不盈利也不亏损。此点所对应的产量 Q 即为平衡点产量；销售额 R 即为平衡点销售额。同时，经营空间也以 A 点为界，形成亏损和盈利两个区域（见图 4-10）。

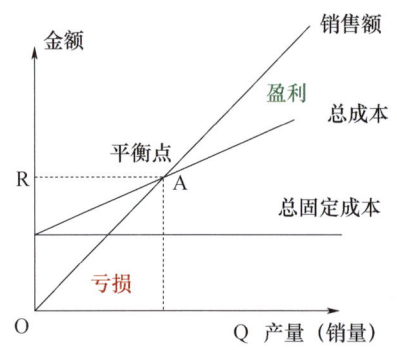

图 4-10　盈亏平衡分析模型

2）不确定型决策方法

不确定型决策是指决策者将在状态和信息不确定的条件下进行决策。在这种情况下，决策者不知道存在多少种自然状态，也不知道每种自然状态发生的概率是多少。常见的不确定型决策方法有小中取大法、大中取大法和最小最大后悔值法等。

小中取大法。此法又称为悲观决策法。如果决策者对未来持悲观的态度，认为未来将会出现最差的自然状态。不论采用哪种行动方案，都只能获取该方案的最小收益。因此，在进行决策时，首先，决策者计算各方案在不同自然状态下的收益；其次，找出各方案所带来的最小收益，即在最差自然状态下的收益；最后，将各方案的最小收益进行比较，从中选取收益最大的方案作为选择方案。

大中取大法。此法又称为乐观决策法。如果决策者对未来持乐观的态度，认为未来将会出现最好的自然状态。不论采用哪种行动方案，都能获取该方案的最大收益。因此，在进行决策时，首先，决策者计算各方案在不同自然状态下的收益；其次，找出各方案所带来的最大收益，即在最好自然状态下的收益；最后，将各方案的最大收益进行比较，从中选取收益最大的方案作为选择方案。

后悔值法。此方法又称为大中取小法。如果决策者不了解未来的变化情况，那么就会出现因为选错了方案而后悔的情况。为了避免决策失误而造成较大的后悔，遭受较大的损失，那么，就应该选择后悔值最小的方案作为决策方案。后悔值是指在某一自然状态下的最大收益值与各方案收益值之差。按照后悔值法进行决策时，首先，要计算各方案在某一种自然状态下的后悔值；其次，计算出每一种方案的最大后悔值；最后，从各方案的最大后悔值中选取后悔值最小的方案为最优方案。

3）风险型决策方法

风险型决策也被称随机决策。在进行这类决策时，存在着多种自然状态。决策者并不知道将会发生哪种自然状态，但是知道有多少种自然状态，以及每种自然状态发生的概率。在风险型决策过程中，一般使用决策树方法来辅助决策。

在决策树方法中,方框称为决策点,表示将做出的决策。由决策点引出的直线被称为方案枝,每一根枝条代表一个可供选择的备选方案。以圆圈表示状态点,它代表选择某个一方案后可能出现的情况及其后果。由状态点引出的直线称为概率枝,每一枝条代表一种自然状态。概率枝将简要地说明自然状态的内容,其出现的概率,以及该方案在该自然状态下的损益值。在决策树图中,未被选中的方案可以用"剪断"的符号来表示。决策树方法的示意图如图4-11。

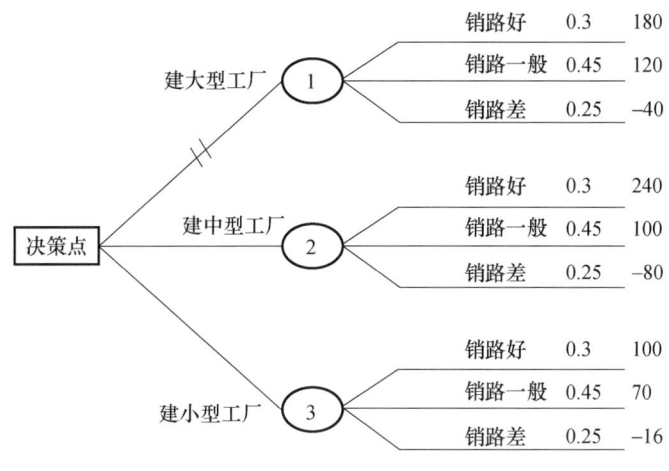

图 4-11　决策树示意图

决策树方法通常包括以下几个步骤:首先,应根据决策备选方案的数量和对未来环境状态的了解,初步绘制出决策树图。其次是计算各个方案的期望收益值。即用该方案在各种自然状态下的损益值分别乘以各种自然状态出现的概率,然后将各状态枝的期望收益值加总,即可求出每个方案的期望收益值。最后,将每个方案的期望收益值减去实施该方案所需要的投资额,比较各种方案的净收益后,即可选出经济效益最佳的方案。

4.4.2　资源开发评价方法

资源的概念有广义和狭义之分。从广义上讲,资源是指人类在生产、生活和精神上所需要的物质、能量、信息、劳动力、技术等要素的总和。从狭义上讲,资源就是指自然资源,即在一定的社会经济条件下,能够产生生态价值或经济效益,提高人类生存质量的自然物质和自然能量的总和(史培军 等,2009)。在地理学的研究中,多是采用狭义上的资源概念。

自然资源评价是指依据资源科学的基本理论,根据自然资源的类型、特征、数量、质量、时空分布规律等,分析自然资源的开发利用潜力和适宜性,计算资源开发利用后的社会、经济、生态效益,探讨本区域自然资源的优势和劣势,从而为确定本区自然资源的开发利用方向,制订开发计划和方案提供可靠的科学依据。自然资源评价涉及的领域极广,从不同的角度出发,可以将其分为多个类型。本部分仅简要介绍自然资源评价的基本原则、方法和步骤等(见图4-12)。

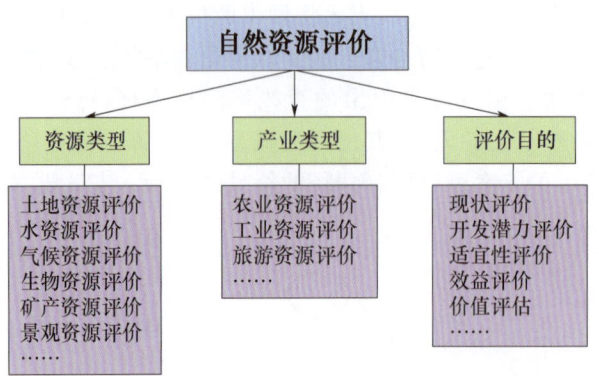

图 4-12 自然资源评价的类型划分体系

1. 基本特征

理解和掌握各类自然资源的基本特征是开展自然资源评价工作的前提和基础。虽然自然资源的种类繁多,差别明显,但它们都具有以下几个共同的特性。

(1)可用性

可用性是指能够被人类所利用。只有对人类社会具有使用价值,而且在人类当前的知识和技术条件下能够使用的自然物质或自然能量等才属于自然资源的范畴。可用性是自然资源的基本属性之一。

(2)稀缺性

稀缺性是指相对于人类的利用强度和需求,自然资源在数量或质量方面的有限性。稀缺性也是自然资源的基本属性之一。从某种意义上讲,自然资源的稀缺程度决定了该类自然资源的价值。

(3)整体性

自然资源是地球生态环境系统中的有机组成部分,广泛参与了地球系统中的各种发展和演化进程。因此,各类自然资源之间,自然资源与地球系统之间都不是孤立存在的,而是一个相互联系,相互作用的有机整体。因此,当某种自然资源遭到破坏时,也会影响到其他自然资源,还会影响到整个地球系统。

(4)不均匀性

自然资源在时间和空间上的分布都具有明显的不均匀性。在时间维度上,由于自然物质在形成和演化过程中均存在一定的周期性,如生物生长周期,季节更替周期,矿物质生成周期等,导致自然资源在时间上存在着明显的不均匀性特征。在空间维度上,不同区域的温湿状况,土壤、植被等要素的类型、数量、质量、特征及其组合状况等都有显著的差异,这也导致各区域的自然资源禀赋存在显著的地域差异。

(5)多用途性

几乎每种自然资源都可以提供多种用途。如土地资源可以用于耕种、养殖、建房等多种用途;水资源既可以用于工农业生产,也可以用于人们的日常生活。找出各类自然资源的最佳利用途径,是自然资源评价的重要任务之一。

2. 评价原则

自然资源评价应遵循以下几个原则(武吉华,1999):

(1)人类利用原则

在自然资源的评价过程中,首先应考虑人类利用的目的和方式。自然资源往往都具有多种用途,在对同一个自然资源进行评价时,应根据人类的不同利用方式来确定评价标准,获取评价结果。如对饮用水和农业灌溉用水的水质进行评价时,其标准应有所不同。

(2)自然规律原则

自然资源的形成、分布、特征和演化过程都有一定的规律性。因此,在对自然资源进行适宜性、开发潜力等评价活动时,需要充分考虑各类自然资源的形成和演化规律。

(3)价值原则

从经济学的角度上讲,自然资源也是一种商品,具有自身的价值。因此,对自然资源的进行开发潜力评价和效益评价时,既需要综合考虑自然资源的生态、社会、经济价值,也需要考虑开发过程中的劳动力、资金、设备、时间等方面的成本和投入。

(4)综合性原则

由于各类自然资源,以及自然资源和地球环境系统之间有着复杂而密切的联系,因而在自然资源的开发潜力、适宜性等评价工作中,需要综合考虑各类自然资源的数量、质量、分布及其环境状况,进行综合性开发和利用。

(5)操作性原则

在自然资源评价过程中,所采用的评价指标体系、评价方法、评价结果等应在保证科学性的前提下,尽量提高其可操作性。即基础数据应便于收集、管理和处理;评价方法应易于掌握和使用;评价结果应易于检验和应用。

3. 评价内容

区域自然资源综合评价的主要内容(图4-13)包括以下几个方面(史培军 等,2009):

(1)确定评价对象和评价目标。

(2)调查和评价区域内自然资源的种类、数量、质量、分布等基本情况,确定各类自然资源的相互影响和相互作用关系。

(3)评价各类自然资源的开发潜力和保证程度。

(4)评价各类自然资源的区位和开发条件,明确开发中的有利和不利因素。

(5)选择合适的评价指标体系。

(6)评价自然资源开发和利用过程中可能出现的生态环境问题。

(7)评价自然资源开发和利用后的经济效益、社会效益和生态效益。

在区域自然资源的单项评价中,需要重点解决以下两个问题:

(1)确定每一种自然资源开发利用的临界值;即在不影响自然资源可持续利用的前提下,资源开采的最大数量。

(2)确定最优的区域自然资源开发组合方式。分析单项自然资源在区域资源系统中的地位和作用,明确各类资源之间的联系及其相互制约关系,提出最佳的资源开发组合方式。

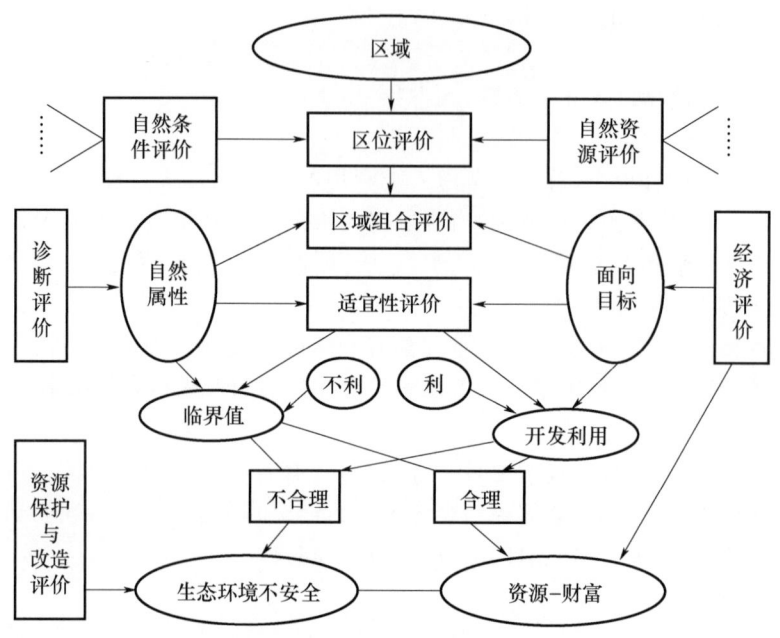

图 4-13　自然资源评价的框架体系（史培军等，2009）

4. 评价方法

在自然资源评价中，经常使用的方法包括专家判断法、系列图谱法、统计模型法和 GIS 空间统计与分析等方法（图 4-14），进而通过一系列的评价图、评价表、评价模型和评价报告等形式展示评价结果。在具体的评价过程中，指标体系的构建和模型参数的选择是评价结果是否合理有效的关键。

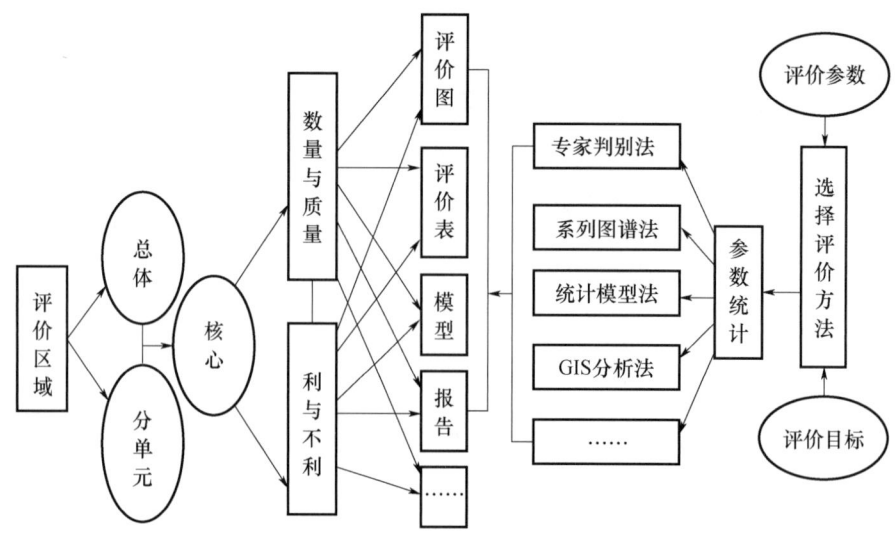

图 4-14　自然资源评价的方法体系（史培军等，2009）

5. 评价步骤

自然资源评价主要包括 4 个步骤：

(1) 总体设计

明确自然资源评价的目标和对象，并根据区域和自然资源的特点选择评价指标体系。

(2) 数据资料的收集

根据评价指标体系，通过实地观测、调查、访问和历史数据整理等手段，收集和获取所需要的数据、资料等信息。

(3) 数据加工与处理

对已获取的数据、资料等进行加工和整理，并划分好具体的评价单元，为后续评价奠定基础。

(4) 分析、评价和输出

选择合适的评价方法和评价参数，对相关数据和资料进行全面深入的分析，获取评价结果，并利用评价图表、评价报告等方式进行评价结果的展示（见图 4-15）。

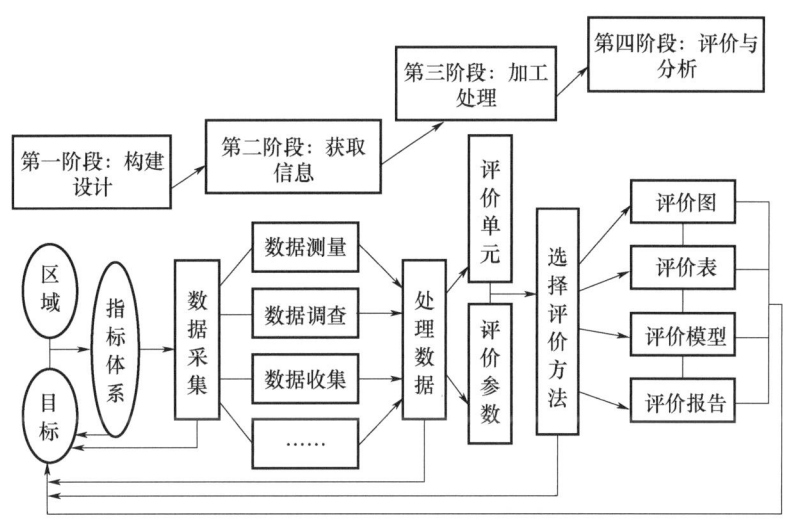

图 4-15　自然资源评价的评价流程（史培军 等，2009）

4.4.3　社会调查与分析方法

1. 社会调查法

社会调查是指运用科学的手段和方法，从现实生活中搜集相关社会事实的真实资料，并对其进行描述和解释的社会认识活动（吴忠民，2003）。社会调查法是社会学研究的基本方法，也是开展长寿社会构建中的重要方法。一般而言，社会调查法主要包括以下几个基本步骤（见图 4-16）：

(1)选择调查问题

调查问题的确定是一项社会调查活动的起点,它决定了整个调查活动的目标和方向。因此,调查问题的选择是否恰当,在很大程度上决定了整个社会调查工作的成败,也决定了调查成果的质量。

(2)前期准备

前期准备阶段是顺利完成调查任务的基本保证。在本阶段,应围绕调查问题和调查目标,完成以下几项任务:一是通过初步的探索性研究,提出的研究假设。二是设计研究方案。包括明确本次调查的基本内容,设计调查问卷或访谈提纲,选择调查方法,明确调查的时间进度和经费预算等。三是组建调查队伍。包括对调查人员的遴选和培训,准备相关的调查工具和物资设备等。

(3)调查实施

本阶段将根据调查方案中所确定的调查方法和进度安排,进入调查现场开展各种社会调查,搜集相关的资料。

(4)整理分析与总结

在实地调查结束之后,对原始调查资料和数据进行审核和整理,利用各种定性和定量方法进行统计分析,获取研究结果,撰写调查报告。

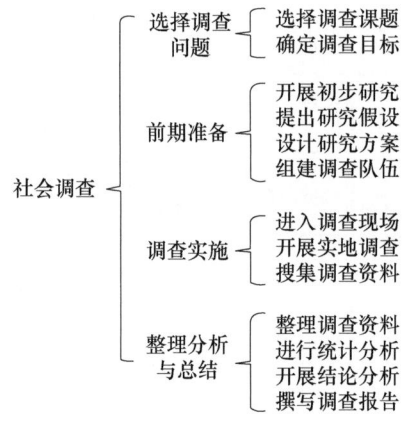

图 4-16　社会调查的基本步骤(吴忠民,2003)

根据调查方法和对象的不同,社会调查法又可以分为个案调查法、统计调查法、问卷调查法、观察法、访谈法等。

(1)统计调查法

统计调查是根据调查的目的与要求,运用科学的调查方法,有计划、有组织地搜集数据信息资料的统计工作过程。统计调查的基本特点是通过对大量调查对象的观察,运用均值、方差、频数、统计检验等统计学方法来获取调查结果,发现各种社会现象的规律性和一致性。由于统计调查结果具有较强的客观性和可信度,因而在各个研究领域都得到了广泛的应用。

根据统计调查的组织机构可将统计调查划分为官方统计调查和非官方统计调查两大类。

其中，官方统计调查又可细分为国家统计调查，部门统计调查，地方统计调查等子类，这类调查通常在调查时间上具有长期性，在调查内容上具有全面性，在组织程序上具有稳定性的特点。非官方统计调查通常是由部分科研工作者或业务人员发起的，具有特定调查目的。这类调查多具有短期性、灵活性等特点。从具体调查方法上，统计调查法又可以分为普查、重点调查、抽样调查等类型。

1）普查法

普查即普遍调查，是指为了掌握调查对象的总体状况，对调查对象中的所有组成单元全部进行调查。普查的规模往往都比较大，通常涵盖了特定的行政辖区范围（如全国、全省、全市、全县等），和特定的系统（如人口、土地利用等）。

普查的方式主要包括以下几种：

①填写统计报表。即由普查的主管部门制定标准的普查表，由下级部门根据自己所掌握的数据和资料进行填报。国民经济和社会状况的普查通常采用这种方式。

②直接登记。即由主管部门建立专门的普查机构，组织专门的调查人员，对调查对象中的每一个个体进行直接的调查登记。全国人口普查，土地资源普查等多采用这种方式。

③快速普查。即主管部门为了快速获取某项专门数据，通过向下级基层单位直接布置任务的方式直接收集资料和数据，快速传递上报。该方法仅在特殊情况下使用，花费较大，调查项目较少。

普查的基本程序可以大致划分为以下三个部分：

①前期准备。前期准备阶段的主要任务是：第一，制定和发布普查方案。包括普查对象、普查项目、普查时间等。在普查方案中，必须有严格而准确的定义、分类、计算说明等。第二，组织准备。即确定普查的各级领导机构，配备和训练普查人员。第三，物质条件准备。包括普查文件、表格的设计和印制，计算机、录音笔等调查工具的配备等。第四，普查试点。通过试点工作，对普查方案、工作细则等进行修订和完善。第五，宣传动员。即利用网络、广播、电视等各种宣传媒介，向公众宣传普查的意义和方法，以取得公众的积极配合。

②调查登记。调查登记工作是普查中的关键环节。本阶段的主要任务是：第一，组织普查登记。既可组织被调查者到相应的登记站登记，也可由调查员上门访问进行登记。第二，复查核实。安排复核人员对初步登记结果进行检查并核实，发现错误后及时纠正。第三，普查质量检查。复查结束后，在每个普查区随机抽取一定比例的样本进行核查。

③结果汇总。本阶段的主要任务是对各项普查数据进行编码、汇总，建立普查数据库。对普查数据进行分析，得出结论并予以公布。

普查法主要具有以下几个特点：①准确性高。与其他形式的调查相比，普查对全部调查对象进行了调查，收集的资料更加全面和完整。误差小，精确度高。②时间性强。普查的结果通常是反映某种社会现象在特定时点上的总量和结构状况，调查的时间节点必须高度一致。③代价高昂。由于调查对象数量众多，使得普查的工作量非常大，组织工作异常复杂，需要消耗大量的人力、物力和财力。④调查难以深入。由于普查工作代价高昂，难以组织，导致普查的项目往往比较简单，只能涉及调查对象的一些最基本的情况，很难对特殊的社会问题进行深入、细致的研究。

2) 抽样调查法

抽样调查法,是指按照一定的方式,从所有调查对象中抽取一部分个体单元作为样本来开展调查,并将从样本中获取的调查结果推论到调查对象总体的一种调查方法。简单地说,抽样调查就是从总体中抽取一定数量的样本来推断总体的情况。虽然普查是一种最准确的调查方法,但在很多时候,由于经费、人力、时间等方面的限制,往往难以开展全面性的普查。在这种情况下,抽样调查法往往就成为了人们的首选,得到了广泛的应用(吴增基 等,2014)。

①抽样调查法的主要类型。根据抽样方式的不同,抽样调查法可以大致划分为两大类型:第一,随机抽样。随机抽样是指依据概率论的基本原理,按照随机的原则来抽取样本。随机抽样能够避免抽样过程中的人为干扰,保证样本的客观性和代表性。随机抽样又可细分为以下4类:一是简单随机抽样,即按照随机原则,直接从总体中随机抽取若干个样本进行调查。简单随机抽样是最基本的抽样方式,每个样本被选中的概率是相同的。二是分层抽样。即先按照研究对象的主要特征将其划分为若干个类型,再在各个类型中随机抽取适当的个体,最终合并成一个样本集的抽样方法。三是系统抽样。即先将所有调查对象按照一定的规则排列起来,再按照固定的顺序和间隔来抽取样本的一种抽样方法。四是多阶段抽样。在调查对象的数量庞大、分布很广,很难直接抽取调查样本的情况下,可以将抽样过程划分为若干个阶段,分阶段进行抽样。五是整群抽样。即先按照某种标准将所有调查对象划分为若干子群体,然后按照随机原则从中抽出若干个子群体,将这些子群体中的所有个体单元作为样本的一种抽样方法。第二,非随机抽样。非随机抽样是指根据研究者的主观判断,有选择地抽取样本的方法。非随机抽样的方法主要有以下几种:一是判断抽样,即由研究者根据主观判断来直接选取样本的抽样方法。二是偶遇抽样,即调查者根据其方便,任意抽选样本的方法。三是定额抽样,即将所有调查对象按一定标志分成若干个类型,在每一类中按照方便原则任意抽取样本进行调查的方法。四是滚雪球抽样。即先从调查对象中找出少数个体,然后根据它们的特征获取更多符合条件的样本,像滚雪球一样逐渐扩大样本范围(见图4-17)。

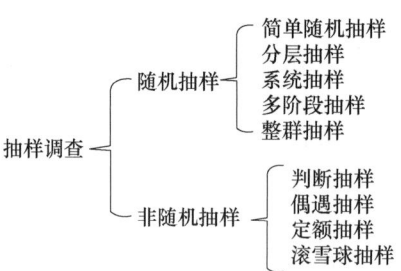

图4-17 抽样调查的主要类型

②抽样调查法的基本程序。抽样调查法主要包括以下几个步骤:第一,界定总体调查对象。根据调查目的和要求,确定总体调查对象,明确调查对象的内涵、外延和数量。调查对象的明确界定是保证抽样效果的前提条件。第二,确定抽样单位。确定以何种单位或标准来将所有调查对象划分为各个独立个体。划分完成后,既要保证这些个体之间互不重叠,还要保证

所有样本的组合就是总体调查对象。第三,设计和抽取样本。首先,应确定将要抽取的样本的数量;其次,根据调查的目的和要求,选择具体的抽样方法,抽取所需要的样本。第四,评估样本质量。样本的代表性是抽样调查中的核心问题。在抽取样本之后应对样本的质量、代表性、偏差等进行初步的检验和判断,确定样本的准确性和精确性,避免由于样本的偏差过大而影响调查结果。第五,收集、整理和分析样本资料。根据调查的目的和要求,选择具体的调查方法对样本进行实际调查,搜集、整理和计算有关的样本资料,并根据样本统计值来推测和说明总体情况,得出调查结论。

③抽样调查法的特点。与普查相比,抽样调查法具有以下几个优点:第一,调查的代价较小。抽样调查法仅仅对总体调查对象中的部分样本进行调查,大大降低了调查的工作量,从而不仅节省了很多的人力、物力、财力,还缩短了完成整个调查所需要的时间。第二,准确性较高。抽样调查中样本的抽取较为客观,样本的代表性比较有保证。同时,抽样调查根据概率论的基本原理,将样本的调查结果推论到调查对象总体,降低了调查中的误差。第三,应用范围广泛。抽样调查是非全面调查中最完善、最科学的方法,且调查工作量远小于普查,因而在现代社会调查中得到了广泛应用。第四,可获得丰富的资料。由于普查的工作量巨大,因而在调查中涉及的项目和内容较少。而由于抽样调查的工作量要小很多,因而可以设置更多,更复杂的调查项目,广泛地收集各类信息。

当然,抽样调查法也存在着一定的局限性:第一,该方法主要适用于定量研究,不太适合于定性的研究;第二,在难以准确界定调查总体的范围时,就无法进行抽样调查。第三,当样本量非常巨大的时候,调查的深度和广度仍然会受到很大的限制。

(2)典型调查法

典型调查是指从调查对象中选择具有代表性的若干个个体单元进行调查,并根据调查结果来认识和分析调查对象整体的一种调查方法(王兰坤 等,2010)。

1)基本步骤

典型调查法主要包括以下几个步骤:①对调查对象的初步研究。根据本次调查的目的和要求,通过查找文献,搜集资料,实地考察等多种方式,从整体上分析和了解调查对象,掌握其总体特征,制订调查方案。②选择典型样本。按照调查的目的和要求,根据一定的标准将所有调查对象分成不同的类别,然后在每个类别中选取一定数量的典型样本。③开展典型调查。根据实际情况的需要,灵活选择各种调查方法,深入实地进行调查。④资料整理与成果总结。对调查的成果资料进行整理、分析,得到调查结果。基于本次调查结果,尝试推论出调查对象总体的基本特征和变化规律。

2)主要特点

典型调查法具有如下几个特点:①调查对象的选择具有主观性。在典型调查法中,调查样本是由调查者根据自己的经验和研究的需要有意识地选择的。因此,调查者的经验和知识结构会对调查结果产生较大的影响。②可获取一手数据和资料。在典型调查中,调查者和调查对象多采用面对面直接调查的方式进行,能够了解比较真实的情况,调查结果的可信度较高。③是一种定性调查。相对于统计调查法而言,典型调查法更像是一种定性调查。典型调查法更倾向于通过对代表性样本的调查和分析,概括出由个别到一般,由个性到共性的基本规律。④实施难度较低。由于典型调查只是对总体中的少数代表性样本进行调查,调查中所需要的人力、物力和财力都比较少;同时,在调查内容、调查时间、调查方法等方面也具有较大的灵活性,能够根据具体情况随时做出调整。因此,典型调查法的组织和实施难度要比普查和抽样调查要低的多。

3)注意事项

从典型调查的特点也可以看出,该方法也具有一定的缺陷,如难以对调查总体进行定量的研究;典型样本的选择容易受到调查者主观因素的影响;典型样本的调查结论不一定适用于所有调查对象等。因此,在典型调查中,需要特别注意以下几个问题:①慎重选择典型样本。样本选择是否恰当是典型调查能否成功的关键。在典型样本的选择中,应该对调查的目的和要求,调查对象的总体特征等方面入手,从多层次、多方面、多角度出发,集思广益,选择合适的样本。②全面分析。典型调查具有定性分析的特点。在调查过程中,应尽量选择一些辅助性的数据和资料,对调查对象进行定量分析,从而提高调查结果的客观性和准确性。③谨慎使用调查结论。根据典型样本所得出的结论虽然具有一定的代表性,但是仍具有一定的特殊性。因此,应准确界定调查结论的适用范围和条件,避免过度夸大典型样本的代表意义,以偏概全。

(3)个案调查法

个案调查法是指对某个特定的社会单位做深入细致的调查研究的一种调查方法(吴增基等,2014)。这个特定的社会单位涵盖的范围非常广,它可以是一个人、一个家庭、一个团体、一个事件,或者任何一种社会现象等。个案调查法通过收集与该社会单位相关的资料和数据,分析该社会单位的各种社会过程或特定事例及其与整体社会环境之间的关系,从而形成普遍性的原理。

1)主要特点

个案调查法主要有以下几个特点:①对特定研究对象进行具体、深入、细致的研究。在具体研究过程中,不但要对该社会单位的历史发展过程进行详细的分析,了解现状产生的主要原因和影响因素,加深对研究对象的理解;同时,还要对研究对象开展追踪调查,以掌握其发展变化的情况和规律。②个案研究的主要目的是为了理解和认识该社会单位本身的情况和问题,而不是直接用于分析它的同类事物。因此,该方法的研究对象选择并不一定要强调其代表性,其研究结论也不能直接用于推论相关的总体。只有通过多个同类型的个案研究,才能推导出总体性的结论。③个案调查法的研究方法比较灵活多样。在具体的研究过程中,可以综合选用实地观察法、访谈法、文献法等多种方法。

2)基本步骤

个案调查法主要包括确定个案、资料收集、调查分析、结论建议这4个步骤:①确定个案。根据调查的目的、要求,以及被调查对象自身的条件来选择个案。调查对象应尽量具有明显的特点和代表性。②资料收集。确定好调查对象后,应尽可能全面地收集关于调查对象的各种数据和资料,包括各种政策文件、会议记录、档案、地方志、个人信件等。在资料收集过程中,应尽可能做到全面、深入、准确和细致。同时,还应做好资料的整理、归类和甄别工作。③调查分析。通过对数据资料的分析和整理,掌握调查对象的基本情况,明确调查的核心问题和重点。在此基础上,灵活选择观察、访谈等多种方式开展调查,进一步深入了解调查对象,分析各种事物和现象之间的因果联系,找出问题的症结所在,以便进行诊断和治疗。④结论和建议。根据调查中找到的问题,提出可能的对策和建议。调查的结论和建议通常包括两个方面:一是针对个案的具体问题所提出的结论和切实可行的建议；二是通过个案的深入分析，提炼出总体性的方针和解决思路，从而为同类问题的解决提供参考和依据。

3）主要问题

在社会调查法体系中，个案调查法是对统计调查法的重要补充。但是，个案调查法也存在着一些缺点：①调查对象的选择。由于在个案调查法中，难以保证所选案例的典型性和代表性没有保证，因而少量的个案调查结果很难推导出普遍性的法则。②调查结果的可信度。由于在个案调查法中，往往会根据具体情况选择各种研究方法，使得不同的个案调查往往会采用不同的方法。研究方法的不同使得其分析过程很难标准化，分析结论易于受到不精确的观察和研究者主观判断的影响，使得不同个案调查的结果之间难以直接进行比较。因此，个案调查的结论的可信度、客观性和精密性常常会受到质疑。

（4）调查资料收集方法

调查资料的收集是所有社会调查方法的核心环节。在社会调查中，常见的调查资料收集方式主要包括实地观察法、访谈法、问卷调查法、文献法等。

1）实地观察法

实地观察法是指观察者有目的、有计划地运用自己的各种感觉器官或辅助工具，对处于自然状态下的调查对象进行观察，获取相关信息的方法。实地观察法是社会学研究中最基本，最常用的方法。

①实地观察法的特点。实地观察法具有以下几个显著特点：第一，实地观察法是一种有目的、有计划的观察活动。与人们在日常生活中的观察不同，实地观察法是根据特定目的，对特定调查对象进行有计划，有规律的观察。第二，实地观察法是对处于自然状态下的调查对象进行观察。在观察过程中，观察者既不会干预调查对象的正常活动，也不会干预影响调查对象活动的各种社会因素。第三，调查的工具可以大致分为两大类，一是观察者的眼睛、耳朵等感觉器官；二是照相机、摄影机、录音机等仪器设备。它们是人类感知器官的延伸物。第四，实地观察法所观察到的主要是调查对象的外在行为，难以收集调查对象的态度、观念等主观意识方面的资料。

从实地观察法的上述特点可以看出，该方法的主要优点是能够灵活、方便地获得调查对象生动、形象的感性认识和真实可靠的第一手资料。其主要的缺点在于只能对少数样本进行观察，且观察结果容易受到观察者主观因素和观测条件的限制，不可避免地带有一定的观察误差。

②实地观察法的类型。从不同的角度出发，可以将观察分为不同的类型。

根据观察者是否参与被观察对象的活动，可以将实地观察划分为参与式观察和非参与式观察。参与式观察是指观察者深入到被观察群体中去，通过与被观察者的共同活动，收集和研究有关资料。参与观察常用于对社区或群体的典型调查和个案研究。非参与式观察是指观察者不参与被观察者的日常活动，仅从旁观者的角度对调查对象进行观察的一种方法。非参与式观察多是在观察者无法进入被观察者内部，或者无须介入被观察活动时采用。

根据观察内容的要求，可以将实地观察划分为结构化观察和非结构化观察。结构化观察是指根据统一设计的观察记录表等，按照严格而详细的观察项目所进行的观察活动。非结构化观察是指只明确了观察者的总体观察目的和要求，或者大致的观察内容和范围，观察者可以根据观察现场的具体情况有选择地进行观察。

根据观察对象的不同,可以将实地观察划分为直接观察和间接观察。直接观察是指直接对人类行为、社会现象等调查对象进行观察,即观察者亲眼目睹人们的行为和正在发生的各种事件和过程。间接观察是指对调查对象所留下的痕迹和结果进行观察。

③实地观察法的原则。进行实地观察通常应遵循以下基本原则:第一,客观性原则。观察者在观察过程中应保持中立、客观的立场,实事求是,保证观察和研究过程不受个人情感或外界因素的影响。第二,全面性原则。任何事物都有多面性。观察者在观察过程中必须从不同角度、不同方面、不同层次对调查对象进行多方面的观察,了解调查对象的全貌,避免以偏概全。第三,深入性原则。观察者必须进行深入、细致、长期的观察,力图揭示各种复杂社会现象的本质,避免被一些表面现象所蒙蔽。第四,法律和道德原则。在观察过程中,观察者必须遵守相关的法律规定和道德规范,不可在违反法律和违背被观察者意愿的情况下,观察他们的活动。

2)访谈法

访谈法是指调查者通过与调查对象的口头交谈,了解有关情况的一种方法。访谈法也是社会调查中常用的基本方法。

①访谈法的特点。访谈法主要具有以下优点:第一,便于沟通。在访谈过程中,访问者与被访者多是通过面对面的交谈来收集社会信息。在整个访谈过程中,访问员与被访者相互影响、相互作用,能够进行直接的交流和沟通,利用收集到有用的资料和信息。第二,控制性强。访问者可以适当地控制访谈环境,掌握访谈过程的主动权。第三,适应性广。访谈法的适用性很广。只要没有语言表达障碍,任何人都可以作为被访对象。第四,成功率高。通过面对面的访谈,访问者能够得到大多数问题的答案。即使被访者拒绝回答某些问题,也可以大致了解人们对这些问题的态度。

当然,访谈法也存在一定的局限性。第一,受访问员的影响较大。访问员是整个访谈过程的主导者,访问员的性别、年龄、态度、素质以及经验等个人特征都会对被访者产生一定的影响。另外,访问员对被访者回答的误解或记录时的笔误等都会导致调查结果的误差。第二,匿名性差。在访谈中,被访者难以隐瞒个人信息,因而在回答问题时的顾虑较多。在面对一些敏感性问题时往往加以回避或者不真实的回答,影响访谈结果的真实性。第三,调查成本较大。与其他调查方法相比,访谈调查需要付出更多的人力、物力、财力和时间。调查材料的查证核实也很费时费力。

②访谈法的类型。从不同的角度出发,可以将访谈法分为不同的类型。

根据访谈内容的要求,可以将访谈法分为结构化访谈和非结构化访谈两大类。结构化访谈是指按照统一设计的,有明确的访谈项目、内容和结构的访谈。结构化访谈对访谈过程进行高度的控制,明确规定了访谈对象的选择标准,访谈中应提出的问题,提问的方式和顺序,记录方式等内容。非结构化访谈则是指一种半控制或无控制的访谈。非结构化访谈不会制定统一的调查表或问卷,而是根据一个粗略的访谈提纲,由访问者与被访者在这个范围内自由交谈。

根据单次访谈中受访者的数量,可以将访谈法分为个别访谈和集体访谈两大类。个别访谈是指在单次访谈中只有一位受访者。在个别访谈中,访问者和受访者之间的交流不会受到第三者的直接影响。集体访谈就是指在单次访谈中,同时邀请若干个受访者进行访谈,也就是通常所讲的开座谈会。

根据访谈的方式,可以将访谈法分为直接访谈和间接访谈。直接访谈就是由访问者与受访者直接进行面对面的交谈。间接访谈则是指访问者借助于某种工具对受访者进行访谈,常见的访谈工具包括电话、问卷等。

③访谈的基本程序。访谈法主要包括以下几个基本程序:第一,访谈准备。在访谈之前,应根据调查目的来选择适当的访谈方法,选择和熟悉访谈对象,选好访谈的具体时间、地点和场合。第二,进入访谈现场。在入户访谈时,通常需要请一位与访谈对象熟悉的人带路或陪同,获取受访者对访问者的信任。入户之后,访问者首先要进行自我介绍,说明来访目的,打消受访者的顾虑。第三,控制访谈过程。在访谈的过程中,访问员应通过适当的提问,以及自身的言行举止来引导受访者,使得访谈能够顺利进行。第四,结束访谈。访问员应控制访谈的时间,在恰当的时机结束谈话。在访谈结束时,应对受访者表示感谢并建立友谊,并为可能的回访作好铺垫。第五,访谈资料整理。每次访谈结束后都要立即对访谈资料进行整理,确保所有问题都已经有了明确的答案,访谈记录没有遗漏或错误之处。

3)问卷调查法

问卷调查法是指通过一份精心设计的问题表格,收集人们对特定社会现象的行为和态度等信息的一种调查方法。问卷调查法是社会学研究中最常用的资料收集方法,在社会调查中被广泛使用。因此,问卷调查法也被称之为"社会调查的支柱"(吴忠民,2003)。

①问卷的类型。根据问卷的填写方式,可以将问卷划分为自填式问卷和访问式问卷两大类。自填式问卷是指由被调查者本人亲自填写的问卷;访问式问卷则是由调查者根据问卷的内容向被调查者提问,并根据被调查者的回答进行填写的问卷。

根据问卷的发送方式,可以将问卷划分为邮寄式问卷和现场发放式问卷两大类。邮寄式问卷是指通过邮局将问卷寄给被调查者,被调查者答完后又通过邮局将问卷寄回的一种问卷方式。现场发放式问卷则由调查者直接将问卷发放给被调查者,在被调查者填答完毕后,由调查员统一收回的问卷方式。

②问卷的基本结构。一份问卷通常包括以下几个部分:第一,背景说明。主要用于向被调查者简单介绍调查者的身份、调查目的、调查内容、调查对象的选取方法以及对调查结果的保密措施等。第二,解释和说明。即对问卷中的术语、内容、问题等的解释和说明,主要用于指导被调查者正确的填答问卷。这些解释和说明既可以作为填表说明放在各个问题之前,也可以放在问卷中的相应位置。第三,问题和答案。各个问题和答案是问卷的主体,也是调查者所要了解的主要内容。问卷中的问题可分为开放式和封闭式两大类。开放式问题是指被调查者可以根据自己的理解自由作答;封闭式问题则是指被调查者必须在问卷里给出的相应选项中选择。第四,其他内容。问卷中通常还包括问卷的编号、问卷发放及回收日期、调查员、审核员等内容。

③问卷的设计。问卷的设计主要包括以下几个步骤:第一,前期准备。在设计问卷之前,应通过一些前期的探索性工作,熟悉基本情况,对各种问题的提法和可能的回答有一个初步的印象和认识。第二,设计问卷初稿。问卷初稿的设计方法有多种方法。但基本都会包括确定研究假设,建立逻辑结构,设计每个问题及其答案,安排问题的顺序,检查和调整等步骤。第三,试用和修改。设计好问卷初稿后,还需要邀请相关专家、研究人员和典型的被调查者对问卷进行评价和试填写,找出问卷中的问题和不足,并对之进行分析和修改,获取正式的问卷。

2. 社会网络分析法

1940年,英国人类学家布朗(Radcliffe Brown)首次使用社会关系网络(network of social relations)一词来描述社会结构,提出了社会网络的思想(White et al,1996)。随着数学、图论、统计学、概率论等学科的不断发展,学者们提出了中心性、结构洞等许多关于社会结构的概念,大大推动了社会网络分析理论的发展(康伟 等,2014)。1977年,国际性社会网络分析组织(International Network for Social Network Analysis,INSNA)的成立标志着社会网络分析范式的正式诞生(Chambers et al,2012)。在2002年的美国管理学年会(Academy of Management)中,社会网络和社会关系成为年会主题,标志着社会网络分析(Social Network Analysis,SNA)已经在世界范围内进入到了繁荣发展时期(Cela et al,2015)。近年来,社会网络分析已经广泛用于社会学(Hasanagas et al,2015)、经济学(Dziadkowiec et al,2016)、地理学(Wal et al,2009)、管理学(Fliervoet et al,2016)等多个领域中。

(1)基本概念

社会网络是指各种社会行动者及其关系的集合。作为网络中的节点,各种社会行动者可以是个人、组织或国家;相应的,社会行动者之间的关系可以是个人之间的关系、组织与个人的关系或组织间的关系。这些社会关系的汇总,就构成了一个完整的社会网络。

社会网络分析是指通过对各个社会行动者之间的社会关系结构及其属性的分析,探讨社会网络对各种社会行为的影响模式的一种分析方法。社会网络分析的重点是分析各个社会行动者之间的关系和社会网络的整体结构,主要包括对社会网络中的点、线、中心度、中心势、位置、角色、小集团等具体问题的研究(黎耀奇 等,2013)。

(2)基本分析程序

社会网络分析一般包括以下4个程序(康伟 等,2014):①确定分析边界。当社会网络的规模过于庞大时,从整体的角度来测量社会网络结构的工作量将非常巨大,甚至完全不可操作。因此,确定分析的边界、层次,明确社会网络中的主要关系是开展社会网络分析的基础。②数据收集。在社会学的研究中,社会网络分析的数据来源主要包括3大类:一是政府统计数据和文件资料;二是研究者通过问卷调查获得的量化数据;三是研究者通过访谈、调查等方式获取的定性数据。具体采用什么样的研究数据取决于研究的具体问题和建模方法。③构建关系矩阵。通过对各个社会行动者之间的社会关系的定性判断和量化分析,即可构建社会行动者之间的关系矩阵,建立社会网络分析模型。④数据分析与结论。基于所建立的社会网络分析模型进行各种数据分析,探讨该社会网络中的中心度、中心势、网络密度等参数,得出分析结论。

在实际研究过程中,社会网络分析往往是通过一些社会网络分析软件来完成。常见的社会网络分析软件包括支持综合数据分析的UCINET软件,支持时序分析的Agna软件,支持网络和图形分析环境的GRADAP软件,支持大量数据集的Pajek软件,可视化软件InFlow和NetDraw等。

(3)分析内容

社会网络分析主要包括以下几个部分的内容:

1)基本网络要素

从本质上讲,网络是指某种关联。一个社会网络就代表着一种社会结构关系。因此,在进行社会网络分析之前,首先需要界定各种基本网络要素。在长寿社会的建设过程中,各个行政单元可以视为社会网络中的各个节点;行政单元之间的空间相互作用关系可以视为各个节点之间的关联。如行政单元之间的信息交流、经济联系、人口流动等。这些行政单元间的各种联系可以利用引力模型、指数模型等来测算。

2)网络密度

网络密度是社会网络分析中常用的测度指标,主要用于表征社会网络中各节点之间联系的密切程度。在计算过程中,网络密度是指实际存在的联系总量与理论存在的联系总量之比,即可能存在的联系总量的平均数(袁培 等,2016)。其计算公式如下:

$$D = \frac{L}{n(n-1)} \tag{4-101}$$

式中:D 为各节点之间的网络密度,其取值范围为[0,1];L 为长寿区域社会网络的连接线条数;n 为长寿区域社会网络中的节点数。长寿区域社会网络的网络密度值越大,则表明网络中主要节点之间的联系越紧密,长寿区域网络的整体发育程度越高,网络中资源与信息的传递也越流畅。

3)中心性分析

个人或单个团体组织在其社会网络中具有怎样的权力,居于怎样的中心地位,一直是社会网络分析者们最早探讨的内容之一。中心性分析主要包括中心度和中心势两大部分。长寿单元的中心度(centrality)是指网络中各个节点处于网络中心的程度,即该节点在社会网络中的重要性程度。因此,一个长寿区域社会网络中有多少个城市,就有多少个节点的中心度。中心势(centralization)是指整个长寿经济区域社会网络的集中趋势,主要表征整个网络中各个行政单元的差异性程度。因此,一个长寿经济区域的社会网络只有一个中心势。

点度中心度通常又可分为绝对点度中心度和相对点度中心度。绝对点度中心度的计算公式如下:

$$C_D(n_i) = \sum_{j=1}^{n} w_{ij} \tag{4-102}$$

式中,$C_D(n_i)$ 为绝对点度中心度,$\sum_{j=1}^{n} w_{ij}$ 为节点间的联系强度。由于绝对点度中心度存在着较大的缺陷,即只能在同一规模、同一图的节点之间进行中心度的比较。因此,学者们又提出了相对点度中心度的概念。相对点度中心度是指绝对点度中心度与网络中可能最大的度数之比,其计算公式如下:

$$C'_D(n_i) = \frac{C_D(n_i)}{n-1} \tag{4-103}$$

式中,$C'_D(n_i)$ 为相对点度中心度,n 为长寿区域社会网络的城市数量。

同时,由于在有向网络中,存在着物质、信息和能量的流动方向。因此,点度中心度又可分为点出度和点入度。其中,一个节点的点出度表示该节点流向其他节点的联系总量;而点入度则是指其他节点流向该节点的联系总量。点出度和点入度的计算公式分别如下:

$$C_{D(n_i)}^{out} = \sum_{j=1}^{n} w_{ij} \tag{4-104}$$

$$C_{D(n_i)}^{in} = \sum_{j=1}^{n} w_{ji} \tag{4-105}$$

式中,$C_{D(n_i)}^{out}$代表点出度,$C_{D(n_i)}^{in}$代表点入度。

点度中心势是对长寿区域社会网络整体集聚程度的测量。其计算思路是:首先,找到长寿区域社会网络中最大的点度中心度;其次,计算该点度中心度与网络中其他点度中心度值的差值;最后,将这些差值的总和除以各个差值总和的最大可能值,即为该长寿区域社会网络的点度中心势。其具体计算公式如下:

$$C = \frac{\sum_{i=1}^{n}(c_{\max}-c_i)}{\max\left[\sum_{i=1}^{n}(c_{\max}-c_i)\right]} \tag{4-106}$$

式中:C 为点度中心势;$c_{\max}$ 为长寿区域社会网络中最大的点度中心度;c_i 为节点 i 的点度中心度。

4) 凝聚子群分析

凝聚子群是指在网络中某些行动者之间的关系特别紧密,以至于形成了一个次级团体,这样的团体就被称为凝聚子群。凝聚子群分析着重分析一个网络中存在着多少个凝聚子群。凝聚子群的内部成员之间,子群之间,不同子群成员之间关系的特点是什么?对于长寿区域社会网络而言,凝聚子群分析是进行城镇聚落群分析的天然工具。通过凝聚子群分析,可以分析长寿区域社会网络中是否存在联系密切的村镇聚落群。探讨各城镇聚落群,各节点之间的互动关系。

根据理论思想和计算方法的不同,存在着不同类型的凝聚子群定义及分析方法。在具体的分析过程中,可通过 Ucinet 6 等软件来选择和实现。

5) 核心—边缘结构分析

核心—边缘(core-periphery)结构分析主要用于探讨社会网络中哪些节点处于核心地位,哪些节点处于边缘地位。在长寿区域社会网络中,可以通过核心—边缘结构分析,分析哪些城镇与其他城镇的相互作用强度较大,是本区域中的核心节点;哪些城镇与其他城镇的相互作用强度较小,是本区域中散落在外的边缘节点。

长寿区域社会网络的核心—边缘结构又可划分为离散型和连续型两大类(刘军,2004)。目前,应用较多的是 Borgatti 在 1999 年提出的连续型核心—边缘结构分析模型。在该模型中,每个网络节点都有各自的核心度。其计算公式如下(Borgatti et al,1999):

$$P_{\max} = \sum a_{ij} b_{ij} \tag{4-107}$$

$$b_{ij} = \varepsilon_i \times c_j \tag{4-108}$$

式中,a_{ij} 为长寿区域社会网络的原始邻接矩阵中的联系;b_{ij} 代表一种理想模式矩阵;c_j 是节点 j 的核心度,是一个非负向量。当 $b_{ij} = a_{ij}$ 时,P 值达到最大,此时的长寿区域社会网络就呈现为核心—边缘结构。核心度较高的节点,在理想模式矩阵中的值也较高,位于矩阵中的中心位置;核心度较低的节点,在理想模式矩阵中的值也较低,位于长寿区域社会网络的边缘地带。

从本质上讲,核心度也属于中心度的一种。中心度较高的节点不一定具有较高的核心度;而核心度较高的节点一定具有高的中心度(Borgatti et al,1999)。

第 5 章　区域长寿经济发展的框架体系

5.1　长寿资源分析

5.1.1　环境资源

1. 水环境资源

(1) 水环境概述

根据《环境科学大词典》,水环境是地球上分布的各种水体以及与其密切相连的诸环境要素如河流、海岸、植被、土壤等。水环境是构成环境的基本要素之一。在地球表面,水体面积约占地球表面积的71%。其中,包括97.28%的海洋水和2.72%的陆地水。水环境是人类赖以生存和发展的重要场所,也是人类干扰和破坏最为严重的区域。水环境的污染和破坏已成为当今世界主要的环境问题。

天然水是海洋、江河、湖泊、沼泽、冰雪等地表水与地下水的总称。地球上的水总是在运动着,它总是在液态水、水蒸气和冰之间变换形态。天然水在循环过程中不断与环境中的各种物质接触,并不断进行着各种化学与物理作用和物质以及能量的交换。因此,天然水是一种成分复杂的溶液。天然水的基本化学成分和元素含量,反映了它在不同自然环境循环过程中的原始物理化学性质,是研究水环境中元素存在、迁移、转化、环境质量与水质评价的基本依据。天然水的各类物质及其对水质的影响如表5-1所示。

表 5-1　天然水的主要成分及其对水质的影响(唐海香 等,2005)

物质类别	主要成分		对水质的影响
悬浮物质	细菌		部分致病
	藻类及原生动物		颜色、气味、浑浊度
	泥沙、黏土		浑浊度
	其他不溶物质		
胶体物质	无机胶体	硅酸胶体等	
	有机胶体	腐殖酸胶体等	

续表

物质类别	主要成分		对水质的影响
溶解物质	钙镁盐类	酸式碳酸盐	碱度、硬度
		碳酸盐	碱度、硬度
		硫酸盐	硬度
		氯化物	硬度、腐蚀性、气味
	钠盐	酸式碳酸盐	碱度
		碳酸盐	碱度
		硫酸盐	
		氯化物	气味
		氟化物	致病
	铁、锰盐		气味、硬度、腐蚀金属
	气体	氧气	
		二氧化碳	
		硫化氢	
		氮气	
	其他有机物		
	其他溶解性物质		

(2) 水环境的重要性

水环境是构成环境的基本要素,也是人类赖以生存和发展的重要场所,它对人类和各种生物的存续及其健康状况有着极其重要的影响。

1) 水是生命的起源。在地球环境的形成与演化过程中,水是原始生命形成过程中的基本元素之一。在现在的地球表面,仍然有70%以上的面积被水覆盖;大多数生物体内,水的含量也高达2/3以上。在部分植物的体内,水分含量甚至高达95%。这一切都充分地表明,地球上生命的产生和进化都离不开水。没有水,就没有地球上的生命。

2) 水在人体代谢中承担着重要的生理功能。水约占人体体重的2/3,是人体中含量最多的成分,也是维持人体正常生理活动的重要营养物质之一。由于水具有特殊的物理化学性质,在人体中担负着输送养分、调节体温、促进物质代谢、润滑体内器官、排除体内废物等重要的生理功能。对于人类而言,若不吃食物只喝水,可生存数十日之久;但若无水供应则只能生存几天。

3) 水环境是自然环境的重要组成部分。地球自然环境由大气圈、水圈、土壤圈和岩石圈等组成,它们之间相互关联、相互影响。其中,水圈对人类的生存和发展起着非常重要的作用。水环境质量的优劣直接或间接影响着其他环境要素的好坏。此外,绝大多数人类生产活动,如农业生产、工业生产等,都离不开水资源的供应。因此,没有了水,人类也将无法生存和持续发展。

(3) 水体微量元素与人体健康

生命起源于化学。各种化学元素组成了人体中重要的生命有机化合物,并在人体内进行着众多的化学反应,维持人体正常的新陈代谢。目前,地球上存在 92 种稳定的化学元素,它们广泛分布在自然界的岩石圈、水圈和大气圈中。人类在漫长的生物进化过程中,有选择地吸收了几十种化学元素,最终形成了人体的各种生命机制,维持人类机体的生存。

人们把人体为了维持生命所必需的元素称为生命必需元素。其中,按照它们在人体中的含量,又可以进一步划分为常量元素和微量元素。常量元素指在人类有机体中含量高于 0.01% 的元素,主要包括碳、氢、氧、氮、磷、硫、钙、钠、钾、镁、氯、硅 12 个元素,它们占了人体质量的 99.71%。微量元素指在人体中含量低于 0.01% 的元素。主要包括铁、锌、铜、锰、铬、硒、钼、钴、氟、镍等。各种微量元素的含量虽然很低,但它们在人体中发挥着不可替代的功能。缺少某种微量元素就会影响人体健康,甚至危及生命。例如,铁是构成血红蛋白的主要成分之一,缺铁可引起缺铁性贫血。缺锌可能引起口、眼、肛门或外阴部的红肿、丘疹、湿疹等。缺碘可引起地方性甲状腺肿大,俗称大脖子病,在更严重的地区还会引起儿童的地方性克汀病等。人体内含铁、铜、锌总量的减少,均会减弱人体的免疫力,助长细菌感染。此外,微量元素在抗病、防癌、延年益寿等方面也起着非常重要的作用。

水是地球环境中最活跃的要素。在水与其他物质的接触过程中,自然界存在的微量元素会进入水体,进而通过食物链的作用进入人体,从而为人体补充所需的各种元素,保证人体的正常生理活动。

(4) 水体污染与人体健康

水的流动性很大,并具有很强的溶解能力。因此,天然水在与岩石、土壤及大气接触的过程中,会发生各种物理和化学作用,溶解各种无机物和有机物,并将不溶于水的泥沙、动植物残骸等悬浮物和各种微生物等一并带入水源之中,使天然水水质比较复杂。水体中部分污染物将会对人体健康产生危害,甚至导致癌变、畸变和突变等严重后果。一般而言,水体中的污染物主要包括重金属污染物、非金属污染物、放射性污染物和有机污染物等(见表 5-2)。

表 5-2 水体中的主要污染物(唐海香 等,2005)

类型	分类	实例	作用
物理污染物	热	工业热水	水温升高,溶解氧减少,甚至到浓度为零
	致浊物	灰尘、渣屑、木屑、泡沫、毛发、细菌残骸、砂粒、金属细粒	导致水体的透明度和光合作用下降

续表

类型	分类	实例	作用
化学污染物	致色物	色素、染料、有色金属离子	影响感官
	致臭物	硫化氢、硫酸、氨、胺、甲醛等	消耗DO,产生臭味
	需氧有机物	碳水化合物、油脂、蛋白质等	生物降解消耗DO,分解产物可能有毒
	植物营养物	硝酸盐、亚硝酸盐等	产生富营养化
	无机无害物	盐、酸、碱、硬度	降低水质,酸化水质
	无机有毒物	氰化物、砷、汞等	剧毒,对鱼类及水生生物也具有极大毒性
	重金属	金、银、铜、铁、汞、铅、镉等	产生毒性效应
	微量元素	铁、锌、铜、锰、铬、硒、钼、钴、氟等	含量过度将产生危害
	易分解有机物	酚类、有机磷农药等	毒性
	难分解有机物	有机氯农药、多氯联苯等	高毒性,化学性质稳定,在环境中富集
	油	石油	本身有毒,覆盖水体使得水中DO浓度下降
生物指标	病原微生物	藻类、病毒、细菌和原生动物等	传染疾病,使水体生物量增加
放射指标	放射性物质	铀、钫、钚、镭等	放射性

2. 土壤环境资源

土壤是地球陆地表面呈连续分布,具有肥力并能使植物生长的疏松表面;主要包括各种颗粒状矿物质、有机物质、水分、空气、微生物等成分。土壤是由地壳表面的岩石经过长期风化和生物作用而形成的,是岩石圈、水圈、生物圈和大气圈相互作用的产物。土壤是一种重要的自然资源,土壤环境是人类环境的重要组成部分,是人类赖以生存的基础。由于人类的食物来源、生产生活环境均与土壤息息相关。因此,土壤环境的状况也将对人体健康产生重要的影响。

(1)土壤营养物质与人体健康

土壤中存在着多种化学元素与营养物质,并会通过食物、水、空气等多种途径进入人体,从而对人体健康产生影响。

1)土壤常量元素与健康

常量元素在生物体内所占比例较大,有机体需要的绝对量较多,是构成生命有机体的必备元素。一旦植物不能从土壤中正常地获取足够的常量元素,其生长、发育、开花、结果等生长过程就受到抑制,发育延迟,造成结实率低,种子不饱满,果实小而早衰等现象。如果人类长期食用这些常量元素缺乏的植物性食品,就会影响人体健康。例如,如果人类不能从粮食、果蔬中获取足够的钙质,就会引起骨质疏松、骨质增生、腰腿酸软无力、头痛、老年痴呆等症状。人类不能从食物中获取足够的镁,则将导致脑血管病、高血压病以及糖尿病等疾病。

2)土壤微量元素与健康

各种微量元素的含量虽然很低,但它们对人体生长发育起着关键的作用。植物的生长发育过程中会大量吸收土壤中的各种微量元素,进而通过食物的方式为人类提供必需的微量元素。如果土壤环境中的部分微量元素较为缺乏,将会导致人体无法吸收到足够的微量元素,进而引发健康问题。如缺铁可引起缺铁性贫血;缺碘可引起地方性甲状腺肿大;缺铜、缺锌等均会降低人体的免疫力。

(2) 土壤微生物与人体健康

微生物是指个体难以用肉眼观察的一切微小生物。通常包括原核微生物、细胞微生物和真核微生物3大类。微生物是地球上最早的生命。它们虽然结构简单,却有着顽强的生命力。在陆地、海洋、天空都有它们生活的足迹。

土壤可以为微生物提供生长繁殖所必需的一切营养物质和生长繁殖的条件,是大多数腐生型微生物生活的最好环境。土壤具有大量来自动植物残骸及其分解物的有机质,含有硫、磷、钾、铁、镁、钙等微生物所必需的营养元素,也有它们所需要的硼、铂、锌、锗等微量元素。因此,土壤中微生物的数量最大,类型最多,也是人类利用微生物资源的重要来源。

土壤微生物对人体健康的影响主要表现在以下几个方面:①土壤微生物对植物营养起着重要的作用。通过参与土壤中的物质转化,土壤微生物不断地将碳水化合物和其他复杂有机碳化物转化为二氧化碳和水;将蛋白质等转化为氮化物;将硫、磷等有机化合物转化成简单化合物。因此,土壤微生物对土壤的形成、土壤肥力和作物生产都有非常重要的作用;进而对人类的食物来源产生重要的影响。②一般而言,土壤中的正常菌群不会影响人体健康。但是,当人体的防卫功能减弱,正常菌群发生了定位转移或自身感染时,也有可能对人体健康造成危害。③土壤中除了正常菌群外,还有可能存在着大肠杆菌、肠球菌、芽孢杆菌、放线菌、真菌等病原微生物。在一定的条件下,这些病原微生物可能使家禽感染上相应的传染病,成为土壤感染传染病的来源。而当人类食用这些家禽后,也会受到一定的健康威胁。④土壤中还有可能存在一些寄生虫。由于蛔虫、钩虫、鞭虫等部分蠕虫在其某些特定发育阶段是在土壤中度过的,使得土壤环境中可能存在这些寄生虫。一旦这些寄生虫进入人体,不但会引发蛔虫病、钩虫病、鞭虫病等常见的寄生虫病,还有可能引起其他疾病。例如钩端螺旋体病、炭疽、破伤风、结核病等。

(3) 土壤污染与人体健康

土壤污染是指各种污染物质进入到土壤环境后,当其数量超过了土壤的容纳和自净能力,导致土壤的性质、组成及性状等发生了明显的变化,造成土壤的自然功能失调,土地质量恶化等现象。一般而言,土壤污染的明显标志是土壤生产力的下降。

土壤的污染来源主要包括以下几个方面:①固体废物和废水。由于工业生产和城市居民的生产生活活动,大量的工业废水废弃物和城乡居民生活垃圾会进入到土壤环境中。这些废水和固体废弃物中常常含有多种污染物。久而久之,这些污染物就会在土壤中积累而引起污染。②农药和化肥残留。现代农业生产往往会大量使用农药、化肥和除草剂,以提高农产品产量。但是,有机氮杀虫剂、"六六六"等农药化肥在土壤中长期残留,并在生物体内富集,都会造成土壤污染或地下水的污染。③牲畜排泄物和生物残体。一些畜禽养殖场的堆肥和屠宰场的废物中常常含有寄生虫、病原体和病毒。如果直接利用这些废物作肥料时,便会引起土壤或水体污染,并可通过农作物危害人体健康。④大气沉降物。大气中的二氧化硫、一氧化氮等成分也可通过沉降或降水而进入到土壤环境中,进而土壤酸化、土壤盐基饱和度降低等问题。此外,大气层核试验的散落物也会造成土壤的放射性污染。

土壤污染物的种类繁多,一般可分为有机污染物、重金属污染物、放射性元素和病原微生物这4大类。这些污染物进入土壤后,可能被土壤吸附;也可能在光、水或微生物作用下进行降解;还有可能通过植物吸收、蒸发和淋溶等方式转移到大气和水体中。随着污染物的增多,这些污染物就会通过大气、水循环、食物等途径进入动物和人类体内,造成多种环境健康风险(见图5-1)。

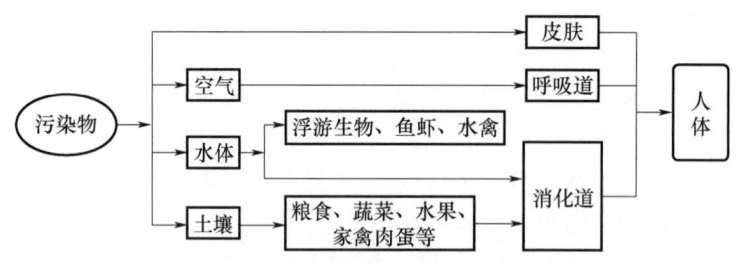

图 5-1 环境污染物进入人体的主要途径

3. 大气环境资源

大气环境是指连续包围着地球的气态物质的状况。大气圈与人类的生存休戚相关。例如,大气中的氧气是生物和人类生命活动所必需的元素;大气中的二氧化碳则是植物进行光合作用的必需物质;大气中的某些成分可以吸收和散射太阳的长波辐射,使地球的气温变化不至于太过剧烈。大气质量的好坏对人类健康有着直接的影响。随着全球气候变暖和大气污染程度的加剧,大气环境质量对人类健康的影响越来越受到公众、科学家和管理者的重视。

(1)空气质量与健康

人类每时每刻都在呼吸。一个成年人每天呼吸约2万多次,至少要与环境交换一万多升气体。因此,空气质量的好坏与人的健康状况息息相关。现代医学研究表明,呼吸自然新鲜的空气能促进血液循环,增强免疫能力,改善心肌营养,消除疲劳,提高人体的神经系统功能,提高工作效率;反之则将导致头晕、乏力、烦闷、精神不振、注意力不集中等症状,日积月累,还将引发各种人体疾病。

目前,我国多是通过空气质量指数(AQI)来监测各地的空气质量。该指数是根据环境空气质量标准和各项污染物对人体健康、生态、环境的影响,将常规监测的细颗粒物、可吸入颗粒物、二氧化硫、二氧化氮、臭氧、一氧化碳6种空气污染物浓度简化成为单一的概念性指数值形式。它将空气污染程度和空气质量状况分级表示,适合于表示城市的短期空气质量状况和变化趋势。我国的空气质量指数共划分为6个级别。①一级。空气质量状况属于优。此时,空气质量令人满意,基本无空气污染,各类人群可正常活动。②二级。空气质量状况属于良。此时空气质量可接受,但某些污染物可能对极少数异常敏感人群健康有较弱影响,建议极少数异常敏感人群应减少户外活动。③三级。空气质量状况属于轻度污染。此时,易感人群症状有轻度加剧,健康人群出现刺激症状。建议儿童、老年人及心脏病、呼吸系统疾病患者应减少长时间、高强度的户外锻炼。④四级。空气质量状况属于中度污染。此时,进一步加剧易感人群症状,可能对健康人群心脏、呼吸系统有影响,建议疾病患者避免长时间、高强度的户外锻炼,一般人群适量减少户外运动。⑤五级。空气质量状况属于重度污染。此时,心脏病和肺病患者症状显著加剧,运动耐受力降低,健康人群普遍出现症状,建议儿童、老年人和心脏病、肺病患者应停留在室内,停止户外运动,一般人群减少户外运动。⑥六级。空气质量状况属于严重污染。此时,健康人群运动耐受力降低,有明显强烈症状,提前出现某些疾病,建议儿童、老年人和病人应当留在室内,避免体力消耗,一般人群应避免户外活动。

(2)气候环境与健康

人类一直生活在大气中,气候状况对人体健康具有重要的影响。早在汉代医书《黄帝内经》中,就论证过天气、气候与人体健康的关系:"阴阳四时者,万物之始终也,死生之本也。逆之则灾害生,从之则苛疾不起,是谓得道"。

一般而言,气候环境对人体健康的影响主要表现在以下几个方面:①气候对特定疾病的影响。特定的气候条件会对关节炎、心脏病等疾病产生显著的影响。例如,一些关节炎和风湿痛的病人,对天气变化很敏感。每当下雨时,关节处尤为疼痛。②气温对人体健康的影响。气温过低时,血液从皮肤流入身体内,心脏需要加大工作量才能保持身体温暖。因此,寒冷天气会加重心血管负担。冬季死于心脏病的人要比其他季节多。而当气温过高时,暑热使心脏跳动更加剧烈,人体排汗量增加,血压升高,因而夏季也是心脏病人死亡的高峰期。过热的气候会增加免疫系统负担,削弱人体抵抗力。炎热的天气还会使人染上传染病。③气温对情绪的影响。许多气候状况会对人的情绪产生显著的影响。如下雨天会使人情绪低落,有较多的人会得忧郁症;阳光能让人的情绪变得开朗;干燥的热风则会导致人们的办事效率降低,反应迟钝并容易发怒,甚至出现精神失常现象。④大气压的变化也会引起许多健康问题。当大气压发生变化时,人体内的腔窦扩大,导致容易产生窦炎和窦膨胀。此外,气压降低还会使人焦躁不安。⑤室内气候环境对人体健康的影响。空调器、干燥器等设备形成了人工室内气候。这虽然能够使人避免极冷极热和极湿气候的影响,但空调器吸收了空气中的负离子,这对大脑功能和情绪有不利的影响。⑥气候对睡眠的影响。怕热的人在暑天往往难以入睡。此外,当气压高于或低于正常时,人们也容易感到困倦。

(3)极端天气与健康

地球的大气系统是脆弱的。它总是处在不稳定的状态,并一直在从平衡到不平衡状态的过程中变化。极端天气实际上就是地球大气偏离平衡状态的必然结果。鉴于地球大气系统的脆弱性,以及人类改造自然的能力变得越来越强大,全球的极端天气和气候事件也变得越来越多。

极端天气主要指台风、暴雨洪涝、干旱、低温冷害、雷暴、冰雹、龙卷风、高温热浪等非正常的气候状态。由极端天气导致的气象灾害对人类的正常活动和健康造成了严重影响,已经成为了制约社会和经济可持续发展的重要因素。减轻极端天气灾害的影响已成为各国政府和科学家共同关心的问题。统计表明,水文气象灾害是影响最广、死亡人数最多的自然灾害,分别占全球受灾和因灾害死亡总人数的98%和83%。而水文气象的重大灾害几乎都是由极端天气和气候事件所造成。

5.1.2 经济资源

1. 农业资源

(1)中草药资源

中草药是指在中医理论指导下,用于预防、治疗、诊断疾病并具有康复与保健作用的药物。主要由植物药(根、茎、叶、果)、动物药(内脏、皮、骨、器官等)和矿物药组成。由于植物药占中药的大多数,所以中药也称中草药。

研究中药药性形成的机制及其运用规律的理论称为药性理论,其基本内容包括:①四性。寒、热、温、凉四种不同的药性,称四性。它反映了药物对人体阴阳盛衰、寒热变化的作用倾向,是说明药物作用的主要理论依据之一,是由药物作用于人体所产生的不同反应和所获得的不同疗效而总结出来的,它与所治疗疾病的性质是相对而言的。②五味。五味是指药物有酸、苦、甘、辛、咸5种不同的味道,因而具有不同的治疗作用。五味的产生,首先是通过口尝,即用人的感觉器官辨别出来的,它是药物真实味道的反映,但又不仅仅是药物味道的真实反映,更重要的是对药物作用的高度概括。③升降浮沉。升降浮沉是药物对人体作用的不同趋向性,是与疾病所表现的趋向性相对而言的。影响药物升降浮沉的因素主要与四气五味、药物质地轻重有密切关系,并受到炮制和配伍的影响。④归经。归经是指药物对于机体某部分的选择性作用,即某药对某些脏腑经络有特殊的亲和作用,因而对这些部位的病变起着主要或特殊的治疗作用,药物的归经不同,其治疗作用也不同。归经指明了药物治病的适用范围,也就是说明了药效所在,包含了药物定性定位的概念。它与机体因素即脏腑经络生理特点,临床经验的积累,中医辨证理论体系的不断发展与完善及药物自身的特性密不可分。⑤毒性。古代常常把毒药看作是一切药物的总称,药物毒性的含义较广,毒性是药物的偏性,又认为毒性是药物毒副作用大小的标志。现代一般认为毒性是指药物对机体所产生的不良影响及损害性,包括有急性毒性、亚急性毒性、亚慢性毒性、慢性毒性和特殊毒性。如致癌、致突变、致畸胎、成瘾等。中药的副作用有别于毒性作用。副作用是指在常用剂量时出现与治疗需要无关的不适反应,一般比较轻微,对机体危害不大,停药后可自行消失。

中草药中有许多名药。其中,植物药以人参、灵芝、何首乌、枸杞最为著名。动物药以驴胶、牛黄、熊胆、蛇毒、鹿茸等最为珍贵。矿物药以朱砂、赭石、滑石、芒硝等为最为常用。

(2)健康农产品

各种农产品是人类必不可少的食物。人体通过这些食物从中获取营养的,满足机体生长发育的需要。好的健康农产品无疑是人类最好的食物。但是,由于环境污染日益严重,如果长期摄入不健康的农产品就会给人的身体造成极大的损害,甚至导致死亡。无公害农产品、绿色食品、有机农产品和农产品地理标志是我国政府主导的安全优质农产品公共品牌,它们被统称"三品一标"。通过"三品一标"认证的农产品大都符合绿色健康的标准,是当前和今后一个时期农产品生产消费的主导产品。

1)无公害农产品

无公害农产品是指产地环境符合无公害农产品的生态环境质量,生产过程必须符合规定的农产品质量标准和规范，有毒有害物质残留量控制在安全质量允许范围内，安全质量指标符合《无公害农产品（食品）标准》的农、牧、渔产品，经专门机构认定，许可使用无公害农产品标识的产品。无公害农产品是保证人们对食品质量安全最基本的需要，是最基本的市场准入条件，普通食品都应达到这一要求。

2018年11月20日，农业农村部农产品质量安全监管司在北京组织召开无公害农产品认证制度改革座谈会，提出将停止无公害农产品认证工作，启动合格证制度试行工作。停止无公害农产品认证工作是停止而不是取消，未来的主要工作将是实现无公害农产品认证制度与合格证制度的平稳对接。其目的是推动农产品向绿色、有机的更高水平发展，但绝对不能降低绿色、有机的标准。

2）绿色食品

绿色食品，是指产自优良生态环境、按照绿色食品标准生产、实行全程质量控制并获得绿色食品标志使用权的安全、优质食用农产品及相关产品。绿色食品具有以下几个特征：第一，强调产品出自最佳生态环境。绿色食品生产从原料产地的生态环境入手，通过对原料产地及其周围的生态环境因素的严格监测，判定其是否具备生产绿色食品的基础条件。第二，对产品实行全程质量监控。绿色食品生产实施"从土地到餐桌"全程质量控制。通过产前环节的环境监测和原料检测，产中环节具体生产、加工操作规程的落实，以及产后环节产品质量、卫生指标、包装、保鲜、运输、储藏及销售控制，确保绿色食品的整体产品质量，并提高整个生产过程的标准化水平和技术含量。第三，对产品依法实行标志管理。绿色食品标志是一个质量证明商标，属知识产权范畴，受《中华人民共和国商标法》保护，并按照《中华人民共和国商标法》《集体商标、证明商标注册和管理办法》和《农业部绿色食品标志管理办法》开展监督管理工作。

3）有机农产品

有机农产品是根据有机农业原则和有机农产品生产方式及标准生产、加工出来的，并通过有机食品认证机构认证的农产品。有机农产品是纯天然、无污染、高品质、高质量、安全营养的高级食品，也可称为"AA级绿色"。

有机农业的生产原则是，在农业能量的封闭循环状态下生产，全部过程都利用农业资源，而不是利用农业以外的能源（化肥、农药、生产调节剂和添加剂等）影响和改变农业的能量循环。有机农业生产方式是利用动物、植物、微生物和土壤4种生产因素的有效循环，不打破生物循环链的生产方式。

有机农产品与其他农产品的区别主要表现在以下几个方面：第一，有机农产品在生产加工过程中禁止使用农药、化肥、激素等人工合成物质，并且不允许使用基因工程技术。其他农产品则允许有限使用这些物质，并且不禁止使用基因工程技术。第二，有机农产品在土地生产转型方面有严格规定。考虑到某些物质在环境中会残留相当长一段时间，土地从生产其他农产品到生产有机农产品需要$2\sim3$ a的转换期，而生产绿色农产品和无公害农产品则没有土地转换期的要求。第三，有机农产品在数量上须进行严格控制，要求定地块、定产量，其他农产品没有如此严格的要求。

4）农产品地理标志

农产品地理标志标示农产品来源于特定地域，产品品质和相关特征主要取决于自然生态环境和历史人文因素,并以地域名称冠名的特有农产品标志。地理标志保护产品通常包括两大类:一是来自本地区的种植、养殖产品。二是原材料来自本地区,并在本地区按照特定工艺生产和加工的产品。

地理标志专门保护制度正在成为中国保护地理标志知识产权、提升特色产品质量、促进区域经济发展和对外贸易的有效手段。自 1999 年实施地理标志产品保护制度以来,我国已对 1170 个产品实施了地理标志保护。其中,国内产品 1168 件,国外 2 件。范围涉及白酒、葡萄酒、黄酒、茶叶、水果、花卉、工艺品、调味品、中药材、水产品、肉制品以及其他加工食品等多个领域,产地范围遍布全国。据统计,受保护产品的经济效益平均提高 20% 以上。

2. 旅游业资源

要看世界,也要健康。伴随着大众度假时代的到来,我国的旅游产业高速地发展,并逐渐细分成多种多样的形态及市场。由于现在人们生活环境的污染,生活压力的增大,以及饮食不当等原因,人们的健康观念有了很大的提高,健康产业和旅游业融合发展的模式逐渐成为旅游市场的新宠。目前,国内外已经兴起了多种以改善身体健康状况、提高身体健康程度为目的的旅游类型。其主要的旅游产品包括医疗护理、疾病与健康、康复与休养等。其主要类型包括:

(1)宗教静修

许多健康养生文化都源自于宗教文化。宗教静修则是指依托当地的宗教文化,引导游客在旅游中放松身心,提高健康水平。常见的宗教静修旅游产品包括游览宗教圣地,欣赏宗教文化,参与宗教仪式,进行禅修、静坐等宗教活动体验等。宗教静修养生旅游是生态旅游和休闲旅游的创新发展,已成为一种新兴的旅游业态。通过宗教养生旅游,人们不仅能够欣赏美景,更能实现身心的和谐。著名的宗教静修养生旅游案例是被誉为心灵精修之都的印度普纳市(Poona)。每年有来自世界各国的几十万游客专程来到普纳,体验各种宗教修行活动。

(2)休闲度假

较长时间的休闲度假能够放松人们的身心,提升健康水平。各式各样的温泉会所,火山疗养院,滨海旅游地为健康度假休养提供了越来越多的选择。常见的休闲度假旅游产品包括海滨旅游、乡村旅游、森林旅游、野营旅游等产品类型。偏重于休闲、娱乐、疗养、健身等方面的功能。这类度假游客对物质生活要求高,停留时间长,消费水平高。休闲度假旅游的代表地区主要有墨西哥的坎昆(Cancun)滨海度假游,美国蓝岭群山森林型汽车营地等。

(3)医疗保健

医疗健康旅游是旅游与康复、健身等项目的有机结合,是健康服务业的重要组成部分和新业态。最近几年,我国赴海外医疗的人数以及海外来中国的医疗人数都有了很大的提升,已经成为推动经济和城市转型发展的朝阳产业,市场需求量巨大。我国具有悠久的中药文化底蕴,医疗资源丰富,以此为依托,我国的医疗保健游大有可为。医疗健康旅游的代表案例包括瑞士的蒙特勒市(Montreux),韩国的整形美容游,新加坡的健康检查游。

(4)旅居养老

旅居养老是"候鸟式养老"和"度假式养老"的融合体。老人们会在不同季节,辗转多个地方,一边旅游一边养老。与普通旅游的走马观花、行色匆匆不同,选择"旅居养老"的老人一般会在一个地方住上十天半个月甚至数月,慢游细品,以达到既健康养生、又开阔视野的目的。

这种养老方式是有利于老年人身心健康的一种积极养老的方式。

(5) 体育旅游

体育旅游是旅游产业和体育产业交叉渗透而产生的一个新的领域,是以体育资源为基础,吸引人们参加与感受体育活动和大自然情趣的一种新的旅游形式。它是体育与旅游相结合的一种特殊的休闲生活方式,也是体育产业的一个重要组成部分。

从狭义上讲,体育旅游是指为了满足和适应旅游者的各种专项体育需求,以体育资源和一定的体育设施为条件,以旅游商品的形式,为旅游者在施行旅游过程中提供融健身、娱乐、休闲、交际等于一体的服务,使旅游者在身心得到和谐发展,是促进社会物质文明和精神文明发展,丰富社会文化生活目的的一种社会活动。常见的体育旅游产品包括各种体育娱乐活动、身体锻炼、竞技竞赛、刺激冒险、康复保健、体育观赏及体育文化交流活动等。

3. 加工业资源

长寿产品加工业是以长寿资源为基础,以特色技术为支撑,以地域性、规模性、区别性与弱替代性为特征,制造或提供长寿产品的部门或行业。长寿产品加工业是各种长寿资源与长寿产品之间的纽带。当地的工业发展基础和加工企业的运营情况是发展长寿产品加工业的基础。充足的资本市场,数量众多的各类加工生产企业,完善的企业管理制度能够为长寿产业的发展提供重要的推动作用。

5.1.3 社会资源

各种社会资源能够为区域长寿经济发展提供坚实的社会基础。在长寿经济发展的过程中,常用的社会资源包括人力资源、知识与技术资源、各类行业协会,以及各种非政府组织等。

1. 人力资源

人力资源(humanresources)指在一个国家或地区中,处于劳动年龄、未到劳动年龄和超过劳动年龄但具有劳动能力的人口之和。人力资源是在一定时期内,能够被企业和其他机构所用,且对价值创造起贡献作用的教育、能力、技能、经验、体力等的总称。

在经济学中,为了创造物质财富而投入于生产活动中的一切要素通称为资源。在这些资源中,人力资源是最宝贵的资源。人力资源包括数量和质量两个方面。一般而言,人力资源的数量是指具有劳动能力的人口数量;人力资源的质量是指经济活动人口具有的体质、文化知识和劳动技能水平。一定数量的人力资源是社会生产的必要的先决条件。长寿经济的发展也需要依靠经济活动人口素质的提高。随着各类生产中广泛应用现代科学技术,人力资源的质量在长寿经济发展中将起着越来越重要的作用。

2. 知识和技术资源

知识资源是通过智力劳动发现和创造的,进入经济系统的人类知识。知识资源可以转化为具体的技术,用于物质生产后能够产生市场价值,可为人类带来巨大财富。一般而言,企业的知识资源是指企业拥有的可以反复利用的,建立在知识和信息技术基础上的,能给企业带来财富增长的资源。它主要包括3个方面:①企业创造和拥有的无形资产。如企业文化、品牌、信誉、渠道等市场方面的无形资产,专利、版权、技术诀窍、商业秘密等知识产权,技术流程、管理流程、管理模式与方法、信息网络等组织管理资产。②信息资源。通过信息网络可以收集到的与企业生产经营有关的各种信息。③智力资源。企业可以利用的、存在于企业人力资源中的各种知识和创造性地运用知识的能力(陆雄文,2013)。

技术是自然科学知识在生产过程中的应用,是直接的生产力,是改造客观世界的方法、手段。技术对社会经济发展最直接的表现就是生产工具的改进,不同时代生产力的标尺是不同的生产工具,主要是由科学技术来决定的。在当代,科学技术对生产力发展具有巨大的推动作用。邓小平指出,科学技术就是第一生产力。各种长寿知识经验的积累和长寿技术的开发是区域长寿经济发展的不竭动力。

3. 行业协会

行业协会是由独立的经营单位所组成,是为保护和增进全体成员的合理合法利益的组织。行业协会是一种社会中介组织,它的产生和发展是社会分工和市场竞争日益加剧的结果。行业协会反映了各行业的企业自我服务、自我协调、自我监督、自我保护的意识和要求。行业协会通常具有以下几个特点:①必须以同行业的企业为主体。②必须建立在自愿原则的基础上。③必须以谋取和增进全体会员企业的共同利益为宗旨。④是一种具有法人资格的经济社团。在长寿经济的发展过程中,长寿相关产业的发展和规范离不开各种行业协会的支持、监督和协调。

具体而言,行业协会主要具有以下职能:①代表职能。即代表本行业全体企业的共同利益。②沟通职能。即作为政府与企业之间的桥梁,向政府传达企业的共同要求,同时协助政府制定和实施行业发展规划、产业政策、行政法规和有关法律。③协调职能。即制定并执行行规行约和各类标准,协调本行业企业之间的经营行为。④监督职能。即对本行业产品和服务质量、竞争手段、经营作风进行严格监督,维护行业信誉,鼓励公平竞争,打击违法、违规行为。⑤公证职能。即受政府委托,进行资格审查、签发证照、如市场准入资格认证,发放产地证、质量检验证、生产许可证和进出口许可证等。⑥统计职能。即对本行业的基本情况进行统计、分析,并发布结果。⑦研究职能。即开展对本国行业国内外发展情况的基础调查,研究本行业面临的问题,提出建议、出版刊物,供企业和政府参考。⑧行业服务职能。即如信息服务、教育与培训服务、咨询服务、举办展览、组织会议等。

4. 非政府组织

在区域长寿经济的发展过程中,各种长寿相关的协会、福利机构等非政府组织能够为长寿社会的构建和长寿经济的可持续发展提供良好的社会保障。

非政府组织是指政党、政府之外的各类民间性组织。我国的非政府组织主要包括以下几类:①社会团体。是指由公民或企事业单位自愿组成、按章程开展活动的社会组织,包括行业性社团、学术性社团、专业性社团和联合性社团。这些社会团体通常冠以协会、学会、研究会、商会、促进会、联合会等名称,基于一定社会关系而形成。②民办非企业单位。是指由民间出资成立的,直接提供各种社会服务的各种民办学校、医院、福利机构等非会员制组织。民办非企业单位一般分为教育、卫生、科技、文化、劳动、民政、体育、中介服务和法律服务等十大类。③基金会。是指基于一定财产关系而形成的财团性组织。基金会通常是利用捐赠财产来从事各种公益事业,通常可分为公募基金会和非公募基金会两大类。④部分中介组织和社区活动团队。非政府组织通常具有民间性、自愿性、自治性、非营利性、公益性等特征。其中,非营利性是非政府组织区别于企业的根本属性。

5.1.4 文化资源

各类历史文化资源也是区域长寿经济发展的强大助力。与长寿经济密切相关的文化资源主要包括福寿文化、孝善文化、养生文化、名人文化、地域文化等类型。

1. 福寿文化

福寿文化是福文化和寿文化的统称,两者既相对独立,拥有不同的文化内涵,同时又是不可分割的统一体,即常说的"福中有寿,寿中有福"。中国的福寿文化源远流长。早在原始社会时期,中华文明在形成和发展过程中,所产生的对自身生存、传代而产生的最本能的向往和追求,就是福寿文化的萌芽。福寿文化告诉人们一个最基本的道理:得福即安,这是人们对生存的本能追求;得寿延年,这是人们对生命长久的本能追求。

福寿文化与长寿经济密切相关。在区域长寿经济的发展过程中,应深入挖掘各地的福寿文化,拓展长寿经济发展的广度和深度。

2. 孝善文化

百善孝为先。一直以来,孝老、尊老、敬老、爱老是中华民族的传统美德,是全社会的共同责任,是良好社会风气的形成来源,是涵养家风家规的重要载体。时至今日,孝善文化已经成为了中华民族价值体系的独特基因,是涵养社会主义核心价值观的重要源泉。

在区域长寿经济的发展过程中,应积极倡导孝善文化,在全社会形成孝老、敬老和爱老的社会风气,努力构建区域长寿经济发展的社会基础。

3. 养生文化

养生文化是指在长期的生活实践中,人们创造的有关养护身体和生命物质文化和精神文化。其中,有关养生的理论典籍和实用方法,是养生文化的主要内容。我国的养生文化有着数千年的历史,在发展过程中融合了自然科学、人文科学和社会科学诸多的因素,集中华民族数千年养生文化于一身,在世界养生文化中占有重要地位。

在区域长寿经济的发展过程中,应基于长期以来形成的养生文化,科学引导各地民众的养生方式和养生习惯,进而培育出地域特色显著的养生产业。

4. 名人文化

各地在历史长河中出现的名人是各地重要的文化符号,也是各地文化的灵魂。中华文明源远流长,历史文化积淀深厚,名人巨匠灿若星辰。历史上涌现出的杰出政治家、思想家、科学家、艺术家等,他们承载着中华民族优秀的精神品格,闪烁着各地人民独特的气质风范,是区域发展的宝贵资源和突出优势。深入挖掘各地的名人文化,对于重拾当地人的历史记忆、文化记忆、精神记忆,延续优秀传统文化发展脉络,推动中华优秀传统文化传承发展,提升人民群众文化素养,增强区域文化软实力、影响力、竞争力等都具有重要意义。

文化的力量最终可以转化为物质的力量,文化的软实力最终可以转化为经济的硬实力。在区域长寿经济的发展过程中,深入挖掘名人文化,打造名人经济,也是一个重要的突破口。

如湖北蕲春紧紧围绕李时珍这一金字招牌,大力传承时珍文化,弘扬本草精神,发展中医药产业,取得了很好的效果。

5. 地域文化

地域文化是指特定区域源远流长、独具特色,仍发挥作用的文化传统。它是特定区域的生态、民俗、传统、习惯等文明表现。这类文化在一定地域范围内与环境相融合,因而打上了地域的烙印,具有独特性。地域文化的形成是一个长期的过程,地域文化是不断发展、变化的,但在一定阶段具有相对的稳定性。

一方水土孕育一方文化,一方文化影响一方经济、造就一方社会。在中华大地上,不同社会结构和发展水平的地域自然地理环境、资源风水、民俗风情习惯、政治经济情况,孕育了不同特质、各具特色的地域文化。这些文化与当地的自然、社会、经济要素紧密联系,具有旺盛的生命力。深入挖掘各地与长寿相关的独特地域文化,将各种长寿因素有机地整合起来,对于各地长寿文化的培育具有重要的意义。

5.2 长寿经济发展

5.2.1 长寿经济体系构建

1. 基本构成

长寿经济体系包括长寿经济生产体系、长寿经济流通体系、长寿经济消费体系3个方面。

(1)长寿经济生产体系

长寿经济生产体系是长寿经济体系的基础,主要包括饮食健康养生,具体包括长寿农业、长寿林业、长寿中草药产业、长寿加工业。在长寿农业中,选择具备长寿元素因子的生态鱼、绿色和有机蔬菜、特色水果、蜂蜜等有利于人体健康的农产品,打造相应的长寿农业产品。在长寿林业中选择具备长寿元素因子的林木产品、林副产品、苗木花卉、木工艺品等,打造相应的长寿林业产品。在长寿中草药产业中,选择具备长寿元素因子的金钗石斛、天麻、佛手、淡竹叶、重楼、白芨、天冬、杜仲等,大力开发保健饮料、保健食品、药食同源、美容产品等中草药产品。长寿加工业主要针对长寿农业、长寿林业、长寿中草药生产出来的长寿因子产品进行研发、加工。

(2)长寿经济流通体系

长寿流通体系是长寿经济生产体系的支撑,包括商超、果蔬食品专卖店、批发和零售、直销、电商平台、微商平台等在内的流通渠道体系。主要从品牌打造、流通渠道、服务营销等方面确保生产体系中的产品能顺利、安全地进入市场,打响长寿经济之乡的品牌。

(3)长寿经济消费体系

长寿经济消费体系是长寿经济的引擎,也是最能吸引游客的部分,主要包括长寿旅游、长寿健康服务、长寿养老服务、长寿文化、长寿教育、长寿科技、长寿饮食等。长寿旅游服务在提供"吃、住、行、游、购、娱"等基本服务外,还要突出"商、养、学、闲、情、奇"。长寿健康服务的服务元素主要是"养老、养生、医疗、医药、药食材、运动"。长寿养老服务主要在于提供老年人宜居的服务(见图 5-2)。

长寿经济消费体系具有以下特征：

1)能够与一二产业高度融合,催生健康长寿服务的新产业、新业态、新模式。如,养生农业服务体验教育、森林康养体验服务、中医药旅游服务、健康医疗移动应用服务 APP 等。

2)基于互联网的健康长寿服务业。能够通过互联网为健康长寿人群提供体检、咨询服务,提供个性化长寿管理等服务业态。

3)具有为长寿健康提供专业服务的机构。如,医学检验中心、医疗影像中心、病理诊断中心和血液透析中心、健康长寿服务评价机构、健康长寿管理服务评价机构、以及健康长寿市场调查和咨询服务业。

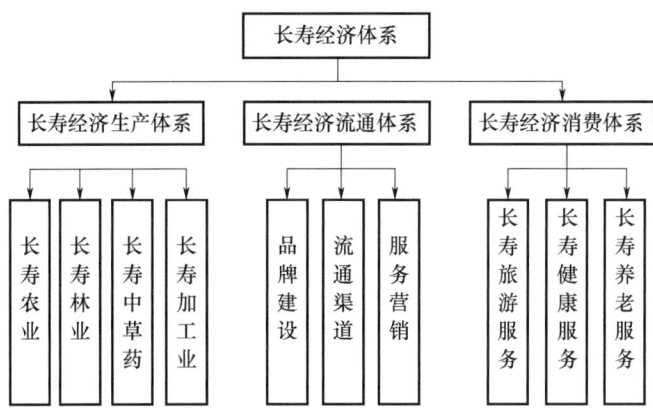

图 5-2　长寿经济体系构成

2. 评价指标体系

(1)指标体系的构建原则

构建长寿经济指标体系的主要目的是为了发现当前长寿经济发展进程中存在的问题,提出针对性的措施,同时突出特色优势,制定战略措施,进一步引导各地加大长寿产业推进力度,加快长寿经济发展进程。结合区域实际情况,长寿经济实际指标应当遵循以下原则：

1)系统性原则

即各个指标之间要有一定的逻辑关系,它们不但要从不同的侧面反映出生态、经济、社会子系统的主要特征和状态,而且还要反映生态—经济—社会系统之间的内在联系。

2)典型性原则

评价指标的选取要确保具有一定的典型代表性,尽可能准确地反映出某一特定区域某些方面变化的综合特征,也要充分考虑数据统计的正确性、计算的便捷性和结果的可靠性。

3)动态性原则

任何事物都是处于不断的发展变化过程中的,被评价对象的发展情况也需要通过一定的时间尺度指标才能反映出来。因此,指标的选择要充分考虑到动态特点,设置若干年度变化数值的指标,同时应根据现实情况的动态变化不断地优化调整评价体系。

4)科学性原则

指标体系的设计及评价指标的选择必须以科学性为原则,要能客观真实地反映被评价对象的特点和状况,能客观全面反映出各指标之间的真实关系。各评价指标应该具有代表性,既不能过多过细,过于繁琐相互重叠,又不能过少过粗,造成指标信息的遗漏,出现错误、不真实现象。

5)可行性原则

指标体系的构建是为区域政策制定和科学管理服务的,因此应特别注意指标设置在总体范围内的一致性。指标设置应坚持简单明了、微观性强、便于收集等原则,指标的计算量度和计算方法必须一致统一,各个指标应具有较强的现实可操作性和可比性。同时,指标选取时也要充分考虑能否进行量化,以便于进行数学计算和分析。

6)综合性原则

在制定评价体系时应全面考虑影响被评价对象各个方面,进行综合分析和评价。

(2)指标体系及其解释

考虑到长寿经济所涉及的各方面内容及其内在联系,参考《中国长寿之乡评审标准》、"中国绿色农业""绿色化工业"发展水平、《康体养生旅游目的地评价指标体系构建及应用研究》《国家康养旅游示范基地创建标准》(LB/T 051—2016),参照数据的可获得性,建立了长寿经济发展评价指标体系。该体系包括8个领域评价指标:宏观指导性质的指标、经济发展水平、生态环境、长寿农业、长寿工业、长寿旅游、人居环境、可持续发展水平。其中,具体指标35个,包括约束性指标(23项)、参考性指标(9项)和特色指标(3项)等三类(见表5-3)。

表5-3 长寿经济发展的评价指标体系

领域	序号	指标名称	单位	参考值	指标属性
宏观指导	1	长寿之乡	—	申报认定	约束
	2	长寿经济发展规划	—	制定实施	约束
经济发展	3	恩格尔系数	%	≤40	约束
	4	城镇居民人均可支配收入	元/人	35000	参考
	5	农村居民人均纯收入	元/人	15000	约束
生态环境	6	森林覆盖率	%	≥60	约束
	7	空气质量	—	≥国家二级标准	约束
	8	地表水质	%	达到或优于Ⅲ类比例≥75	约束
	9	土壤质量	—	达到或优于无公害食品产地环境质量标准	约束
	10	主要污染物总量减排	—	达到考核要求	约束

续表

领域	序号	指标名称	单位	参考值	指标属性
长寿农业	11	无公害农产品基地面积	%	≥100	约束
	12	绿色、有机农产品种植(养)面积	%	≥50	约束
	13	休闲观光农业产值	%	≥10	约束
	14	休闲观光农业产值增长率	%	≥8	约束
产品质量控制	15	农业投入品合格率	%	100	约束
	16	化肥用量	kg/亩	40	约束
	17	农药用量	kg/亩	0.1	约束
	18	农产品质量追溯体系	—	建立	约束
	19	食用农产品质量	—	达到或优于无公害食品标准	约束
长寿工业	20	农产品加工总产值	亿元		参考
	21	农产品加工产值与农业总产值之比	倍	3	约束
	22	林副产品加工业产值	亿元	15	特色参考
	23	林木加工产业产值	亿元	100	特色参考
	24	中草药加工业产值	亿元	10	特色参考
	25	其他健康产品加工业产值	亿元	20	参考
长寿旅游	26	旅游业占GDP比重	%	≥35	参考
	27	第三产业占GDP比重	%	≥40	参考
	28	每千人拥有医疗从业人员数	个	达到或超过全国平均水平	约束
	29	康养用地所占国土面积比例	%	达到或超过全国平均水平	参考
人居环境	30	村镇饮用水卫生合格率	%	100	约束
	31	城镇污水处理率	%	≥95	约束
	32	城镇生活垃圾无害化处理率	%	≥85	约束
	33	农村卫生厕所普及率	%	≥95	参考
可持续发展	34	农业废弃物综合利用率	%	≥95	参考
	35	一般工业固体废物处置利用率	%	≥90	参考

对主要指标的解析如下：

1）长寿之乡

属于中国老年学学会评选认定的长寿之乡。

2）长寿经济发展规划

宏观指导性质的指标。长寿经济发展规划的制定，一般是由国家级或部级研究机构开展，目的是宏观指导各地的长寿经济建设。主要内容包括长寿经济发展定位、长寿经济发展方向、长寿产业定位、长寿产业建设重点及发展路径等。

3）恩格尔系数

恩格尔系数是指食品支出总额占个人消费支出总额的比重。它是表示生活水平高低的一个指标，是国际上通用的衡量居民生活水平高低的一项指标，一般随着居民收入和生活水平的提高而下降，根据联合国粮农组织提出的标准，恩格尔系数在59%以上为贫困，50%～59%为温饱，40%～50%为小康，30%～40%为富裕，低于30%为最富裕。

4）城镇居民人均可支配收入

城镇居民人均可支配收入是指反映居民家庭全部现金收入能用于安排家庭日常生活的那部分收入。它是家庭总收入扣除交纳的所得税、个人交纳的社会保障费以及调查户的记账补贴后的收入。

5）农村居民人均纯收入

农村居民人均收入是指农村居民家庭全年总收入中，扣除从事生产和非生产经营费用支出、缴纳税款和上交承包集体任务金额以后剩余的，可直接用于进行生产性、非生产性建设投资、生活消费和积蓄的那一部分收入。农村居民人均收入包括工资性收入、经营性收入、财产性收入、转移性收入等。农村居民人均收入用来反映农村居民的经济收入水平。

6）森林覆盖率

指地区森林面积占土地面积的百分比，反映区域生态保护状况的指标，用来衡量区域生态水平和环境保护程度，反映可持续发展水平。用林地面积/国土总面积×100%表示。

7）环境空气质量

是贯彻《中华人民共和国环境保护法》和《中华人民共和国大气污染防治法》，保护和改善生活环境、生态环境，保障人体健康制定的标准。执行国家环境空气质量标准（GB 3095—2012）二级标准。

8）地表水环境质量

指行政区内主要监测断面水环境质量水质达到或优于Ⅲ类水的比例，执行《地表水环境质量标准》（GB 3838—2002）。要求行政区地表水达到水环境功能区标准，且Ⅰ、Ⅱ类水质比例不降低，过境河流市控以上断面水质不降低。

9）土壤质量

指土壤在生态系统中保持生物的生产力、维持环境质量、促进动植物健康的能力。长寿农业与土壤质量环境息息相关。长寿农业以生态安全与环境友好为基础；确保不受不良环境因素影响，同时不对生态环境造成危害。长寿农业土壤环境质量标准按国家无公害农产品产地环境质量标准、绿色食品产地环境质量标准（NY/T 391—2013）执行。

10）主要污染物总量减排

该指标旨在强调按时完成上级政府下达的主要污染物总量减排任务，重点关注国家责任书项目和年度减排计划工程措施的完成情况。主要污染物包括化学需氧量、二氧化硫、氨氮、氮氧化物等，其种类随国家相关政策的调整做相应调整。

11）无公害农产品基地面积

省级及以上机构认定的无公害农产品基地面积占耕地总面积之比。无公害农产品基地标准要求，参照有关无公害产地环境质量标准执行。

12) 绿色、有机农产品种养面积

指行政区内有机食品、绿色食品种植面积占农作物种植、养殖总面积的比例。产地生产出的农副产品及其加工品符合国家绿色食品、有机食品产品标准要求。按国家有关认证规定执行。

13) 休闲观光农业产值及其增长率

休闲观光农业产值占农业总产值的比重指标用于反映休闲观光农业经营收入状况，用来衡量农业功能拓展和各类休闲观光农业发展水平。休闲观光农业产值增长率指标用以反映一定时期休闲农业经济发展水平变化程度的动态指标，也是反映区域内经济是否具有活力的基本指标。

14) 农业投入品合格率

有机食品、绿色食品、无公害食品生产及加工过程中使用的农药、肥料、兽药、畜禽饲料及饲料添加剂、渔药、渔业饲料及饲料添加剂、食品添加剂合格与否需经检测确定。农药、兽药、渔药等投入品使用要符合国家制定的绿色食品、有机食品、无公害产品农药、兽药、渔药、肥料使用准则、畜禽饲料及饲料添加剂使用准则、畜禽卫生防疫准则、渔业饲料及饲料添加剂使用准则、食品添加剂使用准则等规定。

15) 化肥、农药用量

指行政区内每亩耕地的化肥和农药施用强度。用于衡量农业生产过程中的污染程度。

16) 农产品质量追溯体系

指行政区建立了农产品生产、加工、销售全过程质量监管控制体系，因地制宜出台了产品质量调查、监测、评估等相关管理制度和政策措施，形成了多部门联合监管工作机制。建立了农产品的追溯信息系统。

17) 食用农产品质量

指行政区内生产出的鲜活食用农产品、初加工的食用农产品及其加工品质量达到或高于国家无公害农产品相关标准。

18) 长寿工业相关指标

其中，农产品加工总产值用于反映农产品加工能力，即农产品加工业总量规模。农产品加工产值与农业总产值之比用于反映农产品加工率。林副产品加工业产值、林木加工产业产值、中草药加工业产值、其他健康产品加工业产值等指标用于反映相应的长寿加工业的发展情况。

19) 旅游业占 GDP 比重

指区域经济和产业结构优化调整情况统计。计算方法是指辖区旅游业产值占 GDP 的比例。

20) 第三产业占 GDP 比重

指区域经济和产业结构优化调整情况统计。计算方法是指辖区第三产业产值占 GDP 的比例。

21) 康养用地所占国土面积比例

康养用地所占国土面积比例是指辖区内，康养用地面积占国土面积的比例。

22) 村镇饮用水卫生合格率

指行政区农村地区以自来水厂或手压井形式取得合格饮用水的人口占总人口的比例。雨水收集系统和其他饮水形式的合格与否需经检测确定。要求饮用水水质符合国家《生活饮用水卫生标准》(GB 5749—2006)的规定,且连续三年未发生饮用水污染事故。

23)城镇污水处理率

是指县城及城镇建成区经过污水处理厂或其他污水处理设施(土地、湿地处理系统等)处理,且达到排放标准的排水量占县城及城镇建成区污水排放总量的百分比。要求污水处理厂污泥得到安全处置,污泥处置根据《城镇排水与污水处理条例》(国务院令第641号)有关规定,参照危险废物管理,建立污泥转移联单制度。

24)城镇生活垃圾无害化处理率

是指县城及城镇建成区生活垃圾无害化处理量占行政区垃圾产生量的比例。执行《生活垃圾焚烧污染控制标准》(GB 18485—2014)、《生活垃圾填埋污染控制标准》(GB 16889—2008)。

25)农村卫生厕所普及率

是指行政区使用卫生厕所的农户占农户总数的比例。执行《农村户厕卫生标准》(GB 19379—2003)。

26)农业废弃物综合利用率

农业废弃物利用率是反映农业生态化的综合指标,由规模化养殖场畜禽排泄物资源化利用率、农村清洁能源利用率2项内容构成,用来衡量农业农村生产生活过程中的废弃物清洁化利用和新能源开发利用水平。其中,秸秆综合利用率是指行政区内综合利用的秸秆量占秸秆产生总量的比例。秸秆综合利用方式包括秸秆肥料化、饲料化、能源化、原料化、基质化等。畜禽养殖场粪便综合利用率是指行政区内畜禽养殖场通过还田、沼气、堆肥、培养料等方式,综合利用的畜禽粪便量占畜禽粪便产生总量的比例。有关标准参照《畜禽规模养殖污染防治条例》《畜禽养殖业污染物排放标准》(GB 18596—2001)等执行。

27)一般工业固体废物处置利用率

一般工业固体废物处置利用率指行政区内一般工业固体废物处置及综合利用量占一般工业固体废物产生总量的比值。有关标准参照《一般工业固体废物贮存、处置场污染控制标准》(GB 18599—2001)执行。

5.2.2 长寿产业体系建设

进入21世纪以来,随着老龄化社会进程的加快,国民对健康长寿的需求和渴望愈加迫切。对此,围绕"如何健康长寿"的产品和服务开始呈现,长寿经济已经提到国家和地方政府的议事日程,并在"十三五"规划中发挥着重要作用。长寿产业是未来经济发展的经济增长点,具有显著的经济效益和社会效益,深入研究及发展长寿产业,对提升国民生活质量和幸福感具有重要作用。

长寿产业是区域特色资源和其他经营要素稳定结合、协同运作,形成适应市场需求、发展强劲、发展潜力较高,并且对其他产业有较强的带动作用的产业集聚群,这是长寿产业区别于其他产业的根本属性。其特别之处在于其产业形成基础独特、产品与服务的制造或提供过程独特、产品与服务的使用价值或品质独特。长寿产业是寿乡长寿经济形成的基础。培育和发展长寿产业是增强区域竞争力、促进寿乡经济发展的着力点和发动机。

1. 长寿产业的基本概念

长寿产业是以长寿资源、长寿产品为基础，以长寿农业、长寿工业和长寿服务业为依托，以市场经济运行方式为手段，围绕长寿产品、特色资源进行综合开发形成的区别于其他传统产业，具有鲜明的地域性、不可替代性、可持续发展性和竞争性，经济效益较高，发展前景广阔，能生产开发满足公众需要的特色产品，能够为延长人类寿命并对疾病防患于未然、促进人身心健康提供产品和服务的产业总称的产业体系。

长寿产业是一种以长寿产品生产为核心特征的经济活动，它支撑和影响着一个地区的经济发展，同时又是一种文化现象。围绕着长寿产业的培育、壮大、拓展，需要相应的科技开发、试验、示范、教育培训、广告宣传等。于是，在特有的长寿产业培育中，也会造就出一批与之对应的劳动者、经济人、文化人，甚至熔炼出特有的性格特征和精神风貌，塑造出特有的寿乡形象。

长寿产业涉及农业、工业和服务业等产业类型，包括长寿农业、长寿工业、长寿旅游业、长寿文化产业的集合。其中，长寿产业作为一种特殊的产业，是基于长寿资源而发展起来的，其特征与其他产业存在一定的差异。

2. 长寿产业的主要特点

与其他产业相比，长寿产业具有以下几个方面的特点：

(1) 长寿产业独具特色的资源优势

长寿产业的形成与长寿资源禀赋息息相关，寿乡富含负氧离子的优质空气、独特的水质、丰富的资源、舒适的气候、健康的土壤以及多元的文化等影响人们健康长寿的资源，均属长寿资源。长寿资源是长寿产业发展的重要前提。

(2) 长寿产业及其产品强调健康养生

长寿产业作为一种特殊的产业类型，与其他产业的最大区别在于，长寿产业能够凭借自身原料的特殊性与技术手段，开发出一系列健康长寿产品，这类健康产品能够满足消费者对延长人寿命并对疾病防患于未然、促进人身心健康功效的需求，这也是长寿产业可持续发展的核心和立足之本。

(3) 长寿产业具有溢出效应

长寿产业发展方式健康、环保，符合国家提倡的"绿色"发展理念，对生态经济体系的构建起到积极的推动作用。同时长寿产业发展可以有效放大"长寿效应"，对宣传长寿文化，倡导健康科学的生活方式，促进社会和谐发展具有示范借鉴作用。

3. 长寿产业的发展战略

(1) 产业链发展战略

产业链发展战略是以长寿产业为核心调整和延伸产业链，将现有的特色产业的优势扩大，并引导特色产业走精细化、高端化、系列化、规模化的发展道路。将长寿产业及与其具有密切相关性的产业进行整合，实行专业化协作，以提升长寿产业水平，增强特色产业竞争力。

(2) 产业集群发展战略

推动产业集聚需要三个条件：一是生产要素，即围绕着特色产业的资本和劳动力实现自由流入和自由组合。二是市场需求,产业集聚能在短时间内形成规模经济和显著的产业优势,能显著地提高生产效率。三是政策支持,政府的态度对企业和产业的发展具有重大影响。

(3)创新集成发展战略

长寿产业的发展离不开创新,通过创新开发新产品和新技术,加快长寿产品的增容提质获得新的竞争优势。一是加强信息化建设,通过引进或者创新推动技术进步。二是创新产业发展模式,引导产业高端发展路线。

(4)区域协同发展战略

长寿产业的发展要重视区域合作,要充分发挥自身优势。形成优势互补的共同发展格局,实现区域城乡的持续发展。强化区域协同,从产业发展政策和配套设施方面加强城乡之间的融合度,促进城乡间的无缝衔接。

4. 长寿产业的具体发展路径

(1)发展长寿产业,要延伸链条、三产融合,让业态新起来

打破寿乡产业界限,顺应"互联网+"趋势,推动长寿产业集群集聚,积极融入长寿文化元素,发展长寿农业、长寿旅游业,拓展内涵、体现特色。延伸产业链条,发展长寿制造业,拓展价值链、提高附加值。让业态创新的叠加效应,实现长寿产业提质增效,溢出效应。

(2)发展长寿产业,要深化改革、创新机制,让资源活起来

让寿乡资产活起来,深化农村集体产权制度改革,加快资源性资产确权、经营性资产折股量化,集体经济发展长寿产业。让金融活起来,围绕长寿产业,落实好金融扶持新型主体发展各项政策,加快要素向寿乡集聚,让农民获得更多红利。

(3)发展长寿产业,要培育农民、强化服务,让主体强起来

发展长寿产业的核心在人,需要建设一批知识型、技能型、创新型劳动者大军。鼓励扶持他们发展长寿产业,加快小农户和现代长寿产业发展有机衔接。运用现代信息技术手段,为广大农民提供政策、技术、市场等各项信息服务。

(4)发展长寿产业,要倡导绿色、生态优先,让乡村美起来

发展长寿产业既要产业兴旺,更要生态宜居,不能以牺牲生态为代价。要牢固树立绿色理念,匹配资源环境承载力发展长寿产业,大力推行绿色生产方式,加强长寿资源保护,普及节能降耗、循环利用等技术模式,让长寿产业既能"养胃""养生",也能"养眼""养肺"。

5.3 长寿社会建设

5.3.1 养老保障体系建设

1. 问题与挑战

我国人口老龄化发展迅速,养老保障需求压力越来越大。从供给来说,由个人收入、家庭保障、基本养老保险、补充养老保险、商业养老保险以及社会慈善等公益养老事业所构成的养

老保障供给能力不足。这种供需缺口将对养老保障的发展带来严峻挑战。

(1)养老保障需求快速上升

已有研究表明,2011—2050年,我国的老年人口将增加160.7%,劳动年龄人口减少24.2%,养老负担增加2.4倍。与此同时,随着我国基本养老保险覆盖面的扩大、保障水平的不断提高,我国的养老金支出压力不断增加。如果按照保持养老金合理增长的基准方案测算,到2050年,我国的养老保险资金总需求将占GDP的11.6%,较2012年增加近2倍。如果按照将退休年龄逐步提高到65岁的改革方案测算,到2050年,我国的养老保险资金总需求将占GDP的7.2%,养老财政资金需求量将占财政收入的6.4%,较2012年分别增长80%和60%。

(2)个人养老储备不足

个人是解决自身养老问题的首要主体。个人的养老储备主要取决于居民收入的增长情况及其在国民收入分配中所占的份额。改革开放以来,随着经济增长,政府通过财税政策集中了更多的收入,而居民收入所占的份额却没有实现同步增长,导致个人养老准备严重不足。有关数据显示,自1997年以来,我国居民的人均收入增长一直落后于经济增长,居民的收入在GDP初次分配中占有的份额从1996年的67.23%下降到2008年的47.66%。

(3)家庭养老功能弱化

家庭也是老年人口供养中重要的经济来源。目前,我国的家庭规模趋于小型化和核心化,老年人口空巢化和独居化的趋势日渐明显。这样的家庭结构变化趋势导致我国的家庭养老功能也在逐渐弱化。此外,随着中西部地区的人口不断向东部地区迁移,农村人口不断地向城镇迁移,使得中西部地区和农村家庭的养老功能更加弱化。在此背景下,家庭的养老功能逐渐转移给其他养老类型,增加了社会保障制度建设的压力。

(4)基本养老保险压力巨大

人口老龄化使得我国老年抚养比不断上升,领取养老保险金的人口不断增加,而缴费人口则不断减少,导致我国的基本养老保险制度压力巨大。数据显示,我国城镇企业职工基本养老保险的负担系数从1989年的18.5%提高到2011年的31.6%。而随着劳动年龄人口比重的逐渐降低以及老年人口比重的不断提高,未来我国参保人员的负担系数还将继续提高,从而对我国实行的现收现付制的基本养老保险基金的收支平衡产生直接影响,其压力不断上升。

(5)补充性养老保险发展不足

除了政府主导的基本养老保险之外,企业年金和职业年金也是重要的补充性养老保险。但是,由于企业基本养老保险缴费的负担过重,企业无力再提供企业年金等补充性养老保险计划,导致这些补充性养老保险市场迟迟得不到发展。截至2012年年底,我国企业年金制度覆盖人数约为1847万人,仅占城镇职工基本养老保险参保人数的6.07%。企业年金、职业年金等并没有发挥其应有的对养老的重要支柱作用。

此外,商业养老保险的发展也存在诸多问题。受个人支付意愿、支付能力,税收政策环境等因素的限制,目前以个人年金为代表的商业养老保险的规模还很小,市场组织在提供商业养老保险方面尚未充分发挥作用。社会互助养老保障和养老慈善事业也刚刚起步,难以发挥显著的补充性作用。

2. 建设路径

(1) 推进养老保障制度改革

我国的社会养老保障制度并没有充分考虑到老龄化快速发展对于养老保障制度财务可持续性的影响,导致已有的制度安排难以适应老年人口规模快速增长所带来的经济压力。因此,在未来改革过程中,应强化养老保障应对老龄化的统计、监测与评估的机制,充分估计人口老龄化的冲击,对养老保障制度进行参数性改革或结构性改革,增强其适应性和承受力。

(2) 倡导养老保障责任共担理念

养老保障的实现需要政府、用人单位、家庭与个人共担责任。养老保障的实现方式是现时的代际转移,即以当前中青年人生产的产品和服务供养目前的老年人,也就是以当前国民收入分配最终形成的政府收入、用人单位收入和居民收入来供养老年一代。这就需要按照社会互济的理念,统筹政府、用人单位、家庭和个人的责任,建立社会养老保障体系,实现养老资源的跨期配置和当期兑现的有机统一,确保人类社会的代际延续和可持续发展。

(3) 缓解养老保障制度的资金压力

可持续的养老保障制度必然要求保障资金的长期收支平衡。如果养老保障制度经常面临收不抵支的资金危机,其实施过程中就会遭遇重重阻力,引发代际利益冲突乃至社会动荡。因此,我国应在老龄化高峰到来之前,以养老保障资金的长期收支平衡为核心目标,进行养老保障制度的科学规划与设计,确保养老保障制度的长期稳定,缓解养老保障的资金压力。

(4) 发挥养老保障的经济发展功能

发达国家的改革实践证明,恰当的养老保障制度有利于提高物质资本和人力资本,从而为经济长期增长提供动力,进而将养老保障制度的可持续性与经济的长期增长联系起来。因此,应着力建立一套能够有效推动劳动生产率、促进长期经济增长的养老保障制度,充分发挥养老保障制度"提供保障、促进发展"的双重功能,进而化解人口快速老龄化对养老保障制度的压力。

5.3.2 健康保障体系建设

1. 问题与挑战

老年人口的发病率往往较高。因此,人口快速老龄化往往会加重疾病经济负担,刺激医疗服务需求,从而给我国的医疗卫生事业带来巨大的挑战和压力。

(1) 健康保障需求不断增加

随着我国人口的快速老龄化,使得我国的健康保障需求不断增加。首先,老年人口的患病率将不断增加。相关测算表明,即使仅考虑人口变化,我国老年人口两周患病病例的数量也将从2010年的7938万例增加到2050年的21562万例,年平均增长速度为2.5%。其次,老年人慢性疾病的病例数也将显著增加。据测算,我国老年人慢性病患病例数将从2010年的10945万例上升到2050年的29565万例,增加了1.7倍。再次,残障老年人数将显著增加。据测算,我国残障老年人的数量将从2010年的716万人增加到2050年的2470万人,年均增长3.2%。

因此,我国老年人口的疾病经济负担也将大幅增加。预测表明,按照现行的住院率,我国老年人口门诊和住院的就医费用将从2010年的5565亿元上升到2050年的130987亿元,共将增加 23 倍。

(2) 医疗保障的资金压力不断加大

随着年龄的增长,因疾病、伤残、衰老而失去生活能力的老年人将显著增加,由此带来的医疗费用压力也将十分巨大,这将给经济发展和政府财政带来日益沉重的负担。一般而言,60 岁及以上人口的医疗费用是 60 岁以下年龄组医疗费用的 3~5 倍;80 岁及以上高龄老年人的照护与医疗成本开支约为 65~80 岁老年人的 14 倍。我国现行城镇职工基本医疗保险制度规定,退休后的参保者及其原单位不再缴纳医疗保险费。因此,退休人数所占比重越高,医疗保险支付的压力就越大。随着我国人口老龄化的加速,基本医疗保险制度的缴费人群将不断缩小,享受保险人群将不断增加,从而给现行的医疗保障制度带来巨大的财务压力。

(3) 现行医疗保障制度存在诸多不足

现行的医疗保障制度仍然存在着诸多问题。第一,医疗保障的主要功能是降低个人巨额医疗费用支出。然而,由于个人自付比例偏高,目前我国的医疗保障制度还难以充分发挥这一功能,医疗费用仍然是城乡居民的沉重负担。针对贫困群体的医疗救助计划往往局限于帮助其参加城镇居民基本医疗保险或新农合,而不是补偿其医疗费用。对缺乏足够医疗保障的家庭而言,大额医疗费用支出是其致贫或返贫的重要诱因。第二,目前,我国的医疗保险制度是面向全体人群而设计的,主要考虑全社会的平均经济承受能力,并没有充分考虑到老年人口的特殊性。由于老年人口的医疗保障需求较多,医疗费用支出较大,使得老年人口有限的经济收入与昂贵的医疗花费之间的矛盾日益突出。第三,我国城镇职工基本医疗保险原则上是以地级以上行政区为统筹单位;城镇居民基本医疗保险主要以县(市)为统筹单位;"新农合"则主要在县级统筹。过低的统筹层次不仅弱化了风险分担的效果,增加了管理成本,还加剧了不同地区间医疗服务可获得性的不平等。第四,在现行的医疗保障制度中,由于统筹与风险集合的层次太低,医疗保险机构谈判能力不强,对医疗服务提供者难以形成有效约束,造成医疗卫生服务提供者存在过度服务的经济驱动,诱导医疗消费现象普遍存在,加大了患者的经济负担。

(4) 医疗卫生服务体系有待完善

长期以来,我国的医疗卫生服务体系"重医疗,轻预防"的情况比较突出,疾病预防资源普遍不足,未能完全发挥其减少疾病发生率,减轻疾病经济负担的作用。此外,老年病医院、老年康复、护理、临终关怀机构严重不足,老年医疗卫生服务体系仍未完全建立。

2. 建设路径

(1) 明确健康保障的定位与功能

健康保障制度能够推动人力资本的恢复和积累,提升人力资本使用的效率。它是一项促进人力资本可持续发展的战略性投资,也是实现积极老龄化的重要前提和基础。健康保障也可以促进老年人力资本的恢复、积累和继续使用,鼓励老年人积极面对老龄化,继续成为社会发展的重要参与者和创造者。

(2) 着力提高所有年龄组人口的健康水平

老年人口所表现出的健康问题是此前各个生命周期健康问题积累的结果和集中体现。因此,健康保障政策的制定要以人口的全生命周期为基础,加强儿童期、青年期和成年期的健康促进和保障,从而有效减少老年人口的健康问题,缓解健康保障压力。

(3)加强对老年人口的健康促进和健康干预

健康老龄化的核心是最大幅度降低老年期的患病率和失能发生率,提高全体公民老年期的健康余寿。目前我国的老年人口普遍存在着"长寿,但不健康"的问题,给经济和社会发展带来了沉重的负担。因此,应更加重视对老年人口的健康促进和健康干预,有针对性地制订和实施老年健康促进战略,完善老年人口的健康支持体系,努力降低老年人群的疾病经济负担。

(4)健康保障重心的调整

随着人均期望寿命的延长,我国公民的疾病谱逐渐由急性病和传染病向慢性病转变。因此,我国健康服务的重心也应该逐渐从疾病治疗向慢性病防治和健康管理转变。在预防保健、疾病治疗、护理这3个健康服务环节中,各类资源的投入重点应该由中间环节向前后两个环节移动;健康服务的对象也应该由病人扩展到所有人群;健康服务的内容也应该由单纯的"治病"扩展到健康教育、体检、健康咨询,以及康复、护理等延续性医疗服务等各个领域;健康服务的场所应该由传统的医疗机构拓展到家庭和社区。

5.3.3 健康服务体系建设

1. 问题与挑战

失能风险是老年人口所面临的最大风险,也是长寿社会建设过程中最复杂、最难解决的问题。在"长寿不健康"的背景下,我国老年人口的生活自理能力较低,失能老年人口的规模庞大,健康照护服务负担偏重,老年人口健康服务的任务十分艰巨。

(1)老龄服务需求压力巨大

随着人口老龄化的快速发展,我国高龄、空巢、失能老年人口数量也将快速增长,老龄服务需求不断增加,老龄服务压力巨大。预测数据显示,到2030年和2050年,我国80岁及以上高龄老年人口的规模将分别达到4344万人和1.08亿人,占老年人口总规模的11.7%和22.3%。同时,随着家庭结构的变化,我国老年人口家庭的空巢化和独居化现象也将越来越普遍,失能老年人口的数量也将不断上涨。据此,未来我国老龄服务的需求也将大幅增加,老年人口的长期照料成本将大幅提高。

(2)老龄服务供给不足

目前我国老龄服务的供给仍然存在着较大的缺口。主要表现在以下几个方面:第一,老龄服务供给的总量不足。截至2012年年底,全国各类老龄服务机构总床位数为416.5万张。在发达国家,每千名老年人通常拥有50~70张养老床位,但我国每千名老年人拥有的养老床位仅有21.5张,差距明显。第二,老龄服务供给结构失衡。现有的老龄服务机构多是日常供养型,而失能老年人最需要的养护型和医护型养老机构则严重不足。第三,老龄服务人员短缺。相关研究表明,我国大约需要1000多万养老护理人员。但是,目前我国的养老护理人员仅有30多万人。其中,取得职业资格的尚不足10万人,人员缺口巨大。此外,很多护工所做的工作仅限于简单的日常生活照料,难以满足老年人其他方面的专业性服务需求。

(3)老龄服务体系建设存在问题

我国现有的老龄服务体系尚存在着诸多不足:第一,缺少长期照护保障制度。当前,我国的养老保障和医疗保障制度为老年人口的贫困和疾病风险提供了基本制度支撑。但是，长期照护保障制度的发展却极为滞后，无法防范老年人口的失能风险，无法满足日益增长的失能老年人的日常照护需求。第二，老龄服务管理体制不够完善。现有的老龄服务管理体制缺乏顶层设计和统一规划。行业监管制度不健全，相关管理法律法规不健全，公办和非营利性老龄服务机构的管理体制机制亟须改革完善。老龄服务领域的民间中介组织发育不足。民间资本投入老龄服务业存在各种壁垒，市场在老龄服务发展中的基础作用未能得到充分发挥。第三，老龄服务运作机制尚未真正形成。一般而言，要实现老龄服务体系的高效运转，就必须建立被保险人(老年人口)、保险人(社会保险机构或商业保险公司)和老龄服务机构之间的互动机制，明确三者之间的法律关系和相应的权责利。但是，我国的老龄服务体系建设才刚刚起步，长期照护的社会保险制度尚未建立，商业保险机构寥寥，老龄服务机构普遍运营困难，健全的老龄服务运作机制尚未形成。

2．建设路径

发展老龄服务的基本理念

1）针对失能老年人的长期照护服务具有连续性

失能是引致各类老龄服务需求的原生性要素。失能老年人的服务需要涉及生活的方方面面，其中日常生活功能性的照护服务需求最为突出。应对失能风险的长期照护服务是老龄服务的核心。老年人生活自理能力的衰退和相应服务需求的变化是一个程度不断深化的过程，基于这一过程的照护服务供给也应当是一个连续性的服务链条。随着失能程度从轻度到中度再到重度的发展，老年人对长期照护服务需求的强度不断提高，老年人可以分别选择相应的居家照护服务、社区照护服务和不同功能的院舍照护服务。

2）老龄服务可持续发展的关键是有效需求和有效供给的长期均衡

老龄服务体系是一个复杂的系统工程，"资金保障"和"服务保障"是其中两个功能相互耦合的子系统。资金保障制度是老龄服务体系的主要筹资制度，即由长期照护的社会保险、商业保险、社会救助和社会慈善相结合，由政府、用人单位、个人多方分担的多层次长期照护保障制度。服务保障是由服务提供者、服务内容和项目、服务设施、服务方式、服务标准与规范、管理监督体制等诸多要素构成的服务体系。没有雄厚的资金保障，就难以形成对于照护服务的有效需求，老龄服务体系建设就缺乏内生性动力；没有健全的服务供给，即使有充足的资金也购买不到相应的服务，同样达不到切实保障全体公民老年期独立、体面、尊严生活的目的。通过建立健全长期照护保障制度，可以将老龄服务的潜在需求转化为现实需求，充分释放服务保障体系的供给能力，实现需求与供给的长期均衡。

3）老龄服务体系建设应与经济发展形成良性互动

服务保障水平应与经济发展水平相适应。老龄服务体系建设不能超越或滞后于经济发展。服务水平过高，超过经济发展的承受能力，容易导致财政危机，进而影响整个老龄服务体系的健康发展；服务水平过低，则无法满足老年人的基本服务需求，容易增加社会不稳定因素，难以为经济发展创造良好的社会环境。

老龄服务体系建设具有促进发展的功能。老龄服务体系建设并非纯粹的消费性投资，在有效的规划和引导下，老龄服务体系建设也可以成为一种生产性投资，它不仅可消除年轻人对未来养老不确定性的顾虑,稳定未来预期,提高消费水平,还可以带来大量的就业机会,促进老龄产业的发展,形成新的经济增长点。

4) 扩大老龄服务有效供给必须培育多元服务主体

仅仅依靠政府的力量难以实现对老年人各种服务需求的有效供给,政府、市场、社会、家庭和个人的优势要形成互补机制。政府的主要职责是履行好制定发展规划、出台扶持政策、提供经费资助、制定服务标准和加强市场监管等职能,引导市场和社会力量参与老龄服务体系建设,协调多方服务主体,实现合作共赢。在服务主体结构上,应体现多元化,既包括政府机构、市场组织、非营利组织和社会组织,也包括家庭和个人。在服务提供和生产方面,要实现两者分离,服务的直接生产者应主要由市场组织和非营利组织承担。在服务对象上,政府办服务机构应当以贫困失能的老年人为服务对象;扶持非营利组织,建设面向中低收入老年人的公益性服务机构;调动市场组织的积极性,建设面向高收入老年群体的高档型服务机构。

在相互关系上,不同类型的服务主体之间要形成政府、市场和第三部门的三方合作机制,充分运用政府机制,维护社会公平,实现再分配的功能;充分运用市场机制,配置服务资源、提升服务效率,节约经营成本,满足个性化服务需求;充分运用公益机制,弥补政府失灵和市场失灵。

5.3.4 宜居环境体系建设

1. 问题与挑战

随着社会的发展,不仅个人的生活方式会受到环境的制约和社会经济发展的影响,人居环境的变化也能够破坏基因遗传的稳定性,影响人体健康(马婧婧 等,2012)。在1997年世界卫生组织(WHO)发布的报告中也明确提出,人类的居住地是人和环境之间相互作用的关键所在,恶劣的居住环境导致不良的健康状态。人居环境对人类健康长寿的影响也越来越大(Lv et al,2011)。21世纪以来,随着我国城市化的快速推进,环境污染、生态破坏、能源耗竭、极端气候及自然灾害频繁等各种环境问题和公害事件的屡屡出现,人居环境质量逐渐退化,人类的健康受到严重威胁。老年人口的生理状况更为脆弱,人居环境的恶化对老年人口的健康构成了更加明显的威胁。

2. 建设路径

在长寿社会的构建中,应从多个方面入手,着力构建宜居环境体系,保障老年人口的健康。①通过修订和完善城乡规划建设法律法规、政策规范和工程建设标准,将各种城乡规划建设活动与老龄社会发展和老年人口的健康要求结合起来。②统筹建设面向城乡老年人的公用设施和服务设施,逐步改善住区养老服务设施,完善老年人体育、文化和娱乐等设备,增加老年人口的活动场所。③通过老年人家庭的无障碍改造和代际亲情住宅建设等方式,改善老年人口的居住和生活环境。④通过政府引导和民间组织的推动,大力开展"老年友好型城市""老年宜居社区"和"老年温馨家庭"等创建活动,提升老年人口的幸福感。⑤通过各种宣传措施,大力弘扬尊老、敬老、助老的美德,在全社会树立尊重、关心、帮助老年人的良好社会风尚,形成老少共融、代际和谐的社会氛围。

5.3.5 社会管理体系建设

老年社会工作是指按照相关的政策和制度，通过专业的社会工作人员来帮助老年人口解决其日常生活中的各种问题，以满足老年人口的各种社会需求，提高其生活质量。老年社会工作是社会工作的一个重要领域，它与政治结构、社会变迁、社会文化和经济状况等密切相关（张景美，2011）。

1. 问题与挑战

（1）政府投入力度不足

目前，政府对老年社会工作的资金、技术、人员等方面的投入严重不足。我国老年人群的社会福利体系尚不健全，政府部门为老年人群提供的服务设施也十分稀缺，难以满足老年人的实际需求，也不利于老年社会工作的开展。在管理方面，目前我国老年社会工作人员身兼多职，缺少编制，工资待遇较低，职业培训和晋升机会较少等现象普遍存在，妨碍了老年社会工作的正常开展。

（2）社会工作者供给不足

我国已有的社会工作者数量偏少，专业化程度偏低。就社会工作者的专业化程度来说，现有的社会工作者在文化程度、专业类型、资格认证级别、相关培训时间、相关工作年限等都难以达到专业社会工作者的水平，难以满足老年人的实际需求。社会服务人员的专业化程度偏低，导致其对老年社会工作概念的认识不清，缺乏专业社会工作的理念、工作方法和技巧，降低了服务水平。

（3）社会工作的社会认同感偏低

老年社会工作较为辛苦和繁琐。但是，老年社会工作者的工作价值并未得到充分的体现，社会工作的社会认同感普遍偏低。在现实生活中，无论是社区和养老机构的负责人，还是社会工作者的服务对象及其家属，他们对社会工作的认同度都普遍偏低，从而降低了老年社会工作者的工作积极性。

（4）社会资源投入较少

受传统观念的影响，我国的养老体系素以传统的家庭养老为主，造成各类社会资源对社会养老的投入不足。各种非营利组织、社工人员、企业等的资金注入和管理介入均有所不足，限制了各类社会资源在社会养老中发挥应有的功能。这既浪费了宝贵的人力和财力资源，也给社会带来了巨大的负担，更不利于解决我国老年人的实际生活问题。

2. 建设路径

（1）提升社会工作者的专业化水平。通过调整教育结构，增设相关的专业，加大专业社会工作人员的培养力度，完善社会工作人员的专业能力评价和认证制度，鼓励社会工作人员的再教育和再提升，切实提高社会工作者的专业水平。

（2）政府从政策法规、岗位设置、工资待遇、在职培训到高校联合等多个方面入手，进一步完善相关的配套措施，在职业发展、工资待遇等各个方面加大对老年社会工作的支持力度，为老年社会工作搭建更好的平台，促进老年社会工作的有序开展，切实解决老年人口所面临的实际生活问题。

(3)提高社会大众对社会工作的认可度。一方面,通过各种社会工作专业机构的良好运作,不断扩大服务对象的数量,提高老年服务品质,获取老年人群的认可;另一方面,通过各种公益宣传、媒体介绍等增强社会大众对老年社会工作的了解,进而提高社会大众对社会工作的认可度。

(4)完善老年群众工作体系。加快形成依托社区、覆盖广泛、功能健全的老年社会管理服务网络。完善老年人诉求表达机制、涉老矛盾调处机制和老年人权益保障机制。积极培育发展基层老年人社会组织,增强老年人社会组织的自我教育、自我管理、自我服务功能。推动发展公益慈善类老龄服务组织。建立社区老年人思想教育工作机制,切实做好老年思想政治工作。加快发展老年教育、文化、体育事业,广泛开展各种群众性老年文体娱乐活动。

5.4 长寿文化培育

5.4.1 大力弘扬福寿文化

福寿文化是福文化和寿文化的统称,两者既相对独立,拥有不同的文化内涵,同时又是不可分割的统一体,即常说的"福中有寿,寿中有福"。中国的福寿文化源远流长。早在原始社会时期,中华文明在形成和发展过程中,所产生的对自身生存、传代而产生的最本能的向往和追求,就是福寿文化的萌芽。福寿文化告诉人们一个最基本的道理:得福即安,这是人们对生存的本能追求;得寿延年,这是人们对生命长久的本能追求。

1. 福文化

(1)"福"字的解读

福文化是中国最古老的传统文化。在甲骨文中,"福"字是一个会意字,它的意思是:两手捧酒坛,把酒浇在祭台上。因此,"福"字代表人们最渴望得到的,不懈努力追求的目标。"福"字的构造是一口田,它告诉人们,古代社会里,人们在与自然社会长期的生存竞争过程中,开始产生了一种本能的理想,并把这种理想当作最美好的愿望去追求。这种理想就是:一个人如果能够有一块能生长出食物的土地,从而使自己得以生存下去,该是多么美好的事啊。"福"字的偏旁为"示",本意是祭祀祈祷。这是指人们在向天地向神灵祈祷,希冀自己能够实现这一美好的愿望,能够得到"福"。

(2)五福

在中国的传统习俗中,五福代表五个吉祥的祝福:寿比南山、恭喜发财、健康安宁、品德高尚、善始善终。第一福:长寿。其中,第一福的因是好生护生之德,施他饮食,果则是长寿。第二福:富贵。其中,第二福的因是施财施恩于他人,果则是富贵。第三福:康宁。其中,第三福的因是施药戒杀,心慈无害,果则是无病。第四福:好德。其中,第四福的因是多结良缘,爱惜大众,果则是子孙满堂贤孝。第五福:善终。其中,第五福的因是有修有养,修行福德,果则是善终。

(3)福文化的三个层面

中国的福文化大致包括3个层面:第一层面为"衣食是福"。"福"字是中国最古老的汉字之一,形体变化较多。但是,溯其根源,祈福的主要目的还是为"衣食"。"衣食"代表物质层面,物质丰富则是"福"的前提。第二层面为"平安是福"。平安是福的说法源自《庄子》的"平则福"。自然灾害与战争让人们懂得了平安的可贵,代表了人们对和平安定生存过程的渴望。平安是"福"的基础和保障,没有平安就没有一切。第三层面为"和谐是福"。当人们拥有丰富的物质积累和平安的状态时并不一定会感觉到幸福。"和谐是福"则代表了人类对福的最高追求。"和"文化是中国传统文化之大成者,在中华民族发展史上起到了重要作用。"和"文化涵盖了谦和、和善、和顺、和睦、和美、和谐等方面内容。"和谐是福"则代表了人们在精神层面上对福的一种感受和追求。

2. 寿文化

寿文化是中国传统文化的重要组成部分,是中国文化之根。古往今来,无数炎黄子孙敬畏生命,追求长寿。寿文化也同我国其他传统文化一样,经历了萌芽、发展、鼎盛、传承的各个阶段,呈现出历史悠久、内涵丰富、形态多样、影响深远的整体特征(候盼红,2016)。

(1)寿文化的渊源

文字是历史的活化石。在中国汉字中,"寿"字是一个古老、神秘而又多变的异彩单字。据考证,"寿"字最早出现在商周之前的古陶器上,正式使用则是从商代开始。这些"寿"字的出现,表明早在殷商时期,中国人就已经产生了长寿的观念。不仅如此,早在商周时期,中国人就已明确形成了"五福寿为先"的认识。表明了"寿"在人们心目中的崇高地位。

(2)寿文化与尊老敬老风俗

寿文化的逐渐形成与推广对于我国社会风俗的形成也有直接的影响。当知识经验在生活和生产中的作用越来越重要时,尊老和敬老被越来越多人们所认同,尊老敬老传统习俗形成。据记载,早在秦汉时期,宫中每年三月都要举行三老五更之礼(王长坤,2007)。此时,皇帝会宴请事先选好的德高年长的三老五更。席间,皇帝不仅要跪拜,还亲自割牲、执酱、执爵,以示对三老五更的敬意。其次,三公九卿也会依次向三老五更敬酒劝食。各级官府也会在中秋时节举行敬老活动,向治内的老人赐杖,赐饼等。这种敬老传统对中国传统文化产生了极为广泛的影响,祈寿祝寿的心态蔚然成风。到了唐代以后,更是极力提倡尊老敬老,禁止父子分居,从而逐渐形成了我国特有的父子兄弟同财共居、几世同堂的大家族模式。

(3)寿文化与政策法令

早在汉成帝时期,就曾经颁布了《王杖诏书令》,这是我国现存最早的敬老法令。该法令规定:凡年满70岁的老人,朝廷将授予王杖。持有王杖的老人可以享受种种特殊的权利,连同自己的家人也可以享受特权。此后,汉武帝也曾颁布法令,免除90岁以上老人所有子孙的赋役,使得高龄老人可以得到更多更全面的照顾。通过各朝政府的政策法令,不仅在全社会形成了敬老养老的醇厚风气,也促进了我国寿文化的不断发展。

(4)寿文化与文艺作品

随着寿文化的不断传播,寿文化与各类文艺作品之间的关系也愈加紧密。从唐代开始,随着祝寿之风的盛行,诗歌创作的繁荣,以及统治者对封建大家庭和高寿者的旌表,诗风和祝寿之俗开始不断结合,逐渐产生了中国社会独有的一种文学形式,即寿联和寿诗。唐代社会高度的开放性,使得文学作品的发展也更具有创新性。唐诗的繁荣、祈寿祝寿之风的盛行及敬老养老的良好道德风尚,大大加快了寿诗的创作高潮。之后的宋元明清各代,寿诗、寿词、寿文、寿联之类文艺作品已是汗牛充栋。以寿文化为主题的瓷器、戏剧、歌舞亦层出不穷。

5.4.2 积极倡导孝道文化

百善孝为先。孝老、尊老、敬老、爱老是中华民族的传统美德,是全社会的共同责任,是良好社会风气的形成来源,是涵养家风家规的重要载体。正是这些传统,让我们的民族历久弥新,正是这些美德,让我们的国家逾发强大。

1. 基本概念与历史渊源

所谓孝道文化,就是关于关爱父母长辈、尊老敬老的一种文化传统。孝道是中国古代社会的基本道德规范。一般指社会要求子女对父母应尽的义务,包括尊敬、关爱、赡养老人,为父母长辈养老送终等。中华民族自古为文明礼仪之邦,孝道文化是中华民族价值体系的独特基因,也是涵养社会主义核心价值观的重要源泉。

在中华文明中,孝的观念源远流长。在甲骨文中,就已经出现了"孝"字;而关于敬老、养老的专门史料记载则可以追溯到三千多年前。在中国传统社会中,儒家历来把孝与感恩视为"人伦之公理";把孝与感恩和"忠君""爱国"相联系,以"孝"为"修身、齐家、治国、平天下"的出发点,使孝与感恩这种调节亲子关系的道德规范扩展为具有社会普遍意义的行为准则,成为社会教化的基本内容。作为中华民族的一种传统文化,孝道随着中国社会文明的发展而不断地丰富和赋予新的内容。弘扬中华民族的传统孝文化,重建与现代文明社会相适应的新孝道文化,对融合代际关系,实现家庭和睦,营造孝亲敬老的良好社会氛围,发挥贤孝文化在构建社会主义和谐社会中的作用具有重要的现实社会意义。

2. 基本内容

中国传统孝道是中国传统文化的核心,又是封建社会意识形态的主要内容,渗透到几千年来中国社会生活的方方面面。中国传统的孝道文化是一个复合概念,内容丰富,涉及面广。从敬养的角度上讲,其主要包含以下几个方面的内容。

(1)敬亲

中国传统孝道的精髓在于大力提倡对父母的敬爱之心。没有了敬和爱,就谈不上孝。孔子曰:"今之孝者,是谓能养。至于犬马,皆能有养,不敬,何以别乎?"孝敬父母并不仅仅是提供物质上的供养,更关键的是要有对父母的敬爱,而且这种爱是发自内心的敬爱。没有了这种爱,就谈不上对父母的孝敬。孔子还认为,子女履行孝道时最困难的就是时刻保持这种敬爱之心,即心情愉悦地对待父母。

(2)奉养

奉养是中国传统孝道中的物质基础,即要从物质上供养父母。"生则养"视为孝敬父母的最低条件。儒家提倡在物质生活上要首先保障父母,强调老年父母在物质生活上的优先性。如果有肉,要首先让老年人吃。这一点在中国传统孝道中非常重要。

(3) 侍疾

老年人往往身体衰弱,容易得病。因此,"侍疾"是中国传统孝道的重要内容。如果年老的父母生病了,需要子女给予及时诊治和精心照料,并给父母以生活和精神上的关怀。

(4) 立身

《孝经》中指出:"安身行道,扬名于世,孝之终也"。子女们通过自己的勤奋努力,成就了一番事业后,父母也会感到高兴,感到光荣,感到自豪。因此,终日无所事事,一生庸庸碌碌,也是对父母的不孝。

(5) 谏诤

《孝经》中指出:"父有争子,则身不陷於不义。故当不义,则子不可以不争於父"。在父母有不义的时候,子女们不但不能盲目顺从,反而要谏诤父母,劝使其改正不义。防止父母陷于不义也是一种孝顺。

(6) 善终

《孝经》中指出:"孝子之事亲也,居则致其敬,养则致其乐,病则致其忧,丧则致其哀,祭则致其严,五者备矣,然后能事亲"。在中国传统孝道中,父母的安葬是非常重要的。子女们在丧礼时要尽各种礼仪,表达对父母的哀悼和孝顺。

3. 倡导孝道文化的现实意义

我国已经开始进入人口的快速老龄化。积极倡导孝道文化对于应对老龄化社会具有深远的社会意义和现实的指导意义。

家庭养老是当今中国主要的养老方式,这也是几千年中华文明传承过程中逐渐形成的传统模式。传统的孝道文化则是家庭养老模式赖以存在的思想基础。随着改革开放以来社会经济形势的变化,我国家庭养老的功能日益弱化,传统的孝道观念也开始淡化。歧视老人,虐待老人的事件也时有发生。在这样的时代背景下,大力宣扬传统的孝道文化,积极倡导尊老、敬老、助老的传统美德,将具有非常重要的现实意义。为此,我国政府已经于1996年颁布了《中华人民共和国老年人权益保障法》,以法律的形式对敬老养老的要求进行了具体的规范。2001年,中共中央颁布了《公民道德实施纲要》,进一步提出了"爱国守法、明礼诚信、团结友善、勤俭自强、敬业奉献"的基本道德规范,把尊老爱幼作为每一个公民的基本道德。习近平总书记一直身体力行尊老、敬老、爱老、助老。党的十八大以来,他多次就"尊老"发表重要讲话,对国家老龄事业发展和养老体系建设提出一系列高瞻远瞩的重要论述和设计规划。因此,在新的形势下,弘扬中华民族传统的孝道文化,对于促进社会主义精神文明建设,增强中华民族的凝聚力,有效地解决人口老龄化问题等,都将具有深远的社会意义和现实的指导意义。

4. 倡导孝道文化的具体路径

随着社会经济的发展,我国的家庭结构也发生了巨大变化。传宗接代和养儿防老等传统观念发生了深刻变化。加上拜金主义日盛,法律意识淡薄,使得老年人和青年人的家庭和社会代际关系出现许多问题,虐待老人、歧视老人的现象时有发生。孝道文化的弘扬任务艰巨。为此,必须从以下方面着手,抓好新时期孝道文化的建设:

(1) 法律制度约束

根据《中华人民共和国宪法》和《中华人民共和国老年人权益保障法》等法律法规,在全社会积极开展维护老年人合法权益的法制教育和普法工作;健全法律援助制度,加强老年人法律服务工作;加强法制建设,进一步完善有关维护老年人权益的法律法规;加大执法和监督力度,依法处理和打击侵犯老年人合法权益的不法行为,切实维护和保障老年人的合法权益。

(2) 加强公众宣传

孝敬、平等、保障、共享、和谐是新时期中国孝道文化的主要内容。这些内容在现实生活中已经得到了老百姓的广泛认可。因此,要通过新闻媒体在全社会进行孝道文化的宣传,进一步规范人们的意识,树立新的孝道精神,谴责严重败坏孝道的不道德行为。

(3) 建设孝道家庭

家庭是社会的细胞,也是老年人生活的主要场所。各级政府和老龄工作部门要制定各种激励和监督措施,通过开展敬老好儿女、敬老好家庭等活动,使各个家庭成员懂得敬老、爱老、助老的重要性,努力为老年人提供一个精神舒畅的家庭环境。

(4) 培育孝善社区

社区是居民的重要活动场所,也是老年人的主要活动场所。在孝道文化的弘扬过程中,应立足社区,通过开展文明社区、文明村镇、文明家庭创建等活动,广泛开展孝道文化教育,在全社会树立敬老、养老、爱老、助老的良好社会风尚,在全面建设小康社会中不断提高老年人的生活和生命质量,促进积极老龄化,坚持可持续发展战略,实现社会的全面进步。

5.4.3 科学引导养生文化

养生文化是指在长期的生活实践中,人们创造的有关养护身体和生命物质文化和精神文化。其中,有关养生的理论典籍和实用方法,是养生文化的主要内容。我国的养生文化有着数千年的历史,在发展过程中融合了自然科学、人文科学和社会科学诸多的因素,集中华民族数千年养生文化于一身,在世界养生文化中占有重要地位。

1. 我国古代的养生思想

我国的养生文化源远流长,在秦汉以前就已形成了基本的理论思想与方法体系。书成于战国时期的《黄帝内经》堪称是我国古代养生理论的奠基之作。其养生思想主要包括以下几个方面:①整体健康观。该观点认为,人体阴阳平衡是健康的基础。一旦阴阳平衡遭到破坏,人就不会健康。②顺应自然观。该观点认为,人们只有"和于阴阳,调于四时","法则天地,逆从阴阳",才能够真正达到至人、真人、圣人、贤人的境地,实现健康长寿乃至长生不死。③重在预防观。该观点认为,"圣人不治已病治未病,不治已乱治未乱"。治未病的观点不仅是古代养生思想的重要组成部分,还拥有重要的现实意义。④摄养情志观。该观点认为,精神愉快、情绪稳定是身体健康的关键因素。强调"精神内守,病安从来"。⑤形神兼修观。该观点认为,既要保养精神,使"精神内守",又要锻炼形体,做到"形劳而不倦"。通过动静的有机结合,方能形与神俱,却病延年。

书成于秦代的《吕氏春秋》中,有不少篇章论及养生,形成了动以养生的观点。该书认为:"动而萌,萌而生,生而长"。动是生命的精髓,据此得出了去害知本、动以养生的基本原则。其中,去害包括去五味充形之害、五情接神之害、七淫动精之害。知本是指知精气流动之本。

汉代《淮南子》一书中也有许多养生论述。首先,养生的要义是要做到形、神、气三位一体。在这三者之中,养神最重要,精神内守才能使神得其位;神得其位、精神清明才能充分发挥神的作用。其次,应适度运动。身体过于劳累,或者过于懒惰,都不利于身体健康。再次,应注意保持心态平和,认为"人大怒破阴,大喜坠阳"。主张以中致外,以神驭形。

2. 主要的养生方式

(1)中医养生

中医养生,就是指通过各种方法颐养生命、增强体质、预防疾病,从而达到延年益寿的一种医事活动。中医养生重在整体性和系统性,目的是预防疾病,治未病。2008年6月7日,经国务院批准,中医养生被列入第二批国家级非物质文化遗产名录。

中医养生的基本原则包括以下几点:

1)协调脏腑

根据各个脏腑器官之间相互依赖,相互制约,生克制化的关系来实现脏腑间的协调,从而保持一种动态平衡,以保证生理活动的顺利进行。其中,五脏是以化生和贮藏精、神、气、血、津液为主要生理功能;六腑是以受盛和传化水谷、排泄糟粕为其生理功能。只有藏、泻得宜,人的机体才有充足的营养来源,保证生命活动的正常进行。任何一个环节发生了故障,都会影响整体生命活动而发生疾病。

2)畅通经络

经络是气血运行的通道,它与生命活动息息相关。只有经络通畅,气血才能川流不息地营运于全身。经络通畅能够使脏腑相通、阴阳交贯,内外相通;从而养助腑、生气血、布津液、传糟粕、御精神,确保生命活动顺利进行,新陈代谢旺盛。因此,经络以通为用。一旦经络阻滞,则影响脏腑协调,气血运行也受到阻碍。

3)清静养神

在机体新陈代谢过程中,各种生理功能都需要神的调节。故神极易耗伤而受损。因而,养神就显得尤为重要。所谓"静以养神",就是指静神不思、养而不用。即便需要用神,也要防止用神太过。静则百虑不思,神不过用,身心的清流有助于神气的潜腔内守。反之,神气的过用、躁动往往容易耗伤,会使身体健康受到影响。

4)节欲葆精

由于精在生命活动中起着十分重要的作用,所以,要想使身体健康而无病,保持旺盛的生命力,就必须重视养精,避免纵欲过度。《内经》明确指出:"善养生者,必宝其精,精盈则气盛,气盛则神全,神全则身健,身健则病少"。

5)调息养气

养气主要包括两个方面:一是保养元气。元气充足,则生命有活力。保养正气,首先是顺四时、慎起居,如果人体能顺应四时变化,则可使阳气得到保护,不致耗伤。二是调畅气机。气机通畅,则机体健康。如《素问·生气通天论》中所述:"苍天之气清静,顺之则阳气固,虽有贼邪,弗能害也"。

(2)饮食养生

常言道:药补不如食补。饮食养生是我国中医一个重要的传统理论,在长期的实践中积累了极为丰富的经验。

老人的饮食养生应主要注意以下几点：①不贪肉。如果老年人膳食中肉类脂肪过多，则会引起营养平衡失调和新陈代谢紊乱，易患高胆固醇血症和高脂血症，不利于心脑血管病的防治。②不贪精。如果老年人长期食用精白的米面，摄入的纤维素过少，就会减弱肠的蠕动，易患便秘。③不贪硬。老年人的胃肠消化吸收功能较弱。如果贪吃坚硬或煮得不烂的食物，就容易患消化不良症或胃病。④不贪快。由于老年人牙齿脱落不全，如果在饮食时贪快，食物咀嚼不烂，就会增加胃的消化负担。同时，还容易引发鱼刺或肉骨头鲠喉等意外事故。⑤不贪饱。老年人饮食宜八分饱。如果贪多求饱，既增加胃肠的消化吸收负担，又会诱发或加重心脑血管疾病。⑥不贪酒。老年人长期贪杯饮酒，会使心肌失去正常的弹性，加重心脏的负担。同时，老人多饮酒，还易导致肝硬化。⑦不贪咸。如果老年人摄入的钠盐量太多，则容易引发高血压、中风、心脏病及肾脏衰弱。⑧不贪甜。老人过多食甜，会造成功能紊乱，进而引起肥胖症、糖尿病、脱发等，不利于身心保健。⑨不贪迟。老年人的三餐进食时间宜早不贪迟。早用餐有利于食物消化与饭后休息，避免积食或低血糖。⑩不贪热。老年人饮食宜温不宜烫。从而避免热食损害口腔、食管和胃。老年人如果长期服用烫食热刺激，还易罹患胃癌、食道癌。

（3）运动养生

运动养生是指通过活动身体的方式来维护健康、增强体质、延长寿命、延缓衰老的一种养生方法。运动是形式，养生是目的。运动的形式灵活多样，且可以自创，只要能够达到健身的目的即可。经常而适度地进行体育锻炼，可促进血液循环，改善大脑的营养状况，促进脑细胞的代谢，使大脑的功能得以充分发挥，从而有益于神经系统的健康，有助于保持旺盛的精力和稳定的情绪。适度运动还可以使心肌发达，收缩有力，促进血液循环，增强心脏的活力及肺脏呼吸功能。可促进和改善体内脏器自身的血液循环，有利于脏器的生理功能，还可以提高机体的免疫机能及内分泌功能，从而使人体的生命力更加旺盛。

运动养生的种类繁多，主要包括：①散步。民谚曰，饭后百步走，活到九十九。因此，每日的慢步最为讲究规律和持久。只有持之以恒，方可见功。②跑步。通常应以适当的速度跑适当的距离。距离太短，速度太慢难于起到健身作用，但距离太长，速度太快则容易造成受伤。③健身操和健美操。健身操包括早操、工间操、课间操等类型。其目的在于全民健身，人人可行。健美操的要求更高，运动量更大。通过练习健美操，可以增强肌肉，使体形匀称健美。④登山。登山是一种良好的户外运动。山中景致自然，空气新鲜，于怡情中健身，常常能够获得很好的效果。⑤游泳。游泳是一种非常有益于身体健康的运动。它能够有效改善人体的心血管系统，提高肺活量，改善肌肉系统的能力，改善体温调节的机制，加强皮肤血液循环，增强抵抗力。⑥武术。武术可大致分为徒手及持械两大类。在徒手健身术中，有五禽戏、八段锦、易筋经、太极拳、形意拳、八卦掌等多种。这些都是常见的健身功法。持械本为战争之用，亦为保身，健身的意义则次之。

5.4.4 着力凸显地域文化

世界卫生组织研究报告显示，人类健康长寿的主要影响因素包括5个方面：遗传因素、自然环境、社会状况、医疗条件、生活方式等(罗传清,2017)。因此,深入挖掘各地与长寿相关的独特地域文化,将各种长寿因素有机地整合起来,对于各地长寿文化的培育具有重要的意义。下面选取了我国的部分典型区域,分析其地域特色浓厚的长寿文化因子。

1. 永福县的福寿文化

永福县地处桂林市西南部,从古自今寿星辈出,自古就以"三千水旱无忧垌,十里常逢百岁人"而著称(陶虹,2012)。永福县素有"福寿之乡"的美誉,中华传统福寿文化底蕴深厚,"福寿双全"在这里得到了完美体现。

永福的"福寿文化"起源于县城凤山顶上的清代"福"字石刻和百寿镇著名的北宋"百寿图"石刻。永福县的"福"字石刻与广西历史上唯一的武状元李珙有关。宋徽宗初年,在参加武举考试中,李珙名中状元。在宣和末年,金兵大举进犯汴梁,当时北宋王朝内廷空虚,兵微将寡,难以御敌,于是徽宗密令号召天下起兵勤王。李珙接到号令后,当即率兵三千前往勤王,后在湖南衡州一带与敌激战,因孤立无援,血战而死。朝廷为之感动,追赠他为忠州防御使,诏旌其门为"忠义",立为乡贤世代祭祀。凤山上的"福"字,就是清代凤山澄心寺的僧人以李珙掌书真迹刻成的。并由此形成了十里八乡居民群众到石刻前"祈福迎祥"的民俗。永福人把"千里孤军为国战,一心马革裹尸还"的抗金名将李珙作为崇拜、祈福的对象,而不是其他大富大贵者,这也是永福福文化的独特之处。

永福县西北的百寿镇百寿岩石壁上有一"寿"字古石刻,俗称"百寿图",成于南宋绍定已丑年(公元 1229 年),被中外史学家誉为中国文字太阳系的千古奇文。自宋以来,"百寿图"拓印品和临摹品一直是永福人馈赠亲友或为老人祝寿的珍贵礼物,并流传海外。据东晋葛洪《抱朴子》等史料记载,汉时现今百寿镇一带有个叫廖扶的老人,家族数百人,饮用百寿岩前的一眼丹砂井中之水,皆长寿,而廖扶本人更是寿高 158 岁。永福县一"福"一"寿"遥相呼应,因而得到了"福寿之乡"的美誉。

除此之外,永福县还拥有多种与长寿产业有关的产品。①罗汉果。罗汉果含有丰富的葡萄糖和果糖,对咳嗽、便秘、气管炎、咽喉炎等多种病症都有很好的疗效,素有"东方神果"的美誉。永福县种植罗汉果已有 200 多年历史,年产量占全国总产量的 90%,是世界上最大的罗汉果产地。为此,永福被中华人民共和国农业农村部命名为"中国罗汉果之乡"。②野生山葡萄。野生山葡萄是永福县著名特色产品之一,是酿制葡萄酒的好原料,也是制汁的好品种。山葡萄汁味酸甜,含有丰富的葡萄糖、有机酸、维生素和微量元素,具有极高的保健价值。此外,还有香菇、"永安黄竹笋""永安红皮花生"等福寿品牌也非常有名,一直是永福县的传统出口产品。

为了深入挖掘永福县的福寿文化,打造养生之都,永福县与世界养生大会组委会举办了福寿节;与广西大学文学院合作出版了《永福福寿文化志》《百寿图考释》《36 位百岁老人生活实录》等福寿文化丛书;与桂林联动,将永福纳入大桂林旅游圈,开发休闲养生旅游线路等。这些措施为永福县福寿文化的培育奠定了坚实的基础。

2. 湖北的荆楚特色养生文化

湖北地处中原地区,特殊的地理气候条件和深厚的荆楚文化孕育了丰富多彩而富有特色的传统养生文化。早在先秦时期,这里的人们就懂得导引养生,是中国古代导引养生的重要发源地和流传区(王平 等,2011)。自先秦以来,楚地人口稀少,食物充沛,人们不必为食品担忧,故有较多的时间去关注自己身体健康,积极进行相应的养生锻炼。另外,楚地拥有庄子、庚桑楚、楚狂接舆等大量隐者阶层人士。他们对人的生存健康进行了深入的研究,不但自己成为长寿的象征,还向人们传播养生知识。因此,荆楚之地自古就多有长寿、养生之人,特别是一些导引、行气之士。

湖北荆楚特色养生文化主要包含以下内容:①炎帝神农氏养生文化。炎帝神农氏故里位于湖北省随州厉山。由秦汉时期众多医学家搜集、总结、整理而成的《神农本草经》是中医四大经典著作之一,起源于神农氏,是现存最早的中药学著作,也是对中国中医药的第一次系统总结。其中规定的大部分中药学理论和配伍规则以及提出的"七情和合"原则在几千年的用药实践中发挥了巨大作用,是中医药药物学理论发展的源头。《神农本草经》丰富的药物养生内容在后世的中医学养生理论指导下得到了广泛应用,许多药物确有抗衰老作用。炎帝神农氏养生文化则体现在改善饮食结构、饮食卫生、环境卫生、生活条件、创医药治百病等各个方面。②武当山道教养生文化。道教文化以延年益寿、羽化登仙为最高目标,与中医养生学是高度一致的。位于湖北省十堰市的武当山是世界文化遗产地,历代道门高徒在此修道行医,研习养生之术,使道教养生医学在这里世代相传,逐渐形成独具特色的武当道教医药及养生之术。其中,丹道的修持习炼、武当内家功夫、服食辟谷术、武当道乐是武当山道教养生文化的特色。③名医名人的养生与长寿思想。明代伟大的医药学家李时珍是湖北蕲春人,其著名的《本草纲目》中有许多条文记载了养生内容,在食疗养生和药物养生思想上多有创见。此外,湖北还有宋代的庞安时、明朝的万密斋、清代的杨际泰等我国医学史上颇负盛名的医学家和养生家。这些名医大家为养生与长寿文化留下了许多宝贵的文献资料,为希冀长寿的现代人留下了宝贵的健康财富。④鄂西少数民族养生文化。地处鄂西的土家族、苗族人民在与疾病和大自然的抗争中,积累了丰富的养生保健知识,创造了具有显著地方特色的土家族、苗族医药学,在中华民族的繁衍生息中作出了巨大贡献。

3. 贵州的民族地区长寿文化

贵州地处中国著名的西南长寿带,全省的百岁老人又多集中于黔东南、铜仁等多民族聚居区域(杨军昌 等,2011)。贵州民族地区优越的自然环境、浓郁的民族文化氛围、乡村田园清新的农耕生活,规律有序的人生历程以及经济社会发展变化的共同作用,成就了该地区的长寿现象。

贵州的民族地区长寿文化主要体现在以下几个方面:①尊老敬老的家庭环境。"家和儿女孝"是贵州民族地区长寿老人的共同特点。贵州少数民族几乎都有祖先崇拜、图腾崇拜的久远历史,尊重老人、注重家庭和睦不仅是家庭生活中的显著特征,同时得到了习惯法的规制和保障。贵州民族地区对老人的尊敬、孝顺和重视,体现在社会生活的方方面面。老年人是寨中的精神象征,不少民族社区有"老人节",有敬老仪式和祝寿舞蹈。在这种社会环境中,老年人生活有保障,心灵得到慰藉,日子才能舒心。②勤俭朴素的生活方式。贵州的百岁老人大多生活在山清水秀的农村。他们一生惯于劳动,早睡早起,饮食起居相当规律。平日喜食五谷杂粮,喜好低热量、低脂肪和多蔬菜的饮食。此外,还有神奇的"瑶族药浴",既可舒筋活络、抵御风寒,又可健身洁体、防病治病。因此,生活有制、勤俭朴素是贵州民族地区人们高龄长寿的基本方式。③乐观淡泊的心境支持。贵州民族地区的人们长期生活在封闭与地理隔离的环境中，逐渐形成了以家庭为单位，以族系为依托的社会圈子。共同的血缘和亲近的人际关系使得贵州民族地区形成了遵从自然的朴素生命观、生死观、价值观，孕育了长贤幼孝、友善和睦、互助共享的传统。人们按照自然的规律和生命历程的生活符号快乐而又有意义地走过春秋冬夏，执着而又淡泊、恬静而又安然地履行着生命的职责。人们在生活中体现出的从容平和与乐观是益寿延年的宝贵良方。④丰富的传统文化积淀。在漫长的历史长河中，贵州的各民族创造出了各具特色的丰富文化，形成了民族文化、民族风情、乡土文化特色并重的传统文化。儒家文化、佛教、基督教、天主教等在民间广为渗透，与不同地理与文化区域的民间传统相互并存与交融，共同形成对健康长寿的精神支持。

下篇

长寿经济规划实践研究

第6章 长寿经济战略储备研究

以"三个中国"(指美丽中国、健康中国、幸福中国)"两山理论"(指绿水青山就是金山银山)为指导思想,经过本人及团队多年创新理论研究,以及对广东省遂溪县、山西省云州区(原大同县)为代表的"国际长寿/健康养生基地"和以贵州省赤水市、山东省蒙阴县为代表的"长寿经济典型研究区"的实践研究,将长寿养生经济科学理论运用到区域经济社会发展中,获得较为宝贵的经验。"二基地、二典型"研究,作为国内长寿养生经济战略储备研究,有利于指导新时期现代长寿经济高质量发展。

6.1 长寿区域地域识别特征

6.1.1 典型区域遴选标准

课题组前期初步对全国若干区域进行遴选,最终选择广东遂溪、山西云州"国际长寿养生基地"和贵州赤水、山东蒙阴"长寿经济典型研究区"(以下简称"二基地、二典型")作为典型研究对象。

1. "国际长寿养生基地"典型区域遴选标准

根据"国际长寿养生基地"认证条件,结合遴选区域实际条件,初步拟定"国际长寿养生基地评价指标体系"(见表6-1),作为典型区域遴选标准。包括长寿人口、长寿设施、长寿环境3个主类以及6个亚类、21个小类。初步遴选广东遂溪和山西云州作为"国际长寿养生基地"创建研究区域。

表6-1 "国际长寿养生基地"典型区遴选评价体系

主类	亚类	小类
长寿人口	长寿水平	百岁人口比
		老年长寿比(90岁及以上占65岁以上人口比例)
		平均预期寿命

续表

主类	亚类	小类
长寿设施	医养设施	职业医师比(每千人常住人口职业医师数)
		养老床位比(每千名老人拥有的养老床位数)
		有完善分级医疗、康复机构
		行政村(城市社区)公共健康设施覆盖率
	健身设施	人均体育场地面积
		公共交通设施
	其他服务设施	餐饮住宿设施
		其他康养旅游接待设施
长寿环境	生态环境	温湿指数(THI)
		空气清洁度(CI)
		空气质量优良天数
		森林覆盖率(或林草覆盖率)
		生活垃圾无害化处理率
		城市污水处理率
	人文环境	旅游景区质量等级
		非物质文化遗产
		重点文物保护单位
		特色产品

2."长寿经济典型研究区"典型区域遴选标准

基于前期研究,进一步深化"长寿经济典型研究区"的遴选标准。考虑区域经济社会生态条件,参考《中国长寿之乡评审标准》、"中国绿色农业""绿色化工业"发展水平、《康体养生旅游目的地评价指标体系构建及应用研究》《国家康养旅游示范基地创建标准》(LB/T051—2016),参照数据的可获得性,建立了宏观指导性质的指标、经济发展水平、生态环境、长寿农业、长寿工业、长寿旅游、人居环境、可持续发展水平 8 个领域的评价指标(见表 6-2)共 35 个小项,采用列表形式展示,并区分约束性指标、参考性指标和特色指标。

表 6-2 "长寿经济典型研究区"典型区遴选评价体系

领域	序号	指标名称	单位	指标值
宏观指导	1	长寿之乡	—	申报认定
	2	长寿经济发展规划	—	制定实施

续表

领域	序号	指标名称	单位	指标值
经济发展	3	恩格尔系数	%	≤40
	4	城镇居民人均可支配收入	元/人	35000
	5	农村居民人均纯收入	元/人	15000
生态环境	6	森林覆盖率	%	≥60
	7	空气质量	—	≥国家二级标准
	8	地表水质	%	达到或优于Ⅲ类比例≥75
	9	土壤质量	—	达到或优于无公害食品产地环境质量标准
	10	主要污染物总量减排	—	达到考核要求
长寿农业	11	无公害农产品基地面积	%	≥100
	12	绿色、有机农产品种(养)植面积	%	≥50
	13	休闲观光农业产值	%	≥10
	14	休闲观光农业产值增长率	%	≥8
产品质量控制	15	农业投入品合格率	%	100
	16	化肥用量	kg/亩	40
	17	农药用量	kg/亩	0.1
	18	农产品质量追溯体系	—	建立
	19	食用农产品质量	—	达到或优于无公害食品标准
长寿工业	20	农产品加工业产值与农业总产值的比重	%	达到或超过全国平均水平
	21	农产品加工率	%	达到或超过全国平均水平
	22	产业净产值率	%	达到或超过全国平均水平
	23	产业总资产报酬率	%	达到或超过全国平均水平
	24	全员劳动生产率	%	达到或超过全国平均水平
	25	农产品加工业整体外向度		达到或超过全国平均水平
长寿旅游	26	旅游业占GDP比重	%	≥35
	27	第三产业占GDP比重	%	≥40
	28	每千人拥有医疗从业人员数	个	达到或超过全国平均水平
	29	康养用地所占国土面积比例	%	达到或超过全国平均水平
人居环境	30	村镇饮用水卫生合格率	%	100
	31	城镇污水处理率	%	≥95
	32	城镇生活垃圾无害化处理率	%	≥85
	33	农村卫生厕所普及率	%	≥95
可持续发展	34	农业废弃物综合利用率	%	≥95
	35	一般工业固体废物处置利用率	%	≥90

6.1.2 典型区地域识别特征

根据典型区域遴选指标体系,近年遴选出广东遂溪、山西云州作为"国际长寿养生基地",贵州赤水、山东蒙阴作为"长寿经济典型研究区"。4个遴选区域,均具有强烈而典型的长寿地域识别特征(见表6-3)。由此表可见,二基地和二典型区域,在长寿水土资源方面,优势元素突出,这是长寿环境基础因子;在长寿人口方面,百岁老人、80岁以上老人占比均远远高于国内平均水平,也略高于国内长寿区平均值,这是长寿人文社会因子。在长寿资源和品牌方面,已有传统优势农副产品和区域优势品牌,均较为突出,这是长寿经济现有发展水平的成果再现。

表6-3 四大典型区域地域识别特征对比分析表

主类	亚类	遂溪	大同	赤水	蒙阴
自然条件	地理位置	雷州半岛	华北	西南	山东半岛沂蒙山区
	地貌	火山地貌	火山地貌	丹霞地貌	岱崮地貌
	气候	热带、亚热带季风气候	温带季风型大陆性气候	中亚热带湿润季风气候	暖温带半湿润大陆性季风型气候
	年均气温	22.7℃	6.4℃	18.1℃	13.2℃
	多年平均降雨量	1759.44 mm	389 mm	1292.3 mm	790 mm
	空气质量	优	优	优	优
	森林覆盖率(或林草覆盖率)	22	23.6	80.17	55
	水	富含钾、锶、锌、锰、偏硅酸等	富含硒、锶、偏硅酸等	富含硒、锶、锌等,资源丰富	富含钾、钠、钙、镁、锌、锰、锶、钼等
	土	富含硒、磷、铁、锌等	富硒、锶、锰	富含硒、钙、铁等	富含钾、钠、钙、镁、锂、锶、铬、镍、铜、锰、铁、硒等
长寿人口现状	百岁人口比(十万分之)	10.8	7.9	11	9.06
	80岁以上人口比/%	2.7	2.8	2.2	2.1
	80岁以上占60岁以上人口比/%	15	15.3	14.2	15

续表

主类	亚类	遂溪	大同	赤水	蒙阴
资源和品牌特色	特色农副产品	多种热带作物及水果、海产品	黄花菜、小米、黍子、玉米、高粱、黄豆、黑豆、豇豆、红豆及枣、杏等	种植的农作物有水稻、玉米、土豆、红薯、黄豆、蚕豆等;主要养殖的畜禽品种有乌骨鸡、黔北黑猪、生态鱼、肉兔等;主要经济林果树有龙眼、荔枝、核桃、猕猴桃、柑橘、柚子等。中草药基地是金钗石斛。长寿加工食品等	长毛兔、苹果、蜜桃等
	长寿资源特色	热带火山、热带滨海、热带农业、现代文化名人和古村落群	火山田园农副产品、火山温泉、火山矿泉	国内丹霞地貌面积最大、发育最壮观的县级市;全市森林覆盖率位居贵州第一。拥有千余个跌坎和瀑布;有地球同纬度保存最完好的中亚热带常绿阔叶原生林43万亩,物种丰富	国家级生态示范区
	品牌特色	中国醒狮之乡、中国第一甜县	大同火山群、火山黄花田园	中国丹霞世界自然遗产地、国际最佳休闲旅游城市、国家级风景名胜区、中国优秀旅游城市、中国长寿之乡、全国绿化模范城市、全国旅游标准化示范城市、国家生态市、全国卫生城市、中国康养旅游示范基地、国家生态旅游示范区等64张世界级、国家级名片,被《中国国家地理》杂志评选为"中国最美丽的地方"	全国果品综合强县、全国无公害果品生产示范基地县、优势区域苹果出口基地县、中国蜜桃之都

对赤水和蒙阴两个典型区域,做进一步地域识别特征分析,从经济、社会、文化、生态等多维度细化量化指标(见表 6-4),可见长寿典型区域现有的产业环境和产业基础均较好。

表6-4 赤水、蒙阴"长寿经济典型研究区"遴选评价体系

领域	序号	指标名称	单位	指标值	2017年现状值	
					赤水	蒙阴
宏观指导	1	长寿之乡	—	申报认定	认定	认定
	2	长寿经济发展规划	—	制定实施	制定	制定
经济发展	3	恩格尔系数	%	≤40	—	—
	4	城镇居民人均可支配收入	元/人	35000	28449	33918
	5	农村居民人均纯收入	元/人	15000	11053	11053
生态环境	6	森林覆盖率	%	≥60	82.85	51.8
	7	环境空气质量优良天数	—	≥国家二级标准或≥220天	达标	201
	8	地表水质	%	达到或优于Ⅲ类比例≥75		
	9	土壤质量	—	达到或优于无公害食品产地环境质量标准		
	10	主要污染物总量减排		达到考核要求	达标	达标
长寿农业	11	无公害农产品基地面积	%	≥100		
	12	绿色、有机农产品种养植面积	%	≥50		
	13	"三品一标"农产品数量	个	180		186
	14	农业灌溉用水有效利用系数	个	0.7	—	0.63
	15	休闲观光农业产值	%	≥10	8.5	
	16	休闲观光农业产值增长率	%	≥8		
	17	休闲农业与乡村旅游收入占GDP比值	亿元	≥10		10.07
	18	乡村旅游旅游人次	万次	500		540
产品质量控制	19	农业投入品合格率	%	100	100	100
	20	化肥用量	kg/亩	40	43.1	38.8
	21	农药用量	kg/亩	0.1	0.18	0.13
	22	农产品质量追溯体系	—	建立		
	23	食用农产品质量		达到或优于无公害食品标准		
长寿工业	24	农产品加工总产值	亿元		84.6	5.24
	25	农产品加工产值与农业总产值之比	倍	3	2.68	
	26	食品制造业总产值	亿元			7.67
	27	医药制造业产值	亿元			0.78
	28	康养制造业产值	亿元			

续表

领域	序号	指标名称	单位	指标值	2017年现状值 赤水	蒙阴
长寿旅游	29	旅游业占GDP比重	%	≥35	26.71	29.3
	30	第三产业占GDP比重	%	≥40	39.7	48.3
	31	每千人拥有医疗从业人员数	个	达到或超过全国平均水平	11	4.61
	32	康养用地所占国土面积比例	%	达到或超过全国平均水平	—	—
人居环境	33	村镇饮用水卫生合格率	%	100	100	100
	34	城镇污水处理率	%	≥95	86	60
	35	城镇生活垃圾无害化处理率	%	≥85	99	90
	36	农村卫生厕所普及率	%	≥95	—	—
可持续发展	37	农业废弃物综合利用率	%	≥95	—	80
	38	一般工业固体废物处置利用率	%	≥90	—	70

6.1.3 典型区域地域识别研究进展

长寿是自然环境、人文环境相互结合作用下的人类与自然和谐而可持续发展的综合状态。长寿经济是综合性经济形态,是长寿水土环境、长寿人文环境、良好的产业环境等多重叠加的产物。其中,长寿水土环境是基础因素,是区域长寿典型性特征的源头。科学、严谨做好典型区域水土环境取样、化验、对比分析,对提炼典型区域地域识别特征是至关重要的,也是前期最重要的基础研究之一。经过多年对"二基地、二典型"的研究,尤其是对其典型区域地域识别研究结论:

1. 水是人类文明之源

富含硒、锶、偏硅酸等长寿元素水区域,与古人类遗址、古村落、现代文化名人集聚区等高度重叠,即长寿水孕育人类文明。如遂溪的锶型矿泉与偏硅酸矿泉区域,也是古人类文明、现代文化名人、长寿老人聚居区。

2. 土是特色农业之本

富含硒、磷、铁、锌、锶、锰等长寿元素土壤,孕育独特的地质地貌,如火山地貌、丹霞地貌等。如大同火山土壤,是富锶锰的土壤,培育出质量较高的黄花、黍子等长寿农副产品。因此火山地貌是优质的自然旅游资源,同时也是不可多得的长寿元素。

3. 典型区域地域识别研究,有助于指导长寿经济发展

长寿水土环境研究,将直接指导区域经济社会发展,指导产业空间布局、产业项目布局、乡镇发展定位等。如大同县根据长寿水土环境分析,做出乡镇定位,发挥各个乡镇的长寿资源特点。

6.2 发展长寿经济的典型特征和成果

6.2.1 长寿经济发展研究典型特征

长寿经济发展研究,与一般性经济研究不同之处在于,其产业融合性强,研究跨度大;产业链条扩展空间大,研究广度深;产品地域特色明显,研究幅度宽。

1. 长寿经济融合性强,研究范围宽泛

长寿经济,以长寿健康为理念,贯穿融合第一二三产业,促使经济社会转型升级发展。因此,长寿经济发展研究,是在第一二三产业经济发展研究基础上的综合性产业经济研究,研究范围较宽、融合性较强。

2. 长寿经济产业链条扩展空间大,研究幅度较深

长寿经济产业链条是在一产长寿农林牧渔的种养殖、二产长寿产品加工、三产长寿生产性和生活性服务业的纵横链条基础上,继而延伸和拓展的。因此,长寿经济发展研究内容广、幅度深。

3. 长寿资源地域特色明显,研究特色鲜明

区域长寿资源的差异性较强,具有独树一帜、典型性较强的特征,使得区域长寿经济特征明显。区域长寿经济发展研究,紧抓地域长寿资源特色,突出长寿品牌,明确长寿经济主题,一以贯之,引领经济社会转型升级发展。

6.2.2 长寿经济发展研究价值

在"三个中国""两山理论"的指导下,研究并及时推出长寿健康、可持续发展的长寿经济典型区域,具有现实的指导意义、积极的时代意义和深远的历史意义。

长寿经济是基于长寿物质因子、长寿非物质因子、长寿环境等,整合一二三产业而形成长寿产业链,具有较为可持续发展的综合效应的产业。长寿经济,不仅是一张名片,更是一个区域政治、经济、社会、文化、生态环境发展到一定阶段、全面向好的综合产业形式。积极申请长寿名片,深入挖掘长寿因子,打造寿乡品牌,把资源优势变成产业优势,进而转为发展红利,对于区域发展具有现实意义和深远的战略意义。

通过"二基地、二典型"研究,其成果明晰研究区域的长寿因子及其空间分布,进一步破解"长寿密码";进一步明确长寿产业应如何发展、长寿产业如何促进区域经济社会发展等问题;为区域发展长寿经济,明确核心要义和发展方向;在区域构建长寿经济体系时,研究将有助于遴选优势产业项目,遴选优势项目空间;有利于构建优势突出而差异化发展的"城-镇-村"体系;进而构建长寿经济全产业链。积极深化"国际健康养生基地""中国长寿之乡"等品牌价值,能为区域发展提供新的机遇,还可以吸引资本、人才、技术,为区域经济社会健康持续发展开辟新的空间。

6.2.3 长寿经济发展研究成果

目前,国内学者对长寿经济研究较少。

课题组通过广东遂溪、山西云州为代表的"国际长寿养生基地"研究,借助创建契机,首次研究典型火山长寿区域。其中,遂溪课题重点研究指标体系、水土和环境分析、产业空间布局以及乡村振兴方面,对国内长寿区域具有较强的指导和借鉴意义。云州课题进一步围绕长寿火山水土因素,在深入研究长寿水土环境关系的前提下,深入研究长寿水土环境与长寿产业的关系、基于长寿水土环境下的长寿产业应如何发展、长寿产业如何促进区域经济社会发展等问题。初步构建"火山长寿产业",打造以"火山黄花""火山田园"为龙头的长寿农业,以"火山长寿农产品"为主的加工业,以"火山温泉""火山康养""火山运动"为主的服务业,进而构建火山长寿养生全产业链,作为"国际健康养生基地"的产业支撑。

以贵州赤水、山东蒙阴为代表的"长寿经济典型研究区"的实践研究,进一步构建长寿经济体系框架,细化长寿经济中亚类的评价指标体系,系统研究长寿经济中亚类的空间布局、功能分区和重点发展方向。基于遂溪、大同国际健康养生基地研究成果,赤水课题首次明确提出"长寿经济"为例,分析长寿元素,诠释长寿文化,拟建长寿经济指标体系,构建长寿经济体系,制定长寿经济发展保障措施。在赤水长寿典型区域研究成果基础上,蒙阴研究项目对长寿经济体系进行系统深化,分为由农业和产品加工业组成的长寿经济生产体系,由品牌、流通渠道、服务营销组成的长寿经济流通体系,由长寿旅游业和健康服务业组成的长寿经济消费体系。并针对长寿经济产业,策划农业、产品加工业、论坛与节事活动、中医药、医疗服务、长寿旅游、社区健康管理、智慧健康养老示范基地、养老与健康科技研究院等九项重点长寿产业项目,作为对长寿产业的项目支撑,对产业现状对接紧密,又具有科学性和前瞻性。

6.3 发展长寿经济的意义和区域影响力

6.3.1 发展长寿经济的重要意义

1. 落实"三个中国"的重要举措

"三个中国"是新时期的发展要求。"美丽中国"是在对新世情、新国情和新域情的新变化和新形势进行深刻分析和科学判断的基础上提出来的,具有十分丰富的科学内涵,包含了自然之美、发展之美和百姓之美,把生态文明建设与其他各项建设相融合,并将人的幸福生活作为最终的归宿。"健康中国"是"美丽中国"内涵的延伸,健康中国是中国人民在全面建成小康社会、实现中华民族伟大复兴"中国梦"新征程中向世界展示全新形象的奋斗目标。"幸福中国"是"健康中国"的发展目标,幸福是人类的永恒追求和终极价值目标。长寿经济研究,是基于区域美丽建设初级阶段,引导走向健康,走向长寿,最终实现区域幸福的最终目标。

2. 长寿大产业发展是社会发展的大势所趋

随着经济社会发展和人们生活水平的普遍提高，以及人类生活方式的改变，追求长寿健康已经成为人们生活的主要目标。长寿健康越来越受到人们的关注和重视，长寿产业也极具投资潜力，如今已成为世界经济产业中一大"朝阳产业"。美国著名经济学家保罗·皮尔泽在《财富第五波》中将健康产业称为继IT产业之后的全球"财富第五波"。目前，健康产业已成为引领全球新经济发展和社会进步的重要产业，健康产业相关股票的市值约占总市值的13％左右。特别是在发达国家，健康产业已成为带动整个国民经济增长的强大动力，健康行业增加值占GDP比重超过15％，而在中国仅占4％~5％，甚至低于一些发展中国家。长寿产业在中国市场乃至"一带一路"的国际市场发展潜力巨大，将成为拉动国民经济和世界经济发展的巨大动力。

3. 研究和推广"长寿现象"具有现实意义

研究长寿区域土壤和水环境、长寿人口分布的特殊性，使区域长寿现象更具研究价值，其长寿规律对国内乃至世界，在提高人们生活质量、提升幸福指数等方面都有着极其重要的意义。研究区域长寿数据，对指导区域经济社会发展，尤其是经济转型升级发展，对建设社会主义精神文明、构建和谐社会，对弘扬中华民族传统文化，实现中华民族伟大复兴，具有积极而有效的现实意义。

6.3.2 发展长寿经济解决的主要问题

1. 有利于扭转"重申报、轻发展"现象

截至2019年年底，中国长寿之乡共84个，但目前长寿之乡区域普遍存在"重申报、轻保护，重品牌、轻发展"的现实问题，如何引导长寿发展步入良性轨道，使长寿之乡实至名归，是必须要面对和解决的问题。如何发展长寿经济，使得长寿资源发挥效用，使得长寿之乡真正成为以长寿经济为主导的和谐可持续发展区域，是亟待破解的难题之一。

2. 有利于缓解长寿产品同质化现象

随着长寿之乡申报的不断递增，越来越多的社会主体瞄准了长寿产业这块蛋糕，呈现出区域或主体之间争夺分食长寿资源的态势。发展长寿经济，着力解决避免区域长寿资源同质化，引导长寿产业由初级产品开发状态向高级细分产品开发转型，形成差异化品牌效应、多层级的产业链条、消费多层次产品体系。

3. 有利于避免长寿产品粗放开发现象

长寿产业多以资源粗放式产品开发为主，"小、散、低"的中小企业居多。研究长寿经济，将明确区域长寿经济评价体系、长寿资源评价体系以及各个经济类型的细分评价体系，为制定各类长寿经济技术行业标准提供依据。

4. 有利于增强区域经济社会发展综合实力

长寿产业作为潜力产业、新兴产业，是未来的产业发展方向。当前，政府部门思想观念滞后，对长寿产业政策引导和扶持力度不够，长寿经济研究将明晰区域合作与竞争关系矛盾问题、转型产业粗放化发展方式、规范长寿产品和服务标准等，有利于增强区域经济、社会、文化、生态等综合实力。

6.3.3 发展长寿经济的综合影响力

健康长寿,是新时代人们对美好生活的核心追求。健康是人全面发展、生活幸福的基石,也是国家繁荣昌盛、社会文明进步的重要标志。加快长寿地区长寿产业发展,是把资源优势转化为产业优势,把长寿产业培育成为长寿地区新的经济增长点的迫切需要。

1. 生态效应

生态环境和生态资源是发展长寿经济的自然基础。发展长寿经济,以生态环境保护为前提,着力保护长寿水土资源及长寿生态环境,实现可持续发展。这对提高区域生态环境质量,保护区域生态资源,起到积极的推动和促进作用。

2. 经济效应

长寿产业,是健康产业的更高级形式,涉及人类衣、食、住、行等生活的全部,覆盖了第一、第二、第三产业,将成为世界经济产业中一大"朝阳产业"。长寿产业在中国市场乃至"一带一路"的国际市场发展潜力巨大,将成为拉动国民经济和世界经济发展的巨大动力。

3. 社会效应

发展长寿经济,是符合社会追求健康、长寿的发展趋势。不仅带来更多的市场机会,且发展空间潜力巨大,还将通过拉动内需、促进消费、增加就业,对社会发展产生巨大影响。有利于弘扬中华民族优秀传统文化,有利于营造安宁、平和的社会主义和谐的社会氛围,促进社会主义社会和谐可持续发展。有利于为人民安居乐业、社会安定有序、国家长治久安编织全方位、立体化的公共安全网,建设平安中国。

4. 文化效应

发展长寿经济,将进一步促进长寿文化发展。通过长寿经济发展,有利于促进社会全产业文化升级。融入长寿文化元素,将提升社会全产品文化内涵,助力中国长寿文化产业迈向世界。

第7章　广东遂溪国际长寿养生基地规划实践研究

广东省湛江市遂溪县有着"中国醒狮之乡""中国第一甜县"的美誉,拥有丰富的热带火山、滨海、农业等资源,从新石器时代鲤鱼墩遗址到千年古村落群、乌塘镇洪氏现代诗人家族,千年古树下围坐着众多百岁老人,古老的县城弥漫着亟待破解的长寿基因……截至2014年年底,遂溪百岁以上老人为127位,占总人口108.7万人的10.8/10万,其比例远超过中国六次人口普查百岁老人2.7/10万的平均值,是我国名副其实又不可多得的长寿县。

2016年应广东省湛江市遂溪县政府之邀,结合遂溪创建"国际长寿养生基地"契机,研究团队开展广东遂溪国际长寿养生基地实践研究。本次实践以《遂溪国际长寿养生基地综合研究报告》为研究成果,涵盖评价指标体系构建和基地创建评价、资源和环境分析及评价、发展战略研究、空间和产业布局、乡镇定位和发展等方面。重点开展区域长寿养生资源取样和环境调查分析,通过独特而典型长寿养生资源和环境指标,指导长寿养生产业的空间布局和重大项目选择。

本次研究是团队对长寿养生经济理论的首次实践探索,也是国内县级单位首次申报"国际长寿养生基地"。首次建立"国际长寿养生基地"指标体系,并对区域使用定性和定量结合的综合评价。本研究对国内开展长寿养生产业和创建"国际长寿养生基地"具有积极的首创研究、科学实践和借鉴意义。

7.1　研究背景

遂溪县位于广东省的西南部,雷州半岛中北部,地处东经109°41′~110°25′和北纬21°00′~21°31′。西与广西北海市隔海相望,南面、东面和北面分别与雷州市、湛江市、廉江市相邻(见图7-1),面积2148.5 km²。遂溪众多百岁老人,独特的海陆自然资源,宽松的产业发展条件,均有利于发展长寿养生经济。地方政府积极创建国际长寿养生基地,特邀项目组持续多年调研,并成功申请国内首个"国际长寿养生基地"。

7.1.1　遂溪县百岁老人统计分析

截至2014年年底,总人口108.7万,其中百岁以上的老人为127位,80岁以上的老人有31784位,分别占总人口的10.8/10万和2.92%,百岁老人比例远超过中国六次人口普查百岁老人2.7/10万的平均值,80岁以上人口比例也超过了中国老年学会第一届"中国长寿之乡"评审标准中1.4%的要求(见图7-2、图7-3、图7-4)。

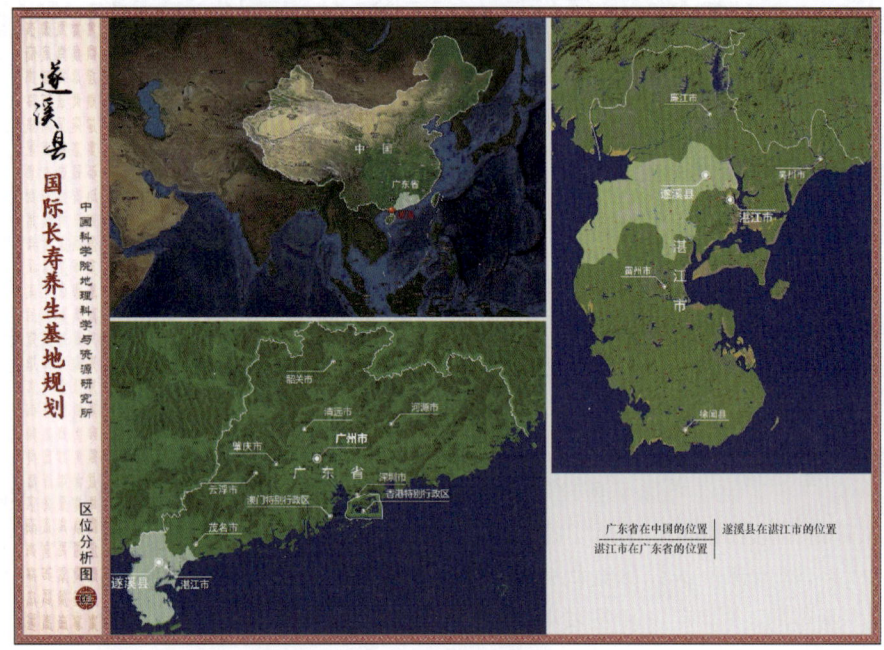

图 7-1 区位分析图

图 7-2 世界长寿之乡分布图

第7章 广东遂溪国际长寿养生基地规划实践研究

图 7-3　中国长寿之乡分布图

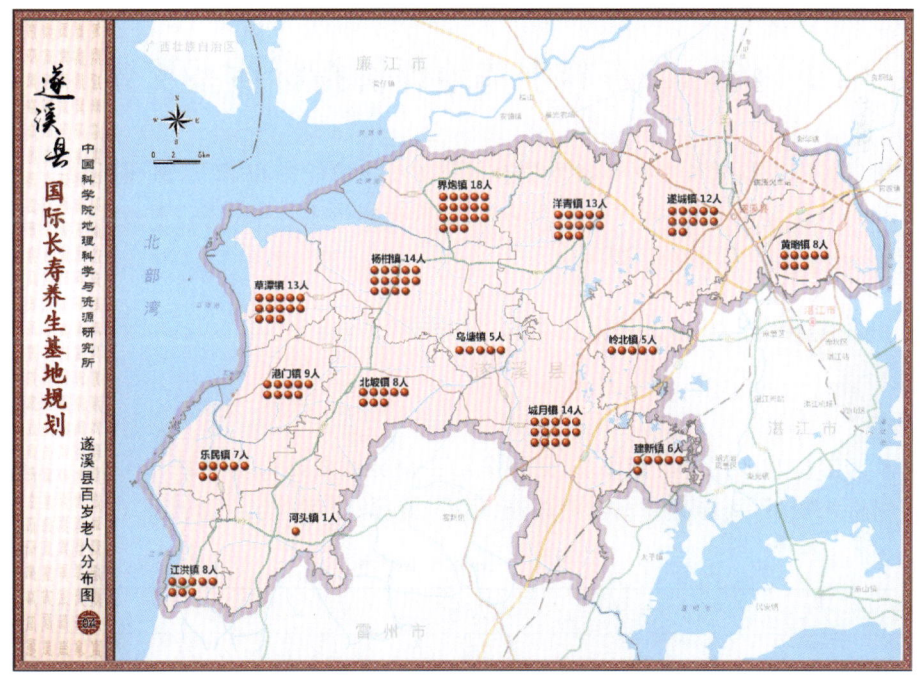

图 7-4　遂溪县百岁老人分布图

7.1.2 遂溪县自然环境条件

遂溪县属台地地形,中部较高,东北部有低丘陵,其余三面平缓。海拔在20~45 m的平缓地占80%,地形起伏不大。土壤主要为砂质土和砖红壤,其母质主要有浅海沉积物和玄武岩。气候属于热带、亚热带季风气候,日照时间长,年平均气温22.7 ℃,雷多、台风多,具有典型的滨海气候特征,多年平均降雨量1759.44 mm,地下水丰富,当地居民饮用水主要以井水为主。遂溪物产丰富,种植有大米、玉米、甘蔗、荔枝、木菠萝、芒果、火龙果、香蕉、菠萝、木瓜、木薯等多种作物及水果,海岸线长145.7 km,有8个天然渔港,盛产多种名贵海产品。

7.1.3 遂溪县产业发展背景

遂溪县以丰富的热带农林资源、滨海资源、火山资源为主要特色,近年由传统农林大县,逐步向一二三产业融合的以热带特色农林为基础的服务大县转型。其中,农垦园区、火龙果园区初具规模。旅游方面,2018年共接待游客376.9万人次,年增长29.56%。旅游总收入36.78亿元,年增长25.83%。孔子文化城、螺岗小镇、金龟岭休闲农庄成为旅游业主动力;北坡镇鱼龙湖生态休闲度假村已建成营业。基于优良的热带长寿养生资源,农旅产业发展基础较好,适合向长寿养生产业升级转型。

7.2 国际长寿养生基地评价指标体系及分析

根据国际人口老龄化长寿化专家委员会(IECPAL)的任务和章程,课题组委托国内外20多位各学科的专家拟定了《国际长寿养生基地》评价指标体系。IECPAL决定从2016年起,开展科学认证"国际长寿养生基地"活动。

7.2.1 建立指标体系和评分标准

1. 指标体系

国际长寿养生基地评价指标体系(见表7-1)主要分为长寿和养生两个方面。长寿方面用长寿水平指标来衡量,而养生指标包括医养、环境、资源、设施等。

表7-1 评价指标体系

分类	指标		权重/%
长寿(30%)	长寿水平(30%)	百岁人口比	10
		老年长寿比	10
		平均预期寿命	10

续表

分类		指标	权重/%
养生(70%)	医养(15%)	每千人中医护人员数	5
		养老床位比	5
		体育设施覆盖率	5
	环境(20%)	温湿指数	5
		空气清洁度	5
		森林覆盖率	5
		污水/垃圾处理率	5
	资源(20%)	旅游景区质量等级	5
		非物质文化遗产	5
		重点文物保护单位	5
		特色产品	5
	设施(15%)	出行条件	5
		餐饮住宿条件	5
		旅游接待能力	5

2. 指标说明及评分标准

(1)百岁人口比

百岁人口比是指区域户籍人口中存活百岁及以上老人占总人口的比例,该指标体现长寿的代表性,也是衡量一个地区长寿水平的重要指标(见表7-2)。

表7-2 百岁人口评分标准

百岁人口/10万	<2	2~3	3~4	4~5	5~6
得分	1	2	3	4	5
百岁人口/10万	6~7	7~8	8~9	9~10	>10
得分	6	7	8	9	10

(2)老年长寿比

老年长寿比是指90岁及以上长者占65岁及以上人口的比例,是衡量一个地区长寿可持续性的重要指标。老年长寿比评分标准(见表7-3)。

表7-3 老年长寿比评分标准

老年长寿比	<2.0	2.0~2.1	2.1~2.2	2.2~2.3	2.3~2.4
得分	1	2	3	4	5
老年长寿比	2.4~2.5	2.5~2.6	2.6~2.8	2.8~3.0	>3.0
得分	6	7	8	9	10

(3) 平均预期寿命

人口平均预期寿命可以反映出一个地区社会生活质量的高低,也能体现该地区长寿的整体性。人口平均预期寿命评分标准(见表 7-4)。

表 7-4 人口平均预期寿命评分标准

人口平均预期寿命/岁	<72	72~73	73~74	74~75	75~76
得分	1	2	3	4	5
人口平均预期寿命/岁	76~77	77~78	78~79	79~80	>80
得分	6	7	8	9	10

(4) 每千人医护人员数

每千人人口的医护人员数是衡量人类发展状况和各个国家人权状况的重要指标之一。党的十六大在全面建设小康社会的发展目标中提出的 10 项标准中的第 9 项为:"每千人医生数 2.8 人,到 2020 年预计每千人超过 3 人"(见表 7-5)。

表 7-5 每千人医护人员数评分标准

每千人医护人员数	<1	1.0~1.5	1.6~2.0	2.1~3.0	>3.0
得分	1	2	3	4	5

(5) 养老床位比

国家发改委、民政部等 10 个部门下发《加快推进健康与养老服务工程建设有关工作通知》,通知提出,到 2015 年每千名老年人拥有养老床位数达到 30 张,到 2020 年,全面建成以居家为基础、社区为依托、机构为支撑的,功能完善、规模适度、覆盖城乡的养老服务体系,每千名老年人拥有养老床位数达到 35~40 张。每千名老人拥有的养老床位数评分标准(见表 7-6)。

表 7-6 每千名老人拥有的养老床位数评分标准

每千名老人拥有的养老床位数	<10	10~15	16~20	21~30	>30
得分	1	2	3	4	5

(6) 体育设施覆盖率

2014 年 10 月,国务院颁布《关于加快发展体育产业促进体育消费的若干意见》,将"全民健康"上升为国家战略。力争到 2025 年,人均体育场地面积达到 2 m^2。在城市社区建设 15 分钟健身圈,新建社区的体育设施覆盖率达到 100%。推进实施农民体育健身工程,在乡镇、行政村实现公共体育健身设施 100% 全覆盖。努力实现公共服务全民覆盖。评分标准见表 7-7。

表 7-7 行政村(城市社区)公共健康设施覆盖率评分标准

行政村(城市社区)公共健康设施覆盖率/%	<80	80~89	90~94	95~99	100
得分	1	2	3	4	5

(7) 温湿指数

$$\text{温湿指数(THI)} = (1.8t+32) - 0.55(1-f) \times [(1.8t+32) - 58] \quad (7-1)$$

公式中:THI 为温湿指数;t 为月均温度(℃);f 为月均空气相对湿度(%)。可以用近 5 年或 10 年平均值,以月或逐日来计算舒适期的频率。标准见表 7-8。

表 7-8 温湿指数评分标准

THI 范围	感觉与舒适程度	得分
<40	极冷,极不舒适	1
40～45	寒冷,不舒适	2
46～55	偏冷,较不舒适	3
56～60	清,舒适	4
61～65	凉,非常舒适	5
66～70	暖,舒适	4
71～75	偏热,较舒适	3
76～80	闷热,不舒适	2
>80	极其闷热,极不舒适	1

(8) 空气清洁度

以负离子浓度为基本观测指数,采用国际上通用的空气质量评价指数(CI)对空气质量进行评价。空气质量评价指数 $CI = n^-/1000q$,其中:n^+ 为空气正离子数,n^- 为空气负离子数,q 为单极系数($q = n^+/n^-$)。标准见表 7-9:

表 7-9 空气清洁度指数评分标准

空气清洁度指数(CI)	对应空气质量等级	空气质量描述	得分
>1	A	最清洁	5
1.0～0.7	B	清洁	4
0.69～0.50	C	中等	3
0.49～0.30	D	允许	2
≤0.29	E	临界值	1

(9) 森林覆盖率

森林覆盖率,亦称森林覆被率,指一个国家或地区森林面积占土地面积的百分比,是反映一个国家或地区森林面积占有情况或森林资源丰富程度及实现绿化程度的指标。国家林业局 2014 年 2 月 25 日公布最新全国森林调查结果显示,我国森林覆盖率 21.63%,远低于全球 31% 的平均水平。标准见表 7-10。

表 7-10　森林覆盖率评分标准

森林覆盖率/%	<20	20～30	31～40	41～50	>50
得分	1	2	3	4	5

(10) 城乡污水/垃圾处理率

水资源开发利用控制、用水效率控制和水功能区限制纳污"三条红线"指标方面也高于省（区、市）平均水平。城乡污水/垃圾处理率评分标准见表 7-11。

表 7-11　城乡污水/垃圾处理率评分标准

处理率/%	<50	50～60	61～70	71～90	>90
得分	1	2	3	4	5

(11) 旅游景区质量等级

旅游景区的等级和成熟度。旅游景区质量等级评分标准见表 7-12。

表 7-12　旅游景区质量等级评分标准

景区等级	景区数量	得分
5A	≥1	5
4A	≥2	5
4A	1	4
3A	≥2	3
3A	1	2
3A	0	1

(12) 非物质文化遗产

非物质文化遗产的等级和数量。非物质文化遗产等级评分标准见表 7-13。

表 7-13　非物质文化遗产等级评分标准

等级	数量	得分
世界级	≥1	5
国家级	≥2	5
国家级	1	4
省级	≥2	4
省级	1	3
市级	≥1	2
县级	≥1	1

(13) 重点文物保护单位

重点文物保护单位的等级和数量。评分标准如见表 7-14。

表 7-14　重点文物保护单位的等级和数量评分标准

等级	数量	得分
全国	≥1	5
省级	≥2	5
省级	1	4
市级	≥1	3
县级	≥2	3
县级	1	2
保护点	≥1	1

(14) 特色产品

拟申报单位境内是否有温泉、森林公园、特色饮食、特色农产品、规模以上道地药材等地方特色产品。有 1 项计 1 分，2 项计 2 分，3 项计 3 分，4 项计 4 分，5 项及以上计 5 分。

(15) 出行条件

拟申报单位境内及周边是否存在机场、高铁站、列车换乘站等大型交通枢纽，以及区域行政中心距离这些交通枢纽的直线距离。评分标准见表 7-15。

表 7-15　出行条件评分标准

行政中心距最近大型交通枢纽的距离/km	得分
≤50	5
51～100	4
101～150	3
151～200	2
>200	1

(16) 餐饮住宿条件

拟申报基地的酒店等级和数量。评分标准见表 7-16。

表 7-16　餐饮住宿条件评分标准

酒店等级	酒店数量	得分
5 星	≥1	5
4 星	≥2	5
4 星	1	4
3 星	≥2	3
3 星	1	2
3 星以下	≥1	1

(17)年接待旅游人数

每年接待的境内外游客人数。评分标准见表7-17。

表 7-17　年接待旅游人数评分标准

年接待旅游人数/万人次	<50	50~100	101~200	201~300	>300
得分	1	2	3	4	5

7.2.2　遂溪基地创建评价结果

课题组按照上述评价指标体系,对遂溪进行了综合科学性的调查研究,并与相关数据进行比较,结果显示遂溪 ILRB 综合指数为 85(见图 7-5),超过基地达标线 80 分,已达到认证"国际长寿养生基地"的标准。

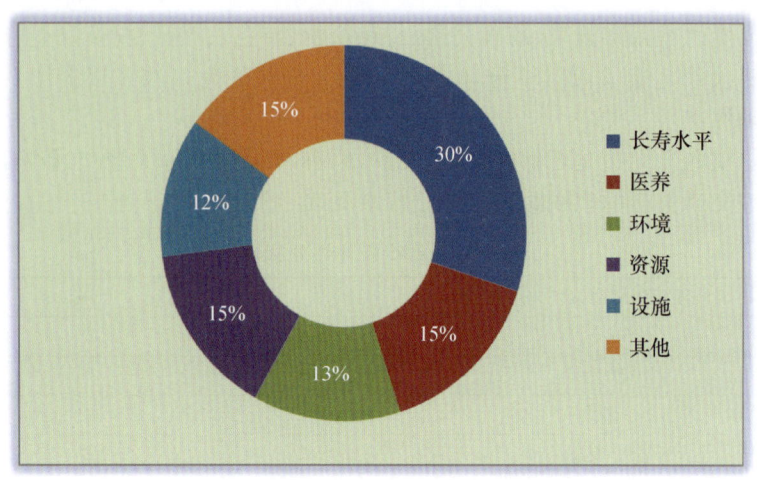

图 7-5　遂溪国际长寿养生基地评价权重

7.3　长寿养生资源及环境分析评价

为配合遂溪申报"国际长寿养生基地",挖掘遂溪长寿养生资源、探讨遂溪水土环境及食物资源对人口长寿的影响,寻找遂溪人口长寿原因,以期促进当地长寿养生经济的发展,实现遂溪县和谐的人地关系和经济社会的可持续发展,受遂溪县人民政府委托,中国科学院地理科学与资源研究所(简称中科院地理资源所)部分科研人员在遂溪所属的 15 个乡镇采集了土壤、水、粮食、蔬菜、水果、海鲜以及百岁老人头发、指甲 8 类样品,共 254 个样品,分析了样品中主要矿质营养元素和部分有害重金属元素含量并对含量结果进行评价。

7.3.1　土壤及水环境质量分析与评价

1. 土壤环境质量分析与评价

遂溪共采集土壤样品共 33 个,除界炮镇 4 个、河头镇 3 个外,其他每个乡镇均为 2 个样品,样品采集地点的选择主要以百岁老人居住村庄耕作土为主,采用多点混合采样法,各样品具体采集地点见表 7-18。

表 7-18　土壤样品说明

序号	样号	采样地点	序号	样号	采样地点
1	S1-T1	遂城镇沙坡村	18	S8-T4	界炮镇金田村
2	S1-T2	遂城镇牛圩村	19	S9-t1	杨柑镇豆坡村
3	S2-T1	黄略镇许屋村	20	S9-t2	杨柑镇后田村
4	S2-T2	黄略镇北合村	21	S10-T1	北坡镇下黎村
5	S3-t1	洋青镇古圩村	22	S10-T2	北坡镇泉水眼村
6	S3-t2	洋青镇城揽村	23	S11-t1	草潭镇石杨村
7	S4-T1	岭北镇调楼村	24	S11-t2	草潭镇罗屋村
8	S4-T2	岭北镇林北圩	25	S12-t1	港门镇排塘村
9	S5-T1	城月镇仙来村	26	S12-t2	港门镇东塘村
10	S5-T2	城月镇坡仔村	27	S13-T1	乐民镇墩文村
11	S6-T1	建新镇万山村	28	S13-T2	乐民镇乐民圩村
12	S6-T2	建新镇渡头村	29	S14-t1	河头镇苏里村
13	S7-T1	乌塘镇湛川村	30	S14-t2	河头镇河头圩
14	S7-T2	乌塘镇后发村	31	S14-t3	河头镇田西村
15	S8-T1	界炮镇垌口村	32	S15-T1	江洪镇坛头村
16	S8-T2	界炮镇南昌村	33	S15-T2	江洪镇陈屋村
17	S8-T3	界炮镇陈太村			

表 7-19 为土壤样品平均值及一些参考指标。与我国土壤环境质量标准(GB 15618—1995)比较表明,所测的 33 个土壤样品中 80％以上的限值元素含量达到了国家土壤环境质量的一类土壤标准要求,除镍外其他限值元素 100％达到了国家土壤环境质量的二类土壤标准要求,即遂溪土壤基本为优质的农业及牧业用地,80％还可以作为集中式生活饮用水水源地、茶园、牧场和其他保护地区的土壤使用。有益健康长寿的元素硒平均含量为 0.32 mg/kg,比我国土壤背景值约高 10％,与我国部分长寿区平均含量相当。从各样品硒含量的比较看,硒含量超过 0.4 mg/kg 的富硒土壤有岭北碉楼、建新渡头、乌塘湛川和后发、河头苏里和田西、以及江洪陈屋等村庄,其中江洪、建新和岭北是遂溪百岁老人比例最高的 3 个乡镇。硒是维持

人体正常生理功能的重要微量元素,主要存在于肝、脾、肾及心脏等脏器中,可预防克山病、肿瘤和心血管疾病,在延缓衰老方面都有重要的作用。其他有益元素,如磷、铁、锌等,均与我国其他土壤样品平均值相当或略高,其中岭北镇碉楼村的土壤元素含量较为特殊,其硒、锰、铁、锌、铜、镍、钴、铬等元素含量都是遂溪样品中最高的,也是仅有的两个镍超标样品之一,另一个镍超标样品也在岭北镇。镍虽在土壤质量标准中进行了限值规定(新的征求意见稿已经放宽限值),但它也是人体必需营养元素之一,需要量为 $25\sim35~\mu g/d$,镍有刺激造血功能的作用,还参与人体中多种酶的合成,镍缺乏会导致多种肝细胞和线粒体结构变化。总体来看,人体必需的营养元素中,遂溪土壤含硒、磷、铁、锌等较多。

表 7-19　土样各测定项目含量平均值及部分参考指标　　　　单位:mg/kg

测定项目	土壤样品平均含量及标准差	土壤一级标准限值及达标率[a]	土壤二级标准限值及达标率[a]	我国土壤背景值[b]	部分长寿县土样平均含量[c]
硒(Se)	0.32±0.15	—	—	0.29	0.33
砷(As)	9.4±5.2	15,82%	30,100%	11.2	2.6
铬(Cr)	62.4±46.1	90,88%	250,100%	61.0	52.8
镉(Cd)	0.09±0.04	0.2,97%	0.3,100%	0.097	0.19
铅(Pb)	18.4±6.9	35,100%	250,100%	22.6	32.9
镍(Ni)	20.5±23.3	40,94%	50,94%	26.9	15.5
铜(Cu)	16.5±8.7	35,97%	50,100%	20.0	18.8
锌(Zn)	58.3±22.6	100,94%	200,100%	74.2	83.7
锰(Mn)	129±145	—	—	482	491.5
铝(Al)	27152±15890	—	—	64100	68820
铁(Fe)	27947±18869	—	—	27300	33700
钾(K)	4461±2536	—	—	17900	13990
钠(Na)	3003±2102	—	—	6800	4700
钙(Ca)	2069±1692	—	—	7100	7900
镁(Mg)	915±708	—	—	6300	3700
锂(Li)	19.1±8.0	—	—	29.1	64.0
磷(P)	1117±418	—	—	600	789
锶(Sr)	15.5±11.0	—	—	121	69
钴(Co)	3.74±6.46	—	—	11.2	9.3
钼(Mo)	1.15±0.59	—	—	1.2	3.1

a 国家土壤环境质量标准(GB 15618—1995).
b 中国环境监测总站编. 中国土壤元素背景值,中国环境科学出版社,1990.
c 中科院地理资源所环境健康室检测的海南、广西、湖南部分长寿县数据.

2. 水环境质量分析与评价

水样采集主要取自遂溪百岁老人居住村庄的井水或泉水(见表7-20),共36个,其中井水33个、泉水3个。样品分布上,除河头4个和黄略、界炮、北坡、江洪3个外,其他乡镇均为2个。

表7-20 遂溪水样说明

序号	样号	采样地点	样品说明	序号	样号	采样地点	样品说明
1	S1-W1	遂城镇沙坡村	井水几十米	19	S9-W1	杨柑镇豆坡村	井水
2	S1-W2	遂城镇牛圩村	手压井水	20	S9-W2	杨柑镇后田村	井水 9 m
3	S2-W1	黄略镇许屋村	浅井水	21	S10-W1	北坡镇下黎村	井水 10 m
4	S2-W2-1	黄略镇北合村	井水 17 m	22	S10-W2	北坡镇泉水眼村	手压井水
5	S2-W2-2	黄略镇北合村	井水 100 m	23	S10-W3	北坡镇河西村	井水 80 m
6	S3-W1	洋青镇古圩村	井水 120 m	24	S11-W1	草潭镇石杨村	井水
7	S3-W2	洋青镇城揽村	井水	25	S11-W2	草潭镇罗屋村	井水
8	S4-W1	岭北镇调楼村	井水 60 m	26	S12-W1	港门镇排塘村	井水
9	S4-W2	岭北镇林北圩	井水 100 m	27	S12-W2	港门镇东塘村	地下水
10	S5-W1	城月镇仙来村	手压井水	28	S13-W1	乐民镇墩文村	手压井水
11	S5-W2	城月镇坡仔村	手压井水	29	S13-W2	乐民镇乐民圩村	井水 100 m
12	S6-W1	建新镇万山村	手压井水	30	S14-W1	河头镇苏里村	井水 50 m
13	S6-W2	建新镇渡头村	井水 130 m	31	S14-W2	河头镇河头圩	地下 22 m
14	S7-W1	乌塘镇湛川村	井水 100 m	32	S14-W3	河头镇双村叮咚泉	泉水
15	S7-W2	乌塘镇后发村	井水 20 m 多	33	S14-W4	河头镇田西村	泉水
16	S8-W1	界炮镇垌口村	井水 20 m	34	S15-W1	江洪镇坛头村	井水 20 m
17	S8-W2	界炮镇南昌村	井水	35	S15-W2	江洪镇陈屋村	井水 50 m
18	S8-W3	界炮镇陈太村	泉水	36	S15-W3	江洪镇南关村	千年古井

将水样所测项目含量与国家标准的比较表明,所测需限制的元素含量除锰外所有水样均符合饮用水卫生标准限值的要求,锰元素则有4个样品超标,其中2个样品(11号城月坡坡仔村和34号江洪镇坛头村)分别是标准限值的6倍多和4倍多,指示该地下井水有丰富的锰含量,可能与其地下岩石含量有关。锰虽在饮用水卫生标准中有限值规定,但锰也是人体必需营养元素之一,锰在体内一部分作为金属酶的组成成分,一部分作为酶的激活剂起作用,缺锰可能引起骨和软骨的形成不正常,并导致胰岛素合成和分泌的降低,影响糖代谢等。与天然矿泉水指标相比,所测水样中有8个样品达到要求,其中8号样品(岭北镇调楼村60 m深井水)为富锌、锶及偏硅酸水,11号样品(城月镇坡仔村井水)为富锶型水,1号样品(遂城镇沙坡村井水)、9号样品(岭北镇林北圩井水)、13号样品(建新镇渡头村井水)、23号样品(北坡镇河西村井水)、24号样品(草潭镇石杨村井水)、29号样品(乐民镇乐民圩井水)6个样品为富偏硅酸型水,8个水样中尤其以1号、8号、9号、13号和29号较佳,其pH均呈微碱性,这在南方地下水

普遍偏酸的情况下较为难得。另外,遂溪水中钾元素含量也非常丰富,平均含量比我国部分长寿区要高 38% 左右;因此,可以认为遂溪水中具有丰富的钾、锶、锌、锰、偏硅酸等对人体有益的物质。对于较为关注的硒元素,水中硒含量最高的是 3 号黄略许屋村水样,达到我国部分长寿区水样平均值的 3 倍多,超过我国部分长寿区平均值的水样有 15、20、25、28、32 这 5 个样点,分布在乌塘、杨柑、草潭、乐民、河头五个乡镇。

3. 土壤、水中微量元素含量与百岁老人分布的关系

人的健康长寿取决于从环境中摄取化学元素的比例,这些化学元素的种类、数量、比例,又与当地的土壤、水质、动植物的含量有关。土壤中的微量元素含量对当地粮食、蔬菜、水果等作物的影响较大,也间接影响人体微量元素的丰缺,饮水中的微量元素含量则直接由人体吸收,将遂溪土壤和水样中的硒、锰、锌、锂、锶、铜、镍、钼、铬、钴 10 种人体必需微量元素含量进行累加后,分成 5 个等级做含量分布图,见图 7-6、图 7-7。由两图可以看出,土壤样中 10 种微量元素累加值较高的依次是岭北镇调楼村、建新镇渡头村、岭北镇林北圩、乌塘镇湛川村、黄略镇许屋村和江洪镇陈屋村,它们的累加值均超过 400 mg/kg。水样中 10 种微量元素累加值较高的依次是城月镇坡仔村、岭北镇调楼村、江洪镇坛头村、河头镇河头圩、岭北镇林北圩和建新镇万山村,它们的累加值均超过 270 μg/L。总体来看水、土样中的微量元素都在岭北、江洪和建新周围有一个富集区,而百岁老人占总人口的比例分布图也表明江洪、岭北和建新的百岁老人比例较高,说明微量元素丰富的地区是有利于人口长寿的。

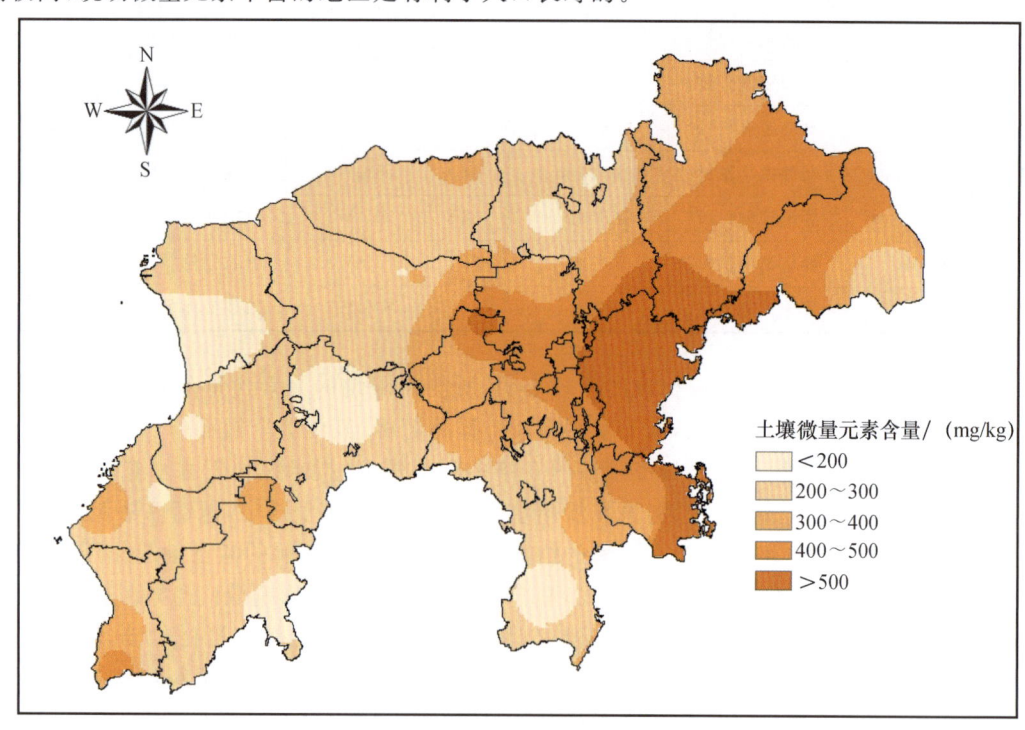

图 7-6 遂溪土壤 10 种微量元素含量累加值分级分布图

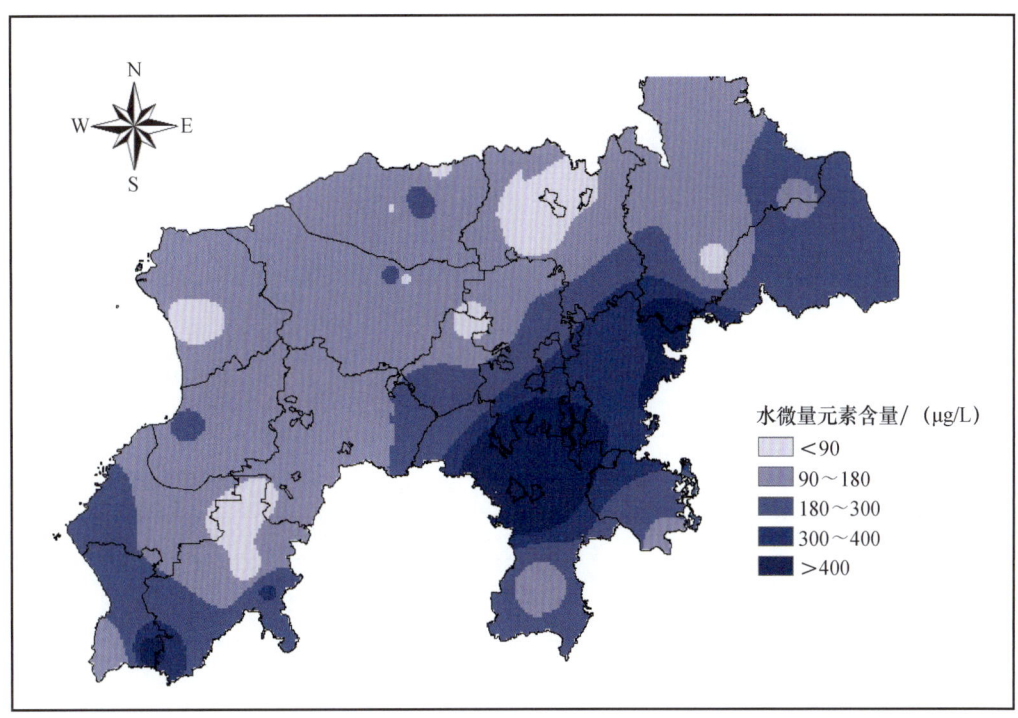

图 7-7 遂溪饮水中 10 种微量元素含量累加值分级分布图

7.3.2 主要食物中的矿质元素分析及评价

1. 粮食样品分析及评价

(1) 粮食样品采集及处理

遂溪粮食样品主要为各乡镇百岁老人家所在村庄种植的产品,共 72 个,其中大米样品 25 个(见表 7-21)、玉米样品 13 个(见表 7-22),白薯等根茎类粮食样品 34 个(见表 7-23)。大米样品运回实验室后混匀取 100 g 左右,在 60 ℃烘箱中烘干后粉碎,装入自封袋备用。玉米样脱粒后混匀取籽粒 100 g 左右在 60 ℃烘箱中烘干后粉碎,装入自封袋备用。木薯、红薯等洗净后切成小块,放入 60 ℃烘箱中烘干后粉碎,装入自封袋备用。

表 7-21 大米样品说明

序号	样号	采样地点	样品说明	序号	样号	采样地点	样品说明
1	S1-L1	遂城镇	大米	5	S3-L2	洋青镇百岁老人家	大米
2	S2-L1	黄略镇	糯米	6	S4-L1	岭北镇调楼村	袁隆平杂交稻米
3	S2-L2	黄略镇	大米	7	S4-L2	岭北镇林北圩	糯米
4	S3-L1	洋青镇	大米	8	S5-L1	城月镇	海红米

续表

序号	样号	采样地点	样品说明	序号	样号	采样地点	样品说明
9	S5-L2	城月镇	大米	18	S10-L5	北坡镇泉水眼村	晚稻米
10	S6-L2	建新镇万山村	大米	19	S11-L1	草潭镇	大米
11	S6-L7	建新镇渡头村	大米	20	S12-L1	港门镇排塘村	大米
12	S7-L1	乌塘镇湛川村	大米	21	S13-L1	乐民镇宋秀全家	大米
13	S7-L3	乌塘镇吕发村	大米	22	S13-L5	乐民镇	大米
14	S8-L1	界炮镇雷公村	大米	23	S14-L1	河头镇新市村	大米
15	S9-L1	杨柑镇苏尾村	大米	24	S15-L1	江洪陈屋村	大米
16	S10-L1	北坡镇碑头村百岁老人家	大米	25	S15-L2	江洪百岁老人家	大米
17	S10-L4	北坡镇泉水眼村	早稻米				

表7-22 玉米样品说明

序号	样号	样品来源地点	序号	样号	样品来源地点	序号	样号	样品来源地点
1	S1-L2	遂城镇	6	S6-L8	建新镇渡头村	10	S11-L2	草潭镇
2	S2-L3	黄略镇	7	S8-L2	界炮镇雷公村	11	S12-L2	港门镇叶桂英家
3	S3-L3	洋青镇百岁老人家	8	S9-L2	杨柑镇苏尾村	12	S13-L2	乐民镇确村
4	S4-L3	岭北镇	9	S10-L6	北坡镇泉水眼村	13	S14-L2	河头镇桐子园村
5	S6-L3	建新镇万山村						

表7-23 根茎类粮食样品说明

序号	样号	采样地点	样品说明	序号	样号	采样地点	样品说明
1	S1-L3	遂城镇	红薯	18	S8-L4	界炮镇雷公村	木薯
2	S1-L4	遂城镇	木薯	19	S9-L3	杨柑镇苏尾村	红薯
3	S2-L4	黄略镇	红薯	20	S9-L4	杨柑镇苏尾村	白薯
4	S2-L5	黄略镇	木薯	21	S9-L5	杨柑镇苏尾村	木薯
5	S3-L4	洋青镇百岁老人家	红薯	22	S10-L2	北坡镇碑头村	红薯
6	S3-L5	洋青镇百岁老人家	木薯	23	S10-L3	北坡镇碑头村	木薯
7	S4-L4	岭北镇	甜薯	24	S10-L7	北坡镇泉水眼村	红薯
8	S4-L5	岭北镇	红薯	25	S10-L8	北坡镇泉水眼村	木薯
9	S4-L6	岭北镇	木薯	26	S11-L3	草潭镇下六	番薯
10	S5-L3	城月镇	地瓜	27	S11-L4	草潭镇下六	木薯
11	S6-L4	建新镇万山村	红薯	28	S12-L3	港门镇叶桂英家	番薯
12	S6-L5	建新镇万山村	木薯	29	S12-L4	港门镇叶桂英家	木薯
13	S6-L9	建新镇渡头村	红薯	30	S13-L3	乐民镇宋秀全家	番薯
14	S6-L10	建新镇渡头村	木薯	31	S13-L4	乐民镇宋秀全家	木薯
15	S7-L2	乌塘镇湛川村	地瓜	32	S13-L6	乐民镇	红薯
16	S7-L4	乌塘镇吕发村	地瓜	33	S14-L3	河头镇割山村	番薯
17	S8-L3	界炮镇雷公村	红薯	34	S14-L5	河头镇山域村	木薯

(2)粮食样品测定结果及评价

1)大米样品测定结果及评价：表 7-24 是大米样品的平均含量及一些参考指标。与一般大米中元素含量比较，遂溪大米中富含有益健康的元素硒、铁、锌、锰等，其中铁元素平均含量是一般大米的 3 倍多，表明遂溪大米富含铁。铁对人体的功能表现在许多方面，如参与氧的运输和储存、促进发育、防止疲劳等。与部分长寿县的大米相比，人体必需营养元素硒、铁、锌、锰、钾、钠、锂、钼等含量均相当或较高。对于长寿养生较为关注的硒元素，从各样品硒元素含量柱形图(图 7-8)可以看出，全县大米样品平均值为 0.073 mg/kg，要比我国大米的一般含量高近 2 倍，有两个样品(17 号北坡镇泉水眼村、25 号江洪百岁老人家)的硒含量超过了部分长寿区大米平均值的 40％以上，根据 GB/T 22499—2008 富硒稻谷国家标准的规定，大米硒含量大于 0.04 mg/kg 即属于富硒，也就是遂溪大米可以认定为富硒大米。对较关注的城月海红米，从测定结果看确属优质大米，钾、钠、钙、镁、铝、铁、锌、锰、锶、磷、铜、钴均要高于遂溪大米的平均值，其中钾、磷、镁、锌是遂溪大米中含量最高的，也比我国部分长寿县大米平均含量高 30％～200％，硒的含量是我国大米的一般含量的 2 倍，从 10 种人体必需微量元素(硒、锌、锰、锶、锂、铜、镍、钴、钼、铬)含量累加值(图 7-9)看，8 号海红米也是最高的，其次是泉水眼村的两个大米和江洪百岁老人家大米。遂溪大米样品中有害元素砷、镉、铅、铬的平均含量均低于我国标准规定的大米污染物限量值，但江洪的两个样品的铬超标，铬虽在国标中做了限值规定，但铬的毒性与其存在的价态有极大的关系，六价铬的毒性比三价铬高约 100 倍，食物中大多为三价铬。同时，铬也是人体的必需营养元素之一，缺铬容易出现糖代谢失调导致糖尿病，诱发冠状动脉硬化导致心血管病等，它还是使胰岛素起作用的一种重要元素。因此，总体来看遂溪大米是无污染的，品质优良。

表 7-24　大米各测定项目含量平均值及部分参考指标　　　　　　单位：mg/kg

测定项目	大米平均含量及标准差	大米标准限值[a]	达标率/％	我国大米一般含量[b]	部分长寿县大米含量[c]
硒(Se)	0.073±0.029	—	—	0.025	0.10
砷(As)	0.10±0.04	0.2	100		0.04
铬(Cr)	0.60±0.43	1.0	92		0.44
镉(Cd)	0.08±0.06	0.2	100		0.08
铅(Pb)	0.07±0.03	0.2	100		0.15
镍(Ni)	0.27±0.16	—		0.35	0.39
铜(Cu)	2.7±0.92	—		1.9	2.2
锌(Zn)	19.1±1.8	—		14.2	16.9
锰(Mn)	14.0±3.0	—		9.1	14.5
铝(Al)	123±95	—			69
铁(Fe)	35.7±33.7	—		11	11.4

续表

测定项目	大米平均含量及标准差	大米标准限值[a]	达标率	我国大米一般含量[b]	部分长寿县大米含量[c]
钾(K)	1195±258	—	—	970	1405
钠(Na)	74±37	—	—	24	43.7
钙(Ca)	79.9±11.2	—	—	110	102.9
镁(Mg)	395±159	—	—	340	629
锂(Li)	0.03±0.02	—	—	0.029	0.04
磷(P)	1320±342	—	—	979	1708
锶(Sr)	0.11±0.10	—	—	0.49	0.27
钴(Co)	0.04±0.03	—	—	—	0.03
钼(Mo)	0.59±0.20	—	—	0.5	0.40

a GB 2762—2012 食品安全国家标准：食品中污染物限量．
b 中国医学科学院卫生研究所编《食物营养成分表》．
c 中科院地理资源所环境健康室检测的海南、广西、湖南部分长寿县数据．

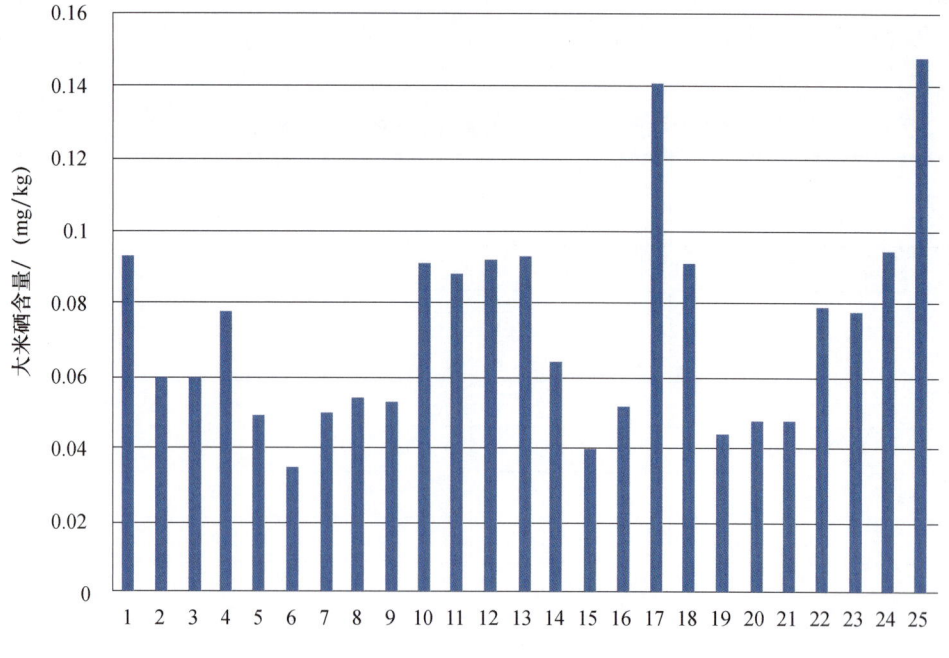

图 7-8　遂溪大米样品硒含量比较

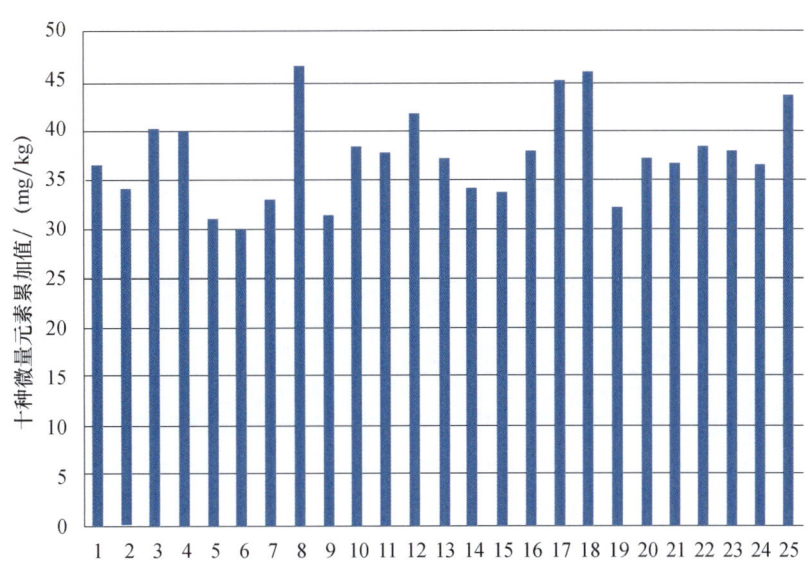

图 7-9 遂溪大米样品中 10 种微量元素含量累加值比较

2) 玉米样品测定结果与评价。表 7-25 是玉米样品的平均含量及一些参考指标。与一般玉米中元素含量比较,遂溪玉米中硒、铁、钾、钙、镁、磷等明显要高,其中钾、磷、硒的平均含量分别是一般玉米的 2～3 倍,表明遂溪玉米富含钾、磷、硒。与我国谷类粮食平均值和部分长寿区谷类粮食平均值相比,人体必需营养元素铁、锌、锰、锶、钴、钼等含量均相当或较高。遂溪玉米各样品中有害元素砷、镉、铅、铬的含量均低于我国标准规定的玉米污染物限量值,表明遂溪玉米是绿色无污染的,品质是优良的。

表 7-25 玉米各测定项目含量平均值及部分参考指标 单位:mg/kg

测定项目	玉米样品平均含量及标准差	玉米污染物标准限值[a]	达标率/%	玉米一般含量[b]	我国谷类含量参考值[c]	部分长寿区谷物平均值[d]
硒(Se)	0.041±0.013	—	—	0.016	0.050	0.03
砷(As)	0.04±0.04	0.5	100	—	0.05	0.04
铬(Cr)	0.36±0.08	1.0	100	—	0.60	0.28
镉(Cd)	0.01±0.00	0.1	100	—	0.0318	0.06
铅(Pb)	0.08±0.05	0.2	100	—	0.0425	0.09
镍(Ni)	0.24±0.14	—	—	—	—	0.49
铜(Cu)	2.66±0.78	—	—	2.5	4.82	3.02
锌(Zn)	25.5±5.3	—	—	9	7.30	20.4
锰(Mn)	15.5±8.0	—	—	—	7.30	44.4
铝(Al)	83.3±33.8	—	—	—	25.89	155.3

续表

测定项目	玉米样品平均含量及标准差	玉米污染物标准限值[a]	达标率/%	玉米一般含量[b]	我国谷类含量参考值[c]	部分长寿区谷物平均值[d]
铁(Fe)	40.9±7.0	—	—	15	10.61	40.5
钾(K)	9075±2913	—	—	2380	1090	2738
钠(Na)	42.5±24.4	—	—	11	2140	66.9
钙(Ca)	145.1±35.9	—	—	100	320	207.4
镁(Mg)	1541±201	—	—	960	260	752.2
锂(Li)	0.02±0.03	—	—	—	—	0.04
磷(P)	3885±582	—	—	1870	—	682
锶(Sr)	0.41±0.36	—	—	—	—	0.45
钴(Co)	0.02±0.02	—	—	—	—	0.03
钼(Mo)	0.12±0.07	—	—	—	—	0.15

a GB 2762—2012 食品安全国家标准:食品中污染物限量.
b 中国医学科学院卫生研究所《食物营养成分表》.
c 吴永宁主编,第四次中国总膳食研究,化学工业出版社,2015.
d 中科院地理资源所环境健康室检测的海南、广西、湖南部分长寿县数据.

3)根茎类粮食样品测定结果及评价。表 7-26 是跟茎类粮食样品的平均含量及一些参考指标。与我国薯类粮食平均含量和部分长寿区根茎类样品平均含量比较,遂溪根茎类粮食样品中除磷钾外的各元素含量基本相差不大,钾比我国薯类样品平均值高近 3 倍、磷比长寿区样品高 2 倍,不过磷钾属大量元素,受施肥的影响较大,但也表明遂溪根茎类作物磷钾的吸收能力较强。遂溪根茎类各样品中有害元素砷、镉、铬的含量均低于我国标准规定的根茎食品污染物限量值,但有 7 个样品的铅的含量超标,其中 3 个样品超标达到了 5 倍以上,分别是 2 号、12 号和 14 号应引起关注。

表 7-26 根茎类粮食各测定项目含量平均值及部分参考指标 单位:mg/kg

测定项目	根茎类样品平均含量及标准差	根茎类食品标准限值[a]	达标率/%	我国薯类平均含量[b]	部分长寿区根茎类样品平均含量[c]
硒(Se)	0.027±0.014	—	—	0.029	0.02
砷(As)	0.05±0.03	0.5	100	0.01	0.04
铬(Cr)	0.24±0.05	1.0	100	0.39	0.22
镉(Cd)	0.03±0.05	0.1	100	0.0065	0.05
铅(Pb)	0.34±0.78	0.2	79	0.088	0.11
镍(Ni)	0.50±0.55	—	—	—	0.43
铜(Cu)	2.63±1.28	—	—	2.45	4.35

续表

测定项目	根茎类样品平均含量及标准差	根茎类食品标准限值[a]	达标率/%	我国薯类平均含量[b]	部分长寿区根茎类样品平均含量[c]
锌(Zn)	9.5±5.9	—	—	2.10	27.0
锰(Mn)	17.7±12.4	—	—	2.89	30.8
铝(Al)	118.0±79.4	—	—	10.1	76.4
铁(Fe)	32.2±16.9	—	—	17.1	21.9
钾(K)	8888±3331	—	—	3050	10688
钠(Na)	363±390	—	—	6660	207
钙(Ca)	1059±585	—	—	180	1100
镁(Mg)	653±260	—	—	190	754
锂(Li)	0.06±0.06	—	—	—	0.06
磷(P)	1284±406	—	—	—	588
锶(Sr)	6.4±4.4	—	—	—	3.48
钴(Co)	0.06±0.10	—	—	—	0.09
钼(Mo)	0.04±0.09	—	—	—	0.12

a GB 2762—2012 食品安全国家标准：食品中污染物限量．
b 吴永宁主编，第四次中国总膳食研究，化学工业出版社，2015．
c 中科院地理资源所环境健康室检测的海南、广西、湖南部分长寿县数据．

4）大米、玉米、根茎类粮食之间的营养元素含量比较。为了直观地了解遂溪粮食类样品之间的人体必需营养元素含量高低，将遂溪大米、玉米、根茎类各自营养元素含量平均值与3类总平均值的比值进行了计算，图7-10是3类粮食各元素的比值折线图。从图中可以看出，3类粮食作物中，营养元素明显高于其他两类的是大米的硒、铬、钼，玉米的锌、镁、磷，根茎类的镍、钠、钙、锂、锶、钴。因此，从合理膳食的角度看，将遂溪3类粮食搭配着吃，有利于各种营养元素的均衡补充。

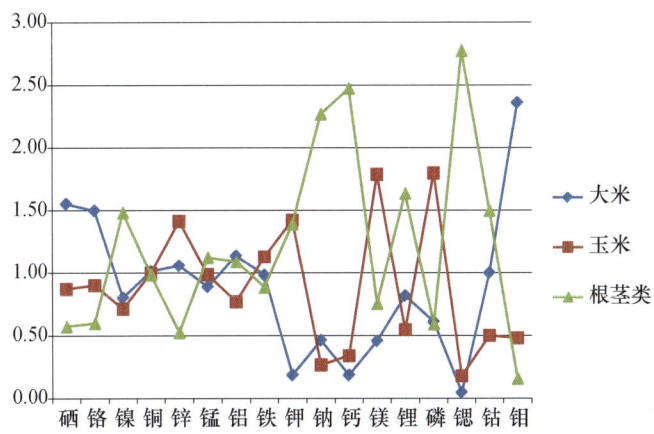

图7-10 三类粮食样品营养元素含量平均值与总平均值的比值图

2. 蔬菜样品(矿物质)分析及评价

(1)蔬菜样品的采集及处理

蔬菜样品主要由县民政局安排部分乡镇送交,共35个,其中尖椒4个,蒜仔4个,生菜4个,葱2个,红萝卜3个,白萝卜4个,兰豆2个,茼蒿2个,白菜、椰子菜、油麦菜各2个,菠菜、芹菜各1个。样品采集后,运回实验室进行清洗干净,晾干水后,直接用搅拌机匀浆待测。

(2)蔬菜样品的测定结果及评价

表7-27是叶菜类蔬菜样品测定结果及部分参考值,表7-28是非叶菜类蔬菜测定结果及部分参考值。与我国蔬菜矿质营养元素的平均含量比较,遂溪蔬菜样品中茼蒿富含锰、钙;青菜富含钾、钙;红萝卜和蒜仔(青蒜)富含钾;菠菜富钾、钙、镁;甜豆富钾、镁、锌;遂溪蔬菜之间的比较表明,含钾最高是青菜、蒜仔和甜豆,平均都超过 2800 mg/kg;含钙、铁最高的是菠菜,分别为 1045 mg/kg 和 22.5 mg/kg;含硒、锌最高的是甜豆,分别为 0.029 mg/kg 和 8.8 mg/kg;含锰最高的是茼蒿,为 4.7 mg/kg;含锂较高的为茼蒿、青菜和菠菜,均为 0.026 mg/kg 左右;含锶最高的是青菜,为 2.8 mg/kg;含磷、铜、镍、钼最高的为甜豆,分别达 994 mg/kg、1.5 mg/kg、0.614 mg/kg 和 0.125 mg/kg;含钴最高的为尖椒,平均 0.022 mg/kg。所有蔬菜样品中的砷、镉、铬、铅含量均低于我国标准规定的蔬菜污染物限量值,表明遂溪蔬菜没有受到污染,富含钾、钙、镁、锌、锰等矿质元素,是绿色健康食品。

表7-27 叶菜类蔬菜测定结果　　　单位:mg/kg

样号	钾	钠	钙	镁	铝	铁	硒	锌	锰	锂
黄略茼蒿	1849	416.6	830.8	165.4	16.8	9.6	0.027	4.32	4.27	0.011
城月茼蒿	2383	126.4	600.3	124.0	12.9	8.3	0.007	3.70	5.16	0.042
平均	2116	271.5	715.6	144.7	14.9	9.0	0.017	4.0	4.7	0.026
黄略白菜	2737	31.5	485.5	127.1	11.1	5.0	0.018	3.70	1.20	0.004
岭北白菜	2461	25.5	526.5	141.1	11.6	4.0	0.012	1.93	1.70	0.004
平均	2599	28.5	506	134.1	11.4	4.5	0.015	2.8	1.4	0.004
黄略青菜	2887	10.6	711.7	114.2	21.1	7.5	0.025	3.11	0.95	0.016
建新青菜	2782	63.0	852.4	144.3	11.2	7.8	0.016	3.15	2.05	0.035
平均	2835	36.8	782.1	129.3	16.1	7.6	0.021	3.1	1.5	0.026
黄略椰子菜	1699	36.5	232.6	103.3	15.0	3.9	0.011	1.79	1.28	0.004
建新椰子菜	1587	36.1	104.0	122.5	11.3	3.6	0.008	1.87	2.36	0.028
平均	1643	36.3	168.3	112.9	13.2	3.7	0.009	1.8	1.8	0.016
黄略生菜	1994	26.1	315.1	86.4	8.3	6.1	0.012	1.85	0.55	0.009
建新生菜	1429	36.3	295.2	88.1	5.4	4.8	0.008	1.66	3.60	0.008
岭北生菜	2735	14.9	207.7	125.2	8.1	7.7	0.009	4.10	1.24	0.013
城月生菜	2371	31.8	231.1	89.6	4.1	5.7	0.006	4.19	1.05	0.006
平均	2132	27.3	262.3	97.3	6.5	6.1	0.009	3.0	1.6	0.009

续表

样号	钾	钠	钙	镁	铝	铁	硒	锌	锰	锂
黄略油麦菜	3067	42.7	423.4	88.1	10.3	4.7	0.008	1.77	0.69	0.007
建新油麦菜	2239	33.3	551.9	159.3	21.4	10.6	0.011	2.20	1.62	0.023
平均	2653	38.0	487.6	123.7	15.9	7.7	0.010	2.0	1.2	0.015
建新菠菜	4913	40.5	1044.6	433.5	61.1	22.5	0.018	4.97	3.06	0.027
岭北芹菜	2109	127.5	620.6	138.4	5.9	2.5	0.009	1.25	1.39	0.003
我国蔬菜	2420	—	480	200	3.42	13.6	0.068	2.39	3.09	—

样号	锶	磷	铜	镍	钴	钼	铅	镉	铬	砷
黄略茼蒿	2.12	422	0.32	0.430	0.006	0.030	0.057	0.018	0.098	0.055
城月茼蒿	1.10	410	0.54	0.101	0.005	0.021	0.042	0.010	0.101	0.008
平均	1.6	416.4	0.4	0.266	0.005	0.025	0.050	0.014	0.099	0.032
黄略白菜	1.05	521	0.25	0.170	0.003	0.058	0.049	0.007	0.066	0.028
岭北白菜	2.99	307	0.20	0.059	0.014	0.037	0.041	0.003	0.035	0.003
平均	2.0	414.1	0.2	0.115	0.008	0.047	0.045	0.005	0.050	0.015
黄略青菜	2.15	319	0.31	0.066	0.004	0.070	0.034	0.003	0.065	0.001
建新青菜	3.45	363	0.28	0.074	0.012	0.007	0.028	0.014	0.037	0.008
平均	2.8	341.1	0.3	0.070	0.008	0.038	0.031	0.008	0.051	0.004
黄略椰子菜	0.49	241	0.14	0.090	0.002	0.053	0.034	0.001	0.048	0.042
建新椰子菜	0.19	303	0.11	0.110	0.006	0.034	0.032	0.002	0.054	0.013
平均	0.3	272.0	0.1	0.100	0.004	0.043	0.033	0.001	0.051	0.027
黄略生菜	0.74	196	0.20	0.122	0.003	0.012	0.030	0.006	0.105	0.019
建新生菜	0.67	174	0.16	0.131	0.008	0.003	0.011	0.010	0.085	0.011
岭北生菜	0.56	481	0.54	0.113	0.004	0.006	0.006	0.004	0.039	0.007
城月生菜	0.33	350	0.27	0.207	0.003	0.005	0.019	0.006	0.187	0.018
平均	0.6	300.4	0.3	0.143	0.005	0.007	0.017	0.007	0.104	0.014
黄略油麦菜	1.22	386	0.22	0.075	0.002	0.011	0.104	0.003	0.034	0.021
建新油麦菜	0.71	362	0.36	0.124	0.007	0.010	0.013	0.008	0.107	0.005
平均	1.0	374.0	0.3	0.100	0.005	0.011	0.058	0.005	0.071	0.013
建新菠菜	1.72	256	0.70	0.177	0.016	0.092	0.045	0.009	0.345	0.000
岭北芹菜	1.87	279	0.19	0.069	0.003	0.009	0.001	0.005	0.050	0.001
标准限值	—	—	—	—	—	—	0.3	0.2	0.5	0.5
我国蔬菜	—	—	1.20	—	—	—	0.041	0.010	0.41	0.03

表 7-28 非叶菜类蔬菜样品测定结果　　　　　　　　　　　　单位:mg/kg

样号	钾	钠	钙	镁	铝	铁	硒	锌	锰	锂
黄略尖椒	2271	33.3	113.4	120.3	5.6	5.5	0.011	2.64	1.41	0.010
建新辣椒	2203	20.7	90.8	109.8	6.0	4.5	0.005	1.58	1.28	0.012
岭北尖椒	2214	10.6	129.5	175.2	7.1	5.5	0.005	1.82	1.15	0.026
北坡尖椒	1730	15.3	48.7	89.1	6.2	3.2	0.003	0.85	1.09	0.032
平均	2105	20.0	95.6	123.6	6.2	4.7	0.006	1.7	1.2	0.020
黄略蒜仔	3330	56.3	582.9	115.5	19.5	6.0	0.021	1.39	0.29	0.008
建新蒜仔	3383	8.8	354.2	96.0	7.0	6.1	0.013	2.76	2.49	0.013
岭北蒜仔	2258	22.4	325.5	89.4	8.8	3.4	0.011	1.41	0.77	0.008
北坡蒜仔	2536	9.6	413.6	83.4	38.1	9.3	0.008	2.68	1.04	0.008
平均	2877	24.3	419.1	96.1	18.3	6.2	0.013	2.1	1.1	0.009
黄略葱	1253	28.5	718.2	90.3	8.2	3.8	0.018	1.99	0.35	0.007
建新葱	2002	15.3	435.9	72.2	10.6	6.2	0.009	1.39	1.60	0.004
平均	1628	21.9	577.0	81.2	9.4	5.0	0.013	1.7	1.0	0.006
黄略红萝卜	2509	65.2	319.0	79.0	28.3	18.1	0.022	2.98	0.60	0.019
北坡红萝卜	2650	56.8	212.7	78.3	28.0	7.1	0.008	2.97	1.44	0.024
城月红萝卜	2683	104.8	236.0	66.4	13.6	4.5	0.005	1.62	0.56	0.003
平均	2614	75.6	255.9	74.6	23.3	9.9	0.011	2.5	0.9	0.016
黄略白萝卜	945	160.2	168.7	66.9	6.3	2.5	0.014	1.90	0.90	0.019
岭北白萝卜	1629	74.1	346.3	183.0	12.6	22.9	0.015	1.69	0.61	0.012
北坡白萝卜	1934	59.8	288.0	107.1	13.2	2.5	0.008	2.18	0.52	0.011
城月白萝卜	1363	52.5	145.9	74.5	7.7	2.5	0.005	2.62	1.12	0.006
平均	1468	86.6	237.2	107.9	9.9	7.6	0.010	2.1	0.8	0.012
黄略甜豆	2256	19.7	472.3	288.3	4.7	16.8	0.029	8.70	2.54	0.008
岭北甜豆	3377	32.0	307.3	379.5	11.9	21.1	0.028	8.83	5.91	0.007
平均	2817	25.8	389.8	333.9	8.3	18.9	0.029	8.8	4.2	0.008
国内蔬菜	2420	—	480	200	3.42	13.6	0.068	2.39	3.09	—

样号	锶	磷	铜	镍	钴	钼	铅	镉	铬	砷
黄略尖椒	0.18	356	0.41	0.210	0.016	0.020	0.066	0.003	0.200	0.047
建新辣椒	0.13	312	0.86	0.309	0.037	0.003	0.019	0.006	0.194	0.030
岭北尖椒	0.20	430	0.90	0.308	0.019	0.031	0.021	0.003	0.155	0.009
北坡尖椒	0.03	193	0.40	0.048	0.017	0.003	0.009	0.023	0.044	0.005
平均	0.1	322.7	0.6	0.219	0.022	0.014	0.029	0.009	0.148	0.023

续表

样号	锶	磷	铜	镍	钴	钼	铅	镉	铬	砷
黄略蒜仔	2.19	498	0.13	0.070	0.003	0.045	0.060	0.002	0.079	0.037
建新蒜仔	1.13	650	0.32	0.096	0.004	0.005	0.024	0.019	0.051	0.000
岭北蒜仔	1.69	416	0.11	0.091	0.005	0.005	0.027	0.004	0.049	0.021
北坡蒜仔	0.85	404	0.17	0.083	0.002	0.027	0.041	0.003	0.130	0.004
平均	1.5	492.0	0.2	0.085	0.003	0.020	0.038	0.007	0.077	0.015
黄略葱	2.41	248	0.26	0.201	0.004	0.046	0.018	0.002	0.108	0.023
建新葱	0.90	221	0.15	0.098	0.005	0.014	0.031	0.008	0.060	0.007
平均	1.7	234.7	0.2	0.149	0.005	0.030	0.024	0.005	0.084	0.015
黄略红萝卜	1.12	254	0.51	0.476	0.006	0.012	0.078	0.008	0.297	0.070
北坡红萝卜	0.60	298	0.19	0.086	0.007	0.004			0.102	0.000
城月红萝卜	0.62	304	0.37	0.151	0.003	0.016		0.003	0.183	0.000
	0.8	285.3	0.4	0.238	0.004	0.011	0.037	0.006	0.194	0.023
黄略白萝卜	2.79	252	0.13	0.115	0.005	0.024	0.090		0.251	0.032
岭北白萝卜	2.67	146	0.17	0.286	0.012	0.014	0.052	0.002	0.131	0.060
北坡白萝卜	1.05	166	0.14	0.168	0.007	0.009	0.050	0.005	0.096	0.030
城月白萝卜	0.69	207	0.13	0.185	0.009		0.024	0.005	0.146	0.006
平均	1.8	192.9	0.1	0.189	0.008	0.014	0.054	0.004	0.156	0.032
黄略甜豆	1.04	838	1.72	0.311	0.009	0.201	0.023	0.002	0.140	0.037
岭北甜豆	0.76	1151	1.20	0.917	0.027	0.048	0.078	0.001	0.119	0.044
平均	0.9	994.4	1.5	0.614	0.018	0.125	0.050	0.001	0.130	0.040
标准限值 a	—	—	—	—	—	—	0.2	0.1	0.5	0.5
我国蔬菜 b	—	—	1.20	—	—	—	0.041	0.010	0.41	0.03

a GB 2762—2012 食品安全国家标准:食品中污染物限量.
b 吴永宁主编.第四次中国总膳食研究,化学工业出版社,2015.

3. 水果样品(主要元素)分析及评价

(1)样品采集及处理

水果主要由县民政局选取当地代表性水果送交,共 7 个,其中木瓜和海橙各 2 个,香蕉、甘蔗、青枣各 1 个。样品运回实验室后洗净,取食用部位 300 g 左右搅碎匀浆待测。

(2)水果样品的测定结果及评价

表 7-29 是水果样品测定结果及部分参考值,与我国水果矿质元素含量平均值相比,遂溪水果普遍富含钾,钙除香蕉、镁除青枣、铁除青枣和甘蔗、锌除青枣、锰除木瓜外其他水果均高于全国水果的平均值,即遂溪绝大多数水果均富含钾、钙、镁、铁、锌、锰等矿质营养元素。从遂溪水果之间比较看,含钾、镁、锌、磷、铜最高的是黄略香蕉,分别为 2577 mg/kg、301 mg/kg、2.47 mg/kg、285 mg/kg 和 1.61 mg/kg;含钙、锶最高的是界炮海红橙,分别为 411 mg/kg 和 0.93 mg/kg;含铁最高的是界炮海白橙,达 8.81 mg/kg;含锰、锂最高的是岭北甘蔗,分别为 7.15 mg/kg 和 0.065 mg/kg;含镍最高的为北坡木瓜,达 0.206 mg/kg。所有水果样品中的砷、镉、铬、铅含量均

低于我国标准规定的水果污染物限量值(参见 GB 2762—2012 食品中污染物限量),表明遂溪水果没有受到污染,且富含钾、钙、镁、铁、锌、锰等矿质营养元素,是绿色健康食品。对于较为关注的界炮海橙,从与北京市场上购的红橙比较看(表 7-30),界炮海橙的钾、钠、钙、锌、锰、锶、镍、钼等元素含量比市售红橙高 30%～500%。

表 7-29　遂溪水果测定结果　　　　　　　　　　　　　　　　　　　　　单位:mg/kg

样品名称	钾	钠	钙	镁	铝	铁	硒	锌	锰	锂
黄略香蕉	2577	35.2	53	301	7.7	5.35	0.011	2.47	1.29	0.006
岭北甘蔗	2245	33.4	117	149	9.6	1.77	0.011	1.98	7.15	0.065
北坡木瓜	1158	22.1	126	150	7.2	2.63	0.007	1.15	0.10	0.003
城月木瓜	2280	33.1	152	152	16.1	4.01	0.015	1.16	0.13	0.017
城月青枣	1260	6.0	104	49	3.4	1.37	0.002	0.53	0.83	0.014
界炮海橙(红)	1841	25.0	411	143	8.2	3.06	0.005	1.42	0.62	0.004
界炮海橙(白)	2318	10.1	193	117	1.6	8.81	0.004	1.29	1.12	0.002
全国水果	930	10	80	70	0.54	2.31	0.005	0.57	0.56	—
样品名称	锶	磷	铜	镍	钴	钼	铅	镉	铬	砷
黄略香蕉	0.27	285	1.61	0.131	0.002	0.015	0.004	0.000	0.129	0.019
岭北甘蔗	0.50	133	0.16	0.082	0.003	0.001	0.012	0.001	0.148	0.038
北坡木瓜	0.59	61	0.13	0.206	0.004	0.006	0.033	0.001	0.060	0.013
城月木瓜	0.56	73	0.22	0.118	0.002	0.015	0.038	0.001	0.164	0.016
城月青枣	0.19	108	0.26	0.083	0.002	0.004	0.005	0.001	0.094	0.000
界炮海橙(红)	0.93	258	0.36	0.145	0.001	0.005	0.012	0.000	0.040	0.014
界炮海橙(白)	0.40	252	0.52	0.179	0.003	0.004	0.012	0.000	0.372	0.008
标准限值[a]	—	—	—	—	—	—	0.2	0.05	0.5	0.05
全国水果[b]	—	—	0.48	—	—	—	0.024	0.001	0.06	0.01

a GB 2762—2012 食品安全国家标准:食品中污染物限量.
b 吴永宁主编,第四次中国总膳食研究,化学工业出版社,2015.

表 7-30　界炮海橙与北京市场购买的红橙比较　　　　　　　　　　　　　　　　mg/kg

样品名称	钾	钠	钙	镁	铝	铁	硒	锌	锰	锂
界炮海橙(红)	1841	25.0	411	143	8.2	3.06	0.005	1.42	0.62	0.004
界炮海橙(白)	2318	10.1	193	117	1.6	8.81	0.004	1.29	1.12	0.002
市购红橙	1800	5.0	288	141	5.9	1.86	0.002	0.48	0.30	0.014
样品名称	锶	磷	铜	镍	钼	铅	钴	镉	铬	砷
界炮海橙(红)	0.93	258	0.36	0.145	0.005	0.012	0.001	0.000	0.040	0.014
界炮海橙(白)	0.40	252	0.52	0.179	0.004	0.012	0.003	0.000	0.772	0.008
市购红橙	0.33	272	0.33	0.103	0.003	0.012	0.003	0.000	0.079	0.004

4. 海鲜样品分析及评价

(1)样品采集及处理

海鲜样品主要由县民政局安排典型海产品乡镇送交，共8个，分别为建新螃蟹，江洪金钩虾、仓鱼、沙钻鱼、白利来鱼、清鳞鱼蛤、草谭下台沙虫、金钩虾。样品运回实验室后迅速冷冻备用。测定前，将冷冻待测的海鲜样解冻，洗净后蒸熟，取食部位用搅碎混匀(螃蟹的蟹肉和蟹黄分开测定)。

(2)海鲜样品的测定结果及评价

表7-31为遂溪海鲜样品测定结果及国家标准限值和部分参考值，从与我国水产品含量平均值比较看，遂溪海鲜钾含量异常丰富，所有样品均比我国水产品含量平均值高25%以上，最高的江洪沙虫高出1.5倍；镁、硒除白利来鱼外，所测样品均比我国水产品均值高。尤其是建新的螃蟹蟹黄，其钙、镁、铁、锰、钴、锶、磷、铜、镍、钼等均是所有样品中最高的，蟹肉的钾、镁、硒、锌、锰、铜也比我国水产类含量平均值高出30%以上，其中锌是所有样品中最高的，比我国水产含量平均值高近7倍。所测海鲜样品中的镉、铬、铅含量均低于我国标准规定的鱼类污染物限量值，砷则有3个样品超标，分别为江洪金钩虾、沙钻鱼和草谭金钩虾，尤其沙钻鱼超标较多，达8倍。

表7-31 遂溪海鲜样品测定结果 单位:mg/kg

样号	钾	钠	钙	镁	铝	铁	硒	锌	锰	锂
螃蟹肉	3346	1624	370	378	79.7	20.6	0.49	102.9	3.01	0.063
江洪金钩虾	2553	846	690	403	149.4	27.5	0.41	16.1	0.95	0.066
仓鱼	2870	822	181	409	33.7	8.1	0.54	9.1	0.33	0.030
沙钻鱼	3242	568	2853	302	31.8	8.1	0.43	7.4	0.62	0.052
白利来鱼	2972	580	1227	216	18.5	7.8	0.28	6.1	0.20	0.025
清鳞鱼蛤	2846	33338	1262	712	142.0	39.8	0.70	13.4	1.03	0.295
沙虫	5058	1339	263	506	63.6	86.8	0.76	94.8	1.68	0.048
草谭金钩虾	3000	877	569	412	133.5	24.9	0.54	15.3	0.94	0.056
蟹黄	3545	1677	13143	1406	3.6	139.1	0.54	66.4	69.88	0.046
我国水产	2080	—	2960	290	5.63	25.7	0.356	12.9	2.03	—

样品名称	锶	磷	铜	镍	钴	钼	铅	镉	铬	砷
螃蟹肉	6.8	1914	14.44	0.33	0.057	0.010	0.054	0.005	0.40	0.12
江洪金钩虾	8.4	2116	5.42	0.54	0.022	0.016	0.061	0.013	0.10	1.06
仓鱼	1.9	1733	0.58	0.18	0.013	0.009	0.030	0.037	0.13	0.20
沙钻鱼	19.4	3017	0.80	0.21	0.018	0.004	0.062	0.007	0.09	4.66
白利来鱼	6.4	1962	0.76	0.13	0.008	0.004	0.025	0.007	0.10	0.02
清鳞鱼蛤	5.3	1477	1.68	0.17	0.020	0.016	0.029	0.021	0.14	0.27
沙虫	3.4	3411	5.38	0.37	0.074	0.081	0.389	0.049	0.10	0.24

续表

样品名称	锶	磷	铜	镍	钴	钼	铅	镉	铬	砷
草潭金钩虾	6.0	2282	5.27	0.45	0.019	0.013	0.050	0.012	0.09	0.94
蟹黄	184.2	12744	95.35	1.28	1.323	0.227	0.043	0.348	0.14	0.32
标准限值[a]	—	—	—	—	—	—	0.5	0.1	2.0	0.5
我国水产[b]	—	—	1.62	—	—	—	0.061	0.059	0.41	0.38

a GB 2762—2012 食品安全国家标准：食品中污染物限量．
b 吴永宁主编．第四次中国总膳食研究．化学工业出版社，2015．

7.3.3　百岁老人头发指甲元素的含量特征分析

1. 百岁老人头发元素含量特征分析

（1）样品采集及处理

头发样品 31 个（见表 7-32），均由民政局负责收集并置于干净的纸袋中保存，样品在实验室用 2% 洗涤剂浸泡 24 h 后，其间搅拌数次去除油脂及灰尘，清水洗至无泡沫，然后超纯水淋洗 2～3 次，放于干净的滤纸上自然风干。用特氟隆剪刀剪至 2 mm，放于干净的纸袋中，储于干燥处备用。

表 7-32　头发样品说明

编号	住居地	姓名	年龄	性别
1	遂城镇坑里村	陈屋	104	女
2	遂城镇大龙尾村	黄秀标	102	男
3	岭北镇调楼村	陈村	110	女
4	黄略镇鹅寮村	蔡水粉	100	女
5	黄略镇许屋村	邱屋	100	女
6	草潭镇罗屋村	罗加善	102	男
7	河头镇苏理陆村	蔡淑兰	105	女
8	河头镇河头圩	骆维新	101	男
9	乐民镇墩文村	蔡美钦	100	男
10	港门镇东塘村	梁秀全	103	男
11	港门镇排塘村	叶桂英	100	女
12	城月镇新城大道	梁秀连	101	女
13	城月镇仙来村	陈喜玉	100	女
14	北坡镇碑头村	卢秀红	103	女
15	北坡镇泉水眼村	郑亚英	101	女
16	杨柑镇大屋村	黄石英	101	女

续表

编号	住居地	姓名	年龄	性别
17	界炮镇垌口村	袁家宽	105	男
18	界炮镇垌口村	吴秋来	102	女
19	杨柑镇豆坡山仔村	陈九	104	男
20	草潭镇姓张村	叶氏	103	女
21	洋青镇城揽村	苏国勇	100	男
22	洋青镇古村	陈生	104	女
23	乐民镇墩文村	陈英尧	102	女
24	建新镇渡头村	彭正权	101	男
25	建新镇建新东村	杨玉文	101	女
26	城月镇城月农业五队	盘进中	105	男
27	江洪镇坛西村	欧尾	102	女
28	江洪镇陈屋村	王惠连	102	女
29	岭北镇城里村	王八山	100	女
30	乌塘镇乌塘岭村	苏氏	100	女
31	乌塘镇湛川村	黄芝茂	101	男

(2)测定结果及评价

表7-33为头发测定结果的统计信息及部分指标。与成人参考值比较,遂溪百岁老人头发样中的人体必需营养元素硒、锌、锰、铁、钙、镁、钼等含量较高,其中硒含量根据谭见安等的划分标准(中华人民共和国地方病与环境图集,1989)大于0.50 mg/kg属于高硒,可以认为遂溪百岁老人头发中富含硒。与我国部分长寿区百岁老人头发含量比,硒、铜、锌、钙、镁、磷、锶、钴等含量相当。对人体有害的元素中,砷、镉含量明显低于成人参考值,铅的平均值虽然比成人参考值和我国部分长寿区百岁老人平均值要高,但其主要是因为受个别极端值的影响,从铅含量的中位数来看铅含量并不高。

表7-33 头发各测定项目统计信息及部分参考指标   单位:mg/kg

测定项目	平均含量及标准偏差	样品含量的中位数	最大值	最小值	成年人参考值范围	部分长寿区百岁老人头发含量[d]
硒(Se)	0.50±0.11	0.48	0.78	0.30	0.38~0.7[a]	0.45
砷(As)	0.34±0.31	0.21	1.18	0.05	0.13~3.71[a]	
铬(Cr)	1.02±0.52	0.83	2.81	0.54	1.396[b]	3.07
镉(Cd)	0.07±0.06	0.07	0.28	0.01	0.13[c]	0.18

续表

测定项目	平均含量及标准偏差	样品含量的中位数	最大值	最小值	成年人参考值范围	部分长寿区百岁老人头发含量[d]
铅(Pb)	5.49±10.66	1.41	46.39	0.38	4.91[b]	1.11
镍(Ni)	1.00±1.03	0.63	5.27	0.36	1.13[c]	0.74
铜(Cu)	9.5±9.4	6.83	47.5	5.0	9.8[c]	8.13
锌(Zn)	191±47	184	293.6	97.4	143[b]	167.6
锰(Mn)	2.35±1.90	1.89	7.79	0.39	2.58[c]	3.61
铝(Al)	28.2±31.2	21.4	181.7	10.8	4.2~29.3[a]	35.58
铁(Fe)	30.3±28.0	21.2	135.0	13.1	33.8[b]	28.94
钾(K)	20.2±12.2	52.6	78.5	10.8	17~140[a]	52.82
钠(Na)	1197±507	1017	2258	357	18~1720[a]	134.35
钙(Ca)	1835±700	1612	2883	725	350~860[a]	1671
镁(Mg)	247±100	213	468	79	40~110[a]	255.21
锂(Li)	0.16±0.14	0.12			0.79[a]	0.78
磷(P)	143±25	144	213	99	120~180[a]	162
锶(Sr)	3.94±1.92	3.64	8.38	0.00	1.0~7.6[a]	4.89
钴(Co)	0.10±0.07	0.08	0.30	0.02	0.36[b]	0.09
钼(Mo)	0.46±0.24	0.39	1.17	0.20	0.154[b]	

a 顾祖维译. 国外人体血、尿、发、指甲中元素的正常值,冶金劳动卫生,1982(6).
b 李玉琴. 人发中微量元素参考值及其相关因素研究,陕西师大学报,1995,23(1).
c 叶明德. 人发微量元素的研究现状,温州师范学院学报(自然科学版),1997(6).
d 中国科学院地理科学与资源研究所环境健康室检测的海南、广西、湖南部分长寿县数据.

2. 百岁老人指甲元素含量特征分析

（1）样品采集及处理

指甲样品31个(样品说明见头发部分的表7-32),均由县民政局工作人员负责用干净的不锈钢指甲剪采集调查对象手指甲,置于干净的纸袋内封好。

（2）测定结果及评价

表7-34为指甲测定结果的统计信息及部分参考指标。与人体正常范围值比较,遂溪百岁老人指甲样中的人体必需营养元素锰、钙、镁、磷、锶等含量较高。与我国部分长寿区百岁老人指甲含量比,硒、锌、钙、磷等含量相当或略高。对人体有害的的元素中,砷、镉、铅等含量均明显低于人体参考值范围,与部分长寿区百岁老人指甲含量相比则基本相当或略低。

表 7-34　指甲各测定项目含量平均值及部分参考指标　　　　　　　　　　单位:mg/kg

测定项目	平均含量及标准差	中位数	最大值	最小值	指甲元素含量参考值	部分长寿区百岁指甲平均含量[d]
硒(Se)	0.62±0.15	0.60	0.98	0.40	0.14~8[a]	0.73
砷(As)	0.25±0.17	0.19	0.66	0.06	0.2~3.3[a]	0.26
铬(Cr)	1.03±0.31	1.00	2.10	0.57	6.2[a]	3.21
镉(Cd)	0.06±0.04	0.06	0.16	0.00	0.109[c]	0.07
铅(Pb)	2.72±5.94	0.95	32.68	0.30	13.8~39[a]	3.18
镍(Ni)	1.77±2.31	1.37	13.66	0.42	2.79[c]	2.04
铜(Cu)	2.89±0.76	2.76	4.95	1.66	7.58[c]	3.67
锌(Zn)	121.7±19.0	125.8	149.8	65.5	172[b]	149
锰(Mn)	2.29±1.72	1.86	9.22	0.76	1.19[c]	3.35
铝(Al)	122±76	103	441	32	132~927[a]	—
铁(Fe)	78.4±48.7	77.0	289.4	21.0	45.8[c]	105
钾(K)	84.0±34.2	75.8	171.8	42.6	93.6[b]	58.3
钠(Na)	1249±280	1206	1835	656	723[b]	—
钙(Ca)	1807±377	1775	3265	1297	445[b]	2226
镁(Mg)	186±43	186	357	111	56.6[b]	401
锂(Li)	0.18±0.07	0.18	0.45	0.10	0.04~0.65[a]	0.30
磷(P)	407±119	368	806	254	180~990[a]	398.7
锶(Sr)	2.60±0.96	2.53	5.92	0.42	0.017[a]	4.53
钴(Co)	0.04±0.01	0.04	0.08	0.02	<0.2[a]	0.09
钼(Mo)	0.71±0.42	0.55	2.06	0.24	0.15~5.6[a]	—

a 顾祖维译.国外人体血、尿、发、指甲中元素的正常值,冶金劳动卫生,1982(6).
b 周珍.人指甲中微量元素含量的研究,解放军预防医学杂志,1988,6(8).
c 张松林等.十年人指甲中七种微量元素含量测定,中国卫生检验杂志,1997,7(3).
d 中国科学院地理科学与资源研究所环境健康室检测的海南、广西、湖南部分长寿县数据.

3. 遂溪百岁老人头发和指甲元素含量比较

图 7-11 为遂溪百岁老人头发和指甲中所测的 20 种元素含量平均值比值图。从图中可以看出比值大于 1.1 的是砷、镉、铅、铜、锌、镁、锶、钴,即这几个元素的头发含量明显高于指甲,比值低于 0.9 的有硒、镍、铝、铁、钾、磷、钼等,即这几个元素在指甲中的含量明显高于头发,铬、锰、钠、钙、锂等则是指甲与头发含量相差不大。

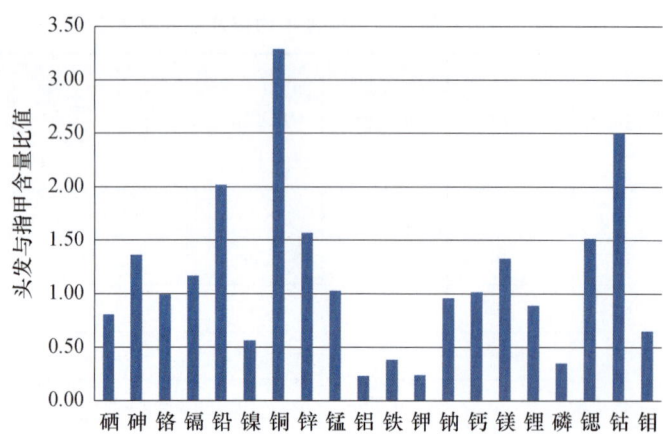

图 7-11 遂溪百岁老人头发与指甲的元素平均含量比值

7.3.4 结论

遂溪土壤含硒、磷、铁、锌等较多,水中具有丰富的钾、锶、锌、锰、偏硅酸等对人体有益的物质,与长寿老人分布区域叠加后,表明:遂溪国际长寿养生基地,是典型的以热带火山滨海地貌为主,火山长寿元素引领的,国内不可多得的长寿区域。

(1)遂溪土壤含硒、磷、铁、锌等较多。遂溪所测土壤样品中80%以上限值元素含量均达到了国家土壤环境质量的一类土壤标准要求,除镍外其他限值元素100%达到了国家土壤环境质量的二类土壤标准要求,即遂溪土壤基本为优质的农业及牧业用地,80%还可以作为集中式生活饮用水水源地、茶园、牧场和其他保护地区的土壤使用。有益健康长寿的元素硒平均含量比我国土壤背景值约高10%,与我国部分长寿区平均含量相当。遂溪土壤样品中,硒含量超过 0.4 mg/kg 的富硒土壤有岭北、建新、乌塘、河头以及江洪等乡镇的部分村庄。

(2)遂溪所测水样中有8个样品达到我国天然矿泉水指标要求,其中岭北镇调楼村井水为富锌、锶及偏硅酸型水,城月镇坡仔村井水为富锶型水,遂城镇沙坡村、岭北镇林北圩、建新镇渡头村、北坡镇河西村、草潭镇石杨村、乐民镇乐民圩等 6 个井水样为富偏硅酸型水,8 个水样中尤其以沙坡村、调楼村、林北圩、渡头村、乐民圩等井水较佳,其 pH 均呈微碱性,这在南方地下水普遍偏酸的情况下较为难得。另外,遂溪水中钾元素含量也非常丰富,平均含量比我国部分长寿区要高 38% 左右。总体上可以认为遂溪水中具有丰富的钾、锶、锌、锰、偏硅酸等对人体有益的物质。对于较为关注的硒元素,水中硒含量最高的是黄略镇许屋村水样,达到我国部分长寿区平均值的 3 倍多。超过长寿区平均值的水样还有 5 个样点,分别分布在乌塘、杨柑、草潭、乐民、河头 5 个乡镇。

(3)遂溪土壤和水中硒、锰、锌、锂、锶、铜、镍、钼、铬、钴 10 种人体必需微量元素含量的累加值分级分布图表明,水及土壤中的微量元素都在岭北、江洪和建新及其周围有一个富集区,而百岁老人占总人口比例较高也在江洪、岭北和建新 3 个镇,说明遂溪微量元素丰富的地区是有利于健康长寿的。

(4) 与一般大米中元素含量比较，遂溪大米中富含有益健康的元素硒、铁、锌、锰等。与部分长寿县的大米相比，人体必需营养元素硒、铁、锌、锰、钾、钠、锂、钼等含量均相当或较高。对于长寿养生较为关注的硒元素，全县大米样品平均值为 0.073 mg/kg，要比我国大米的一般含量高近 2 倍，根据 GB/T 22499—2008 富硒稻谷国家标准的规定，大米大于 0.04 mg/kg 即属于富硒，也就是遂溪大米可以认定为富硒大米。遂溪大米中，以城月海红米为最佳，钾、钠、钙、镁、铝、铁、锌、锰、锶、磷、铜、钴均高于遂溪大米的平均值，其中钾、磷、镁、锌是遂溪大米中含量最高，比我国部分长寿县大米平均含量高 30%～200%，硒的含量达到我国大米的一般含量的 2 倍。10 种人体必需微量元素（硒、锌、锰、锶、锂、铜、镍、钴、钼、铬）含量累加值，海红米也是最高的，其次是泉水眼村、江洪百岁老人家大米。

(5) 遂溪玉米中硒、铁、钾、钙、镁、磷等明显要高于我国一般玉米中元素含量，其中钾、磷、硒的分别平均含量是一般玉米的 2～3 倍，表明遂溪玉米富含钾、磷、硒；与我国部分长寿区谷类粮食平均值相比，遂溪玉米中人体必需营养元素铁、锌、锰、锶、钴、钼等含量均相当或较高。遂溪根茎类粮食样品除磷钾外与我国薯类粮食各元素平均含量基本相当，钾比我国薯类样品平均值高近 3 倍、磷比长寿区样品高 2 倍，表明遂溪根茎类作物富含磷钾。

(6) 与我国蔬菜营养元素的平均含量比较，遂溪蔬菜样品中茼蒿富含锰、钙；青菜富含钾、钙；红萝卜和蒜仔富含钾；菠菜富钾、钙、镁；甜豆富钾、镁、锌。所有蔬菜样品中的砷、镉、铬、铅含量均低于我国标准规定的蔬菜污染物限量值，表明遂溪蔬菜没有受到污染，且富含钾、钙、镁、锌、锰等矿质营养元素，是绿色健康食品。

(7) 与我国水果元素含量平均值相比，遂溪水果普遍富含钾、钙、镁、铁、锌、锰等矿质营养元素，所测水果样品中的砷、镉、铬、铅含量均低于我国标准规定的水果污染物限量值，表明遂溪水果没有受到污染，是绿色健康食品。遂溪的界炮海橙与北京市场上购的红橙比较表明，界炮海橙的钾、钠、钙、锌、锰、锶、镍、钼等元素含量比市售红橙高 30% 到 500%。

(8) 与我国水产品含量平均值比，遂溪海鲜钾含量异常丰富，所有样品均比我国水产品含量平均值高 25% 以上，最高的江洪沙虫高出 1.5 倍；镁、硒除白利来鱼外，所测样品均比我国水产品均值高。尤其是建新的螃蟹蟹黄，其钙、镁、铁、锰、钴、锶、磷、铜、镍、钼等均是所有样品中最高的，蟹肉的钾、镁、硒、锌、铜也比我国水产类含量平均值高出 30% 以上，其中锌是所有样品中最高的，比我国水产类食品含量平均值高近 7 倍。所测海鲜样品中的镉、铬、铅含量均低于我国标准规定的鱼类污染物限量值。

(9) 与成人头发参考值比较，遂溪百岁老人头发样中的人体必需营养元素硒、锌、锰、铁、钙、镁、钼等含量较高，其中硒的平均含量为 0.50 mg/kg，根据谭见安等的划分标准属于高硒，可以认为遂溪百岁老人头发中富含硒；与我国部分长寿区百岁老人头发含量比，硒、铜、锌、钙、镁、磷、锶、钴等含量相当。

(10) 与成人指甲含量的参考值比较，遂溪百岁老人指甲样中的人体必需营养元素锰、钙、镁、磷、锶等含量较高；与我国部分长寿区百岁老人指甲含量比，硒、锌、钙、磷等含量相当或略高；在需要限制的元素中，砷、镉、铬、铅等含量明显低于人体参考值，与部分长寿区百岁老人指甲含量相比则基本相当或略低。

7.4 发展战略研究

7.4.1 战略目标

以健康养生养老、科学养生养老、文化养生养老为理念,以海陆统筹、资源整合、产业融合为路径,以发展模式创新、服务升级、品牌创建为动力,以养老照护、医疗康复、养生文化、休闲旅游等服务行业深度融合为重点,努力把遂溪县打造成享誉海内外的养生养老目的地,把养生养老服务产业培育成遂溪县经济发展转型的支柱产业,促进经济转型升级。建成特色鲜明、结构合理、具有较强国际竞争力的养生产业体系,成为国际知名的疗养康复中心和养生休闲基地。到2030年,力争全县养生养老服务业增加值占服务业比重达到40%,养生养老服务业从业人员占全县服务业就业人数的比重达到40%,养生服务业内部结构显著优化,产业质量显著提升,就业容量显著增加,服务环境和服务水平均等化程度显著提高,市场竞争力显著增强,总体发展水平与经济社会发展水平相适应。

近期目标(2016—2020年)。创建国际长寿养生基地,树立国际长寿养生目的地的知名品牌,建设北部湾长寿养生城(玥珑湖——粤西养老中心)、长寿养生寿山(交椅岭)、海丝之路海鲜美食城(草潭)和北部湾养生休闲旅游区。

远期目标(2021年到"十四五")。建设区域养生试验区,建立内涵丰富、结构合理的养老养生服务业体系,打造一批知名品牌和良性循环的养老养生服务产业集群,并形成具有国际竞争力,满足广大人民群众多样的养生养老服务需求,建设成为立足粤西、着眼全国、服务世界的国际长寿养生名城。

7.4.2 发展定位

1. 总体定位

总体定位为:以创建国际长养生基地为目标,申创国家全域养生试验区,建设北部湾养生名城,成为粤西乃至国际的养生体验消费目的地。

国际长寿养生基地:充分利用遂溪长寿、文化、区位、产业、自然环境等优势,创建"国际长寿养生基地"品牌,搭建国际长寿养生健康文化交流与合作平台,提升遂溪综合竞争力和社会知名度,推动生态旅游、休闲体验、养老养生房地产、康复养生等新业态创新发展,共同推进长寿养生资源保护和开发利用。

国际长寿养生基地是相关专家根据人口老龄化现状和公众对健康长寿追求的愿望,经科学论证并评价,报经国际人口老龄化长寿化专家委员审核认定的称号。与其他相关称号相比有以下独特性:

第一,中国长寿之乡是按照评定标准进行筛选,包括前提条件、必达指标和考核指标,突出生态与环境特征,但长寿经济和产业的培育相对不足。

第二,世界长寿之乡是国际人口老龄化长寿化专家对城市养老生活体系的肯定而所颁布的称号和嘉奖,评选区域应具备国际化特征的资源禀赋和具有得天独厚的自然条件,但相对来说区域独具特色的养生资源和世界接轨和融合不足,缺乏在全球一体化下产业链的延伸和融合。

第三,国际长寿养生基地,不仅要符合中国长寿之乡的相关评定标准,更要凸显国际化养生资源的特殊价值,注重以养生资源为核心,培育国际化的长寿产业,实现全域养生。即首先通过相关科学检测和化验,对区域的养生资源及环境进行分析,主要包括土壤及水环境质量、食物中的矿质元素、百岁老人头发指甲元素,其次对照《国际长寿养生基地》指标体系开展评价,最后根据资源禀赋特点和长寿资源分布状况,对国际长寿养生基地的发展目标、产业空间布局、项目建设进行规划。

国家全域养生试验区:遂溪要全盘统筹,全域一体化地发展养生产业,形成资源优化、空间有序、产品丰富、文化多元的产业体系,盘活全域养生资源,变资源优势为综合效益,提供全过程、全时空的体验产品,满足全方位、多层次的养生体验需求。打破行政分割,突破区域局限,使建设、环境保护、交通运输、养生保健、餐饮服务等各个方面都服务于养生产业发展大局,形成全域一体的养生品牌形象。

北部湾养生名城:依托北部湾区位、资源、海洋和港口等优势,以遂溪为依托建设长寿养生、悠闲旅游、特色鲜明、主业突出、功能完善、带动性强的北部湾颐养城,为全国城市长寿养生服务业发展提供新模式。

粤西养生体验目的地:随着人口老龄化和亚健康问题的提前到来,一股以"健康养生"为主题的产业发展如火如荼。目前,尽管广东省具有地域特色的健康养生博大精深,却始终缺乏一个综合性、功效性、品牌性较强的养生体验目的地,遂溪具有独特的历史、文化和自然资源,应采用先进的理念、创新的思维,开发特色鲜明的养生产品系列和高水准的服务,打造粤西养生体验目的地。

2. 功能定位

健康养生农业绿色基地:按照养生理念改造提升传统农业,积极发展绿色有机无公害种养业,打造无公害农产品生产加工基地,促进养生健康长寿产业发展。遂溪拥有丰富的土地和农产品资源,目前形成了糖蔗、北运菜、火龙果、香蕉、南药、蚕桑、花卉等10个特色农业基地,发展健康养生农业基地具有独特优势,应通过优良的农业、农村生态环境,配以有机或无公害农产品和必要功能食品,以及适度的农业劳动和乡村健康运动,实现调养恢复、提高消费者身体素质和健康状况,形成集"有机种植、生态养殖、有机农产品深加工、健康美食体验、中医养生保健、民间文化演艺、休闲度假、旅游观光、会议娱乐"为一体的健康养生农业基地。

长寿食品加工特色基地:以特色农海产品为依托,打造集产、供、销、研于一体的长寿食品加工特色基地,打响具有浓郁地方特色的长寿食品品牌,统一品牌包装,提高长寿食品声誉和知名度。引导企业对厂房、车间、设备、生产工艺、生产线等进行全面升级改造,延长长寿食品产业链。

长寿养生服务业休闲基地:在积极优化老年人服务、让老年人安心养生养老的同时,按照养生休闲理念,积极提升商贸、住宿、餐饮等传统服务业,拓展产业领域,发展养生旅游、养生商务、养生信息、养生培训等养生服务业。

7.5 空间布局和产业项目选择

7.5.1 基地发展总体思路

依托遂溪的自然长寿基因,将遂溪定位为"国际长寿养生基地"。以"热带、火山、滨海"为特色,树立"全域养生"的发展理念,通过全要素、全产业、全过程、全服务,着力推动长寿养生与一二三产业的融合,重视传统养生、养老与农业、文化创意、旅游及现代服务业等产业要素资源的融合发展,推动产业的共同发展并形成新的产业形态,未来将遂溪建设成为国际一流的长寿养生目的地。

该基地建设重点发展"一主一辅"产业,即"养生为主,养老为辅"。产业融合方面,将养生与养老、农业、文化、旅游、加工业等高度融合,形成长寿养生新经济,并按照全域养生和长寿产业的角度布局。公共事业方面,充分利用遂溪医疗教育扶贫的功能,作为养生养老的基础。通过社会扶贫试点县,乡镇卫生院的提升,做到"大病不出县,小病不出镇"。

7.5.2 基地产业空间布局

结合遂溪长寿养生产业资源优势和发展潜力,重点打造"一核、一山、六城、四中心、五园、两示范区、三港口"(见表7-35、图7-12),即"1164523"的空间布局。

表7-35 遂溪国际长寿养生基地空间布局和重大项目表

空间布局	重大项目	位置
一核	国际长寿养生产业核心区	遂城镇
一山	交椅岭长寿养生山	黄略镇
六城	玥珑湖长寿养生城	遂城镇
	孔子文化城	遂城镇
	中新智慧(文化)城	遂城镇、黄略镇
	北部湾养生水城	遂城镇
	北部湾颐养城	建新镇
	北部湾海鲜养生美食城	草潭镇
四中心	官田国际养生度假中心	建新镇、岭北镇、城月镇
	北坡国际养生度假中心	北坡镇
	湛川河谷养生养老度假中心	乌塘镇
	粤西长寿养老中心	黄略镇

续表

空间布局	重大项目	位置
五园	火龙果健康养生公园	建新镇
	健康农业产业公园	洋青镇
	万亩养生农业公园	杨柑镇
	生态长寿农业公园	河头镇
	渔业养生农业公园	岭北镇
两示范区	长寿产业示范区	界炮镇
	北部湾长寿养生农产品综合示范区	岭北镇
三港口	北部湾海丝文化休闲港	乐民镇
	北部湾养生休闲港	江洪镇
	滨海养生休闲港	港门镇

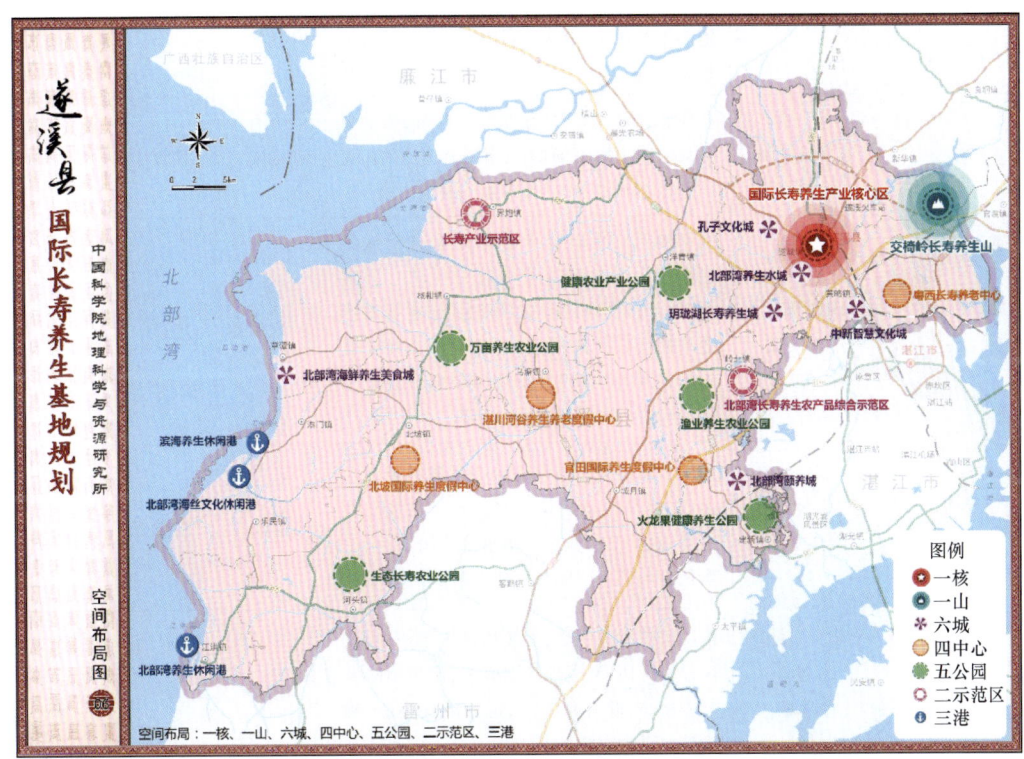

图 7-12 空间布局图

7.5.3 基地产业项目选择

基地产业项目是基于长寿水土环境分析，在产业空间中，遴选或培育以长寿养生为方向的融合性、典型性、综合性的项目（见表7-36，图7-13—图7-16）。

表7-36 遂溪国际长寿养生基地产业重大项目表

序号	空间布局	项目名称	项目内容	所属乡镇	项目类型	占地面积/亩
1	一核	国际长寿养生产业核心区	医疗资源整合和引进建设、新型长寿养生集群建设、健康产业服务平台建设、全域长寿养生配套设施提升工程	遂城	升级改造	10000
2	一山	交椅岭长寿养生山	入口景观区、康体疗养区、运动康体休闲区、生态养生体验区和田园山居度假区	黄略	规划新建	3000
3	六城（见图7-13）	玥珑湖长寿养生城	玥珑湖颐养医院配套建设项目、热带火山温泉康复疗养基地、火山岩温泉度假会议基地、全龄国际养老社区、千亩原生湖泊湿地和千亩庄园、岭南风情商业街、国际名校教育学校	遂城	建设中	5000
4	六城（见图7-13）	孔子文化城	孔庙、"孔府家宴"主题养生美食馆、孔子森林滨水养生运动场馆、孔子养生怡情馆、孔子养生艺术馆、孔子长寿养生度假中心	遂城	建设中	18000
5	六城（见图7-13）	中新智慧（文化）城	北部湾医疗健康枢纽建设工程、国际级健康护理职业培训基地建设工程、"宜居宜养"体系建设项目、"长寿养生"创意智慧产业培育项目、"两河三岸"环境整治和美化工程、"两河三岸"景观建设和配套设施工程、西溪河湿地公园建设项目	遂城、黄略	建设中	1500
6	六城（见图7-13）	北部湾养生水城	健康水环境整治与怡情养心环境融合建设工程、河道航运建设与水上观光航线建设工程、水城滨河养生休闲景区建设项目、生态护岸与滨水呼吸浴场建设项目	遂城	建设中	—
7	六城（见图7-13）	北部湾颐养城	传统医疗服务中心、替代性医疗服务中心、医疗教育研究、医疗基础服务、疾病预防及疗养中心、健康疗养院、运动康复中心、健康度假设施	建新		3000
8	六城（见图7-13）	北部湾海鲜养生美食城	北部湾养生美食种养殖、北部湾海陆美食养生产品、北部湾健康养生加工产业融合集群、北部湾养生美食度假区	草潭	规划新建	2000

续表

序号	空间布局	项目名称	项目内容	所属乡镇	项目类型	占地面积/亩
9	四中心（见图7-14）	官田国际养生度假中心	国际养生度假酒店、国际会议和培训中心、健康与健身中心、国际养生钓鱼场、国际水上运动中心、水滨饭店和白鹭餐厅	建新、岭北、城月	规划新建	3000
10		北坡国际养生度假中心	国际顶级医疗健康中心、康复养生中心、国际绿色度假酒店、创意鱼文化养生会所	北坡	规划新建	800
11		湛川河谷养生养老度假中心	湛川河谷养生养老度假村、湛川河谷文化体验项目、湛川河谷健康果蔬美食体验项目、微地形运动休闲区	乌塘	规划新建	500
12		粤西长寿养老中心	国际养老康复护理和综合医疗、特殊的养老设计，打造成为粤西地区长寿养老中心和国际养老医疗服务中心	黄略	规划新建	2000
13	五园（见图7-15）	火龙果健康养生公园	火龙果种植示范和观光采摘、火龙果主题工厂、火龙果美丽谷健康休闲空间	建新	规划新建	10000
14		健康农业产业公园	40万亩健康农业产业集群、"互联网+"现代健康农业加工物流园、健康农业配送网络、养生健康休闲线路和体验项目	洋青	升级改造、部分规划新建	400000
15		万亩养生农业公园	万亩广地蔬菜农业公园建设、万亩南药公园建设、万亩红心火龙果农业公园建设、杨柑镇胡萝卜健康农园、红枣养生保健园	杨柑	升级改造、部分规划新建	80000
16		生态长寿农业公园	长寿养生有机种植基地、立体养生林下种养殖项目、泉水稻米有机养生种植及养生食品加工项目、长寿农业养生养老基地	河头	升级改造、部分规划新建	130000
17		渔业养生农业公园	养生渔业养殖和加工示范区、原生态渔业文化体验传承地、"渔养水乡"养生度假区	岭北	规划新建	3000
18	两示范区（见图7-16）	长寿产业示范区	红树林长寿养生休闲中心、香附药养产业区、桑果养生产业区、红橙健康产业区、生蚝和牡蛎海养产业区、农产品加工示范基地、废弃物资源化综合利用示范基地、创业创新孵化基地、农业科普培训基地、智慧农庄养生基地	界炮	升级改造、部分规划新建	15000
19		北部湾长寿养生农产品综合示范区	健康粮油加工、健康畜禽水产加工、健康果蔬加工、现代养生食品加工、健康智慧仓储物流、质量监测检验、食品设计包装、养生商贸服务等项目	岭北	升级改造、部分规划新建	2000

续表

序号	空间布局	项目名称	项目内容	所属乡镇	项目类型	占地面积/亩
20	三港口（见图7-16）	北部湾海丝文化休闲港	海丝长寿养生怀古遗址项目、海丝文化养生产业项目、乐民港滨海和海上养生休闲项目、海丝养生河谷度假项目、海丝长寿养生农业项目	乐民	升级改造、部分规划新建	2000
21		北部湾养生休闲港	江洪现代养生休闲港、仙群岛——北部湾国际养生岛、滨海旅游养生长廊、鲤鱼墩——雷州半岛长寿养生第一村	江洪	升级改造	1800
22		滨海养生休闲港	银沙湾养生旅游度假区、滨海养生休闲建设项目、滨海长寿养生农业项目	港门	升级改造	2300

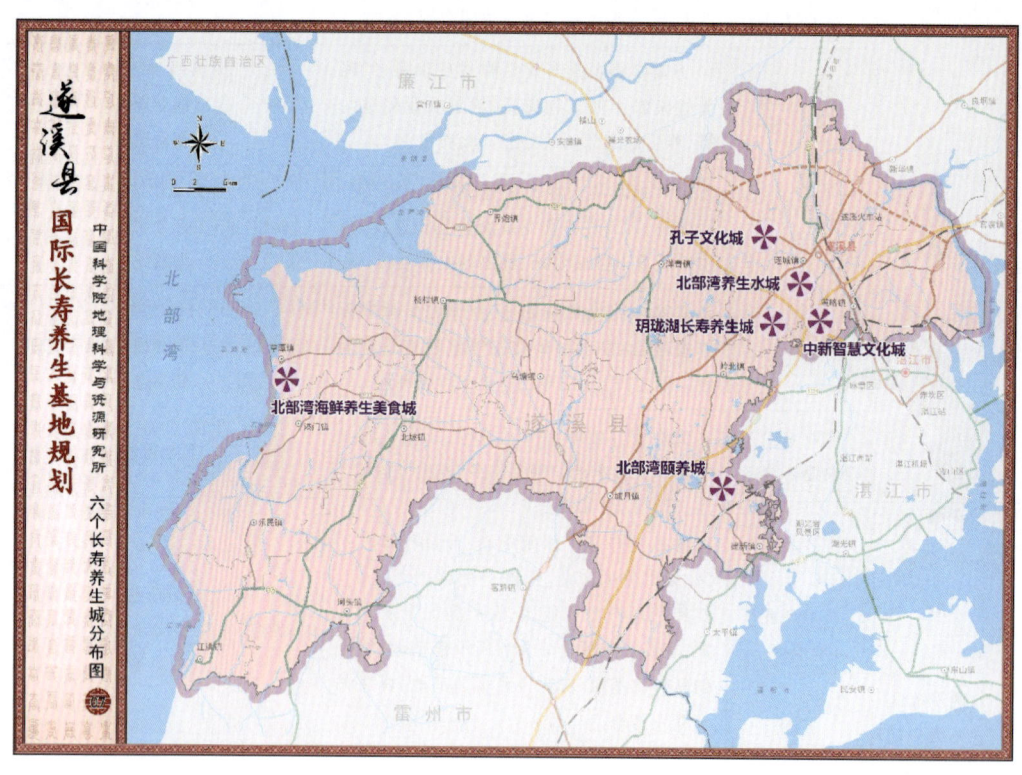

图 7-13　六个长寿养生城布局图

图 7-14　四个长寿养生度假中心图

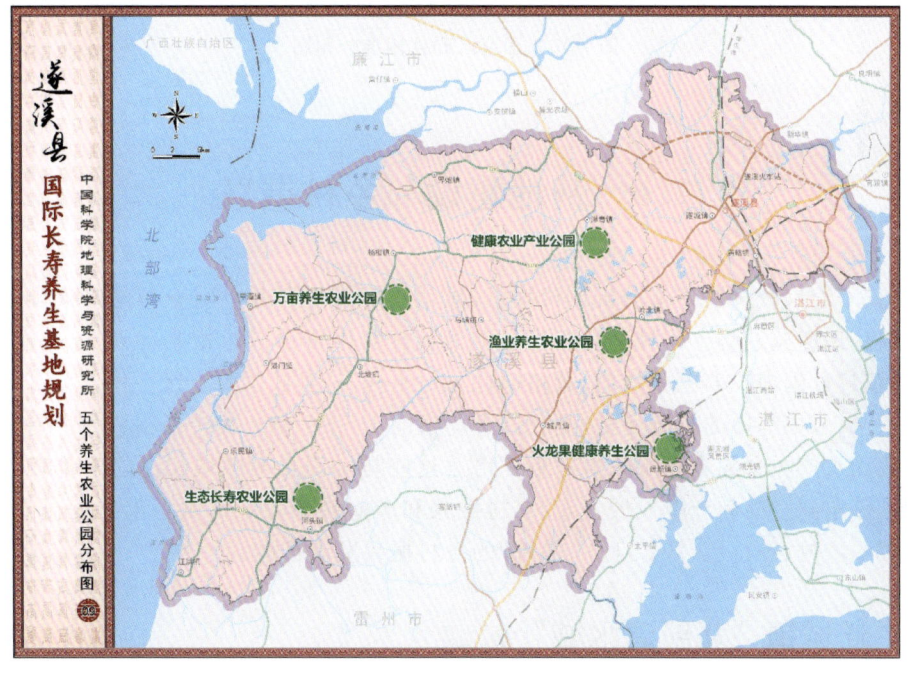

图 7-15　五个养生农业公园分布图

图 7-16 示范区和休闲港分布图

7.6 基地建设与乡村振兴

遂溪长寿养生资源及环节分析评价报告,显示长寿养生资源空间分布是以火山地貌为中心,向四周呈现递减趋势。区域之间各类水土等长寿养生资源指标相差较大,如水中硒含量,约半数乡镇超过国内长寿区平均值,黄略镇许屋村水样,达到我国长寿区平均值的3倍多。全县大米、玉米、水果等中的长寿元素,是我国平均值的1.5～7倍。海产品中锌是所有样品中最高的,比我国水产类食品含量平均值高近7倍。这些与全国长寿区域相比之下都较为突出的长寿资源,落实到空间和产业发展上,为乡村振兴和产业转型发展提供了重要而可靠的数据,有望实现"一乡村、一特色,一产业、一品牌"的乡村振兴发展目标。

7.6.1 遂城镇"北部湾水城"

遂溪镇5河汇流(西溪河、东圩河、凤郎河、源水河、青年运河),依照水生态文明城市标准进行水生态、水环境、水景观、水旅游、水文化等建设,融入长寿养生内涵。空间由"两河三岸,一园二台,一区三城"组成(见图7-17),即"两河三岸"项目(见图7-18)。一园二台,为长寿养生食品加工产业园区、国际医疗技术平台和国际养生教育培训平台。一区三城,由众多农庄组成的CSA(社区支持农业)集聚区和孔子文化城(见图7-19)、长寿养生城、中新智慧文化城3大重大项目。未来将遂城镇打造成为宜寿、宜养、宜游、宜居、宜业的北部湾水城(见表7-37)。

表7-37 遂城镇长寿养生产业发展和配套设施项目表

序号	乡镇	定位	项目主类	项目亚类	项目内容
1	遂城镇	北部湾水城	建设项目	"两河三岸"生态养生建设项目	十里滨水长廊、健康健身设施、养生养心景观、养生休闲文化中心、宜居颐养生活休闲中心
2				"三城"建设项目	孔子文化城
3					长寿养生城(玥珑湖)(见图7-20)
4					中新智慧文化城
5				长寿养生食品加工产业园区	以热带火山田园农副产品和北部湾海鲜的健康养生加工为特色,形成"南海长寿养生"系列品牌食品
6				CSA(社区支持农业)养生农庄集聚区	金龟岭吉祥农庄、山态山野农庄、果泉水乡靓庄、绿丰园绿色农庄、马六良生态农庄、聚贤庄创意农庄、自留地市民农园、同春桑果农庄
7			配套设施项目	国际智能养老中心	与国际养老与康复护理组织联合,以粤西地区及北部湾地区老年人为主要群体,提供五星级的国际康复护理设施和服务
8				国际医疗服务平台	引进国际先进医疗团队、技术和设备,建设国际级医疗服务平台,在长寿养生、养老保健、避寒理疗和恢复
9				国际养生技术培训平台	与国际老龄健康机构联合,开设培训课程,成为全国长寿养生和老龄事业人才培训基地
10					
11				镇村级养老院	规划镇级养老院1个,村级敬老院12个
12			基础设施工程	"两河三岸"水环境整治工程	五大水系环境治理、水岸健康绿堤和绿道建设
13				给排水提升建设工程	为长寿养生建设项目配套给排水设施和老旧设施升级
				路网完善和提升工程	配合项目进一步完善路网

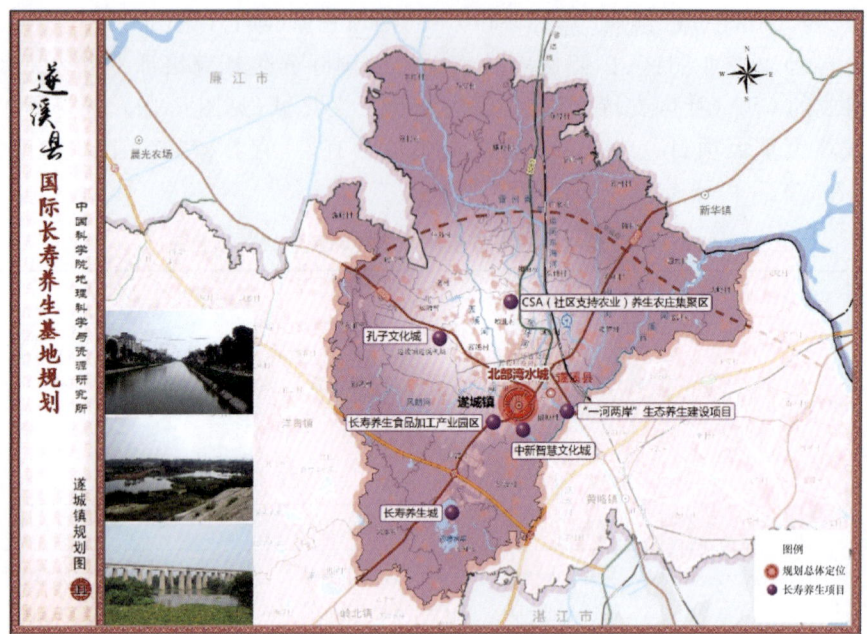

图 7-17　遂城镇规划图

图 7-18　遂城镇一河两岸规划效果图

图 7-19　孔圣山规划效果图

图 7-20　玥珑湖规划效果图

7.6.2　建新镇"国际长寿养老先行镇"

依托建新镇近湛江市和近湖光岩的区位优势,以养生、养老为主体功能,整合提升热带农业、水库、红树林、古村落等资源,重点建设北部湾颐养城、城市养生休闲园和粤西美丽谷为三大龙头项目,实施"5个1工程"(一村一河一路一环一产业),加强医疗基础设施建设,配套旅游、商贸等基础,构建智能化"长寿养老先行镇"(见表7-38、图7-21)。

表 7-38 建新镇长寿养生产业发展和配套设施项目表

序号	乡镇	定位	项目主类	项目亚类	项目内容
1	建新镇	国际长寿养老先行镇	建设项目	后滩水库"北部湾颐养城"	集养生、养老、休闲、度假、娱乐、医疗等多功能于一体的滨水生态养老综合体
2				后城水库"城市养生休闲园"	集养生、休闲、度假、娱乐、修学、文化等多功能于一体的滨水养生综合体
3				"粤西美丽谷"火龙果健康养生产业园	火龙果种植示范和观光采摘、火龙果主题加工工厂、火龙果美丽谷健康休闲空间
4			配套设施项目	长寿养生村	苏二村"文化养生旅游村"
5					渡头村"孝悌文化村"
6					卜巢村"生态石狗文化旅游村"
7				镇村级养老院	规划镇级养老院1个,村级敬老院10个
8			基础设施工程	建新河红树林生态养生带	规划恢复建新河16 km红树林带,河岸两侧增加养生休闲设施和生态湿地养生设施
9				海堤绿道建设工程	规划沿海堤打造绿道16 km,沿途配置生态养生运动设施,与海湾大桥一路串联,与湖光岩风景名胜区连接
10				环库长寿旅游专线	建设环库线长寿旅游专线,即通过绿道形式,将6个水库串联,串联周边养生乡村

图 7-21 建新镇规划图

7.6.3 黄略镇"粤西长寿养生中心"

黄略镇充分利用地缘优势、交通优势和文化优势,在花卉园艺、草莓等种植产业和海边高位池养虾、养蚝等养殖业的特色农业的基础上,积极挖掘长寿养生内涵、丰富长寿养生新兴业态,建设以"两河三岸"中新文化城和交椅岭"粤西养生度假中心"为龙头的健康养生项目,努力建设成为"粤西长寿养生中心"(见表7-39、图7-22)。

表7-39 黄略镇长寿养生产业发展和配套设施项目表

序号	乡镇	定位	项目主类	项目亚类	项目内容
1	黄略镇	粤西长寿养生中心	建设项目	"两河三岸"中新文化城	以长寿养生宜居、国际医疗保健、健康职业教育、健康美食体验、智慧经济总部、创意文化交流、国际商务会展为核心项目
2				粤西养生度假中心	建设集养生、度假、健康、医疗、保健、娱乐等功能于一体的多功能养生度假综合体
3			配套设施项目	长寿养生村庄	沿海养生休闲村和养生养老村
4					"两河三岸"源水河村庄
5				湛江·国际智能养老中心	智能化的养老中心,配套度假、养生、美食、健身、文化、医疗等功能设施
6				镇村级养老院	规划镇级养老院2个,村级敬老院8个
7			基础设施工程	滨海养生长廊建设项目	20 km海岸线建设成为"滨海养生长廊",配套建设长寿养生休闲空间、健康绿道、生态停车场等设施
8				防护林、海防路建设项目	结合红树林抢救工程,建设完善防护林和海防路
9				长寿养生村庄的环境整治和配套设施建设工程	为长寿养生村庄建设健康养生公共服务设施,并加强村容村貌的环境提升整治工程

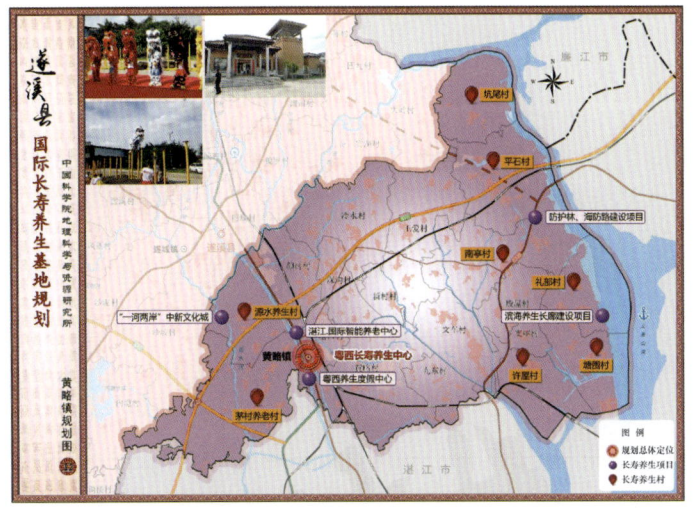

图7-22 黄略镇规划图

7.6.4 岭北镇"北部湾农产品综合示范区"

依托岭北镇工业基地和农业富集优势,着力建设"一区、一库、一岭"项目,即北部湾农产品综合示范区、商务养生度假中心(官田水库)、森林养生休闲岭(城里岭)项目,将岭北镇打造成为以商务养生休闲为主体功能,以健康农产品加工为主要特色的长寿养生示范镇(见表7-40、图7-23)。

表7-40 岭北镇长寿养生产业发展和配套设施项目表

序号	乡镇	定位	项目主类	项目亚类	项目内容
1	岭北镇	北部湾农产品综合示范区	建设项目	北部湾农产品综合示范区	依托岭北镇健康农业种养殖优势和工业基地优势,以健康养生农产品加工为主要功能,打造成为"北部湾农产品综合示范区"
2				官田商务养生度假中心	建设以商务养生度假为主要功能,服务于工业区及城市居民的商务性养生度假地
3				城里岭—"森林养生休闲岭"	建设热带林区,配套建设登山步道、休闲亭台等;加强周边环境整治,坟墓清理工程,保护火山口的完整性;作为热带森林养生度假设施用地
4			配套设施项目	长寿养生村庄	"养生文化村"调丰村
5					"渔业养生村"罗马坛村、肖简村
6					"养生休闲村"石井尾村、调楼村、厘岸村
7					"森林养生村"后江村
8				镇村级养老院	规划镇级养老院1个,村级敬老院7个
9			基础设施工程	完善北部湾农产品综合示范区的基础设施建设	完善园区内供水、供电、道路、绿化、亮化等基础设施建设
10				完善镇区基础设施建设	镇区排污、排水管道建设,完成县道687线西塘至调丰路段公路升级改造
11				新建或完善通达火山、水库区域的道路建设	新建或完善通达螺岗岭、城里岭、笔架岭等火山以及官田水库区域的道路建设工程
12				加强养生村庄的环境整治和配套设施建设工程	村庄建设健康养生公共服务设施,并加强村容村貌的环境提升整治工程

第 7 章 广东遂溪国际长寿养生基地规划实践研究

图 7-23 岭北镇规划图

7.6.5 城月镇"区域养老中心"

紧紧围绕长寿养生主题,结合"林垦地合作核心镇、商贸物流重点镇、休闲旅游特色镇"的定位,通过"一库、一岭、一基地、二区、二水系",即官田水库"养生度假中心"、螺岗岭生态养生环境保护和整治、健康养生农产品基地、流牛滩瀑布生态养生区、垦地合作农业产业园区、城月镇生态养生水系建设等项目,加快转型升级发展健康养生种植业、健康农副食品加工业、养生休闲服务业,将城月镇打造成为区域性养老中心(见表7-41、图7-24)。

表 7-41 城月镇长寿养生产业发展和配套设施项目表

序号	乡镇	定位	项目主类	项目亚类	项目内容
1	城月镇	区域养老中心	建设项目	官田水库"养生度假中心"(见图 7-25)	集休闲度假、养生养老、水上娱乐、健康农业于一体的综合性的养生度假中心
2				螺岗岭生态养生环境保护和整治	加强螺岗岭生态环境保护,提升整治工程,发挥其健康养生功能
3				健康养生农产品基地建设	挖掘养生元素,融入健康理念,形成香芋、番薯、大米、海红米等城月健康养生系列农产品,打造健康养生农产品基地

263

续表

序号	乡镇	定位	项目主类	项目亚类	项目内容
4	城月镇	区域养老中心	建设项目	流牛滩瀑布生态养生区	依托瀑布区富含的负氧离子的保健功能,在瀑布周边增设氧吧呼吸区、健康运动区和养生度假区
5				城月镇生态养生水系建设	加强生态环境整治和美化,配置沿河骑游绿道和生态景观廊道,沿河3~5个养生旅游村,配套3~5个养生农庄
6				垦地合作农业产业园区	以广东农垦湛江垦区国家现代农业示范区作为垦地合作的示范园区,以养生健康为理念,利用现代化农业科技,集成甘蔗良种、生物有机肥、全程机械化、生物防治、零排放、加工种养业循环等形成健康农业科技
7			配套设施项目	长寿养生村庄	"养生休闲村"吴村、陈家村、红家村
8				镇村级养老院	规划镇级养老院1个,村级敬老院8个
9			基础设施工程	生态环境保护和环境美化工程	加强对螺岗岭、官田水库、城月河和通明河等生态环境和资源保护,对河道两岸进行绿化美化和恢复森林植被
10				道路交通改造提升工程	优化镇区主干道,加快城林大道(二期)工程建设进程,完善农村道路交通建设
11				镇域环境整治工程	加强综合管理,建立整治"六乱"长效管理机制,整治镇村环境卫生

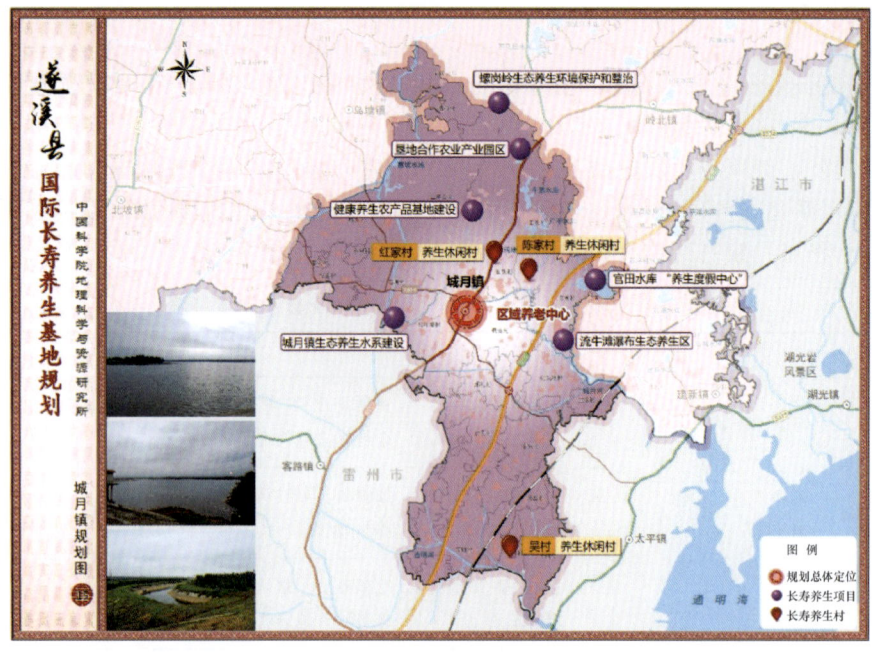

图 7-24 城月镇规划图

图 7-25　官田水库规划效果图

7.6.6　乌塘镇"长寿养生示范区"

依托悠久的历史文化,以县衙、作家村为特色资源,以湛川河谷带为基础,以长寿养生为引领,通过"一区、一基地、一中心、四村庄"养生健康项目带动,即长寿农业示范区(荔枝、辣木、南药)、健康养生食品加工业基地、养生度假和养老中心、孝悌文化村和古树名木文化村,实现一二三产业的融合发展和产业结构的升级转型,建设长寿产业示范区和长寿文化养生小镇(见表7-42、图7-26)。

表7-42　乌塘镇长寿养生产业发展和配套设施项目表

序号	乡镇	定位	项目主类	项目亚类	项目内容
1	乌塘镇	长寿养生示范区	建设项目	长寿农业示范区	"中国湛川河谷荔枝"长寿农业产业基地
2					南药基地
3				中国湛川河谷健康养生食品加工基地	开发以"中国湛川河谷"为品牌,将乌塘镇的南药、荔枝、辣木、有机果蔬等进行养生健康深加工,向科技、健康、养生等食用、医药、美容等方向发展
4				湛川生态养生河谷建设项目	将湛川河谷定位为生态养生河谷,承载生态休闲、生态养生、健康运动、文化感悟等功能

续表

序号	乡镇	定位	项目主类	项目亚类	项目内容
5	乌塘镇	长寿养生示范区	配套设施项目	医疗设备支撑平台	建设区域级医疗设备支撑平台,提供国家级专业医疗设备、先进的诊疗康养技术和一流的医疗服务,成为综合型医疗服务组织
6				养生度假和养老服务中心	规划建设国际智能化养老基地和文化养生度假村
7				长寿养生村庄	"孝悌文化村"(芳流墩村、迈机西村)、"古树名木养生旅游村"(南座村和边谭村)
8				镇村级养老院	规划镇级养老院1个,村级敬老院5个
9			基础设施工程	雷州青年运河绿化美化工程	加强雷州青年运河绿化美化,通过运河生态缓冲带的建设,保证运河的水质清洁
10				化肥农药和养殖规模管控	发展休闲观光旅游农业,减少化肥农药的使用,并限制湛川河周边的养殖规模,有效保护湛川河的生态环境
11				基础设施建设工程	在镇区建设污水处理厂并设立空气质量监测点,生活垃圾统一收集后运至县垃圾处理场处理
12				三边整治工程	积极开展农村美化亮化工程,进一步营造环境优美、生态和谐的新农村景象
13				乡村美化和污水处理工程	对乌塘村、邦塘村、浩发村等旅游村进行绿化美化,并因地制宜采取生物氧化塘等方式处理生活污水
14				乡村路网和景观长廊建设	规划沿乡村道路路网,打造绿色景观长廊,配置骑游绿道

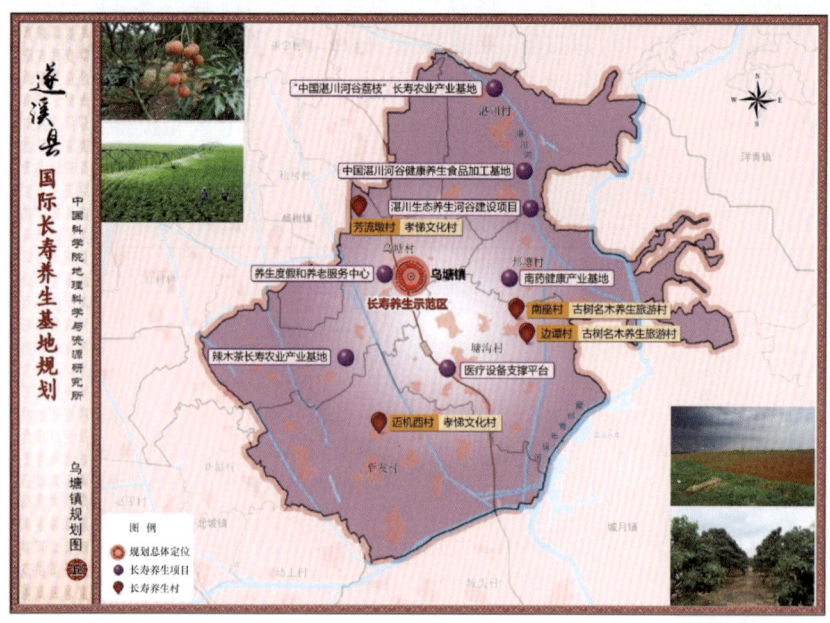

图 7-26 乌塘镇规划图

7.6.7 洋青镇"健康养生农业产业园区"

依托洋青镇农业发展基础和优势,建设"十大农业基地",洋青火龙果、水流香葱、槟榔奶牛、团结胜利蚕桑、陈屋韭菜、沙古萝卜、文相香米、城揽花卉、薏米基地和丝瓜基地等"十大基地"产业化发展,打造洋青生态养生农业骑游路线,构建健康养生农业产业园区,加快农业养生健康产业化进程,拉动第三产业可持续发展(见表7-43、图7-27)。

表7-43 洋青镇长寿养生产业发展和配套设施项目表

序号	乡镇	定位	项目主类	项目亚类	项目内容
1	洋青镇	健康养生农业产业园区	建设项目	洋青火龙果基地	综合产业构建,在火龙果种植基础上,增加食品加工、美容美体、健身康体、养生度假等功能
2				槟榔的养牛基地	挖掘牛的养生保健价值,培育健康养生产业链,包括生态养殖;牛奶养生食品及加工、肉牛养生食品及加工、牛奶和肉牛主题养生美食;奶牛乐园、牛庄主题养生中心等项目
3				团结胜利的蚕桑基地	挖掘蚕桑的养生价值,形成蚕桑健康养生产业链,包括桑树种植、桑果养生美食、桑主题保健产品;鲜蛹中医保健产品、鲜蛹系列美食、鲜蛹包装食品;丝绸工坊、丝绸制作品;桑基鱼塘生态循环示范区、蚕桑养生度假中心等项目
4				水流木葱基地	挖掘木葱健康养生价值,发展以木葱种植为基础的健康养生产业链,包括木葱种植、木葱加工、木葱养生美食、木葱工艺品、木葱系列农副产品、木葱主题养生文化中心等
5				沙古萝卜基地	设计沙古萝卜系列养生产品,包括沙古萝卜健康种植、"沙古咸萝卜"养生健康食品加工、"沙古咸萝卜"养生健康系列食品、沙古萝卜乐园、沙古萝卜庄园等
6				陈屋韭菜基地	挖掘和凸显韭菜的健康养生价值,设计有机种植、韭菜保健食品加工、韭菜养生美食、韭乐园、养生韭庄等产品,打造主题综合农业基地
7				城揽花卉基地	挖掘花卉苗木的景观价值,芳香植物的保健价值和富含负氧离子的健康价值,借鉴"花园中心"模式,建设集种植、加工、资材、家居用品、插花培训、艺术鉴赏、花卉美容、休闲度假、婚礼庆典等多功能于一体的综合性度假综合体
8				文相香米基地	注册"文相火山泉水香米"商标和地理保护标识,集种植、加工、休闲、养生、购物等多功能于一体,充分开发养生健康产品
9				薏米养生基地	充分挖掘薏米的健脾利湿的养生功能,构建薏米健康基地,开展薏米绿色有机种植、薏米保健食品加工、薏米养生美食、薏米主题农庄和薏米主题乐园等项目,配置养生健康服务设施
10				丝瓜健康基地	充分挖掘丝瓜的养生、美容内涵,构建丝瓜健康基地,开发绿色有机种植、健康美容和食品加工、丝瓜养生美食、丝瓜主题农庄等项目,配置养生健康服务设施

续表

序号	乡镇	定位	项目主类	项目亚类	项目内容
11	洋青镇	健康养生农业产业园区	配套设施项目	老年养生旅游中心	满足本地养老托管、异地养老度假、养生休闲等需求,具备康体、保健、医疗、养老、休闲、度假、娱乐等功能设施
12				长寿养生村庄	"养生旅游村"(定闸茁村、红旗村、沈村仔村、古村西村、杨树塘村、司马塘村)
13					"休闲养生农庄"(水流、槟榔、团结胜利、陈屋、沙古、文相、城榄)
14				镇村级养老院	规划镇级养老院1个,村级敬老院19个
15			基础设施工程	绿道联网建设项目	串联健康养生农业产业园区的十个基地,利用田间道路,建设田间绿道网络,形成可赏、可游、可骑行的农田绿道
16				两大农产品品牌保护项目	对火山火龙果和泉水香米进行商标注册和地理标志保护
17				给排水基础设施建设工程	规划新建污水处理厂和自来水厂,建设镇区排污管道等基础配套措施,远期实现镇域100%覆盖
18				养生村庄基础设施建设	规划完成闸茁村、红旗村、沈村仔村、古村西村、杨树塘村、司马塘村等村基础设施建设,包括LED路灯、水塔、水管及道路硬底化等

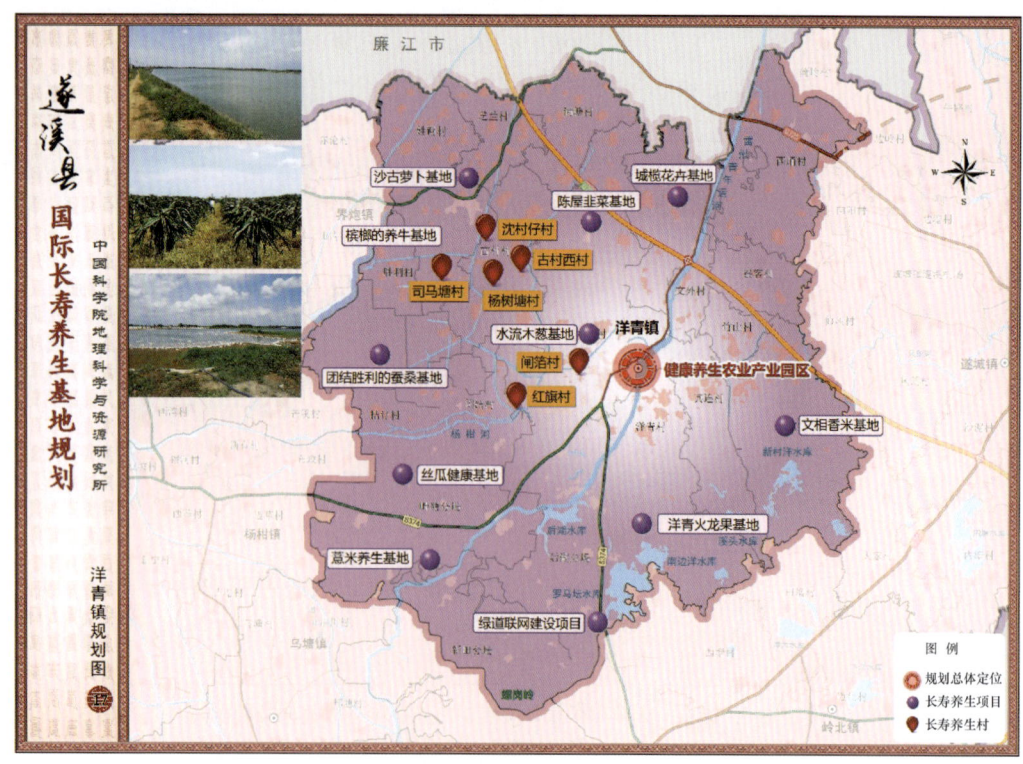

图 7-27　洋青镇规划图

7.6.8 界炮镇"长寿农业示范区"

界炮镇定位为长寿农业示范区,以"果业+药业+海鲜"种养殖模式,以"一区一谷五村"为重点建设项目,积极调整农业结构,优化农业布局,发挥蔬菜、水果、南药以及海水养殖、禽畜养殖基地的示范辐射作用,推动"公司+农户+基地"的发展模式,延伸"种养殖-农产品加工-养生服务"的产业融合链条,努力构建现代养生健康产业体系(见表7-44、图7-28)。

表7-44 界炮镇长寿养生产业发展和配套设施项目表

序号	乡镇	定位	项目主类	项目亚类	项目内容
1	界炮镇	长寿农业示范区	建设项目	长寿产业示范区	红橙产业区
2					桑果产业区
3					万亩香附产业区
4					生蚝、牡蛎产业区
5				红树林养生休闲谷	增设生态养生休闲的体验项目,一是观赏退潮后的红树林生物多样性,二是红树林海鸭蛋养殖和红树林海鲜养生美食,三是配套生态观赏、体验的服务设施
6			配套设施项目	长寿养生村庄	"养生旅游村"(大塘村、北潭村)
7					"养生休闲村"(北潭村)
8					"长寿老人村"(雷公村)
9					"文化旅游村"(老马村)
10					"生态养生村"(安塘村)
11				镇村级养老院	规划镇级养老院1个,村级敬老院20个
12			基础设施工程	基础设施建设	加大资金投入,不断完善全镇各项基础设施建设
13				农田基础设施建设	进一步加强农田基础设施建设,不断改善农民生产生活条件
14				北潭渔港及堤岸建设	抓好北潭渔港建设,全力做好团结联围除险加固工程,提高防灾抗灾能力
15				道路设施建设	继续完善镇区基础设施建设以及镇、村硬底化道路建设

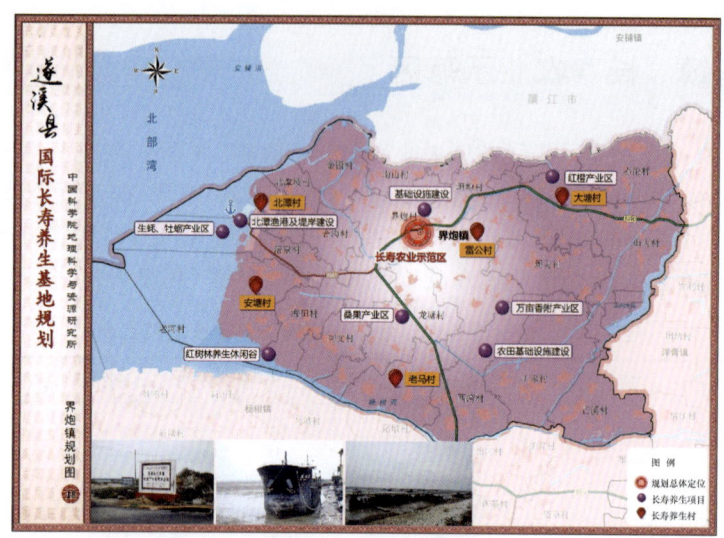

图 7-28 界炮镇规划图

7.6.9 杨柑镇"养生农业公园"

杨柑镇规划定位为养生农业公园,重点发展3个万亩农业公园项目,分别是万亩红心火龙果农业公园、万亩广地蔬菜农业公园、万亩南药公园,配套农副产品加工项目和养生养老设施。一是农业方面,调整农作物布局,优化农业结构,积极推广红心火龙果、绿色有机蔬菜、海水养殖、南药、莲藕、胡萝卜、芋头等,推进农业健康养生产业化建设。二是以农产品深加工为着力点,引进辣木、甘薯、莲藕、芋头、红萝卜等农副产品深加工企业项目,着力推动广东省生产资料总公司南药加工厂、广地公司莲藕试管苗加工厂、芋头深加工厂、玉米、胡萝卜深加工厂落户镇工业园区。三是服务业配套项目向健康、养生、养老倾斜,完善各项基础设施建设(见表7-45、图7-29)。

表 7-45 杨柑镇长寿养生产业发展和配套设施项目表

序号	乡镇	定位	项目主类	项目亚类	项目内容
1	杨柑镇	养生农业公园	建设项目	万亩农业公园集群建设项目	万亩红心火龙果农业公园建设
2					万亩广地蔬菜农业公园建设
3					万亩南药公园建设
4				特色健康农业种植园	杨柑镇胡萝卜健康农园
5					红枣养生保健园
6				滨海红树林生态养生项目	恢复红树林生态系统多样性,设置养生健康步道、观景亭台等服务设施,打造16 km的红树林健康绿廊
7				文化养生项目	规划挖掘孔子思想文化、艺术文化(十里宋窑)、红色文化(钟竹筠第一女共产党员),成为继农业养生文化、生态养生文化后杨柑镇重要的文化养生项目

续表

序号	乡镇	定位	项目主类	项目亚类	项目内容
8	杨柑镇	养生农业公园	配套设施项目	智能化区域性中心养老示范园	主推"医养结合、智能社区、专业机构"三位一体智能化养老服务模式
9				镇村级养老院	规划镇级养老院1个,村级敬老院16个
10			基础设施工程	基础设施建设工程	重点建设杨柑大道自来水厂至北运菜市场红村路口1 km四车道和环镇5公路两车道水泥路,硬化镇区中心街、团结街等10 km的巷街,镇区硬化率达到95%
11				信息化建设工程	推进信息化建设进程,完善信息技术的普及推广应用
12				红树林保护景观工程	结合杨柑牛牯围除险加固工程,扩大沿海海滩涂红树林的种植面积
13				绿化美化工程	在工业园区和环镇路10多千米的沿路上植树2万棵,镇区绿化率达到45%以上

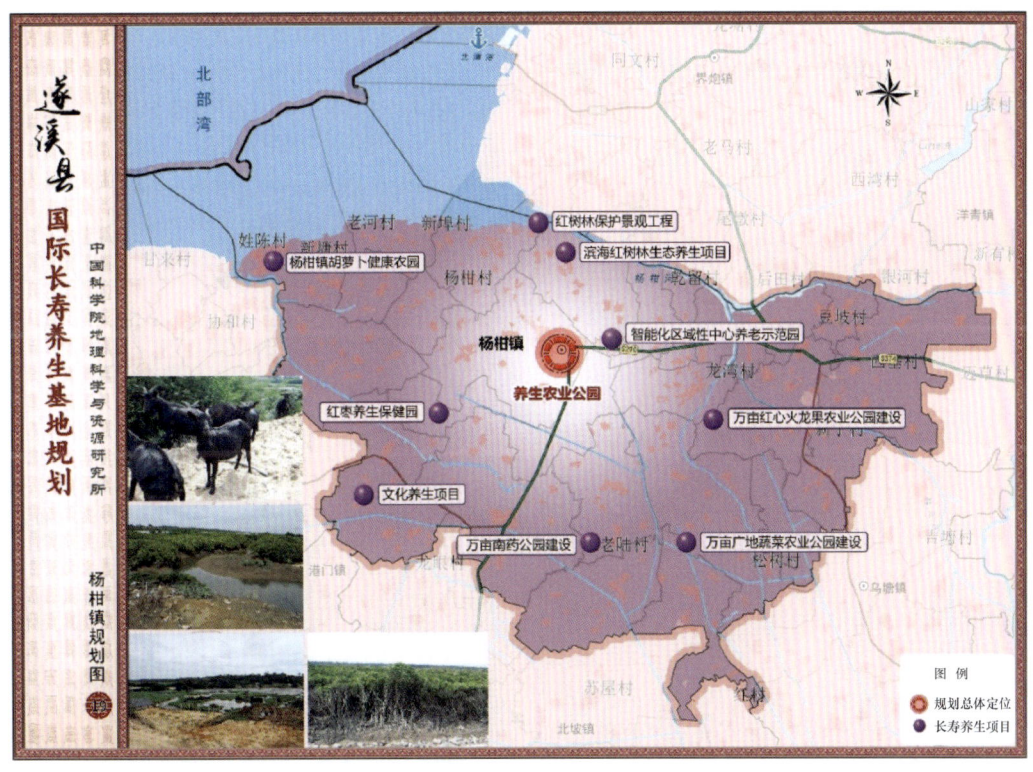

图 7-29 杨柑镇规划图

7.6.10 北坡镇"区域养生养老中心"

强化生态安全、环境友好两个方向,凸显生态绿色化、生产绿色化、生活绿色化,着力搭建长寿养生医疗平台、长寿养生智力支持平台、国际化养老平台、健康养生专业市场平台四大平台,将北坡镇打造成为"宜寿、宜养、宜教"的区域养生养老中心,实现"住着白玉民居,打着太极,跳着广场舞,唱着粤曲小调,看公仔木偶,赏老圩游鱼,呼吸着新鲜空气,享受着天伦之乐,还有鸟语花香的环境,好民风好家风及好的教育医疗服务保障"的美好愿景(见表7-46、图7-30)。

表7-46 北坡镇长寿养生产业发展和配套设施项目表

序号	乡镇	定位	项目主类	项目亚类	项目内容
1	北坡镇	区域养生养老中心	建设项目	国际长寿养生医疗平台	该中心为国际顶级医疗健康机构,包括国际顶级医疗健康机构包括健康管理中心、医疗中心、实验中心
2				国际长寿养生智力支持平台	分为国际养老院领导力管理行政课程、国际健康养生管理课程、高级护理管理员认证师培训课程、老年护理课程等四类智力支撑类型,建设成为国际级长寿养生智力平台
3				国际化养老平台	以南药养生养老和热带农业养生养老为主题,通过引进国际化的养老理念和设备,提供主题性的高标准养生服务,将采取会员制模式,以国际养老度假基地连锁的形式,成为区域国际化的养老平台
4				国际健康养生专业市场平台	提供国内外健康养生相关的各种专业技术支持,由国内外知名企业,通过实体展示、互联网展示和创业孵化等形式组成
5			配套设施项目	长寿养生村庄	"养生文化创意"(老圩村)
6					"长寿养生民俗村"(三合村)
7					"美丽生态智慧村"(急水村)
8				镇村级养老院	规划镇级养老院2个,村级敬老院15个
9			基础设施工程	道路交通配套建设工程	桃李路向东延伸、粮所十字路口以及省道S290白流线北坡新农贸市场门前路段的休闲带、非机动车道和人行道的配套工程建设
10				自来水及污水处理建设工程项目	建设投资500多万元的自来水制水系统设施扩改项目主体工程
11				垃圾处理设施工程	实施"村收集、镇转运和县处理"的运作模式来加强农村垃圾处理
12				绿化美化工程	加快完善镇区休闲带的绿化,逐步推进街道两旁人行道、横巷硬化和铺设花街砖美化工程

第 7 章 广东遂溪国际长寿养生基地规划实践研究

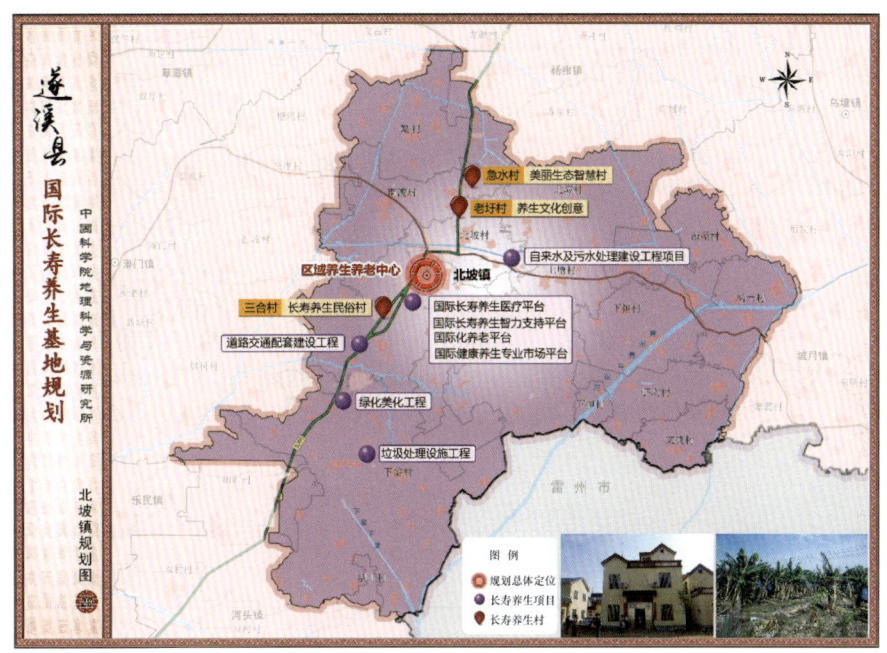

图 7-30 北坡镇规划图

7.6.11 草潭镇"北部湾养生美食城"

将草潭镇定位为"北部湾养生美食城"。以渔港的建设为依托,充分发挥北部湾沿海优势,拓展渔港的优势及影响力,大力发展以海水健康养生养殖业为龙头的海洋经济。加快调整农作物的结构布局,重点扶持农海产品养生特色品牌和生态观光农业。力争多引进临港工业和海产品养生健康加工业。着力繁荣养生滨海旅游、生态养生的产业经济,促进第三产业的繁荣发展(见表 7-47、图 7-31)。

表 7-47 草潭镇长寿养生产业发展和配套设施项目表

序号	乡镇	定位	项目主类	项目亚类	项目内容
1	草潭镇	北部湾养生美食城	建设项目	草潭"北部湾养生美食城"	海产品、陆地农产品、海陆美食养生产品
2				万寿菊健康产业基地	集种植、养生、加工、美食、购物、观赏、摄影、婚庆、艺术等多功能于一体的现代健康产业基地
3				健康养生产业融合集群	依托镇域11家招商引资项目,按养生产业理念整合提升
4				滨海养生旅游建设项目	规划滨海养生旅游项目,包括滨海角头沙养生度假区、靶场海水浴场、北部湾晚霞夕阳红养老集聚区观赏、北部湾晚霞摄影基地等项目

续表

序号	乡镇	定位	项目主类	项目亚类	项目内容
5	草潭镇	北部湾养生美食城	配套设施项目	长寿养生村庄	"长寿养生村"(罗屋村、旧庙村、泉水南头村、东港村)
6				镇村级养老院	规划镇级养老院1个,村级敬老院19个
7			基础设施工程	环镇公路建设工程	建设钗仔至东港的,全长19.6 km,按省一级道路指标设计施工
8				县道建设工程	建设杨柑龙眼段至草潭港口段的县道,承接S374省道直达北部湾
9				雷州半岛高速公路角头沙沿海工业园支线高速公路工程	规划设计和前期筹备环雷州半岛高速公路角头沙沿海工业园支线高速公路工程
10				广东省二级渔港建设项目	动工建设广东省二级渔港项目
11				镇域基础设施建设工程	加快建成污水处理厂,推动城镇卫生整治,美化亮化镇区工程等

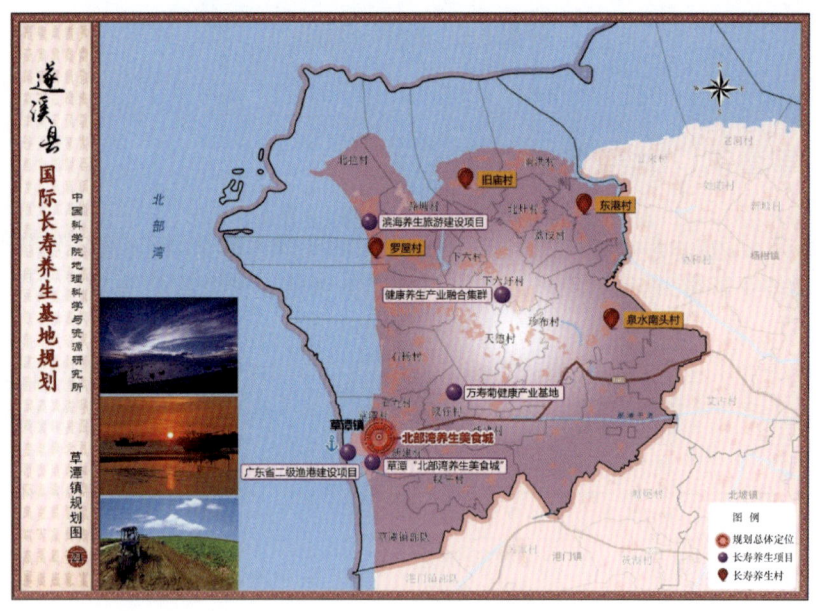

图 7-31 草潭镇规划图

7.6.12 乐民镇"北部湾海丝文化休闲港"

依托乐民镇的历史文化资源和产业发展现状,规划定位为"国际化海丝养生港"(见表7-48、

图 7-32）。

农业方面，积极发展青枣、柠檬、石榴等特色养生林果种植。打造乐民海洋蟹、沙虫、东风螺等养生农业品牌，增加渔业附加产值。增加海水珍珠养殖，恢复"乐民珍珠"品牌。结合沿线浅海与海滩涂整合资源，打造滨海生态健康经济带。

工业方面，加速海产品健康化加工和乐民城文化创意产业发展。旅游方面，深入挖掘乐民古城及珍珠文化，结合北部湾中心乐民避风港建设，全力打造"乐民古城"的生态养生文化旅游，海上游艇、垂钓、海上度假村旅游。结合东坡文化和文明书院，提高乐民在北部湾海丝文化中的养生健康突出地位。结合镇区的黄学增纪念馆、乐民起义遗址等红色旅游资源，打造粤西红色文化养生基地。

生态方面，严格限制对虾养殖，蟹类、沙虫、东风螺养殖适度发展，以保证浅海水环境质量。恢复沿海防护林，加强避风塘红树林保护。增强海岸防护林保护功能，逐步减少桉树，增加木麻黄、马尾松等本土树种。疏通乐民河，打造河道两岸绿化景观。在开发过程中应加强对文明书院和乐民古城的保护，书院及古城遗迹应维持原貌，周边新建建筑要与遗迹风貌相协调。在镇区建设污水处理厂并设立空气质量监测点，沿海渔村因地制宜采取生物氧化塘等方式处理生活污水，生活垃圾统一收集后运至县垃圾处理场处理。

表 7-48 乐民镇长寿养生产业发展和配套设施项目表

序号	乡镇	定位	项目主类	项目亚类	项目内容
1	乐民镇	北部湾海丝文化休闲港	建设项目	"一城、一院、一馆"长寿养生文化项目	一城：珍珠城
2					一院：苏东坡的文明书院
3					一馆：黄学增纪念馆
4				长寿养生农业	珍珠养殖恢复工程
5					万亩枣健康休闲园
6					林下经济健康产业项目
7				乐民养生河谷	开发生态养生旅游河谷，发展红树林旅游，形成生态防护林海岸长城
8				乐民港滨海和海上养生休闲项目	全力打造"乐民古城"的滨海生态养生文化旅游，配合海上游艇、垂钓、海上度假村等项目
9				乐民文化养生项目	宋代历史文化、红色革命文化、民俗风情文化等产品
10			配套设施项目	长寿养生村庄	"滨海养生旅游村"（盐灶、海山、调神、余村、墩文、埠头）
11				镇村级养老院	规划镇级养老院1个，村级敬老院12个
12			基础设施工程	长寿滨海避风港和渔港配套建设项目	规划加快避风港、渔港、海堤、海防路的修建项目
13				乐民花蟹和地理标识保护项目	规划注册"乐民花蟹"品牌，申请地理标识，拓展花蟹美食产品和养生海鲜产品

图 7-32 乐民镇规划图

7.6.13 港门镇"滨海养生休闲港"

港门镇处于北部湾西部,距离城区相对较远,规划定位为"滨海养生休闲港"。在长寿养生的主题产业驱动下,充分利用滨海资源,着力发展养生渔业和养生美食。在生态保护的前提下,大力发展滨海养生生态旅游。以石斛和番薯为龙头农产品,重点提升特色农产品养生内涵,增加农业附加值。全镇进一步完善基础设施,进一步配套提升医疗、教育、商贸等养生服务设施,构建具有滨海特色风貌的养生休闲港(见表 7-49、图 7-33)。

表 7-49 港门镇长寿养生产业发展和配套设施项目表

序号	乡镇	定位	项目主类	项目亚类	项目内容
1	港门镇	滨海养生休闲港	建设项目	长寿养生农业	铁皮石斛养生农园
2					林地养鸡养生产业
3					港门健康番薯基地
4					龙眼、荔枝养生休闲农园
5					健康海洋捕捞、滩涂养殖产业
6				银沙湾养生旅游度假区	度假区规划床位 200-300 个,配置现代医疗设备、现代养生休闲设施以及餐饮、购物、休闲、娱乐等服务设施
7				滨海养生休闲建设项目	建设好黄屋红树林湿地公园、碳汇环保认种林、养生休闲农业园、新城以下泊靶场军事园等项目集群,发展海水浴场、风味渔庄、特色客栈、滨海步行街、渔产品专卖店等配套服务设施

续表

序号	乡镇	定位	项目主类	项目亚类	项目内容
8	港门镇	滨海养生休闲港	配套设施项目	长寿养生村庄	"文化养生村"(炮楼村、排塘村)
9				镇村级养老院	规划镇级养老院1个,村级敬老院12个
10			基础设施工程	北部湾遂溪避风港(石角渔港)建设工程	定位为北部湾中心渔港,以渔船停泊避风、渔货装卸、冷藏加工、物流储运、渔船修造为主体功能,以滨海休闲、滨海养生、旅游观光等为辅助功能
11				遂溪县乐民围海加固工程	遂溪县乐民围海加固达标工程建设地址位于港门镇和乐民镇之间乐民港出海口两岸,建设加固堤防总长12.356 km,其中港门段7.213 km
12				海防大道建设工程	建设一条沿海观光旅游绿道,具有徒步、骑游、观景、滨海户外运动、休闲等功能
13				镇域环境整治提升工程	加大镇区治理建设力度,加强街道进行硬化、绿化、亮化,整治镇区环境卫生

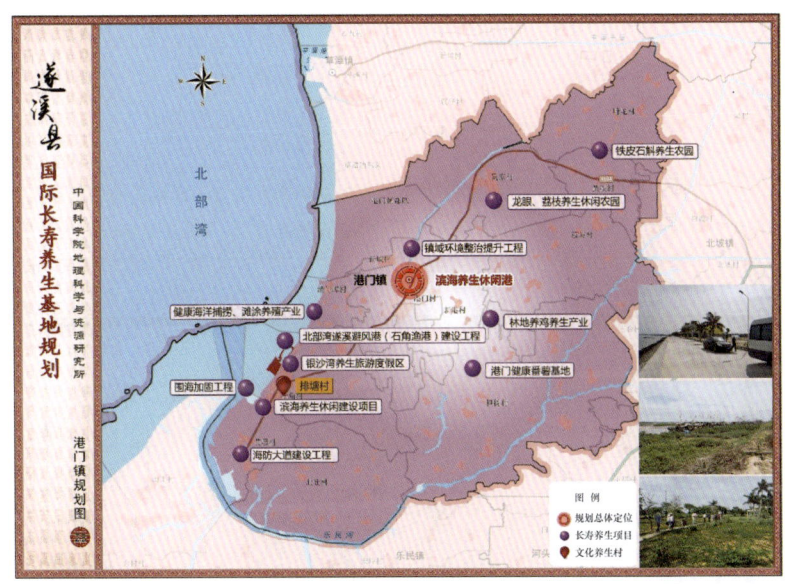

图 7-33 港门镇规划图

7.6.14 江洪镇"北部湾养生休闲港"

紧紧围绕"北部湾养生休闲港"的主题定位,创新发展养生渔业和养生旅游业,通过"一墩一岛一港,一廊五村"龙头带动,以建设现代化休闲渔港、仙裙岛国际生态旅游养生岛项目开发作为全面优化产业结构的核心项目,推动江洪镇社会经济协调发展(见表 7-50、图 7-34)。

表 7-50　江洪镇长寿养生产业发展和配套设施项目表

序号	乡镇	定位	项目主类	项目亚类	项目内容
1	江洪镇	北部湾养生休闲港	建设项目	鲤鱼墩—雷州半岛长寿养生第一村	展示雷州半岛古长寿养生文化，包括鲤鱼墩古养生器具、古养生厨艺、古养生文化等，融合现代养生理念，配置养生度假、长寿养老等设施
2				仙群岛—北部湾国际养生岛	按照 AAAA 级景区的建设标准，打造北部湾区域性的养生岛，深入挖掘岛屿养生文化，赋予融合本土与现代养生文化，增加养生旅游产业附加值
3				滨海旅游养生长廊	打造成为集滨海骑游绿道、滨海美食商业街区、养生海水养殖、绿色有机农业种植、健康海产品加工、滨海养生村落等多业态、多融合的生态养生产业型的线性区域
4			配套设施项目	长寿养生村庄	"滨海养生村"（四联村、昌洋村、姑寮村、大路村等）
5				镇村级养老院	规划镇级养老院1个，村级敬老院9个
6			基础设施工程	完善港口配套设施	将江洪渔港打造成为一个集停泊作业、避风避险、生产服务、加工贸易、综合管理功能为一体的高标准现代化渔港，并增设养生、休闲、观光等功能
7				完善交通网络纵横跨度	划建设环港大道建设工程，海防打私路（姑寮村委会至乐民镇盐灶村）、水堀村至纪家镇北子村的桥梁建设等工程建设
8				完善基础和配套设施	以保护为前提完善仙裙岛的基础设施，引导滨海旅游配套设施的建设，引进更丰富的海上娱乐活动项目

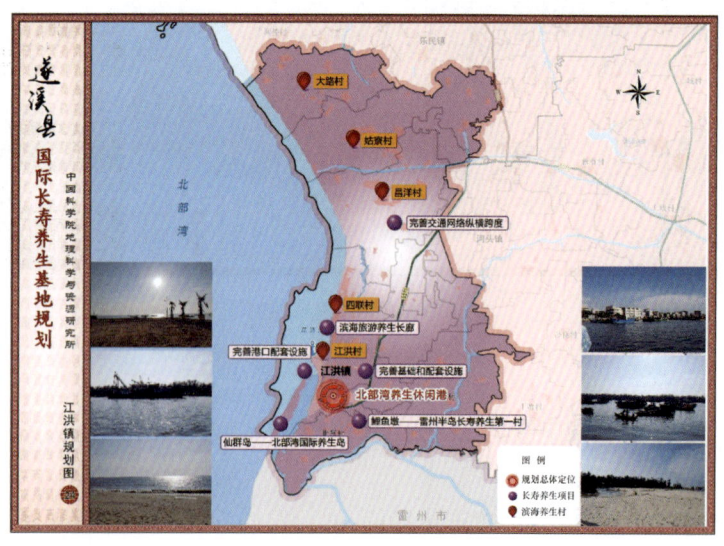

图 7-34　江洪镇规划图

7.6.15 河头镇"长寿农业示范区"

根据河头镇资源禀赋和产业条件,规划将河头镇定位为遂溪县"长寿农业示范区",着力发展养生农业、养生林业和养生度假业。重点发展长寿农业示范基地、养生立体林下经济基地、双村东坡养生文化园、牛力湾水库养生度假综合体、新市水库区域养老中心五大龙头项目。积极创建双村(东坡文化养生村)、油河塘村(生态文明养生村)、吾良村(孝道文化村)3个养生旅游村(见表7-51、图7-35)。

表7-51 河头镇长寿养生产业发展和配套设施项目表

序号	乡镇	定位	项目主类	项目亚类	项目内容
1	河头镇	长寿农业示范区	建设项目	三大长寿养生农业建设项目	长寿养生有机种植基地
2					立体养生林下种养殖项目
3					泉水稻米有机养生种植及养生食品加工项目
4				二大水库养生度假项目	牛力湾养生度假综合体
5					新市水库区域性养老中心
6			配套设施项目	长寿养生村庄	"东坡文化养生村"(双村)
7					"生态文明养生村"(油河塘村)
8					"孝道文化村"(吾良村)
9				镇村级养老院	规划镇级养老院1个,村级敬老院11个
10			基础设施工程	道路交通建设	改造或提升河头至虎溪路段、河头至田西路段、吾良至干塘路段路面
11				农村饮水安全工程	十三五期末,力争全镇100%以上人口饮上清洁卫生的自来水,基本达到安全饮水全覆盖
12				农田水利基础设施建设	对牛力湾水库和新市水库重建或加固,完善农田水利设施建设
13				镇区提质扩容工程	建设镇域养生公共服务功能,着力解决农村生活垃圾、生活污水问题

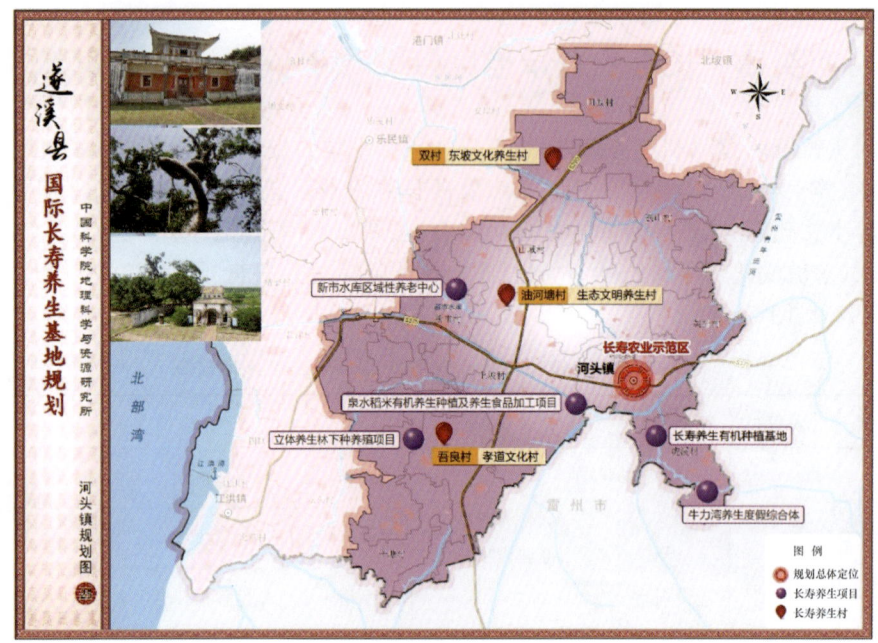

图 7-35 河头镇规划图

7.7 基地创建的发展保障体系

遂溪国际长寿养生基地除了硬件建设,软件建设亦尤为重要。本研究将软件建设,纳入保障体系中,重点研究树立品牌、推广营销、创新理念、引入资本、聚集人才、统筹协调等方面。

7.7.1 树立品牌,打造长寿养生目的地

树立遂溪"国际长寿养生基地"品牌,通过媒体权威发布、系列报道、深度报道等宣传普及健康知识,引导居民提高健康保健意识、健康消费意识,激发对养生产品的需求,营造养生产业发展氛围。开设相关网站、微信公众号平台等,为企业提供行业新技术资讯及招商合作信息,搭建网络交流平台。实施养生产业"非禁即入",激活社会力量参与养生产业发展。支持养生产业领域关键共性技术研发及公共服务平台建设,加强知识产权保护,制定行业标准、产品技术标准,强化监管,创造一流营商环境。全方位打造遂溪"国际长寿养生"目的地。

7.7.2 积极推广,打复合式营销拳

积极宣传推介遂溪"生态水城、养老胜地、休闲之都、养生天堂"的城市形象。将医疗资源

优势与陆、海等旅游资源优势叠加,开发新型的养生旅游服务项目,科学设计并积极推介养生契约、幸福套餐产品。促进养生业与医疗、养老、保健、旅游等行业的融合、互动,推动遂溪"国际长寿养生基地"的品牌传播,提升国际知名度。

7.7.3 科技引领,创新消费生活方式

加快5G互联网向养生产业延伸,整合防、治、养全产业链资源,建立养生产业电子商务平台,拓展养生产业发展新领域。发挥电商的便捷性、体验性、趣味性优势,提升人性化、个性化服务能力,为消费者提供自我健康检测、心理检测、压力检测等在线测评、管理、干预、跟踪等服务;针对共同需求、共同关注相关人群组建线上养生圈子,加强分类指导,提供个性化养生服务,拓展健康养生领域。

7.7.4 招商引资,积极引入社会资本

积极参与国际养生产业博览会、国际养生产业论坛等,积极宣传推介遂溪养生产业投资方向与政策,吸引海外基金、国际资本等以合资、合作形式投资养生产业。由政府引导,推动金融机构、产业资本共同筹资设立长寿养生产业投资基金。鼓励金融机构创新适合产业特点的金融产品和服务方式,鼓励各类创业投资机构和融资担保机构对养生产业新业态、微小企业开展融资服务。鼓励企业、民间资本投资长寿养生产业,支持符合条件的企业上市融资和发行债券。

7.7.5 人才集聚,营造聚才环境

依托相关高校、职业技术学校和医疗机构,建立由医护类、生物制药产业类、文体旅类共同参与的养生产业大专业平台,培育长寿养生产业发展需要的高素质应用型人才。出台有关高端人才引进的配套保障政策,营造人才集聚的特区环境,加快引进国内外医疗服务、生物医药研发团队和重点行业、瓶颈行业紧缺急需的领军人才。建立与长寿养生产业发展相适应的资格认证培训、岗位培训、人才培养与考核评估等培训服务体系,提高从业人员的素质。

7.7.6 统筹协调,完善组织结构

建立各部门负责人联席会制度,分解落实各项任务,协同推进,分工实施。建立养生产业的统计和评价指标体系,对各部门推进实施效果进行考评。依托高校和社会机构开展养生产业发展专项研究,跟踪产业发展趋势,提供国内外最新的权威资讯。成立养生产业协会及行业分会(NGO),搭建与养生产业相关的企事业单位沟通合作的平台,鼓励协会及分会提供产业研究咨询、参与产业标准制定、技术和产品推广等。

7.8 研究结论和建议

7.8.1 研究结论

遂溪是国内不可多得的热带火山型典型长寿区域,拥有长寿水土、热带火山风光、热带农渔资源、雷州半岛古村落等自然与人文资源,且各类优质长寿资源呈现区域叠加状态。以螺岗岭、笔架岭、城里岭为核心的火山地貌区为中心,长寿养生资源的富集度和品质度呈中心向四周递减趋势。其涉及乡镇,如岭北、建新、乌塘、江洪等,水土优质长寿养生资源富集度较高。全县约50%乡镇有高于全国长寿区的长寿水土资源。综上所述,遂溪具有创建国际长寿养生基地的资源,其发展长寿养生产业潜力巨大。

1. 遂溪长寿元素较为丰富,测量值多数达到或超过国内长寿区平均值

遂溪土壤大多数达到了国家土壤环境质量的一类土壤标准,其中硒平均含量比我国土壤背景值约高10%。

遂溪水中具有丰富的钾、锶、锌、锰、偏硅酸等,部分达到国家天然矿泉水指标。水中硒含量,5个乡镇超过国内长寿区平均值,最高的黄略镇许屋村水样,达到我国长寿区平均值的3倍多。

海陆农渔产品的长寿元素基本高于国内平均值,其中全县大米、玉米、水果等中的长寿元素,是我国平均值的1.5~7倍。海产品中锌是所有样品中最高的,比我国水产类食品含量平均值高近7倍。

百岁老人,从人数、年龄、分布以及指甲和头发中的元素,均较为突出。

2. 遂溪自然景观、人文环境与长寿水土元素密不可分

遂溪火山地貌,与长寿土壤密不可分。土壤中硒含量超过0.4 mg/kg的富硒土壤,较为突出的岭北、建新均位于火山地貌区,现存火山锥,且建新现存古村落较多,历史文化名人较多,且现代火龙果产业园落户于此。乌塘是现代诗人集聚区,洪氏诗人家族就是代表。江洪鲤鱼墩遗址,代表了雷州半岛的先进的古人类文明。

由此可见,壮观的火山地貌、源远流长的古人类遗址和古村落、现代文化名人集群以及现代科技农业均与优质的水土环境密不可分。长寿环境元素不仅给人类的身体带来健康,同时也是社会文明的源泉。

3. 遂溪长寿元素将高效指导产业布局、项目遴选、乡镇定位

区域产业空间布局以及乡镇"一镇一品"发展定位的关键在于寻找特色,而遂溪区域特色的关键在于差异化的长寿元素。如富锌、锶及偏硅酸型水的区域适合开展以水为主题的长寿养生产业,而富硒土壤区域适合发展现代热带农林业;结合火山地貌和滨海地貌,适合古人类文明、现代文明,适合发展长寿康养服务业;一二三产业基础较好的区域,结合长寿元素,适合发展产业融合型的综合长寿健康产业。因此,长寿元素的调查、取样、分析工作是十分必要的,是破解产业转型升级难题的密钥。

7.8.2 研究建议

(1)本研究在指标体系构建中,可根据研究地实际情况,适当增加评价因子,增加丰富度。

(2)基于水土和环境分析数据,可结合研究地自然、人文、产业等数据,进行对比分析,可继续探索长寿养生资源与其他资源的关系。

(3)长寿养生水土环境数据对于产业发展、乡村振兴的指导是长期的,研究地可在成功创建国际长寿养生基地后,持续发展长寿养生经济。

(4)本研究在指标体系、水土和环境分析、产业空间布局以及乡村振兴方面,对国内长寿区域具有较强的指导和借鉴意义。

第8章 山西省云州区(原大同县)国际健康养生基地规划实践研究

山西省大同市云州区(原大同县)拥有国内独特的黄土台地上发育的火山群——大同火山群,古老而美丽的母亲河——桑干河,也是中国四大黄花产地之一。与此同时,云州区蕴藏着神秘的长寿基因,长寿老人多,在北方属于较为典型的长寿区域。

本研究重点基于云州区独特的长寿水土环境分析,对三大健康养生产业展开针对性研究。遵循十九大精神,依托云州区火山、桑干河、黄花菜等健康养生资源优势,通过资源与环境检测、空间结构布局、产业体系建设、重大项目规划,推进云州区全域健康养生资源保护和开发,积极创建"国际健康养生基地"品牌,提升综合竞争力和社会知名度,引导云州区向国际健康养生基地、国家全域健康养生试验区、健康养生农业绿色基地和健康养生食品加工特色基地迈进。

8.1 研究背景

《山西省国民经济和社会发展第十三个五年规划》明确指出,"十三五"期间,山西省将积极应对人口老龄化领域,探索建立长期护理保险制度,进一步促进养老服务社会化、产业化发展,在太原、大同、晋中等地探索设立健康养老园区,吸引社会资金投资健康养老产业。

大同市在2015年制定并实施了《大同市加快推进健康服务业发展实施方案》,提出了到2020年,全市医疗卫生服务能力显著提升,健康管理与促进服务水平明显提高,健康保险服务进一步完善,健康服务业发展环境不断优化,健康服务产业规模达到200亿元左右的发展目标。为发挥大同市生态、资源、环境、产业、文化和区位优势,推进健康养老产业发展,率先形成康养业集群,带动大同生态养生养老农业及相关产品制造业的发展,建设具有国内领先水准的康养产业园区,提升大同在京津冀区域城市系统中的层次,于2016年编制了《大同市康养产业发展规划》。在大同市"六大工程"实施方案中,把康养产业作为现代服务业中的重要组成部分,提出打造集健康休闲、养老养生、医疗服务等多位一体的康养基地。在《大同市区域发展战略规划》中,明确提出要建设"国际养生旅游目的地城市"。

大同市委、市政府提出要把大同火山群打造成为大同市继云冈和恒山之外第三大景区。为大同县发展带来机遇,火山+纯净的天然氧吧+人文资源+基础设施+绿色农产品,为发展养生养老产业奠定了良好基础。

中国 7 大火山带：

据不完全统计，我国新生代以来有火山群 120 个，火山千余座，大抵可分为 7 个火山带。

(1)台湾火山带。由赤尾屿、黄尾屿、钓鱼岛经台湾岛至火烧岛、兰屿一带，形成长达 690 km 的火山岛弧，再向西南与南海海盆火山区相连。共有 14 个火山群，70 余座火山。

(2)长白山——庐江火山带。沿依兰—依通断裂及其以东的张广才岭、长白山和渤海以南的郯庐断裂带呈北北东向分布，长 2200 km，宽 200 km，分布 41 个火山群，549 座火山。其中有著名的镜泊湖、长白山和龙冈火山群。

(3)福鼎——海南岛火山带。分布于东南沿海大陆边缘地区，长 1200 km，带内有 4 个火山群，101 座火山。

(4)大兴安岭——太行山火山带。北起黑龙江省呼玛，南至河南省汝阳，长约 2500 km，宽 200 km，分布有 28 个火山群，300 余座火山。著名的有大同火山群和达莱偌尔火山群。

(5)小兴安岭火山带。西南麓有 9 个火山群，西端有 2 个火山群，60 余座火山，平行于山脉分布，小兴安岭西南麓近山脉分布的有门鲁河火山群、科洛火山群和五大连池火山群。外侧是嫩江的尖山、德都的连花山、克山的尖山、克东的二克山、绥棱的阁山和庆安的疙疸山火山群。

(6)西昆仑山——可可西里山火山带。沿西昆仑山——可可西里山南麓呈东西向分布，西起班公湖，东到胃都一带。长约 1300 km，宽 200 km，有 12 个火山群，64 座火山。

(7)冈底斯山——腾冲火山带。由冈底斯山向东经雅鲁藏布江，沿澜沧江至腾冲，长约 2200 km、宽约 150 km。目前仅发现 3 个火山群，48 座火山。

此外，还有伊宁和独山子火山群沿天山北侧呈东西向分布。

8.2 国际健康养生资源及环境评价

为支持大同县建设国际健康养生基地，本研究深入挖掘健康养生资源、探讨水土环境及食物资源对人口健康的影响，寻找人口健康的原因，以期更好地扩大当地健康养生经济的规模，实现当地和谐的人地关系和经济社会的可持续发展。受大同县人民政府委托，中科院地理资源所部分科研人员在大同县所属的 10 个乡镇采集了土壤、水、粮食(谷类、豆类)、蔬菜、干果、猪肉以及长寿老人头发、指甲 8 类样品，共 280 个样品，分析了样品中主要矿质营养元素和部分有害重金属元素含量并对含量结果进行了评价。

8.2.1 富硒锶锰土壤评价及基地推介

根据大同县 34 个土壤样品的检测结果，我国土壤环境质量标准(GB 15618—1995)比较表明，所测限值元素均达到国家土壤环境质量的二类土壤标准要求，大多数样品达到国家土壤环境质量的一类土壤标准要求，大同县土壤整体属于优质农牧用地。其数据与我国土壤背景值对比，全县土壤的锶和锰均较丰富，硒在部分样品中较高。

1. 富硒锶锰土壤评价

(1)硒平均含量为 0.35 mg/kg,比我国土壤背景值约高 21%,与我国部分长寿区的平均含量相当。从各样品硒含量的比较,硒含量超过 0.4 mg/kg 土壤富硒标准的有 11 个,即大同县约 32%的土壤是富硒的,其中党留庄、杜庄两个乡镇的土壤样品硒平均含量达到或超过了 0.4 mg/kg(见图 8-1)。

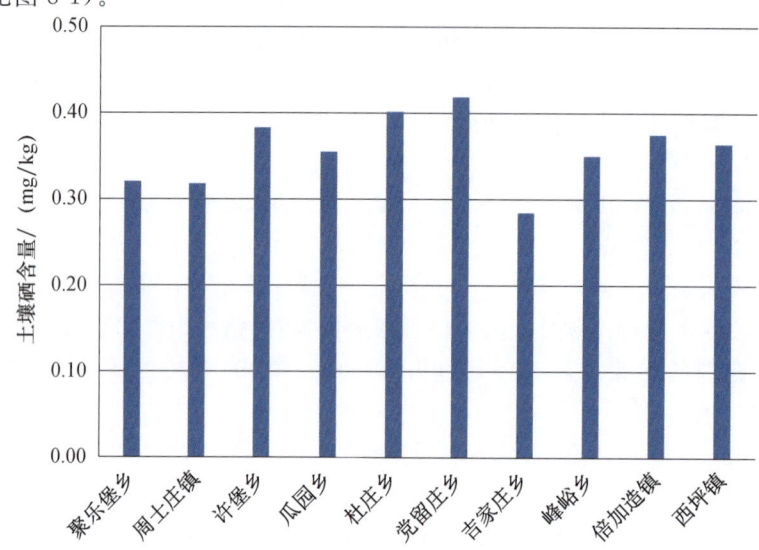

图 8-1 大同县各乡镇土壤硒含量比较

(2)锶平均含量是我国土壤背景值的 2 倍多,各乡镇之间的比较表明,锶含量最高为倍加造镇,其次是周士庄镇,均超过了 300 mg/kg(见图 8-2)。

(3)锰含量最高是杜庄乡和瓜园乡,均超过了 600 mg/kg。各乡镇的锶锰平均含量也均高于我国土壤背景值和部分长寿地区的平均含量,锰平均含量则为我国背景值的 1.2 倍(见图 8-2)。

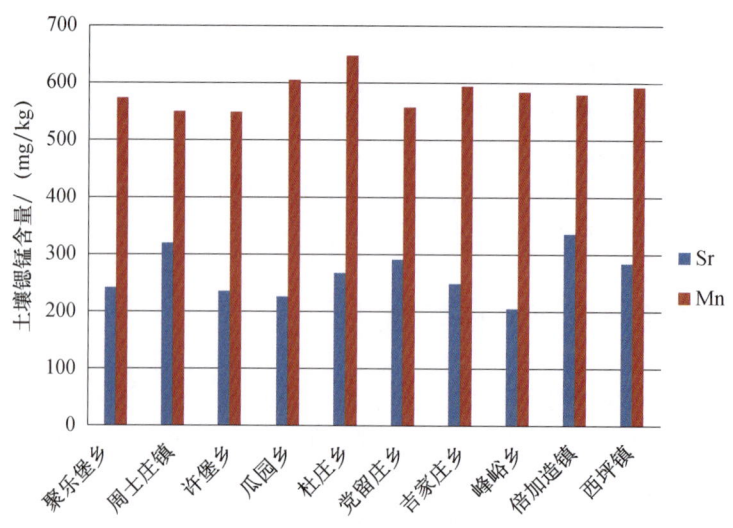

图 8-2 大同县乡镇土壤锶锰含量比较

2. 富硒锶锰土壤区域推介

(1) 富硒锶养生农业区

党留庄主推富硒锶土壤可作为养生农业重点区域培育。党留庄乡土壤的硒含量为全县最高,平均为 0.42 mg/kg,超过我国富硒土壤 0.4 mg/kg 的标准,其锶锰含量较高,锶平均含量为 291 mg/kg,是我国土壤背景值的 2.4 倍。锰平均含量为 557 mg/kg,超过我国背景值 16%。

(2) 富锶锰养生农业区

倍加造镇可推富锶锰土壤可作为养生农业重点区域培育。倍加造镇土壤的锶含量为全县最高,平均为 335 mg/kg,为我国土壤背景值的 2.8 倍,硒平均含量为 0.37 mg/kg,超过我国背景值,接近富硒土壤标准;锰含量为 580 mg/kg,超过了我国背景值 20%。

(3) 富锰硒锶养生农业区

杜庄乡则可推富锰硒锶土壤作为养生农业重点区域培育。杜庄乡土壤的锰含量为全县最高,平均为 647 mg/kg,是我国土壤背景值的 1.34 倍,其硒含量为全县第二,达到 0.4 mg/kg 的土壤富硒标准。其锶含量为 267 mg/kg,是我国土壤背景值的 2.2 倍(见图 8-3)。

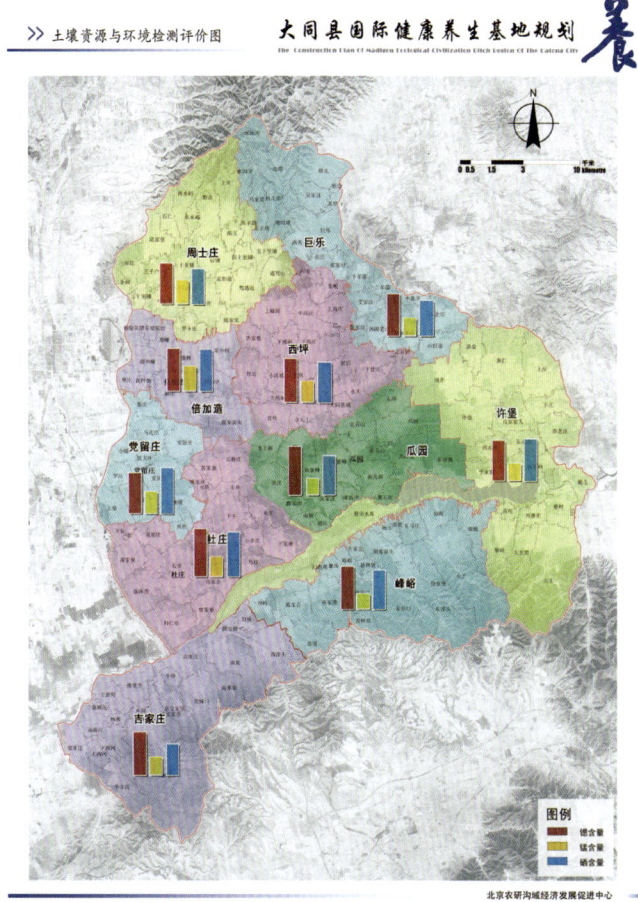

图 8-3　土壤资源与环境检测评价图

8.2.2 矿泉水（山泉水）开发潜力评价及产地推介

大同县饮用井水及泉水水样中富含锶、偏硅酸及钙镁铁锂钼等，且硒含量也不低，具有开发多种类型优质矿泉水的潜力。所测大同县的56个饮用水样中，53个锶含量均达到矿泉水标准的要求，与国家标准相比，大同县绝大多数饮用井水和泉水均可开发为锶型矿泉水。所测大同县的56个水样中，14个偏硅酸含量达到矿泉水标准要求。在56个与健康养生密切相关的硒元素水样中，平均含量为0.79 μg/L，有13个超过我国部分长寿区平均值0.91 μg/L。

1. 锶型矿泉与偏硅酸矿泉区域分布评价

对于较为关注的硒元素，56个水样硒的平均含量为0.79 μg/L，含量最高的是吉家乡王渐瞳水样，达2.55 μg/L。其次是杜庄乡千千村水样，为2.33 μg/L。超过我国部分长寿区平均值0.91 μg/L的水样共有13个，分布在巨乐、瓜园、杜庄、党留庄、吉家、峰峪、倍加造和西坪8个乡镇。

从各乡镇的硒、锶及偏硅酸含量的平均值看，吉家庄乡的水硒含量最高，其次是倍加造、党留庄、杜庄、峰峪，这5个乡镇的硒含量平均值均超过了0.8 μg/L（见图8-4）。水锶含量则是峰峪乡和倍加造镇含量最高，其次是瓜园乡，3个乡镇的锶平均含量均超过了500 μg/L（见图8-5）。偏硅酸含量则以瓜园乡平均值最高（26.9 mg/L），其次是周士庄镇（26.7 mg/L），两者均达到矿泉水标准的界限指标（见图8-6）。

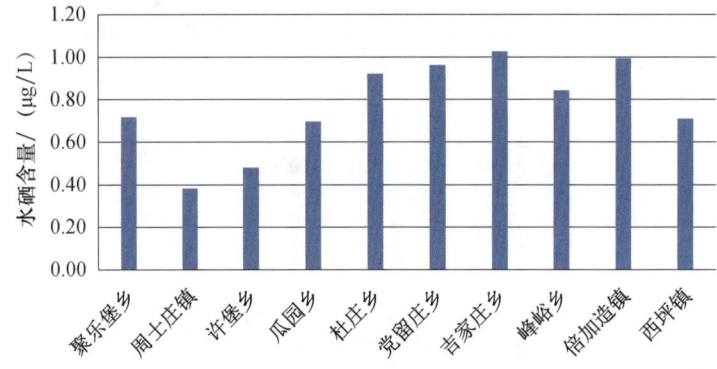

图8-4 大同县乡镇水硒平均含量比较

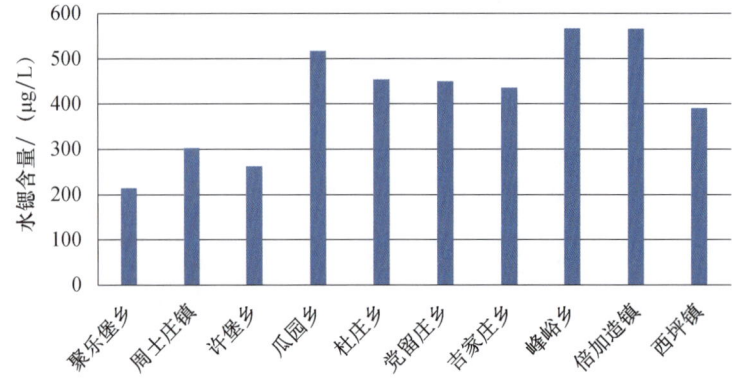

图8-5 大同县乡镇水锶平均含量比较

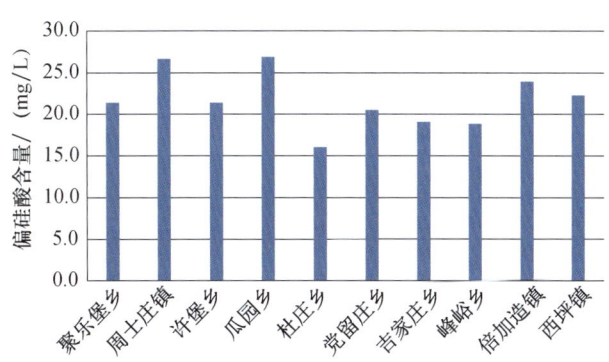

图 8-6　大同县乡镇水中偏硅酸平均含量比较

2. 锶型矿泉与偏硅酸矿泉发布推介

倍加造镇西骆驼坊村、瓜园乡鱼儿涧村和吉家庄乡麻峪口村的井水可作为不同类型矿泉水进行开发。3个水样的pH均在7.9～8.1，属典型微碱性水。倍加造镇西骆驼坊村井水锶和偏硅酸都较高，且硒含量适中，可作为锶矿泉水开发。瓜园乡鱼儿涧村的井水偏硅酸较高，锶含量适中，均达到矿泉水指标要求，可作为偏硅酸矿泉水。吉家庄乡麻峪口村的井水锶含量达到了矿泉水标准要求，偏硅酸、硒、锂及钙镁铁等的含量也较高，表明该村的水可以作为长寿山泉开发（见图8-7）。

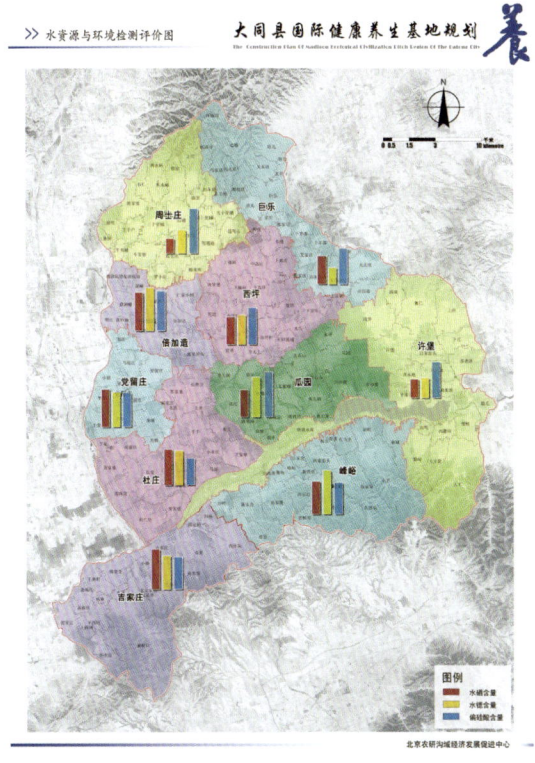

图 8-7　水资源与环境检测评价图

8.2.3 养生食品评价和产地推介

1. 养生食品采样

养生食品共采集样品 137 个。谷类样品主要为各乡镇长寿老人家所在村庄种植的产品，共 82 个，其中小米 31 个、黍子 29 个、玉米 18 个、高粱 4 个。豆类样品共 42 个，其中黑豆 16 个、绿豆 13 个、黄豆 5 个、豇豆 5 个、红豆及红小豆 3 个。蔬菜果品样品共 13 个，其中黄花菜 9 个，冻枣 1 个，杏仁 1 个，杏干 1 个，葵花籽 1 个。

2. 特色养生食品评价

(1) 豆类

豆类样品硒平均含量最高为杜庄乡和倍加造镇，均为 0.063 mg/kg，其次是周士庄镇，为 0.061 mg/kg，平均值超过一般豆类参考值还有巨乐乡（0.051 mg/kg）、吉家庄乡（0.050 mg/kg）、瓜园乡（0.048 mg/kg）和许堡乡（0.043 mg/kg），即大同县大部分豆类样品的硒含量是丰富的。豆类样品中含 10 种微量元素最多是巨乐乡和倍加造镇，均为 102.5 mg/kg。其次是党留庄乡和杜庄乡，分别为 95.0 mg/kg 和 93.1 mg/kg，其他各乡镇均在 82～89 mg/kg，相差不大。总体来看，大同县多数乡镇豆类样品的硒及其他微量元素含量均较为丰富，其中尤以倍加造镇较为突出，无论是硒含量还是 10 种微量元素含量的累加值都是最高的。

1) 黑豆

与我国报道的豆类含量和部分黑豆含量参考值比较，大同县黑豆样品中钙、铁、硒、锌、锰、锶、磷、钴等元素的含量均较高，人体必需的微量营养元素锌、锰、锶、钴等都比一般豆类的含量高 2 倍以上，其中锌锰含量最高的均为杜庄乡落阵营村样品，分别为 46.7 mg/kg 和 38.2 mg/kg。锶含量最高的是倍加造镇任家小村，为 25.72 mg/kg。钴含量最高的是许堡乡上庄村，为 0.62 mg/kg。所测样品的硒平均含量比一般豆类的参考值高约 10%，其中杜庄乡千千村、倍加造镇西骆驼坊村 2 个样品含量达到参考值 2 倍以上。

2) 绿豆

与我国一般豆类及部分绿豆报道含量的参考值比较，大同县绿豆样品中钙、镁、硒、锌、锰、磷、铜、钴、钼等含量的平均值均高于参考值。对较为关注的硒元素，所测样品的硒平均含量比一般豆类的参考值高约近 15%，超过参考值的样品数有 8 个，占总数的 61%。

3) 黄豆

与我国一般豆类及部分报道的黄豆含量参考值比较，所测样品中钙、镁、磷、铁、硒、锌、锰、锶、钴等含量均较高。对较为关注的硒元素，所测样品都比一般黄豆参考值高，平均含量比一般黄豆参考值高约 19%。

4) 豇豆

与我国一般豆类和部分报道的豇豆含量参考值比较，所测豇豆样品中镁、硒、锌、锰、锶、钴、钼等含量均较高，其中硒平均含量比一般豇豆含量高 86%。

5) 红豆和红小豆

与我国一般豆类和部分报道的红小豆含量参考值比较，红豆样品(8-f-2)中钾、钙、镁、锌、锰、锶、磷、铜、钴、钼含量均较高,红小豆(5-f-8,10-f-11)则是钙、镁、锰、锶、磷、钴等含量较高。相较于红小豆,红豆样品的多数微量元素都相对较高。

(2)蔬菜

黄花菜是大同县重点扶植和培育的产业,与报道的我国部分黄花菜平均值相比,大同县黄花菜样品的钾、钙、镁、铁、硒、锰、锶、磷、铜等含量较高,其中钾、镁、铁、磷、铜的含量均高10%左右。钙的平均含量比黄花菜参考值高29%,含量最高的是党留庄乡马连庄村和倍加造镇任家小村样品,均为4438 mg/kg。锰的平均含量比黄花菜平均含量高约40%,含量最高的是党留庄乡马连庄村(42.8 mg/kg)。锶的平均含量则是北京市场购的黄花菜含量2倍多,含量最高的是倍加造镇任家小村(23.2 mg/kg)(见图8-8)。

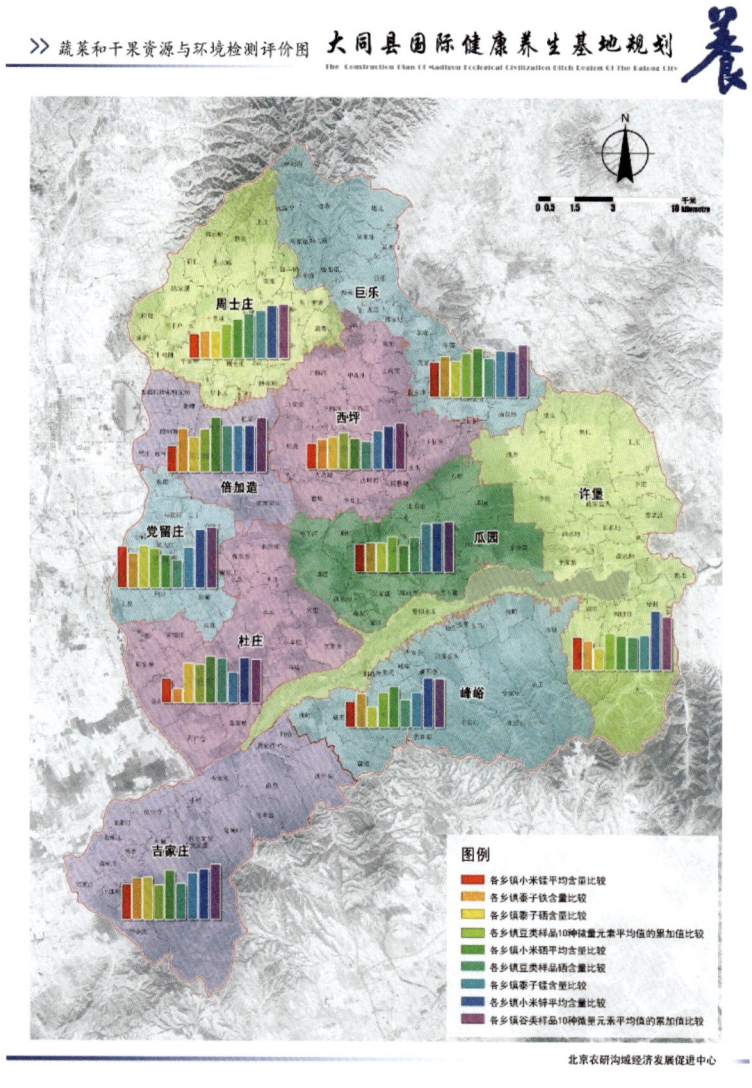

图 8-8 蔬菜和干果资源与环境检测评价图

对健康养生较为关注的硒含量,所测样品平均值比《中国食物成分表》中黄花菜参考值高约7%,其中有四个村的样品硒含量超过了报道的黄花菜参考值,分别是杜庄乡落阵营村(0.065 mg/kg)、党留庄乡邢庄村(0.056 mg/kg)、瓜园乡吴家窑村(0.048 mg/kg)和峰峪乡徐家堡村(0.042 mg/kg)。所有黄花菜样品中的砷、镉、铬、铅含量均低于我国标准规定的蔬菜污染物限量值,表明大同县黄花菜是安全健康食品,且富含钾、钙、镁、铁、硒、锶、锰、磷、铜等矿质营养元素。

(3) 干果

大同特产冻枣以及杏干、杏仁、葵花籽等样品中的多种微量元素含量都比报道的我国部分相应水果及干果的参考值要高,需要限制的元素含量也没有超过国家标准限值。

①冻枣:富含钾、镁、铁、硒、锌、锰等

②杏干:富钾、钙、铁、锰、磷等

③杏仁:富钾、钙、铁、硒、镍、钴等

④葵花籽:含钙、镁、硒、锰、磷较多

3. 特色养生食品发布推介

根据测验结果和地域识别,大同县可把杜庄乡、党留庄乡作为黄花产业核心区域培育,并推出火山田园黄花养生食品。把吉家庄、党留庄、杜庄乡作为特色黍子培育基地(见图 8-9、图 8-10、图 8-11),并推出火山田园黍子养生食品。

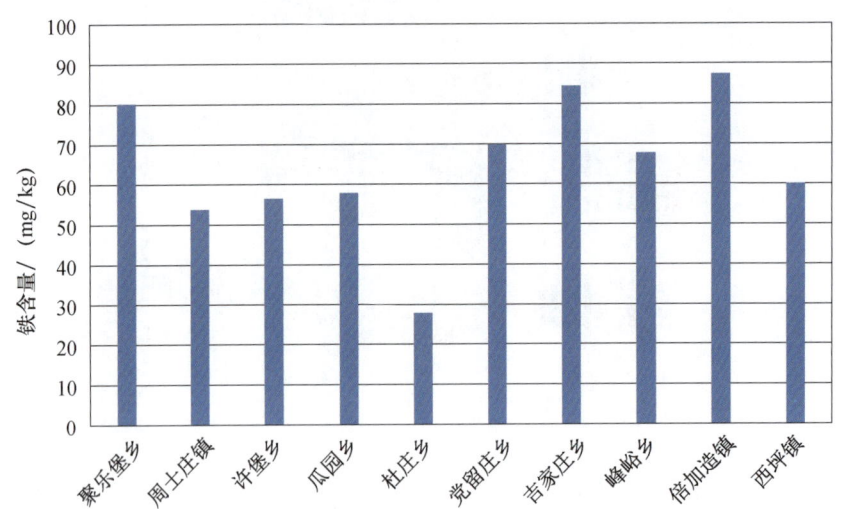

图 8-9 大同县乡镇黍子铁含量比较

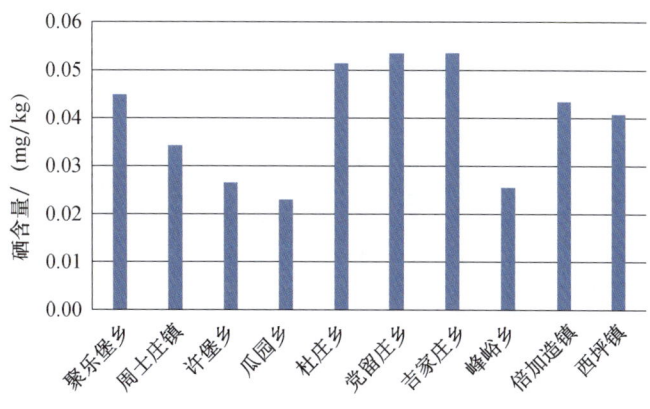

图 8-10　大同县乡镇黍子硒含量比较

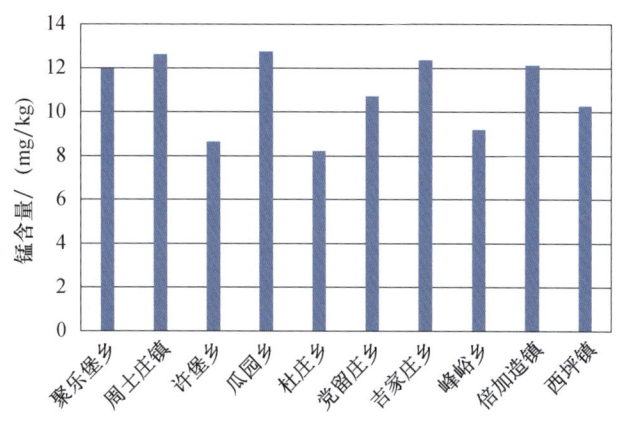

图 8-11　大同县乡镇黍子锰含量比较

8.2.4　长寿老人头发指甲元素含量特征发布和寿乡推介

1. 长寿老人头发指甲采样

样品采集均为 90 岁以上老人,其中毛发样品 21 个(男性 5 人,女性 16 人)。指甲样品共采集 18 个(男性 6 人,女性 12 人)。长寿老人区域分布共涉及 10 个乡镇(巨乐乡、周士庄镇、许堡乡、瓜园乡、杜庄乡、党留庄乡、吉家庄乡、峰峪乡、倍加造镇、西坪镇)。

2. 长寿老人头发指甲元素含量分析和特征评价

(1)长寿老人头发的元素含量特征

大同县长寿老人头发样品与中国长寿之乡的百岁老人头发中钙、镁、硒(见图 8-12)、锶、锰(见图 8-13)普遍相对偏高;与我国海南岛百岁老人头发硒、铜、锌、磷含量相近。对人体健康有害的铅、镉、砷等元素则明显低于成人参考值。

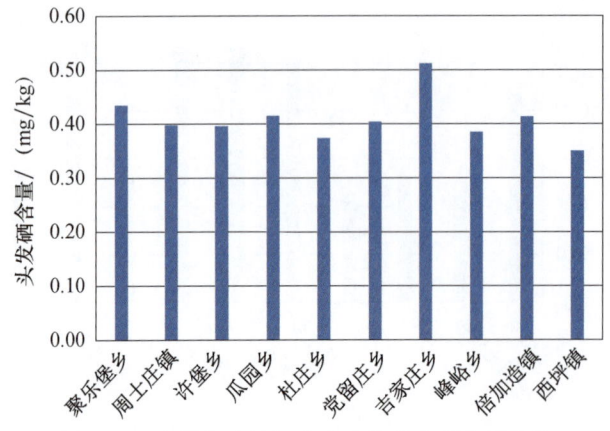

图 8-12 大同县乡镇长寿老人头发中硒含量比较

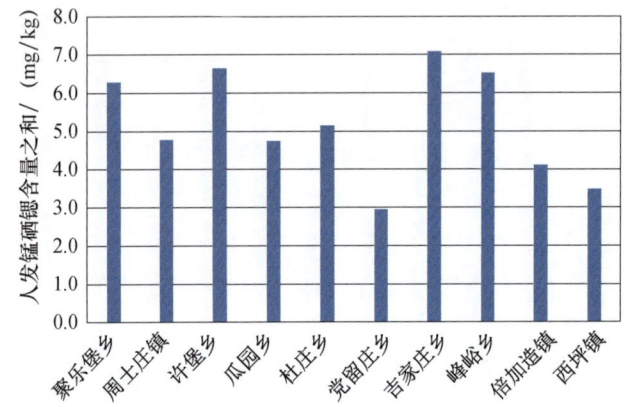

图 8-13 大同县乡镇长寿老人头发中锰硒锶平均含量的累加值比较

(2)长寿老人指甲的元素含量特征

大同县长寿老人指甲样品与中国长寿之乡的百岁老人的硒、铜、锌、铁、锂、钴等含量基本相似。对人体有害的砷、镉、铅等含量均明显低于人体参考值,倍加造镇长寿老人的指甲硒含量最高,平均值为 0.59 mg/kg。其他乡镇都在 0.43~0.50(见图 8-14、图 8-15)。

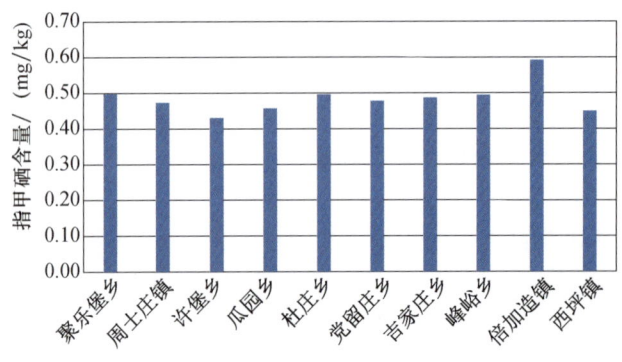

图 8-14 大同县乡镇指甲硒含量比较

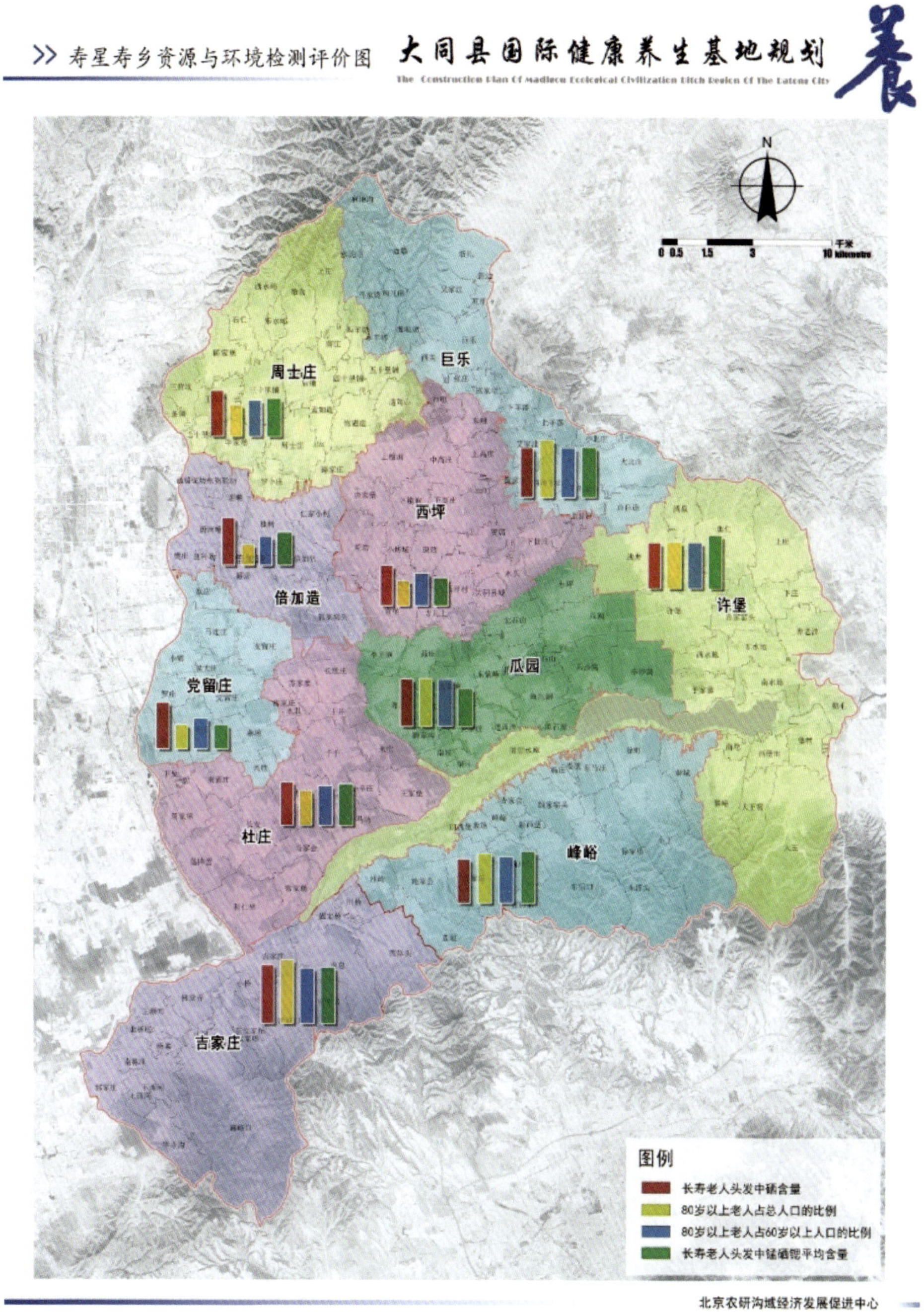

图 8-15 寿星寿乡资源与环境检测评价图

8.2.5 结论与建议

大同县是中国典型的火山长寿区,富含硒锶锰土壤,富含硒锶与偏硅酸矿泉。该县硒平均含量比我国土壤背景值约高 21%,与我国部分长寿区的平均含量相当;锶平均含量是我国土壤背景值的 2 倍多。大同县绝大多数饮用井水和泉水均可开发为锶型矿泉水,偏硅酸含量达到矿泉水标准要求达 1/4。农副产品中,黄花品质较好,钾、钙、镁、铁、硒、锶、磷、铜等含量均较高。大同县长寿老人头发样品与中国长寿之乡的百岁老人头发中钙、镁、硒、锶、锰普遍相对偏高;与我国海南岛百岁老人头发硒、铜、锌、磷含量相近。总体上,大同县是北方较为典型、不可多得的长寿区域。

从空间上,10 个乡镇含有不同程度的长寿水土元素。党留庄乡、倍加造镇、杜庄乡,分别为富硒锶区、富锶锰区、富锰硒锶区。倍加造镇西骆驼坊村、瓜园乡鱼儿涧村、吉家庄乡麻峪口村,分别是锶矿泉、偏硅酸矿泉、长寿山泉,均为品质极佳的长寿资源区。农副产品方面,优质黄花产区位于杜庄乡、党留庄,优质黍子产区位于吉家庄、党留庄、杜庄乡,优质高粱产区位于吉家庄乡、许堡乡、峰峪乡。

大同县长寿养生资源及环境评价,不仅便于对本研究区有着清醒的认识,同时有利于指导区域经济社会科学可持续发展。

8.3 发展定位、思路和目标

8.3.1 发展定位

1. 总体定位

建设现代城郊型大同县,打造宜业宜居宜游乐园,成为大同市的副中心、后花园、京津冀的休闲避暑体验区。坚持"旅游与资源结合,观光休闲与求知结合,生态与人文结合,火山群开发与保护结合"的原则,突显资源金(金针)、木(林草)、水(水库)、火(火山)、土(土林)齐全优势,充分发挥旅游业的促进作用,以改善旅游基础设施和营造旅游精品为突破口,促进旅游资源优势向产业优势和经济优势转化,把旅游业培育成社会消费新热点、美丽乡村建设新亮点、县域经济发展和农民增收新的增长点。

总体定位——国际健康养生基地:以创建国际健康养生基地为目标,国家全域健康养生试验区、健康养生农业绿色基地和健康养生食品加工特色基地,成为大同乃至国际的健康养生体验消费目的地。充分利用大同县健康、资源、区位、产业、文化等优势,创建"国际健康养生基地"品牌,搭建国际健康养生交流与合作平台,提升大同县综合竞争力和社会知名度,推动生态旅游、休闲体验、养老养生、康复健体等新业态创新发展,共同推进健康养生资源保护和开发利用。

宣传口号:"火山田园之城、忘忧文化之乡"(见图 8-16、图 8-17)

国际健康养生基地建设内涵:

(1) 生态优良与环境清洁是前提条件。

(2) 养生资源和世界接轨和融合,在全球一体化下产业链的延伸和融合。

(3) 凸显国际化养生资源的特殊价值,注重以养生资源为核心,培育国际化的健康产业,实现全域养生。即首先通过相关科学检测和化验,对区域的养生资源及环境进行分析,主要包括土壤及水环境质量、食物中的矿质元素、百岁老人头发指甲元素。

(4) 根据资源禀赋特点和健康养生资源分布状况,对国际健康养生基地的发展目标、健康产业空间布局、项目建设进行规划。

图 8-16　形象设计图 1

图 8-17　形象设计图 2

2. 功能定位

（1）国家全域健康养生试验区

大同县要全盘统筹，全域一体化地发展健康养生产业，形成资源优化、空间有序、产品丰富、文化多元的产业体系，盘活健康全域养生资源，变资源优势为综合效益，提供全过程、全时空的体验产品，满足全方位、多层次的养生体验需求。打破行政分割，突破区域局限，使建设、环境保护、交通运输、养生保健、餐饮服务等各个方面都服务于养生产业发展大局，形成全域一体的健康养生品牌形象。

（2）健康养生农业绿色基地

按照养生理念改造提升传统农业，积极发展绿色有机无公害种养业，打造无公害农产品生产加工基地，促进养生健康产业发展。作为"黄花之乡"，大同县黄花种植面积将达到 17 万亩（一亩 $=666.67$ m^2），同时大同县黄花国家级出口食品农产品质量安全示范区顺利通过验收，取得进军国际市场的通行证。大同县黄花菜色泽金黄、角长肉厚、蕊多、久煮不烂、脆嫩可口，被中国绿色食品发展中心认定为绿色食品 A 级产品，在历届农博会上获得过 12 次金奖，大同黄花以其绿色、无添加、高营养，畅销东南亚、日本、欧美等地，发展健康养生农业绿色基地具有独特优势。

（3）健康养生食品加工特色基地

以特色农产品为依托，打造集产、供、销、研于一体的健康养生食品加工特色基地，打响具有浓郁地方特色的健康养生食品品牌，统一品牌包装，提高健康养生食品声誉和知名度。引导企业对厂房、车间、设备、生产工艺、生产线等进行全面升级改造，延长健康养生食品产业链。

大同县部分健康美食简介：

黄花，学名萱草，俗称金针菜，是一种营养价值很高的蔬菜。嵇康《养生论》神农经上，有"萱草忘忧，乐为食之"的记载。李时珍在《本草纲目》上也有专门论述，说它有利尿、健胃的功能。大同县是山西省黄花的主要产区之一，从明朝开始，就享有"黄花之乡"的盛名。大同黄花有 3 大优点：一是颜色鲜黄，干净无霉，一色金光灿烂，绝少黑斑霉货；二是角长肉厚，线条粗壮，肥硕整齐；三是油性大，脆嫩清口，久煮不烂。因此，大同黄花为素食上品，成为山西省外贸骨干商品之一。常食黄花菜可以预防头昏、有利睡眠、防止晕船、晕车、哺乳发奶、下乳等多种功效。

豆面，是当地种植的豌豆和其他豆类食品混合而制成的面粉。据鉴定，含有丰富的蛋白质、磷和多种维生素，对高血压和糖尿病人有一定的疗效。做法很多，一般是豆面或莜面和在一起，可擀面条、拨鱼儿、抿面、压饸饹等。

蛋雕，远在明清时期，大同地区民间在喜庆婚娶、祝福庆寿、喜得贵子时，为图吉祥如意，就有了赠送红鸡蛋的习俗。当时在京城一带更是流行此风，而且用量也相当可观。于是就有一部分人摆摊设铺，专门卖红色染过的鸡蛋，称其为"彩蛋"。后来，商贩们又在彩蛋上画些花鸟、鱼虫、脸谱等图案，以图生意兴隆。蛋雕作品种类繁多，有人物肖像、花鸟鱼虫、京剧脸谱、诗文字画，主辅相衬十分得当，惟妙惟肖，斗艳争芳。

拨鱼儿，亦称溜尖或剔尖儿，是将白面或绿豆面和好后放在盘、碗之中以专用工具剔入锅中的食物，是独具特色的地方面食。

黄糕,原料是黄米面,先用温水和成碎块状(散粒),上笼蒸熟,然后倒在盆里用手再揉一遍,边揉边在其表面抹点麻油,这样做可以防止糕面表皮干裂。最后把和好的糕面分成小块,蘸上肉菜汁即可食用。黄糕具有"黄、软、筋、香"4大特点,吃起来松软可口,十分味美。

小明绿豆,种植历史悠久、面积大,是该县传统的名优特产和出口的拳头产品。颗粒饱满,色泽深绿,发芽率和营养价值高,经测定,蛋白质含量25.6%,脂态含量0.7%,此外还有VA、VD等多种成分,绿豆芽百克VC含量为6 mg,是茄子的2倍。小明绿豆具有较高的药用价值,可消肿下气,清热解毒、利小便、止渴消暑。

羊杂割汤,选用羊肝、肺、胃、肠、心、头肉、蹄筋煮熟剥落,切成碎块,吃时盛入碗中,浇上羊肉汤,放上香菜及少许醋、盐、辣椒,连汤带肉,异香扑鼻,热辣味美。

油炸糕,逢年过节、招待客人,以炸油糕为上等食品。面软、油香,炸出来的油糕皮脆里嫩,绵软可口。并且配以精致的豆馅、土豆馅、韭菜、肉馅,更有风味。

苦菜,亦名甜草菜,《本草纲目》称为败酱草。因为生长在山沟野外,不受化肥和农药污染,苦菜自然是一种天然的绿色食物。苦菜具有较高的营养价值,含有丰富的蛋白质、维生素c、核黄素、脂肪、糖、无机盐、磷、钙、铁等微量元素,还具有很高的药用价值,可以清热解毒、利胆、降压、通脉、补气、治疗肠炎等多种疾病。

(4)健康养生服务业休闲基地

在积极优化老年人服务、让老年人安心养生养老的同时,按照健康养生休闲理念,积极提升商贸、住宿、餐饮等传统服务业,拓展产业领域,发展健康养生旅游、健康养生商务、健康养生信息、健康养生培训等服务业。

8.3.2 建设思路

依托大同县优良的自然环境和独特的火山地域,将其定位为"国际健康养生基地"。以"冷凉、火山、黄花"为特色,树立"全域健康养生"的发展理念,通过全要素、全产业、全过程、全服务,着力推动健康养生与一二三产业的融合,重视传统养生、养老与农业、文化创意、旅游及现代服务业等产业要素资源的融合发展,推动产业的共同发展并形成新的产业形态,未来将大同县建设成为国际一流的健康养生目的地。

8.3.3 建设目标

以健康养生养老、科学养生养老、文化养生养老为理念,以全域养生、资源整合、产业融合为路径,以发展模式创新、服务升级、品牌创建为动力,以养老照护、医疗康复、养生文化、休闲旅游等服务行业深度融合为重点,努力把大同县打造成享誉海内外的健康养生目的地,把健康养生服务产业培育成大同县经济发展转型的支柱产业,促进经济转型升级。建成特色鲜明、结构合理、具有较强国际竞争力的健康养生产业体系,成为国际知名的疗养康复中心和健康养生休闲基地。到2030年,力争全县健康养生服务业增加值占服务业比重达到40%,健康养生服务业从业人员占全县服务业就业人数的比重达到40%,健康养生服务业内部结构显著优化,服务质量显著提升,就业容量显著增加,服务环境和服务水平均等化程度显著提高,市场竞争力显著增强,总体发展水平与经济社会发展水平相适应。

近期目标(2018—2020年)。创建国际健康养生基地,树立国际健康养生基地的知名品牌,"一心一园、一路一带、五区六体、多镇多村"的健康养生产业空间布局基本形成,健康养生产品基本形成品牌,火山温泉养生度假综合体、国际医疗康养综合体、火山生态养生度假综合体、桑干河湿地休闲养生综合体、吕家大院文化养生综合体和麻地沟美食养生综合体基本建设完成。

远期目标(2021—2025)。建设区域健康养生试验区,建立内涵丰富、结构合理的健康养生服务业体系,打造一批知名品牌和良性循环的健康养生服务产业集群,并形成具有国际竞争力,满足广大人民群众多样的健康养生服务需求,建设成为立足山西、着眼全国、服务世界的国际健康养生名城。

8.3.4 乡镇定位

从长寿元素的空间分布和区域含量,指导乡镇经济社会发展,结合区域资源和产业特色,做出科学合理的乡镇定位(见表8-1)。

表8-1 乡镇定位及宣传口号

序号	乡镇	长寿元素	定位	宣传口号
1	西坪镇	富硒水、长寿老人	火山田园服务小镇	桑干河畔 火山田园
2	周士庄镇	富锶土、偏硅酸水、富硒豆、长寿老人	生态运动装备小镇	白登寻古 冰雪休闲
3	倍加造镇	富锶锰土、锶矿泉、富硒水、富锶水、长寿老人	中医元素富集寿镇	中医健体 未病先治
4	许堡乡	优质高粱产区、富硒豆、长寿老人	古堡桃李养生乡	桃李满天下 师德万古传
5	瓜园乡	偏硅酸矿泉、富硒水、富硒豆、长寿老人	温泉健康田园水乡	瓜果飘香 田园水乡
6	党留庄乡	富硒水、富硒锶土、优质黄花产区、优质黍子产区、长寿老人	富硒锶休养农乡	硒聚健康梦想人来休养农乡
7	杜庄乡	富硒水、富锰硒锶土、优质黄花产区、优质黍子产区、长寿老人	富锰硒锶养生农乡	锰硒锶齐聚 养生又健康
8	巨乐乡	富硒水、富硒豆、长寿老人	生态美食采凉寿乡	麻地美食 冷凉养生
9	峰峪乡	富硒水、富锶水、优质高粱产区、长寿老人	桑干河畔作家乡	湿地康养 创作天堂
10	吉家庄乡	富硒水、长寿山泉、优质黍子产区、优质高粱产区、长寿老人	生态吉祥水乡	吉祥如意 生态水乡

8.4 产业发展模式

8.4.1 国际健康养生基地成功关键因素（KPI）体系分析

现对大同县建设国际健康养生基地的现状条件进行分析，运用成功关键因素（KPI）体系模型分析如下（见表8-2）。

表8-2 国际健康养生基地成功关键因素（KPI）体系表

主类	亚类	因子
自然因素	气候条件	宜人的避暑度假气候
	自然资源	独特的火山、河流、泉湖、动植物等资源； 火山土壤、泉湖、中草药中的健康养生物质。
人为因素	交通网络	便捷的交通网络，很好的交通可达性。
	养生养老配套	完善而多样化的养生度假和养老医疗配套设施
	经营管理	全球性的养生度假酒店经营公司（计划）
	养生养老客群	客源大多为全国性乃至全球性

1. 自然因素

（1）气候条件：有宜人的热带避暑气候条件。

（2）自然资源：得天独厚的大同火山群、桑干河以及采凉山、中草药、农牧有机食材等资源，是构成顶级国际健康养生基地的必要条件。自然水土中的健康养生元素，是重要的健康养生基因之一。

2. 人为因素

（1）交通网络：大同机场、高铁（修建中）、高速路组成便捷的交通网络，交通可达性良好。

（2）养生养老配套：日益完善而多样化的养生度假和养老医疗配套设施是吸引客户的重要条件。

（3）经营管理：积极引进国内乃至全球性的养生度假酒店和养老地产经营公司。

（4）养生养老客群：客源大多为全国性乃至全球性，推动养生养老产业迅速发展，并成为区域支柱产业。

8.4.2 国际健康养生基地建设对大同城市发展的价值评估

大同县健康养生旅游服务业在空气、水土、避暑、火山、农副产品（黄花菜等）、中医和中药以及区位交通等方面均有较大优势,适合发展健康养生旅游服务产业。在产业融合、产品附加值、资本集聚、美化生态、拉动就业、促进民生等方面,有望通过健康养生基地契机,实现历史性跨越(见表 8-3)。

表 8-3　大同国际健康养生基地价值评估表

主类	因子
产业融合	养生农业、养生加工业、养生创意文化业、养生旅游业等
提高产品附加值	养生食品、养生饮品、养生药品、养生保健品、养生器械、养生服务等
增加收入	居民收入、农民收入、财政收入等
聚集资本	社会资本、政府扶持资本、人力资本
提升地价	居住用地地价、商业用地地价、旅游用地地价、工业用地地价
创造市场	旅游市场、地产市场、农产品市场、工业品市场
美化生态	山地生态、河湖生态、城市生态、农林生态
拉动就业	农村城市化、劳动力输出、人力资源开发
推动教育	养生专业人才技术培训、养生文化教育、传统文化研修

8.4.3　国际健康养生基地发展模式

随着人们生活的现代化水平不断提升,现代服务业全方位地进入到了医学健康管理和健康服务层面,大同县建设健康养生产业基地发展遇到了前所未有的新契机。规划积极探索大同县健康养生基地发展模式,创新发展服务机制。

1. 发挥"火山＋中医药＋黄花"的独特资源优势,构建大同县健康养生特色产业

紧抓火山、中医药、黄花三大要素,根据资源与环境检测数据,科学制定产业发展方向,科学划定产业空间。其中火山,是区域独特性资源,直接影响到水、土壤、农作物等,是产业基地的本底要素。黄花,是传统种植的特色农作物,其品质全国闻名,是产业基地的特色要素。中医药,是生态环境与历史文化融合的结晶,是产业基地的核心要素。

2. 产业模式由单一救治转向"防－治－养"一体化模式

在大同县健康养生基地的产业发展模式构建方面,要加快转变传统医疗产业发展模式,即从单一救治模式转向"防－治－养"一体化模式。

3. 服务模式由传统粗放式向现代精细化全面转变

大同县健康养生基地的建设将从专业医院到社会健康机构、社区医疗所,从医疗产业向健康养生产业,整个行业服务模式将积极地从粗放式向精细化方式全面转变,以崇尚人文关注关怀的健康养生服务道德风尚亦将广泛形成。

4. 创新模式由技术成果转化向科技研发转化

积极组织高起点大同县健康养生产业科技创新专项规划，积极引导企业、高校、科研院所、医疗机构、金融机构协作，培育形成健康养生创新人才，着力突破健康养生领域关键技术。一是生物医药技术研发是产业最关注的投资目标，结合医药工业园区，主要围绕健康、养老、养生、医疗、康体等产业，通过云计算来集成不同地区的特定数据，并加以整合，运用大数据管理技术提高模型的效率，从而提高研发的速度，重点投向新药研发、疫苗、优质中药材和健康产品原料、中药、生物技术药、功能性保健品等研发。二是新型产业技术推动健康养生产业的快速转型，升级产业及产品形态会成为健康养生产业重要的动力，为战略发展提供有力保障，尤其是养生养老服务是未来最有前景产业之一。用新技术去提升养老服务的专业化水平，如穿戴技术的应用提供更多的功能性产品，提高老年人的健康水平和生活质量。

5. 管理模式由封闭式向现代开放式全面转化

以云计算、大数据、网络为代表的信息技术已经开始渗透到大同县健康养生产业的各个环节，健康养生信息服务产业使健康养生管理实现了全面的开放，移动医疗、远程会诊使跨区域、跨国界健康管理成为现实，打破了传统的医疗服务管理模式。未来随着全国城市人口老龄化和城镇化加速，大同区域交通网络逐年提升完善，大同县健康养生基地构建信息化、区域化健康养生管理服务市场前景更加广阔。

6. 安全服务模式由人工向智能化体系建立

安全是人们追求健康的前提。大同县健康养生基地将着眼于信息安全服务技术在医院管理和健康管理等方面的应用，尤其是互联网技术能够提供实施智能安防，医疗机构和健康机构重要区域实施全天候监控服务自动化，建立医疗健康机构智能化安全服务体系。

7. 培育大众健康养生文化是基础，政策保留发展空间是保证

一是实施健康中国战略，在全社会宣传普及预防保健的重要性，让健康管理成为社会广泛接受的生活理念、践行的生活方式，构建健康管理行业发展的社会基础。二是深化医药卫生体制改革，进一步深化医疗体制改革，为健康养生管理产业松绑，包括探索支付机制改革，放宽市场准入，调节企业税收政策、培养市场需求等，形成有利于健康养生产业组织优化整合的产业组织环境。

8.5 资源与产业空间关系

8.5.1 产业空间布局

长寿养生资源的富集度和空间分布，是长寿养生产业空间合理布局的重要因素之一。结合大同县优质的长寿养生资源和良好的产业基础，本研究将大同国际健康养生产业空间布局为"一城一园、一路一带、五区六体、多镇多村"（见表8-4、图8-18）。

表 8-4 大同长寿养生产业空间布局表

空间布局		产业发展重点	长寿资源特色
一城一园	一城：火山健康之城	依托大同火山群和富锶健康水土，将大同县城建设成为集健康、养生、养老、文创、娱乐、购物、会议、交流等多功能于一体的宜养、宜游、宜业、宜居的火山健康之城	大同火山群、富锶健康水土
	一园：火山黄花田园	依托大同火山群脚下的万亩黄花种植基地，建设火山田园——以火山为特色的集种植、加工、健康服务业于一体的现代农业休闲公园	富硒锶水土、优质黄花种植加工产业
一路一带	一路：黄花之路	该路南起县城，途径火山群地质公园，火山黄花田园以及村庄，是以火山黄花为特色的风景休闲路	长寿村庄和完善的基础设施
	一带：桑干河带	沿桑干河，在两岸建设桑干河健康养生产业带，整合种养殖、加工业和康养服务业，辐射周边乡镇、乡村和园区	富硒锶水土、优质农牧业种养殖区、长寿村庄
五区	北部：中医药养生度假区	依托采凉山野生中药原产地，整合周士庄乡、巨乐乡、倍加造镇三个乡镇，加强对中医药道地药材资源、传承名医（中国著名中医王禄发、张文炳等）文化深度挖掘，鼓励引导种养殖业和加工业向中医药养生方向提质发展，以"山—药—医—园"为产业链，建设中医药养生度假区	富硒锶水土、传统中医药名人、名方、药材基地
	南部：生态长寿养生养老区	位于桑干河南岸的吉家庄乡和峰峪乡。依托山、河、湿地、农林、文化遗迹和非物质文化遗产等资源，打造生态长寿养生养老区	富硒锶水土、长寿乡村
	西部：现代医药健康产业区	该区位于大同县西部，依托医药、装备和航空三大工业园区，以医药园区为龙头，转型升级着力建设现代医药健康产业区	长寿养生产业基础
	东部：文化养生休闲区	东部文化养生休闲区以许堡乡为主，依托长城堡文化遗产和非物质文化遗产，积极开发文化养生系列产品，打造集餐饮、住宿、购物、娱乐、养生、养老等功能于一体的文化养生特色休闲区	富硒锶水土、长寿乡村、长城古堡文化遗址
	中部：康养休闲综合服务区	该区以大同县城为中心，依托医疗扶贫的现代化三甲医院建设、国际最新医疗设备引进和国内外先进医疗技术支撑，整合火山田园、火山温泉、养生文化、健康运动等多种健康养生资源，全力打造国际级康养休闲综合服务区	温泉资源、富硒锶水土
六体	火山温泉养生度假综合体	该中心位于县城西部，依托火山温泉优势，建设以"火山+温泉"为主题的健康、养生、保健、餐饮、住宿、购物、商治等功能于一体的健康养生综合体，作为大同国际健康养生基地的核心。规划占地面积500亩，建筑面积10000 m²	火山、温泉等资源
	国际医疗康养综合体	集健康种植、加工和服务于一体的综合产业集聚空间，将医疗、保健、养老、养生、旅游等功能汇集，延伸辐射至种养殖、加工业和现代服务业，打造现代综合康养服务空间。规划占地面积200亩，建筑面积50000 m²	康养业
	麻地沟美食养生综合体	以"百草羊"美食为主题，以饮食养生为主功能，配合休闲、度假、健身、娱乐、购物等功能于一体的美食养生综合体。规划占地面积50亩，建筑面积10000 m²	自然资源、农牧业
	火山（下甘沟）生态养生度假综合体	依托火山生态资源，整合村庄宅基地，规划建设具有复合功能、设施先进而齐全的生态养生度假综合体。规划占地面积120亩，建筑面积10000 m²	火山资源
	桑干河湿地休闲养生综合体	以湿地为主题，以休闲养生为功能的综合体。规划占地面积60亩，建筑面积6000 m²	自然资源
	吕家大院文化养生综合体	依托吕家大院的悠久历史文化和大院古迹遗存，整合周边村庄宅基地，建设文化养生综合体。规划占地面积80亩，建筑面积3000 m²	文化资源

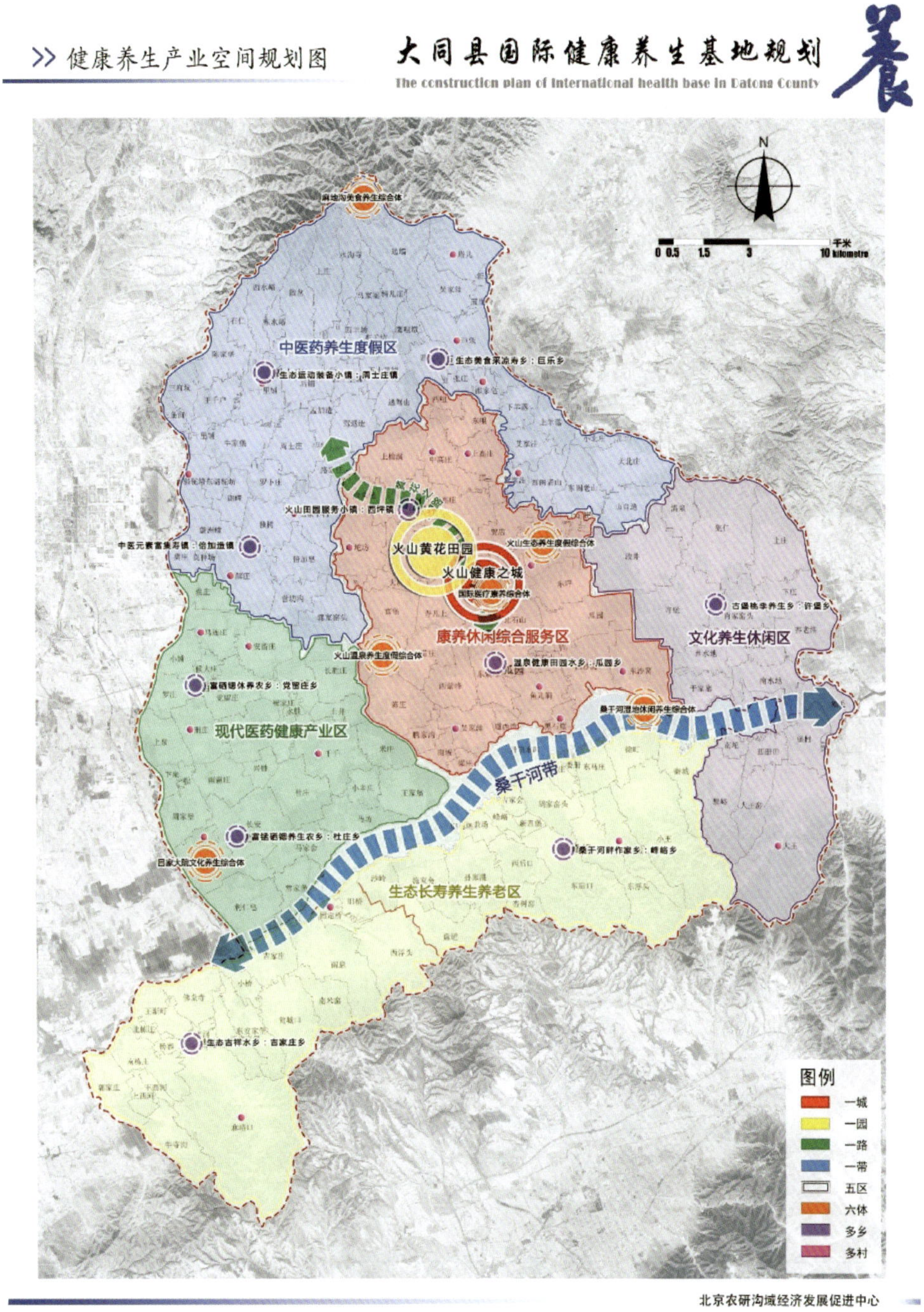

图 8-18 产业空间规划图

8.5.2 乡村振兴

1. 康养乡镇

整合大同县火山、富锶水、温泉、中医、中药、文化等健康资源,借助中医传承历史、集聚名医名家、特色名方、中药企业、中药材种植基地、药用植物园、文化康养、温泉、养生山水、康养运动等资源,建设一批健康小镇。根据资源和环境检测分析数据,现对乡镇进行分类主题定位(见表8-5)。

表8-5 大同县长寿康养乡镇定位

乡镇主类	乡镇亚类	乡镇
农养之乡	黄花之乡	党留庄乡、杜庄乡、瓜园乡、峰峪乡、倍加造镇
	富硒锶养生农业区	党留庄乡
	富锶锰养生农业区	倍加造镇
	富锰硒锶养生农业区	杜庄乡
	富微量元素乡镇	倍加造镇、巨乐乡
寿星之乡	富硒寿乡	倍加造镇
	富集四元素(硒、铜、锌、磷)乡	巨乐乡、杜庄乡、峰峪乡和吉家庄乡
	富集七元素(钙、镁、铁、锰、锂、锶、钼)乡	周士庄镇
养生旅乡	中医养生镇	倍加造镇
	温泉健康田园乡	瓜园乡
	生态美食采凉乡	巨乐乡
	古堡文化养生乡	许堡乡
	桑干河畔作家乡	峰峪乡
	生态吉祥乡	吉家庄乡
	生态运动镇	周士庄镇

2. 颐养乡村

将大同县拥有健康养生水土资源、长寿老人富集的村庄建设成为健康养生村,整合提升长寿资源,着力发展长寿经济,打造健康养生特色村庄(简称"养生乡村")(见表8-6)。近期发展30余个村庄,远期全面覆盖。

表 8-6 大同县长寿颐养乡村定位

乡村主类	乡村名称	乡村特色
黄花养生村	党留庄乡马连庄村	富钙锰
	倍加造镇任家小村	富锶钙
	杜庄乡落阵营村	富硒
	党留庄乡邢庄村	富硒
	瓜园乡吴家窊村	富硒
	峰峪乡徐家堡村	富硒
养生水村	倍加造镇西骆驼坊村	锶矿泉水
	瓜园乡鱼儿涧村	偏硅酸矿泉水
	吉家庄乡麻峪口村	复合型长寿山泉（偏硅酸、硒、锶、锂及钙镁铁）
五谷养生村	倍加造镇西骆驼坊村、西坪镇中高庄、巨乐乡塔儿村、杜庄乡千千村、党留庄乡安留庄、吉家庄乡古定桥村、峰峪乡徐家堡村	五谷富硒
	巨乐乡绍家皂村、西坪镇下甘庄	五谷富铁
	倍加造镇解庄、周士庄镇三十里铺、党留庄乡马连庄村	五谷富锌
健康养生乡村	瓜园乡黑石崖村	富钴
	倍加造镇解庄	富锌
	巨乐乡绍家皂村	富锌
养生休闲村	西坪镇中高庄村	火山黄花休闲
	瓜园乡李王涧村	温泉疗养
	巨乐乡黄家洼村	火山文化
	许堡乡大王村（李殿林）	塾师古村
	巨乐乡巨乐村	长城古堡
	瓜园乡东沙窝	石堡生态
	杜庄乡落阵营村	大院文化
	西坪镇坨坊营村	果蔬田园

8.6 健康养生农业专项研究

8.6.1 健康养生农业基地总体布局与功能分区

1. 总体空间布局

根据大同的自然地理条件和社会经济条件，结合大同市发展的总体要求，综合大同县现阶段农业产业布局以及未来农业发展的方向，坚持区域化、特色化、规模化、标准化、产业化农业发展思路,结合生态保护、合理布局农业生产,发挥农产品供给、加工增值、休闲观光、康养等多种功能,推进优质、高效、生态、绿色、安全的现代农业建设。构建资源节约、生态友好的"一园三带"养生农业总体布局。一园指大同火山田园,涉及西坪、巨乐、瓜园3个乡镇。三带指采凉山产业发展带,涉及巨乐乡和周士庄镇2个乡镇。桑干河流域产业发展带,涉及吉家庄乡、峰峪乡、瓜园乡、许堡乡和杜庄乡沿桑干河两岸的村庄。西部盆地产业发展带,指倍加造镇、党留庄、杜庄乡富硒锶锰土壤区域(见图8-19)。

图8-19　健康养生农业空间布局图

2. 功能分区

（1）养生农产品生产区

包括西坪、巨乐、瓜园3个乡镇火山田园的鲜果基地，许堡乡、瓜园乡、西坪镇、峰峪乡的火山小杂粮生产区，西坪镇、倍加造镇的黄花生产区，巨乐乡、桑干河流域的吉家庄乡和峰峪乡绿色有机蔬菜、葡萄生产区、采凉山巨乐乡和周士庄镇杏果产业基地和特色林药种植区，党留庄富硒和杜庄富锶玉米生产。

（2）养生农产品加工区

西坪镇、党留庄以黄花为主的加工集聚基地，大同县巨乐乡、周士庄镇杏果加工集聚基地，倍加造镇蔬菜加工基地，西坪镇、大同市装备制造产业园建设以生产营养型加工食品为主的小杂粮加工基地。瓜园乡葡萄酒加工基地。

（3）养生休闲体验区

包括西坪镇火山黄花田园，火山脚下巨乐乡养生百果林，采梁山十里杏花村，瓜园乡葡萄酒庄、倍加造镇忘忧农场、峰峪乡峰峪村万寿菊观光带、党留庄乡邢庄村草莓嘉年华。

8.6.2 健康养生农业产业发展带

1. 火山田园健康养生农业基地发展带

范围包括西坪、巨乐、瓜园3个乡镇。该区域地处大同火山群，重点建设园艺作物绿色生产基地，拓展农业的休闲养生功能（见图8-20、图8-21）。

图8-20　火山黄花田园示意效果图

图 8-21　火山黄花景观廊道示意效果图

2. 采凉山产业发展带

范围包括巨乐乡和周士庄镇 2 个乡镇,位于大同县北部的采凉山系,是一个农林并重的区域,重点突出优质特色农副产品的生产供给功能和生态环境保护功能,以解决保护生态环境与农业经济发展之间的矛盾为关键出发点,建成全县重要的特色林果生产基地、特色林药种植基地、融合二三产业,建成特色杏果系列深加工产品基地、杏果休闲和乡村旅游目的地。

3. 桑干河流域产业发展带

范围包括许堡乡、瓜园乡、杜庄乡、吉家庄乡、峰峪乡沿桑干河两岸的村庄。桑干河是国家级水源保护区,重点突出现代农业的生态涵养功能,通过节约型和环境友好型农业技术的推广应用,发展生态农业、循环农业、绿色农业。建设有机葡萄标准化种植园艺基地(见图 8-22)、建成利用生态循环农业系统生产健康产品的技术示范基地(见图 8-23)。

4. 西部盆地产业发展带

区域范围包括倍加造镇、党留庄、杜庄乡,根据测验结果,该地区土壤富硒锶锰,作为养生农业重点区域培育,建成黄花产业核心区、特色小杂粮生产基地、有机玉米基地。将其建成大同养生农产品的重要生产基地。

第 8 章　山西省云州区(原大同县)国际健康养生基地规划实践研究

图 8-22　桑干河畔葡萄园示意效果图

图 8-23　万寿菊花海示意效果图

8.6.3 健康养生农业重大项目规划

1. 绿色有机农业产业发展规划

（1）发展思路

按照"绿色、有机农产品"的技术要求,加快大同县优质农产品发展步伐,在基地建设、品牌建设、标准化建设、新技术示范推广等方面进行重点突破,实现优质农产品生产跨越式发展。优化品种结构、改善技术装备,严格农业投入品监管,建设农产品质量安全追溯体系。

坚持以经济效益为中心,以市场为导向,以龙头企业带动为手段,采用多种模式,构建一个集标准化生产、精致化加工、品牌化销售有机衔接的现代绿色有机农产品产业体系。

（2）主要目标

到2020年,无公害产品认证面积达到40万亩,绿色食品认证面积5万亩,有机食品认证2万亩。到2025年,无公害产品认证面积达到60万亩,绿色食品认证面积10万亩,有机食品认证5万亩。主要任务见表8-7。

表8-7 绿色有机农业重大项目

项目名称	建设地点	建设内容	子项目
黄花基地	西坪镇、倍加造镇、许堡乡、峰峪乡、周士庄镇、瓜园乡、吉家庄乡和巨乐乡8个乡镇	到2022年,黄花种植总面积达12万亩。强化农田基本条件建设,重点进行标准化基地建设,制定绿色有机标准化生产技术规程,推广绿色栽培技术、节水高产技术,提高单产和品质。培育壮大黄花加工龙头企业,推广采用全自动烘干系统,建鲜菜保鲜冷库,建设黄化数据中心,培育"互联网+"农业电子商务平台	大同县国家现代黄花产业园
小杂粮基地	许堡乡、瓜园乡、西坪镇、峰峪乡、周士庄镇、巨乐乡、吉家庄乡。绿色有机面积3万亩	优化栽培区域和小杂粮品种布局,地理标志产品"小明绿豆"主要分布在许堡乡、瓜园乡、西坪镇、峰峪乡,谷子和黍子主要分布许堡、瓜园、巨乐、吉家庄乡、周士庄等乡镇。重点引进新优特品种,如鹰嘴豆、羽扇豆等。强化标准化生产基地和良种繁育基地建设,重点选择优势基地,按照田块成方、沟渠配套、林网密布等高标准农田建设要求,建成绿色有机稳产小杂粮基地。培育壮大小杂粮加工企业,开发功能性的小杂粮产品。通过项目实施,集中展示高产优质品种和先进适用技术,将优质高产示范基地建设成为良种和良法结合、科技成果加速转化的载体和平台,打造具有大同地域特色的火山小杂粮品牌	

续表

项目名称	建设地点	建设内容	子项目
蔬菜基地	西坪、巨乐两个乡镇,基地面积2万亩。巨乐乡涉及东阁老山村、西阁老山、黄家洼等村;西坪镇包括官堡、坨坊、中高庄、上高庄、小坊城等村。桑干河流域蔬菜基地,基地面积4万亩,包括许堡乡、瓜园乡、杜庄乡、吉家庄乡、峰峪乡沿桑干河两岸的村庄;西部盆地富硒锶锰蔬菜产业基地,基地面积3万亩,包括倍加造镇、党留庄、杜庄乡3个乡镇,倍加造涉及解庄、倍加造、郭家窑头、独树、西骆驼坊等村,党留庄包括邢庄、上泉、罗庄等村,杜庄乡包括崔家庄、苏家寨、长胜庄等村	按照绿色食品和有机农产品的要求,建设蔬菜标准化生产基地。进一步完善基础设施,坚持道路、水利设施、土地整治、土壤改良等进行综合配套治理的思路,重点推进日光温室建设、农田水利设施建设,加强蔬菜基地水源贮备与排灌等系统的建设,蔬菜基地配置设施栽培技术装备、微喷灌等节水灌溉系统及施肥系统等装备。建设育苗中心,采用先进的工厂化育苗技术,确保种苗生产供应。建立健全主要蔬菜的标准化生产规程,遵照国家及相关标准、规范指导蔬菜产品生产,用标准规范生产技术措施,推广绿色栽培技术,使用有机肥料和生物农药,应用轮作、防虫网、诱虫黄板等生物及物理防治方法等农业综合防治技术防治蔬菜病虫害,进行绿色有机蔬菜标准化生产。建立农产品质量追溯体系,确保和提高产品质量,提升"佛堂寺大葱"和火山田园蔬菜品牌影响力	
干鲜果基地	火山田园基地,采凉山基地,桑干河流域基地。	火山田园基地涉及西坪、巨乐、瓜园三个乡镇,主要培育设施和露地林果基地,主要种植油桃、樱桃、冬枣、葡萄、西梅李、山楂;采凉山基地包括巨乐乡和周士庄镇二个乡镇,巨乐乡的巨乐、西关、五里台、张庄、塔儿村等村,主要种植杏、李;周士庄镇的东水峪村、西水峪村和散岔等村,主要种植槟果;桑干河流域基地涉及吉家庄乡、峰峪乡、瓜园乡、许堡乡和杜庄乡沿河两岸的村庄,主要种植葡萄,采用设施栽培与露地结合的种植模式,建设绿色有机葡萄标准化种植基地,产品用于菲尼克斯酒庄酿酒,鲜食和观光采摘。 重点引进新优品种,制定绿色标准化栽培技术规范。引进保鲜加工项目,延长产品的采摘、销售期,开发多种系列产品,建立杏、槟果、葡萄等产品绿色产业体系	杏果产业基地、槟果基地、葡萄基地
绿色有机玉米基地	党留庄和杜庄2个乡镇。面积2万亩。	多途径调整玉米种植结构,形成优质专用玉米生产基地。积极推进良种化进程,引进、繁育和推广优质鲜食甜玉米、糯玉米、甜糯玉米、笋玉米、彩色玉米、高赖氨酸玉米、高淀粉玉米等品种,全面推广测土配方施肥技术,实施有机质提升工程,推广节水灌溉、地膜覆盖、全膜双垄沟播等抗旱技术等旱作节水示范工程,推广专用玉米高产栽培技术,培育玉米加工龙头企业,提高鲜食玉米的保鲜加工技术、精深加工技术,形成产、加、销于一体的产业链,打造玉米产业优质品牌,提高经济效益	

2. 富硒锶锰农业产业规划

(1) 发展思路

大同地处山西省北部、黄土高原高寒冷凉地区,适宜食药同源的谷子、黍子、绿豆等小杂粮、杏、黄花等冷凉蔬菜产业发展,根据自然地理条件、产业基础、区位优势、市场条件、资源禀赋等方面因素,优化区域布局。以特色示范基地建设为支撑,以科技创新为引领,以规模化种植、标准化生产、产业化开发为途径,培育特色农业经营主体、开发品牌产品、构建黄花菜、谷类和豆类小杂粮养生农业产业体系,生产健康养生农产品,融合生态农业、农耕文化、观光农业、休闲农业,形成资源共享、优势互补、特色突出、一二三产业融合互动的现代特色养生产业发展新格局。

(2) 主要目标

到 2022 年,富硒锶锰 5 大特色农业基地面积达到 12 万亩,培育一批特色农业经济经营主体,基本建成具有大同特色的结构合理、竞争有力、优质高效的特色产业体系。最终将大同打造成京津冀生态安全农产品供应基地、蒙晋冀(乌大张)长城金三角康养农业基地、生态农业旅游休闲基地。主要任务见表 8-8。

表 8-8　富硒锶锰农业产业重大项目

名称	定位	建设地点	建设内容
火山田园黄花产业基地	富锶硒锰火山田园黄花养生食品	杜庄乡、党留庄乡,3 万亩	黄花菜种苗基地建设,标准化生产基地建设,制定黄花富硒锶锰标准化生产技术规程,提高单产和品质,推广喷灌和膜下滴灌等节水技术,培育壮大黄花加工龙头企业,推广采用全自动烘干系统,建设鲜菜保鲜冷库,建设黄化数据中心,培育"互联网+"农业电子商务平台
火山田园谷子产业基地	富硒、锶火山田园小米系列养生食品	倍加造镇、党留庄乡、吉家庄乡,3 万亩	加强标准化生产基地建设,优化品种结构,选用晋谷 25、晋谷 31、晋谷 33 及大同 14 等本地品种,引进杂张系列谷子新品种,合理配置黑小米、白小米、绿小米、高叶酸含量等特色谷子品种。推广机械化播种、化控间苗技术、渗水地膜技术等简化栽培技术,提高谷子生产效率
火山田园黍子产业基地	富硒、锰火山田园黍子养生系列产品	吉家庄乡西浮头、瓮城口、王渐疃、牛寺沟等村,1 万亩	优化生产布局,调整品种结构,选用晋黍系列品种,如晋黍 3 号、晋黍 4 号、晋黍 5 号,适当搭配当地农家品种。集成黍子高产高效配套技术,推广抗旱丰产技术,制定生产技术规程和技术标准,实施标准化生产基地建设,提高黍子的产品质量。培育龙头企业,促进深加工,建立产、供、销一条龙生产体系,抓好黍子深加工的开发与设计,对黍子进行精加工、深加工,拓宽黍子的利用渠道,延伸黍子产业链。培育专业合作社,开展与科研单位及大专院校的横向合作,构建"科技+企业+合作社+基地+农户"黍子产业化模式。开发富硒、锰火山田园黍子养生系列产品

续表

名称	定位	建设地点	建设内容
火山田园高粱产业基地	火山田园高粱养生系列产品	吉家庄乡、许堡乡、峰峪乡。3万亩	标准化生产基地建设,良种繁育基地建设。引进新优品种,酿酒、酿醋选择淀粉含量高、单宁含量较高(1%左右)的红粒品种,食用选择蛋白质含量高、单宁含量低(≤0.4%)的品种。制定标准化生产技术规程,实施平衡施肥技术,推广地膜覆盖和膜下滴灌等节水技术。培育壮大龙头企业和专业合作社,促进精深加工,开发富硒、锌、锶火山田园高粱养生系列产品
火山田园豆类养生产业基地	富硒、锌、锶火山田园高粱养生系列产品	倍加造镇、杜庄乡。2万亩	加强标准化生产基地建设,良种繁育基地建设。引进新优品种,绿豆选用晋绿豆系列品种、辽绿10L708-5和142-139、黑珍珠特色黑皮绿豆品种。制定标准化生产技术规程,实施测土配方施肥、平衡施肥技术,推广地膜覆盖和膜下滴灌等节水技术。培育壮大龙头企业和专业合作社,促进精深加工,开发富硒、锌、锶火山田园高粱养生系列产品

3. 中药材产业规划

(1)发展思路

依托大同得天独厚的区位和自然、人文、地势、地貌状况和现状,充分利用丰富的森林资源,突出林下经济产业优势及产业特色,因地制宜,确定大同林下经济发展方向,在北部巨乐乡、周士庄和桑干河流域的许堡乡,着力打造特色林药种植区。

立足当地黄芪等中药材产业的基础优势,深入挖掘中药养生特色,延伸中药材生产产业链条,拓展中药材加工和休闲观光、健康养生功能,以独特的自然山水和药用植物园为环境,结合中医养生理念,建设集观光旅游、度假养生、休闲娱乐、文化创意等为一体的中草药康养园。

(2)主要目标

建成巨乐乡—周士庄特色林药种植区,到2020年,种植总面积为5万亩,中草药康养园,1000亩。重点项目见表8-9。

表8-9 中药材产业重大项目

名称	建设内容
巨乐乡—周士庄野生中草药林下种植、养生休闲产业区	遵循"适地适药"原则,种植的中草药以黄芪为主,配置黄芹、甘草、金银花、柴胡、瓜蒌、连翘、射干等品种,推广林药模式
中草药康养园	位于许堡乡东西沙窝村。种植示范园、林药盆栽园、科技展示园、育苗场等。加强基地设施建设,增设喷灌等设施。种植的中草药品种包括黄芪、黄芩、草红花、板蓝根、丁香、玫瑰等品种。结合黄芪"补气圣药与补药之长"的文化内涵和大同火山田园及昊天寺的自然人文风光,打造"火山田园-昊天寺-中草药康养园"精品旅游线路,延伸产业链

4. 生态循环农业产业规划

（1）发展思路

以绿色发展理念为指导，充分利用大同现有的农业生产条件和产业基础，按照生态循环农业的理念，科学合理地选择生态农业循环模式，将养殖产业与种植业等有机结合，实现物质与能量的循环转化，提高农业废弃物利用的价值和效率，资源综合开发、标准化清洁化生产，促进农牧结合、种养循环，改善农业生态环境，降低农业生产成本，生产健康农产品，促进农业增效和农民增效。

（2）主要目标

建设生态循环农业项目2个，积极推动资源节约型、环境友好型和生态保育型农业发展，提升农产品质量安全水平、标准化生产水平和农业可持续发展水平。

（3）主要任务

启动实施种养结合循环农业示范工程，推动种养结合、农牧循环发展。做好畜牧养殖业中畜禽废弃物的资源综合利用、无害化处理工作，按照生态循环、资源节约的可持续性生产方式，发展现代生态循环农业。重点项目见表8-10。

表8-10 生态循环农业产业重大项目

名称	建设地点	建设内容
格瑞生态循环种养项目	瓜园乡吴家洼村	以格瑞农牧有限责任公司规模化商品养猪产业为基础，融合黄花、玉米产业，构建"玉米→猪→沼（肥）→黄花"生态种养模式。生产绿色有机黄花产品
"黄粉虫—鸡—万寿菊—色素"生态循环种养加项目	峰峪乡峰峪村	以大同县海发天然色素开发有限责任公司规模化种植万寿菊、加工万寿菊颗粒为基础，有机结合养鸡产业，构建"黄粉虫—鸡—万寿菊—色素"生态种养加模式，生产散养土鸡，提供健康食品

5. 养生休闲农业规划

（1）发展思路

按照健康产业的建设思路，全面引入田园养生的现代理念，把大同县现代农业与休闲农业、乡村旅游、户外运动、乡村度假、火山风光等相结合，形成适应多层次养生市场需求的多元化的乡村休闲养生产品体系。

（2）主要目标

依托大同县区位交通和生态旅游资源优势，着眼于建设大同国际养生基地的总目标总要求，推进传统农业向养生农业转型升级，加快农业由单一的生产功能向生产、生活和生态多方面功能转变，突出农业的生态、休闲、养生和旅游功能，着力打造"宜养、宜游、宜乐"的养生休闲农业体系。

（3）空间布局

西坪镇火山黄花田园，火山脚下巨乐乡养生百果林，采梁山十里杏花村，瓜园乡葡萄酒庄、倍加造镇忘忧农场、峰峪乡峰峪村万寿菊观光带、党留庄乡邢庄村草莓嘉年华。

(4) 重点项目(见表8-11)

表8-11 养生休闲农业重大项目

名称	地点	建设内容
火山黄花田园	西坪镇贺店、下高庄、中高庄、上榆涧、下榆涧、唐家堡、坨坊、小坊城、康店9个村。	以西坪镇唐家堡等9个村,建设一带一路一环的大同火山黄花田园。建设火山黄花田园文化体验园、"忘忧"农庄、"金针"美食馆,举办中国·大同国际黄花文化旅游节 一带:黄花景观廊道:贺店—下高庄—下榆涧—唐家堡 一路:上榆涧—下榆涧—小坊城 一环:贺店—下高庄—中高庄—上榆涧—唐家堡—坨坊—小坊城—康店—贺店
养生百果林	火山脚下巨乐乡山自造村、东阁老山村、西阁老山村、上羊落村等村。3000亩。	以农业生产资源为主要依托,利用火山田园的水土,采用农家肥、有机肥,按照有机、绿色食品生产技术标准生产,水果的口味更加甘甜可口
十里杏花村	巨乐乡的巨乐、西关、五里台、张庄、塔儿村等村。	巨乐乡采凉山是哈密杏种植集中区,依托这一特色产业资源,在生产绿色有机杏果的基础上,融合二三产业,打造杏果产业嘉年华,开发一系列主题休闲活动,发挥哈密杏的休闲养生、食疗养生价值,开发杏果系列深加工产品和杏花美食宴,延长杏果产业,打造大同火山田园杏果品牌。主要任务:建设十里杏花路、杏果采摘园、杏林山庄。
锄禾农庄	倍加造镇营房沟村	将该农庄培育成富锶锰的养生蔬菜生产基地,以生产有机、富锶锰的高端农业品牌为核心,将高科技设施农业与休闲观光农业有机结合,建设主题蔬菜园、百果园,实现果蔬生产、果蔬采摘和开心农场一体的养生农业圣地
忘忧农场	倍加造镇驼坊村	该农场采用"生态+旅游+养生"模式,推进农业与康养、旅游、教育、文化等产业深度融合,依托绿水青山、田园风光、乡土文化等资源,打造集休闲度假、旅游观光、养生养老、创意农业、农耕体验、乡村手工艺一体的综合养生农旅园区。
火山田园葡萄酒庄	瓜园乡梁庄村	在菲尼克斯葡萄酒庄项目基础上,以菲尼克斯葡萄酒庄所在地梁庄村为中心,辐射吴家洼村、南坡、滕家沟、梁庄、陈庄村打造千亩葡萄观光采摘园。举办葡萄采摘节,酒庄品味各种火山田园葡萄酒。把基地建成融生产示范、餐饮住宿、旅游观光为一体的区域特色农业产业园区
健康草莓嘉年华	党留庄乡邢庄村	以草莓、油桃、枣为主要产品的绿色有机草莓基地,融合紧邻的私人庄园泰和春,构建"健康养生+诗词文化"嘉年华,建设草莓博览园,展示茶香味、奶油味和原味等草莓品种、草莓绿色有机生产技术、立体无土栽培技术、蜜蜂授粉技术,水肥一体化滴灌技术,草莓采摘即食、开设草莓DIY课堂,用圆源草莓园生产的绿色有机草莓制作草莓冰激凌、草莓蛋糕、草莓糖果、草莓酱、草莓派等草莓甜品,创意农业展示活动、制作草莓小玩具等。满足对健康和美的追求
万寿菊景观带	峰峪村	利用"黄粉虫—鸡—万寿菊—色素"生态循环种养加项目的万寿菊种植基地,开展赏菊、观菊的菊花节,并可参观种养加生态循环农业

6. 养生产品开发

（1）发展思路

养生农业是以满足健康养生为目标，最大限度地开发利用农产品中的食疗养生价值和农业的休闲观光养心养性价值。根据火山和桑干河地域识别特征，现有农业养生资源和产业发展，开发具有地域识别特色和养生功能的农业养生产品。

（2）主要目标

根据火山和桑干河地域识别特征，现有农业产品营养元素分析、评价及未来产业发展方向，开发食药同源型、功能性型、中药保健型、特色养生型、农业休闲养生型产品，打造大同火山田园系列养生食品，为养生基地建设提供养生产品支撑，推动资源优势向经济优势的有效转化。

（3）主要养生产品（见表8-12）

表8-12　养生产品开发重大项目

名称	定位	建设内容
火山田园黄花养生食品	火山田园黄花养生食品	结合地域特征，将杜庄乡、党留庄乡作为黄花产业核心区域培育，打造火山田园黄花养生食品。开发黄花系列新产品。冻干黄花菜、黄花干粉、黄花酱等，保鲜黄花菜、黄花饮品（如固体饮料、黄花玉露等）、黄花功能性食品、时尚休闲食品、黄花美食养生宴、黄花安神汤、黄花养胃四物汤
火山田园黍子养生食品	火山田园黍子养生食品	黍子系列养生产品：黍子养生粥、黍子糕点、黍子酒、黍子营养保健饮品、黍子伴侣等。
火山田园高粱养生食品	火山田园高粱养生系列产品	高粱系列养生产品：高粱酒、高粱醋、高粱养生粥等
火山田园小米养生食品	火山田园小米养生食品	小米系列养生产品：原生态小米、小米糕点、小米酒、小米醋、小米糖果、小米膳食营养配方产品等
火山田园豆类养生食品	火山田园豆类养生食品	豆类系列养生产品：富硒锶锰豆类营养配方产品、即食品、豆类饮品、豆类风味产品、豆类养生宴等
火山田园杏果养生食品	—	杏果系列养生产品：杏仁露、杏汁、杏脯、杏罐头、杏干、杏酱、杏果丹皮等，推出杏花宴，开设杏花美丽坊
功能性养生产品	—	红色养心食物：草莓、番茄、胡萝卜深加工产品、休闲食品
中药保健型	—	开发以大同生产的黄芪、黄芩、甘草、金银花等中药材为主要原料的系列保健食品及养生健康产品，如药膳、药茶、饮料、药酒、即食饮品等、黄芪乳酸奶等
区域特色养生产品	—	开发大同特色美食宴：大同羊肉、黄花宴、小杂粮宴
农业休闲养生产品	—	黄花衍生的系列养生产品：养生黄花园、黄花养生文化博物馆、黄花养生文化旅游节

7. 养生品牌建设

(1) 发展思路

围绕优势主导产业,制定并实施养生农业品牌发展规划。引导品牌发展合理布局,突出地方资源特色、品质特色、功能特色和文化内涵。培育品牌创建主体,创建以大同黄土高原火山群独特的农业生态环境、桑干河流域生态优势资源为基础、公用品牌发展为核心的品牌发展模式。

(2) 主要目标

构建以养生为核心的农业产业体系、生产体系、经营体系,发展有机绿色农产品、康养农产品,促进农业产业转型升级。

(3) 主要任务(见表8-13、图8-24)

表8-13 养生品牌重大项目

名称	建设内容
养生农产品质量保障体系建设	鼓励经营主体进行绿色食品和有机食品认证,鼓励企业进行ISO9002国际认证 制定完善"大同黄花"、"小明绿豆"2个地理标志农产品生产标准体系、产品标准、企业标准、建设"大同黄花"、"小明绿豆"标准化生产基地,提高农产品质量和附加值 强化养生农产品标准化体系建设,研究制定大同火山田园养生食品的外观品质、营养品质、功能性物质的技术标准
培育养生农产品品牌	切实加大区域品牌的商标注册、产地认定、产品认证等相关工作,组织资金,打通养生品外运的"绿色通道",实施品牌整合工程。充分依托大同黄花、小明绿豆、杏果等优势特色品种,着力创建品牌,力争在较短时间内将大同养生农产品打造出省级以及全国知名品牌
搭建大同火山田园养生农产品国内外贸易交流合作平台	切实加大区域品牌的商标注册、产地认定、产品认证等相关工作,组织资金,打通养生品外运的"绿色通道",实施品牌整合工程。充分依托大同黄花、小明绿豆、杏果等优势特色品种,着力创建品牌,力争在较短时间内将大同养生农产品打造出省级以及全国知名品牌
养生农产品品牌宣传与保护	以大同火山田园和桑干河为品牌资源优势,挖掘品牌农产品内在特性、文化内涵,采取电视、电台、网络、博览会、节庆等多种宣传措施,强化品牌宣传推介,提高大同火山田园养生农产品品牌知名度和影响力

图8-24 健康养生农业重点项目图

8.7 健康养生加工业专项研究

8.7.1 发展思路

大同县的长寿养生加工业,是以农业产业化为主线,围绕黄花、小杂粮、蔬菜和林果4大养生农产品为主导的加工产业集群。应按照原料生产基地化、企业经营规模化、技术装备高新化、加工产品优质化、产品营销品牌化的具体要求,以市场化和国际化为导向,以增强农产品加工企业市场竞争能力为核心,以技术创新、管理创新、制度创新为手段,以加工园区为载体,大力提升全县农产品加工业发展水平。重点围绕黄花、小杂粮、蔬菜和特色果品4大主导品种,构筑全县的4大加工产业链条,强化招商引资,实施名牌战略,积极培育支柱产业和名牌产品,强化产业链接。推动全县逐步实现农产品由初级加工向精深加工转变,由传统加工工艺向采用先进适用技术和高新技术转变,促进全县农产品加工业逐步向区域化、基地化、品牌化、外向型方向发展。

8.7.2 主要目标

力争通过5年建设,实现全县农产品加工业保持快速增长,形成各具特色、相互支撑的食品加工产业发展格局,产业体系得到全面优化提升,农产品加工业向多样化、方便化、安全化、优质化方向发展,形成以黄花加工、小杂粮加工、蔬菜加工、特色果品加工为主的现代农产品加工体系。以黄花、小杂粮等为主养生产品、饮料、葡萄酒等特色加工业快速发展,食品加工业的产值比重和农产品加工品的结构和质量要得到明显提高。

8.7.3 空间布局和重点项目

结合全县农业产业规划布局和园区推进的空间战略,重点打造4大农产品加工产业集群。西坪镇、党留庄以黄花为主的加工集聚基地,大同县巨乐乡、周士庄镇杏果加工集聚基地,倍加造镇蔬菜加工基地,西坪镇、大同市装备制造产业园建设以生产营养型加工食品为主的小杂粮加工基地。瓜园乡葡萄酒加工基地(见图8-25、图8-26、表8-14)。

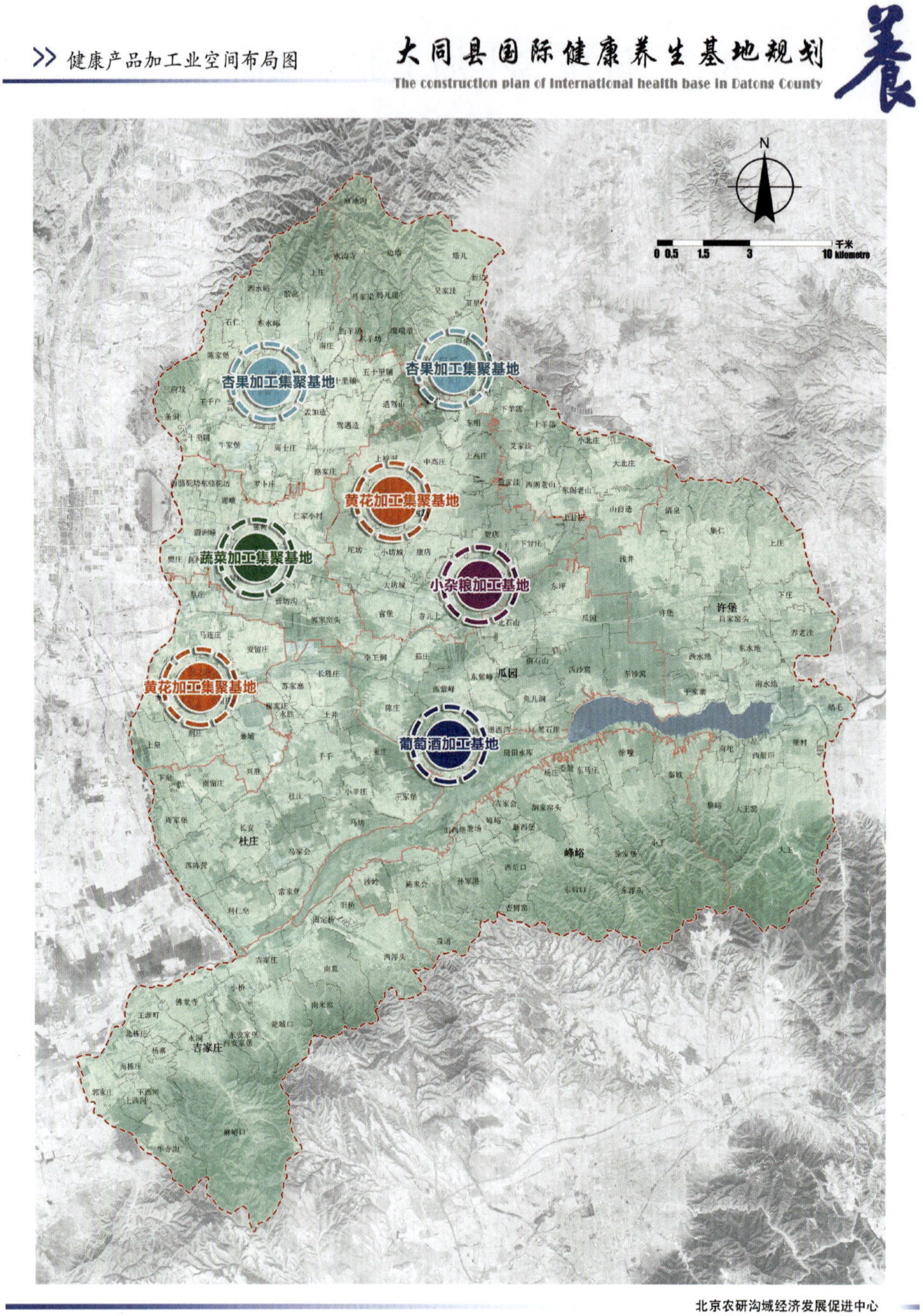

图 8-25 健康产业加工业空间布局图

表 8-14　健康养生加工业重大项目

名称	地点	项目定位	建设内容
黄花加工项目	大同市装备制造产业园（大同宜民产业发展有限公司）、大同县西坪镇（大同县兴农科技有限公司、三利农副产品有限责任公司）、党留庄乡马连庄村山西天特鑫保健食品有限公司	依托本地黄化特色产业资源，对黄化加工产业进行重点布局，建设黄花产业加工产业园，形成一批相互配套、功能互补的黄花特色农产品加工的产业园区	与科研单位合作，进行黄花在食品、化妆品等方面的多元化深度开发，引进黄花保鲜生产线、精深加工线，生产保鲜黄花菜、黄花饮品（如固体饮料、黄花玉露等）、黄花功能性食品、时尚休闲食品，延长黄花产品产业链条、提高黄花附加值，打造黄花养生产品品牌
健康杂粮深加工项目	大同市装备制造产业园（大同宜民产业发展有限公司）、大同县西坪镇（三利农副产品有限责任公司）。建设以生产营养型加工食品为主的小杂粮加工项目	在已有"大同宜民产业发展有限公司""大同县三利农副产品有限责任公司"等小杂粮加工龙头企业基础上扩建、产业提升	引进高级小杂粮生产线，建设生产车间、原料与成品仓库、副产品处理车间等生产用房，配置相关生产设备，利用食药同源的谷子、黍子、绿豆等小杂粮的营养特性，进行深加工，与当地的玉米、马铃薯、中药材等进行搭配，生产营养均衡的杂粮系列产品，年加工小杂粮 5 万 t
健康蔬菜食品加工	倍加造镇、大同市农产品加工园区	在永翔食品公司原有基础上扩建净菜加工项目	结合"大同农产品国际陆港项目"，引进鲜食玉米加工企业 1 家，培育玉米加工龙头企业，建设冷链体系，购置预冷设备、冷库建设、冷藏车的购置等冷链基础设施，建设鲜食玉米生产线
杏果加工	大同县巨乐乡、周士庄镇	建设冷链系统、开发深加工产品，提升杏产品的经济效益，推动全县农业产业的发展	建设杏果产品综合加工厂 2 座，建设冷藏保鲜库，加工生产线建设。加工杏脯、杏罐头、杏饮料、杏干、杏酱、杏果丹皮及各休闲食品等。杏果深加工系列产品研发
菲尼克斯葡萄酒庄建设项目	瓜园乡梁庄村	—	葡萄深加工生产线建设。年产 1000t 葡萄酒生产车间迁扩建，酒窖建设，欧式葡萄酒庄建设；葡萄酒酿造罐以及灌装线进口，开发大同火山田园系列葡萄酒

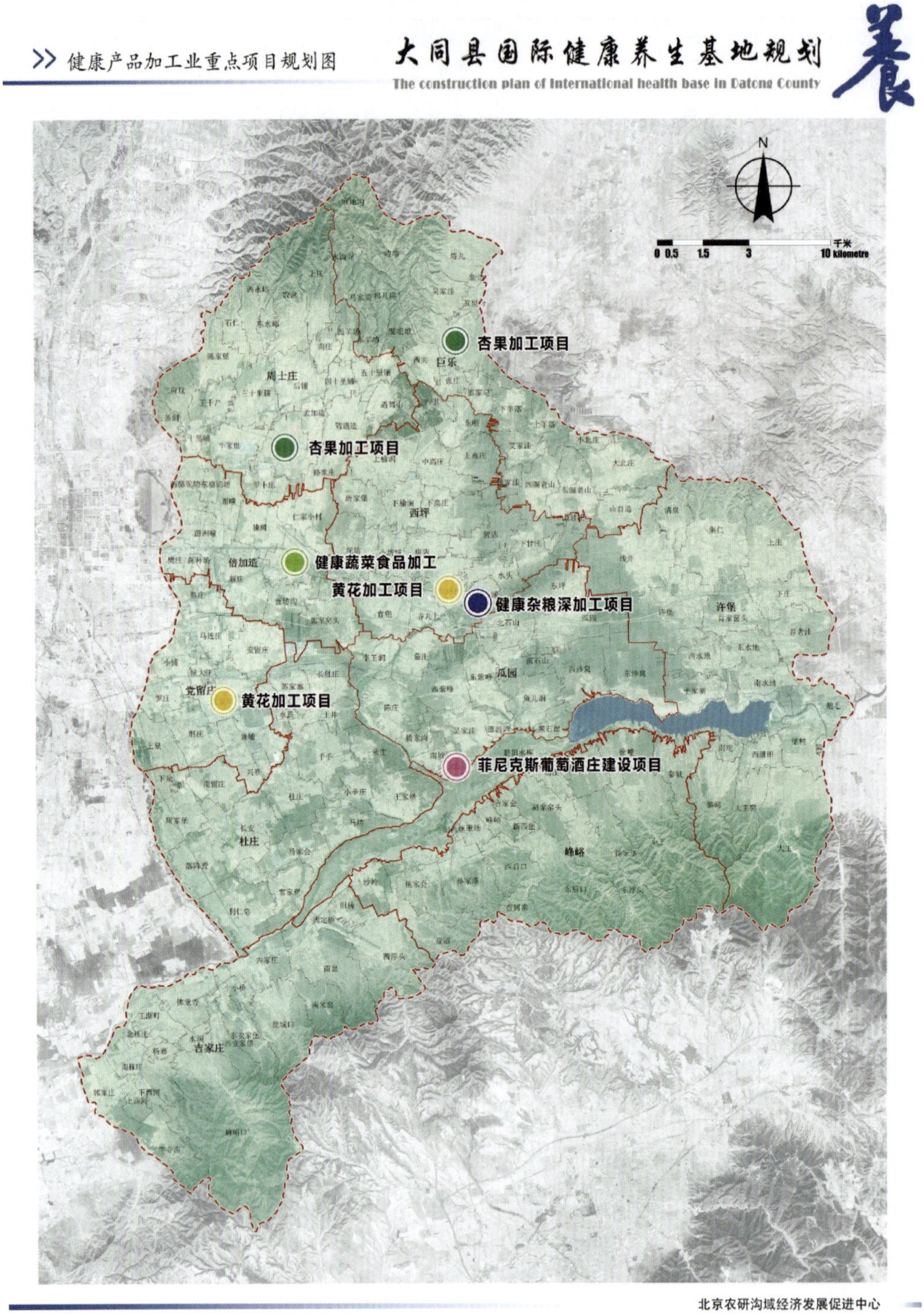

图 8-26 健康产业加工业重点项目规划图

8.8 健康养生旅游服务业专项研究

随着经济发展和人民生活水平普遍提高,人们对健康养生产品的需求急剧增加。健康养生产业已成为 21 世纪最为重要和最有前景的产业之一,成为"十三五"时期引领我国经济发展新的增长点。从健康养生产业政策面来看,国家政策对健康养生产业的支持力度在不断加强,驱动了健康养生产业的快速发展。

8.8.1 健康养生旅游服务业规划研究

1. 发展思路

树立和贯彻落实创新、协调、绿色、开放、共享、和谐、幸福的发展理念,紧紧围绕人民日益增长的美好生活需要,加快发展大同县健康养生旅游服务产业,促进大同县健康养生健康服务与旅游深度融合。统筹火山、田园、温泉、中医药、文化、乡村、运动等资源,充分调动社会力量的积极性和创造性,丰富服务产品,创新产业业态,突出产业特色,提高服务能力和品质,扩大有效供给,满足群众多层次、个性化健康服务和旅游需求,为大同县经济社会转型发展注入新动力。

2. 产业要素

健康养生旅游打破了传统旅游的"吃、住、行、游、娱、购"6 要素的旅游格局,让消费者体验到新兴的、丰富内涵的旅游形式。大力发展健康旅游已逐渐成为旅游经济的新亮点,也符合人们对健康和幸福的需求和休闲娱乐生活的追求。

大同县健康养生旅游产业要素着力发展"治、疗、养"与"吃、住、行、游、娱、购"旅游基础 6 要素和"商、养、学、闲、情、奇"旅游新 6 要素相互融合的新健康养生旅游服务产业要素。

3. 产业链

与传统旅游项目相比,健康养生旅游游客的停留时间更长、旅游消费更高,且能有效推动医院、酒店、翻译、交通、旅游景点、购物等相关产业要素的发展。同时健康养生旅游产业的消费者平均一天消费 360 美元,是普通游客每天花销 140 美元的 2 倍以上,表明健康旅游产业链带来的收入效益远远大于传统的旅游产业及医疗产业的收入效益。

依托大同县自然、人文、生态、区位等特色资源,以医疗机构、健康管理机构、康复护理机构和休闲疗养机构等为载体,重点开发高端医疗、特色专科、中医保健、康复疗养、医养结合等系列产品,打造健康旅游产业链。

4. 产业选择

大同县健康养生旅游服务产业链将结合医、疗、养,整合健康旅游产业服务产业体系,构建全产业链的健康养生旅游服务产业链。

(1)发展高端医疗服务

在医疗资源丰富、基础公共设施较好的大同县城,鼓励社会资本提供以体检和疾病治疗为主的国际先进医疗服务,打造集医疗、预防保健、养生康复为一体的实体型现代化国际健康服务园区。

(2) 发展中医药特色服务

发挥大同县倍加造镇悠久的传统中医药特色优势,使旅游资源与中医药资源有效结合,形成体验性强、参与度广的中医药健康旅游产品体系。大力开发中医药观光旅游、中医药文化体验旅游、中医药特色医疗旅游、中医药疗养康复旅游等旅游产品,推进中医药健康旅游产品和项目的特色化、品牌化。鼓励开发以提供中医医疗服务为主要内容的中医药健康旅游主题线路和特色产品。

(3) 发展康复疗养服务

结合大同县特色优势,融合治疗、康复与旅游观光,开发火山、温泉、日光、森林、滨水等特色健康旅游线路,通过气功、针灸、按摩、理疗、矿泉浴、日光浴、森林浴、中草药药疗等多种服务形式,提供健康疗养、慢性病疗养、老年病疗养、骨伤康复和职业病疗养等特色服务。

(4) 发展休闲养生服务

依托大同县旅游和养生资源,将休闲度假和健康养生、修身养性有机结合,拓展健康养生服务模式,针对不同人群需求特点,打造居住型养生、环境养生、文化养生、调补养生、美食养生、美容养生、运动养生、生态养生以及抗衰老服务和健康养老等一系列旅游产品。

5. 产业产品

根据大同县资源禀赋和健康养生产业链条,构建产业融合型健康养生产品体系(见表8-15)。

表8-15 大同县健康养生旅游服务业产品体系建设表

产品主类	产品亚类	项目名称	乡镇
健康养生城镇村产品	健康城市	火山田园健康城市	西坪镇
	康养特色乡镇	中医健康小镇	倍加造镇
		温泉田园小镇	瓜园乡
		长城生态小镇	巨乐乡
		古堡文化小镇	许堡乡
		桑干河畔作家小镇	峰峪乡
		生态民俗小镇	吉家庄乡
	健康养生乡村	火山黄花田园村	中高庄村
		温泉疗养村	瓜园乡李王涧村
		火山文化村	巨乐乡黄家洼村
		塾师古村	许堡乡大王村
		长城古堡村	巨乐乡巨乐村
		石堡生态村	瓜园乡东沙窝
		大院文化村	杜庄乡落阵营村
		果蔬田园村	西坪镇坨坊营村

续表

产品主类	产品亚类	项目名称	乡镇
生态健康养生产品	沟域养生度假	东、西水峪冰果古树林养生度假项目	周士庄镇
		麻地沟美食养生综合体	巨乐乡
		殿山—马头山—落鹰山生态养生度假项目	吉家庄乡
		小工沟运动养生度假项目	峰峪乡
		火山(下甘沟)生态养生度假综合体	西坪镇
	水域养生度假	火山温泉养生度假综合体	瓜园乡
		册田水库滨水休闲区	许堡乡
		乌龙峡大峡谷健康休闲区	许堡乡
		桑干河湿地休闲养生综合体	峰峪乡
		荷塘人家绿色健康度假村	吉家庄乡
文化养生度假产品	文化遗产项目	徐疃古堡文化养生度假项目	峰峪乡
		聚乐古堡	巨乐乡
		吕家大院文化养生综合体	瓜园乡
		作家故居项目	峰峪乡
		古民居文化养生度假项目	西坪镇古文化集聚区,大小坊城村、上下甘沟村
	非物质文化遗产项目	大同县城手工艺集聚区健身和非遗传承项目	西坪镇
		吉家庄古人类遗址和黑陶手工艺品制品项目	吉家庄
健康养生农旅产品	养生休闲农业	忘忧农场养生农业建设项目	倍加造镇
		南河湾农业养生休闲农业区建设项目	倍加造镇
		瑞景丰乡村渔乐养生中心	峰峪乡
运动养生产品	低空运动	火山低空运动和户外运动项目	西坪镇
	冰雪运动	白登山国际滑雪旅游区建设项目	周士庄镇
	户外运动	采凉山山地越野徒步项目	巨乐乡
健康医疗产品	健康医疗	国际医疗康养综合体	西坪镇

6. 产业布局

大同旅游服务业产业布局规划为"一城六镇,多村多点",即一座火山田园城市、六个健康特色乡镇、多个健康养生乡村和多个健康养生点(见图 8-27)。

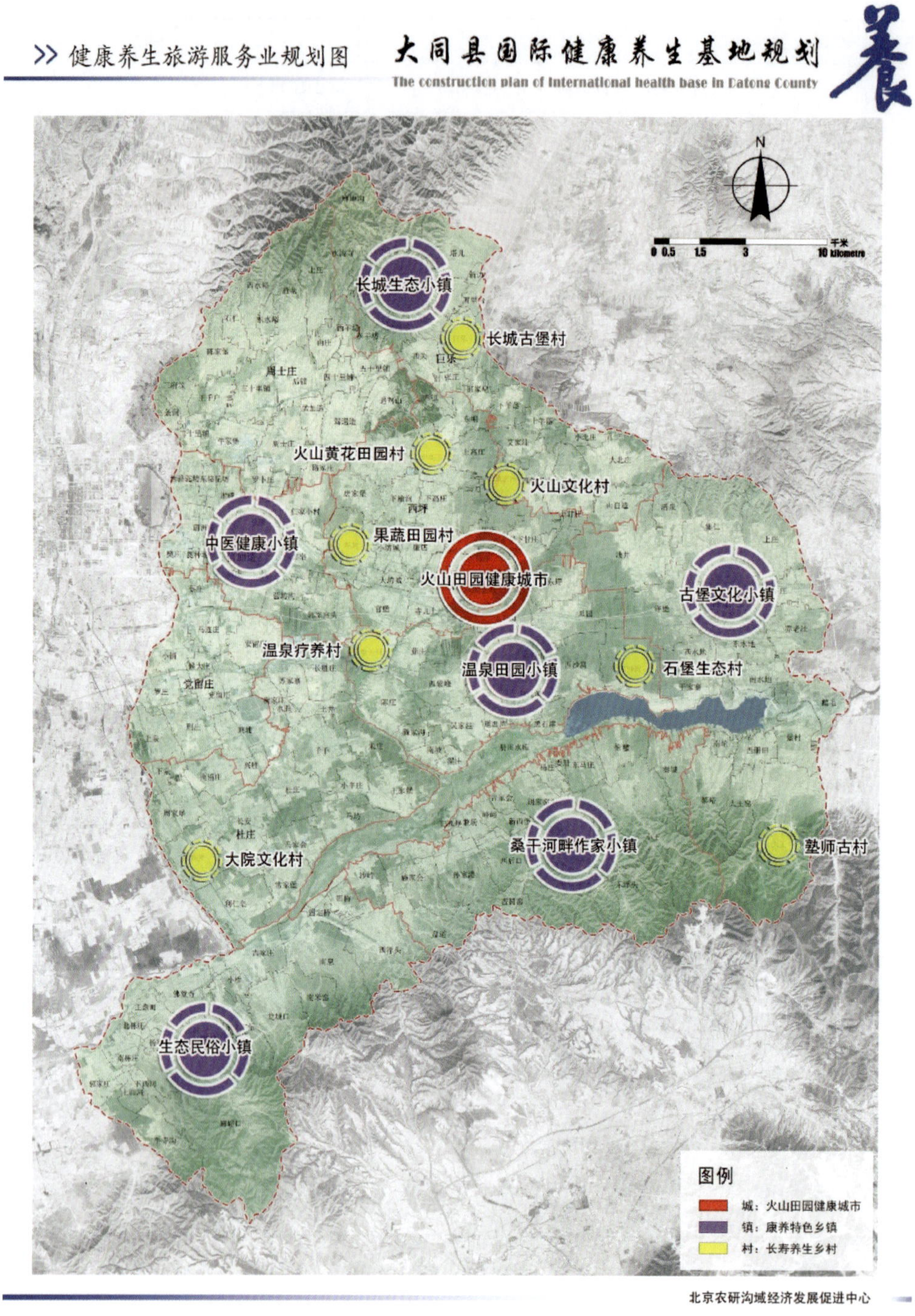

图 8-27 健康养生旅游服务业规划图

8.8.2 火山健康田园"城—镇—村"体系建设

围绕火山田园城市定位,构建"城—镇—村"三级体系,包括火山田园健康城市、健康特色乡镇、健康养生乡村(见表8-16)。

表8-16 火山健康田园体系建设

产品主类	产品亚类	项目名称	乡镇/乡村	建设内容
健康养生城镇村产品	健康城市	火山田园健康城市(见图8-28)	大同县城	依托大同火山群和富锶健康水土,规划将大同县城建设成为集健康、养生、养老、文创、娱乐、购物、会议、交流等多功能于一体的宜养、宜游、宜业、宜居的火山健康之城
	康养乡镇	中医元素富集寿镇(见图8-29)	倍加造镇	该镇以中医传承和集聚为特色资源,规划以中医为主题,集名医问诊、中医针灸、特色名方、中药材种植、中药加工、中医药保健、中药美食等功能于一体,建设中医小镇
		温泉健康田园水乡	瓜园乡	该乡以温泉为特色资源,依托农牧业悠久的种养殖历史和现代科技,规划以温泉田园为主题,集种养殖、农牧加工、养生体验、理疗修养、美食、住宿、购物、会议等功能于一体,建设温泉田园乡
		生态美食采凉寿乡	巨乐乡	该乡依托采凉山生态环境,以采凉山百草羊、麻地沟美食会客厅为特色,规划以生态美食为主题,集美食、休闲、度假、养生、养老、购物、运动、文化体验等功能于一体,建设生态美食小镇
		古堡桃李养生乡	许堡乡	该乡以许堡为特色资源,整合李殿林等一批名人文化和遗迹资源,规划以古堡文化为主题,以弘扬中华优秀传统文化为主旨,集文化创意、文化养生、文化养老、文化休闲、文化教育等功能于一体,建设古堡文化乡
		桑干河畔作家乡	峰峪乡	该乡以王保忠名人为特色资源,依托桑干河优良的生态环境,规划以作家文化为主题,集文化创意、湿地休闲、文化交流、文化养生、生态养老等功能于一体,建设桑干河畔的作家乡
		生态吉祥水乡(见图8-30)	吉家庄乡	该乡依托吉家庄中心村特色资源,规划以吉祥民俗为主题,集非遗展示、文化传承、民俗养生、乡村美食、民俗购物、民俗民宿、休闲娱乐等功能于一体,建设吉祥民俗生态乡

续表

产品主类	产品亚类	项目名称	乡镇/乡村	建设内容
健康养生城镇村产品	颐养乡村	旅养乡村	火山黄花休闲村（中高庄村）	该村位于西坪镇,以黄花种植为特色,有着悠久的种植历史和种植传统。规划打造火山黄花田园村,对全村在产业、村容村貌、公共配套设施等方面进行黄花主题改造和提升,依托兴农黄花公司,增加黄花采摘、黄花民宿、黄花美食、黄花礼物、黄花养生等项目,培育黄花养生产业,充分发挥扶贫功能
			温泉疗养村（瓜园乡李王涧村）	该村位于瓜园乡,规划以温泉为主题,以温泉＋火山＋田园为特色,以养生养老为主功能,配合温泉度假综合体,全村着力发展温泉养生服务业,发展温泉民宿、温泉美食、温泉购物、温泉庄园等,打造具有火山特色的温泉疗养村
			火山文化村（巨乐乡黄家洼村）	该村位于大同火山群,是王保忠著名长篇小说《甘家洼风景》的原型地。规划以火山文化为特色,整合废弃村落,建设火山文化创意基地,集聚文化养生、文艺创作、火山观景、户外运动、交流商洽、休闲娱乐等功能
			塾师古村（许堡乡大王村）	该村位于许堡乡,是清代清宣统皇帝经筵侍讲官李殿林的故乡,受名人文化影响,该村百余年来培养出各级各类老师人数众多。规划以名人文化和老师之乡为特色,规划新建养生教育基地,增加文化教育、艺术教育、自然教育等项目,培育文化教育产业,集教育、交流、养生、养老、研学、休闲等功能,打造"塾师古村"
			长城古堡村（巨乐乡巨乐村）	依托采凉山,借助麻地沟开发契机,修缮明代聚乐堡遗址,以古堡文化为特色,建设长城古堡村,作为区域文化养生、文化度假、户外运动、中药集聚的服务区
			石堡生态村（瓜园乡东沙窝）	以玄武岩石头村为特色,依托毗邻桑干河优势,规划整合全村升级改造为桑干河畔的石头村,具有生态养生、滨水休闲、生态度假、餐饮住宿、民俗购物等功能,打造桑干河石堡民宿集群
			大院文化村杜庄乡落阵营村）	依托落阵营村悠久历史、吕家大院的传统院落群、新星书苑以及名人文化,规划全村整合资源,着力发展大院文化养生村,建设集文化交流、文艺创作、养生养老、研学教育、民俗旅游等功能于一体的大院文化村
			果蔬田园村西坪镇坨坊营村）	依托紧邻机场的区位优势,以果蔬种植为特色,规划培育养生农旅产业,建设养生果蔬休闲村

图 8-28　火山田园城市示意效果图

图 8-29　中医健康小镇示意效果图

图 8-30　生态民俗小镇示意效果图

8.8.3　重点建设项目

规划重点建设项目详见表 8-17 和图 8-31。

表 8-17　重大建设项目

项目名称	区位和规模	发展思路	产业链或产业体系	重点项目
火山温泉养生度假综合体	依托瓜园乡李汪涧村的优质火山温泉资源，规划建设火山温泉养生度假综合体，占地约 500 亩，建筑面积 10000 m²	规划以火山温泉为基础、以健康养生为核心、以休闲度假为重点，包括温泉养生中心、会议度假酒店、休闲商业街区、运动游乐和温泉养生地产等五大核心功能板块	以多元化产业体系为支撑，充分利用温泉对于休闲产业的聚集效应，形成休闲功能聚集与休闲产业体系，包括养生、会议、养生养老、运动游乐、温泉农业	温泉养生休闲馆、会议度假酒店、温泉养生养老地产、温泉未来生活体验馆

续表

项目名称	区位和规模	发展思路	产业链或产业体系	重点项目
国际医疗康养综合体	位于大同县城,以社会医疗扶贫项目的国内一流的医疗空间和技术为依托,规划占地面积200亩,辐射面积2 km²,包含医疗护理基地、健康体检核心、CCRC(Continuing Care Retirement Community)全天候看护养老社区、居家护理养老社区、高端人士健康养生公寓等设施,配套建设康养护理学院等	建成国际知名、国内一流的健康养生养老产业示范基地,将打造养老、居住、康复、医疗、教学为一体的综合养老社区,区域内的服务设施分别满足京津冀晋地区各层级年龄段的居民、异地养老和避暑养老等养生和老年生活的基本需求	—	国际医疗康养中心、大同护理学院、配套建设项目
火山(下甘沟)生态养生度假综合体	规划占地面积120亩,建筑面积10000 m²	依托火山生态资源,整合周边村庄宅基地,规划建设具有复合功能、设施先进而齐全的生态养生养老度假综合体	—	建设项目包括火山生态养生度假村、火山运动基地、火山生态休闲园、火山文化艺术创意交流基地等
桑干河湿地休闲养生综合体	规划占地面积60亩,建筑面积6000 m²	依托大同火山群国家地质公园、桑干河国家湿地公园、桑干河省级自然保护区,规划位于大同盆地桑干河流域,依托桑干河湿地和文化,建设以湿地为主题,以休闲养生为功能的综合体	—	建设项目包括湿地度假村、湿地生态教育中心、湿地艺术创作基地、湿地养生养老公寓等
吕家大院文化养生综合体	依托吕家大院的悠久历史文化和大院古迹遗存,整合周边村庄宅基地,建设文化养生综合体。规划占地面积80亩,建筑面积3000 m²	—	—	建设项目包括:吕家大院古院落整修项目、吕家大院文化养生馆、吕家大院创意文化交流中心、吕家大院文化艺术研学馆、养生堂、非遗表演广场等
麻地沟美食养生综合体	位于四道沟与杏狼沟沟口中间地带(现菜园处),占地面积50亩,建筑面积10000 m²	麻地沟建设以"百草羊"美食为主题,以饮食养生为主功能,配合休闲、度假、健身、娱乐、购物等功能于一体的美食养生综合体	综合体建成后,麻地沟的羊肉吃法除了有炖羊肉、黄糕羊肉、羊杂等简单吃法,将陆续开发麻地沟羊肉新的美食法,同时将开发乌柳芽、榆树钱、山葱等野菜系列品种以及珍禽系列等美食	—

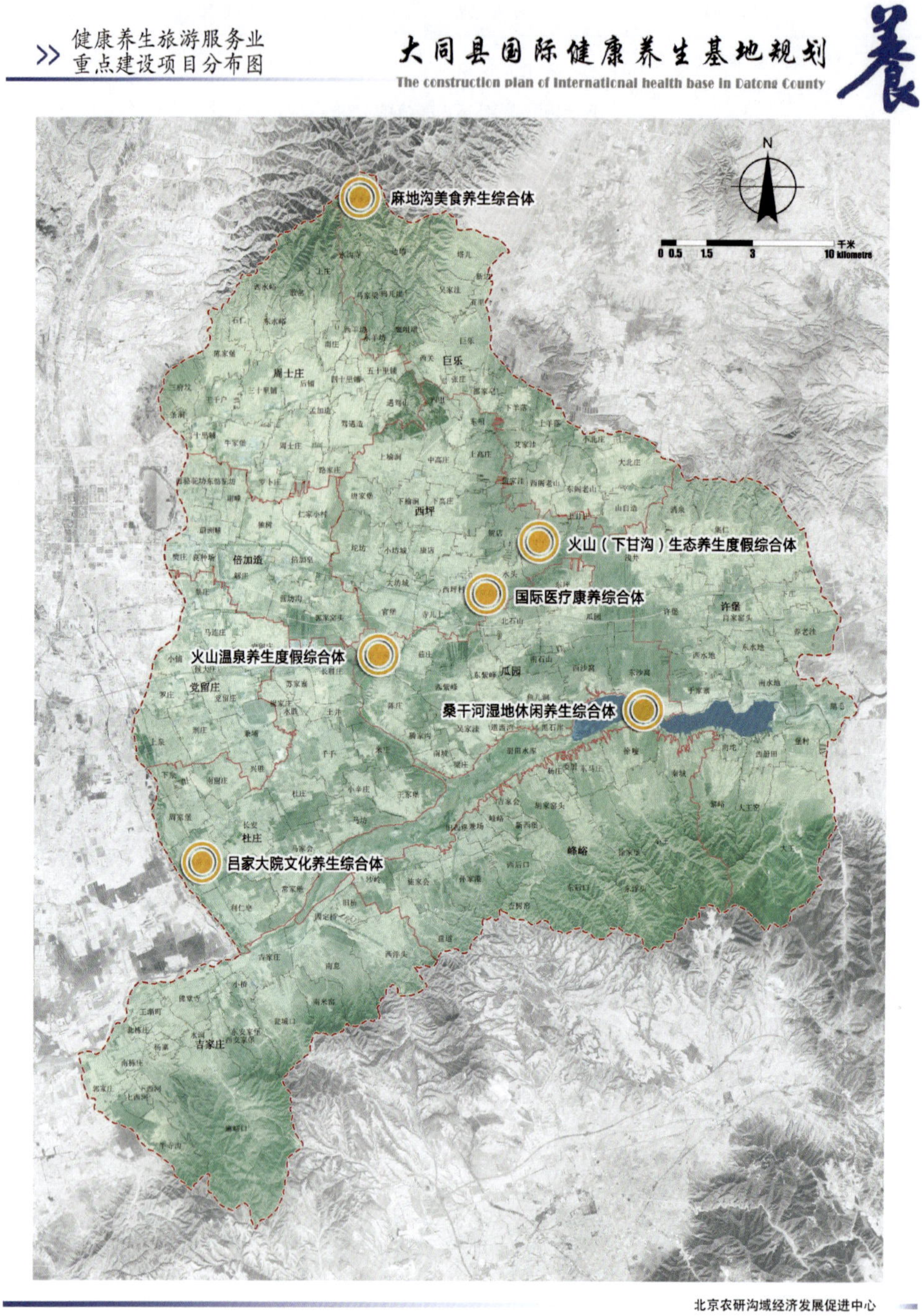

>> 健康养生旅游服务业重点建设项目分布图

大同县国际健康养生基地规划
The construction plan of International health base in Datong County

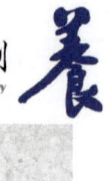

图 8-31 健康养生旅游服务业重点建设项目分布图

8.9 健康养老专项研究

养老产业是为生命长期健康、幸福的各种产业和研究提供的服务。养老产业是通过各种生命研发、科学研究、生产应用提供保持和延续生命活力的全方位针对性联通服务。养老产业是社会发展的必然产业,也是从各种具体需求延伸到第一二三产业融合服务。养老产业是生命存在的服务产业,绝对不可以只针对老年人群,应该是包含和覆盖老年人群,带动其他行业。

8.9.1 大同县养老产业现状和问题分析

1. 大同县老龄人口现状

大同县2016年总人口176601人,其中60岁以上人口32952人。60～69岁19121人,70～79岁8786人,80～89岁4415人,90～99岁616人,100岁及以上14人(见表8-18、图8-32、图8-33)。

根据长寿之乡百岁老人占总人口万分之一的标准,2016年大同县百岁老人占总人口0.079‰,接近长寿之乡标准,其中峰峪乡0.434‰,许堡乡0.126‰,瓜园乡0.115‰,倍加造镇0.109‰,均高于标准。

表8-18 大同县乡镇老龄人口现状表

乡镇名称	各乡镇总人数	全县60岁以上总人数	60～69周岁	70～79周岁	80～89周岁	90～99周岁	100周岁以上
西坪镇	37345	6250	3801	1638	716	94	1
倍加造镇	18321	2809	1821	666	287	33	2
周士庄镇	17012	3220	1929	823	411	56	1
党留庄乡	14899	2536	1564	665	272	34	1
吉家庄乡	10894	2730	1345	780	517	88	—
峰峪乡	11512	2683	1555	631	426	66	5
杜庄乡	14741	2795	1575	783	379	57	1
瓜园乡	8708	1936	1030	544	323	38	1
巨乐乡	8173	2045	1034	603	352	56	—
许堡乡	15854	3497	1889	973	558	75	2
东街	13463	1781	1139	488	136	18	—
西街	5679	670	439	192	38	1	—
合计	176601	32952	19121	8786	4415	616	14

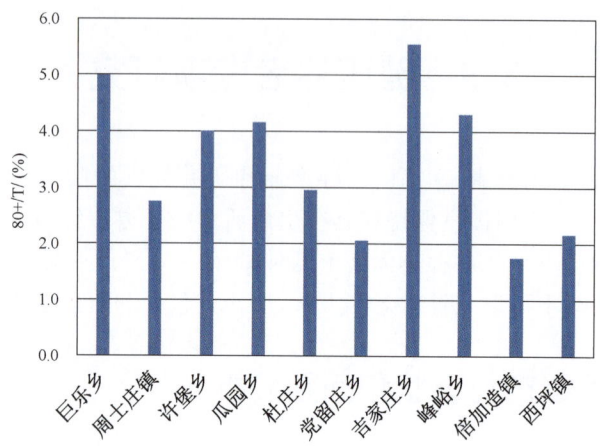

图 8-32　大同县乡镇 80 岁以上老人占总人口的比例

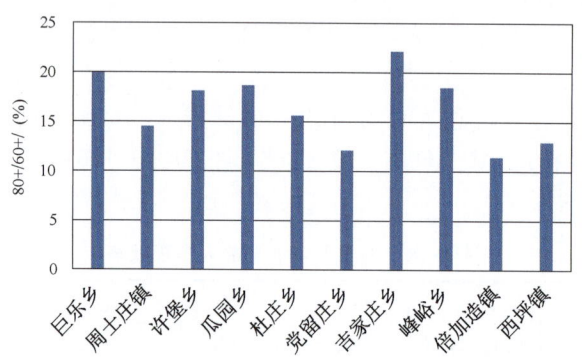

图 8-33　大同县乡镇 80 岁以上老人占 60 岁以上人口的比例

(2) 大同县养老设施现状

大同县县城现有养老设施 3 所,包括光荣院 1 所、市级养老院 1 所(厚德家园)、私营已批复养老设施 1 所(和谐老年公寓),总床位数约 200 个。另正在建设 2 所,分别位于马连庄、许堡村,规划总床位 400 个。

乡镇级养老设施共 6 所,分别位于党留庄乡、西坪镇、巨乐乡、杜庄乡、许堡乡、吉家庄乡,总床位数 220~240 个。

2. 养老产业问题分析

(1) 社会普及率差

养老产业一直是一个不同时期的生命话题,但是生命缺乏的是一个综合性服务体系,包括意识准备、资源共享准备、需求设计和预测准备,得到社会普遍认识和关注,需要时间。

(2) 人口老龄化与社会经济发展水平不相适应

欧美一些发达国家在进入老龄社会时,人均国内生产总值一般在 10000 美元,我国已超过 8000 美元,是典型的"未富先老"国家。大同县人口老龄化与社会经济发展水平不适应,将带来系列社会问题。

(3)家庭养老负担加重

生育率下降、人均寿命延长直接导致家庭供养资源减少,子女养老的人均负担成倍增长。"421"模式将成为中国今后几十年的主流家庭模式。家庭养老负担将逐年加重。

(4)养老方式与实际需求不匹配

中国的传统文化决定了单纯以进入养老院的养老方式无法满足现实的养老需求,要将中国的主流养老模式从社区居家养老提升到需求养老。

8.9.2 养老产业发展思路

统筹推进"五位一体"总体布局和协调推进"四个全面"战略布局,牢固树立和贯彻落实创新、协调、绿色、开放、共享、幸福的发展理念,坚持党委领导、政府主导、社会参与、全民行动,着力加强全社会积极应对人口老龄化的各方面工作,着力完善老龄政策制度,着力加强老年人民生保障和服务供给,着力发挥老年人积极作用,着力改善老龄事业发展和养老体系建设支撑条件,确保大同县全体老年人共享全面建成小康社会新成果,争取成为京津冀晋蒙区域养老胜地。

8.9.3 养老产业发展目标

1. 近期目标

到 2020 年,老龄事业发展整体水平明显提升,养老体系更加健全完善,及时应对、科学应对、综合应对人口老龄化的社会基础更加牢固。

(1)多支柱、全覆盖、更加公平、更可持续的社会保障体系更加完善

城镇职工和城乡居民基本养老保险参保率达到 90%,基本医疗保险参保率稳定在 95%以上,社会保险、社会福利、社会救助等社会保障制度和公益慈善事业有效衔接,老年人的基本生活、基本医疗、基本照护等需求得到切实保障。

(2)居家为基础、社区为依托、机构为补充、医养相结合的养老服务体系更加健全

养老服务供给能力大幅提高、质量明显改善、结构更加合理,多层次、多样化的养老服务更加方便,政府运营的养老床位数占当地养老床位总数的比例不超过 50%,护理型床位占当地养老床位总数的比例不低于 30%,65 岁以上老年人健康管理率达到 70%。

(3)有利于政府和市场作用充分发挥的制度体系更加完备

老龄事业发展和养老体系建设的法治化、信息化、标准化、规范化程度明显提高。政府职能转变、"放管服"改革、行政效能提升成效显著。市场活力和社会创造力得到充分激发,养老服务和产品供给主体更加多元、内容更加丰富、质量更加优良,以信用为核心的新型市场监管机制建立完善。

(4)支持老龄事业发展和养老体系建设的社会环境更加友好

全社会积极应对人口老龄化、自觉支持老龄事业发展和养老体系建设的意识意愿显著增强,敬老养老助老社会风尚更加浓厚,安全绿色便利舒适的老年宜居环境建设扎实推进,老年文化体育教

育事业更加繁荣发展,老年人合法权益得到有效保护,老年人参与社会发展的条件持续改善。

2. 远期目标

至2025年,大同县养老惠及全域全民,成为京津冀晋蒙区域养老胜地。

(1)城镇职工和城乡居民基本养老保险参保率达到100%,基本医疗保险参保率稳定在100%。

(2)65岁以上老年人健康管理率达到100%,80岁以上老年人养老管理率达到100%。

8.9.4 养老产业发展重点

1. 转变观念,明确市场定位

首先要转变观念,养老是永久性消费,养老产业的价值在于生活感受和文化价值所产生的人居价值,是生活方式的创造,与其他产业截然不同。

要明确养老服务的定位,理解"家"才是养老机构和养老住区的最高境界。因此,即便开发建设的是机构,也要尽可能去机构化,进行居家的配置和设计,营造居家的浓厚氛围,提供居家的亲情化服务。

2. 注重配套服务的建设

养老住区必须考虑配套设施、服务等问题,发展老龄经济更多卖的是服务而不是房子或设施。要避免走豪华路线,设计符合中国老年人需求的项目。另外,开发模式要多样化,可以在老年人社区、亲情社区、养老公寓以及旅游、度假和养老相结合等形式上有所作为。

3. 转变角色,进行资源整合

在国外,养老产业的运作基本上需要3种角色的参与,分别是投资商、开发商与养老服务运营商,除此之外还需要各类医疗保健机构等的合作。我国目前除了传统开发商、保险资金、政府机构和慈善机构等作为主要的参与者,一些央企和医疗机构也开始有所涉猎,此外,许多外资机构也开始进入中国,合作开发养老产业项目,或者作为运营商管理养老机构。

8.9.5 养老产业结构

1. 养老产业链构建

养老产业链较长,上下游带动明显。大同县养老产业应重点关注医疗保健、医疗护理、家政服务、娱乐休闲、日常消费和信息平台等需求快速增长领域。

2. 重点发展养老产业类型

(1)养老地产

养老地产的核心在于养老服务,大同县应将本土市场与京津冀晋蒙市场结合,大力发展家庭养老、避暑养老、分时度假养老等针对不同市场的养老地产。

(2)老年旅游

我国老年旅游市场规模逐年扩张,2016年国家旅游局发布《旅行社老年旅游服务规范》,这个"国标"对老年旅游市场进行了规范,给大同县老年旅游市场的发展带来了新的机遇。

(3) 老年用品

老年用品是指以老年人为主要消费人群的器械、器具、用品和物品，是为了满足老年人因体弱、疾病、残障或其他特殊的身体心理特点而产生的对物品的特殊需求。统计数据显示，目前我国老年人总的服务需求满足率仅为15.9%，还有84.1%的老年人服务需求没有得到满足。大同县可结合几大工业园区，发展智能化老年用品（装备制造）产业。

(4) 养老金融

中国目前是世界上唯一一个60岁以上老龄人口总量超过两亿的国家，正面临着人口老龄化趋势，但与之对应的养老金融产业还处于起步阶段，与庞大的老龄客群的迫切需求不相匹配。总体上，大同县养老金融市场潜力巨大，前景广阔。

(5) 投资基金

目前我国养老产业极具市场价值，政府也在加速向养老产业制订政策利好并指出发展新方向，目前市面上的养老产业基金虽然年度收益并不突出，但是基本跑赢沪深300大盘指数，是一种风险相对较小的投资途径。大同县应大力发展该产业。

8.9.6 养老产业模式

针对中国国情和养老产业发展的现状，整合各类研究和案例，大同县养老产业模式主要有以下两类：传统模式和新型模式并存（见表8-19、表8-20）。

表8-19 大同县养老传统与新兴模式表

模式类型	传统模式			新兴模式
	居家养老模式	机构养老模式	社区养老模式	互联网新模式
模式主要内容	老年人在家中居住，并由社会提供养老服务的一种方式。居家养老是把家庭养老与社会养老结合的模式	以设施建设为重点，通过设施建设和完善匹配，实现基本养老服务功能	居家养老服务的重要支撑，具有社区日间短料和居家养老支持两类功能。主要面向家庭日间暂无人或无力管护的社区老年人提供服务	老龄群体中的"活力老人"，最大化运用互联网思维，会使用互联网或参与互联网的老年群体。平台模式是最能集中体现互联网思维的组织形式
群体数量规模	中国老年人主要收入来自退休金与养老金，家庭照顾超过40%。未来几年，90%的居家养老将会以家庭为核心，以社区为依托，以老年人生活照料、医疗康复、精神慰藉为主要内容，以上门服务和社区日托为主要形式	未来五年我国将会逐步形成"9073"养老格局。按3%老年人入住养老机构计算，到2025年年底全国养老床位应达到900万张以上。是2012年2.3倍。养老机构也将增加到4800个。未来几年，7%的老年人通过社区机构照料实现社区养老	居家养老服务的重要支撑，具有社区日间照料和居家养老支持两类功能，主要面向家庭日间暂时无人或者无力照护的社区老年人提供服务。结合社区服务设施建设，增加托老设施网点，增强社区养老服务能力，打造居家养老服务平台	养老平台的核心群体是老人。围绕老人群体而存在的其他群体，如老人子女、医疗服务机构、商业服务机构、金融服务机构、老人活动中介服务机构、老人用品供应商等，以及其他延伸群体

续表

模式类型	传统模式			新兴模式
	居家养老模式	机构养老模式	社区养老模式	互联网新模式
模式发展趋势	家庭养老之新形势下的脆弱性显示出其历史的局限性。现代社会的人际竞争加剧,生活节奏加快,工作负担加重,致使家庭养老的人力成本加剧。一般家庭难以承受,赡养疲惫不堪;加上"421"型家庭增多、空巢家庭增多等问题出现,家庭养老这一传统养老方式必将随家庭结构变化而逐步向社会养老过渡	机构养老服务面临盈利问题。如旅游景区、高端养老服务项目。由于当前老年人总体收入不高、积蓄不多,加上老年人对物业持有意愿不如年轻人强烈,不愿意花过多资金购买高价产权产品。异地养老存在着安全和医疗等风险。因此,盈利模式是景区养老服务项目急需面对的重大问题	该养老模式是可持续发展之路,在老年发展目录指引下,明确相关主体的责任分担,对制度进行科学分层和配套设计,充分利用覆盖全民社会保障制度建立有利条件,整合资源,规范管理,完善技术手段,实现社区居家养老模式的可持续发展	养老平台商业模式的基础是平台核心用户(老人)的数量(流量)。有一定流量才会有平台上其他群体的进入,产生更多的平台流量

表 8-20 大同县养老新兴模式表

开发企业主导型的老年社区开发	国内一些比较大的知名企业,像万科、远洋、绿城等,都做了养老地产项目
公私合作(PPP)	政府主导提供前期土地,后期建设和运营由开发企业来介入,解决前期资金投入和风险不确定问题,有效调动社会资源。该资产模式和国外养老地产的开发模式是类似的,可解决部分中等及偏低收入的老年人的居住需求
保险机构主导型开发模式	保险机构参与养老地产开发,可将养老保险、健康保险等金融产品与实体养老社区相结合,以养老社区为载体,整合上游保险产品和下游老年人的服务产品,打造完整产业链,创新全新保障模式

8.9.7 重点项目

重点项目详见表 8-21。

表 8-21 大同县养老重点项目表

项目类型	项目名称	建设地点
康养设施	现代康养中心建设项目	党留庄马连庄
	现代康养基地	许堡
养老学校	皇金四季养生养老健康学校	—
养老机构	健康养老中心	邢庄村

续表

项目类型	项目名称	建设地点
养老村庄	火山生态养生养老村	西坪镇上甘庄
	徐疃养老养生旅居古村	徐疃
	吉祥民俗养老中心	吉家庄
养老度假区	麻地沟养老度假中心	巨乐乡
	海发天然色素循环农业养老园区	峰峪乡

8.10 研究结论与建议

8.10.1 研究结论

根据云州区的水土环境调查取样及检测分析,对全区展开长寿养生产业调研,经过深入研究可知:云州区是我国北方不可多得的长寿养生区域,位于黄土台地的火山群上,拥有长城古堡遗产群,以火山黄花为代表的现代农业、加工业、服务业发展基础较有特色,具备创建"国际健康养生基地"的潜质。

云州区长寿产业研究是本次研究的重点,基于火山群的长寿火山水土是其发展的核心元素,紧紧围绕"火山长寿产业",打造以"火山黄花""火山田园"为龙头的长寿农业,以"火山长寿农产品"为主的加工业,以"火山温泉""火山康养""火山运动"为主的服务业,进而构建火山长寿养生全产业链,作为"国际健康养生基地"的产业支撑。

8.10.2 研究建议

本研究在遂溪"国际长寿养生基地"创建实践的基础上,在深入研究云州区长寿水土环境关系的前提下,深入研究长寿水土环境与长寿产业的关系、基于长寿水土环境下的长寿产业应如何发展、长寿产业如何促进区域经济社会发展等问题。

由上述研究结论可知,长寿养生产业是"长寿+"产业,是以区域独特的长寿水土为核心特色的产业,是可以作为经济社会发展的主导产业。

第9章 贵州省赤水市长寿养生典型区域规划研究

赤水市是国内丹霞地貌面积最大、发育最壮观的县级市。赤水市全市森林覆盖率82.85%,位居贵州第一、全国前列。空气负氧离子含量 5.2 万个/cm^3,生态环境状况指数多年稳居全省第一。资源丰富,拥有千余个跌坎和瀑布。有地球同纬度保存最完好的中亚热带常绿阔叶原生林 43 万亩。境内初步查明物种有 2500 种,现存有红豆杉、银杏、桫椤等珍稀植物和达氏鲟、中华鲟等珍稀鱼类。拥有中国丹霞世界自然遗产地、国际最佳休闲旅游城市、国家级风景名胜区、中国优秀旅游城市、中国长寿之乡、全国绿化模范城市、全国旅游标准化示范城市、国家生态市、全国卫生城市、中国康养旅游示范基地、国家生态旅游示范区等 64 张世界级、国家级名片,被《中国国家地理》杂志评选为"中国最美丽的地方"。

赤水市正处于美丽建设阶段,下一步要如何走?富集的长寿资源,应如何保护性利用?能否转化成为长寿产品?如何构建具有赤水特色的长寿产业?赤水如何从美丽走向健康,如何从健康走向长寿,最终实现幸福赤水的最终目标?这是本次研究的重点。

9.1 研究背景

9.1.1 "三个中国"建设与赤水发展

"美丽中国"是中国共产党第十八次全国代表大会提出的概念,强调把生态文明建设放在突出地位,融入经济建设、政治建设、文化建设、社会建设各方面和全过程。习近平同志在党的十九大报告中指出,实施健康中国战略,要完善国民健康政策,为人民群众提供全方位全周期健康服务。

"美丽中国"是在对新世情、新国情和新域情的新变化和新形势进行深刻分析和科学判断的基础上提出来的,具有十分丰富的科学内涵,包含了自然之美、发展之美和百姓之美,把生态文明建设与其他各项建设相融合,并将人的幸福生活作为最终的归宿。"健康中国"是"美丽中国"内涵的延伸,健康中国是中国人民在全面建成小康社会、实现中华民族伟大复兴"中国梦"新征程中向世界展示全新形象的奋斗目标。"幸福中国"是"健康中国"的发展目标,幸福是人类的永恒追求和终极价值目标。党的十八大以来,"幸福中国"建设正式揭开帷幕,党的十八届三中全会提出深化改革,促进社会公平正义,增进人民福祉。从"国富论"到"幸福论"的思想转变,标志着"让人民更幸福"的思想将成为未来政府工作的重点内容。

赤水已经具备了建设"美丽中国"的基础和条件。赤水市全市森林覆盖率82.85%，位居贵州第一、全国前列。空气负氧离子含量5.2万个/cm³，生态环境状况指数多年稳居全省第一。拥有中国丹霞世界自然遗产地、国际最佳休闲旅游城市、国家级风景名胜区、中国优秀旅游城市、中国长寿之乡、全国绿化模范城市、全国旅游标准化示范城市、国家生态市、全国卫生城市、中国康养旅游示范基地、国家生态旅游示范区等64张世界级、国家级名片。赤水正处于美丽建设建设阶段，下一步要从美丽走向健康，从健康走向长寿，最终实现幸福赤水的最终目标（见图9-1）。

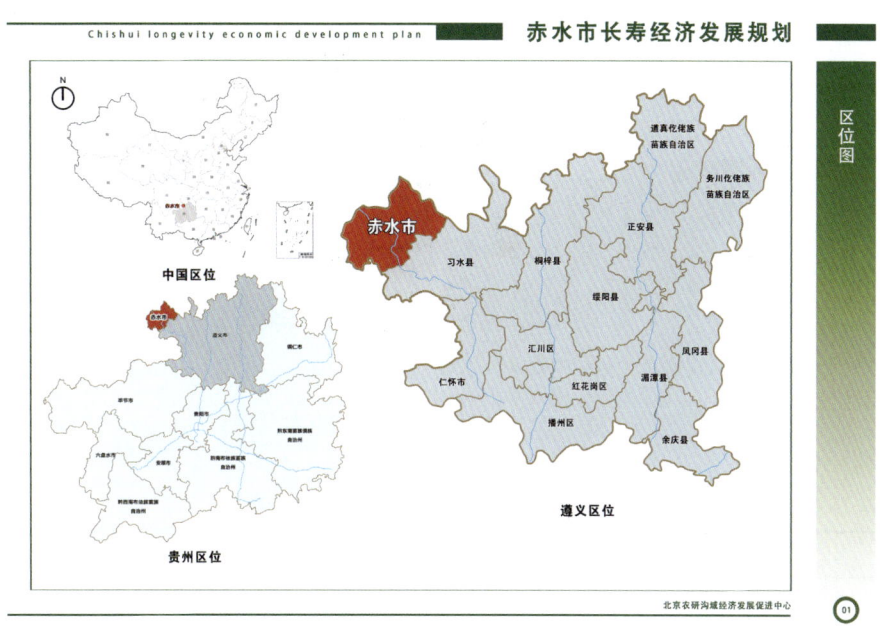

图9-1　区位图

9.1.2 "重申报、轻保护，重品牌、轻发展"的现实问题

"中国长寿之乡"是含金量很高的知名品牌，它是一个地区政治、经济、社会、文化、生态环境全面向好的综合反映，是地方的响亮名片，深入挖掘长寿因子，打造寿乡品牌，把资源优势变成产业优势，进而转为发展红利，对于区域发展具有现实意义和深远的战略意义。随着中国老龄化时代的到来，以追求长寿为理念的养老产业和相关的食品、保健品、旅游等产业变得越来越炙手可热，赢得"长寿之乡"这张名片，能为区域发展提供新的机遇，还可以吸引资本、人才、技术，为当地经济社会健康持续发展开辟新的空间。

截至2019年年底，中国长寿之乡共84个，但目前长寿之乡区域普遍存在"重申报、轻保护，重品牌、轻发展"的现实问题，如何引导长寿发展步入良性轨道，使长寿之乡实至名归，是必须面对和解决的问题（见图9-2、表9-1）。

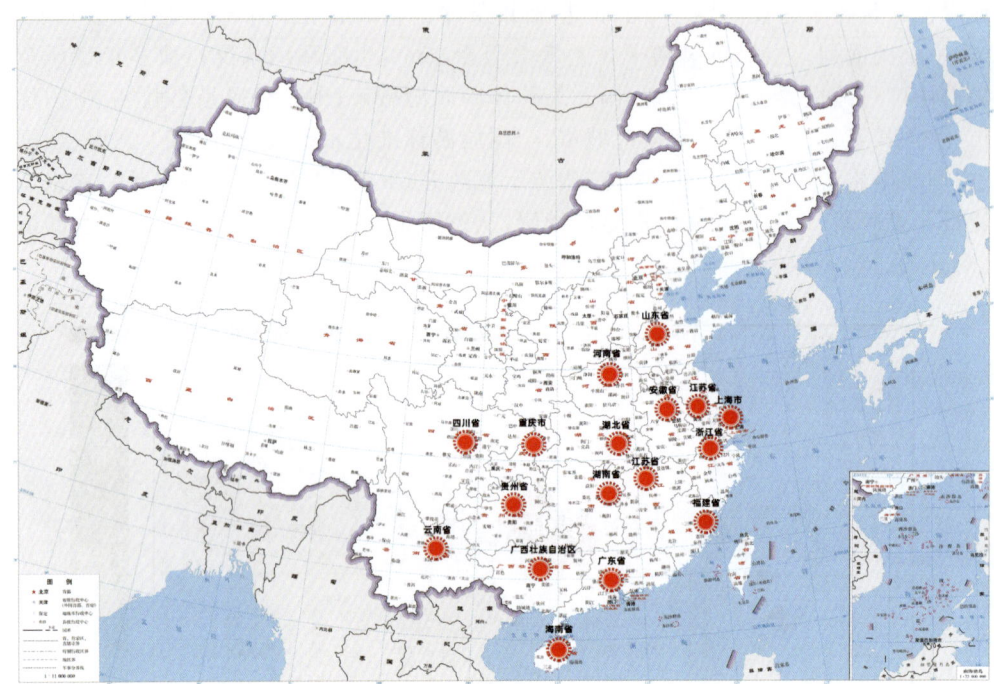

图 9-2 中国长寿之乡省域分布

表 9-1 中国长寿之乡名单(2019年年底)

省市	长寿之乡	总计(个)
广西	永福县、巴马瑶族自治县、东兴市、昭平县、岑溪市、上林县、金秀县、东兰县、凌云县、扶绥县、容县、蒙山县、凤山县、阳朔县、天等县、富川县、恭城县、大新县、宜州市、大化县、马山县、龙州县、钟山县、天峨县、象州县、藤县、乐业县、合浦县、浦北县、八步区、平桂区	31
广东	佛山市三水区、梅州市蕉岭县、梅州市大埔县、梅州市丰顺县、梅州市梅县区、连州市、信宜市、湛江市徐闻县	8
江苏	如皋市、太仓市、溧阳市、南通市如东县、启东市	5
江西	宜春市铜鼓县、丰城市	2
山东	莱州市、乳山市、文登市、荷泽市单县、高密市、青州市	6
海南	澄迈县、万宁市、文昌市	3
河南	商丘市夏邑县、永城市、焦作市修武县、周口市淮阳县、新乡市封丘县	5
四川	都江堰市、眉山市彭山县、南充县、资阳市雁江区	4
湖南	怀化市麻阳苗族自治县	1
湖北	钟祥市	1

续表

省市	长寿之乡	总计(个)
安徽	亳州市谯城区、六安市金寨县	2
贵州	铜仁市石阡县、铜仁市印江县、赤水市、罗甸县、兴仁县	5
浙江	温州市永嘉县、温州市文成县、丽水市、桐庐县、仙居县	5
福建	宁德市柘荣县、泉州市泉港区、漳州市诏安县	3
云南	金平苗族瑶族傣族自治县	1
上海	崇明县	1
重庆	江津区	1
总计		84

9.1.3 赤水市发展长寿经济的基础与挑战

1. 坚守生态底线

严守"山水林田湖草"生命共同体。大力实施生态保护与修复工程,划定生态功能保护、自然资源利用和环境质量安全"三条红线",持续开展自然保护区"绿盾"、森林保护"六个严禁"、环保"六个一律"行动,全面推行"河长制",严格执行国家重点生态功能区产业准入负面清单,牢牢守住绿水青山。

开展系列工程。认真实施国家天然林资源保护工程、退耕还林工程、"增彩添色"工程和"月月造林"行动,落实天然林资源保护工程森林管护171万亩、退耕还竹40万亩,森林覆盖率由2000年的63.4%提高到82.85%,竹林面积达到132.8万亩。经监测,赤水河排入长江的泥沙量每年减少近400万t,为长江上游筑起了一道天然的绿色屏障。

全面推进治污治水工程。已建成15个城镇生活污水处理厂、2个工业污水处理厂、64个村级污水处理设施、1个垃圾无害化分类处理厂和14个垃圾压缩站,实现城乡污水垃圾处理全覆盖。完成全市公交车和出租车清洁能源改造,建立和完善机动车尾气检测和管理体系。建成城区空气环境质量自动监测系统和出境断面水质自动监测系统,实现水功能区达标率、城镇集中式供水监测率、饮用水水源地水质达标率、饮用水卫生合格率100%。建成长江中上游珍稀特有鱼类国家级自然保护区赤水河增殖放流站,严格落实河长巡河制度,严厉打击非法捕捞、非法开采、非法排污等破坏生态的不法行为。建成集森林防火、水质和空气质量监测、森林病虫害防治应急处置为一体的大数据生态监测系统。

2. 发展生态经济

依托生态优势,大力发展生态农业、生态工业、生态旅游、绿色城镇4个生态特色经济,促进一二三产业融合,将绿水青山变成金山银山。

开展"十百千万"工程。坚持突出特色,围绕"十百千万"工程(10万亩金钗石斛、100万亩丰产竹林、1000万羽乌骨鸡、3万亩生态鱼),优化农业产业结构,大力发展生态农业,提高绿色农产品高质量、规模化发展。成功创建国家级出口食品农产品质量安全示范区、国家级生态原产地产品保护示范区，正在创建国家级有机产品认证示范区，推动农业"接二连三"。截至目前，全市种植原生态金钗石斛 9.1 万亩，培育丰产竹林基地 78 万亩，年出栏赤水乌骨鸡 1000万羽，建成生态水产养殖 1.3 万亩，特色产业规模化、集约化发展已基本形成。2017 年农村居民人均可支配收入 11134 元、同比增长 10.3%，为赤水市成为 2016 年贵州省唯一一个实现"精彩脱贫""漂亮出列"的县（市）夯实了坚实的产业基础。

发展特色产业。坚持走绿色低碳循环发展之路，大力发展生态工业，以供给侧结构性改革为主线，以延长产业链为重点，着力打造以"纸制品、家具、特色食品药品、竹集成材、新技术新材料"为主的 500 亿元产业集群园区。园区现有竹加工企业 42 家，特色轻工业企业 55 家，特色食品药品企业 24 家，电子信息企业 12 家。2017 年全市规模工业企业 83 家，实现工业增加值 41.3 亿元，其中生态工业比重达 90% 以上。

大力发展生态旅游。坚持"全景赤水·全域旅游"理念，以打造"国际休闲旅游康养度假目的地"为目标，大力发展生态旅游，充分展示赤水生态产品价值。大力实施"创 A 工程"，目前已创建国家 4A 级景区 5 个，正在创建 3A 级景区 17 个、4A 级景区 2 个、5A 级景区 1 个。以红岩洞天、望云峰、黔北四季花香等 13 个休闲观光农业园为载体，加快发展乡村旅游。依托中国长寿之乡、全国康养旅游示范基地"两大品牌"，高水平打造天鹅堡、天岛湖等休闲旅游康养度假区。

坚持"产城融合"。坚持以城促产、以产兴城、以景聚人的理念，重点围绕旅游新老"六要素"，完善城市功能和配套设施，深入推进城市美化、亮化、绿化、净化、文化等工程，大力打造绿色城镇，城市面貌焕然一新。目前已建成 15 km 河滨景观休闲步道和 13 条 50 km 城市骨干道路，城市建成区面积达 19 km²，形成承载 20 万人口的城市构架。建成四星级以上酒店 11 家，全市现有接待床位 3.2 万张。以绿色小城镇带动美丽乡村建设，重点打造官渡、旺隆等"六型"示范小城镇和天台凤凰、复兴张家湾等 6 个美丽乡村示范点。

3. 完善生态文明制度体系

运用法治思维和法治方式加强环境保护，完善"源头严防、过程严管、后果严惩"的生态文明制度体系。在推进生态保护与修复工作中，赤水切实履行生态责任，以列入全国领导干部自然资源资产离任审计和自然资源资产负债表编制试点县（市）为契机，不断巩固生态红线划定、水资源有偿使用、自然资源登记确权、生态补偿、环境污染第三方治理、河长制等"六项"制度成果。

4. 生态文明建设助推"绿色脱贫"

2017 年 10 月 31 日，贵州省人民政府发布公告，同意赤水市退出贫困县，标志着赤水市成为贵州省首个脱贫摘帽的县级市。截至 2016 年年底，赤水市 6 个贫困乡镇全部"减贫摘帽"，32 个贫困村出列，累计减少贫困人口 22104 人，贫困发生率下降至 1.82%，实现了经济发展综合实力显著提升、产业基础显著夯实、群众收入显著增加、干部作风显著转变的效果。

《中共赤水市委赤水市人民政府关于坚决打赢脱贫攻坚战的实施意见》中巩固提高期（2018—2020 年）的具体要求：2018 年全市建档立卡脱贫对象人均可支配收入达到 6000 元以上，全面实现小康。2019 年全市建档立卡脱贫对象人均可支配收入达到 7000 元以上，贫困地区生产生活条件明显改善,扶贫对象自我发展能力显著增强。2020年全市建档立卡脱贫对象人均可支配收入达到8000元以上,贫困地区基本公共服务主要领域指标超过西部平均水平,与全国同步建成全面小康社会。因此,如何通过夯实产业发展,实施产业和就业扶贫行动,巩固提高脱贫成效,仍是赤水发展面临的挑战之一。

5. 加强顶层设计、规划引领

习总书记深刻指出:"规划科学是最大的效益,规划失误是最大的浪费,规划折腾是最大的忌讳"。截至2019年年底,全国84个中国长寿之乡,无一开展长寿经济规划(据统计,全国已有超过27个省(市、区)出台健康产业、健康服务业发展实施方案或者专项规划,依托本地特色优势推动产业融合发展,依托重点项目打造产业集群)。而赤水市"十三五"规划中,仅对康养旅游、中医药事业与大健康医药产业、长寿村申报等项目做了局部方案与设计,没有对长寿经济做整体部署与规划。因此,要在顶层规划确立的发展思想、发展目标、空间布局、管制要求与任务安排等的框架下编制长寿经济规划。"长寿之乡"高质量发展,急需顶层设计,来破解"有牌无产"的难题,用长寿经济规划来指引特色发展与空间优化等,对区域内的自然经济社会生态文化产业等方面统筹布局,应当科学规划、有序推进。

9.1.4 研究范围和期限

1. 研究范围

研究范围为赤水市全域范围,国土面积1852 km²,包括11镇3乡3街道,100个行政村、22个社区。其中,3街道分别为市中街道、文华街道、金华街道;11个镇,包括天台镇、复兴镇、大同镇、旺隆镇、葫市镇、元厚镇、官渡镇、长期镇、长沙镇、丙安镇、两河口镇;3个乡,包括宝源乡、石堡乡、白云乡。

2. 研究期限

研究期为2019—2028年,共10年。2019—2023年为建设期,其中2019—2021年为重点建设期。2024—2028年为完善期,其中2026—2028年为增容提质期。

9.2 长寿资源及环境分析评价

9.2.1 赤水市长寿资源和环境分析

赤水市是我国的长寿之乡,为充分挖掘长寿养生资源、探讨水土环境及食物资源对人口长寿的影响,寻找人口长寿的原因,以便更好地扩大当地长寿养生经济的规模,实现当地和谐的人地关系和经济社会的可持续发展。

受赤水市人民政府委托,中科院地理资源所部分科研人员在赤水市所属的17个乡镇采集了土壤、水、粮食、蔬菜、药材、茶叶以及长寿老人头发、指甲8类样品,共247个样品(土壤30

个,水 95 个,食品类 88 个,头发及指甲 34 个),分析了样品中主要矿质营养元素和部分有害重金属元素含量并对含量结果进行了评价。

1. 土壤及水环境质量分析与评价

(1)土壤环境质量分析与评价

1)赤水市土壤属于优质的农林业用地

与我国土壤环境质量标准(GB 15618—1995)比较表明,所测的 30 个土壤样品中除钙、铁、硒以外的其他矿质元素平均含量都略低于全国和贵川两省的平均含量,需要限制的有害元素限值均达到了国家土壤环境质量的二类土壤标准要求,大多数样品(80%)也达到了国家土壤环境质量的一类土壤标准要求,即赤水市土壤属于优质的农林业用地。

赤水土壤中部分元素的含量差异较大,综合比较土壤中主要营养元素钾磷钙镁铁和十种微量元素含量情况,可以认为赤水土壤以官渡镇玉皇村、长期镇兴旺村、天台镇天台山村、天台镇三块村、复兴镇太和村、宝源乡联奉村和元厚镇米粮村的各类矿质营养元素含量相对较为丰富。

2)赤水市土壤是硒含量较高的土壤

元素硒平均含量为 0.27 mg/kg,略低于我国土壤背景值,但高于贵州、四川两省土壤的平均含量值,根据《土地质量地球化学评价规范》(DZ/T 0295—2016)分级标准,赤水市土壤硒含量总体属于适量范围,从各样品硒含量的比较(图 9-3)看,硒含量超过 0.4 mg/kg 土壤富硒标准的有 1 个,即宝源乡联奉村土壤样品。超过我国土壤硒含量背景值的样品有 10 个。超过川贵两省平均值的 25 个,即赤水约有 83% 的土壤硒含量是高于周边地区土壤的,可以认为是硒含量较高的土壤。硒含量则是宝源乡联奉村、长沙镇赤岩村、宝源联华村、大同镇的华平、民族村等相对较高。

硒是维持人体正常生理功能的重要微量元素,主要存在于肝、脾、肾及心脏等脏器中,可预防克山病、肿瘤和心血管疾病,在延缓衰老、增强免疫力和拮抗有害重金属等方面都有重要的作用。

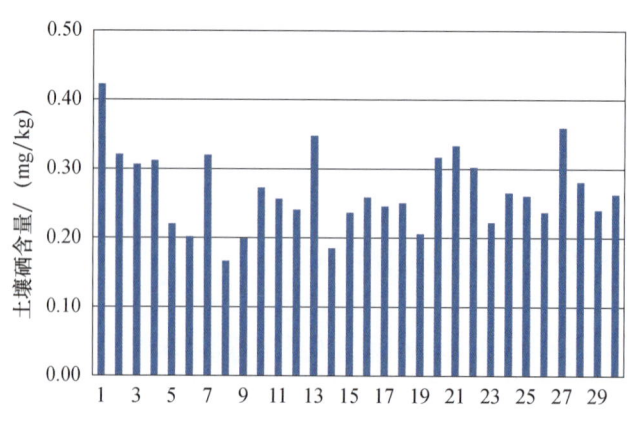

图 9-3 赤水市各土壤样品的硒含量比较

(2)水的环境质量分析及评价

1)地表饮用水水样的测定结果及评价

①地表饮用水质量总体评价。赤水市饮用的水主要是出露地表的泉水、水库水和河水。对 95 份水样分析表明,赤水地表水水中溶解性总固体(TDS)最高为 360 mg/L,最低为 14 mg/L,平均 95 mg/L,与市场销售的百岁山、农夫山泉、恒大冰泉等水中 TDS 较相近,水质总体矿化度偏低,水质清爽偏软。所检测赤水市水样符合国家饮用水标准,均可作为优质饮用水源使用。

91 份水样的 pH 均高于 7,平均值为 7.74,即赤水市地表水多数属于微碱性水。

水中各矿质元素含量除硒、锶、锌外,其他元素与长江水系水中元素含量平均值相比均相对较低。对照我国天然矿泉水标准的界限指标,有 20 个水样的锶含量和 2 个水样的偏硅酸含量达到了矿泉水标准的要求,即这 20 个地表饮用水有开发成锶型矿泉水的可能性。从各乡镇水中锶含量的平均值看(图 9-4),文华街道办水样平均含量最高,两河口镇的平均含量最低。

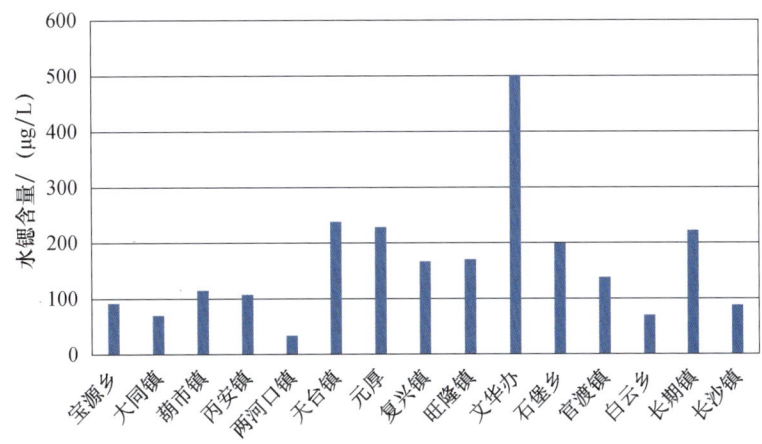

图 9-4 各乡镇水锶平均含量比较

89 个地表水样中硒的平均含量为 0.41 μg/L,与我国多数地区的水含量相当,但高于长江水系水中硒含量背景值。最高的是官渡镇五里村习水河取的水样,达 1.84 μg/L,超过我国部分长寿区平均值 0.90 μg/L 的水样共有 4 个,分别是官渡镇金宝村、官渡镇五里村、长期镇兴旺村和长沙镇习水河水样,4 个水样采集地均位于习水河流域,表明习水河流域部分地区可能存在富硒水。各乡镇中,官渡镇硒平均含量最高,两河口镇最低。从流域来看,习水河流域的 5 个乡镇平均为 0.46 μg/L,赤水河流域的 10 个乡镇办平均为 0.39 μg/L,习水河流域地表水硒含量略高于赤水河流域,两个流域的各乡镇长寿指数平均值也是习水河流域的 0.0198 略高赤水河流域的 0.0185。习水河流域地表水硒含量略高于赤水河流域,与两个流域的各乡镇长寿指数一致。

②锶型矿泉与偏硅酸矿泉健康价值与功能。锶是我国天然矿泉水认定的一个重要指标,锶对高血压、高血脂、高血糖、心血管疾病、动脉硬化等都有一定的预防作用,还具有抗氧化防衰老的功效。

偏硅酸具有软化血管功能,对动脉硬化、心血管和心脏疾病能起到明显的缓解作用,是目前矿泉水开发中较为关注的指标之一。

③水中主要矿物元素区域分布评价。锶元素区域分布:94个水样锶的平均含量为152 μg/L,含量最高的是赤水河水67号水样达709 μg/L,其次是赤水河水54号水样,为647 μg/L,有20个达到矿泉水标准,分布在官渡镇、长期镇、天台镇、元厚镇、旺隆镇5个乡镇及赤水河水和习水河水部分水域。

偏硅酸区域分布:94个水样偏硅酸平均含量为10.7 mg/L,含量最高的宝源乡宝源村水7号水样达37.9 mg/L,其次是宝源乡宝源村水4号水样,为28.4 mg/L,均达到矿泉水标准,大同镇华平村偏硅酸平均含量为24.6 mg/L。

④习水河与赤水河水水质评价。赤水河干流河道水中钙、锶、硒及TDS呈现从上游到下游逐渐降低的趋势,而习水河干流河道水中钙、锶及TDS是呈凹型变化,硒则呈凸型变化,表明两个河道在赤水市境内的上下游支流水对干流水中矿质元素含量的影响存在差异(见图9-5)。

注:TDS——总溶解固体(英文:total dissolved solids,缩写TDS),又称溶解性固体总量,测量单位为毫克/升(mg/L),它表明1 L水中溶有多少毫克溶解性固体。国家标准GB 5749—2006《生活饮用水卫生标准》中对饮用自来水的溶解性总固体(TDS)有限量要求:溶解性总固体≤1000 mg/L。

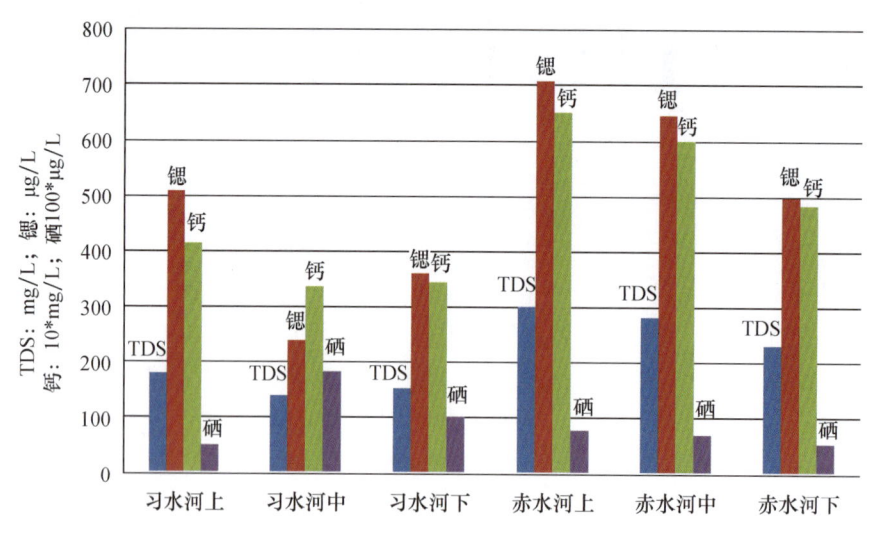

图9-5 习水河与赤水河上下游TDS、锶、钙、硒的变化比较

2)井水的测定结果及评价

5个水样(50复兴镇太和村、55复兴镇凯旋村张家湾、88号旺隆镇饮水供应池、92旺隆朝

阳地下水、93旺隆镇鸭岭村深井)的所测项目均符合国家饮用水标准的限值要求,水中溶解性总固体平均含量为557 mg/L,显著高于地表水的95 mg/L,表明赤水地区井水的矿化度明显高于地表水。与长江中下游部分地下水含量比较,赤水井水的硒、镍、锌、钾、钠、钙、锂、锶、钼等的含量均相对较高。

所测5个水样的锶含量和旺隆镇饮水供应池井水的偏硅酸含量均达到了国家矿泉水标准,但其中复兴镇凯旋村张家湾和2个水样(55号)的锶含量超过了10 mg/L,建议与地表水混合后作为饮用水使用较好,应避免单独长期饮用;复兴镇太和村井水、旺隆朝阳地下水和旺隆镇鸭岭村深井水可直接作为锶型矿泉水或高锶富硒钙锂型天然饮用水开发。

3) 盐温泉水水样的测定结果及评价

赤水旺隆镇盐温泉水样中钠含量超过了饮用水限值96倍,以氯化钠计,钠盐含量占水中溶解性总固体的38%多。锶、锂含量非常高,分别是矿泉水界限指标的3096倍和69倍,钠、铅、砷、铬、铁、锰、镍的含量也均超过了饮用水规定的限值,该温泉水是以钠盐为主、富含锶、锂、钾、钙、镁的盐温泉水。

4) 锶型矿泉与偏硅酸矿泉开发

① 锶硒山泉水。官渡镇金宝村山泉水、长期镇兴旺村泉水锶含量达到了矿泉水标准要求,硒、钙镁铁等的含量也较高,表明2村的水可以作为锶硒复合型长寿山泉开发。

② 锶硒矿泉水。50号(复兴镇太和村井水、锶、硒1.11 $\mu g/L$)、92号(旺隆朝阳地下水锶、硒1.02 $\mu g/L$)和93号(旺隆镇鸭岭村深井水锶、硒1.17 $\mu g/L$)锶含量分别为524 $\mu g/L$、1572 $\mu g/L$、2984 $\mu g/L$远大于天然矿泉水指标(200 $\mu g/L$),硒含量均大于1.00 $\mu g/L$,超过我国部分长寿区平均值0.91 $\mu g/L$,钙锂含量适中,则可直接作为高锶富硒钙锂型天然饮用水开发。

③ 锶山泉水。元厚镇高新村山泉水、旺隆镇永兴村山泉水、旺隆镇联会村山泉水锶含量都较高,钙、镁、锂偏硅酸型含量适中,可作为锶矿泉水开发。

④ 偏硅酸矿泉水。宝源乡宝源村水山泉水、大同镇华平村山泉水,偏硅酸较高,锶含量适中,均达到矿泉水指标要求,可作为偏硅酸矿山泉水(见图9-6)。

2. 主要食物中的矿质元素分析及评价

(1) 谷物类样品的分析及评价

谷物类样品共59个,其中大米31个、玉米28个。

1) 大米样品测定结果及评价

与一般大米的矿质营养元素含量比较,赤水市大米中人体必需的钾、镁、磷、硒等均略高,其中钾的平均含量比一般大米参考值高约17%,镁约高12%,磷约高15%,硒约高13%。需要限制的铅、镉、砷、铬均没有样品超标,样品的平均含量也低于限值较多。

全县大米样品硒含量平均值为0.025 mg/kg,略高于我国大米的一般含量0.022 mg/kg,硒含量最高的为宝源乡联奉村大米的0.038 mg/kg,其次为长沙镇赤岩村大米的0.034 mg/kg,超过0.3 mg/kg的大米样品有5个,另外三个分别是大同镇华平村的两个样品和长期镇兴旺村样品。以宝源、大同、长沙3个乡镇较高,均超过了0.3 mg/kg(见图9-7)。

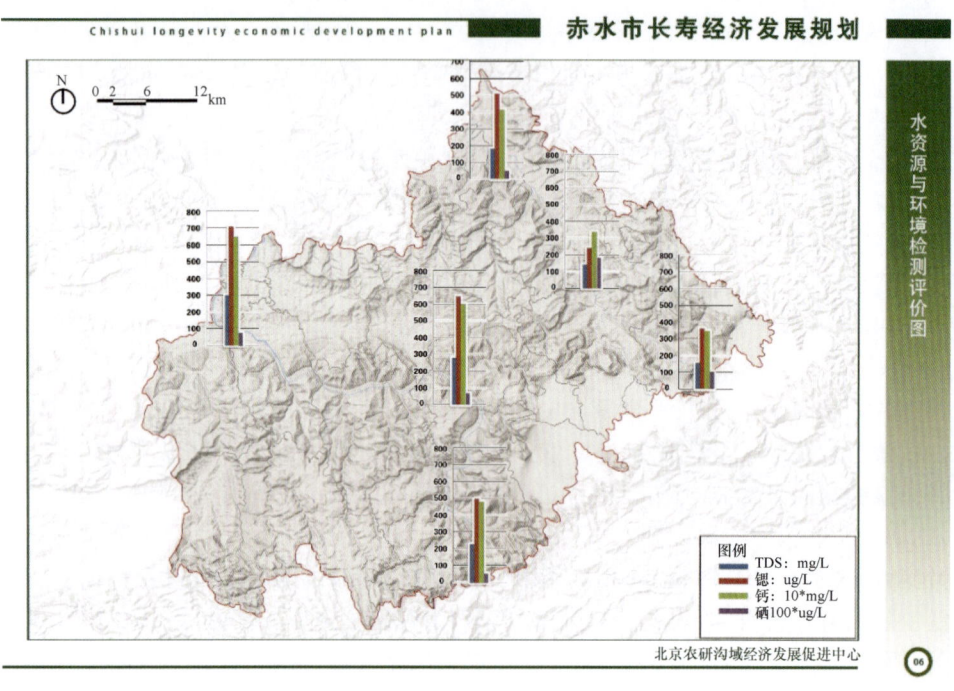

图 9-6　水资源与环境检测评价图

赤水大米无污染、硒钾磷镁含量较高。从硒含量和微量矿质元素总量方面,宝源乡联奉村、长沙镇赤岩村、大同镇华平村、白云乡平摊村、丙安镇三佛村的大米值得推荐。

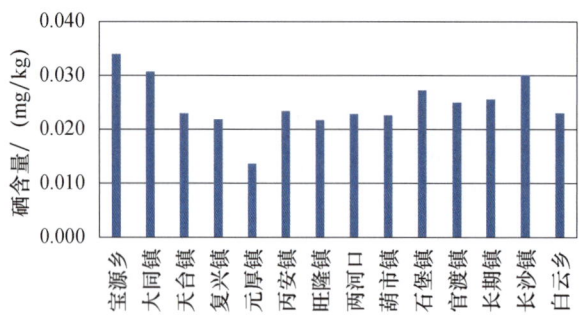

图 9-7　赤水市各乡镇大米硒平均含量比较

2)玉米样品测定结果及评价

与我国一些玉米含量的参考值比较,赤水市玉米样品中钾、锌、锰和磷等含量相对较高,分别高约 42％、12％、8％ 和 23％。赤水样品硒的平均含量与一般玉米硒含量参考值相近,其中 5 个样品的含量超过了 0.03 mg/kg,分别是宝源乡联奉村、宝源乡联华村、大同镇华平村、大同镇民族村和两河口镇大坝村。超过 0.02 mg/kg 的样品有 18 个,按照重庆富硒农产品标准

(DB 50/T 705—2016)中评价,赤水市这18个玉米样均属于富硒玉米,即赤水市64%的玉米都属于富硒玉米(见图9-8)。可以认为赤水市玉米是富含硒钾锌锰磷的优质绿色农产品。

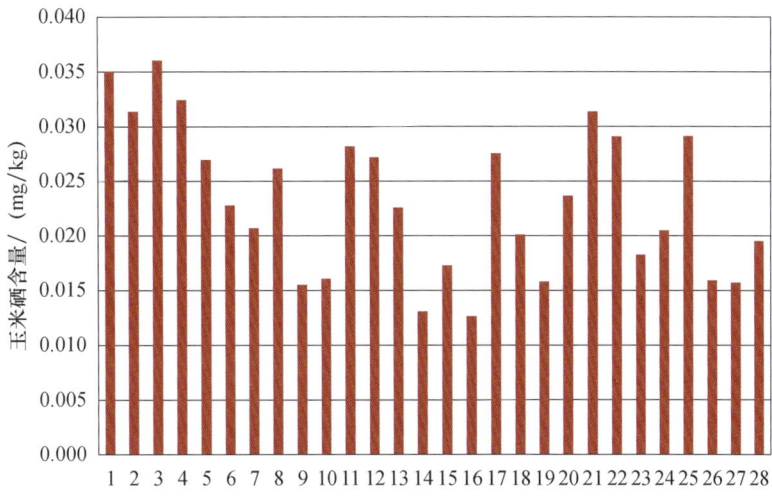

图9-8 赤水玉米样品硒含量

赤水玉米均属于无污染、富含多种矿质元素的优质农产品。从硒含量和微量矿质元素总量综合来看,宝源乡联奉村、大同镇华平村的玉米值得推荐。

(2)豆类样品的矿质元素含量分析及评价

豆类样品共10个,其中大豆6个、蚕豆3个、豌豆1个。

豆类食物中,蚕豆中人体必需的钙、镁、硒、锌、锰、磷、铜、钼等营养元素含量较高,其中微量元素硒的平均值是报道值的1.45倍。黄豆中营养元素钾、钙、镁、硒、锌、锰、锶、磷、钴、钼等相对较高,其中微量元素硒的平均值比报道的参考值多13%。蚕豆和黄豆的硒平均含量都达到了重庆富硒农产品标准(DB 50/T 705—2016)中的要求,可以认为是富硒农产品。豌豆中钙、铜比报道的参考值高,其他元素的含量则相对较低。在黄豆样品中,长期镇红卫村和白云乡平滩村的各种营养元素相对较高,10种微量元素(锌、锰、锶、硒、镍、铜、钼、钴、铬、锂)的累加值分别是139 mg/kg和129 mg/kg,这两个样品的硒含量也是6个黄豆样品中最高的,可以认为赤水市豆类产品是富含多种必需营养元素的绿色健康食品,尤以长期镇红卫村和白云乡平滩村的黄豆为佳。

(3)薯类样品矿质元素含量的分析及评价

薯类样品共7个,其中土豆4个,红薯3个。

赤水市所测的土豆和红薯是安全健康食品,且富含钾、钙、镁、铁、硒、锶、锌、锰、磷等矿质营养元素,土豆以宝源乡联奉村产的最佳,红薯则以大同镇华平村产的最佳。

薯类样品中,土豆的钾、钙、铁、磷、钼等含量相对较高,其中钾、钙、磷的含量均高20%以上。硒含量则以宝源乡联奉村的土豆含量最高,微量元素锌、锰、锂、锶、镍、钴、铬也是联奉村的样品含量最高。与报道的红薯参考值比较,赤水红薯中的钾、钙、镁、铁、硒、锌、锰、磷等均较高,其中大同镇华平村的红薯硒含量达到了参考值的3倍,它的钙、镁、铁、锌、锰、磷、锶、铜、镍等均是3个红薯样品中最高的。

(4)石斛样品的测定结果及评价

石斛样品共8个,其中石斛茎样品6个,石斛花样品2个。

金钗石斛是赤水市的特色食药材,赤水石斛的人体必需营养元素中,石斛花的钾、磷、铜、镍、锌、锰等含量要明显高于石斛茎的含量,其中钾、磷、铜、镍平均含量均达到了茎的两倍多,而茎的钠、钙、铝、铁、锂、锶、钴、钼、铬等含量要明显高于花的含量,其中的钠、钙、铝、锂、锶、钴、钼含量也达到了花的两倍多,硒、锌、镁等其他元素的差异则不大。需要限制的铅、镉、砷元素含量均符合"药用植物及制剂外经贸绿色行业标准"的要求。6个石斛茎样品中以长期镇五七村和白云乡平滩村样品的硒含量最高,分别为 0.038 mg/kg 和 0.039 mg/kg,这两个样品的锌、锰、锶、磷、铜、钴、钼等含量也相对较高。

(5)竹笋样品的测定结果及评价

竹笋是赤水的主要食品之一,现有竹林面积131万亩,是全国最大竹乡。竹笋样品共1个,为自然晾干样品。

所测竹笋的矿质元素含量多数要比报道的一般竹笋高,其中钙、铁、硒的含量为参考值的2倍及以上,钾、锌、铜等含量值均超过了参考值的20%以上,磷含量超过了参考值的15%,铅、镉、砷等需要限制的元素均未超过国家标准中规定的蔬菜含量限值。可以认为赤水竹笋是富含钙、铁、硒、钾、锌、铜、磷的绿色优质食品。

(6)茶叶样品的测定结果及评价

茶类样品共3个,其中红茶1个,绿茶1个,虫茶1个。虫茶是我国特有的林业资源昆虫产品。与报道的虫茶及一般绿茶比较,赤水虫茶具有丰富的钙、铁、锰、硒等。与一般红茶比较,赤水望云红茶中的钙、镁、铝、锰、硒、钴均相对较高,与一般花茶比较,赤水小金花茶中的镁、锰、铝等含量相对较高,3个茶样各有优势,红茶和花茶的硒含量均符合重庆市地方标准(DB 50/T 705—2016)中富硒茶的要求,即望云红茶和小金花茶可认为是富硒茶。

3. 长寿老人头发指甲元素的含量特征分析

头发元素和指甲中微量元素分析可用于检验人体的营养状况及身体的生长、发育和衰变状况,用头发和指甲中微量元素的含量探讨人体的衰老是有一定价值。

(1)长寿老人头发的元素含量特征分析

头发样品17个,均为100岁以上老人头发。除铬、镉、锰、钴外,各矿质元素测定结果的平均值与中位数均相差不大,基本呈正态分布。与成人参考值比较,赤水市百岁老人头发样中的人体必需营养元素锰、铁、钙、锂、锶等含量相对较高,其中锰、钙、锶是已有报道中百岁老人头发中普遍偏高的5个元素中的3个,另一长寿老人含量较高的元素硒则与海南百岁老人的含量值接近,赤水百岁老人与我国海南岛部分百岁老人头发含量相近的元素还有锌、钾、钠、磷等。对人体健康有害的铅、镉、砷等则明显低于成人参考值。

11个乡镇长寿老人头发硒含量比较分析发现,头发硒含量最高的3个乡镇分别是白云乡、长沙镇和宝源乡,而这3个乡镇的长寿指数(90岁以上老人占60岁以上人口的比例)在11个乡镇中也处在前三位(图9-9),表明人发硒含量与区域长寿之间存在一定正相关。

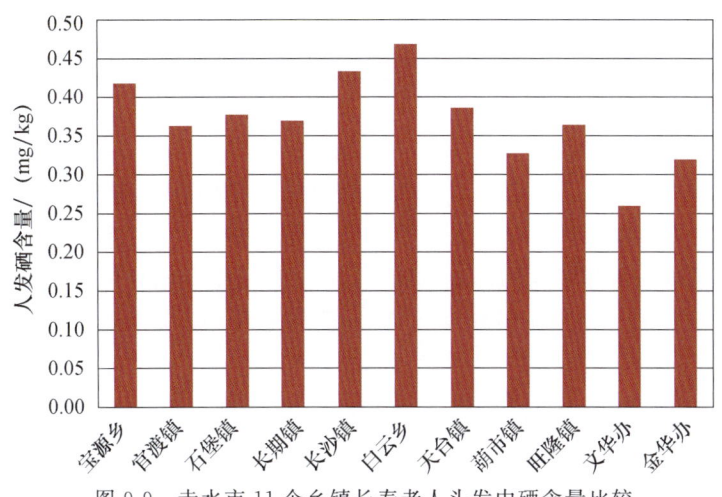

图 9-9　赤水市 11 个乡镇长寿老人头发中硒含量比较

(2) 百岁老人指甲的元素含量特征分析

指甲样品共采集 17 个。从赤水百岁老人指甲含量测定结果看出,除镉、镍、锰、铝、锶外,其他元素测定结果的平均值与中位数均相差不大,基本呈正态分布,相对标准偏差除镉、钴、镍、铬外,其他均在 15%~46%,含量变化不大。与报道的指甲参考值比较,赤水市长寿老人指甲样中的人体必需营养元素锌、锰、铝、铁、钠、钙、锂、磷、锶、钴等含量相对较高,其中锶相对最高,是参考值的 4 倍多,其次是锰,是参考值的 3 倍,硒、钾、镁含量与一般成人参考值相近,铬、镍、铜、钼等则低于报道的参考值,与报道的我国部分百岁老人指甲微量元素相比,赤水市长寿老人指甲的锌、锰、钙、锂、砷等具有较为近似的含量。对人体有害的元素砷、镉、铅等含量均低于人体参考值。目前长寿健康较为关注的硒含量,检测的 11 个乡镇中以白云乡老人的指甲硒含量最高,为 0.44 mg/kg,其次是宝源乡和长沙镇,含量分别为 0.41 mg/kg 和 0.35 mg/kg;其他 8 个乡镇相差不大,都在 0.26~0.32。白云、宝源、长沙 3 个乡镇的老人指甲硒含量排序与头发硒含量硒含量排序具有相似性,且三个乡镇的长寿指数也是处在 11 个乡镇的前三位(见图 9-10)。

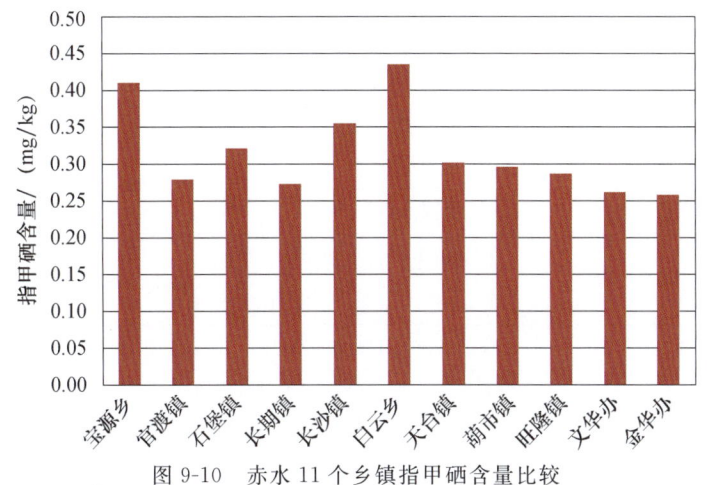

图 9-10　赤水 11 个乡镇指甲硒含量比较

9.2.2　赤水市长寿老人分布现状分析

1. 赤水市长寿之乡申报情况

赤水市从 2014 年开始申报第二届"中国长寿之乡"。截至 2014 年年底,全市健在的百岁以上老人 34 人,占户籍总人口 11/10 万。百岁老人分布在全市 17 个乡镇、办事处的 13 个乡镇和办事处。在申报的指标中除"城镇居民年人均可支配收入、农村居民年人均纯收入、卫生技术人员数"3 项指标外,其他各项指标均达标。2015 年经中国老年学会和老年医学会多次考察考核,赤水市成为贵州省第三个"中国长寿之乡"(见表 9-2)。

表 9-2　赤水市申报第二届"中国长寿之乡"达标表

类别	指标	2014 年指标数据	各项指标达标情况	未达标项
一、申报范围	认证区域范围	县(县、市、区、旗)市级以上基层行政区划单位	赤水市	—
	认证区域内户籍总人口	区域内户籍总人口≥15 万人以上	2014 年年底户籍总人口 31.0088 万人	—
二、基本标准	区域内存活实足百岁及以上老人占户籍总人口的比例	存活实足百岁及以上老人占户籍总人口≥10/10 万	截至 2014 年 12 月 31 日,存活实足百岁以上老人 34 人,占户籍总人口 11/10 万	—
	人口平均预期寿命	2010 年平均预期寿命≥76.8 岁	77.05 岁	—
	人口长寿比	80 岁及以上老年人占 60 岁及以上老年人口的比例要求≥14%	截至 2014 年 12 月 31 日,60 岁以上老年人 48347 人,80 岁以上 6865 人,80 岁以上占 60 岁以上人口的 14.20%	—
三、参考标准(要求达到三分之二以上的指标,须有 8 项以上,含 8 项达标)	城镇居民年人均可支配收入	达到或超过全国平均水平(2014 年全国城镇居民人均可支配收入中位数为 26635 元)	2014 年 21722 元	达标
	农村居民年人均纯收入	达到或超过全国平均水平(2014 年全国农村居民人均纯收入中位数为 9497 元)	2014 年 8350 元	达标
	恩格尔系数	≤0.4 全国水平	2014 年恩格尔系数 0.37	—
	基尼系数	≤0.4 全国水平	2014 年基尼系数 0.38	—
	人均受教育年限	15 岁及以上人口平均受教育年限≥9 年	2014 年教育年限 9.01 年	—
	百岁老年人补贴	每位百岁老人补贴 300 元/月	300 元	—
	养老床位数	每千名老人拥有养老床位数达到或超过全国平均水平,即≥26 张/每千人	35 张	—

续表

类别	指标	2014年指标数据	各项指标达标情况	未达标项
三、参考标准（要求达到三分之二以上的指标，须有8项以上，含8项达标）	卫生技术人员数	每千人卫生技术人员数达到或超过全国平均水平，即≥5.4人/每千人	4.42人/1000人	达标
	森林覆盖率和城镇人均公共绿地面积	森林覆盖率达到或超过21%，城镇人均公共绿地面积达到或超过10 m²/人，其中一项达标即视为达标	森林覆盖率80.17%；17.75 m²/人	—
	环境空气质量	按《环境空气质量指数（AQI）技术规定（试行）》监测和参照执行《环境空气质量标准》（GB 3095—2012），2016年前县级必须达到《环境空气质量标准》（GB 3095—1996）二级标准要求	达到《环境空气质量标准》（GB 3095—1996）二级标准要求	—
	生活饮用水质量	生活饮用水以国家（GB 5749—2006）标准为依据，要求水质各项常规指标（42项）和非常规指标（64项）及限值，都符合规定标准	达到（GB 5749—2006）标准要求	—
	建有老年学学会或长寿研究会等相关机构	建有其中一项相关组织机构即视为达标	已建	—

在2014—2018年，赤水的百岁老人每年都维持在34～40人。其他未达指标也逐渐达到中国长寿之乡的总体标准。

2. 赤水市长寿之乡百岁老人人口近年分布情况

2014—2018年，赤水的百岁老人集中在市中办、宝源乡、官渡镇、白云乡、葫市镇、长沙镇、天台镇、长期镇等几个乡镇。习水河流域的乡镇比较集中（见图9-11）。

2015—2018年，赤水的高龄老人集中在市中办、官渡镇、长期镇、旺隆镇、天台镇、复兴镇、长沙、元厚镇等几个乡镇。习水河流域的乡镇仍然比较集中，高龄老人的总数逐年上升，预计未来百岁老人的人口数也会上升（见图9-12）。

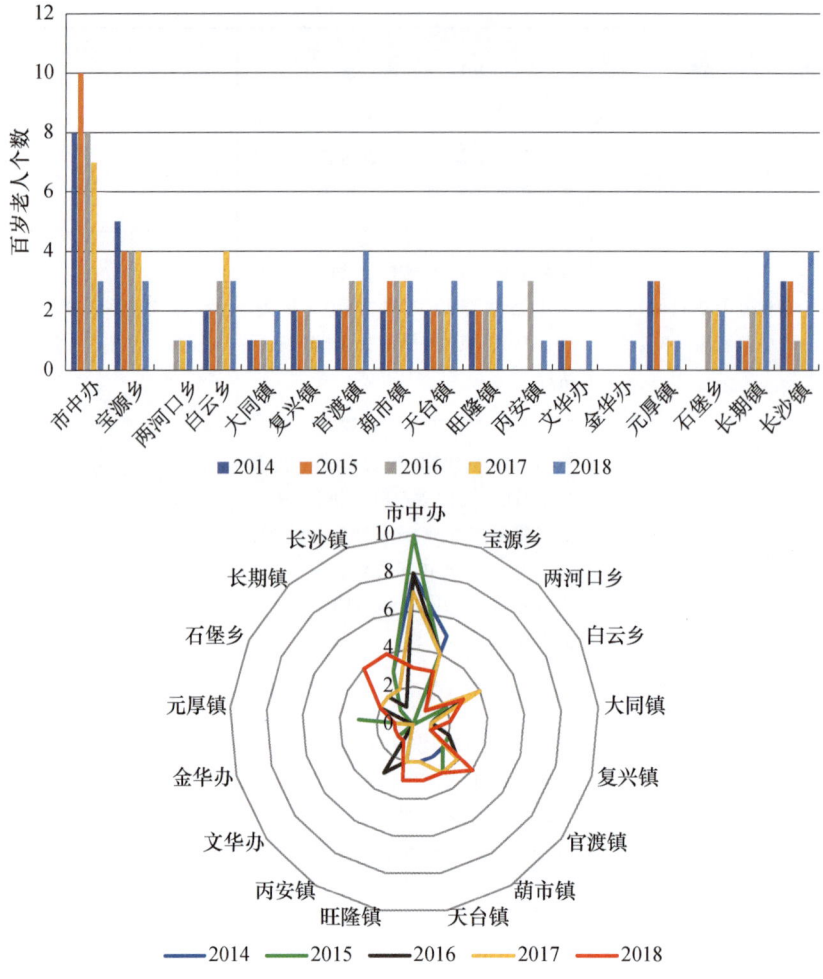

图 9-11 2014—2018 年赤水市乡镇(办)百岁老人数量(个)分布图

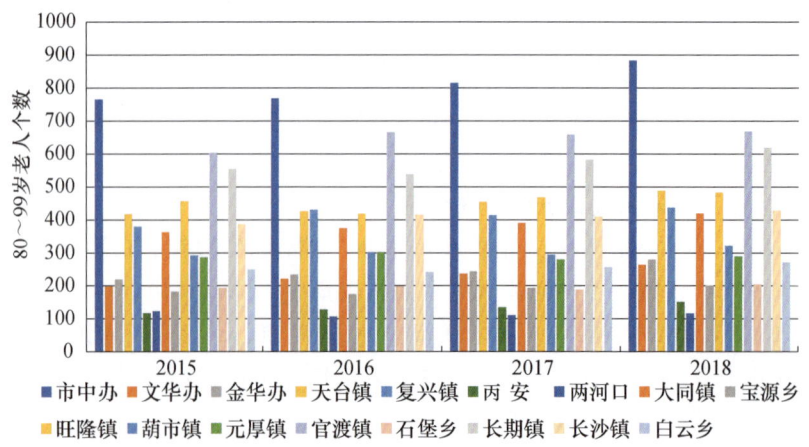

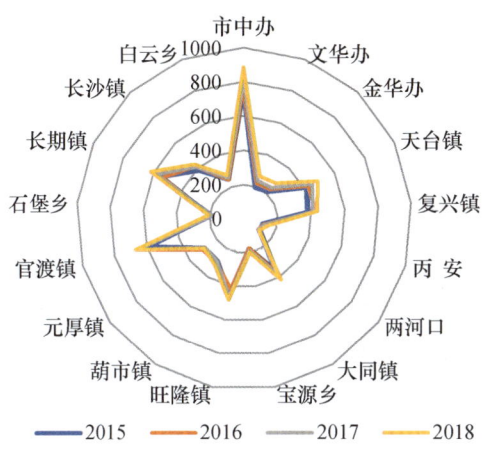

图 9-12 2015—2018 年各乡镇(办)高龄老人累计数量(个)分布图

9.2.3 赤水市长寿乡镇（办）、长寿村的认定

1. 长寿之乡镇(街区)的认定

根据赤水市百岁老人及高龄老人近年的统计数据,结合各个乡镇办的人口基数,参考赤水市长寿资源的分析数据。

从长寿人口百岁老人 5 年的统计总数上,市中办、宝源乡、白云、官渡、葫市、长沙、天台、旺隆、长期镇、元厚镇,可以确定为长寿乡镇(街区)。

从长寿人口百岁老人总数与人口基数比值(百岁老人贡献率)上,宝源乡(4.69)、白云乡(2.43)、元厚镇(1.76)、市中办(1.6)长沙镇(1.24)、葫市镇(1.23)天台镇(1.01)、旺隆镇(1.01)镇可以确定为赤水市的长寿乡镇。

从赤水市的长寿乡镇与富硒、富锶、偏硅酸(土壤、地表水、食物)的长寿资源关系上看,宝源乡、元厚镇、白云乡、长沙镇、官渡镇、天台镇、旺隆镇、葫市镇、长期镇可以确定为长寿乡镇(街区)。

赤水市的长寿经济和长寿产业正处在待开发期,长寿乡镇街区还有待于对整个赤水市的长寿区域资源进一步进行系统的抽样检验,进一步确定。长寿经济和长寿产业指标、长寿经济标准的制定仍需要进一步的优化,尽快形成区域性的产业发展合力,推进赤水市长寿品牌知名度、长寿经济的进一步发展。

2. 长寿村的认定

赤水市的百岁老人村,主要分布在全市的 14 乡镇 35 个行政村(乡镇镇社区)。百岁老人村的年份累计数字从 1~10 人不等,5 年贡献 5 人以上的村庄为:天台镇铁匠炉村、旺隆镇永兴村、宝源乡的联华村、联奉村、回龙村;白云乡的白云村、平摊村、长沙镇笃睦村;大同镇华平村、大同镇两汇水村;复兴镇凯旋村、官渡镇解放路社区;葫市镇金沙村、葫市镇高竹村、长期镇共和村、元厚镇的五柱峰村(见图 9-13)。

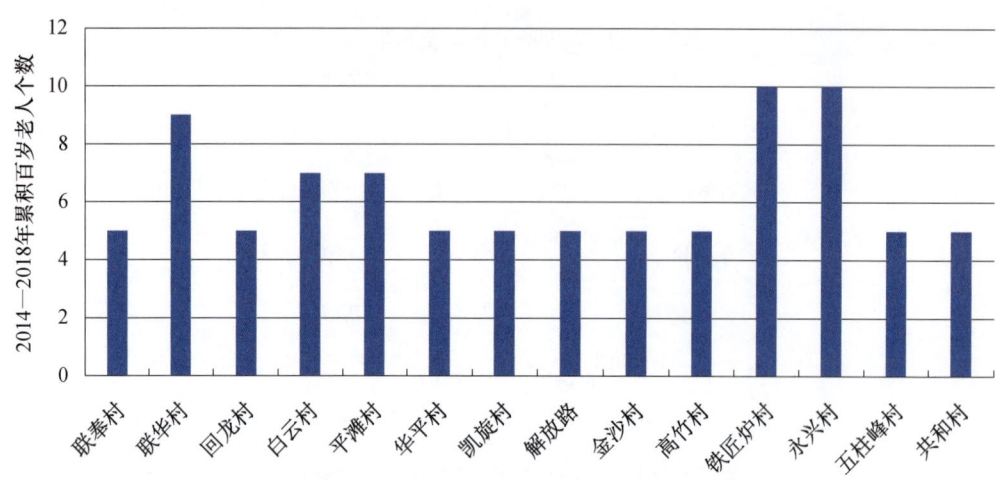

图 9-13 2014—2018 年不同村百岁老人数量分布

赤水市的百岁老人贡献较高的村(社区)呈带状分布：

宝源乡(联华村、联奉村、玉丰村)—大同镇(华平村)。

天台镇(铁匠炉村、兴红村)—旺隆镇(永兴村、联会村)—葫市镇(金沙村)—元厚镇(五柱峰村、高新村、米粮村、虎头村)。

白云乡(平滩村、白云村)—长沙镇(笃睦村、赤岩村)。

长沙镇(石场村、高洞村、团结路)—长期镇(白田村、合云村、共和村)—官渡镇(龙宝村、解放路、仙鹤村、渔湾村)—石堡镇兴农村。

9.3 发展定位和目标

9.3.1 定位研究

1. 总体定位

长寿养生旅游目的地城市

(丹青赤水　品位寿乡)

建设长寿宜居、生态休闲、特色鲜明、主业突出、功能完善、带动性强的长寿旅游目的地城市，以"长寿＋旅游＋目的地"为融合创新，促进长寿养生旅游业转型提升，由点线布局向集聚发展转变，由单点模式向全域模式转变，全面提升长寿产业专业化、市场化、规模化水平，不断提高长寿产业综合竞争力，让长寿之乡"实至名归"。

2. 功能定位

丹霞生态农业示范区：农业＋长寿。将传统的"体力型农业"向"康养型、智慧型、审美型、参与体验型"的长寿农业转变。以健康为前提条件，以现代科技手段为支撑，积极开展可持续发展的能够提高和促进人体健康、调节人体机能的优质化、营养化、功能化农产品的开发。

精品绿色养生食品加工基地：食品加工业＋长寿。大力发展绿色优质食品，改善供给结构，提高供给质量，优化产品结构，加快发展老年食品和满足特定人群需求的功能性食品，支持发展养生保健食品；提升产品品质，搭建基于标识解析等技术的质量追溯信息化平台，形成上下游产业食品质量安全可查询可控制可追究的追溯体系和责任机制。推动长寿与教育文化、健康养生深度融合，鼓励发展食品工业旅游、制造工艺体验、产品设计创意等新业态。

现代长寿服务业先行区：服务业＋长寿。发展与长寿服务上下游相关的产业与行业，以全域理念统领长寿服务业发展。依托"山水"的空间布局，对全域康养资源进行全盘谋划、系统设计、统筹管理，按照"集点、连线、汇面"的要求，深度整合资源，把"珍珠"串成"项链"，形成地域特色鲜明、配套齐全、融合发展的康养服务业体系。

9.3.2 研究目标

1. 总体目标

长寿产业规模显著扩大。长寿产品日益丰富，产业链不断完善，产业规模进一步壮大，长寿产业增加值占 GDP 比重显著提升，涌现一批带动力强的龙头企业，形成一批长寿产业服务集群、生产集群，培育一批知名品牌。

发展环境更加优化。长寿产业政策体系建立健全，行业标准和服务体系科学规范，政府监管和行业自律机制更加有效，"长寿＋"的融合发展体制机制全面形成，全社会健康意识显著增强，长寿文化深入传承，形成独具自贡特色、文化氛围浓、创新活力强、行业自律好、政府监管有效的发展环境。

服务体系健全、服务能力提升。建成以公立机构为主体、社会机构为补充、覆盖全民全域全方位的长寿服务体系，满足多层次、多样化健康服务需求，实现医疗、康疗、养生、养老、健康文化旅游和健康保险、健康管理、医药商贸物流、健康地产协同融合发展，培育和建成一批高端、特色鲜明的健康服务机构和现代企业。优质资源不断聚集，人才支撑能力明显提高，信息化水平进一步提升，长寿产业新技术、新产品研究及应用水平不断提高。

2. 阶段目标

要坚持政府引导与市场驱动相结合、坚持深化改革与创新发展相结合、坚持突出特色与示范引领相结合、坚持整体推进与重点跨越相结合，到 2021 年，实现绿色农产品基地认证占 30%，绿色有机产品认证 20 个，地理标志产品认证 6 个，无公害产地认证率达到 100%。完成低效林的改造，建成一批丰产林基地，竹文化、竹产品形成品牌效应。完善现有茶叶基地基础设施，提高茶叶品质和单产，形成虫茶、白茶、岩茶等为主的特色茶产业。

中药材面积发展 15 万亩,金钗石斛面积达 10 万亩以上,实现农业种植效益 8 亿元,综合产值 10 亿元。农产品加工转化率达到 70% 左右,农产品加工企业产值到达 110 亿元,实现石斛产业产值 10 亿元以上,建成全国最大金钗石斛产业基地。旅游业占 GDP 比重达到 30% 以上。长寿服务体系趋于完善,初步建成覆盖全市、辐射黔西南、面向黔渝川的现代化长寿产业发展高地。到 2023 年,促进长寿产业发展的制度体系更加完善,健康生活方式得到普及,长寿服务质量和长寿保障水平不断提高。基本建成覆盖全生命周期、特色鲜明、结构合理、具有较强区域竞争力的长寿产业体系,打造长寿养生旅游目的地城市,成为黔渝川区域长寿产业发展标杆和样板城市。

9.4　长寿文化振兴

2017 年,中共中央办公厅、国务院办公厅印发了《关于实施中华优秀传统文化传承发展工程的意见》(以下简称《意见》)。实施中华优秀传统文化传承发展工程,是建设社会主义文化强国的重大战略任务,对于传承中华文脉、全面提升人民群众文化素养、维护国家文化安全、增强国家文化软实力、推进国家治理体系和治理能力现代化,具有重要意义。

9.4.1　文化内涵解读

文化,自古以来就是一个国家一个民族一个时代的脊梁,而优秀的传统文化则是这个脊梁的精华。这对于任何一个有活力有理想有追求有创新有担当的民族、国家、时代来说,永远是其生命的依托、精神的支撑、创新的源泉、存续的经络、赓延的血脉、发展的动力。

文化不仅会作用于人的思想意识、精神信仰、道德情操,完善人格、塑造灵魂,并以其厚重的积淀性和坚韧的连续性,顽强地储存于民族传统和时代精神之中,并塑造一个时代的形象,规定一个时代的范式,铸治一个时代的风华,标志一个时代的文明程度和发展方向。

9.4.2　长寿文化诠释

我国当前社会正大步迈向全面小康,实现中华民族伟大复兴的中国梦,就要满足人民群众日益增长的美好生活需求,对健康长寿的追求更是渗透于中华民族的血脉之中,令中华儿女数千年来追寻不懈。通过养生而却病延年、尽享天年,达到"百岁而动作不衰",发展出了博大精深的养生体系。而健康长寿乃至全民健康,就是人民美好生活一大需求和指标。

对健康长寿的追求发展出内容丰富、体系健全的养生体系。实际上,中国从夏商至秦汉、历唐宋元明清,"人命至重,有贵千金"之重生思想深植人心。"君王众庶,尽欲全形"之长寿追求渗透血脉。"养怡之福,可得永年"之摄生行为贯穿始终。养生为中华民族的繁衍昌盛和中国人的健康长寿作出了不朽贡献。

9.4.3 赤水市长寿文化振兴总体思路

长寿文化是赤水的血脉,是赤水人的精神家园。其理念、智慧、气度、神韵,增添了赤水人的自信和自豪。这是赤水长寿文化自信最基本、最深层、最持久的力量。坚持以人民为中心的工作导向;坚持创造性转化和创新性发展;坚持交流互鉴、开放包容;坚持统筹协调、形成合力。

1. 重要意义

赤水长寿文化源远流长、灿烂辉煌,积淀着赤水最深沉的精神追求,代表着赤水独特的精神标识,是其生生不息、发展壮大的丰厚滋养,是赤水重要文化沃土,是现代赤水发展的突出优势,对推进国际健康养生旅游目的地城市,促进健康幸福发展发挥着重要作用。

2. 指导思想

深入贯彻习近平总书记系列重要讲话精神和治国理政新理念新思想新战略,紧紧围绕实现中华民族伟大复兴的中国梦,深入贯彻新发展理念,坚持以人民为中心的工作导向,坚持以社会主义核心价值观为引领,坚持长寿文化创造性转化、创新性发展,坚守赤水长寿文化立场、传承赤水长寿文化基因,不忘本来、吸收外来和面向未来。

3. 基本原则

坚持把握传统文化复兴作为前进方向。坚持赤水特色长寿文化发展道路,立足长寿文化意识形态领域的指导地位,弘扬社会主义核心价值观,解决长寿发展现实问题、助推区域社会发展。

坚持以人民对美好生活向往为中心的工作导向。注重长寿文化熏陶和实践养成,把长寿思想理念、长寿价值标准及长寿审美风范转化为人们的精神追求,增强长寿文化参与感、获得感和认同感。

坚持长寿文化创造性转化和创新性发展。秉持客观、科学、礼敬的态度,取其精华,扬弃继承、转化创新,赋予新时代长寿内涵和现代表达形式,使长寿文化与当代文化相适应、与现代社会相协调。

坚持长寿文化交流互鉴和开放包容。以我为主、为我所用,取长补短、择善而从,既不简单拿来,也不盲目排外,吸收借鉴国内外长寿文化成果,参与世界长寿文化交流,不断丰富和发展赤水文化。

坚持长寿文化统筹协调和形成合力。充分发挥政府主导作用和市场积极作用,鼓励和引导社会力量广泛参与长寿文化的保护与利用,推动形成有利于传承发展长寿文化的体制机制和社会环境。

4. 发展战略

(1)坚定不移推动赤水市长寿文化全地域统筹的"发展观"

长寿文化具有遗产性、文化性和生态性等多重特征,应树立全要素保护的"资源观"、全内涵彰显的"文化观"、全需求兼顾的"价值观"、全产业创新的"发展观"和全管理支撑的"保障观",通过5大战略构建赤水市长寿文化保护与利用全域模式。

(2) 坚定不移确立赤水市长寿文化全要素保护的"资源观"

重塑长寿文化的生态系统。一是全面发掘、普查赤水市长寿文化遗产资源,对其进行重点保护;二是从全市域整体地域格局的视角,对长寿文化资源进行体系性保护与开发。

(3) 坚定不移确立赤水市长寿文化全内涵挖掘的"文化观"

重塑赤水市长寿文化的人文系统。一是立足"人地和谐",追求长寿精神的重塑和发扬,融入"五个"发展的时代内涵;二是采用静态展示、动态演绎和深度互动的方式彰显长寿文化资源内涵。

(4) 坚定不移确立赤水市长寿文化全需求兼顾的"价值观"

拓展长寿文化的功能系统,全面拓展长寿文化的生态功能、遗产功能和建设功能,在确保延续历史、传承文脉的同时,持续促进区域经济社会发展和长寿发展建设。

(5) 坚定不移确立赤水市长寿文化全产业创新的"发展观"

创新长寿文化的产业系统。提炼长寿文化的文化符号,推进"长寿文化+"战略,形成长寿文化+旅游、+农业、+康养、+工业、+创意等产业聚变,为赤水市长寿文化传承发展提供不竭动力。

(6) 坚定不移确立赤水市长寿文化全管理运行的"保障观"

构建长寿文化的管理系统。长寿文化的保护利用需要专管部门、专项基金和专业人才支撑。创新协同管理机制、创新经费保障机制、设立赤水市长寿发展办公室和长寿文化专项发展基金和创新人才培养机制。

5. 总体目标

到 2025 年,赤水市长寿文化传承发展体系基本形成,研究阐发、教育普及、保护传承、创新发展、传播交流等方面协同推进并取得重要成果,具有赤水特色、赤水风格、赤水气派的长寿文化产品更加丰富,文化自觉和文化自信显著增强,文化软实力的根基更为坚实,长寿文化的国际影响力明显提升。

9.4.4 赤水市长寿文化建设主要内容

1. 长寿文化核心思想理念

绿水青山使赤水人每天都能得到最清纯的滋养,体现了"道法自然"的生存原则。多动的生活状态,增强了赤水人的体魄,也证明着"流水不腐"的规律。家睦人和的生活态度,恰恰是"致中和"思想的鲜活体现。这些是赤水人长寿的文化原因,也是赤水市成为"中国长寿文化之乡"的根本所在。

以革故鼎新、与时俱进的思想;以脚踏实地、实事求是的思想;以惠民利民、安民富民的思想;以道法自然、天人合一的生态思想等,推进赤水长寿经济发展,弘扬讲仁爱、重民本、守诚信、崇正义、尚和合、求大同等核心思想理念。

2. 长寿与中华传统美德

长寿文化与中华优秀传统文化一样蕴含着丰富的道德理念和规范,包括担当意识,爱国情怀,崇德向善、见贤思齐的社会风尚,孝悌忠信、礼义廉耻的荣辱观念,体现着评判是非曲直的价值标准,潜移默化地影响人的行为方式。传承发展长寿传统文化,弘扬自强不息、敬业乐群、扶危济困、见义勇为、孝老爱亲等中华传统美德。

3. 长寿与中华人文精神

长寿文化与中华优秀传统文化一样积淀着多样、珍贵的精神财富,包括求同存异、和而不同、文以载道、形神兼备、情景交融的美学追求,俭约自守、中和泰和的生活理念等,是长寿思想观念、风俗习惯、生活方式、情感样式的集中表达,至今依然具有深刻影响。传承赤水长寿文化,有利于促进社会和谐。

9.4.5 赤水市长寿文化振兴的重要任务

新中国成立前,我国人均预期寿命只有35岁,2010年达到74.83岁,而到了2015年,人均预期寿命已达到76.34岁。对于未来,我国还提出了"健康中国"战略,国务院发布的《"健康中国2030"规划纲要》指出:"实现国民健康长寿,是国家富强、民族振兴的重要标志,也是全国各族人民的共同愿望"。这是对中国梦与健康梦关系的最佳注脚。

1. 把长寿文化贯穿国民教育始终

把长寿文化全方位融入思想道德教育、文化知识教育、艺术体育教育、社会实践教育各环节。构建长寿文化课程和教材体系,编写赤水长寿文化幼儿读物,开展"少年传承长寿文化传统美德"系列教育活动,加强长寿文化相关学科建设,重视保护和发展具有重要文化价值和传承意义的中医药文化、养生文化。

2. 精准阐发长寿文化精髓

强化长寿文化研究阐释工作,深入研究阐释赤水长寿文化的历史渊源、发展脉络、基本走向,阐明长寿文化是发展当代文化的丰厚滋养,是传承发展中华优秀传统文化的实践之需,是阐明丰富多彩的赤水文化的基本构成,是阐明长寿文化与中医药文化、养生文化不断交流互鉴中发展的,着力构建赤水底蕴、赤水特色、长寿文化思想体系和话语体系。巩固长寿文化探源成果,实施长寿文化资源普查工程,构建准确权威、开放共享的赤水长寿文化资源公共数据平台。

3. 保护传承长寿文化遗产

坚持保护为主、抢救第一、合理利用、加强管理的方针,做好长寿文化保护工作,加强新型城镇化和新农村建设中的文物保护。加强历史文化与长寿文化名镇名村、长寿村和村镇特色风貌管理,实施赤水传统长寿村落保护工程,推动长寿文化的整理研究和保护传承。

4. 推动长寿文化中外交流

加强赤水长寿文化对外文化交流合作,创新人文交流方式,丰富文化交流内容,不断提高文化交流水平。支持中医药、健康养生、长寿美食、长寿节庆等代表性项目走出去。加强对外长寿文化交流合作,鼓励发展对外长寿文化贸易,让更多体现赤水长寿文化特色、具有较强竞争力的长寿文化产品走向国际市场。

5. 支持长寿文艺创作

从赤水长寿文化资源宝库中提炼题材、获取灵感、汲取养分,把其有益思想、艺术价值与时代特点和要求相结合,运用丰富多样的艺术形式进行当代表达,推出系列底蕴深厚、滋养人心的优秀文艺作品。

6. 把长寿融入生产生活

注重实践与养成、需求与供给、形式与内容相结合,把赤水长寿文化内涵融入生产生活。深入挖掘城乡历史与长寿文化价值,凝练精选若干凸显长寿文化特色的经典性元素和标志性符号,纳入城乡建设。

实施长寿村镇文化建设,发掘和保护一批处处有历史、步步有文化的小镇和村庄。用中华优秀传统文化的精髓涵养企业精神,培育现代企业文化。

实施中华老字号保护发展工程,支持一批文化特色浓、品牌信誉高、有市场竞争力的中华老字号做精做强。

实施长寿文化节日振兴工程,加强对传统历法、节气、生肖和饮食、医药等的研究阐释、活态利用,使其有益的文化价值深度嵌入百姓生活。

利用历史文化资源优势,规划设计推出系列长寿专题研学旅游线路,引导游客在长寿文化旅游中感知长寿文化。推动休闲生活与长寿文化融合发展。

7. 加大长寿文化宣传教育力度

综合运用报纸、书刊、电台、电视台、互联网站等各类载体,融通多媒体资源,统筹宣传、文化、文物等各方力量,创新表达方式,大力彰显长寿文化魅力。

实施长寿文化新媒体传播工程。充分发挥图书馆、文化馆、博物馆、群艺馆、美术馆等公共文化机构在传承发展中华优秀传统文化中的作用。

加强国民礼仪教育。加大对国家重要礼仪的普及教育与宣传力度,在长寿节庆活动中体现仪式感、庄重感、荣誉感,彰显长寿文化的时代价值,树立文明之城、礼仪之邦的良好形象。

研究提出承接传统习俗、符合现代文明要求的社会礼仪、服装服饰、文明用语规范,建立健全各类公共场所和网络公共空间的礼仪、礼节、礼貌规范,推动形成良好言行举止和礼让宽容的社会风尚。

挖掘和整理家训、家书文化,用优良的家风家教培育青少年。挖掘和保护乡土长寿文化资源,建设新乡贤文化,培育扶持乡村文化骨干,提升乡土文化内涵。

9.4.6 打造赤水"养生福地、长寿天堂"

"长寿天堂"是指最适宜老人颐养天年、青少年健康成长、成年人休养生息和工作的好地方。赤水作为国际长寿旅游目的地城市,具有深厚的长寿文化底蕴,发展养生养老产业具有得天独厚的有利条件,应大力发展长寿经济,将赤水打造成中国最具特色的"长寿天堂"。

1. 推出"养生福地、长寿天堂"

深入挖掘赤水孝道文化。深入挖掘和研究孝道文化,能进一步扩大赤水市的影响,也有利于做大、做强赤水市的养生养老产业。

突出发展养生养老产业。赤水市毗邻习水县、合江县、江津区、叙永县等区县,生态与环境条件优良,医药与卫生产业基础较好,特别是借助于重庆这座特大型城市,吸引重庆和周边城市的老年人来这里养生养老。

与赤水河和习水河流域联手打造"长寿天堂、养生福地"。赤水市可以和习水县、合江县、叙永县首先联动起来,共同推动赤水河流域和习水河流域养生养老产业的"养生福地"品牌和"长寿天堂"的文化旅游品牌。

重视长寿养生食品,推出长寿养生美食城。赤水市在发展养生养老产业时,应该重视长寿养生食品、国酒品鉴和药膳的开发,特别是要把长寿养生美食城作为长寿发展的重大项目重点支持。使之成为赤水市长寿发展的一大亮点。

2. 健全组织保障,成立赤水市长寿发展办公室

为了更好地打造赤水"养生福地、长寿天堂"品牌,建议市委、市政府尽快成立长寿发展办公室,其主要职能为:宣传贯彻党和国家老龄工作的方针政策,根据老龄事业发展要求,开展长寿调查研究工作。

(1)编辑出版专业刊物和宣传资料。

(2)参与政府制定有关长寿产业发展的政策,推动长寿产业向规范化、科学化、以人为本方向发展。

(3)组织开展"长寿镇村"评审和管理工作。

(4)参与中国老年学学会组织的有关长寿理论研讨和长寿产业开展活动等。

(5)开展长寿经济、长寿产业和长寿文化开发工作及与长寿发展的交流与沟通。

3. 实施重点突破,推出"中国·赤水国际长寿文化节"

赤水的长寿文化发展取得了可喜的成果,但仍需要进一步提升,特别是应该发挥"中国长寿之乡"的优势,将其与旅游融合发展,增强其知名度与影响力。实施重点突围,推出"中国·赤水国际长寿文化节"。以赤水独特的长寿风俗文化庆祝长寿,歌颂、尊敬生命。让社会大众感受赤水长寿文化的内涵。

9.5 长寿经济体系构成和发展空间布局

9.5.1 长寿经济体系

长寿经济体系包括长寿经济生产体系、长寿经济流通体系、长寿经济消费体系3个方面。

1. 长寿经济生产体系研究

该体系是长寿经济体系的基础,主要是饮食健康养生,具体分为长寿农业、长寿林业、长寿中草药产业、长寿加工业。长寿农业中具备长寿元素的因子提取为乌骨鸡、生态鱼、绿色和有机蔬菜、特色水果、石蛙、丹霞岩蜂蜜等有利于人体健康的农产品。长寿林业中具备长寿元素的因子提取为竹林、茶树、桫椤等珍稀植物。长寿中草药产业中具备长寿元素的因子提取为金钗石斛、天麻、佛手、淡竹叶、重楼、白芨、天冬、杜仲等可开发保健饮料、保健食品、药食同源、美容产品的中草药。长寿加工业主要针对长寿农业、长寿林业、长寿中草药生产出来的长寿因子产品进行研发、加工。

2. 长寿经济流通体系研究

长寿流通体系是长寿经济生产体系的支撑，包括商超、果蔬食品专卖店、批发和零售、直销、电商平台、微商平台等在内的流通渠道体系，主要从品牌打造、流通渠道、服务营销等方面确保生产体系中的产品能顺利、安全地进入市场，打响赤水长寿经济之乡的品牌。

3. 长寿经济消费体系研究

长寿经济消费体系（见图 9-14）是长寿经济的引擎，也是最能吸引游客的部分，主要包括长寿旅游、长寿健康服务、长寿养老服务、长寿文化、长寿教育、长寿科技、长寿饮食等。长寿旅游服务在提供"吃、住、行、游、购、娱"等基本服务外，还要突出"商、养、学、闲、情、奇"；长寿健康服务的服务元素主要是"养老、养生、医疗、医药、药食材、运动"；长寿养老服务主要提供老年人宜居的服务。

长寿经济消费体系具有以下特征。

（1）能够与一二产业高度融合，催生健康长寿服务的新产业、新业态、新模式。如，养生农业服务体验教育、森林康养体验服务、中医药旅游服务、健康医疗移动应用服务 APP 等。

（2）基于互联网的健康长寿服务业。能够通过互联网为健康长寿人群提供体检、咨询服务，提供个性化长寿管理等服务业态。

（3）具有为长寿健康提供专业服务的机构。如，医学检验中心、医疗影像中心、病理诊断中心和血液透析中心、健康长寿服务评价机构、健康长寿管理服务评价机构、以及健康长寿市场调查和咨询服务业。

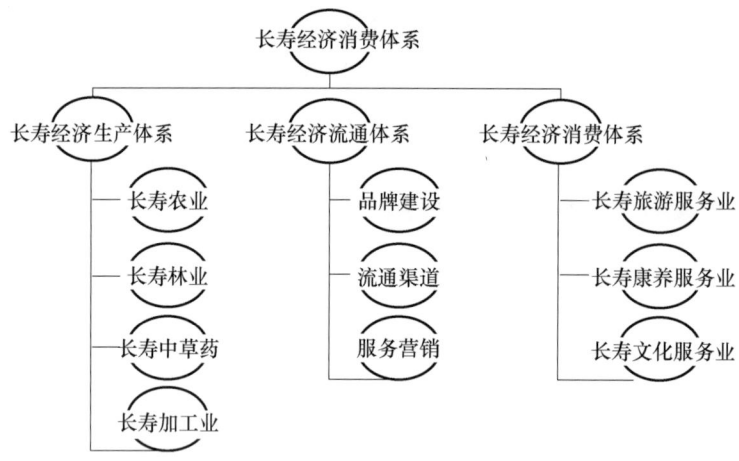

图 9-14 长寿经济体系构成

9.5.2 空间布局

长寿经济发展总体上规划为"一心一环两河、多沟、多组团"的空间布局（见图 9-15）。

"一心"指赤水城区。赤水城区主要作为长寿经济发展的服务区、健康养生美食区、高端医疗区、古文化、红色文化浓缩体验区。区域涉及市中办、文化办、金华办。

"一环"环赤水城区。一环主要作为长寿经济发展的副中心,是赤水古镇拓展旅游集中区域,区域涉及大同镇、复兴镇、天台镇。

"两河"指围绕赤水河、习水河流域。赤水河流域主要作为长寿复合型沟域经济的主要区域,区域涉及丙安乡、旺隆镇、葫市镇、元厚镇;习水河流域主要作为长寿经济"一沟一品"经济的主要区域,区域涉及白云乡、长沙镇、长期镇、官渡镇。

"多沟"指长寿经济发展的主要沟域有24条,分别为大同镇(四洞沟、冷水沟、鸭子蛋)、宝源乡、复兴镇(凤溪沟、仁友溪、岩井溪、磨盘溪)、丙安乡(三佛沟、瓦店沟、兰溪沟)、两河口(马鹿沟、大荣沟)、天台镇(蒲家沟、凤凰沟)、旺隆镇(青沙沟、隆岩沟、泥石沟)、葫市镇(腰站沟、沙千沟)、元厚镇(小金驿沟、沙陀沟、板桥沟)、白云乡(平滩沟、回龙沟)、长沙镇(沙千沟、水犁溪)、长期镇(楼溪沟)、官渡(仙鹤沟、雁滩沟、桐仙溪、九曲湖)、石堡乡(两条沟域)。

"多组团"指长寿经济围绕镇、村、园区地域特色组团式发展,包括药旅组团、药泉组团、茶园养生组团、古镇养心组团、丹霞地貌养生组团、静心寺庙组团、高山湖泊组团、高端医疗康养组团、竹文化旅游组团、红色文化旅游组团、休闲农业组团、长寿植物科普组团。

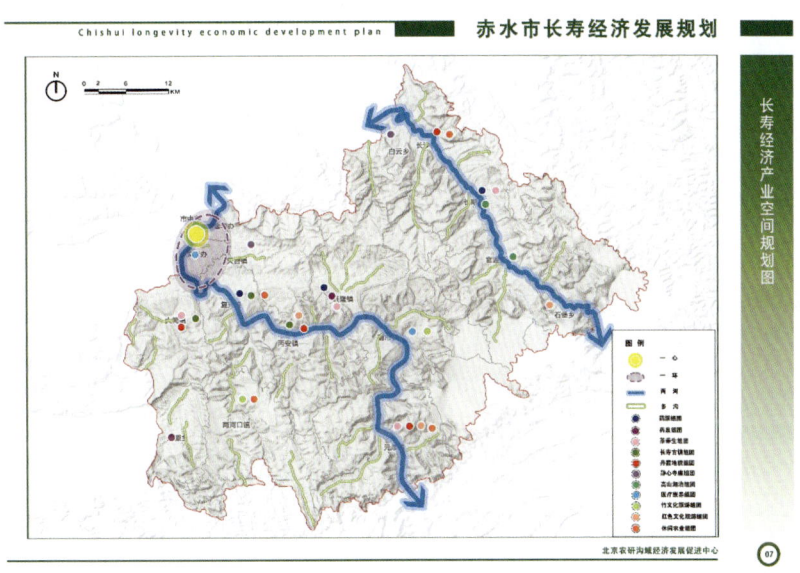

图 9-15　长寿经济产业空间规划图

9.6　长寿经济生产体系研究

9.6.1　长寿农业产业发展规划

长寿农业直接关系到人们的身体健康与食物安全,关系到我国经济健康发展与社会和谐稳定,关系到加快推进"健康中国"建设。当前,世界许多国家为了摆脱农业发展困境,分别提出了循环农业、精准农业、节水农业、永久农业、绿色能源农业、生态农业、有机农业等不同形式的可持续发展模式。国内学者也对无公害农业、绿色农业、有机农业、生态农业、养生农业等进行了研究。长寿农业尽管作为一个新的发展理念,但是国内外的研究都还处于萌芽状态。

1. 长寿农业的内涵及效应

(1)长寿农业内涵

长寿农业是现代农业转型发展的一个新方向,是在农业生产前期、中期、后期全过程中始终遵循"以自然之道养健康之身"的理念,融合现代农业科学技术,形成农业研发、生产、贮藏、运输、销售、消费全过程健康链,实现经济效益、社会效益、生态环境效益和创新效益相统一,提供安全、放心、营养、健康的农产品和休闲、旅游、观光、体验、康健、养生等服务的多元化综合性新型产业。

(2)长寿农业发展效益

长寿农业具有品牌、企业、市场、社会、生产、消费、生态环境、创新、协同等效益。

2. 长寿农业建设重点

根据长寿农业的基本内涵,"寿乡"发展长寿农业,一是生态安全与环境友好为基础;二是绿色有机农业技术为保障;三是药食同源(新资源)特色品种为优先。

(1)生态安全与环境友好为基础

长寿离不开环境,良好的环境是长寿的基础。宁静的氛围、绿色的视野、悠闲的节奏、适度的空间,养生的项目要符合健康的总体需求。美丽的生态和友好的环境可以调整人们的心态,宁静的心态是健康长寿的重要方面和长寿力量的来源。根据中医药学的原理加以挖掘。以养生农产品生产为宗旨的长寿农业,可以有针对性地从事某一类长寿农业的生产,形成长寿农业生产集聚区、生产带、生产沟域等农业单元。

(2)绿色有机农业技术为保障

长寿农业要提供有机或至少是无公害的农产品,要具备"三品一标"的基本条件。开发和研究绿色有机农业的生产技术是实现长寿农业的基本保障。

(3)药食同源(新资源)特色品种为优先

在保障农业生产生态环境及生产条件的前提下,还要研究农产品的膳食调理和医疗保健服务,依托长寿农业的目的、目标进行长寿农业生产。赤水市是典型山区,生态环境优良,农业生产类型多样,农作物品种、畜禽养殖品种中可以用作滋补食品和食疗药膳原料种类丰富,在发展特色农业中,要有针对性地筛选有利于健康长寿、食疗效果突出的药食同源的农作物、畜禽、林果等品种进行种植,培育农业健康新型产业。

3. 长寿农业指标体系构建

(1)赤水市长寿农业指标体系

长寿农业指标是以营养科学、现代农业技术和生产实践经验的综合成果为基础,接轨国家农产品质量安全相关标准,根据当地实际情况所制定的指导赤水长寿农业建设的指标体系,适合我国现有生产条件,是中国长寿之乡生产企业发展长寿农业的基本准则和依据。

长寿农业指标体系是我国长寿经济指标体系的重要组成部分,是长寿农业发展的重要基础。长寿农业指标体系将为促进长寿农业产业持续健康发展,引领长寿农业标准化和现代化生产发挥重要作用。

指标体系包括长寿经济、农业生态产地环境质量、长寿产品、农产品质量控制、长寿制度(长寿之乡、长寿农业发展规划)5个领域,具体指标18小项,采用列表形式展示,并区分约束性指标、参考性指标。其中约束性指标15项,参考性指标3项(见表9-3)。

表 9-3 赤水市长寿农业指标体系

领域	序号	指标名称	单位	指标值	指标属性	现状值 2017	水平	规划值 近期 2021	规划值 远期 2026
长寿经济	1	恩格尔系数	%	≤40	约束	40	达标	达标	达标
	2	农村居民人均纯收入	元/人	15000	约束	11053	不达标	达标	达标
农业生态环境	3	生态环境	—	确保不对生态环境造成危害	参考	—	—	遵守	遵守
	4	空气质量	—	绿色食品产地环境质量标准	约束	—	达标	达标	达标
	5	水质要求	—	绿色食品产地环境质量标准	约束	—	达标	达标	达标
	6	土壤质量	—	绿色食品产地环境质量标准	约束	—	达标	达标	达标
	7	农业废弃物综合利用率	—	≥95	参考	—	—	—	—
长寿产品	8	无公害农产品基地面积	%	≥100	约束		不达标	80	100
	9	绿色、有机农产品种养面积	%	≥50	约束		不达标	30	50
	10	休闲观光农业产值	%	≥10	约束	8.5	不达标	达标	达标
	11	休闲观光农业产值增长率	%	≥8	约束		不达标	8	8
	12	长寿农业主导产业产值指数	%		参考	—	—	—	—
产品质量控制	13	农业投入品合格率	%	100	约束	100	达标	100	100
	14	化肥用量	kg/亩	40	约束	43.1	不达标	达标	达标
	15	农药用量	kg/亩	0.1	约束	0.18	不达标	达标	达标
	16	农产品质量追溯体系	—	建立	约束		不达标	建立	建立
长寿制度	17	长寿之乡	—	申报认定	约束	认定	达标	达标	达标
	18	长寿农业发展规划	—	制定实施	约束	制定	达标	制定实施	制定实施

(2)指标解析

恩格尔系数:反映农村居民生活消费中,直接用于食品支出的比例。一般随着居民家庭收入的增加、生活水平的提高,恩格尔系数有逐步下降的趋势。本文直接用(食物支出费用/农村居民总支出)×100% 来度量。

农村居民人均纯收入(元/人):指农村居民家庭全年总收入中,扣除从事生产和非生产经营费用支出、缴纳税款和上交承包集体任务金额以后剩余的,可直接用于进行生产性、非生产性建设投资、生活消费和积蓄的那一部分收入。也包括工资性收入、经营性收入、财产性收入、转移性收入。直接用农村居民人均收入来反映,反映农村居民的经济收入水平。

农业生态环境质量:农业生态环境质量指标与长寿农业和生态环境息息相关。长寿农业是一个长期的战略,必须注重生态环境的保护和建设。注重经济的可持续发展,注重再生资源的可持续利用,有计划地开发不可再生资源。长寿农业的生态指标包括生态环境要求、空气质量要求、水质要求和土壤质量。以生态安全与环境友好为基础;确保不受不良环境因素影响,同时不对生态环境造成危害。长寿农业产地环境质量标准按无公害农产品产地环境质量标准、绿色食品产地环境质量标准(NY/T 391—2013)执行。

农业废弃物综合利用率:农业废弃物利用率这是反映农业生态化的综合指标,由规模化养殖场畜禽排泄物资源化利用率、农村清洁能源利用率等二项内容构成,用来衡量农业农村生产生活过程中的废弃物清洁化利用和新能源开发利用水平。

无公害农产品基地面积:省级及以上机构认定的无公害农产品基地面积占耕地总面积之比。无公害农产品基地标准要求,参照有关无公害产地环境质量标准执行。

绿色、有机农产品种养面积:指行政区内有机食品、绿色食品种植面积占农作物种植、养殖总面积的比例。产地生产出的农副产品及其加工品符合国家绿色食品、有机食品产品标准要求。按国家有关认证规定执行。

休闲观光农业产值:休闲观光农业产值占农业总产值的比重。反映休闲观光农业经营收入状况,用来衡量农业功能拓展和各类休闲观光农业发展水平。

休闲观光农业产值增长率:反映一定时期休闲农业经济发展水平变化程度的动态指标,也是反映区域内经济是否具有活力的基本指标。

观光农业产值增长率=[(后一年的观光农业产值 − 前一年的观光农业产值)/前一年的观光农业产值]×100%。

长寿农业主导产业产值指数:用长寿农业主导产业产值占农业总产值之比表示,是反映长寿农业主导产业发展状况的相对指标,由前3位的长寿农业主导产业(乌骨鸡、石斛、竹笋)产值与农业总产值之比计算得出,用来衡量长寿农业主导产业发展的集聚程度。

农业投入品合格率:有机食品、绿色食品、无公害食品生产及加工过程中使用的农药、肥料、兽药、畜禽饲料及饲料添加剂、渔药、渔业饲料及饲料添加剂、食品添加剂合格与否需经检测确定。农药、兽药、渔药等投入品使用要符合国家制定的绿色食品、有机食品、无公害产品农药、兽药、渔药、肥料使用准则、畜禽饲料及饲料添加剂使用准则、畜禽卫生防疫准则、渔业饲料及饲料添加剂使用准则、食品添加剂使用准则等规定。

化肥用量:指行政区内每亩耕地的化肥施用强度。2017年每亩耕地的化肥施用强度是根据赤水市2014—2017年化肥使用量计算得出的4 a平均值。

农药用量:指行政区内每亩耕地的农药施用强度。2017年每亩耕地的农药施用强度是根据赤水市2014—2017年农药使用量计算得出的4 a平均值。

农产品质量追溯体系:指行政区建立了农产品生产、加工、销售全过程质量监管控制体系,因地制宜出台了产品质量调查、监测、评估等相关管理制度和政策措施,形成了多部门联合监管工作机制。建立了农产品的追溯信息系统。

长寿之乡:中国老年学学会评选认定的长寿之乡。

长寿农业发展规划:指地方政府组织编制的具有自身特色的国家长寿之乡农业发展规划。

4. 发展基础

赤水现有基本农田29.8万亩,粮食作物以种植水稻为主,水稻种植面积13万亩,其他作物主要是红薯、玉米、土豆,蔬菜种植7万亩。通过玉米调减还发展柑橘1万亩、龙眼3000亩。赤水养殖业以地标产品乌骨鸡为主,年出栏750万羽,特色养殖以石蛙、肉兔和岩蜜蜂为主,年产石蛙10万只,蜂蜜68.4 t。水产业以高山生态鱼为主,面积1.5万亩。

5. 发展思路

长寿农业按照高产、优质、高效、生态、安全的要求,以创新发展为动力,食品安全为要求,绿色发展为支撑,保证长寿农业的标准化、规范化发展。继续优化产业布局,加快农业结构调整,转变农业发展方式,推进农业供给侧结构性改革,保持农业稳定发展和农民持续增收。大力发展赤水乌骨鸡、高山生态鱼、石蛙鱼、立体种养稻米、优质芝麻、高油酸花生、特色蔬菜、龙眼等长寿农业产业,提高有机、绿色、无公害农产品种植面积和农产品商品率。推动农业产业链改造升级,实现一二三产业互融发展,打造赤水长寿农业示范样板。

做大精品。赤水长寿经济的发展必然对农产品提出更高的要求,赤水丘陵地区的自然优势,发展高端有机、绿色食品是其农产品的发展方向,做大做强目前的"三品一标"产品,打造一批具有区域竞争力的高山有机、绿色农产品,为长寿农业奠定生产基础。

做细特色。深入挖掘最具特色的乌骨鸡、高山生态鱼、石蛙鱼等农产品的附加价值,打造更多赤水特色美食种类,深加工,创造更多特色养身旅游食品,满足不同层次市场需求。

6. 发展路径

(1)积极推进长寿种植业、养殖业、长寿养生农业试点示范

赤水市生态环境优良,森林覆盖率高,没有工业污染,有机、绿色或无公害农产品的自给率高,具有开展长寿农业的良好基础条件,有些甚至已经在从事具有长寿养生农业特征的农业经营。在"三品一标"的基础上制定长寿农业标准,积极推进长寿种植业、养殖业、长寿养生农业试点示范。

(2)逐步开展长寿种植业、长寿养殖业、长寿休闲农业建设探索性培训

长寿农业是一种专业性较强的农业经营模式,需要具有较高水平专业人才,需要通过各种方法颐养生命、增强体质、预防疾病,从而达到延年益寿的一种活动。选择赤水市特殊的传统种植业、长寿养殖业、长寿休闲农业进行增容提质,制定严格的栽培制度,并对其进行理论深化,在长寿农业试点示范区域进行探索性培训。

(3)加强对长寿农业重要领域进行有针对性的重点扶持

长寿农业是现代农业经营的一种特殊形式和模式,鼓励赤水市具有相关优势和有利条件

的农业区域和乡镇积极发展,建议赤水市政府有关主管部门,选择有相关优势的农业区域和发展长寿农业积极性较高的乡镇,在人才引进和培养、土地、资金、以及经营管理辅导等方面进行全面扶持。长寿农业提供的是长寿特色产品和保健服务而不是医疗治病服务,不具有法律上的医学义务和责任。

(4) 长寿农业发展要及时跟进和有序管理

长寿农业服务及其产品具有比较明显的康复功能,随着长寿农业的逐步发展,政府部门要以引导扶持为主,待发展到一定阶段后则要开展规范有序的管理,对于资质和经营都比较突出的企业和合作社、家庭农场等经营主体,进行等级认证。政府要做到及时跟进,并加以引导。目前,长寿农业刚进入起步阶段,政府的相关管理可以在今后的实践中加以完善。

7. 发展目标

(1) 总体目标

建立循环友好型生产体系,推进农产品质量安全基地准出和市场准入,积极开展无公害产品、绿色食品、有机食品和地理标志产品认证工作,到2021年实现绿色农产品基地认证占30%,绿色有机产品认证20个,地理标志产品认证6个,无公害产地认证率达到100%。将赤水乌骨鸡和高山生态鱼打造成为全市清晰的优势产业,争创乌骨鸡国家级生态原产地产品保护示范区,将龙眼、石蛙鱼、立体种养稻米、芝麻、高油酸花生、崖蜂蜜、特色蔬菜打造成精品农业的示范,推动其向健康养生餐桌的转型升级。

(2) 具体目标

以赤水乌骨鸡规模养殖场建设为主,发展乌骨鸡规模养殖场133个,到2021年实现年出栏以乌骨鸡为主的家禽1000万羽,年产绿壳蛋2亿枚,加快赤水乌骨鸡品种资源保护与良种繁育体系建设。

发展赤水河特有鱼类原(良)种人工繁育,推进生态健康水产养殖,新增山地生态鱼养殖面积0.5万亩,到2021年,新建山地生态鱼基地5000亩,总面积达3万亩以上,完成长江上游珍稀特有鱼类国家级自然保护区建设。

发展稻田综合种养面积养鱼0.2万亩,建成一个稻田综合种养示范点。发展优质稻谷、优质芝麻、高油酸花生示范基地,建成一批保健粮油示范基地。

加大蔬菜基地建设,建设巩固无公害蔬菜基地0.3万亩,发展早熟、中早熟蔬菜基地0.1万亩,高山延后蔬菜0.1万亩;大力实施精品水果工程,巩固发展3万亩精品水果基地。

发展石蛙、中蜂养殖,把丹霞岩蜜、赤水石蛙做成赤水特色养生产业,蜂蜜年产100 t,石蛙年产20万只。

8. 产业布局

长寿农业产业总体布局为"三带六区":形成天台、复兴、大同、旺隆、官渡等乡镇为重点的乌骨鸡产业示范带;形成以大同、两河口、葫市、长期等乡镇为重点的山地生态鱼产业示范带;形成以葫市、白云、长沙、长期、官渡、石堡等乡镇为重点的蔬菜产业示范带;形成以元厚为核心的热带水果种植区;形成以官渡镇、石堡乡为重点乡镇的丹霞崖蜜特色养殖区;形成以旺隆镇、丙安乡为重点乡镇的石蛙特色养殖区;形成以长沙镇为主的稻田立体种养区;形成以白云乡、长沙镇为重点乡镇的优质水稻产区;形成以宝源乡、两河口镇为主的优质芝麻、高油酸花生产区(见图9-16)。

第 9 章 贵州省赤水市长寿养生典型区域规划研究

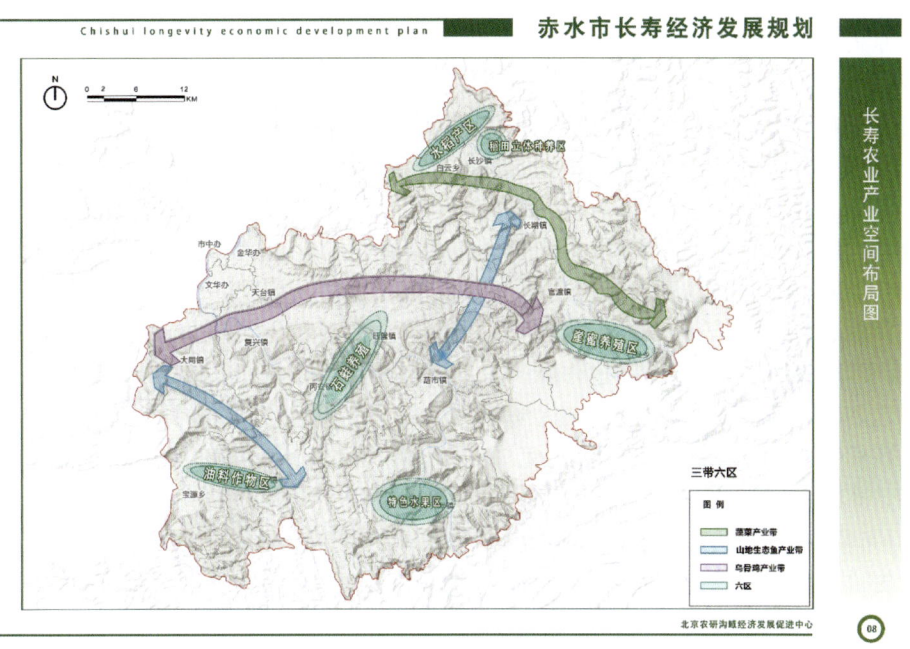

图 9-16 长寿农业产业空间布局图

9. 重点任务

(1) 建立农产品循环友好型生产体系

赤水市是赤水河、习水河等水系重要区段,大力推广轻简节约型技术,推广生物防治和物理防治为重点的绿色防控技术措施,确保农产品质量安全和农业生态安全。抓好蔬菜废弃物、稻草、鸡粪等的无害化、资源化和循环化利用。利用地方资源优势,推行长短结合、种养配套的生态养殖方式,增加赤水健康食材种类。

(2) 建立一批优质养生农产品示范基地

为了赤水市长寿农业的健康农产品供给,需集中打造一批高效生态农产品基地,主要包括优质稻谷示范基地、优质芝麻示范基地、高油酸花示范基地、高山生态鱼养殖示范基地、林下乌骨鸡养殖基地、高山错季蔬菜基地、特色加工蔬菜生产基地、龙眼、热带水果标准化生产基地等。

(3) 建立优质水产原种、良种体系

重点建设大宗品种和优势品种的现代渔业水产原良种体系,完善水产良种场建设,初步形成以水产良种为龙头,以重点苗种场为骨干,以集体和个人种苗繁殖场为补充的水产种苗体系,为赤水市的生态渔业提供优质特色种源保障。

(4) 建立农产品质量安全检验和追溯体系

建立农产品生产档案和投入品使用记录,实行农产品从生产到销售终端全程质量安全监控和可追溯制度,实行农产品包装和标识制度,加快推进农产品市场准入制度建设,建立农产品质量安全监管长效机制,为长寿农业把好质量关。

10. 建设项目

（1）养生粮油基地升级项目

1）富硒稻谷生产示范基地

根据土壤硒含量测定结果，赤水约有83％的土壤硒含量是高于周边地区土壤的，可以认为是硒含量较高的土壤，其中宝源、大同、长沙3个乡镇硒含量相对较高。根据谷物类样品测定结果，宝源、大同、长沙3个乡镇样品硒元素含量平均值较高，均超过了0.3mg/kg。项目布局在宝源乡联奉村、长沙镇赤岩村、大同镇华平村，建设规模4000亩。围绕长寿产品的生产，加快调整水稻品种结构，以稻谷品质达国标一二级的高品质水稻生产示范为核心，配套精准施肥、机械作业、绿色植保等综合技术措施，打造优质稻谷生产示范基地。充分利用水稻茬口，开展水旱轮作，减轻豆科、油料作物连作障碍。稻谷品质1级的有：川优6203、宜香优2115、德优4727、旌优华珍、两优801、两优18、五优华占、益两优88、鄂香优华占，稻谷品质2级的有：丰两优4号、新优188、苏秀867、软红米、两优3905、丰两优9号、镇稻15、广红1号。

2）稻田立体种养示范区

项目布局在长沙镇，建设规模3000亩。对农田基本建设进行改造，创建稳产高效、生态循环、设施先进、标准规范、特色鲜明的稻渔综合种养示范基地，熟化、集成稻虾、稻鱼、稻蟹、稻鸭等共（轮）作模式规范，构建集中连片、规模发展的格局，实现"一水两用、一田多收、稳粮增效、粮渔双赢"。

3）优质芝麻示范基地

项目布局在两河口镇、白云乡，建设规模2000亩。高木酚素芝麻及其制品是国际追捧的保健食品。以高木酚素芝麻、超高产芝麻、观赏型芝麻等新品种生产示范为核心，配套合理选茬、精准施肥、精量播种、绿色植保等综合技术措施，打造优质芝麻生产示范基地。

4）高油酸花生示范基地

项目布局在两河口镇、宝源乡，建设规模2000亩。油酸可以选择性降低低密度胆固醇（LDL），有效预防血管疾病，高油酸花生油是媲美橄榄油的高质量油品。中国已经审（鉴）定高油酸花生品种36个，以高油酸花生新品种生产示范为核心，配套合理选茬、精准施肥、精量播种、机械作业、绿色植保等综合技术措施，打造高油酸花生生产示范基地。

5）富硒红薯基地

主要在富硒土壤较好的白云、长期、宝源、官渡等乡镇建立整片红薯种植基地，选取富硒鲜食红薯、烤红薯、高淀粉红薯、紫薯等品种，开发富硒红薯片、红薯条、红薯粉丝、红薯饮料等系列产品。

（2）优质蔬果提升项目

1）习水河精品早春蔬菜基地

赤水市东部五乡镇的习水河沿岸消落地区域早春温度回升快，光照强，土壤病源少，一年可种早春蔬菜1~2茬，6月中旬易被河水淹没，不宜建固定设施，可采用临时竹木大棚+地膜模式。河坝冲积地区域比消落地海拔高，地势比较平坦，土壤肥沃，春后地温回升比浅丘平坝区快，一年四季不被水淹，可种植2~3茬。参考耕作制度：2~3茬：豆类→茄果类（番茄、辣椒、茄子）→瓜类（丝瓜、黄瓜）→秋冬菜（芹菜、莴笋、甘蓝、萝卜、菠菜、香菜）。围绕适合沿河消落地和河坝冲积地建设蔬菜基地10个，重点布局在长沙镇、长期镇、官渡镇、石堡乡，总占地2万亩。

2)高山夏菜基地

该区域环境优美,无污染,小气候多样化,根据自然和土地资源,部分发展设施蔬菜栽培,种植错季蔬菜,如生产7—9月份成熟的瓜类(冬瓜)、茄果类(辣椒、茄子、番茄)、萝卜、莴笋、甘蓝、魔芋等,部分发展绿色、有机高端蔬菜产品,满足城市高端人口需要。2021年全市发展高山错季蔬菜基地5000亩,重点布局在葫市镇。

3)特色加工蔬菜生产基地

发展适度规模的加工蔬菜原料基地4个,为蔬菜加工企业提供充足的原材料。主要采用稻菜轮作模式生产,发展规模化、集约化、机械化露地种植,选用适于加工、耐储运、高密植、高质量的专用品种栽培,比如大头菜、辣椒(泡椒)、豇豆、萝卜等加工蔬菜。特色加工蔬菜基地主要分布在白云乡,分别为青洞萝卜基地、辣椒基地、大头菜基地等,总占地4000亩。

4)特色水果标准化生产基地

加强果园基础设施建设,解决果园密植问题,引进筛选品种,将普通品种高接换种为优质品种,广泛实行绿色农产品生产资料专供制度,力争创建绿色热带水果生产基地10个、包括元厚桂圆、荔枝、番石榴等,主要布局在元厚镇,总占地1.5万亩。总投资4500万元。

(3)长寿养生畜禽培育项目

1)林下乌骨鸡养殖基地

新建或扩建林下养殖基地10个,主要布局在官渡镇、旺隆镇、天台镇、复兴镇、大同镇。年出栏1000~5000只规模的林下养鸡基地4个,年出栏5000~10000只规模的林下养鸡基地3个,年出栏10000只以上规模的林下养鸡基地3个,以龙头企业为主,开展对本地土鸡选育和推广,利用各乡镇丰富的林地资源,采取公司+合作社+林下养鸡基地的模式,发展林下乌骨鸡养殖。主要投资内容为鸡棚、围网及饲养设备。

2)特色养殖基地

建立特色养殖基地10个,其中石蛙养殖基地4个、生态岩蜜蜂养殖基地4个、肉兔养殖基地2个。石蛙养殖基地布局在旺隆镇、丙安乡,生态岩蜜蜂养殖基地布局在石堡乡、官渡镇,肉兔养殖基地布局在天台镇。主要投资内容为基础设施及饲养设备(见图9-17)。

(4)优质水产保障项目

1)水产原种、良种繁育基地

建立一个占地2000亩的长江上游珍稀特有鱼类繁育基地,抓好现有良种场的基础设施建设,打造两个高山生态鱼的繁育基地。基地分布在长期镇、复兴镇。

2)高山生态鱼养殖示范基地

建成1000亩以上水产品健康养殖示范基地5个,项目布局在大同镇、两河口镇、葫市镇、长期镇,总建设规模5000亩。主要是扩建鱼池和完善相关渔业基础设施。

3)水生生物生态修复

项目涉及赤水河和习水河主河流沿岸乡镇,统筹规划增殖放流的主要物种和重点水域,扩大增殖品种、数量和范围,提高放流苗种质量,科学评估放流结果,推进生态修复行动,加强水生生物自然保护区、水产种质资源保护区建设,加强重要水产种质资源产卵场、索饵场和洄游通道保护与管理,保护水生生物物种(见图9-18)。

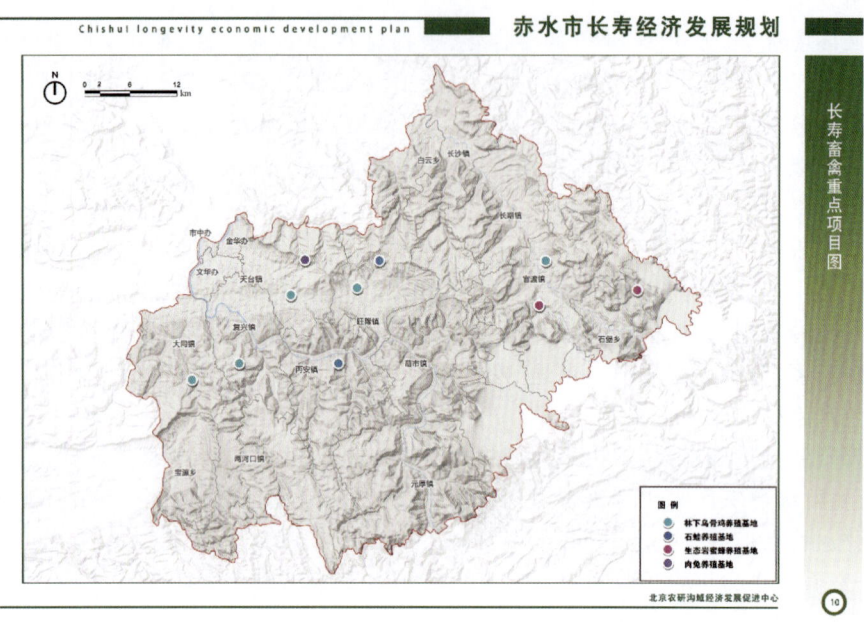

图 9-17　长寿畜禽重点项目图

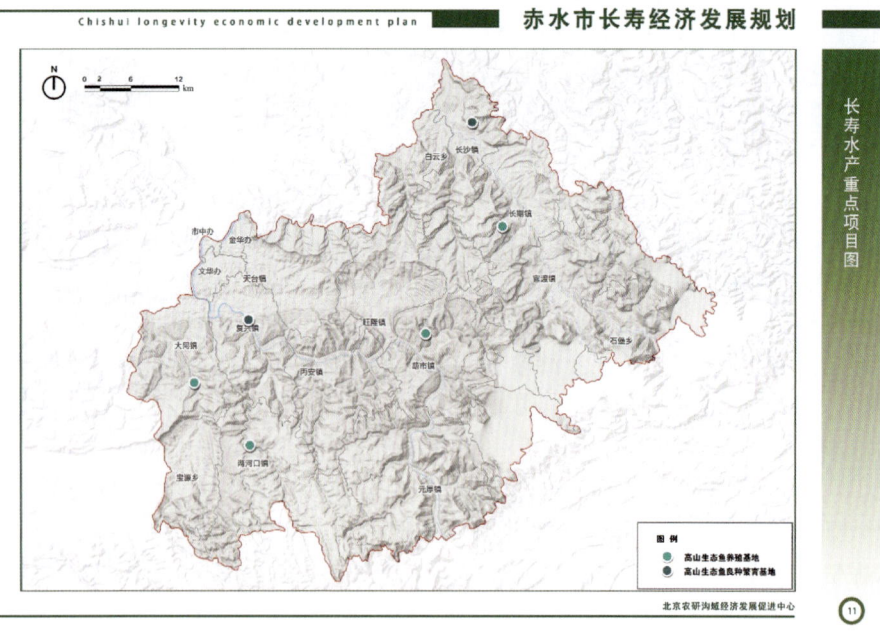

图 9-18　长寿水产重点项目图

(5)高质量农产品监管改造项目

项目涉及各乡镇,建立乌骨鸡、高山生态鱼、石蛙鱼、立体种养稻米、蔬菜、热带水果的质量安全的检测中心和监测站,建立质量信息终端,田间档案等。重点乡镇建立农产品质量安全全程监控与现代化网络信息系统(见图9-19)。

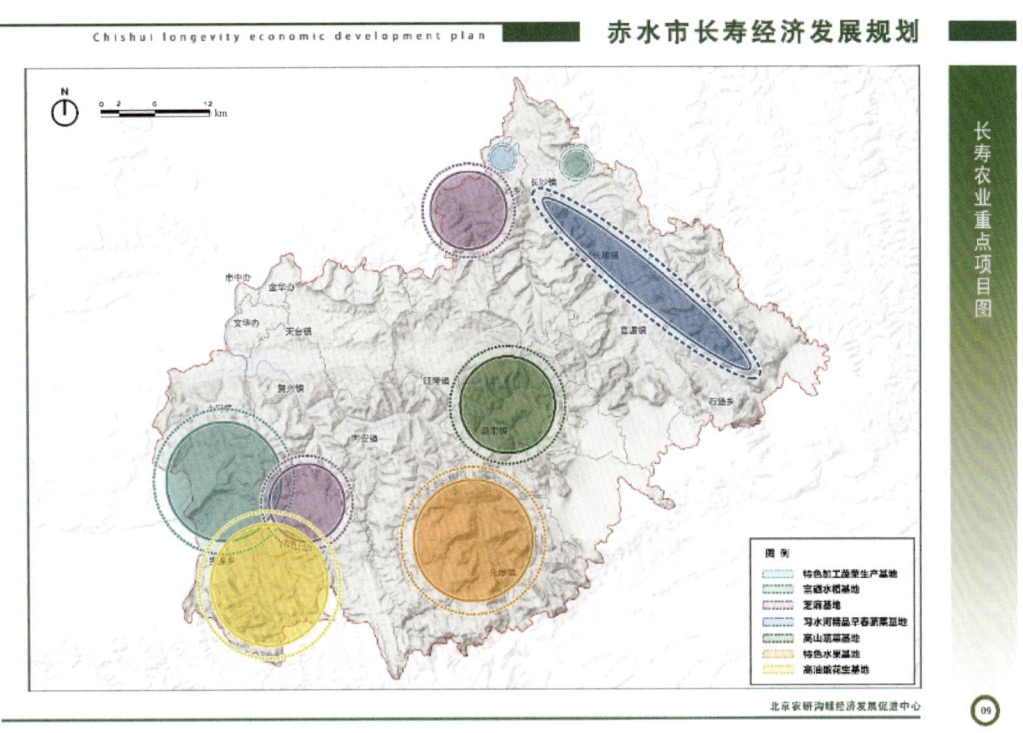

图 9-19　长寿农业重点项目图

9.6.2　长寿林业产业发展规划

1. 发展基础

赤水市具有将竹产业打造为长寿经济支柱产业的良好基础。2017年赤水市竹林面积131万亩,其中楠竹林面积51万亩,杂竹林面积80万亩,现有竹种250余种,主要品种有楠竹、黄竹、绵竹、慈竹、撑绿竹、麻竹等。

赤水具有将茶产业打造为特色长寿茶产业的基础。2017年实有茶园面积257 hm²,茶叶产量257 t。赤水有白茶、岩茶和虫茶,目前虫茶效益最好且最具特色。现有虫茶基地4个,总面积1800亩。长期镇有白茶基地1000亩。元厚镇有岩茶基地300亩。

赤水桫椤等珍稀植物资源富集。桫椤自然保护区位于贵州省西北部的赤水市葫市镇、元厚镇境内。保护区总面积13300 hm²,其中,核心区占39.1%,缓冲区30.2%,实验区占

30.7%。保护区内分布有桫椤科桫椤属的桫椤、大叶黑桫椤、粗齿黑桫椤、华南黑桫椤4个种，共4600多株。目前已建立2个植物监测大样方和8个特定植物监测小样方，珍稀植物资源圃已成功培育栽种桫椤幼苗2万多株，移植保存国家一二级保护植物及地方特有种21种400多株。桫椤不仅仅是一种珍稀植物，桫椤的茎富含淀粉，可供食用，也可用来入药。桫椤茎入药称为"龙骨风"，可驱风湿、强筋骨、清热止咳。有机杨梅基地的建设和科学化养蜂示范2个生物多样性保护项目也已成功开展。

赤水古榕树是一大亮点。石堡乡有榕树之乡之称，百年古榕树有38棵，红色历史文化深厚，一棵520年的古榕树见证了太多红军故事，故有"红军树"之称。

2. 发展思路

长寿林业以发展长寿竹产业为主，以珍稀植物桫椤等的保护性观光、科普、研学为辅，以虫茶、白茶、岩茶的发展为地方特色统筹发展。

发挥竹林资源优势，在现有竹产业发展基础上，围绕长寿健康产业，开发竹笋、竹菌（竹荪）、竹鼠等竹食品。依托竹产业深加工，开发竹家庭生活系列产品。围绕竹海公园、丹霞公园竹林，开发竹林观光、竹林环境养生服务产品。地方特色产品和地标产品的认证及品牌打造，构建规模化、品牌化、康养化竹产业集群。

长寿桫椤业的发展以桫椤国家级自然保护区为核心，辐射整个赤水桫椤资源的监测、评估与保护，发展科普教育旅游。

长寿茶叶按国茶文化的要求发展，主打"绿色""生态""养生"牌，走中高端精品茶叶路线，结合茶园观光、采茶制茶体验，发展精品休闲茶园。

3. 发展目标

（1）总体目标

长寿竹业：到2021年，完成低效林的改造，建成一批丰产林基地，竹文化、竹产品形成品牌效应。

长寿茶叶：到2021年，完善现有茶叶基地基础设施，提高茶叶品质和单产，形成虫茶、白茶、岩茶等为主的特色茶产业。

珍稀植物：到2021年，完成赤水所有珍稀植物资源调查与评估，尤其完成桫椤、古榕树的数量与分布调查。

（2）具体目标

实现丰产竹林面积100万亩，年产商品楠竹1200万株，纸浆用材100万t，竹笋10万t。充分利用丰产竹林资源发展竹笋、竹菌、乌骨鸡、中药材等林下经济，为长寿经济提供优质林产品。实现虫茶种植基地1万亩，岩茶基地5000亩、白茶基地5000亩，绿色认证茶园6000亩。

4. 产业布局

根据竹林资源分布现状，竹产业发展潜力与趋势，竹产业重点布局在大同镇、葫市镇、丙安乡、元厚镇、天台镇、长期镇等乡镇，突出竹林基地建设。根据茶产业发展现状，规划在元厚镇、旺隆镇、长期镇、大同镇4个乡镇发展茶叶基地。珍稀植物主要在石堡乡、官渡镇、丙安乡、元厚镇开展工作（见图9-20）。

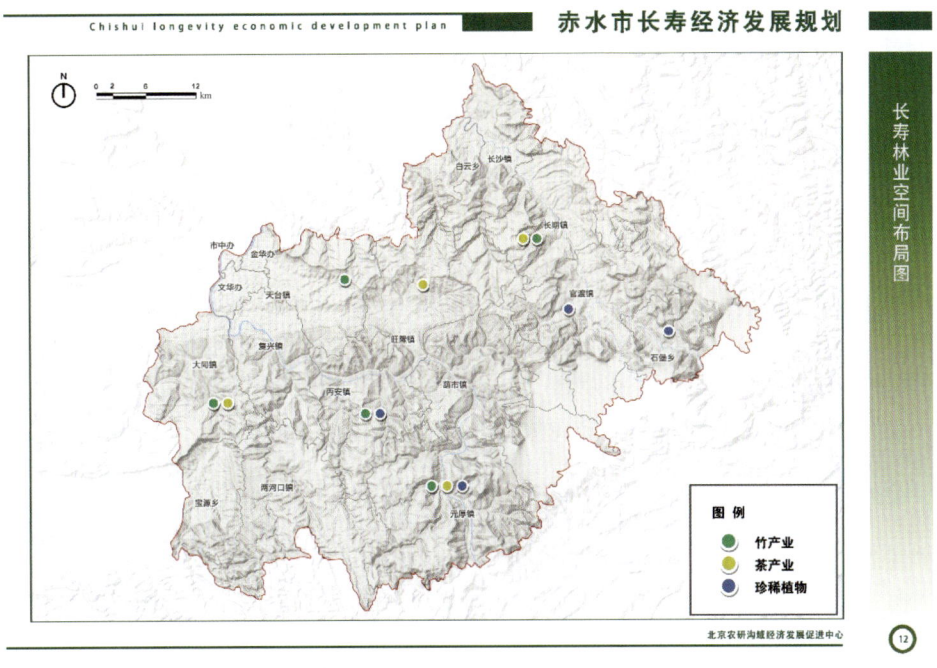

图 9-20　长寿林业空间布局图

5. 重点任务

(1) 扩大标准茶园基地

以现有茶园为基础,逐步扩大茶园种植面积,注重连片种植,改造低产茶园,建立病虫害预测报警体系,注重茶园生态环境的营造,做好茶园路、渠、林、水、电等配套设施建设。

(2) 培育竹、茶、珍稀植物创意产业

竹子一直是文人墨客追捧的植物,发展长寿竹文化创意产业要以凸显中国古代文化为中心,以现代影视业、娱乐业、旅游业为抓手,结合竹元素的美食,将赤水的竹文化创意发挥到极致。赤水的茶文化要按国茶文化去推广,珍稀植物主要是在于发现有趣、具有科普性质的植物,利用自然景观发展成赤水独特景点,丙安乡与石头共生的榕树就能成为独特一景。

6. 建设项目

(1) 植物资源保护项目

1) 珍稀植物资源圃

建设珍稀植物资源圃 4 个,分布在石堡乡、丙安乡、官渡镇、元厚镇,对古树、大树、珍稀树种开展生物多样性本底调查与评估、开展生物多样性监测、开展就地和迁地保护设施建设、对珍稀植物保护性开发,培育濒危种、易危种、极危种、近危种等树种,栽种其幼苗。

2) 竹类基因库

在赤水竹海国家森林公园基础上建设竹类种质基因库 2 个,分布在两河口镇、葫市镇,对竹种开展生物多样性本底调查与评估、开展生物多样性监测、培育濒危种。

(2)基地升级改造项目

1)新建或扩建虫茶基地

以旺隆镇虫茶体验园为核心,新建或扩建虫茶基地6个,分布在宝源乡、石堡乡、两河口镇、元厚镇,总规模为1万亩。

2)低效林改造

改造低效竹林60万亩,重点改造区域为大同镇、葫市镇、丙安乡、元厚镇、天台镇、长期镇,各乡镇改造10万亩。

3)竹林基地建设

营造苦竹、方竹、麻竹等笋用竹林,项目布局在宝源乡,总面积1万亩。营造慈竹、硬头黄竹、绵竹等纸浆竹林,纸浆竹林基地发展应以丛生竹为主,散生竹为辅,项目布局在天台镇,总面积2万亩。新造和改造建材竹林,主要营造的竹种有慈竹、硬头黄竹、绵竹、毛竹等,项目布局在葫市镇,总面积2万亩。

4)竹产业科技示范园区

竹产业科技示范园区主要建设设施工程示范区、林下经济推广实验区、丰产竹林示范区3部分,占地20亩,布局在元厚镇。

(3)长寿林业文化馆项目

1)长寿竹文化馆

建设集研发、应用、体验吧、竹林长寿文化、竹科普教育和旅游观光于一体的长寿竹文化馆,包含竹文化博物馆和竹工艺博物馆。项目位于天台镇,占地规模为20亩(见图9-21)。

图9-21 竹文化体验馆意向图

2)长寿桫椤馆

赤水拥有世界上数量最多、面积最广的桫椤林区。在桫椤国家级自然保护区附近利用集观光科普、种植物保护知识性教学、桫椤长寿解密、生态旅游为一体的长寿桫椤馆,与保护区的甘沟、大水沟、两岔河 3 个以桫椤为主体景的观光游览景段相互呼应。项目布局在元厚镇,占地规模为 10 亩(见图 9-22)。

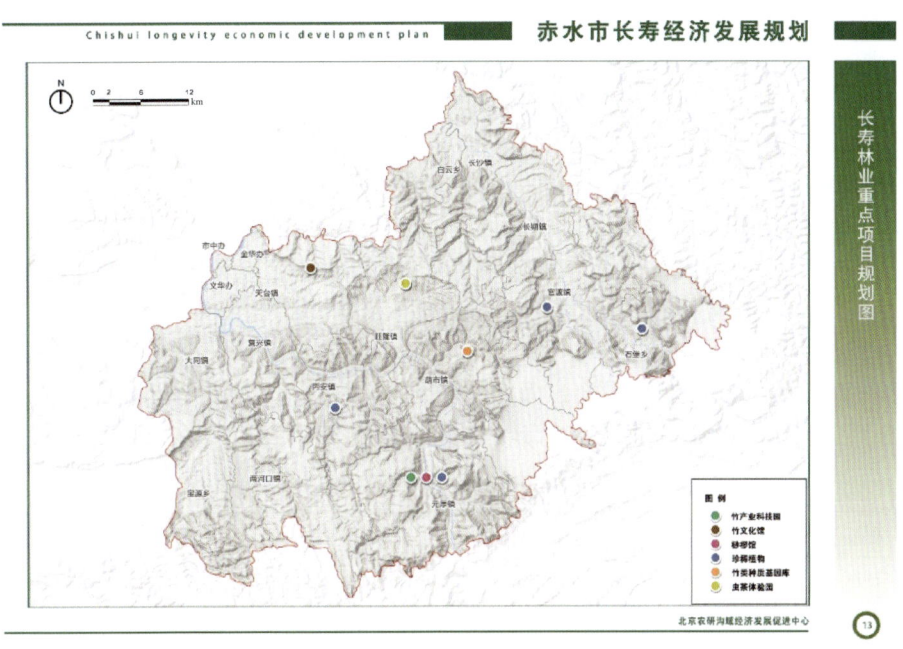

图 9-22　长寿林业重点项目规划图

9.6.3　长寿中草药产业发展规划

1. 发展基础

(1)中药材种质资源丰富

赤水地处我国主要中药材产区—贵药产区,赤水市独特的自然条件形成了西北低山河谷喜热中药材的适宜区。据调查,赤水市有中草药材木藤本植物 70 科 800 多种,主要品种有金钗石斛、白芨、黄柏、五倍子、黄连、杜仲、天麻、厚朴、南柴胡等,目前人工种植品种主要有石斛、天麻、白芨、赶黄草、砂仁、重楼、佛手等品种,种质资源丰富。

(2)中药材种植形成一定规模

截至 2017 年,赤水市中药材种植面积达到 10 万亩,实现年销售收入 12 亿元。其中金钗石斛面积较大的乡镇有长期镇、旺隆镇、长沙镇和白云乡。长期镇石斛面积 1.5 万亩;旺隆镇有 36 个石斛示范基地,面积 1.4 万亩;长沙镇发展金钗石斛基地 4 个,面积 9200 亩;白云乡金钗石斛面积达到 8000 亩。丙安镇三佛村种植佛手 1000 亩。

(3)中药材加工业处于起步阶段

赤水中药工业由中成药生产、中药辅料生产、中药饮品加工相关保健食品加工组成,以金钗石斛的中药饮品、中成药、保健食品开发为主,拥有石斛园等企业。

2. 发展思路

按照"做大中医药农业、做精中药加工、拓展中药养生"的发展思路,推进中药材种植、加工、研发和营销规范化、标准化进程,以园区、基地建设为载体、扩大中药材产业规模,培育和引进龙头企业,加强产学研合作,围绕中药材重点乡镇打造一批规范化、标准化、规模化的中药材种植及良种繁育基地,深度挖掘中药材文化和中医药文化,利用现代中药材产业资源和健康养生旅游业资源,实现中药材产业与旅游产业、养生产业及文化产业深度融合。

(1)优化区域布局

根据赤水市地形地貌、中药材资源基础及各乡镇扶持力度,科学规划产业空间布局,坚持"种子种苗中心—GAP基地—交易市场—加工—提取"的产业配套发展思路,建设金钗石斛GAP基地,形成四个优势突出、特色鲜明的中药材种植区。

(2)调整产品结构

选择具备区域特色、发展前景突出及遵义产业政策重点扶持的中药材品种,便于药食同源、赤水中药材研发和形成相对稳定的市场供应(见表9-4)。

表9-4 赤水中药材推荐种植品种

品种	推荐原因
金钗石斛	生态原产地,赤水地标产品,发展好,农民种植意愿强
天麻	遵义道地特色药材,遵义重点发展品种,在赤水有一定的种植基础
佛手	具有观赏价值、药用价值、食用价值
淡竹叶	用途广泛,在保健品、功能性饮料等方面也可开发
重楼	赤水具有良好的种植基础
白芨	赤水具有良好的种植基础,易栽培
天冬	食疗药膳,药用价值高
杜仲	中国的特有种,适应性很强,对土壤没有严格选择,药用价值高

(3)加快规范化建设

长寿中药材产业对中药材原材料的质量提出了越来越高的要求,建立中药材GAP基地是保障中药材质量的关键环节,是实现中医药产业整体定位的基础。

3. 发展目标

(1)总体目标

紧抓赤水长寿之乡的品牌和大力发展康养产业的机遇,大力发展"药食同源"中医农业,把赤水培育成以金钗石斛为主的原材料供给基地、养生产品生产基地、金钗石斛生态原产地和中医药养生福地。2021年,全市中药材面积发展15万亩,金钗石斛面积达10万亩以上,实现农业种植效益8亿元,综合产值10亿元。

（2）具体目标

生产规模：新增金钗石斛种植面积4万亩，巩固石斛基地6万亩，实现石斛总面积10万亩以上的目标，石斛鲜品年产量达1.5万t以上。新增佛手、淡竹叶、天麻、天冬、杜仲、白芨等特色中药材种植5万亩。

产地环境：强化健康农产品产地环境保护，农业生态环境得到明显改善。到2021年，全市废旧农膜回收利用率达到80%以上，尾菜处理利用率达到50%以上。

产业体系：建设绿色生态食材药膳生产基地；打造具有市场竞争优势的中药产业集群，形成具有地域特色和市场竞争力的10亿元中医药产业链。

经营主体：到2021年，发展中药材农民专业合作社40家以上，主营中药材的农业产业化龙头企业20家以上，省级以上重点龙头企业4家以上。

4. 产业布局

按照赤水市中药材种植基础、资源优势、各乡镇主导产业发展导向及支撑体系落实情况，全市中草药布局为"一带两园多基地"（见图9-23）。

一带：以金钗石斛省级重点示范园区为平台，打造复兴、丙安、旺隆、长沙、长期为重点的石斛产业示范带。

两园：赤水市医药园区和石斛园（复兴镇张家湾）。医药园区是赤水市中药材产业体系研发中心，是龙头企业孵化极点，主要研发方向为解酒保肝类产品，增强免疫力、抗衰老、美容养颜等亚健康人群保健品，心脑血管疾病、糖尿病患者功能性食品、药膳等。

多基地：中药材种子种苗基地、金钗石斛种苗基地、金钗石斛GAP种植基地、佛手柑种植基地、天麻种植基地、淡竹叶种植基地、白芨种植基地、天冬种植基地、重楼种植基地、杜仲种植基地。

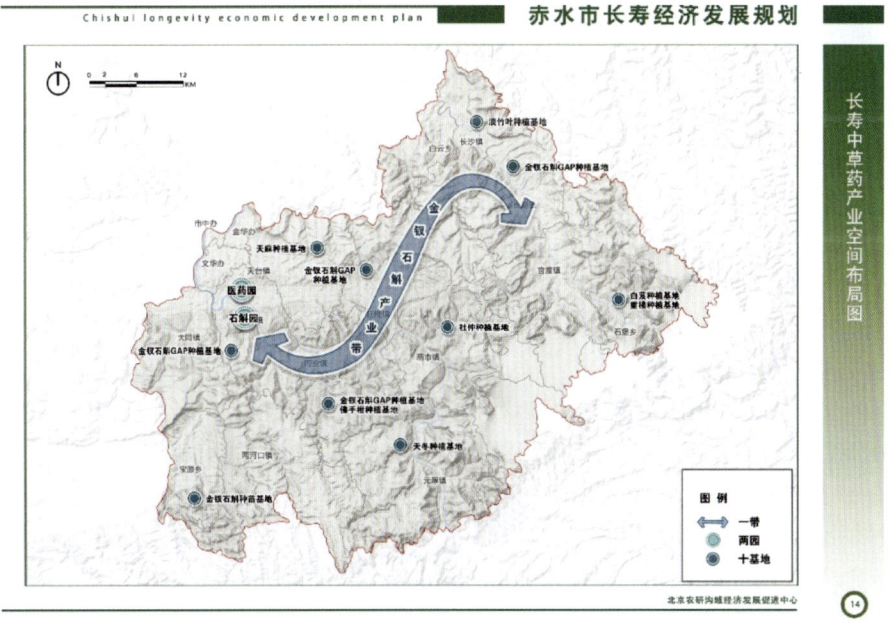

图9-23　长寿中草药产业空间布局图

5. 重点任务

（1）保护道地药材种质资源

抓好中药材种子种苗"源头工程"，构建中药材良种繁育体系。开展种质资源保护与提纯复壮、规范化繁种育苗、驯化抚育等技术研究，培育选育新品种，促进资源恢复性增长和可持续发展。加强资源的保护、开发与利用，加快建立健全中药材资源动态监测体系。

（2）建设一批药材基地

确保到2021年中药材种植面积达到15万亩以上。结合各乡镇目前中药材种植情况，打造一批良种繁育基地、道地药材连片种植基地，培育1~2个优势品种，推动1家大型医药企业到赤水设立"定制药园"，建设原料药材供应基地，提升基地规范化种植水平。

（3）培育一批产业主体

培育一批专业合作社、家庭农场、药农经纪人、药农带头人等新型经营主体，发挥对农户的带动作用。建设1个现代化中药材专业冷链物流基地，1个金钗石斛产地主加工基地，扶持有条件的中药材流通企业做大做强。参与贵州省中药材产业联盟。

（4）开拓中药养生与健康旅游产业

加大金钗石斛食药同源申报力度，大力推动药食两用中药材产业化生产，支持以石斛、白芨、佛手柑、天麻等为原料药食两用产品和养生保健品开发，推动中药材种植基地建设与乡村旅游、文化推广、生态建设、健康养老等产业深度融合。大力发展中医养生保健机构，开发具有贵州特色的中医药健康旅游产品和线路，建设中医药健康旅游示范基地和综合体。

（5）着力强化科技支撑

加强科技平台建设，建立中药材技术服务中心与种植科技示范园区，加快推进中药材种子种苗研究培育，加强对种植技术的研究示范与推广，强化对种植技术的培训，着力提升质量安全水平。推动中药材质量安全追溯体系建设，运用现代信息技术，记录中药材种植、加工、检测、配送、物流、销售等关键环节的信息，实现来源可查、去向可追、责任可究。

6. 建设项目

详见图9-24。

（1）道地药材种质资源圃

建设地点：旺隆镇。建设规模200亩，包括种质资源圃50亩，种源繁育基地150亩，收集金钗石斛、淡竹叶、重楼、赶黄草等赤水野生和历史上实现人工栽培的道地中药材，并重点开展中药材种质资源收集、保存工作。基础设施建设包括土地平整、道路、灌溉设施、土壤改良等工作。

（2）道地中药材良种繁育

建设地点为长期镇。重点建设中药材种子种苗基地，金钗石斛种苗基地。主要进行优质品种引进工程、离体组织培养中心建设。工程包括土地平整、道路、灌溉设施、土壤改良等。

（3）金钗石斛GAP种植基地

建设规模4万亩，主要布局在复兴镇、丙安乡、旺隆镇、长期镇。主要投资内容主要包括种苗引进费用3000元/亩，土壤肥料投入650元/亩，基础设施改造600元/亩。

（4）佛手柑生态药谷

位于丙安镇三佛村。依托赤水市杜鲜燕财中药材种植专业合作社的佛手柑基地，以中药佛手柑生态栽培为主导产业，打造丙安镇三佛沟佛手柑生态药谷（见图9-25）。

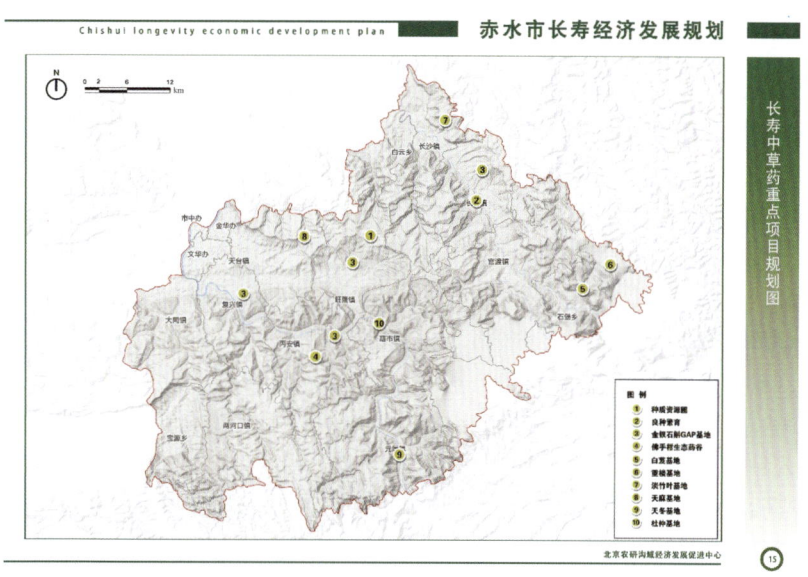

图 9-24　长寿中草药重点项目规划图

图 9-25　佛手柑生态栽培基地效果图

(5) 特色中药材种植基地

新增淡竹叶、天麻、天冬、黄柏、杜仲、赶黄草、白芨等特色中药材种植5万亩，位于石堡乡白芨基地、石堡乡重楼基地。投资包括种苗引进费用、土壤肥料投入、基础设施改造。

9.6.4 长寿产品加工业发展规划

长寿工业是农业和工业的桥梁,是我国新型经济发展的战略高地,在"寿乡"区域经济发展过程中发挥着重要的作用。作为关联农业、工业和第三产业的重要支柱产业,长寿工业的发展不仅对于提高人们的生活和健康水平,保持社会稳定,促进经济发展具有重要作用,而且对于增加财政收入,扩大劳动就业,解决"三农"问题具有重要意义。

1. 发展基础

2017 年赤水市规模以上加工企业达 38 家,年产值达 78.87 亿元,农产品加工企业产值 84.06 亿元,是农业总产值 29.16 亿元的 2.88 倍。规模以上农产品加工转化率达 59.99%。农产品加工业结构中,竹业和中药材加工比重较大。全市 132.8 万亩竹林,年产楠竹 2400 万根,年产杂竹 100 万 t,加工率为 100%,竹、木类加工企业 375 家,省级以上龙头企业 6 家,已形成以竹建材、竹浆造纸、竹工艺品、竹生活用品、竹笋加工、竹家具等六大系列 300 余个品种,竹木类工业产值 48 亿元。全市中药材(金钗石斛)种植面积 8.7 万亩,加工率基本达到 100%。

2. 指标体系构建

参照《中华人民共和国国民经济和社会发展第十三个五年规划纲要》和《全国农产品加工业与农村一二三产业融合发展规划(2016—2020 年)》设计规划指标体系,指标体系包括加工能力、企业资质、产品质量控制 3 个领域的评价指标,具体指标 16 小项,采用列表形式展示,并区分约束性指标、参考性指标和特色指标。特色指标主要根据赤水市产业特色,增加了赤水乌骨鸡加工产值、金钗石斛加工产值、竹产业加工产值和竹加工产品这 4 个特色指标(见表 9-5)。

表 9-5 赤水市长寿工业指标体系

领域	序号	指标名称	单位	指标值	指标属性	现状值 2017	水平	规划值 近期 2021	规划值 远期 2026
加工能力	1	农产品加工总产值	亿元	—	参考	84.6	未达标	120	180
	2	农产品加工产值与农业总产值之比	倍	3	约束	2.68	未达标	达标	达标
	3	农产品加工转化率	%	70	约束	59.99	未达标	达标	达标
	4	乌骨鸡加工产值	亿元	15	参考	—	未达标	达标	达标
	5	竹产业	亿元	100	参考	48	未达标	达标	达标
	6	金钗石斛	亿元	10	参考		未达标	达标	达标
	7	赤水河、习水河白酒	亿元	15	参考		未达标	达标	达标
企业资质	8	供应商选择	—	三品一标证书	约束		达标	达标	达标
	9	企业等级	—	农业产业化龙头企业	参考		未达标	达标	达标
	10	管理体系	—	ISO 9000 质量管理体系认证	约束		不达标	达标	达标

续表

领域	序号	指标名称	单位	指标值	指标属性	现状值 2017	水平	规划值 近期 2021	规划值 远期 2026
产品质量	11	原材料抽检合格率	%	100	约束	—	达标	达标	达标
	12	用水质量	—	无公害食品、绿色食品相关标准	约束		达标	达标	达标
	13	食品添加剂	—	食品添加剂使用准则 NY/T 392—2013	约束		达标	达标	达标
	14	农产品加工产品质量	—	无公害食品、绿色食品相关标准	约束		达标	达标	达标
	15	竹加工产品	—	绿色环保产品标准	约束		达标	达标	达标
	16	农产品质量追溯体系	—	建立	约束	—	不达标	建立	建立

指标解析

农产品加工总产值：反映加工能力，是农产品加工业总量规模。

农产品加工产值与农业总产值之比：反映农产品加工率。

农产品加工转化率：转化率即加工产品与加工原料消耗之比，即产出量与投入量之比。反映产品加工转化程度。

供应商选择：指加工企业选择提供农产品原料生产的基地、合作社、农场或企业。加工企业的原料来源多是初级农产品，产品品种繁多，具有一定的特殊性使得对其供应商的进行选择时要考虑的因素也较特殊。农产品原料供应商需获得国家相关部门颁发的"三品一标"基地证书、产品证书。

企业等级：农业产业化龙头企业（简称"农业龙头企业"）是指农产品生产、加工、销售有机结合，以农产品加工或流通为主，与农户形成各种利益联结机制、规模经营有关指标达到规定标准并经有关部门认定的企业。以证书或认定文件评定是否为龙头企业以及等级。

管理体系：加工企业需通过 ISO 9000 质量管理体系认证。

原材料抽检合格率：采购时农产品原料抽检合格比例。原材料质量控制水平直接影响后续的运输、仓储、加工、销售等环节。处于加工企业质量安全控制的源头端。

加工用水：符合国家无公害农产品、绿色食品相关标准。

农产品加工产品质量：粮食、果蔬制品、饮料、调味品、休闲、方便食品、畜禽渔制品、酒类等产品符合国家无公害农产品、绿色食品相关标准。

食品添加剂：符合国家制定的食品添加剂使用准则 NY/T 392—2013。

竹加工产品：指以竹子为原材料生产的竹地板、竹家具、竹制纤维木等竹制品及竹工艺品等产品。需获得国家环境标志产品认证。

3. 发展思路

赤水市农产品加工业将紧紧围绕山、水、竹3个特色要素,以市场为导向,技术集成为主攻方向,深入挖掘各产业中的长寿元素,将其转换为特色健康产品及旅游商品,从而寻找突破口。竹笋、竹木制品、乌骨鸡、石斛由初级加工向精深加工转变,重点扶持特色优势农产品加工企业、传统晒醋和中药材加工业,实现农产品加工原料生产基地化、农产品及其加工制品优质品牌化,产加销经营一体化,经济效益最大化。

4. 发展目标

(1) 总体目标

按照绿色—循环—低碳经济发展的要求,把竹产业打造成为川黔渝地区著名品牌产业,将乌骨鸡加工业打造成为赤水主导的美食和旅游商品,将石斛加工制品打造为美容行业、养生保健业、医药业的明星产品,配套精细的晒醋、竹笋、白酒、粮食作物、水果、蔬菜加工,将赤水建成长寿加工业的精品示范区。到2021年年末,农产品加工转化率达到70%左右,农产品加工企业产值到达110亿元,实现石斛产业产值10亿元以上,建成全国最大金钗石斛产业基地。

(2) 具体目标

养生竹类加工:竹类加工规模企业总数达到60家,形成竹笋、竹纤维制品、竹浆造纸、竹建材、竹工艺品、竹生活用品系列六大类产业体系。开展对竹纤维、竹黄酮素、竹汁饮料、竹醋液、竹叶茶、竹筒酒等有益健康的新兴产业的开发,实现竹工业产值120亿元以上。

中药材加工:在经济开发区、复兴、旺隆建设中药材加工企业,建设石斛产品研发、生产、交易为一体的石斛精深加工线。到2021年实现加工产值10亿元以上,建成全国最大金钗石斛产业基地。

乌骨鸡加工:培育规模以上畜禽加工企业1~2家,推进赤水乌骨鸡、绿壳蛋鸡场建设,建成开发、生产、交易为一体的深加工厂1家。2021年实现加工产值15亿元以上。

白酒加工:推进白酒产业集聚和配套发展,力争通过5~10年的建设和发展,把赤水市打造成为全省新兴优质白酒生产基地,把白酒产业发展成为赤水市重要的新兴支柱产业和工业经济增长极。力争到2020年,赤水市白酒工业产值达到80亿元以上;确保白酒产量5万千升,力争达到8万千升;酒业及配套产业累计建设投资100亿元以上。

锶型和偏硅酸型天然矿泉水:用3~5年的时间通过勘探、检测、申报等手续,建成2~3家天然矿泉水厂。

绿色生态食品加工:培育规模以上的粮食加工企业1家,以本地的水稻和红薯加工为主,将本地的粮食商品化,为长寿经济提供健康口粮,到2021年实现加工产值2亿元以上。精品水果和蔬菜加工以继续壮大现有企业、培育品牌、突显长寿特色为主,到2021年实现加工产值5亿元以上。实现绿色生态食品加工业产值10亿元以上,建成全省较大绿色生态食品加工基地。

特色旅游商品:年生产竹笋系列产品30000 t,晒醋15000 t,保健食品10万件以上。

5. 发展路径

(1) 以园区化发展为载体,集中力量发展长寿工业上下游一体化产业链

1) 培育具有核心竞争力的长寿工业优势产业集群,坚持龙头带动、绿色安全、品牌提升,

引导并促进长寿工业生产和产品结构调整,积极发展长寿食品。

2）加快赤水长寿食品资源开发,加快竹类、肉类、鱼类、药类等优质资源开发,推动产品向高端、绿色、高附加值方向发展。重点支持发展长寿食品产业,培育新的增长点。

3）发展壮大冷链食品产业优势,抓好长寿工业骨干企业,扩大乌骨鸡肉制品、生态鱼制品、恒温竹笋、预制菜肴等生产规模。发展长寿食品生产基地、禽鱼制品加工基地,以及冷链生产、流通和配送网络等项目。

4）加快长寿食品产业发展,突出营养、健康、方便、休闲理念,开发即食性、休闲化、时尚个性化产品。推进企业开发赤水特色优势长寿养生食品项目,支持长寿农业的特色种植业、养殖业和加工业一体化发展。支持赤水酱香酒业做大做强,提高其规模、产量及品质。

5）推进长寿工业全产业链融合发展,鼓励企业利用资金、技术、和长寿品牌等优势,延伸产业链条,加快上下游企业整合。建设标准化、规模化、专业化种植、养殖基地,种植、养殖、加工融合发展,壮大一二三产业。引导长寿工业向上游拓展,培育"市场—制造—种养殖"一体化全产业链企业。

(2)加大国家政策接轨与招商选资力度,形成内外兼顾型长寿工业发展态势

1）强化寿乡品牌,加大政策接轨。赤水市是中国长寿之乡,具有接轨国家政策的有利条件,借助中国老龄化时代的快速来临和国家相关政策的出台,成立专门的机构,予以研究和确立对接的重大项目。

2）强化招商选资针对性与实效性,瞄准长寿工业发展,依托赤水市当地商会、协会,开展有针对性落地选商活动,逐步引导长寿工业企业发挥主体作用,积极寻求与国内外等重点食品企业集团合作,有针对性地对接。

3）创新长寿工业招商选资模式和平台。加强与中国老年学与老年医学学会、贵州省和遵义市食协和知名投资公司合作,创新委托招商、以商招商模式,实现以政府为主体招商向以市场为主体招商模式转变。充分利用和开发长寿工业博览会、产业转移大会、贸易洽谈会等平台,密切与海内外客商沟通联系,对接发展项目。

4）着力推动"寿乡"影响力,发展外贸进出口。支持企业对"一带一路"沿线国家和欧美、东南亚国家注册,加快长寿工业产品出口跨部门、跨地区通关协作和检验检疫一体化进程。鼓励企业利用长寿工业原产地证书等,享受进口国关税优惠,运用互联网＋搭建长寿工业出口工作信息交流平台。

(3)以体制机制创新为牵动,推进长寿经济同步融合发展

1）突出以国内外长寿市场为导向,优化企业组织结构,鼓励企业做大做强,重点培育长寿经济一二三产业相结合的大型长寿工业企业集团和新型市场主体。积极推动企业管理创新,发挥食品行业协会作用,搞好指导、协调、宣传等工作。

2）大力发展长寿产业专业合作组织,加强长寿工业企业与产业化合作组织联合与协作,鼓励企业到长寿产品主产区建立区域原料基地,推动农民与企业建立紧密互惠合作。支持种养殖大户和食品加工企业双向延伸,拉长产业链条,形成风险共担、利益共享的城乡共同体。

3）加大项目建设力度,努力发展长寿工业项目。加强与国家部委、省直厅局对接,谋划、引进新项目、大项目。引导企业扩大投资。加大对长寿工业项目财政、土地和电力等政策支持。

推进现有项目做大做强，实现扩规模、上水平、增效益。

4）积极建设长寿产品专业市场，规划建设现代化长寿产品展销中心，发展、规范长寿产品物流体系。加强长寿产品企业和市场监管部门沟通协调。推进集约化共同配送，实现加工—流通—配送一体化。采用直销、配送电子商务、产加销一体化等新营销方式，开拓市场。

(4) 加大长寿发展人才开发力度，推进长寿工业科技创新

1）强化长寿产品人才培养和引进，建设长寿产品专业人才市场。加强与国内拥有食品工业的高等院校、人才市场以及食品企业人才联系，建立食品专业技能人才库，形成人才与用人单位互动机制，力争把更多高端人才和一线技术工人吸引到赤水。

2）加强长寿工业产业研发机构建设，逐步形成综合研发实力。依托中国老年学和老年医学学会长寿发展研究院等组建长寿工业研发中心，承担长寿产品新技术、新工艺、新产品开发。围绕主要产品链和产业集群，开发企业共用的关键技术，推进长寿工业加快发展。

3）推动长寿工业龙头企业建立长寿产品研发中心，提高核心竞争力。强化企业科研优势，引进吸收消化先进技术，开发有自主知识产权新技术。积极引导企业加大资金投入，建设长寿工业重点实验室和技术中心，组建技术创新联盟。

4）深入推进产学研联合，强化新工艺、新技术、新产品开发力度。针对长寿产业供给侧、需求侧结构升级，引导企业调整产品结构，开发营养、安全、绿色高端产品，推出名、优、特、新长寿产品。推进副产品再加工技术链接，壮大长寿工业循环与接续产业链条。

5）落实《中国制造 2025》路径，提升长寿工业装备智能化水平。长寿工业企业要建立集信息、标识、数据共享、网络管理等功能于一体的食品可追溯信息系统。实施"互联网＋"电子商务行动及高效物流行动，引导企业与电商对接，构建食品线上销售平台。

(5) 推行长寿品牌战略，实现长寿工业影响力的新突破

1）培育长寿工业优势产品品牌和加强现有知名品牌培育及扶持创新品牌，鼓励企业打造安全、绿色、营养、功能的特色长寿品牌，成立品牌战略推进组织，开展以质量为核心的品牌创建工程，对于荣获国家和贵州省名牌产品的企业给予奖励，努力争创中国长寿产品名城。

2）加大长寿工业名优新特产品市场开发力度。引导企业"反弹琵琶"，变产供销为销供产。在加强传统食品保护与开发的同时，开发生产无污染、安全优质、营养丰富、附加值高的长寿食品，做大做强优势特色产品，放大品牌价值，提高市场占有率。

3）推动长寿品牌的外延功能。鼓励企业走出赤水，在国内外设立长寿产品推介平台。实施特色、绿色、功能食品"三大工程"，推动长寿产品提质。借助"寿乡"名优品牌和驰名、著名商标优势，把品牌向产业上下游和省内外延伸，打造"中国长寿名城·赤水制造"。

(6) 建立健全质量安全追溯体系，建设中国长寿食品安全示范市

1）以重点长寿工业、企业、行业为依托，加强长寿食品安全体系建设。完善长寿食品和长寿农产品原料质量安全监督检测检验体系和市场准入制度，加强对食品质量安全的全方位监管。推动食品企业开展诚信管理体系评价，创建赤水食品安全诚信体系建设示范园区和示范企业。

2）强化市场监管力度，健全长寿食品安全预警监测机制。引导企业确保长寿食品安全入市。实行食品安全举报奖励制度，落实防范风险应急预案，健全涵盖从原辅材料进厂、生产过

程控制、产品出厂检验、不合格品管理、不安全食品召回、产品溯源、投诉应急、风险防范等内容的食品质量安全防控体系。

3）完善长寿工业标准化体系，推进原料生产基地建设标准化和产品市场准入制度，提高产品生产许可门槛。重视产品原料专用品种引进、选育、推广，实施生产基地建设标准化、专业化、规模化、区域化。坚持一套严格标准，兼顾内外两个市场，开展出口食品农产品质量安全示范县区创建工作，推动出口产品国内外标准体系有效衔接。

4）注重资源节约与环境友好建设，加强行业运行监测分析指导。按照建设资源节约型、环境友好型社会要求，提高食品工业综合利用水平和食物出品率。树立崇尚节俭、科学生产和循环经济理念，推进节能降耗减排工作。积极与食品行业发展同步，分析长寿工业发展环境及问题所在，制定相关政策与措施。

6. 产业布局

产业围绕"两区多点"进行布局，长寿工业园区主要进行农副产品的加工，经开区主要进行竹产业加工和中草药加工。复兴镇、旺隆镇等主要进行旅游商品、中草药、茶叶的研发和加工（见图9-26）。

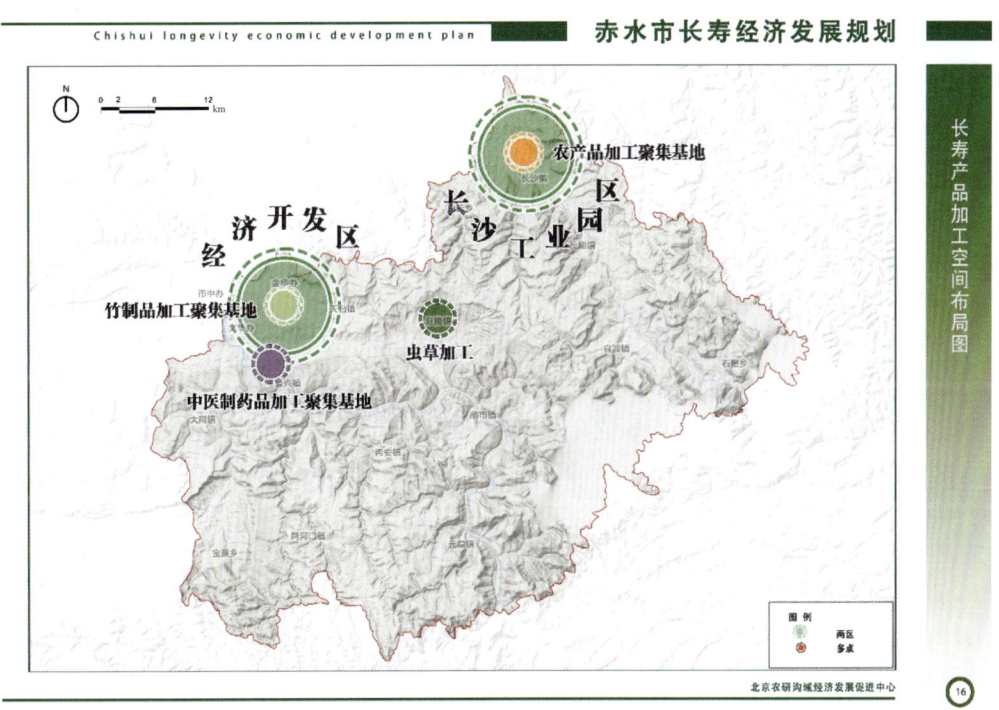

图 9-26　长寿产品加工业空间布局图

7. 重点任务

（1）壮大以石斛为主的医药保健品

建立石斛工业产业集聚区，包括石斛科研所、石斛产品加工及GMP加工厂，石斛交易市场等,提供信息技术服务。利用赤水金钗石斛品牌和地理标志产品优势,明确石斛产品加工的发展方向,提高清洗、分选、烘干和包装的机械化自动化水平,开发石斛深度保健品、化妆品及药品食品,逐步向高品质、高层次加工方向发展。扶持地方石斛龙头企业自主创新、加快发展,促进新产品研发,壮大地方石斛龙头企业。引进国内外强优同类企业加盟赤水石斛产业发展。

(2)培育特色生态食品品牌

依托生态优势,发展竹笋系列、赤水乌骨鸡、赤水晒醋、虫茶、竹荪、水果、冷水鱼、蕨类、野菜等特色农产品加工。加强竹笋、赤水乌骨鸡、赤水晒醋标准化、品牌化建设。加强技术改造和产品研发,提升生产工艺水平,提高产业规模和可持续发展能力。支持和鼓励地方龙头企业自主创新,提升市场竞争力和市场占有率,培育规模企业,打造知名品牌。

(3)研发特色旅游商品

以发展竹制工艺品加工为重点,壮大和开发树根雕、仿骨雕、竹编、竹雕、竹玩具、竹日用品等特色旅游工艺品。支持本地企业加强交流与合作,扩大产品规模,提高技术含量和管理水平,研发新产品,拓展新市场。引进省内外技术先进、创新能力强、有实力的企业和个人来赤参与特色旅游商品研发,促进全市旅游商品集约化加工、产业化发展。

8. 建设项目

(1)养生食品项目

1)竹笋深加工及剩余物提取

建设20000 t竹笋深加工及1850 t竹笋加工剩余物提取生产,用地50亩,建筑面积14800 m^2,其中:建国际标准化厂房8座(28800 m^2)、仓库4座(7200 m^2)、冷库4座(4000 m^2)、实验大楼1座(2000 m^2)。建设竹笋深加工生产线3条、竹笋加工剩余物提取生产线3条等,占地面积50亩,项目布局在长寿工业园区。

2)竹荪特色食品深加工

建设竹荪深加工工厂,包括公用工程、环保工程和附属服务工程。生产产品包括精制竹荪干品、竹荪多肽味素和竹荪饮料。形成年产精制竹荪干品5000 t、竹荪多肽味素5000 t、竹荪饮料10000 t能力,占地面积160亩,布局在长寿工业园区。

3)晒醋开发生产

建设年产50000 t赤水晒醋生产线,开发保健醋产品,形成年产5000 t保健醋系列产品生产能力,占地面积60亩,布局在经开区。

4)特色虫茶加工

建设包括生产车间、检验车间、储运仓库、办公一体的加工厂,建设虫茶加工生产线4条,形成年产虫茶1000 t能力,占地面积30亩,布局在旺隆镇。

5)高品质农产品加工

赤水乌骨鸡是国家地理标志保护品种,具有很高的市场价值。但由于缺乏加工环节,制约了养殖产业的发展。要建设好加工基地,促进乌骨鸡养殖基地的发展。

建设包括生产车间、检验车间、储运仓库、办公一体的加工厂,建设高品质蔬菜、粮食、乌骨鸡、水果加工生产线4条,占地面积30亩,布局在长寿工业园区。

6)赤水河下游酱香型白酒产业集聚区

白酒产业集聚区主要布局在赤水工业园区和官渡、复兴等镇的工业园区。重点建设项目：贵州巴蜀液酒业有限公司年产2万t酱香型白酒项目；赤水贵福酒业有限公司年产1万t白酒等重点项目；重点引进和建设3~5个年产1万~2万t大型优质白酒生产项目，打造5个以上国内优质名酒品牌；宝源乡小酒厂提升改造项目。

7)天然矿泉水

锶和偏硅酸是我国天然矿泉水认定的一个重要指标，是目前矿泉水开发中较为关注的指标之一。

锶型矿泉水区：根据水资源检测报告数据，在天台、元厚等乡镇选址，进一步测试化验，确定出水量、开发量，建设符合健康长寿需求的寿乡天然矿泉水厂。

偏硅酸矿泉水：在偏硅酸含量最高的宝源乡宝源村(水样达37.9 mg/L)、大同镇华平村(24.6 mg/L)及其周边选取矿泉水开发地址区域，建设偏硅酸型矿泉水厂。

(2)医药保健品项目

1)石斛精深加工

复兴镇续建1个金钗石斛GMP加工厂，在赤水经开区续建1个石斛精深加工厂，建成石斛产品精深加工GMP生产线4条，主要投资生产厂房、办公用房等配套设施(见图9-27)。

图9-27 金钗石斛养生小镇意向图

2)淡竹叶保健饮料生产

项目布局在经开区，建成年生产淡竹叶保健饮料8000t的加工厂，主要投资生产厂房、办公用房等配套设施，占地面积40亩。

3) 医药园

建设佛手、淡竹叶、天麻、天冬、杜仲、白芨等中草药研发和生产的医药园,占地100亩,布局在复兴镇。

4) 竹炭、竹醋、竹饮制品精深加工

建设年产竹炭10000 t,竹醋液6500 t生产线,投资金额1亿元,占地面积50亩。建设年产5000 t竹叶黄酮生产线,占地面积60亩,布局在经开区。

(3) 养生竹制用品项目

1) 竹纤维深加工

建设年产15万t竹纤维生产线,年生产粗竹纤维75000 t,半精细竹纤维45000 t,精细竹纤维30000 t;建设竹纤维面料生产线,形成年产8000万 m^2 生产规模,占地面积200亩,布局在经开区。

2) 竹工艺品加工

融入民族特色进行竹工艺品的设计、开发、生产,生产特色竹饰品、竹碗、竹扇、竹根雕、竹炭雕、竹编工艺品、竹炭工艺品、竹玩具、竹日用品等特色竹工艺品,占地40亩,布局在经开区(见图9-28)。

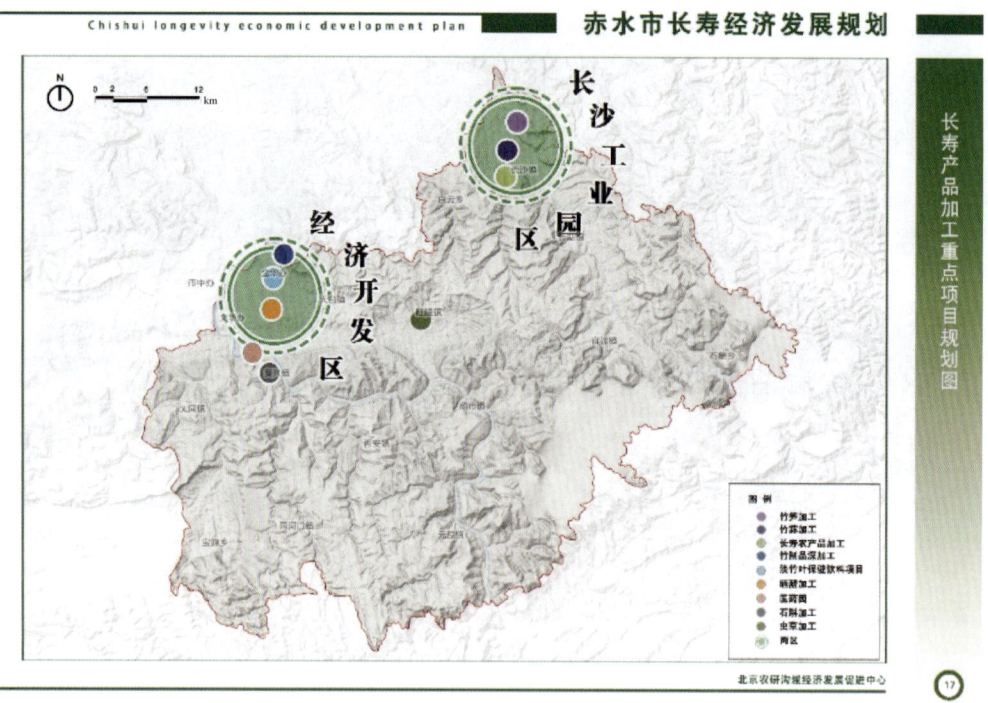

图9-28 长寿产品加工业重点项目规划图

9.7 长寿经济流通体系研究

9.7.1 长寿产品品牌建设规划

品牌是竞争力的象征,品牌是信誉的保证,品牌是价值的外在体现,品牌更是综合实力的展示,品牌是培育和稳定产品消费群体的重要措施。发展品牌经济,是产品质量安全水平和市场竞争力的迫切要求,也是实现农业增效和农民增收的重要举措。打造"中国长寿之乡——赤水"品牌及对其进行科学有效的市场推广是赤水长寿经济整体发展的重要组成部分。

1. 发展思路

(1) 发展基础

赤水具有优越的自然资源和生态环境,为打造长寿品牌提供了基础条件;当今大健康产业发展的大环境和社会对健康食品的需求,为打造长寿品牌提供了市场条件;赤水市被中国老年学会和老年医学学会授予"中国长寿之乡"称号,为打造长寿品牌奠定了坚实的基础。

(2) 发展思路

以农特产品品牌服务中心建设为平台,积极推进农业产业化经营,延伸农业产业链,发展以农产品储藏保鲜、农产品精深加工为主体的第二产业,发展以农业观光旅游、农产品物流为主体的第三产业,推动一二三产业融合发展。积极组织龙头企业、农民专业合作社、协会、生产大户参加各种形式的展示展销活动,加大赤水金钗石斛、乌骨鸡、生态鱼、竹业等名优农特产品品牌创建和宣传,瞄准赤水旅游大市场,大力发展农业旅游产品,解决赤水旅游"购"的问题,不断提高农特产品经济效益和社会效益。充分利用电视、广播、网络、新闻媒体等对赤水市丰富的旅游资源、生态旅游和特色农产品宣传,逐步引导建立生产、加工、展示、广告、销售、物流为一体的市场营销网络。加强农业信息化建设,大力实施赤水金钗石斛、赤水乌骨鸡电商平台体系建设,抓好农特产品包装,推动石斛、乌骨鸡、猕猴桃等农特产品进入淘宝等电商销售网络,全面推进以电商平台为主要载体的"互联网+"现代农业,让更多农产品走出赤水、走向全球。

2. 重点任务

加快"三品"认证,提高长寿产品的品牌质量。把开展无公害、绿色和有机农产品认证,作为长寿品牌培育的重要基础。积极进行国家有机产品、绿色产品和无公害产品的"三品"认证工作,针对农、林、中药材里不同种类的产品以及同种产品不同品质的分别进行认证和注册(如大米,可以根据品质分别注册为有机大米、绿色大米、无公害大米,其他产品类同)。利用龙头企业(如奇垦集团等)带动和地方政府推动的形式促进产品品牌的建立、塑造、提升与发展。同时,针对休闲生态旅游、生态候鸟式养老等绿色健康的旅游生活方式加强品牌打造和建设,把赤水打造为赤水之命脉、川渝之花园、黔之天然氧吧、国之长寿瑰宝。

推进地理标志产品品牌建设。据统计,获得地理标志注册的农产品价格普遍上涨15%~20%。在地理标志商标的规范引导下,统一标准、统一商标、统一包装、统一营销,进一步促进赤水整体发展。另外,鼓励和引导龙头企业和专业生产合作社争创著名商标、驰名商标和商标品牌基地,不断提高地理标志产品的市场知名度和竞争力,积极争取国家地理标志产品保护示范县等项目资金。

利用广告效应,打出响亮的广告语。充分利用中国长寿之乡、"四渡赤水红色文化"、世界自然遗产地——丹霞这些赤水的软实力进行宣传。在品牌打造上,要充分和这些历史文化相融合,既要较多地呈现"本土特色",同时也要进一步引入健康时尚的国际化元素,和现代健康、绿色、科学的生活理念相结合,加速"中国长寿之乡——赤水"成为知名品牌的进程。

3. 推广策略

(1) 线下和线上销售结合

在武汉、北京、上海等城市的中心城区开设多家赤水长寿加工品专卖店,在家乐福、沃尔玛、物美等超市大卖场设立赤水农超对接专区专柜。利用网络和一些销售网站联合销售,像淘宝、京东、一号店、当当网等,实现直销和网销的充分结合,共同推广和发展。

(2) 品牌展销

积极参加贵州省组织的特色农产品推介会,参加国际或国家级农业会展。组织或参与农产品品牌整合。组织农产品品牌策划、宣传和推广活动等,抓住省内、国内、国际相关会展的机会,大力推广赤水品牌。

(3) 广告平台

在贵州卫视、央视7套《聚焦三农》等栏目做5~10 s的广告宣传,在农民日报、贵州日报等报刊平面媒体,以产品系列形式不定期宣传赤水品牌。在百度搜索做长寿之乡赤水、赤水长寿等关键词的竞价排名推广,充分利用网络推广(百度、微博、微信等)。

(4) 高层论坛及商贸洽谈峰会

联合农业农村部、商务部、绿色产业发展联盟及国际商贸有关组织举行每年一届的"康养旅游(赤水)高峰论坛暨展销活动",开发"会展经济",并以此为依托,邀请"中国长寿之乡"的代表,有关专家、学者,有关生态养生、旅游、和联盟合作的公司等企业负责人以及全国知名媒体、记者参加,扩大赤水"中国长寿之乡"这一品牌影响力。

9.7.2 长寿产品流通渠道规划

1. 发展基础

完成磊阳农贸市场建设,建成赤水市黔北明珠文化城旅游商品购物中心和赤水市旅发公司旅游商品购物中心。推动社区商业发展,培育和引导贵福金街、红军大道、东门石沓沓特色美食街建设。鼓励企业开展产销对接、农超对接、参加各类展会展销活动。奇垦农业公司在重庆开设了12家乌骨鸡及鸡蛋直销门店。

建成了以文化旅游体验中心、物流配送中心、商品展示中心、产品质量检测中心、电子商务运营中心为一体的"云上赤水"电子商务产业城,获得省级"电子商务进农村综合示范县"的称号,凯旋村建成了电子商务省级示范村。

成立了贵州省首个县级物流协会,有物流快递企业46家。依托菜鸟物流、邮政快递等,建立了107个村级物流服务站点。

但冷链物流不完善,城乡市场体系建设、商贸体系有待进一步完善和规范。

2. 发展思路

抢抓西部大开发和"一带一路"建设战略机遇,强化基础设施和信息化建设,大力培育和引进物流企业,打造以赤水现代物流集聚区为依托,以水陆联运、市域特色产业共同配送为特征的黔西北重要物流节点城市。

3. 发展目标

最终建成设施标准化、产品包装化、物流冷链化、信息电子化、旅游品牌化、医养专业化的长寿产品的流通渠道。设施标准化是指农产品批发市场、零售市场、农产品加工配送中心、农产品加工企业的冷库、加工、配送等设施标准化;产品包装化是指遵循全国农产品购销专业标准化技术委员会制定的农产品流通领域的一系列标准;物流冷链化是指全球农产品流通发展的趋势在冷环境下加工、配送、销售;信息电子化指交易方式电子化、信息搜集、发布电子化。力争到2020年,物流业实现增加值达10亿元以上,年均增长15%以上。

4. 重点任务

(1) 培育零售新业态

鼓励超市规模化发展,积极发展连锁经营、仓储式超市、网上商城、电子商务等。抓好五洲国际商贸城、茵特拉根、黔北明珠文化城等项目建设,以先进经营理念与模式,带动提高全市整体商贸水平。

(2) 培育专业特色市场

以产业为依托,加快中心城区的商业特色街、专业市场(金钗石斛交易市场、竹产品交易市场、赤水汽车交易市场)等具一定辐射能力的专业特色市场的培育和建设;推进金钗石斛、乌骨鸡、茶叶、花卉等特色农产品交易市场建设。

(3) 建设农村和社区商业网点

以"万村千乡"市场工程,"农超对接"工程为载体,加快农村便利店建设,大力发展"绿色食品"和"生鲜食品"供应网点。大力发展以"邻里中心"模式为特点的集商业、文化、社区服务、公益服务于一体的社区网点。

(4) 加强信息化和电子结算技术

鼓励企业、门店加大对互联网的运用,提高刷卡消费、在线结算的普及率,实现购物、餐饮住宿及生活服务刷卡消费、在线消费无障碍;加强商贸与物流企业、制造企业的信息共享平台建设,形成市场快速响应机制。

(5) 拓展流通渠道

鼓励赤水市农产品生产企业在省内外大中城市开设赤水市有机产品的专卖店,在沃尔玛、家乐福等主要超市开设赤水长寿产品的销售专柜。利用淘宝贵州馆、京东电商产业园、贵州电商产业园等平台,推进赤水市长寿产品线上营销,支持企业在天猫、淘宝、京东等国内电商主流平台营销赤水市长寿产品。扶持旅游景区、酒店、特色餐饮店等进行赤水特色产品展销。

(6) 建设农产品批发、展销和冷链物流中心

在中心城区建设农产品综合批发市场、农特产品展销中心和农产品冷链物流中心。

5. 建设项目

（1）现代仓储物流

建设 5 座不同功能定位的仓储中心，每个中心拥有 400 个面积为 50 m^2 可租用仓储空间，投资 3.5 亿元，占地 200 亩，经开区中北、中西部物流区。

（2）码头物流中心

建设赤天化码头仓储中心，有仓储配送区、信息交易区、商务服务区、生活服务区 4 大功能区，投资 3 亿元，占地 70 亩，经开区中北、中西部物流区。

（3）现代冷链物流

建设总规模为储量 5000 t，面积 6890 m^2。建设内容主要包括土建工程、气调库 2320 m^2（含机库）、低温冷藏库 2420 m^2（含机库）、办公室 510 m^2、检验室 110 m^2、物流综合服务区 3500 m^2、相关配套工程等。投资 3 亿元，占地 40 亩；经开区中北、中西部物流区。

（4）医药配送物流

建设医药配送中心，年配送额 2 亿元，建设配送仓库 20000 m^2，购置配送车辆 35 辆，投资 3 亿元，占 30 亩地；经开区中北、中西部物流区。

（5）现代生活物流

建设集仓储、分拣、包装、装卸、运输、信息服务为一体的经济开发区现代生活物流营运中心，投资 3 亿元，占地 100 亩；经开区中北、中西部物流区。

（6）农产品生产物流

建设纺织品仓储配送区、油料仓储加工区、农资仓储配送区、信息交易区、商务服务区、生活服务区六个功能区域，进行涉农产品的现货交易、电子交易、储存、流通加工、运输、配送和信息处理等，投资 3.5 亿元，占地 360 亩；经开区中北、中西部物流区。

（7）农产品综合批发市场

（8）农特产品展销中心

9.7.3 长寿产业营销规划

1. 长寿产业市场细分

长寿经济在实施其服务营销战略时要把其服务市场或对象进行细分，在市场细分的基础上选定自己服务的目标市场，有针对性地开展营销组合策略，才能取得良好的营销效益。根据地理、人口与消费者行为进行市场细分，主要开发针对中老年长寿市场、养生保健市场、养生美容市场、患病人群高端康养市场、亚健康人群休闲市场。

2. 重点任务

（1）积极发展金融业

重点围绕中心城镇、建制镇、工业区等进一步完善金融网点布局，加快发展壮大地方金融机构，积极支持农村信用社发展和民营金融机构建设，促进金融业发展。

（2）深入挖掘养生美食业

抓住赤水旅游业快速发展机遇，在切角、长江、庙沱 3 个半岛、重点城镇、重点景区周边建设一批档次较高、服务质量优良、特色鲜明的星级宾馆、商务酒店、产权式度假酒店和公寓、餐饮企业等,在旅游景区周边布局一批富有乡村特色的"农家旅馆"和"农家饭店",利用中草药优势,挖掘一批药食同源的特色美食,建成与康养业和旅游业发展相匹配的宾馆、酒店和餐饮服务业。进一步发掘包装传统美食,打造一批健康养身美食品牌。

(3)配套发展商务服务业

重点发展会展服务、科技服务、信息服务、咨询评估、会计、工程设计、广告等服务业。在中心城镇和工业区周边规划一定区域作为生产性服务业集聚区,积极鼓励和吸引大中型生产性服务企业落户赤水,以配套服务外包等多种方式加强与生产企业合作,延长产业链。

(4)适度发展旅游地产业

结合国际休闲旅游城市建设,在城区、景区周边规划一定区域旅游地产。依托环境优美、空气优良的生态环境,做好旅游地产发展规划,采取BT、BOT等合作模式,引入有实力的集团参与赤水旅游地产业的开发,打造宜居赤水、休闲赤水、会展赤水。

3. 建设项目

(1)五星级、四星级宾馆建设。
(2)重点城镇、重点旅游景区以及工业园区周边特色、经济型酒店和餐饮业项目。
(3)金钗石斛文化展示广场建设。
(4)综合物流园区、物流中心建设项目。
(5)旺隆镇、天台镇、元厚镇高速公路服务区建设项目。
(6)重点乡镇商贸市场建设项目。
(7)旅游美食文化城。
(8)竹产交易市场建设项目。
(9)万村千乡市场建设工程。
(10)乡镇物流节点。
(11)赤水生态农业产业化产贸示范园。

9.8 长寿经济消费体系研究

9.8.1 长寿旅游发展规划研究

长寿旅游是以"寿乡"的长寿资源为依托,围绕着"寿乡""寿区(社区)""寿村"的长寿人群地缘分布,以及寿乡的气候资源、水资源、土壤资源、长寿食品资源、自然环境资源、长寿人文资源等要素,以倡导快乐健康生活方式、修身养性、延年益寿为目的,以旅游为纽带,在一定地域空间范围内提供"吃、住、行、游、购、娱、健、闲、体、学"等相关的产品和服务的集合。长寿旅游要以长寿资源为基础,突出"寿"字本底,体现"长"字特色。长寿是养生的目的,健康是长寿的最佳状态。长寿旅游非"医疗旅游",它强调对"身心灵"的调整和养护,是让人们了解寿乡环境及寿乡老人良好生活习性,学习掌握长寿要素,体验寿乡长寿产品和服务的基础上,积极主动地调整自身的生活状态,从而达到健康长寿最佳状态的旅游、旅居旅养过程。

1. 长寿旅游资源与评价分析

(1)长寿旅游资源分类

赤水市旅游发展历史悠久,现有国家级及以上旅游资源:一个世界自然遗产——中国丹霞·赤水;一个国家级风景名胜区——赤水风景名胜区;一个国家地质公园——赤水丹霞国家地质公园;两个国家级自然保护区——赤水桫椤国家级自然保护区、长江上游珍稀特有鱼类国家级自然保护区(核心区);两个国家森林公园——燕子岩国家森林公园、竹海国家森林公园;五个国家AAAA级旅游景区——赤水大瀑布景区、燕子岩景区、竹海景区、佛光岩景区、四洞沟景区。已开发的旅游资源集中表现在以下4个方面:一是以赤水大瀑布、燕子岩景区、佛光岩景区为代表的自然资源旅游资源点开发;二是以江西会馆、万寿宫、丙安古镇、大同古镇为代表的历史文化旅游资源点开发;三是以天岛湖度假区、天鹅堡度假区、丹霞溪谷为代表的康养度假旅游点开发;四是以竹漂技艺、晒醋制作技艺、游氏武术为代表的非物质文化旅游资源点开发等。"千瀑之市""丹霞之冠""竹子之乡""桫椤王国""长征遗迹"是赤水市的五大旅游名片。

赤水市的旅游资源众多,但大部分旅游资源还深藏闺阁中未开发。根据赤水市2016年旅游资源普查统计,赤水市共计有单体旅游资源1014处(见表9-6、图9-29)。其中形成旅游资源844处,新发现旅游资源464处,占54.8%,大量旅游资源还深藏闺中,开发空间巨大[数据来源:贵州省赤水市旅游资源大普查成果报告(2016)]。

表 9-6　赤水市待开发旅游资源统计

序号	类型	入级资源/处	新发现入级资源/处	待开发占比/%
1	地文景观	130	96	11.4
2	水域风光	362	231	27.3
3	生物景观	54	29	3.4
4	天气与气候景观	3	2	0.2
5	遗址遗迹	19	8	0.9
6	建筑与设施	183	70	8.3
7	旅游商品	21	10	1.2
8	乡村旅游	26	11	1.3
9	红色旅游	24	6	0.7
10	康体养生	10	1	0.1
	合计	844	464	54.8%

作为中国长寿之乡的赤水市其长寿资源是支撑长寿旅游的前提条件。结合赤水市旅游资源调查的统计数据,再依据赤水市长寿之乡的长寿条件因素构成分析,我们把赤水市长寿旅游资源的类型分为:长寿环境资源、长寿农业资源、长寿林业资源、长寿中药资源、长寿工业资源、长寿文化资源、长寿康养资源、长寿乡村资源8大类(见表9-7)。

表 9-7　长寿旅游资源分类调查表

主类	亚类	旅游景观资源
A 长寿环境资源	AA 地文景观	境内出露地层为侏罗系、白垩系红色建造,是贵州省内侏罗系、白垩系地层发育最好、出露最齐的地区 境内出露地层有中生代侏罗系沙溪庙组、遂宁组、蓬莱镇组、白垩系嘉定群和新生代第四系地层,全为沉积岩。侏罗系、白垩系为河湖相沉积的红色、紫色泥岩,粉砂质岩及砂岩,又称红层砂岩
	AB 丹霞景观	赤水丹霞:1300 km² 全国面积最大、发育最壮观典型的丹霞地貌 1. 赤水市丹霞地貌形态丰富多样,基本上所有的丹霞地貌单体形态在这里均有发育。丹霞崖壁、丹霞石墙、丹霞方山、丹霞石柱、丹霞岭脊、崩积堆和崩积巨石、象形丹霞、丹霞沟谷、丹霞凹槽、丹霞天生桥与穿洞、丹霞溶穴、丹霞壶穴等 2. 主要丹霞景观:佛光岩、五柱峰、燕子岩、杨家岩蜂窝石、高洞口壶穴群、元厚丹霞赤壁、转石奇观、三尊佛、四洞沟、十丈洞、九角洞等
	AC 水资源景观	1. 瀑布景观:赤水大瀑布、狮子岩瀑布群、百米大滩、闷头溪瀑布群、四洞沟瀑布群等 2. 湖泊水库景观:月亮湖、九曲湖、天鹅湖、天岛湖等 3. 温泉:旺隆盐温泉、宝源联奉温泉
	AD 风景名胜区	赤水大瀑布景区、燕子岩景区、竹海景区、佛光岩景区、四洞沟景区、月亮湖风景区、九角洞风景区
	AE 长寿气候资源	1. 冬暖夏热,四季分明,无霜期长,气候湿润 2. 长寿空气中的维生素:全域属于高密度负离子空气区。其中,景区负氧离子含量达 36000 个/cm³ 3. 云雾区:望云峰、天鹅堡观景台、长期镇 4. 我国少有的北亚热带地区具有南亚热带气候特征的"气候飞地"区,区内有南亚热带常见的植物,加之山区垂直海拔高度,形成了本区独特的长寿气候资源—夏季清凉、避暑胜地
B 长寿农业资源	BA 32 条一产沟域、100 个省级农业园区	平摊、赤岩、楼溪、星秀、凤仪、兴旺、大滩、俺滩、清溪沟、泥池沟、沙子沟、龙岩沟、尖山沟、板桥沟、沙陀沟、仁友沟、联奉沟、联华沟、马鹿沟、严家沟、田渡沟、沙千沟、大石沟、葫市沟、官嵌沟、三佛沟、艾华沟、黎明沟、民族沟、风溪沟、汪槽沟
	BB 生态农业模式示范基地(园区)	1. 两河口、宝源、大同、旺隆、白云、长沙等乡镇"竹笋-竹禽-竹菌"林下生态生产模式示范基地 2. "丹霞石斛-岩壁石斛-林木石斛"生态产业模式示范基地 3. "茶果-中药-花卉苗木"梯形生态生产模式示范基地 4. "坪坝蔬菜"生态农业生产模式示范基地 5. "鱼+稻+桑""鱼+塘+草""沟+石蛙"高山生态水产生产模式示范基地 6. 岩壁、石穴洞为载体的"丹霞岩蜜"生态养殖模式示范基地

续表

主类	亚类	旅游景观资源
C长寿林业资源	CA 长寿林木（森林）	1. 拥有竹林面积132.8万亩,排全国前列。竹海国家竹林公园、燕子岩国家森林公园等 2. 侏罗纪残遗种——"桫椤"在赤水生长十分密集,仅赤水桫椤国家级自然保护区内就达4.7万株,是全世界分布最集中的区域。桫椤集中保护区-赤水桫椤国家级自然保护区 3. 珍稀树种还有红豆杉、银杏、黄葛树（大叶榕树、菩提树）,古树有红军树、天堂沟古榕等
	CB 养生茶、苗木、花卉。	小黄花茶、白茶、豹皮樟、淡竹、紫荆花、桂花、黄花决明子、红千层、非洲菊、三角梅、淡竹、澳洲坚果等
D长寿中药资源	DA 中药基地	1. 金钗石斛基地 2. 佛手柑
	DB 中药品种	金钗石斛、黄柏、天麻、鱼腥草等
E长寿工业资源	EA 长寿食品加工业	赤水竹笋竹菌、赤水晒醋、赤水酱香型白酒、乌骨鸡、竹家居用品、富硒富锶及偏硅酸矿泉水
F长寿文化资源	FA 古城镇文化	1. 古镇文化:赤水古城、川黔锁钥 2. 盐运文化:川盐入黔口岸码头及盐商古道 3. 古镇文化:大同古镇、复兴古镇、丙安古镇、官渡古镇等 4. 复兴江西会馆、石鹅咀摩崖造像、周西成太极楼、万寿宫、石沓沓、风溪驿站、李氏赤水古城垣、扬帆广场、两会水石窟寺、蔺江驿站、黔中生佛、观海楼、龙塘石雕、黔北大佛、复兴驿站、紫马双旌碑、永盛山龙泉寺等
	FB 生态文化	1. 拥有世界自然遗产丹霞地貌,2001年,被命名为"赤水市国家级生态示范区" 2. 赤水桫椤国家级自然保护区、赤水长江上游珍稀特有鱼类国家级自然保护区和赤水原生林野生动植物自然保护区（县级）,拥有竹海国家森林公园和燕子岩国家森林公园
	FC 竹林文化	竹文化内涵十分丰富和独特,竹是"四君子"之一,其衍伸出的高风亮节精神影响着中国人的审美观和审美意识以及伦理道德,影响着文学、绘画、工艺、园林、音乐、宗教、民俗等文化的发展
	FD 非物质遗传文化	赤水拥有非物质文化5项,分别为船工号子、晒醋工艺、独竹漂、官渡游氏武术、竹编工艺,并有县级非物质文化多处
	FE 民族、民俗文化	1. 民族文化赤水境内分布26个民族,居住、婚娶、服饰、姓氏、饮食等民族民俗文化众多。如苗族的苗寨、苗族服饰、踩山节、芦笙、大鼓,饮酒中的"喝单碗"等。大同镇民族村大石盘苗寨、两河口马鹿村苗寨。还有汉族乡土文化 2. 百岁老人及长寿老人家庭的孝道文化:李氏节孝坊、谢氏节孝坊、郑氏节孝坊 3. 黎理泰故居、袁氏宗族祠堂

续表

主类	亚类	旅游景观资源
G 长寿康养资源	GA 康养示范基地	国家级森林康养基地1家——赤水恒信森林21度国际养生度假区森林康养基地;省级森林康养基地2家,分别是赤水市天鹅堡森林康养中心、赤水天岛湖森林康养基地
	GB 康养休闲度假区	天鹅堡国际休闲度假区、天岛湖度假区、丹霞溪谷、月亮湖度假区、兰溪谷、赤水国际健康养生社区
I 长寿乡(村)资源	IA 长寿乡镇(街道)	1. 长寿指数前5乡镇:白云、长沙、宝源、旺隆、葫市、天台 2. 富硒乡镇:白云、长沙、宝源
	IB 长寿村	1. 百岁老人村:宝源(联华村、联奉村)、官渡镇渔湾村、长沙镇(赤岩村、笃睦村、高洞村)、葫市(金沙村、高竹村)、旺隆(永兴村、联会村)(第一批) 2. 长寿农产品村:宝源乡联奉村、长沙镇赤岩村、大同镇华平村、白云乡平摊村、丙安镇三佛村 3. 长寿富硒土壤村:宝源乡联奉村、长沙镇赤岩村、宝源联华村、大同镇的华平、民族村 4. 长寿水源村:宝源乡宝源村水(高偏硅酸型富锌矿泉水、极低矿化度)、大同镇华平村(富偏硅酸型)、官渡镇金宝村水(高锶富钙镁钾锂型)、长期兴旺村水(高锶富硒钙锂型)、习水河水(高锶富锂型)、天台镇兴红村水(高锶富锂型)、元厚镇高新村(高锶富钙镁锂偏硅酸型)、赤水河水(高锶富钙钾镁型)、旺隆镇永兴村(高锶富钙型)、旺隆镇联会村(富锶钾偏硅酸型)、大同镇民族村(富硒钾钙型)、两河口镇盘龙村(富锌水) 5. 富硒石斛村:五七村、平摊村(第一批)

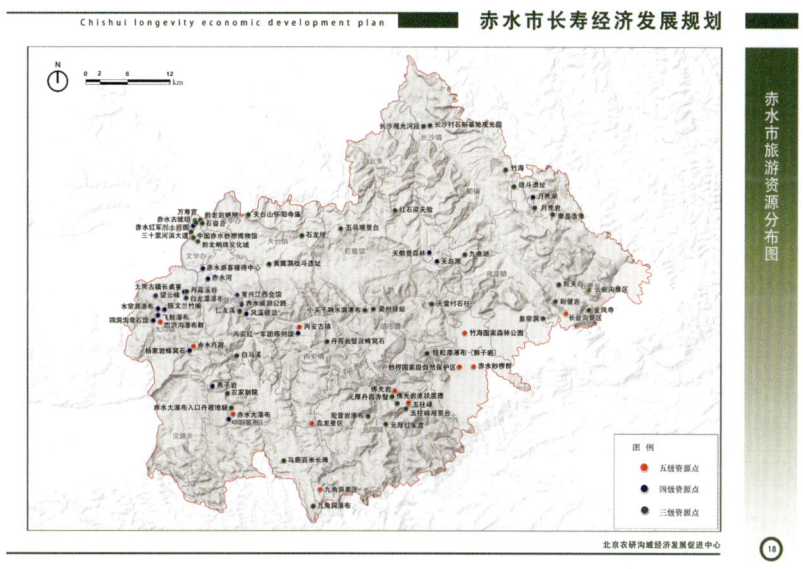

图 9-29　赤水市旅游资源分布图

(2)长寿旅游资源综合评价

通过赤水市长寿旅游资源分析可知赤水市长寿旅游资源具有极大的开发潜力。未来需要融合六大旅游产品系列的同时，需借鉴国内外长寿之乡的长寿休闲旅游、高端商务旅游、养老养生旅游、运动健身旅游等多元化旅游业态的经验，率先在全国开展以长寿经济为体系的长寿之乡旅游业态，打造赤水市经济发展新的增长极（见表9-8）。

表9-8 长寿旅游资源分类评价表

等级	得分范围	资源类型	长寿旅游区（点）
五级	≥90分	长寿环境	赤水大瀑布、瀑布群、高山云海、高山湖泊区（负氧离子富集区）
		长寿农业	富硒区域谷物、红薯、富硒蔬菜、富硒水果
		长寿林业	竹海云海、燕子岩森林公园（森林负氧离子区密集区）
		长寿中药	富硒金钗石斛。五七村原生态石斛原产地、平摊石斛基地
		长寿工业	竹笋竹菌（宝源、白云、长沙）、晒醋
		长寿文化	百岁老人及长寿老人家庭的生活饮食习惯、孝道文化
		长寿康养	国家级森林康养基地1家——赤水恒信森林21度国际养生度假区森林康养基地；省级森林康养基地2家，分别是赤水市天鹅堡森林康养中心、赤水天岛湖森林康养基地
		长寿乡村	百岁老人村、富硒乡镇，富硒土壤、富硒富锶水源村
四级	75～89分	长寿环境	温泉：旺隆盐温泉、宝源联奉温泉 旅游景区：佛光岩景区、四洞沟景区、月亮湖风景区、九角洞风景区
		长寿农业	沟域农业及休闲农业园区、特色农业基地
		长寿林业	各类茶园、虫茶基地、龙眼基地
		长寿中药	黄柏、天麻、白芨、重楼、佛手等示范基地
		长寿工业	乌骨鸡加工、酱香白酒、锶型和偏硅酸型天然矿泉水
		长寿文化	晒醋文化、酱香酒文化、寿乡餐饮文化
		长寿康养	丹霞溪谷、月亮湖度假区、兰溪谷、赤水国际健康养生社区
		长寿乡村	长寿指数（高）乡镇：白云、长沙、宝源、旺隆、葫市、天台
三级	60～74分	长寿环境	高洞口壶穴群、龙舔洞（汉堡）、佛光岩波状层理、跳蚤岩、五柱峰观景台、龙凤岩、大圣归等
		长寿农业	富钾土壤农业耕作区、竹菌、竹笋、竹鼠等基地
		长寿林业	红心蜜柚、猕猴桃等经济林果基地
		长寿工业	长寿大米、桂圆、豆类、蔬菜等农产品加工
		长寿中药	石斛系列中草药加工园区旅游。杜仲、五倍子、赶黄草、砂仁等常规中草药栽培基地
		长寿文化	黎理特等乡闲故居、孝节坊、宗氏祠堂
		长寿康养	养生农庄、旅游度假区
		长寿乡村	钙、钾、镁等矿物质元素较多村镇

注：一、二级及未获等级旅游资源和部分潜在旅游资源暂未列出

1）"双特"长寿旅游资源（五级）

双特长寿资源指在全国或区域内具有独特、特色的长寿资源。与全国长寿产业开发最早广西巴马相比，赤水市的长寿资源总体优异，长寿产业的后发优势强（见表9-9）。

表 9-9　赤水市与巴马市长寿旅游资源对比分析表

序号	资源类别	巴马市	赤水市
1	饮用水资源	盘阳河及其两岸的山泉水和地下水	饮用水为出露地表的泉水、地下水，与市场销售的百岁山、农夫山泉、恒大冰泉等水中TDS较相近，水质清爽偏软。富硒富锶水源区丰富
2	空气资源	空气负离子含量5000～20000个/m³	平均32000个/m³。2017年度获得"中国天然氧吧"称号
3	土壤资源	—	丹霞地貌富钾土
4	农林资源特色食品	巴马香猪、黑山羊、珍珠黄玉米	金钗石斛、竹笋（菌）、乌骨鸡、晒醋、酱香白酒等，规模体量比巴马大
5	旅游景区资源	百魔洞、长寿水晶宫、长寿岛、巴马命河、水波天窗·百鸟岩等	规模质量上比巴马体量大、数量多
6	长寿产业	2000年开始，开发早。上升到河池地市级。长寿地产、长寿疗养区规模大，档次高，国际化程度高	2015年开始，开发晚。仅赤水市重视。国家级和省级疗养度假区，还未上升到国际
7	长寿文化	长寿品牌做得好，长寿文化与地理文化结合紧密	百岁老人及长寿历史文化的挖掘不够

2）优势长寿资源（四级）

赤水的四级长寿资源包括旺隆盐温泉、宝源联奉温泉；佛光岩景区、四洞沟景区、月亮湖风景区、九角洞风景区。沟域长寿农业及休闲农业园区中等类型石斛基地、茶园、虫茶基地、龙眼基地，黄柏、天麻、白芨、重楼、佛手等示范基地。乌骨鸡加工、酱香白酒、锶型和偏硅酸型天然矿泉水加工厂区。丹霞溪谷、月亮湖度假区、兰溪康养、赤水国际健康养生社区等资源。选取日本的长寿县——长野县与赤水市的长寿经济做一简单对比（见表9-10）。

表 9-10　赤水市与日本长野县长寿资源对比分析表

序号	资源类别	日本长野县	赤水市
1	地理区位	地处日本山区，远离海岸，缺少平原	与日本同为山区，缺少平原
2	长寿环境	五色温泉等各类温泉、轻井泽野鸟之森林、善光寺、神社、雾峰高原、上高地山岳观光地带	旺隆盐温泉、竹林森林公园、望云峰、方碑云海等
3	长寿农业	大王芥末农场、长野穴场观光梯田、高原荞麦、水果之乡	宝源梯田、桫椤虫茶基地、石斛种植、特色竹笋
4	长寿文化	信州80多家酿酒厂，有诹访清酒文化。餐饮文化—蔬菜摄取量日本第一、减盐运动	有晒醋文化、国酒文化、盐运文化、古城文化、古镇文化以及丹霞文化等多种文化资源
5	长寿政策	政府主导推广的叫做"ACE"的健康长寿运动（多运动、勤体检、减盐、盘蔬菜）。推迟老年人退休。下乡体检	地方制定了有关长寿政策，还需要进一步与长寿经济建设形成合力

3) 软实力长寿资源(三级)

主要为单体的长寿资源,如黔北明珠文化城、丙安古镇美食街、大同古镇美食街为代表。赤水特色美食种类,包括乌骨鸡、竹子美食(竹笋、竹燕窝、竹虫等)、腊肉、豆花、生态鱼等。特色餐饮旅游项目总体数量少,以"赤水不夜城、游客大本营、赤水美食一条街"著称的黔北明珠文化城的主体部分尚未建成投产,尚未形成规模效应。但各个乡镇基本特色美食同质化严重,每个乡镇应根据自身特点,创新研发具有差异化的特色美食系列,共同构建赤水特色美食旅游产品(见表9-11)。

表 9-11　赤水市与如皋市长寿旅游资源对比分析表

序号	资源类别	如皋市	赤水市
1	长寿食品	当地特产银杏、萝卜、长生果、茶干、潮糕、荞麦饼等食品的益寿之效开发宣传推广。开发了如皋白蒲"万珍"黄酒、"平康"牌富硒"五谷杂粮""千翠湖"富硒大米执富硒食品	长寿食品资源品质度高,但乌骨鸡、竹笋、生态鱼等食品产品的深加工力度不够,长寿食品商品化、规模化不足
2	长寿家居	草席、木屐、荞壳枕、瓦罐、铁锅、杉木盆,无一不具健身之妙	以竹木资源为代表的长寿家具用品体量尚可,精细化、生活化、艺术化、文化化需要深度开发
3	长寿艺术	中国盆景七大流派、中国风筝四大产地、中国篆刻三大流派,如皋皆居其一,其养年之功尽可意会言传	各类艺术文化资源丰富,需要使之通过旅游业增加游客的参与与体验
4	长寿特产	巴马香猪、黑山羊、珍珠黄玉米	金钗石斛、竹笋(菌)、乌骨鸡、晒醋、酱香白酒等,规模体量比巴马大
5	旅游景区资源	百魔洞、长寿水晶宫、长寿岛、巴马命河、水波天窗·百鸟岩等	规模质量上比巴马体量大、数量多
6	长寿产业	2000年开始,开发早。上升到河池地市级。长寿地产、长寿疗养区规模大,档次高,国际化程度高	2015年开始,开发晚。仅赤水市重视。国家级和省级疗养度假区,还未上升到国际
7	长寿文化	当地还保留着百岁巷、万寿堂、水绘园等与长寿、养生有关的历史文化遗址,以及百岁碗、过百路、千家米等寿文化民俗 长寿论文、学术期刊、健康产业课题研究	长寿品牌刚刚开始运作,需要系统化、专业化规划设计

从总体上讲,赤水市的长寿旅游资源在开发和利用上还存在如下问题:

①康体养生旅游产品少,需依托赤水自然资源发展长寿旅游产品。长寿旅游赤水作为"中国长寿之乡",有百岁以上老人30多个,结合赤水自然资源发展的长寿旅游产品几乎为零,以"长寿+健康+生态"为主题的复合开发可形成旅游产品新亮点。

②工业旅游产品比重很小,亟待开发和提升。赤水市工业园区的竹产品加工、石斛工业产业园有小体量的工业旅游项目,能够供游客参观和游览,但还需要依托赤水经开区和各乡镇的工业园区,导入食品、药品、建材、日用品等文化旅游元素,创造游客新需求。

③为游客提供的健康长寿旅游产品极度缺乏文化包装。赤水市的一些大的景区旅游产品仅仅限于地方土特产品,缺少以长寿旅游人群为目标,方便携带,具有健康长寿价值文化体现的精致旅游产品。地方农特旅游产品(包括竹木制旅游产品)在设计、生产、包装等方面,没有系列化、标准化、本土化。

(3)赤水长寿旅游客源市场分析

1)普适性旅游市场需求趋势

①人口老龄化加速,推动康疗类资源开发。随着中国老龄化社会到来,老年群体的康疗与护理需求成为中国康养旅游市场的重要增长方向,老年人服务消费市场潜力巨大。2013年我国60周岁以上老年人口超过2亿,老龄化水平达到14.8%,预计到2020年中国养老产业市场规模将达到5万亿元。可见,针对养老群体的康疗资源开发市场潜力空间巨大。

②亚健康问题加剧,促进康体与康疗类资源开发。工作与生活压力逐步加大,中国亚健康人群规模庞大,加速催生健康市场需求,中青年亚健康市场空间逐步增大,营养保健、休闲养生、健身娱乐、健康管理等成为新亮点。国务院明确提出至2020年健康服务业总规模达到8万亿元以上,这意味着2020年前中国医疗健康服务产业年均增速至少达到25%,康养旅游将迎来长期持续的高景气发展态势。

③休闲度假观光复合性旅游需求,带动康旅资源开发。赤水地处四川、云南两大旅游高地的中间枢纽地段,是古"川盐入黔"的要塞。近年来受到大香格里拉旅游环线和成渝城市圈的辐射带动,旅游客源市场广阔。赤水应积极对接国民休闲度假需求,推动旅游产品向休闲、度假转变,满足多样化、多层次的旅游消费需求,积极抢占市场空间,也推动了康旅资源的开发。

④冬季避寒需求,促进康旅类资源开发。在国内,云南、海南、桂林、广西等地都成为冬季避寒旅游的热门目的地。国外,澳大利亚、新西兰和南非、东南亚等国家都是游客的热门选择。目前到赤水市过冬的"候鸟"已经具有较大的市场份额,并呈现出快速增长的趋势,促进了冬季避寒康旅资源的开发。

⑤躲避雾霾,促进康旅类资源开发。近年来,大城市雾霾频现,支气管病、呼吸道疾病频发,特别是儿童和老年群体成为呼吸道疾病的爆发的集中群体。清新的空气成为大城市人群的奢侈品。"躲霾游"和"洗肺游"等康养旅游目的地得到了高度关注。在该季节,恰恰是赤水市阳光资源最好的时候,催生周边的成都、重庆等大城市避霾市场(见图9-30)。

⑥森林旅游产值成为林业产业第三大支柱产业。据国家林业和草原局举办的2018中国森林旅游节新闻发布会透露:2017年,全国森林旅游游客量达到13.9亿人次,占国内旅游人数的28%,创造社会综合产值11500亿元,成为继经济林产品种植与采集业、木材加工与木竹制品制造业之后,年产值突破万亿元的第三个林业支柱产业。对于赤水市森林旅游资源非常丰富的地区,开展森林旅游市场潜力巨大。

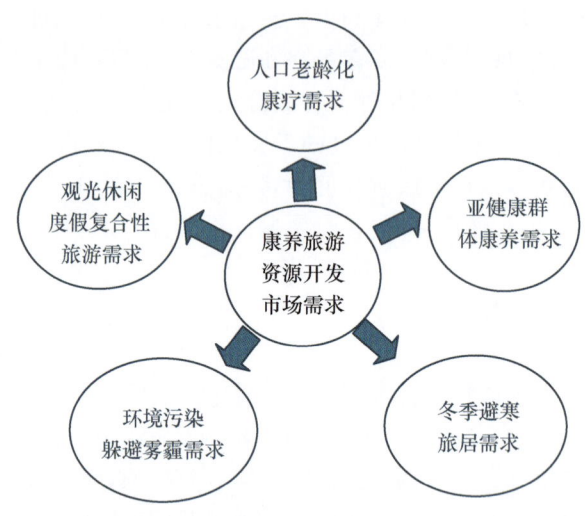

图 9-30　旅游资源开发市场需求图

2)赤水旅游客源市场特征

①旅游市场不断扩大。随着全球旅游热的兴起,旅游业竞争愈来愈激烈,旅游竞争的焦点在于抢占旅游客源市场。贵州旅游业的快速发展为赤水旅游业营造了良好的旅游环境背景,接待旅游总人数逐年增长,旅游业持续快速发展。据赤水统计公报:2017年赤水市全年旅游总收入 185.17 亿元,比上年增长 36.8%;旅游总人次 1634 万人次,比上年增长 36.1%。年末拥有星级宾馆(挂牌) 4 家,旅行社 9 家。接待省外游客 1307.27 万人次,接待入境游客 18600 人次,人均花费 1133 元。2017 年贵州省全年旅游总人数 74417.43 万人次,比上年增长 40.0%。旅游总收入 7116.81 亿元,增长 41.6%。从 2013 年始,赤水市旅游人数、旅游总收入呈增长趋势,但增长速度减缓。增长速度正趋于未来旅游人口增速的正常水平(见图 9-31、图 9-32)。

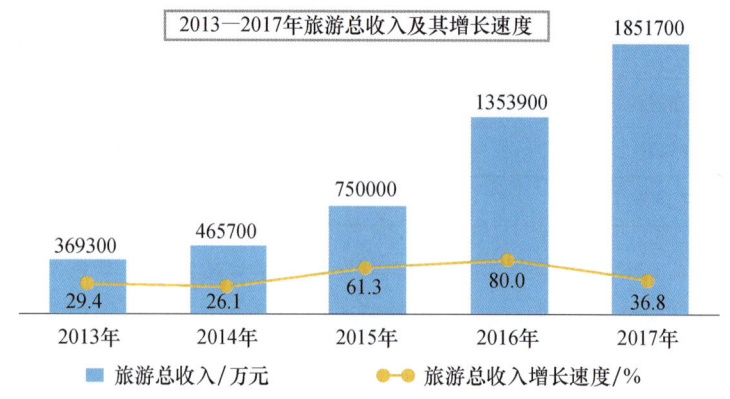

图 9-31　2013—2017 年旅游总收入及增长图

图 9-32　2013—2017 年旅游人次及增长速度图

②关注的游客以中老年为主。赤水是革命老区,中国工农红军二万五千里长征的途经之地,也是"四渡赤水"战役的主战场之一。2005 年,国家发展和改革委员会、中共中央宣传部、国家旅游局等 13 个部门联合下发通知,公布了 30 条全国红色旅游精品线和 100 个全国红色旅游经典景区。赤水市被列入《全国红色旅游精品线名录》中的"贵阳—遵义—仁怀—赤水—泸州"线路。赤水红军烈士陵园、丙安红一军团纪念馆、风溪渡口红军四渡赤水纪念地、黄陂洞战斗遗址 4 个景点被列入《全国红色旅游经典景区名录》。赤水是名副其实的红色旅游城市,吸引了众多有红色情结的中老年游客。因此,赤水旅游可以此为突破口,整合优质自然生态资源,挖掘中老年游客的潜在消费价值(见图 9-33)。

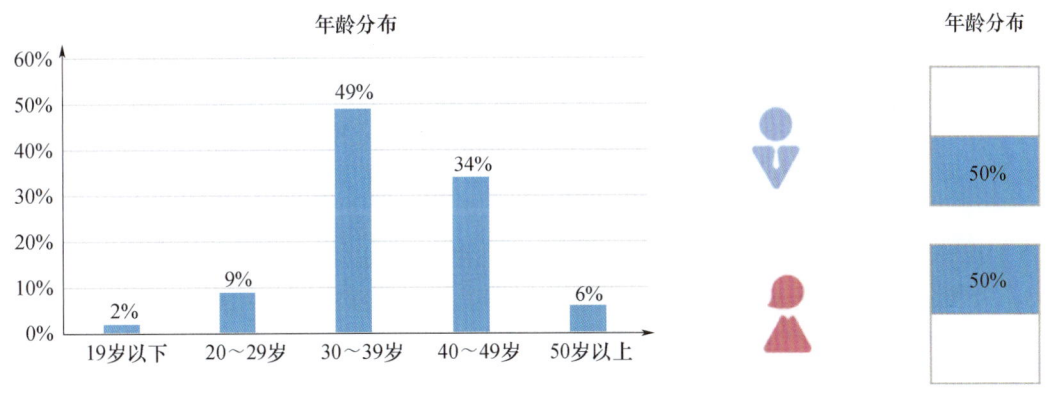

图 9-33　赤水游客年龄和性别分布图

③客源市场吸引半径较小。赤水旅游业起步晚,国内客源市场吸引半径较小,多为川黔渝地区内小范围的受众,属于低层次市场,旅游收入低。由于以往的交通不便、自身吸引力和宣传推介力度不够,很难吸引远距离客源,需重点加强远距离客源市场的开发。贵广高铁的开通、与台湾交流合作的加强,使港澳台入境市场增长较快,其他入境客源市场则近于停滞,总体

呈现客源覆盖面窄、结构单一的特征。近几年,赤水旅游业实现了持续快速发展,但在继续加大基础设施建设的同时,也亟需紧跟国内国际旅游业发展的脚步,关注产业的跨越式发展和产业转型。交通不便仍是制约赤水旅游业发展的主要因素。从单一业态向多元化发展、从业人才的素质水准提高、文化创意与创新等都是赤水全域旅游发展的主要内容。加强旅游文化品牌的远距离、重点城市、地区和国家的宣传与推广是提升国内和境外客源市场的层次的有效途径(见图9-34、图9-35、图9-36)。

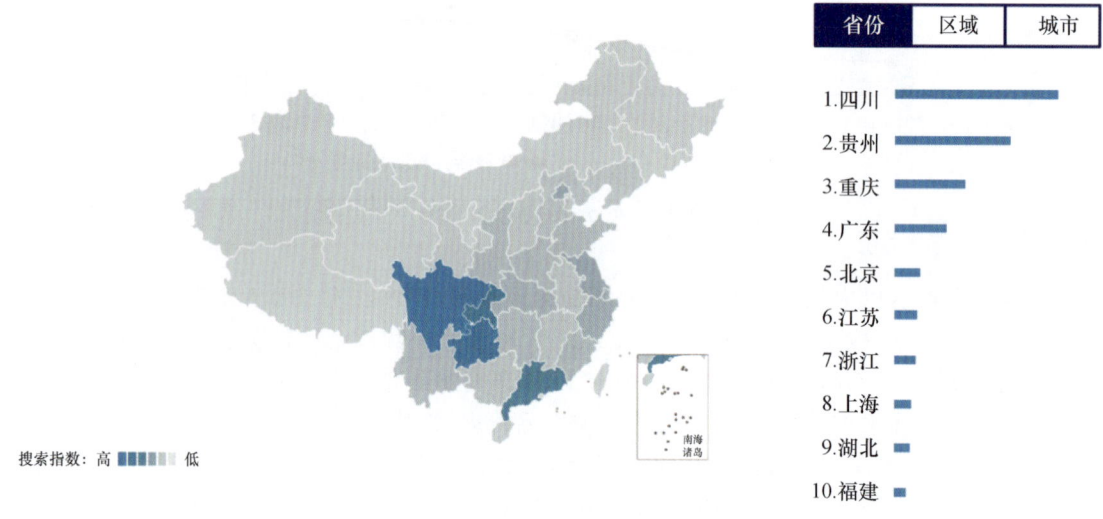

图9-34　赤水游客分省分布图

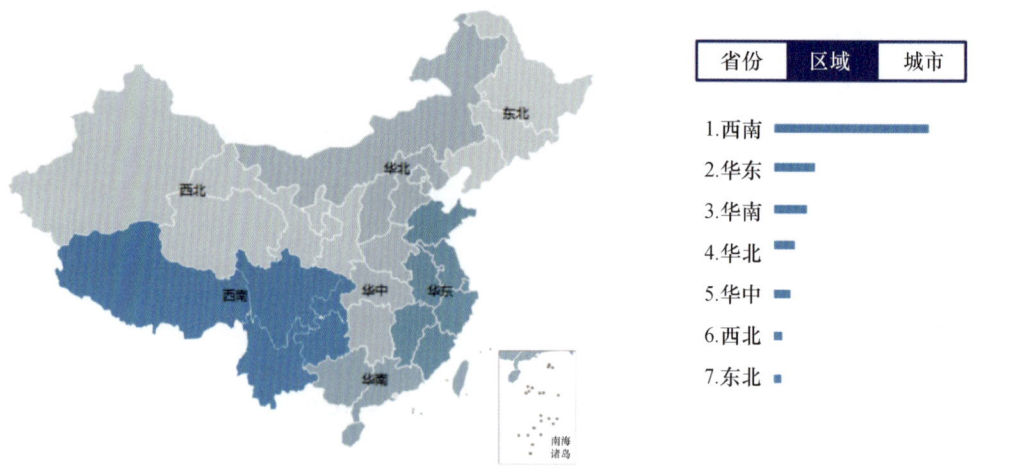

图9-35　赤水游客区域分布图

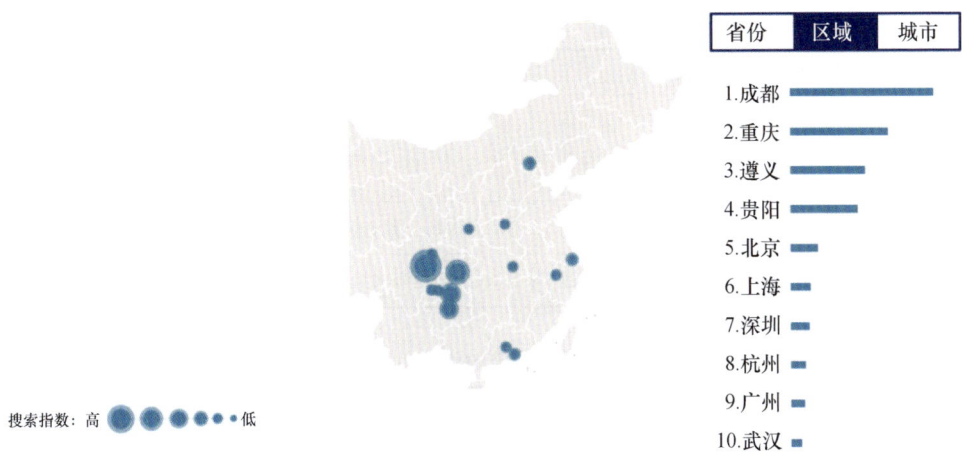

图 9-36 赤水游客重点城市分布图

④旅游客源留驻时间短。由于旅游产品开发的自然资源和文化资源的直接利用、旅游商品和服务业缺乏规范监管、尤其是文化创意创新意识的欠缺、旅游产业的全域化程度低,使得国内和境外客源的留驻时间极低。这说明赤水的旅游业还属于粗放型开发、大投入和资源消耗高的类型。客源的增长最终会趋向稳定,甚至出现衰减,因此一味的强调入境客源快速提升对于旅游业的发展反而是无益的。相反,健康的旅游产业发展更应该关注产业品质的提升,关注客源留驻时间、境内消费指数的增长。以低入境客源实现高经济收益,这应该是旅游产业开发的理想形态。

3) 赤水市近邻区域城市旅游客源市场分析

①重庆旅游市场/景区。重庆市 2 小时旅游以观光旅游为主,休闲旅游项目主要依托风景区、温泉、高尔夫资源开发建设,避暑特征强,处于单一型景区打造阶段,体验休闲开发不足(见表 9-12、表 9-13)。

表 9-12 重庆旅游资源

旅游形态	旅游资源	资源类型	代表景点	景点数
观光旅游	自然风光	江峡美景	长江三峡、乌江画廊、神女溪和黑山谷	11
		地质奇观	天生三桥、芙蓉洞、万盛石林、黔江小南海地震遗址、奉节天坑地缝	9
		山水之城	主城风貌、缙云山、仙女山、四面山、金佛山、长江、嘉陵江等	26
	民俗文化	巴渝文化	人民大礼堂、三峡博物馆、规划展览馆、湖广会馆、磁器口古镇、洪崖洞等	15
	历史遗产	历史文化	巫山龙骨坡古猿人遗址、大足石刻、涪陵白鹤梁、奉节白帝城、合川钓鱼城等	16
		红色旅游	刘伯承、聂荣臻元帅纪念馆、红岩、歌乐山革命纪念馆、赵世炎、杨闇公故居	14
		陪都遗址	林园、陪都遗址、临时政府旧址	5

续表

旅游形态	旅游资源	资源类型	代表景点	景点数
休闲旅游	温泉资源	温泉资源	渝北统景温泉、巴南东温泉、九龙坡天赐和贝迪温泉、北碚颐尚温泉等	12
	高尔夫	高尔夫休闲	保利、佰富江景、红鼎、上邦、庆隆等高尔夫球场	7.5
	游乐设施	主题游乐场	龙门阵、洋人街、加勒比海水世界等	6

表 9-13 重庆旅游度假景区

旅游度假景区	依托资源	产品体系
黑山谷景区	完整生态峡谷景观、四季佳景	峡谷揽胜、生态观光、避暑度假、休闲娱乐、商务会议
金佛山风景区	优良气候、原生态环境、喀斯特地貌	地质观光、避暑度假、访古探幽、科普教育
武隆仙女山风景区	高山草原、林海雪原、奇峰峻岭	雪景观光、雪上运动、避暑度假、高山养生
四面山国家级风景名胜区	原始森林、千瀑千姿、厚重人文、赤壁丹霞	自然观光、避暑度假、文化体验
石柱黄水森林公园	少数民族风情、垂直气候、植物资源、水资源	民俗体验、避暑度假、自然观光
涪陵石夹沟	完好的生态、优质的空气、地缝奇观、峡谷风光、洞中泉瀑	游览观光、纳凉避暑、休闲度假
茶山竹海	万亩茶园、万亩竹海	竹海观光、竹海品茗、文化体验、乡村度假

②习水县旅游市场/景区。习水县旅游以自然环境为依托的自然观光、休闲避暑、红色文化为主,多保留原始状态,开发水平较差,景区打造主题差异化不明显且大众化,类型较为单一(见图 9-37)。

近年来,习水县立足县情实际,贯彻落实五大发展理念和脱贫攻坚的有效抓手,通过实施三条政策,一是打造"三圈一线",有效整合资源;二是发展乡村旅游,全民共建共享;三是强化基础建设,完善配套服务。确立"全域旅游"战略定位,通过发挥全域旅游资源优势,挖掘鳛国文化、红色文化、美酒文化、山光水色等旅游资源,推进区域资源有机整合、产业融合发展、社会共建共享,探索出以旅游业带动和促进经济社会协调发展的全域旅游新格局。2015 年,习水县旅游人数达 175 万人次,同比增长 25%,实现旅游综合收入 17.91 亿元。2019 年第一季度全面"引爆"习水全域旅游新格局,旅游人数达 93.3 万人次,旅游综合收入 10.3 亿元(见表 9-14)。

图 9-37 习水县主要旅游资源分布图

表 9-14 习水县旅游度假景区

旅游度假项目	依托资源	产品体系
丹霞谷旅游度假区	丹霞地貌、森林资源、山水资源	山水观光、森林观光游憩
小桥坝景区	丹霞地貌、森林资源、山水资源	峡谷观光、避暑度假、森林观光游憩
飞鸽景区	飞鸽石、丹霞地貌、古寨遗址、飞瀑群、柳杉林	山水观光、森林观光、古迹探秘
天鹅池景区	山水资源、珍稀飞禽	山水观光、鸟类观光
习水国家森林公园	森林资源、山水资源	森林观光游憩、山水观光、避暑度假
土城古镇	红色文化、盐文化、传统建筑、传统技艺、民风名俗	红色旅游、古镇观光、文化体验、休闲度假
四渡赤水纪念馆	红色文化资源	红色旅游、红色教育
习水国家自然保护区	森林资源、山水资源、生物资源	休闲旅游

415

③叙永县旅游市场/景区。叙永县位于四川盆地南缘,云贵高原北端,地处川、滇、黔三省结合部,叙永县山体由北至南呈现丹霞地貌、溶洞奇观、喀斯特地貌的梯次变化,水体由北至南呈现飞瀑水溪、高山水库、河谷奇观的梯次变化,田园由北至南呈现梯田、高山田园、隐逸田园、林果田园的梯次变化,植被由北至南呈现竹海、桫椤群、茶海、林果的梯次变化,由北至南海拔由低至高的变化,呈现气温递减的状态(见图9-38)。

图9-38 叙永县主要旅游资源分布图

叙永县以其悠久的历史文化和特殊的地理环境,孕育了极其丰富的文化古迹和自然景观,风景名胜众多。它拥有山岳、竹林、悬瀑、溶洞、温泉等诸多生态资源,国家级自然保护区画稿溪;拥有春秋祠、雪山关等人文景观;养育了熊文灿、黄方等历史名人;红军四渡赤水时曾辗转于此,红色石厢子会议在"鸡鸣三省"召开;拥有苗族、彝族聚居地,民族风情浓郁;旅游商品和特色饮食独树一帜。叙永县生态资源类型多样,具有良好的休闲度假基础,人文资源极具开发潜力与开发价值(见表9-15)。

第 9 章 贵州省赤水市长寿养生典型区域规划研究

表 9-15 叙永县旅游度假景区

旅游度假项目	依托资源	产品体系
春秋祠	文化资源（主要供奉关羽,因关羽喜读《春秋左氏传》,故名春秋祠。）	古建筑文化观光
清凉洞摩崖造像	文化资源、山水资源	古迹文化
泸州丹山	山水资源、森林资源 丹霞地貌景观和喀斯特岩溶地貌	山水观光、森林观光、民族风情
鱼凫古街	文化资源、民风民俗	驿道风情文化
画稿溪自然生态保护区	森林资源、山水资源	森林观光游憩、山水观光、避暑度假
叙永东汉岩墓群	东汉文化、传统建筑、传统技艺、民风名俗	文化体验、休闲度假
紫霞峰摩崖造像及石刻	传统技艺、民风名俗	文化体验、休闲度假

④合江县旅游市场/景区。合江县位于四川盆地南缘,川渝黔结合部,长江、赤水河交汇处,是长江出川的第一港。合江县始建于西汉元鼎二年(公元前 115 年),距今 2130 年,是长江上游置县最早的三个县之一,有少岷、符阳、荔乡之称(见图 9-39)。

图 9-39 合江县主要旅游资源分布图

合江旅游资源丰富,东线的佛宝风景区拥有 432 km² 原始森林,集高山湖泊、飞流瀑布、丹霞地貌、山地古镇、岩居部落等景观为一体,被誉为"动植物基因库""丹霞地貌与原始森林结合的典范"。景区门户——福宝古镇依山而建,拥有保护完整的明清古建筑群,被誉为"中国山地民居建筑的精华""中国山地第一古镇"。西线的全国重点文物保护单位尧坝古镇是川南古茶马驿道留承下来的一个重要驿站,汇集川、黔两省浓厚历史文化和古风民俗,被著名文化学者于丹赞为"活着的古镇"。法王寺是清同治年间封赐的十方丛林,川南黔北著名古刹,因其造型雄伟、雕刻精湛,被称为古刹建筑一大奇观,有"天下石工第一"的美誉。有依托荔枝、真龙柚两大特色产业规划发展的妃子笑荔枝源生态乡村旅游区。有南宋抗元斗争古战场、老泸州遗址——神臂城。此外,县内还有笔架山、周祠、石顶山、将军湖、真龙湖、金龙湖等众多的景点(见表 9-16)。

表 9-16 合江旅游度假景区

旅游度假项目	依托资源	产品体系
泸州尧坝古镇	文化资源、影视基地、佛教胜地	古建筑文化观光 影视基地、佛教胜地
佛宝古镇	文化建筑资源、山水资源、佛教资源	古迹文化
笔架山风景名胜区	山水资源、森林资源 人文资源、典型的红色丹霞地貌特征	山水观光、森林观光、 人文风情
泸州天堂坝	文化资源、民风民俗	驿道风情文化
泸州玉兰山风景区	丹霞地貌、森林资源、竹林资源	文化体验、休闲度假
泸州自怀风景区	动植物的基因库、水上资源	休闲体验、休闲度假
佛宝原始森林公园	森林资源、丹霞地貌、水资源	休闲度假、放松
法王寺	佛教资源、旅游资源	佛文化、佛学院
福宝古镇	古建筑资源、佛文化资源、当地民俗	佛文化学习和传播 古建筑的游览

4)赤水市长寿型旅游客源市场分析

①文化研学客群。市场规模:近年来我国城市居民文化消费指数明显上升,2016 年在整体经济增速放缓的背景下,文化产业增速始终高于 GDP 增速。据统计显示,我国文化消费潜在市场规模约为 4.7 万亿元,而实际文化消费规模仅超过 1 万亿元,存在着 3.7 万亿元的文化消费缺口。文化作为旅游需求重要的驱动因素,越来越得到市场关注。我国百强景区中,文化类景区比重超过 30%,消费升级带来的文化诉求越来越明显,旅游业拓展文化内涵是必然趋势。

同时,在国民收入不断提高与休闲消费的兴起的背景下,随着素质教育的理念深入与人口政策的放开、自上而下的政策催化以及旅游产业跨界融合的浪潮下,研学旅游市场需求不断释放,文化资源作为研学旅游资源基础,日渐受到关注。

发展趋势:旅游与文化创意结合的旅游项目、旅游产品,是文化旅游的主导方向,并呈现明显多领域、多产业和多区域融合式发展势头,形成多元集群式融合发展态势。文化研学旅游涉及到摄影艺术、绘画艺术、地理旅游游记、地质地貌科考、自然科普教育、民俗文化采风、中小学基础教育课程体系中综合实践活动课堂等多方面,是旅游业发展一个增长点。据调查,80%左右的人表示对研学旅游很感兴趣,60%左右受访者参加了研学旅游,70%的人期望旅游时长是6~10 d,88%能接受人均花费3000~10000元,研学旅游消费需求后劲可期。

②度假养生客群。**市场需求**:世界卫生组织将"健康"定义为"不但是身体没有疾病或虚弱,还要有完整的生理、心理状态和社会适应能力"。据相关统计数据显示,中国符合世界卫生组织关于健康定义的人群只占总人口数的15%,约有70%的人处在"亚健康"状态。这就要求人们在物质生活已经提升到较高水平之后,必须更多地考虑生活的质量和身心的健康。运动健身和康疗养生将成为热点和潮流,蕴含着广阔的市场空间。

市场特征:康养旅游客群以中老年、白领阶层、高学历等中产富裕人群居多,消费力强、消费层级高,且对餐饮、住宿等设施要求高。此外,该类游客停留时间长(平均5 d以上),偏好节奏缓慢的休闲类旅游产品,如温泉、森林浴、按摩等。

产品特征:目前市场上主要有普适性、游乐体验性、综合性、科学专业性、教育性5种康养旅游产品类型(见表9-17)。

表9-17 长寿旅游产品类型分析表

类别	需求特征
普适性	适合所有追求快乐健康生活的人 有较强养生目的性的游客 亚健康人群和老年人群
游乐体验性	运动形式丰富多样、游乐体验型互动
综合性	将传统养生和现代运动方式结合 旅游休闲与养生结合 多学科综合指导
科学专业性	以中医理论为核心,强调科学自然生态
教育性	健康教育,提高养生生活的意识

③自驾游客群。**市场规模**:截至2016年年底,全国机动车保有量达2.9亿辆,其中汽车1.94亿辆,机动车驾驶人3.6亿人,其中汽车驾驶人超过3.1亿人。与2015年相比,私家车增加2208万辆,增长15.08%,全国平均每百户家庭拥有36辆私家车。2016年四川省机动车保有量已突破1400万辆,驾驶人数近2000万人,且每年以超过10%的幅度递增。2016年全国自驾出游人数达到26.4亿人次,占全年国内出游总人数的59.5%,比上年增涨12.8%,自驾旅游已成旅游市场新亮点,市场空间巨大。

中国自驾游出游时段以日常空闲时间为主,出游频次高,以近中程出游为主,注重配套设施。随着收入水平和交通条件的改善,自驾出游半径逐步扩大。自驾出游动机多元化发展,探险、拓展等复合型生态产品开发趋热,自驾体验趋向风景道观光、越野体验、营地体验等。这部分客源群体可以向以运动抗体为特征的长寿旅游需求方向导入。

④家庭亲子游市场。人群特征:以家庭为组织方式的出游客群已成为旅游市场主力,呈现"夫妻为主,携老带幼共同出游"特征。22~48岁是家庭游的重点市场人群,22岁以下的学生和48岁以上的中老年人是机会市场。亲子游平均花费集中在1000~3000元,相对舍得花钱,但关注价格和质量的平衡。70.12%的亲子游偏好周边游。

产品特征:针对不同人群需求偏好,目前市场上主要有娱乐科普、健康养生、生态度假、亲子购物4种主要家庭旅游产品类型。这部分旅游客户群可以通过中华传统"孝道文化"教育、长寿思想教育、寓教于乐、寓教于长寿之乡浓厚的氛围等方式进行引导,吸引一部分客户源成为长寿旅游的消费者(见表9-18)。

表9-18 现状家庭旅游产品类型分析表

产品类型	主导人群	代表产品	产品特征
家庭娱乐科普	儿童	主题公园;科普产品,如湿地公园、科技馆等;儿童职场体验	以儿童为主导,将本地自然、文化等融入娱乐、体验项目中,使儿童在旅行中获得新知和快乐
家庭健康养生	老人	温泉度假村;健康疗养院;滨海避暑地	以老人为主导,结合优异生态环境,围绕健康养生、配套完善的疗养设施,让老人身心放松
家庭生态度假	男性	滨海度假、山林度假	以丈夫为主导,中式原生态环境,以放松身心为重点,同时关注针对老人、儿童及女性等不同家庭成员的产品配套
家庭亲子购物	女性	主题购物	以妻子为主导,为家庭人群进行针对性购物,同时希望包括美食休闲、养生美颜、综合性娱乐等相关配套

5) 赤水长寿旅游客源市场定位

①区域旅游市场定位。赤水市旅游的客源区主要定位为习水县、兴文县、泸州市、遵义市等周边城市客源,聚集川南、成渝、黔北3大城市群客源群体,突破京津冀城市群、长三角城市群等国内大型城市群市场以及港澳台、东南亚等国际市场客源(见表9-19、图9-40)。

表9-19 区域旅游市场定位

市场类型	客源地	基本特征
基础型市场	习水县、兴文县、泸州、遵义等周边县市	出行便捷;同一省份,心里距离较近;有较高消费水平
重点型市场	川南、成渝、黔北三大城市群	出行便捷;地域相邻,文化认同感强;出游旺盛;人均收入高,消费力强劲
机会型市场	京津冀城市群、长三角城市群等国内大型城市群;港澳台、东南亚等国际市场	出于赤水长寿文化体验、长寿旅游特种吸引力

区域主要辐射四川、重庆、贵州三大城市群,三大城市群在西南地区中城市实力、经济水平及人口数量基础好,发展潜力强,必将带动旺盛的康养旅游需求(见表9-20)。

表 9-20　川黔渝经济支撑

城市	常住人口/万人	人均 GDP/元	城镇居民人均可支配收入/元
四川	8302	44651	30727
重庆	3075.16	63689	32193
贵州	3580	37956	29080

图 9-40　赤水长寿旅游客源分析图

②专项旅游市场定位。随着人们对健康的日益重视,康养旅游发展越来越快。赤水长寿旅游在紧抓地域层级市场的同时,也要针对不同细分市场开发多样化、吸引力强的的康养旅游产品(见表 9-21)。

表 9-21　专项旅游市场定位

市场类型	客源群体	基本特征
基础型市场	观光旅游客群	以观赏为主要目的,停留时间短,消费水平不高
重点型市场	度假养生客群	有较高的收入、较多的闲暇时间;保持健康或恢复健康的欲望较强;对旅游项目中保健、康体、医疗等功能比较敏感;中老年人比重较大
	家庭亲子游市场	对价格不敏感,消费水平较高;偏好科普教育、休闲度假、户外运动、农事体验
	文化研学客群	收入水平较高,受过较高层次的教育;对健康较为重视
开拓型市场	自驾游客群	出游消费相对较高,食注重品味和地方特色;一般以 2～7 人家庭出游和亲友结伴出游为主;集中在节假日出行

2. 长寿旅游产业发展思路

赤水市的长寿旅游要创新长寿之乡旅游产业新品牌,由传统的6要素旅游(吃、住、行、游、购、娱)向旅居、旅养、农游农养、药游药养、食游食养、环境养等方向拓展,提升旅游的品质,倡导"全龄全游养生"新理念,最终达到长寿养生的目标。

在长寿旅游产业培育过程中,要在赤水市的长寿资源初步检测成果的基础上,根据赤水市历史上百岁老人区域变化数据、80~99岁长寿人口的分布情况,进一步对长寿人群、长寿人口区域进行调研,邀请权威专业机构对长寿资源的各个要素指标进行检测、化验,最终确立赤水市的长寿街区、长寿乡镇、长寿村庄、长寿景区等业态,以此打造长寿之乡落地产业,通过长寿旅游服务业吸引全国、全世界的游客来赤水旅游、休闲、养生度假。

在长寿旅游方面,应依托当地生态资源基础,发展休闲养生、食疗养生、康体养生、温泉养生及中医养生等长寿养生旅游。通过现有的高山度假区开展候鸟式养老、立体养老、居家式养老、农家式养老等长寿养老旅游。挖掘民族、民间特色医药、特色医疗服务资源,开展长寿医疗旅游服务业。培育发展民俗文化旅游、研学旅游等旅游业态,与健康(养生)长寿旅游、养老旅游、医疗旅游相融合,增加旅游业态丰富性、可玩性、参与性和体验性。

通过各类旅游业态与长寿旅游相融合,带动长寿乡村、长寿工业、长寿农业、长寿景区的发展。

3. 长寿旅游总体发展目标

(1)长寿旅游总体发展目标

在打造"中国长寿养生旅游目的地城市"总体定位的前提下构建以长寿乡镇、长寿村、长寿文化为主题,以养生康养度假、寿乡休闲为主要功能的长寿旅游产业体系,打造以高山避暑、长寿康养度假、食品康养等为特质的"川渝黔金三角长寿旅游度假目的地、国家级健康医疗旅游胜地、世界级一流养生旅游目的地"城市。

赤水市面向重庆、四川旅游大市场,建设东部森林康养度假片区,以长寿康养、生态保护与文化传承为根本,以天鹅堡国际生态旅游度假区、天岛湖国际休闲度假区建设为核心,大力推进丙安古镇、大同古镇、复兴古镇以及赤水河沿线的旅游项目建设,带动周边主要村落旅游扶贫开发。强化区域内部旅游交通绿道、旅游集散中心、生态旅游厕所等配套。未来打造成为遵义长寿旅游发展的桥头堡和示范窗口。

2016年赤水成为国家康养旅游示范基地,未来赤水依托其世界级自然遗产,进一步打造世界级一流养生旅游目的地、国家健康医疗旅游胜地、川渝黔金三角长寿旅游度假目的地、贵州长寿旅游先行区、遵义长寿康养旅居第一站。

(2)培育长寿之乡"五化"旅游

交通体验化:结合赤水市全域旅游发展战略,解决景区最后1千米问题,创新"过程式"旅游交通产品,构建全域廊道经济。

城镇旅游化:长寿旅游村建设、历史文化古镇提升、产业特色小镇的打造等。

项目品质化:避免"高大上",强化"小而精",项目建设生态化、集约式。

长寿农业创意化:突破传统农家乐形式,强化田园综合体、休闲农业庄园、乡村精品民宿等旅游新业态。

生态康养休闲化：绿水青山就是金山银山，生态保育、乡村扶贫、旅游开发协调统一。

4. 长寿旅游指标体系构建

（1）构建指标体系的原则

本指标体系遵循以人为本、生态优先、强化特色、可持续发展、市场导向、产业协调互动、整体综合性的原则。

（2）指标体系

参照《中国长寿之乡评审标准》《第二届"中国长寿之乡"认证办法》《康体养生旅游目的地评价指标体系构建及应用研究》《中国自然保护区养生旅游评价指标体系构建及其应用研究》《国家康养旅游示范基地创建标准》（LB/T 051—2016）、《森林康养旅游评价指标体系构建研究》《关于构建科学合理的区域人口长寿评价指标体系的尝试》《"健康中国2030"规划纲要——健康中国建设主要指标》《中国养老城市排行榜指标参考标准》《康养小镇6个建设标准》《巴马长寿养生国际旅游区发展规划纲要》《空气环境质量标准》（GB 3095—2012）设计规划指标体系，至少包括长寿经济、长寿资源、长寿环境、长寿人居、长寿文化、长寿制度（长寿产品）六大领域，采用列表形式展示，并区分约束性指标、参考性指标和特色指标。其中，特色指标是依据赤水市区域特点研究提出的（见表9-22）。

表9-22　赤水市长寿旅游建设指标体系

	指标		单位	指标值	指标属性	现状值 2017	水平	规划值 近期 2021	规划值 远期 2026
系统	1	社会经济发展指标 地区生产总值	亿元	—	参考性指标	111.37	—	—	—
		财政税收	亿元	—	参考性指标	12.02	—	—	—
	2	农村居民人均可支配收入	元	—	参考性指标	11053	—	—	—
	3	城镇居民人均可支配收入	元	—	参考性指标	28449	—	—	—
	4	恩格尔系数	%	30～50	约束性指标	—	—	—	—
	5	基尼系数	—	—	参考性指标	—	不达标	—	—
	6	旅游业占GDP比重	%	≥35	特色参考	26.71	不达标	≥30	≥35
	7	第三产业占GDP比重	%	≥40	特色参考	39.7%	不达标	≥45	≥50
	8	百岁老人获得政府补贴	万元	达到或超过全国平均水平	约束性指标	—	—	—	—

续表

	指标		单位	指标值	指标属性	现状值 2017	水平	规划值 近期 2021	规划值 远期 2026
长寿旅游发展潜力	9	旅游业营业总收入	亿元	—	预期性指标	185	—	350	700
	10	旅游接待总人数	万人次	—	预期性指标	1634	—	1800	3500
	11	国外游客数量	万人次	—	预期性指标	1.8	—	10	15
	12	游客重游率	%	—	预期性指标	—	—	—	—
	13	长寿旅游占游客人数比重	%	—	预期性指标	—	—	≥10	≥25
	14	A级景区数量 AAAA级景区	个	达到或超过全国平均水平	参考性指标	4	—	6	9
	14	A级景区数量 AAAAA级景区	个	达到或超过全国平均水平	参考性指标	1	—	2	3
	15	星级饭店数量（住宿消费条件）四星级（家）	家	达到或超过全国平均水平	参考性指标	5	—	40	60
	15	星级饭店数量（住宿消费条件）五星级（家）	家	达到或超过全国平均水平	参考性指标	2	—	20	30
	16	旅游产品销售占旅游总收入比重	%	—	预期性指标	≥10	—	≥20	≥25
	17	每千名老人拥有养老床位数	个	达到或超过全国平均水平	约束性指标	33	达标	≥40	≥45
	18	每千人拥有医疗从业人员数	个	达到或超过全国平均水平	约束性指标	11	达标	≥15	≥20
	19	康养用地所占国土面积比例	%	达到或超过全国平均水平	参考性指标	—	—	—	—
	20	公众对康养产品质量的满意度	%	≥80	预期性指标	—	—	≥90	≥95
	21	公众对所在社区（乡镇或村）医疗条件的满意度	%	≥80	预期性指标	—	—	≥90	≥95
	22	区域年平均温度	—	优良	约束性指标	18℃	达标	达标	达标
	23	地区空气干湿程度	—	优良	—	83%	达标	达标	达标
	24	地区海拔高度	—	优良	—	—	—	≥30	—
	25	环境空气质量	—	—	约束性指标	—	—	—	—
	25	质量改善目标	—	不降低且达到考核要求	—	—	达标	达标	达标
	25	优良天数比例	%	≥85	—	—	达标	≥90	≥95
	25	严重污染天数	—	基本消除	—	消除	达标	消除	消除

续表

		指标	单位	指标值	指标属性	现状值		规划值	
						2017	水平	近期 2021	远期 2026
长寿旅游发展潜力	26	地表水环境质量	—	—	约束性指标	—			
		质量改善目标	—	不降低且达到考核要求	—	—	达标	达标	达标
		水质达到或优于Ⅲ类比例	%	≥75	—	—	不达标	≥16.67	≥50
		劣Ⅴ类水体	—	基本消除	—	消除	达标	达标	达标
	27	土壤环境质量改善目标	—	不降低且达到考核要求	约束性指标	达标	达标	达标	达标
	28	声环境质量	—	优良	约束性指标	94.6%达标率			
	29	主要污染物总量减排	—	达到考核要求	约束性指标	达标			
	30	生态环境状况指数	—	≥55且不降低	约束性指标	42.59	不达标	≥50	≥55
	31	森林覆盖率	%	≥60	约束性指标	82.85%	达标	达标	达标
	32	负氧离子浓度	%	优良	约束性指标	56000个/cm³	一级	—	—
	33	生物多样性指数	—	优良	参考性指标	—	—		
	34	生态足迹	—	优良	约束性指标				
长寿旅游环境	35	游览设施建设水平	—	优良	参考性指标	—	—	≥90	≥98
	36	安全防护设施完善水平	—	达到国家标准	约束性指标	达到国家标准	达到国家标准	达到国家标准	达到国家标准
	37	出行工具完善水平	—	优良	参考性指标			≥90	≥98
长寿旅游产品	38	有形产品	生态养生资源		优良	约束性指标	达标	—	
			中药资源质量		优良		达标		
			可利用野生、生态养殖动物丰富度		优良		达标		
			长寿人数比例	%	—	预期性指标	—	—		
	39	无形产品（长寿文化）	当地社区居民长寿文化基础		优良	参考性指标	—	—		
			长寿知识理念占宣传的比例	%	优良	参考性指标	—	—		
			养生活动内容		优良	参考性指标	—	—		
			旅游、养生宣传		优良	参考性指标	—	—		
			长寿服务专业性		优良	参考性指标	—	—		
			服务业人员意识与专业素质		优良	参考性指标	—	—		

续表

	指标		单位	指标值	指标属性	现状值 2017	水平	规划值 近期 2021	远期 2026
长寿制度	41	长寿旅游设施投资占财政收入比例	%	—	约束性指标	—	达标	—	—
	42	长寿信息公开率	%	≥80	约束性指标	—	达标	—	—
	43	支持保障系统（政府管理） 政府支持度	%	≥20	参考性指标	—	—	—	—
		支持保障系统（政府管理） 政府参与度	%						
		支持保障系统（政府管理） 政府认识度	%						
	44	党政干部参加长寿文化培训比例	%	100	参考性指标	—	达标	—	—
	45	长寿文化知识普及率	%	≥80	参考性指标	—	达标	—	—
	46	长寿文化教育课时比例	%	≥80	参考性指标	—	不达标	—	—

（3）指标解析

1）社会经济发展指标：地区生产总值和财政税收是衡量区域发展水平的主要指标，从中也反映出区域的经济总体发展水平以及政府对长寿康养旅游支持力度的强弱。

2）城镇居民人均可支配收入：主要通过人均可支配收入来衡量地区的生活水平。是指个人的收入减去所缴纳的个人所得税、个人交纳的的社会保障费以及记账补贴后的收入。

3）恩格尔系数：恩格尔系数是食品支出总额占个人消费支出总额的比重，是国际上通用的衡量居民生活水平高低的一项指标（见表9-23）。恩格尔系数＝食物支出总额/家庭或个人消费支出总额＜100%。

表9-23 恩格尔系数评价标准

评价指标	等级	评价标准
恩格尔系数	特优	恩格尔系数＜30%
	优	30%≤恩格尔系数＜40%
	良	40%≤恩格尔系数＜50%
	中	50%≤恩格尔系数＜60%
	差	恩格尔系≥60%

4）基尼系数：基尼系数是国际上用来综合考察居民内部收入分配差异状况的重要指标，表示在全部居民收入中，用于进行不平均分配的那部分收入占总收入的百分比（长寿乡标准，基尼系数小于或等于0.4，见表9-24）。

表 9-24 基尼系数评价标准

评价指标	等级	评价标准
基尼系数	高度平均	基尼系数在 0.2 以下
	相对平均	0.2～0.3
	比较合理	0.3～0.4
	警戒线	0.4
	差距偏大	0.4～0.6
	高度不平均	0.6 以上

5) 旅游业占 GDP 比重：指辖区旅游业业产值占 GDP 的比例。旅游业占 GDP 比重＝旅游业产值(万元)/GDP(万元)。

6) 第三产业占 GDP 比重：指区域经济和产业结构优化调整情况统计。计算方法是指辖区第三产业产值占 GDP 的比例。计算方法：

$$\text{第三产业占 GDP 比重} = \frac{\text{第三产业产值(万元)}}{\text{GDP(万元)}}$$

7) 产业结构相似度：指辖区各镇之间产业的同构程度。计算方法：

$$S_{ij} = \frac{\sum_{k=1}^{n}(X_{ik}X_{jk})}{\sqrt{\sum_{k=1}^{n}X_{ik}^2} \cdot \sqrt{\sum_{k=1}^{n}X_{jk}^2}}$$

式中，S_{ij} 是 i 区域和 j 区域的产业结构相似度系数，i 和 j 是两个相比较的区域；X_{ik} 是 i 区域 k 产业占整个产业的比重，X_{jk} 是 j 区域 k 产业占整个产业的比重。

8) 游客重游率：指在一定时期内，游客客源地国家或地区外出旅游的人次数与外出旅游人数的比率。反映可客源地国家或地区人们外出旅游的频率即旅游需求的规模和能力。旅游重游率＝出国旅游人次/出国旅游人数×100%。

9) 住宿消费条件：主要住宿消费指标由 A 级景区数量和星级饭店数量两类确定。评分结果由相关专家进行判定。

10) 康养用地所占国土面积比例：指辖区内康养用地面积占国土面积的比例。计算方法：

康养用地比例＝辖区内康养用地面积(km²)/辖区内土地总面积(km²)×100%

11) 区域年平均温度：指地区的年平均温度，即人体所感受冷热程度(见表 9-25)。

表 9-25 区域年平均温度评价标准

评价指标	等级	评价标准
区域年平均温度	一级	区域年平均温度在 18～24 ℃
	二级	区域年平均温度在 10～18 ℃ 或者 25～30 ℃
	三级	区域年平均温度低于 10 ℃ 或高于 30 ℃

12)地区空气干湿程度:指地区空气的干湿程度(见表9-26)。

表9-26 地区空气干湿程度评价标准

评价指标	等级	评价标准
地区空气干湿程度	一级	区域湿度在45%~65%RH
	二级	区域湿度在30%~44%RH或者66%~80%RH
	三级	区域湿度低于30%RH或高于80%

13)地区海拔高度:相关数据表明,人类最适宜海拔高度在1000~1500 m。现把高度分为3个等级,海拔高度在1000~1500 m为一级;海拔高度500~999 m或1501~3000 m为二级;海拔高度低于500 m或高于3000 m为三级(见表9-27)。

表9-27 地区海拔高度评价标准

评价指标	等级	评价标准
地区海拔高度	一级	海拔高度在1000~1500 m
	二级	海拔高度500~999 m或1501~3000 m
	三级	海拔高度低于500 m或高于3000 m

14)环境空气质量:执行《环境空气质量标准》(GB 3095—2012)和《环境空气质量功能区划分原则与技术方法》(HJ 14—1996)。优良天数比例指行政区空气质量达到或优于二级标准的天数占全年有效监测天数的比例。严重污染天数指空气质量指数达到或超过300的天数。要求基本消除行政区内严重污染天数(占全年有效监测天数的比例不超过1%)。

15)地表水环境质量:执行《地表水环境质量标准》(GB 3838—2002)。水质达到或优于Ⅲ类比例指行政区内主要监测断面水质达到或优于Ⅲ类水的比例,要求行政区地表水达到水环境功能区标准,且Ⅰ、Ⅱ类水质比例不降低,过境河流市控以上断面水质不降低。要求基本消除行政区内劣Ⅴ类水体(占比不超过5%)。

16)土壤环境质量:指依据《土壤污染防治行动计划》(即将出台)及省、市制定的关于土壤污染的防治行动计划,地方完成国家或上级政府下达的土壤环境质量改善目标任务的情况。要求区域土壤环境质量不降低并达到考核目标。

17)声环境质量:执行《城市区域环境噪声标准》(GB 3094—93)。规定0类标准(昼间50 dB、夜间40 dB)适用于疗养区、高级别墅区、宾馆区等需特别安静的区域(见表9-28)。

表9-28 声环境质重标准

评价指标	等级	评价标准
声环境质量标准	特优	日昼间平均声级=35 dB
	优	日昼间平均声级在35~45 dB
	良	日昼间平均声级在45~60 dB
	中	日昼间平均声级在60~75 dB
	差	日昼间平均声级>75dB

18) 主要污染物总量减排:主要污染物包括化学需氧量、二氧化硫、氨氮、氮氧化物等,其种类随国家相关政策的调整作相应调整。

19) 生态环境状况指数(EI):执行《生态环境状况评价技术规范》(HJ 192—2015)。是表征行政区生态环境质量状况的生物丰度指数、植被覆盖指数、水网密度指数、土地胁迫指数、污染负荷指数和环境限制指数的综合反映。要求该指标保持在优良水平,且不降低。

20) 森林覆盖率:指行政区森林面积占土地总面积的比例。高寒区或草原区林草覆盖率指行政区林地、草地面积之和与土地总面积的百分比。计算公式:

$$森林覆盖率 = \frac{行政区森林面积(km^2)}{行政区土地总面积(km^2)} \times 100\%$$

注:若行政区水域面积占土地总面积的5%以上,指标核算时的土地总面积应为扣除水域面积后。原则上按区域主要地貌类型对应的目标值考核;当行政区内平原、丘陵、山区面积占比相差不超过20%时,按照平原、丘陵、山地加权目标值进行考核。内陆干旱地区可酌情降低考核标准。

21) 负氧离子浓度:指单位体积空气中的负氧离子数目。空气负离子浓度对人类身体有一定的保健作用,是衡量空气清洁度的重要指标之一。《中国森林公园风景资源质量等级评定》(GB/T 18005—1999)将森林公园负离子含量评分标准划分为四个等级(见表9-29)。

表9-29 负氧离子含量评价标准

评价指标	等级	评价标准
负氧离子标准	特优	旅游旺季主要景点其含:1:>5万个/cm³
	优	旅游旺季主要景点其含量为1万~5万个/cm³
	良	旅游旺季主要景点其含量为8000~10000个/cm³
	中	旅游旺季主要景点其含量为3000~8000个/cm³
	差	旅游旺季主要景点其含量为3000/cm³

22) 生物多样性:指地区的动物、植物和微生物种类的丰富性,现将生物多样性分为四级(见表9-30)。

表9-30 生物多样性评价标准

评价指标	等级	评价标准
生物多样性	一级	高等植物≥2000种或高等动物≥300种
	二级	高等植物1200~1999种或高等动物250~299种
	三级	高等植物500~1199种或高等动物200~249种
	四级	高等植物<500种或高等动物<200种

23) 生态足迹:指为了维持某一地区人口的现有生活水平,所需要的一定面积的可生产土地和水域。环境容量指在对旅游景区的环境不产生永久破坏的前提下,旅游环境所能容纳旅

游者的数量。计算公式：日环境容量＝每位游客应占有的合理游览面积×周转率（景点开放时间/景点游览所需时间）/每位游客应占有的合理游览面积。

24）养生知识理念占宣传比例（见表 9-31）。

表 9-31 长寿养生知识理念占宣传比例评价标准

评价指标	等级	评价标准
养生知识理念占宣传比例	特优	养生知识理念占宣传内容的 80 以上
	优	养生知识理念占宣传内容的 70%～80%
	良	养生知识理念占宣传内容的 60%～70%
	中	养生知识理念占宣传内容的 50%～60%
	差	养生知识理念占宣传内容的 50% 以下

25）党政干部参加长寿文化培训比例：指创建过程中参加长寿文化专题培训的党政干部人数与总人数的比例。党政干部参加长寿文化培训比例＝参加培训的人数（个）/干部总人数（个）×100%。

26）长寿文化知识普及率：公众对长寿文化、康养知识、长寿经济等长寿文化相关知识的掌握情况。由国家老龄委协会考核组依据相关统计方法组织人员通过问卷调查或委托独立的权威民意调查机构获取的指标值，以知晓人员数量占调查总人数的比例表示。抽查总人数不少于辖区人口的千分之一。

27）长寿文化教育课时比例：指辖区内义务教育（小学、初中）每学期长寿文化教育课时占学期全部课时比例与领导干部培训（党校、行政学院）每学期长寿文化教育课时占学期全部课时比例的平均值。计算方法：长寿文化教育课时比例＝（小学、初中每学期长寿文化课时/小学、初中每学期全部课时＋党校、行政学院每学期长寿文化课时/党校、行政学院每学期全部课时）×100%/2。

（4）指标可达性分析

衡量区域长寿旅游建设可达性程度的重要标准。针对赤水长寿旅游建设的指标分析，已经达标的指标将不做分析，未达标指标分为 3 类，即易达标指标、难达标指标和无数值指标。

①易达标指标。在赤水市长寿旅游建设中，此类型指标目前尚未达标，但是在可以预见的未来，经过赤水市长寿旅游示范区创建活动较容易达标国家长寿旅游示范区建设的标准，此类指标主要包括：出行工具完善水平、废弃物处理达标率、长寿文化教育课时比例、公众对康养产品质量的满意度、公众对所在社区（乡镇或村）医疗条件的满意度、长寿知识理念占宣传的比例、长寿信息公开率、长寿文化教育课时比例、党政干部参加长寿文化培训比例 9 项指标。其中，出行工具完善水平这一指标，赤水市正在对出行交通和工具加大投入的力度，在规划期内将努力实现达标。长寿文化教育课时比例这一指标主要通过长寿文化建设，增加中小学生的长寿文化教育课时来实现。学生是促进长寿文化意识和长寿文化行为传播的重要载体，应培育长寿文化示范学校，加大长寿文化宣传力度。公众对所在社区（乡镇或村）

医疗条件的满意度可以通过政府资金和医疗技术设施、医疗技术人员向乡镇、社区和农村的倾斜解决。

②难达标指标。难达标指标是指在长寿旅游建设中较难达标的一类指标,难达标的原因一是目前指标与长寿旅游建设标准的差距较大;二是在赤水市实现长寿旅游建设标准的路径难度较大。难达标的指标主要包括第三产业占 GDP 比重和产业结构相似度 2 项指标。第三产业占 GDP 比重和产业结构相似度这两项指标受制于产业结构调整的难度,实现难度较大。

③无数值指标。长寿知识理念占宣传的比例、服务业人员意识与专业素质、政府支持度、政府参与度、政府认识度等指标虽目前无统计数据,但是随着长寿旅游建设的推进和长寿文化意识的深入人心,规划期内较容易实现。

5. 长寿旅游产业空间布局

根据对赤水市旅游资源分布情况、开发现状等未来赤水长寿旅游产业发展综合分析,未来规划赤水市长寿旅游业总体空间布局为"一心两轴四板块八基地"——"1248"的空间发展格局(见图 9-41)。

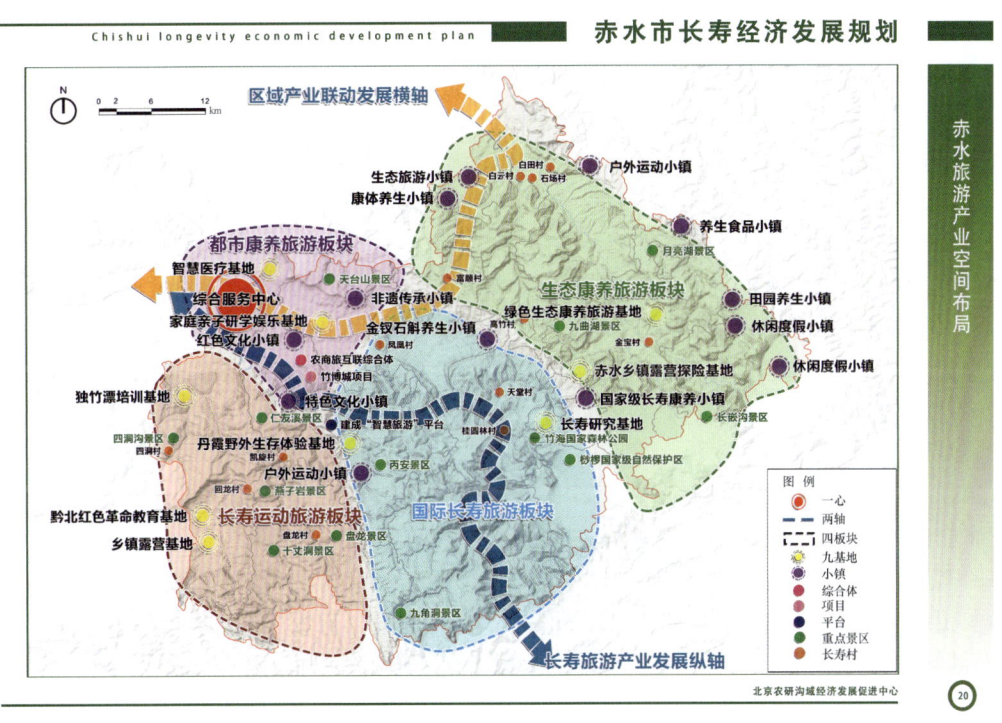

图 9-41 长寿旅游产业空间布局图

(1)"一心":以市中办区(百岁老人居多)为核心,建立一个赤水市"百老汇"——百岁老人汇聚的街区。以百老汇为核心区,向长寿乡镇、长寿乡村、长寿田园、长寿度假区、风景名胜区、康养度假区等四周辐射。

(2)"两轴":长寿旅游产业发展横轴、区域产业联动发展纵轴。

(3)"四板块":国际长寿康养旅游板块、都市康养旅游板块、长寿运动旅游板块、西部生态旅游板块。

1)国际长寿康养旅游板块:以天鹅堡、天岛湖项目为核心,重点围绕包括葫市镇、旺隆镇、丙安乡、元厚镇,包括生态白茶种植基地、恒信·森林21度国际养生度假区、红岩洞天生态农业观光园、康养度假民宿、石斛花节和垂钓项目、云集避暑山庄、温泉养生度假中心、特色小商品展销会、高山休闲度假酒店、石斛观光园、千亩佛手观光园、红军文化纪念馆、石梅村五星(苗族文化体验民宿)、红军渡渡口博物馆、元厚盐运博物馆,长寿村落民宿等。

2)都市康养旅游板块:以赤水市区为核心,重点围绕包括赤水市区、天台镇、复兴镇打造都市康养旅游板块。包括现代化中医药材种植基地、生态餐厅、智能养殖基地、休闲山地旅游农业,康养运动中心、石斛观光园、现代茶叶种植园等。

3)长寿运动旅游板块:以红色革命教育基地、乡村露营基地项目为核心,重点围绕大同镇、宝源乡、两河口乡打造长寿运动旅游板块,包括竹林下的发展竹纤维、竹生物医药,竹林旅游业、摄影古镇旅游业、红色文化博物馆、红军线路体验馆、特色美食餐厅、方竹笋生态种植基地、梯田艺术观光区、食用菌基地、龙泉寺景区、休闲观赏景区、种植业基地(茶叶、水果)、打造纯净水品牌(健康、生态)等。

4)东部生态康养板块:以天鹅堡、天岛湖项目为核心,重点围绕包括葫市镇、旺隆镇、丙安乡、元厚镇打造长寿康养旅游板块,包括楠木沟农旅综合体、白水洞农旅综合体、洞天野谷农旅综合体、健康长寿景观片区、山地生态鱼养殖、垂钓体验馆、水库、瀑布生态观光区、生态产品的展销会、楠栋山泉水开发区、禅修养生会所、佛教博物馆、金钗石斛、乌骨鸡、冷水鱼、蔬菜、白茶等特色主导产业基地、养生名优产品博览会、大型电商平台、巴蜀酒业展销会、生态观光休闲度假游、古迹古街风俗游、绿色产业体验旅游、石斛园和红军烈士陵园、现代农业种植园、长征文化博物馆、生态岩蜜蜂养殖基地、中医药材种植基地(白芷)、猪,牛养殖基地、特色农家美食餐厅、红军文化博物馆,红军线路体验馆等。

(4)八基地

1)长寿养生研究基地:设在葫市镇,国家老龄化长寿化研究委员会会在赤水葫市镇召开论证发布会并对葫市镇进行授牌(见图9-42)。

2)智慧医疗健康产业基地:设在市中心,结合市区的交通资源、医疗资源优势以及当地环境及卫生条件对食品质量安全监督检验研究院食品安全检测实验室、中国医药技术交易市场、健康服务产业园、康复疗养产业园和配套设施等项目,聚合形成健康管理与大数据平台、医疗服务及康复平台、医药类产品电子交易平台3大平台,打造集医疗服务、健康管理、医学成果转化及产品推广应用为一体的专业基地。在互联网化医院管理、远程诊疗、智能可穿戴医疗设备、医药电商、智慧健康管理、健康大数据等方面创新突破,形成医疗服务、总部办公、医疗研发、创新孵化等高端智能要素的产业集聚区,实现医疗健康产业和医疗专家人才集聚,从而推动园区从传统工业仓储产业向医疗健康产业转型升级,打造区域新旧动能转换新标杆。

图 9-42　长寿养生研究基地意向图

3)黔北红色革命教育基地:设在宝源乡,配合学习实践和科学发展观,争取让每个参加活动的青少年,对红色文化有更加深刻的了解,通过看、学、展、感 4 个环节。理性与感性相结合,塑造青少年健康的人生观、价值观。

4)家庭亲子研学娱乐基地:依托山岳、丹霞怪石、自然景观、古寺庙等,结合天台镇将要打造的青少年军事教育基地,打造家庭亲子研学娱乐基地,开启探索大自然的亲子研学之旅,学习地学基本知识,感受地学内涵,体悟多元的地质文化精髓。主要以亲子研学拓展、自然及国防教育、生存实践等为活动主线,开展以提高心理素质为主要目的,兼具体能和实践素质教育,以运动为依托,以培训为方式,以感悟为目的综合性活动,从而激发青少年个人潜能,培养乐观的心态和坚强的意志,这种培训方式成为学生学习生活经验、体验社会教育、形成正确的人际、情感和社会性价值观等教育目标的一个重要途径,也是素质教育中不可缺少的一项。

5)绿色生态康养旅游基地:设在官渡镇,依托得天独厚的生态、区位优势,发展森林康养、生态文化特色森林旅游项目。因地制宜发展林下经济和种养殖业,建设森林旅游产品体系,开发富有地方特色及文化创意的森林旅游商品。绿色生态康养旅游基地要加大宣传,推出具有地方、文化、资源特色的森林旅游活动,增加趣味性和吸引力。大力发展绿色生态事业,培育优质森林资源,打造集休闲观光、体验、养生、运动和科普教育为一体的森林旅游品牌,实现不砍树也能致富,推动林业绿色发展。

6）丹霞野外生存体验基地：设在丙安镇，丙安境内旅游资源丰富，森林广袤、楠竹成林、山泉遍布、银链瀑布广布在这边美丽土地上。丙安古镇和赤水风景区同形成于白垩纪、侏罗纪地质年代。区内丹霞地貌广布，丹霞地貌——崖廊岩穴、孤峰窄脊、异石奇景、天然石桥、等，著名的有石笋峰、瓦店子、三尊佛、药溪谷、观音岩、湖南岩等。飞瀑流泉、潺潺的红色溪水给千年的古镇更是添上几分更神秘的色彩。依托其独特的地形地貌形成丹霞野外生存体验基地，深度游览其特殊的景色。

7）赤水乡镇露营探险基地：探险、攀岩、户外运动等。露营探险基地设2处，宝源乡乡镇露营基地和葫市幺站沟露营探险基地。

8）长寿旅游村：天堂村、高竹村、四洞村、盘龙村、桂园林村、石场村、回龙村、金宝村、白田村、富顺村、白云村、凤凰村、凯旋村。以现有的天堂村、高竹村、四洞村、盘龙村、桂园林村、石场村、回龙村、金宝村、白田村、富顺村、白云村、凤凰村、凯旋村为基础背景，呈千年优良赤水民风民俗，打造长寿旅游村落新模式，突出乡村长寿文化体验主题。

6. 长寿旅游分项规划

（1）赤水长寿旅游＋农业旅游

强化长寿旅游与赤水特色农业的融合，创造具备"赏、采、尝、学、耕、戏、憩、养、淘、归"等功能的新业态和价值节点，打造休闲观光与健身体验于一体的城乡特色农业旅游带，实现赤水的长寿资源、原生生态和现代旅游的完美融合。赤水长寿旅游＋农业战略聚焦五大方面，包括长寿旅游＋金钗石斛、长寿旅游＋林竹产业、长寿旅游＋生态养殖（乌骨鸡、生态鱼）产业、长寿旅游＋绿色果蔬、长寿旅游＋园艺产业（见图9-43）。

图9-43 桂圆林田园村效果图

(2)赤水长寿旅游＋工业旅游

强化长寿旅游与赤水特色工业融合,是现代旅游和现代工业发展的新热点,赤水市拥有独特的异质资源和较好水与食品工业品牌效应,坚持以龙头企业为主体、市场需求为导向、政府支持为推力,突出长寿养生特色,充分挖掘工业资源、工业设施、工艺流程、工业产品和企业文化的独特内涵和魅力,注重创意展示、知识传播和活动体验,打造具备加工制造和旅游双重职能的长寿特色工业产业园(见图9-44)。

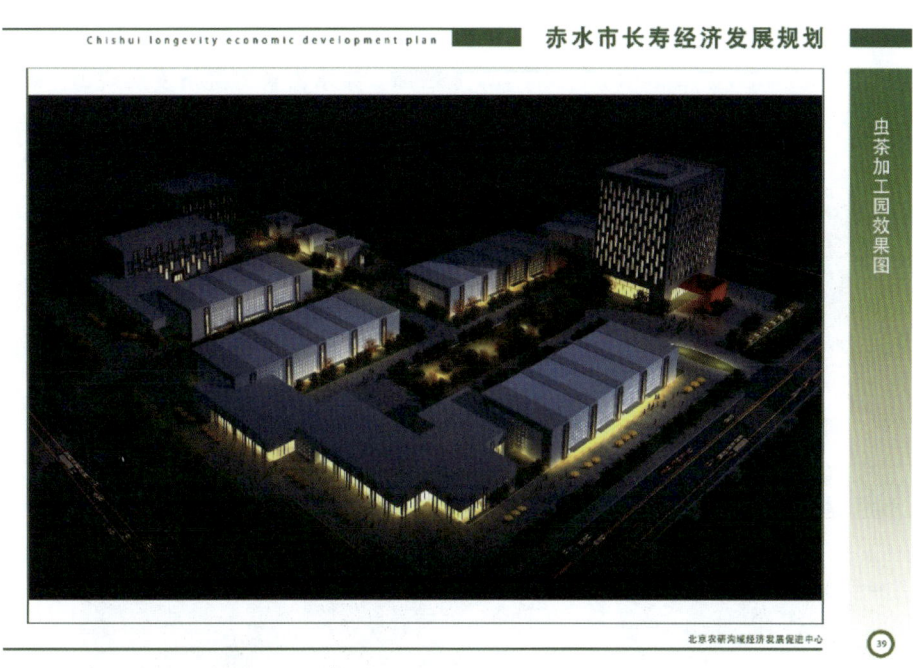

图9-44　虫茶加工园效果图

(3)赤水长寿旅游＋文化旅游

强化长寿旅游与赤水特色文化产业融合。推动长寿养生文化与民族文化挖掘、保护和利用,探索特色文化与长寿旅游的产业交叉点和企业协会互动点,不断推出主题性强、特色明显的长寿旅游文化产品。推动企业、部门、协会协同合作,找准旅游者对特色文化资源内心喜好和追求契合点,发挥长寿养生文化、赤水民族文化的体验功能,打造具有原汁原味的系列旅游文化项目。赤水长寿旅游＋文化战略聚焦六大方面,包括长寿旅游＋长寿文化、长寿旅游＋红色文化(见图9-45)、长寿旅游＋非遗文化、长寿旅游＋酒文化、长寿旅游＋民俗文化、长寿旅游＋宗教文化。

(4)赤水长寿旅游＋康养旅游

强化长寿旅游与养生养老地产融合。长寿旅游复合地产是一种关联度广、影响力大、主题突出的高级形态,涵盖长寿旅游价值链的高、中、低不同价值创造节点,并对长寿旅游价值链的内在升级具有强大的推动力。推动长寿旅游与养生养老地产融合发展需借助市场拉力、政府推力、技术创新支撑力,做到突出主题、找准区位、联动协调、完善设施、品牌营销齐发力。强化长寿旅游与老龄产业融合。长寿旅游与老龄产业具有天然的耦合性。一是打造金牌旅居养老与全家型度假基地,以吸引更多老年人长期入驻。二是引进大型连锁企业,推出针灸、推拿、足浴、温泉、养生讲座等老年人保健项目;结合长寿文化,推出多元化老年人体验项目;迎合老年人的购物需求,完善低、中、高档纪念产品和地区特色商品。聚焦5大方面,包括长寿旅游+生态康养、长寿旅游+体育运动、长寿旅游+养老产业、长寿旅游+中医药产业、长寿旅游+智慧医疗产业。

图 9-45 红色文化小镇意向图

(5)赤水长寿旅游+长寿村镇旅游

1)以长寿文化为主题,建设赤水长寿旅游名城。以赤水相关旅游专项规划为指导,加快推进文旅综合体、旅游集散服务中心、特色休闲街区、旅游购物中心、精品主题酒店等休闲城市要素建设,建设长寿文化城市中央游憩区,配套推进休闲绿道、景观绿道、骑行公园等设施建设。

2)创新培育10个示范型长寿旅游小镇。加快推进长寿康养小镇、田园康养小镇、红色文化小镇等建设,包括3大历史文化古镇(大同古镇、丙安古镇、复兴古镇)、1个中医药养生小镇(复兴镇)、1个户外体育运动小镇(天台镇军事教育)、1个长寿旅游门户小镇(高竹村)、1个非遗传承小镇(天台镇)、1个田园康养小镇(官渡镇)建设。

3)以"一村一品"为原则,结合美丽乡村建设,示范推进13个赤水长寿旅游村落:天堂村、高竹村、四洞村、盘龙村、桂园林村、石场村、回龙村、金宝村、白田村、富顺村、白云村、凤凰村、凯旋村。

(6)赤水长寿旅游＋现代长寿服务旅游

强化长寿旅游与赤水现代服务业融合。推动长寿旅游与信息技术服务融合,加速旅游商务新业态形成。推动长寿旅游与金融资本融合,创新长寿旅游金融产品,优化产业资本结构、畅通产业融资渠道,为长寿旅游高水平规划、高标准建设提供资金保障(见图9-46)。

图 9-46　赤水旅游产业项目布局图

7. 赤水长寿旅游路线设计

(1)建设赤水河文化风情带:打造赤水旅游特色环线,建设赤水河文化风情带:赤水城区—复兴古镇—转石奇观—燕子岩—两河口—赤水大瀑布—四洞沟—大同古镇—赤水城区,以主题化的观光小火车串接赤水几个现有景区和旅游项目,融合市区和景区资源开展全景式旅游为赤水应对未来旅游大发展、游客量激增提供重要交通运力保障,同时让游客感知复古体验,使旅途也是风景线,并且,通过站点的巧妙设计,同样可以带动站点周边乡村度假的发展,惠及民众,使赤水真正实现全域旅游(见图9-47)。

(2)都市休闲避暑线:依托 s301 省道和赤水城区,整合天台山景区和东北部高海拔山地优势,打造赤水都市休闲避暑发展旅游线路,串联赤水城区、天台山景区、东部高山度假区,发展高山长寿,药材、生态食品种植项目。

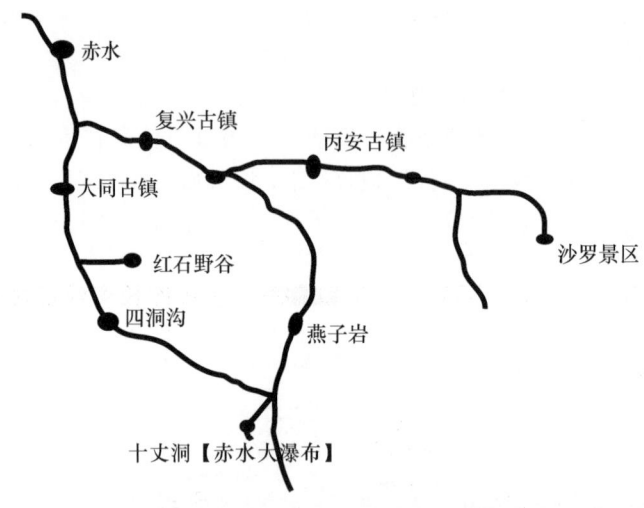

图 9-47 赤水河文化风情带线路图

(3)大同河风情线：依托休闲旅游度假区和大同河、X382 旅游干道等，整合沿线古镇古村、白鹤岛、瀑布竹海桫椤等资源，打造大同河生态景观风情旅游线，联动大同古镇、四洞沟景区和红石野谷景区。

(4)风溪河户外休闲线：依托风溪河、X394 旅游干道和凯旋民宿村等，整合金钗石斛基地、赤水丹霞遗产、溪谷漂流等西苑，打造风溪河户外休闲线，联动转石奇观景区、燕子岩景区和赤水大瀑布景区。

(5)双龙河溯溪线：依托丙安镇和双龙河溪谷、乡道等，整合丙安古镇、竹海、赤水丹霞等资源，打造户外休闲溯溪轴，联动丙安古镇、奇峰异石和狮子岩景区。

(6)山地休闲避暑线：依托 X374 县道和胡市镇，整合九曲湖景区和官渡古镇等高山度假区资源，打造山地休闲避暑旅游线路，串联起九曲湖度假区、官渡古镇和月亮湖度假区。

(7)桫椤竹海生态线：依托 X393 县道和金沙集镇，整合万亩竹林、桫椤林保护区和赤水丹霞遗产等资源。

(8)红运长征风情线：依托元厚镇和乡道、溪谷等，整合红军古渡遗址、九角洞景区等资源，打造展现红军长征体验轴，联动元厚古渡、四渡赤水渡口遗址、九角洞景区。

(9)打造健康养生游线：独特的温泉资源，有优越的交通条件，打造温泉养生、休闲度假、民宿旅游、康养养生于一体的温泉养生度假中心。开发冬季旅游产品，打破季节限制。赤水冬季属于旅游淡季，不仅天气不适宜游览瀑布等景观，因为人流量稀少，旅游需求不旺盛，冬季发往景区客运班次少，导致进入景区不便，反过来更阻碍了游客去游览，从而导致了不良的循环。可适当开发冬季旅游产品，比如选取合适的点钻孔建设温泉度假村，冬季开放温泉，实行健康养生，夏季开放死海游乐场，吸引游客。以旺隆温泉养生度假中心和葫市镇天鹅堡国际度假中心为核心打造健康养生游线路。

(10)联合周边旅游资源，打造川黔渝旅游联动线。融合赤水市区和景区资源，加强与合江县、叙永县、习水县县域之间的合作,甚至是川黔渝省市之间合作,根据资源差异性整合资源,共同谋求长寿经济的发展,因此赤水市长寿旅游之路可从两个方面展开。

加强与合江县、叙永县、习水县县域之间的合作,希望以联动协作会为平台,发挥产业带动效应,形成整体推动合力,着力打造以赤水市为核心,合江县、习水县、叙永县共同构成的区域性"赤水毗邻县域长寿旅游金三角"品牌。推动黔川渝毗邻区域各级政府及旅游部门加强联系,以前瞻的视野和务实的态度,精心制定好长寿旅游产业发展规划,充分发挥合江县、叙永县、习水县毗邻县域的精品景点景区及长寿康养资源优势,实现无缝对接、全线贯通,真正把"赤水毗邻县域长寿旅游金三角"区域打造成为国内一流、世界知名的长寿旅游集散地和目的地,切实带动黔川渝毗邻县域经济社会全面发展。

赤水联合周边省市打造川、黔、渝3地旅游大环线。赤水市周边省市具有多样的旅游资源:遵义市红色旅游景点遵义会议会址全国知名;茅台国酒称号享誉全球;爽爽的贵阳吸引八方游客;泸州老窖旅游区是 AAAA 级景区;重庆是全国知名大都市。一条"客源地—重庆—泸州—赤水—仁怀—遵义—贵阳—客源地"的旅游大环线路线,依托遵义市 100 英里(160.9344 km)美酒河谷旅游公路和赤水市区 15 km 河滨景观大道,融合了赤水河美酒文化、四渡赤水长征文化、盐运商贸文化、瀑布、丹霞、都市休闲避暑、风情苗族等多样化资源势必会吸引京津冀和长三角等距离川黔渝三省较远的游客(见图 9-48)。

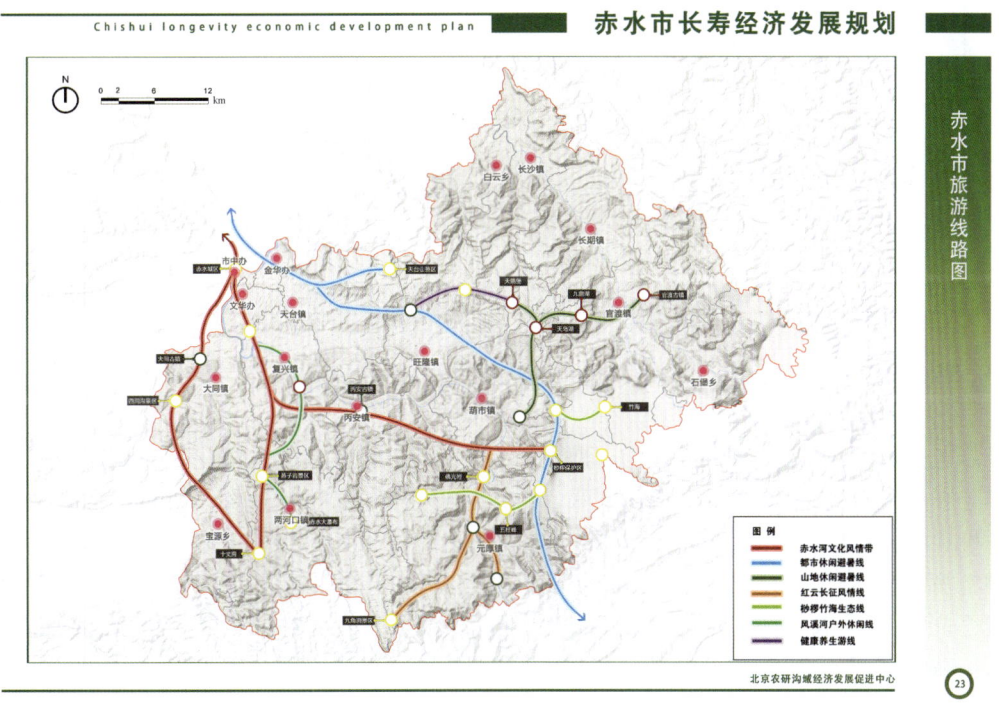

图 9-48 赤水市旅游线路图

9.8.2 长寿康养服务发展规划研究

1. 长寿健康产业背景分析

总体情况:目前赤水市总人口共 317099 人,其中 60 岁以上老年人 56174 人,占总人口的 17.71%,与全国平均水平(17.3%)接近,百岁以上老人 34 个,占老年人口比例为 0.06%,健康养老的市场潜力巨大(见图 9-49)。

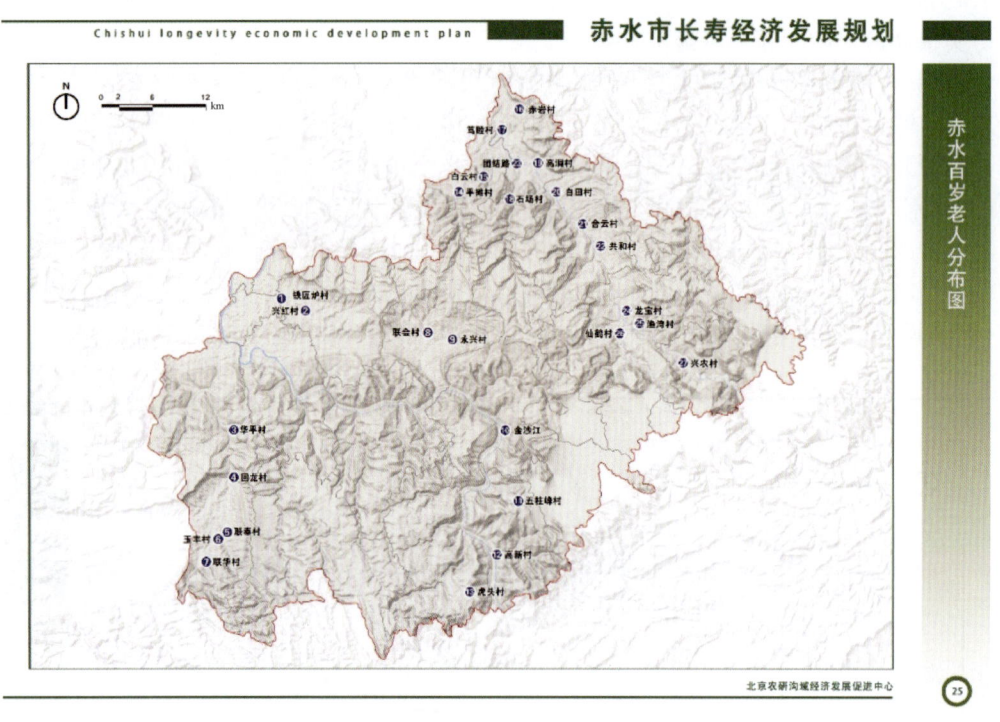

图 9-49　赤水百岁老人分布图

养老服务格局不断提高:"十二五"期间,赤水市养老服务基础设施建设得到跨越发展,各类养老服务机构达到 65 个、床位 2274 张,每千名老人养老床位已达 38.7 张,其中,公办养老服务机构 17 个、床位 1808 张,社区居家养老服务站和社区日间照料中心 14 个、床位 121 张,农村幸福院 31 个、床位 155 张,民办养老服务机构 3 个、床位 190 张。2014 年实现农村敬老院全覆盖;已有 8 个农村敬老院创建为星级敬老院,星级敬老院创建率达到 57%,养老服务水平不断提高。顺利通过"第二届中国长寿之乡"认证授牌。

(1)重点发展长寿养老、长寿养生及长寿运动产业

目前,赤水已有健康养老服务机构达到 65 个、床位 2274 张,健康养生在建和拟建项目有赤水健康产业园、庙沱半岛康养项目等,健康运动项目有山地马拉松项目等,未来需要延伸并

重点发展这3大产业。

长寿养老产业:构建以居家养老为主导,社区养老和机构养老为辅的养老产业发展体系,以"四有老人"[即有健康、有活力、有知识、有经济能力(指有退休金等生活保障)的老人]为主要客群,重点打造智慧养老服务平台、养老商业街区、养老主题公园、老年大学、养老公寓等项目,满足老年人对于吃、住、行、游、购、娱、商、学、养、闲、情、奇等生活上方方面面的需求。积极发展老年人健康管理、乐活休闲、康复促进、生活支援、医疗护理等服务,拓展老龄旅游、老龄社区、老龄保险等服务领域。

长寿养生产业:结合赤水特色养生药食材石斛、佛手、天麻、重楼、赶黄草、白茶、虫茶、小黄花茶、岩茶等,发展中医养生、国茶文化养生、禅茶养生;依托赤水独特森林、瀑布、温泉、高山等优质养生自然资源,发展温泉(SPA)养生、森林氧吧等。赤水有214万亩森林资源,82.85%的森林覆盖率,位居贵州省第一,全国前列,有竹林132.8万亩,占到60%以上,全市空气负氧离子含量高达5.2万个/cm^3,是疗养、养生的绝佳环境,尤其要重点发展森林康养、高山康养项目。

长寿运动产业:依托赤水山地、水域的自然环境现状,目前赤水开发的健康运动产业项目包括航空运动项目、水上运动项目以及山地运动项目,主要有直升机低空飞行、滑翔伞基地、赤水河水上激情快艇、冬泳比赛、端午赛龙舟、赤水河谷旅游公路自行车体验、山地自行车爬坡赛、汽车户外露营等。

根据2016年国家发布的《山地户外运动产业规划》《水上运动产业发展规划》《航空运动产业发展规划》《全民健身计划(2016—2020年)》等有关健康运动产业相关规划,未来赤水应积极发展山地户外运动产业、水上运动产业、航空运动产业。

山地户外运动产业:不断完善山地户外运动产业体系。引进一批影响力大、带动性强的龙头企业,推出一批品质优良的户外运动产品,培育一批具备执业资格的山地户外运动俱乐部、大量具备执业资格的山地户外运动指导员,形成一批特色鲜明的产业集群和知名品牌;增加山地户外运动场地设施供给,形成不同层次、多元化的山地户外运动赛事体系,鼓励游客及本地居民参与山地户外运动;不断创新体制机制,切实破除行政垄断和地方保护,标准体系进一步完善,资源信息交互服务平台逐步形成,监管机制规范高效,市场体系健康有序;发展登山、徒步、露营、骑行、瑜伽、攀岩、定向与导航等山地运动项目;将赤水建设成为国家级山地户外运动示范区,创建至少一条山地户外运动精品线路、若干个山地户外运动精品项目,加快山地户外运动营地星级建设。

水上运动产业:不断完善水上运动产业体系。逐渐构建以专业、业余、商业赛事为驱动,水上运动俱乐部为支撑,水上运动用品制造、销售和运动项目培训为主要业态的水上运动产业体系。同时加快水上运动产业与其他产业融合发展,水上运动与互联网、健康、养老、旅游、文化、教育等相关产业和行业日益融合。建立水上运动组织机构、建立健全管理制度、布局水上运动俱乐部、创建赛事活动。发展帆船(板)、赛艇、皮划艇(激流)、摩托艇、滑水、潜水(蹼泳)、极限(冲浪、漂流)、竞赛表演等水上运动项目。未来将赤水打造成为国家级水上国民休闲运动中心。

航空运动产业:不断完善航空运动产业体系。逐步构建以航空服务业为引领,航空运动器材装备制造与销售、航空运动参与与竞赛表演、航空运动中介与培训等为主要业态的产业体系。同时加快航空运动产业与科技、旅游、教育、健康、文化等相关产业融合发展。不断加强航空运动基础设施建设,完善航空运动赛事体系,鼓励并引进航空运动龙头企业、社会组织等进入赤水,发展运动飞机、热气球、滑翔、飞机跳伞、轻小型无人驾驶航空器、航空模型等航空运动项目。

（2）培育发展长寿医疗服务及长寿管理服务产业

目前赤水已有健康医疗产业项目为天鹅堡四川医科大学附属中医医院、赤水市健康产业园康养医疗中心等,未来需要培育发展新兴健康产业,主要包括：特许医疗、健康管理、照护康复、医学美容和抗衰老等,形成游客提供体检、健康管理、医疗服务、康复、养生（护）等完整的医疗产业链（见图9-50）。

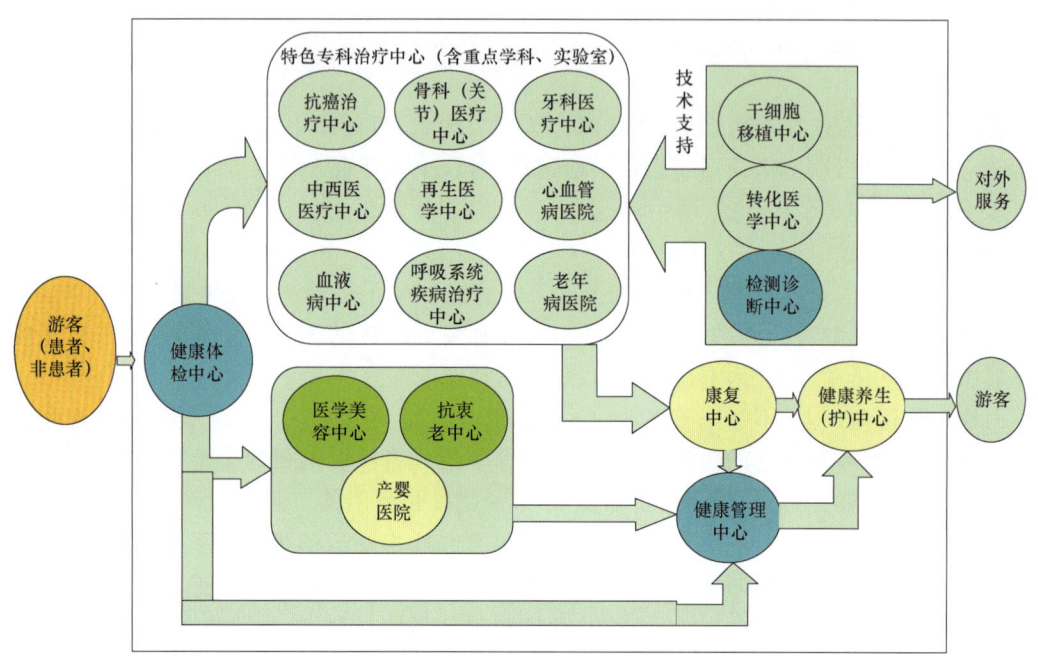

图9-50　医疗健康产业链条图

2. 长寿健康服务产业空间布局

根据赤水旅游资源的价值、类型和丰度,结合长寿旅游市场需求所决定的市场类型和市场范围,以赤水市区长寿旅游综合服务为核心,以生态康养、高山避暑、运动健身、研学旅游、中医药养生、赤水特色养生美食为重点支撑,以全域空间结构为依托,通过旅游产业与长寿林业、长寿农业、长寿制造业及其他产业的融合发展,将赤水打造成集生态康养、文化体验、高山避暑度假、亲子研学娱乐、运动健身、商务会议和长寿旅游等于一体的具有"1136"体系的全年候、全天候特色旅游目的地。根据对赤水市健康资源现状分析,未来规划赤水市长寿健康产业总体空间布局为"一主一次三组团"（见图9-51）。

第 9 章 贵州省赤水市长寿养生典型区域规划研究

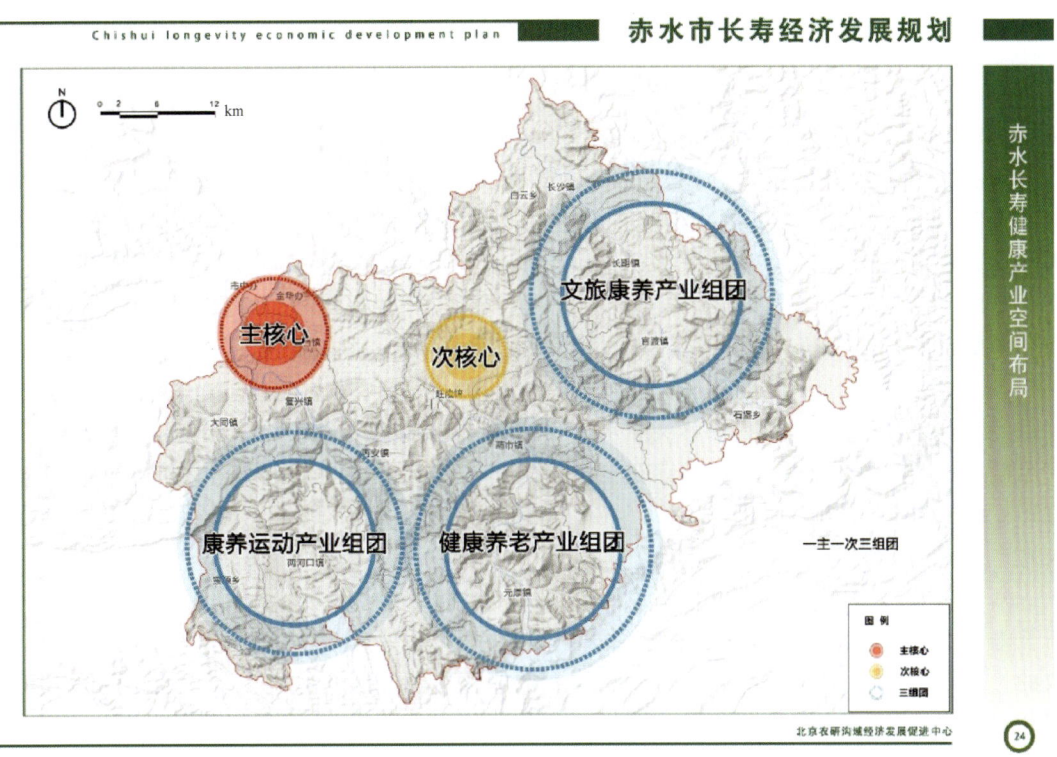

图 9-51 赤水长寿健康产业空间布局

"一主"是指以赤水康养产业园为载体，重点发展健康医疗服务产业，包括发展特色专科治疗、医疗美容、抗衰老等新兴医疗业态，辐射主要客群为赤水本地、周边川黔渝地区人口。"一次"是指以天鹅堡、天岛湖避暑康养度假社区为载体，重点发展健康管理服务产业与健康信息技术服务产业，包括健康体检服务、健康咨询与辅导、干细胞银行、影像诊断、远程医疗、移动医疗、健康大数据、数字健康系统等新兴医疗业态，辐射主要客群为赤水本地、周边川黔渝地区人口。"三组团"分别为康养运动产业组团、健康养老产业组团、文旅康养产业组团。康养运动组团主要包括宝源乡、两河口镇、元厚镇、葫市镇、旺隆镇、天台镇，依托三个乡镇的森林康养资源、瀑布及水域资源，发展生态养生、森林疗养、温泉康养以及山地运动、水上运动以及航空运动等；健康养老产业组团主要包括石堡乡、官渡镇、长期镇、长沙镇及白云乡，依托月亮湖、九曲湖等静态水体资源，发展生态养老、长寿养老旅居等；文旅康养产业组团主要包括大同镇、复兴镇、丙安镇，主要依托各自的古镇文化特色，发展"文化＋康养"的特色旅游业态。包括：高山景观康养长寿组团，以及沿着 S301 公路的高山康养风情带。

9.9 研究结论与建议

赤水市是我国典型的长寿之乡,为充分挖掘长寿养生资源、探讨水土环境及食物资源对人口长寿的影响,寻找人口长寿的原因,以便更好地扩大当地长寿养生经济的规模,实现当地和谐的人地关系和经济社会的可持续发展,受赤水市人民政府委托,中科院地理资源所部分科研人员在赤水市所属的 17 个乡镇采集了土壤、水、粮食、蔬菜、药材、茶叶以及长寿老人头发、指甲八类样品,共 247 个样品(土壤 30 个,水 95 个,食品类 88 个,头发及指甲 34 个),分析了样品中主要矿质营养元素和部分有害重金属元素含量并对含量结果进行了评价,并组织专家团队,奔赴赤水开展历时 2 年的调研,全方位的构建赤水长寿经济体系。本次研究重点构建赤水长寿经济体系,有利于从根本上解决赤水市长期难题:长寿资源富集,长寿产品较少;现存长寿产品同质化现象严重,与周边区域存在竞争关系;长寿产品开发相对粗放,具有赤水特色的长寿产业尚未形成。本研究作为赤水市脱贫攻坚,实现"三个赤水"的重要依据,将指导赤水市向长寿产业转型升级、可持续发展。

基于遂溪、大同国际健康养生基地研究成果,本次以赤水为例,深入研究长寿经济。从分析长寿元素着手,诠释长寿文化,拟建长寿经济指标体系,构建由生产、流通、消费三大体系组成的长寿经济体系,并针对性的制定发展保障措施。本研究是国内首次较为系统的长寿经济研究,是一次积极而有意义的实践,具有借鉴作用。

第10章　山东省蒙阴县长寿养生典型区域发展研究

蒙阴县位于山东省中南部,沂蒙山区的腹地,是黄淮海平原周边地区自然环境较好的低山丘陵区,是北方地区不可多得的长寿区域。百岁以上老人41人,占总人口7.38/10万,比我国2018年4.21/10万(中国老年学会2018年发布)的平均值高3个点。

为充分了解当地环境中的与人类健康相关物质的元素含量特征、探讨水土环境及食物资源对人口健康的影响,寻找当地环境及食物的健康养生特征,更好地推广当地健康养生的产品,实现当地和谐的人地关系和经济社会的可持续发展,受蒙阴县人民政府委托,中科院地理资源所部分科研人员在蒙阴县所属的12个乡镇街道采集了土壤(含岩石)、水、粮食、药材、蔬菜、水果以及长寿老人头发、指甲8类样品,分析了样品中主要矿质营养元素和部分有害重金属元素含量并对含量结果进行了评价,并组织专家团队,开展长寿经济体系和典型区域研究工作。

10.1　研究背景

10.1.1　山东省提出新旧动能转换发展战略

从全国层面上看,新旧动能转换成为构建现代化经济体系的战略选择。"十三五"以来,我国加快推进供给侧结构性改革取得明显成效,经济增长的内生力量不断增强,经济运行由降转稳的态势更加巩固。

2018年2月13日,山东省人民政府印发了《山东省新旧动能转换重大工程实施规划的通知(鲁政发〔2018〕7号)》,以加快推进新旧动能转换重大工程,全面提升发展质量和效益。山东省提出:以习近平新时代中国特色社会主义思想为指导,全面贯彻党的十九大精神,坚持新发展理念,坚持质量第一、效益优先,以供给侧结构性改革为主线,以新技术、新产业、新业态、新模式为核心,以知识、技术、信息、数据等新生产要素为支撑,促进产业智慧化、智慧产业化、跨界融合化、品牌高端化,实现传统产业提质增效、新兴产业提规模、跨界融合提潜能、品牌高端提价值,着力加快建设实体经济、科技创新、现代金融、人力资源协同发展的产业体系,统筹区域协调、城乡一体、陆海联动和减排节能绿色发展,在风清气正的政治生态基础上,打造精简高效的政务生态、富有活力的创新创业生态、彰显魅力的自然生态、诚信法治的社会生态,建设践行新发展理念的高地、推进供给侧结构性改革的高地、对接国家发展战略的高地、承接南北转型发展的高地,推动经济发展质量变革、效率变革、动力变革,提高全要素生产率,实现创新发展、持续发展、领先发展，推进山东由大到强，建成全国重要的新经济发展聚集地和东北亚地区极具活力的增长极，为促进全国新旧动能转换、建设现代化经济体系做出积极贡献。

10.1.2 临沂市打造生命健康产业集聚中心的新定位

2018年12月，临沂市人民政府印发了《临沂市医养健康产业发展规划（2018—2022年）》（简称《规划》），加快实施新旧动能转换重大工程，全面推进"健康临沂"建设，打造医养健康千亿级产业，满足群众全生命周期多层次的健康服务需求，促进经济发展和民生改善良性互动。《规划》从制定背景、总体思路、产业布局、优势产业、培育产业、载体平台、保障措施七大方面着手，坚持政府引领、市场主导，坚持健康事业、健康产业两翼互动，满足群众不同层面的健康需求。重点促进健康服务业和健康产品的生产制造以及旅游休闲、体育健身、互联网、大数据等新业态的深度融合发展，形成互促共进、协调联动的医养健康产业体系。其发展目标是：到2022年，全市医养健康产业增加值力争达到1000亿元，占地区生产总值的11%左右，成为国民经济的重要支柱产业，其中健康服务业增加值占比达到50%左右，基本形成覆盖全人群全生命周期、特色鲜明、结构合理、具有较强区域竞争力的产业体系。智慧医疗、智能照护等服务得到普及，基于互联网和人工智能的医养结合服务新模式基本形成。医养健康产业的竞争力、影响力、带动力全面提升，各类技术、模式、业态的创新不断涌现，对新旧动能转换的支撑作用显著增强。全市建成一批集聚知名品牌的健康产业集群和产业园区，"康养圣地、生态沂蒙"特色品牌基本形成。

未来，临沂市的医养健康产业将推进医药制造业转型升级、大力推进健康产品制造和贸易快速发展、推进中医药产业创新发展、推进健康旅游全域发展、推进医疗卫生服务业提质增效、加快发展健康养老产业、加快发展健康管理和健康文化产业、加快发展智慧健康和大数据产业、加快发展体育健身产业、加快发展健康职业教育产业。

10.1.3 蒙阴县生态本底优越，长寿资源丰富，发展长寿经济基础良好，意义重大

本研究范围为蒙阴县全域范围，国土面积1601.6 km^2，包括8镇1乡1街道，464个行政村。1街道，蒙阴街道；8个镇，常路镇、岱崮镇、坦埠镇、垛庄镇、高都镇、野店镇、桃墟镇、联城镇；1个乡，旧寨乡。

生态方面，蒙阴县生态环境优良，气候适宜，植被茂密，森林覆盖率达55%，林木覆盖率达70%以上，生态环境质量优良率保持全国前列，素有"天然氧吧"的美誉，成为"国家级生态示范区"。

农业方面，初步形成了粮食种植业、经济作物种植业、林果业和畜牧养殖业四大产业，果品生产自1995年之后连年居全国果品生产百强县行列，被全国家兔育种委员会命名为"长毛兔之乡"。蒙阴县先后被评为"全国果品综合强县""全国无公害果品生产示范基地县""优势区域苹果出口基地县""中国蜜桃之都"，成功创建"山东省绿化模范县"、首批"全国林业合作社建设典型示范县"和全省首个"国家水土保持生态文明县"。优质农产品基地发展到59.8万亩。国

家地理标志产品4个,无公害、绿色、有机农产品125种。

旅游资源方面,蒙阴县林木覆盖率75%,山水秀美,地貌奇特,景观荟萃,宛如屏画。支前模范"沂蒙六姐妹"名扬全国,举世闻名孟良崮是全国红色旅游经典景区,神奇地貌岱崮是中国第五大造型地貌,千年古刹中山寺古朴灵验,10万亩云蒙湖山水相映,优质林果100多万亩,年产果品136.5万t。蒙阴是国家级生态示范区、中国十佳休闲旅游名县、中国最佳休闲度假旅游目的地、中国桃乡、山东省首批旅游强县、山东省首个生态旅游示范县。

文化方面,蒙阴县是一个充满活力的沂蒙文化名城。蒙阴县历史悠久,文化底蕴深厚,自西汉初置县,距今已有2000多年,是秦朝大将蒙恬和东汉天文历算学家、珠算发明人"算圣"刘洪的故乡。革命战争年代,这里是沂蒙山革命根据地的中心,闻名中外的"孟良崮战役"发生地,涌现出了"沂蒙六姐妹"等一大批支前模范,是沂蒙精神的重要发源地。

10.2 长寿资源及环境分析评价

蒙阴县是黄淮海平原周边地区自然环境较好的低山丘陵区,为充分了解当地环境中与人类健康相关物质的元素含量特征、探讨水土环境及食物资源对人口健康的影响,寻找当地环境及食物的健康养生特征,更好地推广当地健康养生的产品,实现当地和谐的人地关系和经济社会的可持续发展,受蒙阴县人民政府委托,中科院地理资源所科研人员在蒙阴县12个乡镇街道采集了土壤(含岩石)、水、粮食、药材、蔬菜、水果以及长寿老人头发、指甲8类样品,共273个样品(土壤36个,水109个,植物90个,头发及指甲38个,见图10-1),分析了样品中主要矿质营养元素和部分有害重金属元素含量并对含量结果进行评价。

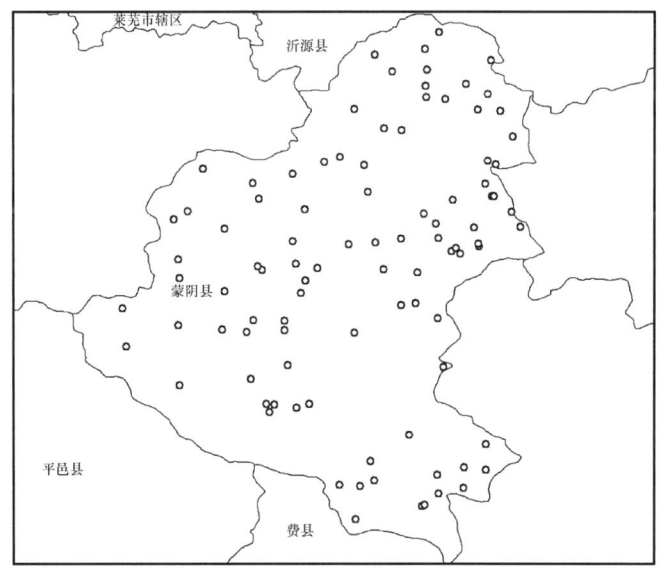

图 10-1 蒙阴县调查采样点的分布示意图

10.2.1 土壤环境质量分析与评价

1. 土壤样品采集及处理

蒙阴县共采集12个乡镇(生态区)的土壤及岩石样品共36个(见表10-1),根据面积大小,各乡镇取土壤样品2~3个(开发区和桃墟镇除外),样品采集地点主要选择人口相对较多、面积相对较大的村庄,取0~20 cm的表层土,采用多点混合采样法,各样品具体采集地点。将野外采集的土壤样品在实验室里平铺于大张滤纸上,自然风干后粉碎混匀四分法取约200 g土样于玛瑙研钵上初碎,过20目尼龙筛,再用四分法从中取出50 g左右研磨至全部过100目,装于自封袋中储于干燥处备用。

表10-1 土壤及岩石样品说明

样号	类型	采样地点	样号	类型	采样地点
1	耕作土	垛庄镇黄仁村	19	耕作土	坦埠镇下东门村
2	耕作土	垛庄镇水莲峪	20	自然表土	坦埠镇张家庄山
3	耕作土	垛庄镇田家庄	21	果园土	旧寨乡向阳峪村
4	耕作土	垛庄镇贾家庄	22	耕作土	旧寨乡莲王崖村
5	耕作土	云蒙湖生态区河东新村	23	耕作土	高都镇洪沟社区
6	耕作土	云蒙湖生态区双山村	24	果园土	高都镇上温村
7	耕作土	开发区宝德社区	25	耕作土	常路镇西下庄
8	耕作土	蒙阴镇茶棚村	26	耕作土	常路镇茶沟村
9	耕作土	蒙阴镇南竺院	27	耕作土	岱崮镇东峪村
10	耕作土	桃墟镇野老峪村	28	耕作土	岱崮镇贾庄村
11	耕作土	桃墟镇杨家庄	29	耕作土	岱崮镇十字涧
12	耕作土	桃墟镇山南河村	30	耕作土	野店镇石槽村
13	耕作土	桃墟镇杏山村	31	耕作土	野店镇东山村
14	耕作土	桃墟镇安口村	32	自然表土	野店镇新盛村
15	耕作土	桃墟镇前城村	33	果园土	野店镇新盛村
16	耕作土	联城镇台上村	34	页岩	岱崮镇磨盘岭(东山)
17	耕作土	联城镇常马庄社区	35	科马提岩	坦埠镇龙虎寨
18	耕作土	坦埠镇褚夏村	36	花岗岩	蒙阴镇姜家沟村

2. 土壤及岩石元素含量的测定方法

准确称取 0.25 g 左右过 100 目的土样于聚四氟乙烯管中，参照 HJ 832—2017 规定的方法进行消解，消解定容后的溶液用美国 Perkin Eimer 公司 ELAN DRC 电感耦合等离子体质谱仪(ICP-MS)测定 Cr、Cd、Pb、Ni、Cu、Zn、Mn、Li、Co、Mo、As、Se 等元素含量，其中 Se、As、Cr 加碰撞池分别单独测定；用美国 Perkin Eimer 公司 Optima 5300DV 电感耦合等离子体光谱仪(ICP-OES)测定 K、Na、Ca、Mg、Al、Fe、P、Sr 等元素含量。

3. 土壤及岩石样品测定结果及评价

蒙阴土壤样品中的钾、钠、钙、镁、锂、锶、铬、镍、铜、锰、铁、钼、铅等的含量平均值与我国土壤背景值相比较高，均高 10% 以上。其他元素含量则与背景值相当或略低。与报道的山东省土壤含量平均值相比，蒙阴土壤中的硒、砷、铬、镍、锌、铁、钾、镁、锂、锶等的平均值均高 10% 以上，铝、钴、钼则低 10% 以上，其他元素含量相当。与我国农用地土壤污染风险管控标准(GB 15618—2018)比较表明，所测的 33 个土壤样品中需要限值元素除 1 个样品的铬、镍含量外均低于标准规定土壤污染风险筛选值，且没有样品的限制元素超过了国标的管制值，即蒙阴县土壤对作物及蔬菜林果的生长是安全的，土壤生态环境的风险低(见表 10-2)。

目前较为关注元素硒的土壤平均含量为 0.215 mg/kg，低于我国土壤背景值，但高于山东省土壤的平均含量值，是山东省平均值的 1.65 倍。在当地 3 个主要岩石中，沉积岩的页岩和变质岩的科马提岩硒含量分别 0.323 mg/kg 和 0.331 mg/kg，均高于土壤样品的最高含量，而属于岩浆岩的花岗岩硒含量仅 0.158 mg/kg，比蒙阴县土壤平均含量低 36%(见图 10-2)。从各样品硒含量的比较看，33 个土壤样品中硒含量均超过山东土壤的平均含量，最高为垛庄镇黄仁村土壤，硒含量 0.291 mg/kg，其次是云蒙湖生态区双山村和岱崮镇十字涧土壤，硒含量均为 0.285 mg/kg，最低的为旧寨乡莲王崖村土壤，硒含量为 0.135 mg/kg。从各乡镇的比较看，云蒙湖生态区的硒含量最高，平均为 0.278 mg/kg，其次是岱崮镇，平均为 0.248 mg/kg，联城镇最低，平均为 0.151 mg/kg(见图 10-3、表 10-3)。蒙阴县各乡镇的长寿指数(80 岁以上人口与 60 岁以上人口的比值)的比较图中长寿指数较高的两个乡镇(云蒙、岱崮)与长寿指数较低的两个乡镇(联城、野店)的土壤硒含量平均值进行比较表明，长寿指数较高两个乡镇土壤硒平均含量比长寿指数较低的两个乡镇高约 52%，表明长寿指数可能与土壤硒含量有一定关系(见图 10-4)。

在土壤各元素的含量中，镍、铬含量的相对标准偏差较大，均超过 100%，主要原因可能是蒙阴县土壤母岩中这 3 个元素差异较大造成的，对比 3 个岩石样品的分析结果，可以看出科马提岩样品的镍含量是页岩的 52 倍、花岗岩的 14 倍，铬含量是页岩的 21 倍、花岗岩的 6 倍，科马提岩(变质岩)异常高的铬、镍含量也可能是旧寨乡向阳峪村土壤铬、镍超过国家土壤污染风险筛选值的原因。3 种岩石所测元素的含量与 3 种岩石平均值的比值比较，可以看出除镍、铬外，钾、铜、镉、镁等元素在三种岩石之间也相差较大。

从 33 个土壤样品 10 种微量元素累加值的比较看，累加值超过 1500 mg/kg 的土样有 5 个，依次是旧寨乡向阳峪村(21 号)、蒙阴镇茶棚村(8 号)、云蒙湖生态区河东新村(5 号)、云蒙湖生态区双山村(6 号)和桃墟镇前城村(15 号)，此外，岱崮镇东峪村(27 号)和桃墟镇野老峪村(10 号)土壤的 10 种微量元素含量累加值也较高，均超过了 1300 mg/kg(见表 10-2)。

总体来看,蒙阴县土壤中钾、钙、镁、锶、铁、锂、镍、硒等矿质营养元素含量都较为丰富,而需要限制的有害元素绝大多数都低于国家农用地土壤污染风险管控标准规定的土壤污染风险筛选值,是生态环境风险较低的农业用地。综合比较土壤中主要营养元素钾磷钙镁铁和十种微量元素含量情况,可以认为蒙阴县土壤以旧寨乡向阳峪村、蒙阴镇茶棚村、云蒙湖生态区河东新村和双山村、桃墟镇前城村和野老峪村、岱崮镇东峪村等村庄土壤中的各类矿质营养元素含量相对较为丰富,对改善作物品质较为有利(见图10-5、图10-6)。

表 10-2 土壤样品各测定项目含量平均值及部分参考指标

单位:除标注外均为 mg/kg

测定项目	土壤样品平均含量及标准差	相对标准偏差/%	土壤污染风险筛选值及达标率[a]	土壤污染风险管制值及达标率[a]	我国土壤背景值[b]	山东土壤平均含量[b]
硒(Se)	0.215±0.043	20	—	—	0.29	0.13
砷(As)	10.9±4.0	37	25,100%	100,100%	11.2	9.3
铬(Cr)	80.9±94.6	117	250,97%	1300,100%	61.0	66.0
镉(Cd)	0.09±0.01	7	0.6,100%	4.0,100%	0.097	0.084
铅(Pb)	27.4±8.9	32	170,100%	1000,100%	22.6	25.8
镍(Ni)	35.3±55.8	158	190,97%	—	26.9	25.8
铜(Cu)	24.5±9.6	39	100,100%	—	20.0	24.0
锌(Zn)	75.7±22.4	30	300,100%	—	74.2	63.5
锰(Mn)	664±281	42	—	—	482	644
铝(Al,%)	2.84±0.99	35	—	—	6.41	6.62
铁(Fe,%)	3.41±0.76	22	—	—	2.73	2.72
钾(K,%)	2.29±0.54	23	—	—	1.79	1.93
钠(Na,%)	1.58±0.73	46	—	—	0.68	1.54
钙(Ca,%)	1.69±1.08	64	—	—	0.71	1.67
镁(Mg,%)	1.24±1.12	90	—	—	0.63	0.80
锂(Li)	36.9±15.8	43	—	—	29.1	26.5
磷(P)	957±679	71	—	—	—	—
锶(Sr)	215±76	35	—	—	121	170
钴(Co)	11.8±3.9	33	—	—	11.2	13.6
钼(Mo)	1.51±0.19	13	—	—	1.2	6.0

a 土壤环境质量农用地土壤污染风险管控标准(GB 15618—2018)。
b 中国环境监测总站编. 中国土壤元素背景值. 中国环境科学出版社,1990年.

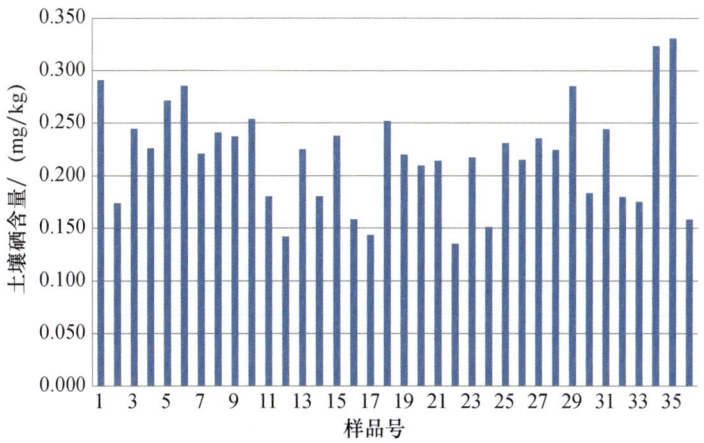

图 10-2 蒙阴县土壤及岩石样品的硒含量比较

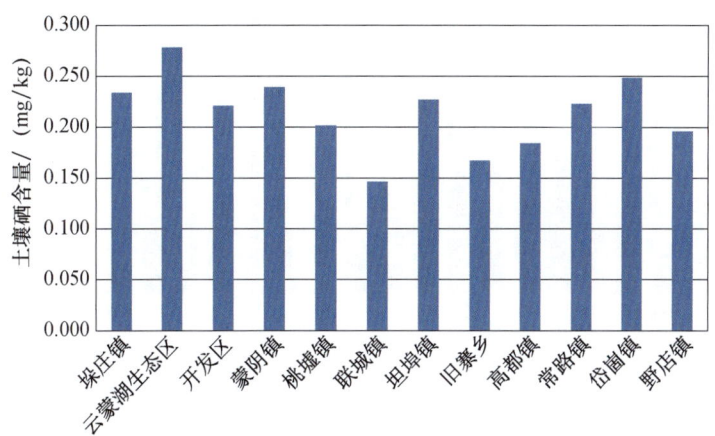

图 10-3 蒙阴县各乡镇土壤硒含量比较

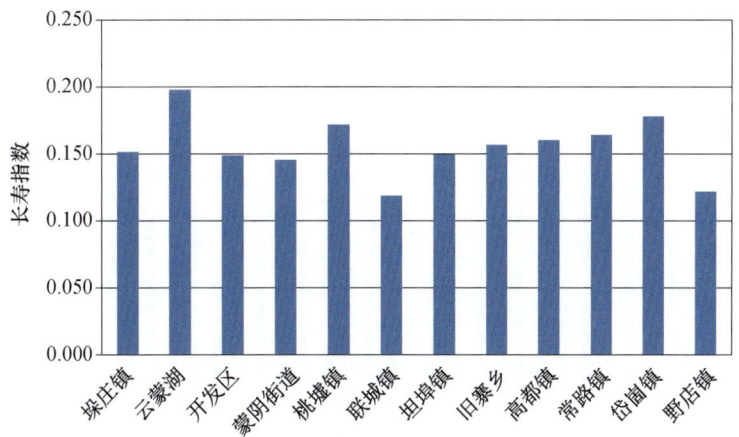

图 10-4 各乡镇的长寿指数比较

表 10-3　长寿比值较高的两个乡镇与较低的两个乡镇的土壤硒含量比较

乡镇	长寿比值	长寿比值平均值	土壤硒含量/（mg/kg）	土壤硒含量平均值/（mg/kg）
云蒙湖生态区	0.198	0.188	0.278	0.263
岱崮镇	0.178		0.248	
联城镇	0.119	0.120	0.151	0.173
野店镇	0.122		0.196	

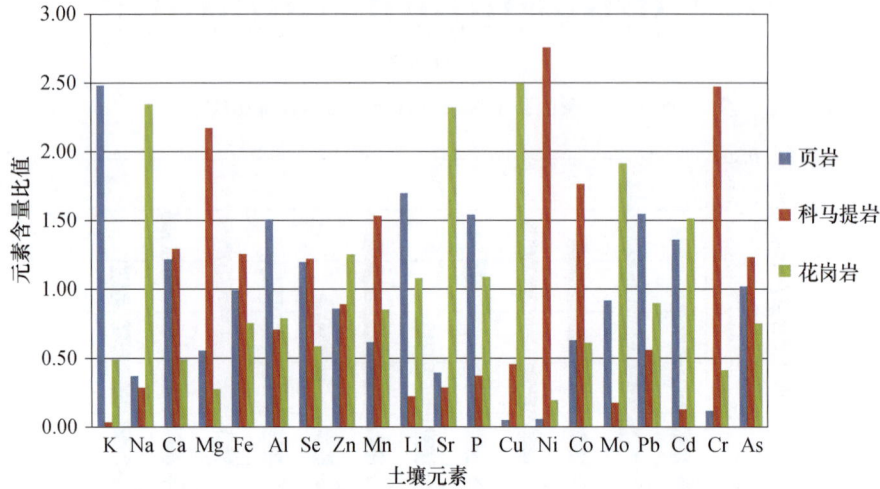

图 10-5　3 种岩石的元素含量与其平均含量的比值

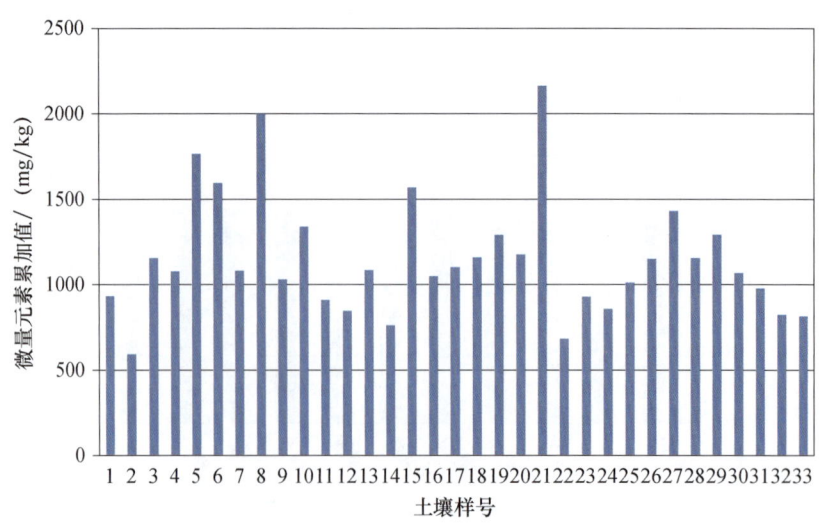

图 10-6　土壤样品的 10 种微量元素累加值比较

10.2.2 水环境质量分析及评价

1. 水样采集及测定方法

水样采集主要取自蒙阴县 12 个乡镇共 109 个样品(见表 10-4),其中 1 号~33 号样品为 2019 年 3 月采集,34 号~109 号样为 2019 年 6 月采集,其中井水样 67 个,泉水样 16 个,水库水样 17 个、河水样 6 个、自来水样 3 个(水源为水库水)。所采水样基本上是作为饮用水或饮用水源水使用的,少部分也用于灌溉。水样取回后按照 HJ 700—2014(国家环境保护标准:水质 65 种元素的测定)规定的方法进行处理,处理后的水样直接上仪器测定,其中 As、Se、Cr、Cd、Pb、Hg、Ni、Cu、Zn、Mn、Li、Co、Mo 等用美国 PE 公司的 ELAN DRC 电感耦合等离子体质谱仪(ICP-MS)测定,其中 As、Se 和 Cr 加碰撞池分别单独测定;K、Ca、Na、Mg、Fe、Si、P、Sr 等用美国 PE 公司的 Optima 5300DV 电感耦合等离子体光谱仪(ICP-OES)测定。水的 pH 和水中溶解性总固体(TDS)用 UltrameterⅡ6PFC 便携式水质分析仪现场测定。

表 10-4 蒙阴县水样说明

样号	采样地点	样品说明	样号	采样地点	样品说明
1	岱崮镇果园四队	泉水	20	坦埠镇后土庙圣水泉	泉水
2	岱崮镇柿子树洼东指水库	水库水	21	垛庄镇石马庄水库	水库水
3	岱崮镇燕窝村梓河支流	河水	22	垛庄镇豆角峪村	井水
4	岱崮镇下龙汪	井水	23	垛庄镇草滩沟	山泉水
5	岱崮镇莲花崮	井水	24	垛庄镇椿树沟	河水
6	岱崮镇马子石沟村	泉水	25	垛庄镇椿树沟	井水
7	岱崮镇马子石沟村 1 号井	井水	26	垛庄镇黄仁水库	水库水
8	岱崮镇马子石沟碧清泉	泉水	27	垛庄镇孟良崮樱之园大酒店	井水
9	岱崮镇大崮村	井水	28	垛庄镇桂冠庄园	井水
10	岱崮镇青冈岭军工度假村	井水	29	垛庄镇泰丞家庭农场	井水
11	岱崮镇青冈岭军工旅社	井水	30	蒙阴镇焕峪村水库	水库水
12	坦埠镇中山蔬菜园	井水	31	蒙阴镇董家台村银麦啤酒厂	井水
13	坦埠镇诸夏村梓河	河水	32	蒙阴镇汶河大酒店(水库水源)	自来水
14	坦埠镇琅琊王酒主题公园	井水	33	蒙阴镇东汶河	河水
15	坦埠镇琅琊王酒地下洞	泉水	34	垛庄镇黄仁村	井水
16	坦埠镇梓河水明崖水文站	河水	35	垛庄镇水莲峪村用井	井水
17	坦埠镇梓河水明崖水文站	井水	36	垛庄镇水莲峪村主任家井	井水
18	坦埠镇中山寺	井水	37	垛庄镇黄仁水库	水库水
19	坦埠镇东西崖村顺德泉	泉水	38	垛庄镇后里村	井水

续表

样号	采样地点	样品说明	样号	采样地点	样品说明
39	垛庄镇田家庄	井水	75	旧寨乡政府	井水
40	垛庄镇长明村	井水	76	旧寨乡山旺农庄	井水
41	垛庄镇政府(黄仁水库)	自来水	77	蒙阴镇黄土山水库	水库水
42	垛庄镇西孟良崮横山后屯	井水	78	蒙阴镇黄土山村井水	井水
43	垛庄镇贾家庄	井水	79	高都镇政府	井水
44	云蒙湖生态区河东新村	井水	80	高都镇洪沟社区	井水
45	云蒙湖谢庄	水库水	81	高都镇上温村	井水
46	云蒙湖张家楼岸边	水库水	82	高都镇下薛家峪	井水
47	云蒙湖生态区双山村	井水	83	高都镇蔡庄云水溪禅	井水
48	开发区新城社区(水库水源)	自来水	84	常路镇西下庄	井水
49	开发区宝德社区(水库水源)	自来水	85	常路镇石峰峪	井水
50	蒙阴镇茶棚村家	井水	86	常路镇政府	井水
51	蒙阴镇茶棚村村家用	井水	87	常路镇茶沟村(南泉村)	泉水
52	蒙阴镇南竺院	井水	88	常路镇南泉村	泉水
53	桃墟镇野老峪村	井水	89	岱崮镇马子石沟1号井	井水
54	桃墟镇杨家庄水库	水库水	90	岱崮镇马子石沟2号井	井水
55	桃墟镇杏山村溶洞	泉水	91	岱崮镇朱家庄	井水
56	桃墟镇杏山村	井水	92	岱崮镇派出所	井水
57	桃墟镇安口村	泉水	93	岱崮镇东峪村	井水
58	桃墟镇魏城村	河水	94	岱崮镇贾庄村	井水
59	桃墟镇前城村	井水	95	岱崮镇十字涧	山泉水
60	联城镇台上村	井水	96	岱崮镇青冈岭军工旅社	井水
61	联城镇常马庄社区	井水	97	岱崮镇十字涧水库	水库水
62	联城镇虎落坡水库	水库水	98	岱崮镇井旺庄水库	水库水
63	联城镇政府	井水	99	野店镇石槽村	井水
64	坦埠镇褚夏村	井水	100	野店镇朱家坡水库	水库水
65	坦埠镇下东门村	井水	101	野店镇东山村	井水
66	坦埠镇黄家洼水库	水库水	102	野店镇新盛村	井水
67	坦埠镇张家庄山上	山泉水	103	野店镇石泉水库	水库水
68	坦埠镇张家庄	井水	104	野店镇烟庄	井水
69	坦埠镇东西崖村	井水	105	野店镇南晏子村	山泉水
70	坦埠镇政府	井水	106	蒙阴镇花山村	井水
71	旧寨乡向阳峪村	井水	107	蒙阴镇张庄水库	水库水
72	旧寨乡大上峪村	井水	108	蒙阴镇姜家沟村	井水
73	旧寨乡莲王崖村	井水	109	蒙阴镇三教堂村	泉水
74	旧寨乡南莫庄村	井水			

2. 水样测定结果及评价

(1)水样的测定结果及总体评价

蒙阴县 109 个水样的测定结果,各测定项目含量平均值及部分参考指标(考虑到所测水样绝大部分为饮用水,且蒙阴县是临沂市的饮用水源地,因此所有水样均参照饮用水标准要求,饮用水标准限值参照 GB 5749—2006、饮用天然矿泉水指标参照 GB 8537—2008)。测定结果表明,蒙阴县水样中溶解性总固体(TDS)最高为 1174 mg/L(42 号,垛庄镇横山后屯井水),最低为 122 mg/L(105 号,野店镇南晏子村山泉水),平均 225 mg/L,水质矿化度总体不高,水质属中硬度。水样 pH 平均为 7.58,属微碱性水。除 42 号样外,另有 2 个水样的 TDS 超过了 1000 mg/L 的饮用水卫生标准,均为蒙阴镇茶棚村饮用井水。pH 不符合饮用水标准的样品也有 3 个,分别是桃墟镇杨家庄水库、坦埠镇黄家洼水库和岱崮镇井旺庄水库的水样,pH 均大于 8.5,这可能与这些水库的养殖业有关,但按照地表水环境质量标准 GB 3838—2002 的要求则没有问题;其他 103 个水样所测指标均符合饮用水国标的规定。各项目检测结果的平均值与我国著名长寿之乡巴马县的矿泉水检测值相比,硒、镍、铁、pH 等相差不大,钾、钠、钙、镁、锌、锰、锶、钼等对人体必需的矿质营养元素平均含量均比巴马矿泉水高 50%以上,铜、锂、钴、偏硅酸等的平均含量则比巴马矿泉水低 50%以上。

对照我国天然矿泉水标准的界限指标,有 77 个水样的锶含量、31 个水样的偏硅酸含量、1 个水样的锌含量及 3 个水样的 TDS 含量达到了国家天然矿泉水标准的界限指标要求,考虑到多数样品属于同时达标的情况,综合来看所测的 109 个水样中 82 个饮用水样都有开发成锶型或偏硅酸型或偏硅酸—锶型或锶锌型矿泉水的可能性。

对于较为关注的硒元素,109 个饮用水样中硒的平均含量为 0.88 $\mu g/L$,与我国著名长寿之乡广西巴马的矿泉水样硒含量(0.95 $\mu g/L$)相当。最高的是岱崮镇马子石沟村 1 号井水,3 月(7 号)和 6 月(89 号)两次取样的平均值为 4.97 $\mu g/L$。另外,硒含量超过 1.5 $\mu g/L$ 的水样还有 5 个,依次是蒙阴镇茶棚村张继兰家自用井(50 号,2.44 $\mu g/L$)、岱崮镇青冈岭军工旅社用井(96 号,1.97 $\mu g/L$;11 号,1.87 $\mu g/L$)、蒙阴镇茶棚村村用井(51 号,1.80 $\mu g/L$)和蒙阴镇南竺院井水(52 号,1.72 $\mu g/L$)。

总体来看,蒙阴县水样属于微碱性的中硬度水质,水样中除 3 个井水样溶解性总固体和 3 个水库水样的 pH 略有超标外,其它样品所测项目均符合饮用水的要求,且多数可作为天然矿泉水开发。综合各项指标,以下几处水源值得推荐:①岱崮镇马子石沟村 1 号井水(7 号、89 号),锶含量极高,达 9600 $\mu g/L$,且硒、锌等的含量也不低,372 mg/L 的 TDS 含量适中,可以开发富硒锌的锶型矿泉水。②垛庄镇水莲峪村主任家井水(36 号),锶含量为 5367 $\mu g/L$,偏硅酸含量为 40.6 $\mu g/L$,且锂、钼、锰的含量也较高,可以开发富锂钼锰型的偏硅酸-锶型矿泉水。③坦埠镇下东门村井水(65 号),锌含量为 216 $\mu g/L$,锶含量为 400 $\mu g/L$,可以开发锶-锌型矿泉水。④坦埠镇张家庄井水(68 号)、岱崮镇十字涧山泉水(95 号)和岱崮镇东峪村井水(93 号)的锶含量均超过 2000 $\mu g/L$,均可开发锶型矿泉水;其中坦埠镇张家庄井水和岱崮镇十字涧山泉水也可兼偏硅酸型。⑤垛庄镇贾家庄(43 号)、旧寨乡山旺农庄(76 号)、高都镇下薛家峪(82 号)、高都镇蔡庄(83 号)、蒙阴镇姜家沟村(108 号)、蒙阴镇三教堂村(109 号)等井水的偏硅酸均超过 50 mg/L,且蔡庄和山旺农庄井水的锂也较高,这 6 个井水可开发偏硅酸型矿泉水。⑥蒙阴镇茶棚村井水可以开发成富钙镁硒的偏硅酸锶型高矿化水(见表10-5)。

表10-5 水样各测定项目含量平均值及部分参考指标

单位:除标注外均为 μg/L

测定项目	水样平均含量	相对标准偏差/%	饮用水卫生标准限值a	超标样品个数	天然矿泉水指标b	达标样品个数	广西巴马水样元素含量平均值c
硒	0.88±0.68	76	10	0	≥10,<50	0	0.95
砷	0.74±0.84	113	10	0	—	—	1.17
铬	2.14±1.39	65	50	0	—	—	4.67
镉	0.06±0.05	78	5	0	—	—	0.03
汞	0.04±0.02	50	1	0	—	—	0.01
铅	0.57±1.52	266	10	0	—	—	0.17
镍	2.96±1.95	66	20	0	—	—	3.14
铜	0.91±1.13	124	1000	0	—	—	2.06
锌	17.4±33.6	193	1000	0	≥200	1	2.30
锰	2.69±6.14	229	100	0	—	—	1.17
铁	9.4±14.2	151	300	0	—	—	7.9
钾 mg/L	2.37±2.16	91	—	—	—	—	0.44
钠 mg/L	17.3±12.6	73	200	0	—	—	3.42
钙 mg/L	92.2±45.8	50	—	—	—	—	52.9
镁 mg/L	19.3±9.7	50	—	—	—	—	7.5
锂	9.5±14.1	148	—	—	≥200	0	35.7
锶	641±1471	229	—	—	≥200	77	141
钴	0.32±0.16	50	—	—	—	—	0.70
钼	1.20±2.40	201	70	0	—	—	0.67
pH	7.58±0.36	5	6.5~8.5	3	—	—	7.72
TDS mg/L	451±198	44	1000	3	≥1000	3	225
偏硅酸 mg/L	20.1±14.0	69	—	—	≥25	31	32.3

a 国家生活饮用水卫生标准 GB 5749—2006.
b 国家饮用天然矿泉水标准 GB 8537—2008.
c 中科院地理资源所环境健康室检测的中国长寿之乡广西巴马县部分矿泉水数据.

(2)分乡镇的水样结果分析与评价

将各乡镇水样的硒、锶、锌、锂、偏硅酸等国家天然矿泉水标准中有规定界限指标的项目进行计算比较,结果表明岱崮镇的硒和锶、坦埠镇的锌、高都镇的锂和偏硅酸是12个乡镇水样中平均含量最高的。联城镇的硒、桃墟镇的锌和锶、开发区的锂、云蒙湖区的偏硅酸则是12个乡镇水样中平均含量最低的(见图10-7、图10-8、图10-9、图10-10、图10-11)。

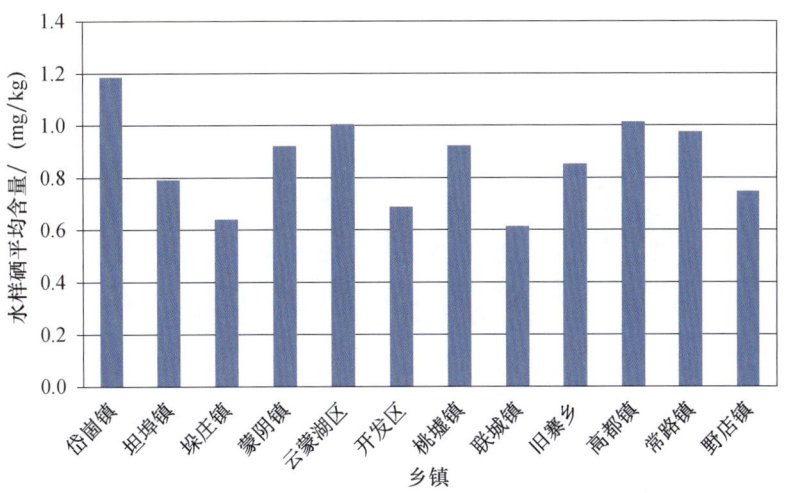

图 10-7　各乡镇水样硒平均含量比较

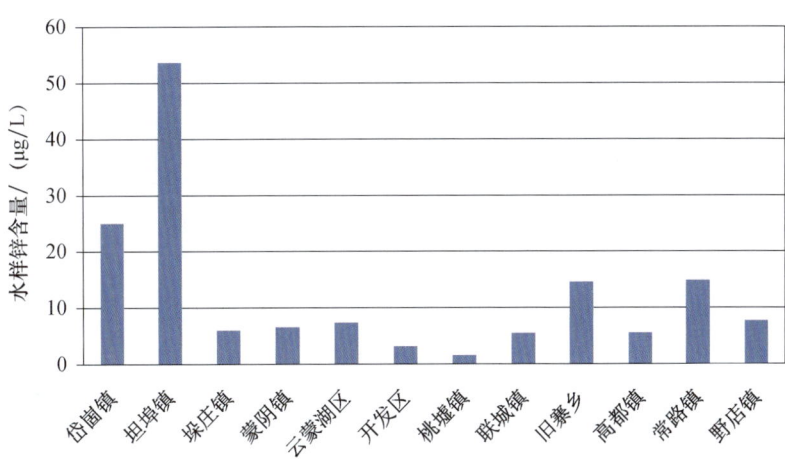

图 10-8　各乡镇水样锌平均含量比较

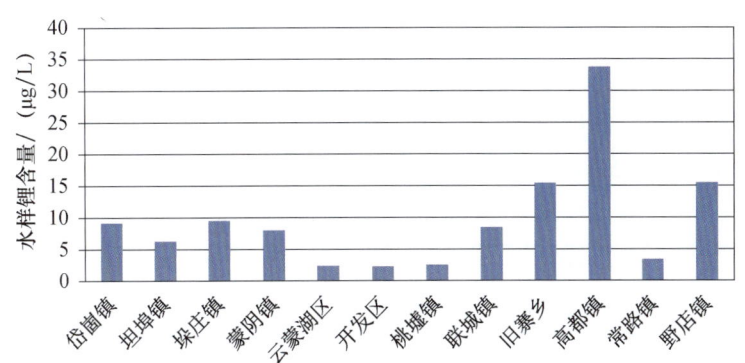

图 10-9　各乡镇水样锂平均含量比较

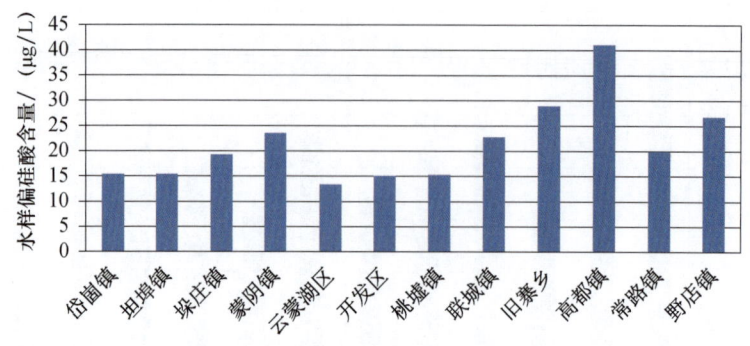

图 10-10　各乡镇水样偏硅酸平均含量比较

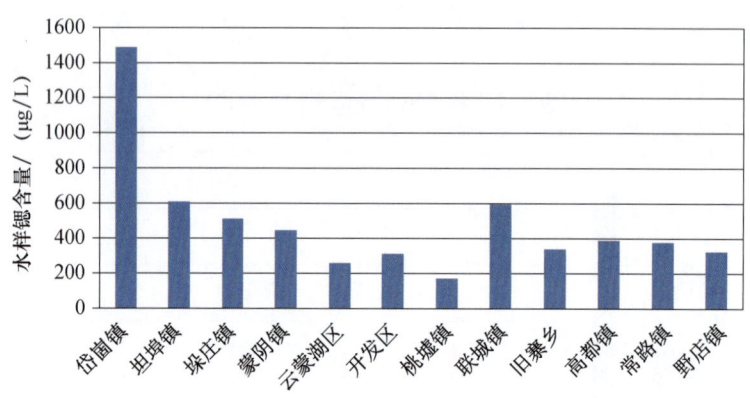

图 10-11　各乡镇水样锶平均含量比较

10.2.3　食物样品的矿质元素分析及评价

1. 谷物类样品的分析及评价

（1）谷物类样品采集及处理

蒙阴县谷物类样品主要为各乡镇人口数和长寿老人数均相对较多的村庄种植产品,共72个,其中小麦17个(见表10-6)、玉米26个(见表10-7)及高粱、小米各1个(见表10-8)。样品运回实验室混匀取100 g左右,在60℃烘箱中烘干粉碎,装入自封袋备用。

表 10-6　小麦样品说明

样号	采样地点	样号	采样地点
1	垛庄镇黄仁村	33	坦埠镇褚夏村
4	垛庄镇水莲峪	45	高都镇洪沟社区
7	垛庄镇田家庄	50	常路镇西下庄
12	云蒙湖生态区双山村	53	常路镇茶沟村

续表

样号	采样地点	样号	采样地点
15	开发区宝德社区	56	岱崮镇东峪村
22	桃墟镇野老峪村	63	野店镇东山村
20	蒙阴镇茶棚村	76	桃墟镇山南河村
27	联城镇台上村	80	桃墟镇野老峪村
30	联城镇常马庄社区		

表 10-7 玉米样品说明

样号	采样地点	样号	采样地点
2	垛庄镇黄仁村	43	旧寨乡莲王崖村
5	垛庄镇水莲峪	46	高都镇洪沟社区
8	垛庄镇田家庄	48	高都镇上温村
10	云蒙湖生态区河东新村	51	常路镇西下庄
13	云蒙湖生态区双山村	54	常路镇茶沟村
16	开发区宝德社区	57	岱崮镇东峪村
23	桃墟镇野老峪村	60	岱崮镇贾庄村
25	桃墟镇前城村	62	岱崮镇十字涧
28	联城镇台上村	64	野店镇东山村
31	联城镇常马庄社区	67	野店镇新盛村
34	坦埠镇褚夏村	77	桃墟镇山南河村
36	坦埠镇下东门村	81	桃墟镇野老峪村
41	旧寨乡向阳峪村	83	桃墟镇杏山村

表 10-8 高粱、小米样品说明

样号	样名	采样地点	样号	样名	采样地点
19	高粱	开发区宝德社区	59	小米	岱崮镇东峪村

(2)谷物类样品测定

样品消解参照食品安全国家标准 GB 5009.268—2016 食品中多元素测定中规定的方法,消解定容后的样品溶液用 ELAN DRC 电感耦合等离子体质谱仪测定 Cr、Cd、Pb、Ni、Cu、Zn、Mn、Co、Li、Mo、As、Se 等元素含量,其中 As、Se、Cr 分别用加碰撞池的方法单独测定。用 Optima 5300DV 电感耦合等离子体光谱仪测定 K、Na、Ca、Mg、Al、Fe、P、Sr 等元素含量。

(3)谷物类样品测定结果及评价

1)小麦样品测定结果与评价

与一般麦子中元素含量参考值比较,蒙阴县小麦中硒、钾、钙、铝、锰、锂、锶、镍、钴等的平均值均比报道的小麦含量高 10% 以上,其中钾、硒、铝、锰、锂、锶、镍、钴等高 15% 以上。长寿养生较为关注的硒含量,蒙阴小麦样品的平均值为 0.047 mg/kg,超过了报道的一般谷物硒含量高约 18%。各样品的硒含量比较表明,含量最高的为高都镇洪沟社区小麦(45 号),硒含量为 0.069 mg/kg。其次为开发区宝德社区小麦(15 号),硒含量 0.062 mg/kg。超过 0.05 mg/kg 的样品有桃墟镇野老峪村(22 号、80 号)、野店镇东山村(63 号)和常路镇西下庄村样品(50 号)(见图 10-12)。所测的各小麦样品中需要限制的元素砷、镉、铬、铅的含量均低于我国标准规定的谷类食品污染物限量值。总体看,蒙阴县小麦属于富含硒、钾、锰、锂、锶等的优质农产品。

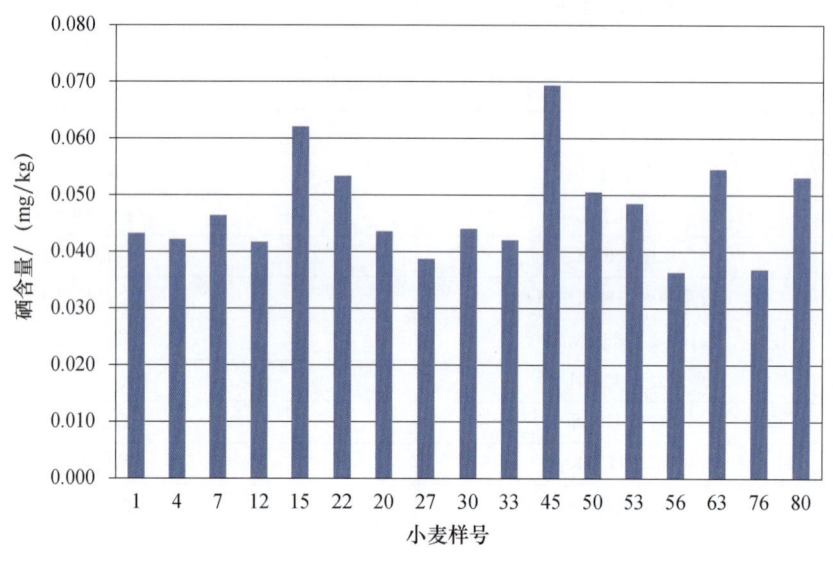

图 10-12　小麦各样品硒含量比较

2）玉米样品测定结果及评价

与我国一般玉米含量的参考值比较,蒙阴县玉米样品中锂、铁、钾、锰的含量相对较高,分别高约 175%、16%、5% 和 5%。对较为关注的硒含量,蒙阴样品硒的平均含量与一般玉米硒含量参考值相比略高一点,其中 9 个样品的含量超过了 0.03 mg/kg,最高的为常路镇茶沟村玉米的 0.043 mg/kg,其次是云蒙湖生态区双山村的 0.042 mg/kg。超过 0.02 mg/kg 的样品有 23 个,按照重庆富硒农产品标准(DB50/T 705—2016)中评价,蒙阴县这 23 个玉米样均属于富硒玉米,即蒙阴县 88% 的玉米都属于富硒玉米(见图 10-13)。所测的玉米各样品中需要限制的元素铅、砷、镉等含量均低于我国标准规定的谷类食品污染物限值,可以认为蒙阴县玉米是富含锂铁钾锰硒等矿质元素的优质农产品。

3）高粱样品测定结果与评价

与我国一些高粱米或谷类食物含量的参考值比较,蒙阴县高粱米样品中钾、镁、硒、锌、锰、锶、磷含量均较高,其中镁、硒、锌和锰的含量均比参考值高 10% 以上,高粱米的锶在报道中未检出,蒙阴高粱样品为 0.56 mg/kg。所测的高粱样品中有害元素铅、砷、镉的含量均低于我国标准规定的谷类食品污染物限量值,可以认为所测蒙阴县高粱米是富含镁、硒、锌、锰、锶的优质农产品(见表 10-9)。

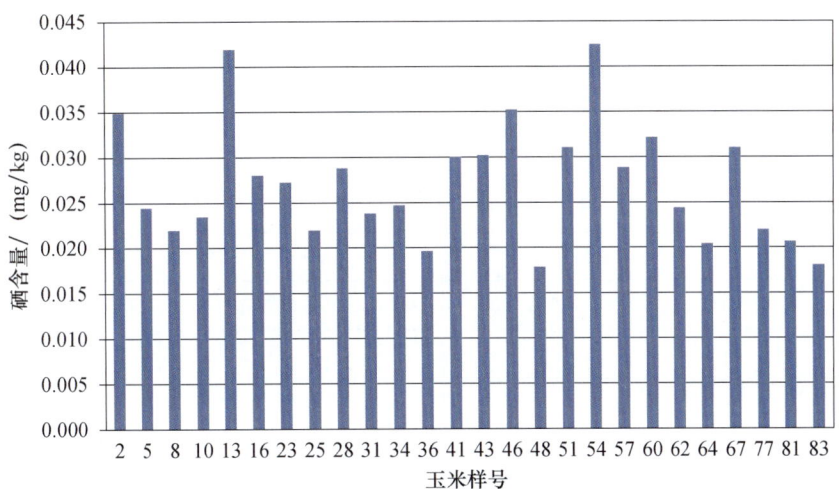

图 10-13 蒙阴玉米样品硒含量比较

表 10-9 蒙阴县高粱样品测定结果 单位:mg/kg

样号	钾	钠	钙	镁	铝	铁	硒	锌	锰	锂
19	2882	18.1	144.9	1538	16.8	41.9	0.049	24.3	8.72	0.10
限值[a]	—	—	—	—	—	—	0.3	50	—	—
参考值[b]	2810	21.2	220	1290	25.9	50	0.028	16.4	7.3	0.05
样号	锶	磷	铜	镍	钴	钼	铅	镉	铬	砷
19	0.56	3425	3.53	0.17	0.03	0.36	0.07	0.05	0.23	0.07
限值[a]	—	—	—	—	—	—	0.2	0.1	1.0	0.5
参考值[b]	nd	3290	4.82	0.26	0.07	0.41	—	—	0.60	—

a GB 2762—2017 食品安全国家标准:食品中污染物限量,农业行业标准 NY861—2004.
b 综合中国疾病预防控制中心营养与食品安全所编《中国食物成分表》、吴永宁主编《第五次中国总膳食研究》、徐娟等"8 种谷类食物中矿质元素的测定分析"和中科院地理资源所环境化学实验室部分高粱样品检测数据等资料.

4) 小米样品测定结果及评价

与一般小米的矿质元素含量比较,蒙阴县小米中富含人体必需的钾、镁、硒、锰、锂、锶等,其中钾、硒、锰、锂的含量比一般小米参考值高 10% 以上。锶在报道的小米中未检出,蒙阴小米平均含量达到了 1.23 mg/kg。小米样品中有害元素砷、镉、铅的含量均低于我国标准规定的污染物限量值 50% 以上,可以认为所测蒙阴县小米是富含钾、硒、锰、锂、锶、镁等矿质元素的优质食品(见表 10-10)。

表 10-10　蒙阴县小米样品测定结果　　　　　　　　　单位：mg/kg

样号	钾	钠	钙	镁	铝	铁	硒	锌	锰	锂
平均值	3085	40.2	327.8	1120	30.3	47.5	0.056	20.7	10.7	0.22
限值[a]	—	—	—	—	—	—	0.3	50	—	—
参考值[b]	2383	43	320	1070	25.9	56	0.031	20.8	7.3	0.04
样号	锶	磷	铜	镍	钴	钼	铅	镉	铬	砷
平均值	1.23	2176	4.91	0.34	0.03	0.11	0.06	0.04	0.18	0.10
限值[a]	—	—	10	—	—	—	0.2	0.1	1.0	0.5
参考值[b]	nd	2400	4.82	0.69	0.10	0.41	—	—	0.60	—

a GB 2762—2017 食品安全国家标准：食品中污染物限量，农业行业标准 NY 861—2004。
b 综合中国疾病预防控制中心营养与食品安全所编《中国食物成分表》、吴永宁主编《第五次中国总膳食研究》、徐娟等"8 种谷类食物中矿质元素的测定分析"和闫晨静等"河北省主要杂粮营养成分分析及评价"等资料数据。

2. 黄豆样品的矿质元素含量分析及评价

（1）样品的采集及处理

样品采集和编号见表 10-11。

表 10-11　黄豆样品说明

样号	采样地点	样号	采样地点
18	开发区宝德社区	65	野店镇东山村
21	蒙阴镇茶棚村	69	野店镇新盛村
38	坦埠镇下东门村		

（2）黄豆样品的测定结果及评价

所测豆类需要限制的铅、砷、镉等含量均低于我国标准规定的豆类食品污染物限量值的 50% 以上。与报道的黄豆含量参考值比较，蒙阴黄豆中营养元素钾、镁、硒、铝、锰、锂、锶、磷、钼等的平均含量相对较高，其中硒、锰、锂、锶、磷、钼等的平均值均比报道值高 10% 以上。对于长寿较为关注的硒元素，在 5 个黄豆样品中以野店镇东山村样品含量最高，为 0.109 mg/kg。其次是开发区宝德社区，样品硒含量为 0.099 mg/kg，5 个样品硒含量平均值为 0.090 mg/kg，比报道值高 31%，其硒含量符合江西省制定的富硒食品硒含量分类标准中豆类及制品的要求(DB36/T 566—2017)。综合看，蒙阴县黄豆可以认为是富含硒、锰、锂、锶、磷、钼等多种矿质营养元素的绿色健康食品。

3. 坚果种子类（花生芝麻板栗核桃）样品的测定结果及评价

（1）坚果种子类样品采集及处理

坚果种子类样品共 27 个，其中花生 24 个，芝麻、板栗、核桃样品各 1 个。样品运回实验室后除芝麻外去壳烘干（芝麻直接烘干），取一定量粉碎待测（见表 10-12）。

表 10-12 坚果种子类样品说明

样号	品名	采样地点	样号	样名	采样地点
3	花生	垛庄镇黄仁村	42	花生	旧寨乡向阳峪村
6	花生	垛庄镇水莲峪	44	花生	旧寨乡莲王崖村
9	花生	垛庄镇田家庄	47	花生	高都镇洪沟社区
11	花生	云蒙湖生态区河东新村	49	花生	高都镇上温村
14	花生	云蒙湖生态区双山村	52	花生	常路镇西下庄
17	花生	开发区宝德社区	55	花生	常路镇茶沟村
24	花生	桃墟镇野老峪村	58	花生	岱崮镇东峪村
26	花生	桃墟镇前城村	61	花生	岱崮镇贾庄村
29	花生	联城镇台上村	68	花生	野店镇新盛村
32	花生	联城镇常马庄社区	78	花生	桃墟镇山南河村
35	花生	坦埠镇褚夏村	82	花生	桃墟镇野老峪村
37	花生	坦埠镇下东门村	84	花生	桃墟镇杏山村
66	芝麻	野店镇东山村	85	核桃	桃墟镇安口村
86	板栗	桃墟镇安口村			

(2) 坚果种子类样品测定方法

同谷物类样品。

(3) 坚果种子类样品的测定结果及评价

1) 花生样品的测定结果及评价

所测花生中人体必需的元素钾、钠、钙、镁、铁、硒、锰、锂、锶、磷等均高于一般花生的含量，除镁外，均比参考值高10%以上，其中硒含量为 0.078 mg/kg，是一般花生的 2 倍。花生样品硒含量比较图表明，24 个样品中有 19 个样品的硒含量达到了富硒花生 0.07～0.30 mg/kg 的要求（见图 10-14）；而需要限制的铅、镉、砷等元素均低于国家标准限值较多。综合看，所测蒙阴花生样品是富含钾、钠、钙、镁、铁、硒、锰、锂、锶、磷等多种矿质元素的优质食品。

2) 芝麻样品的测定结果及评价

从蒙阴芝麻样品的矿质元素测定值及国内报道的部分芝麻样品元素含量参考值可以看出，与一般芝麻相比，蒙阴芝麻的钾、镁、硒、锌、锰锂、锶、磷、铜、钴等相对较高，其中硒的含量均达到了一般参考值的 3 倍多（见表 10-13）。需要限制的铅、镉、铬、砷元素含量均符合国家食品安全标准的要求。

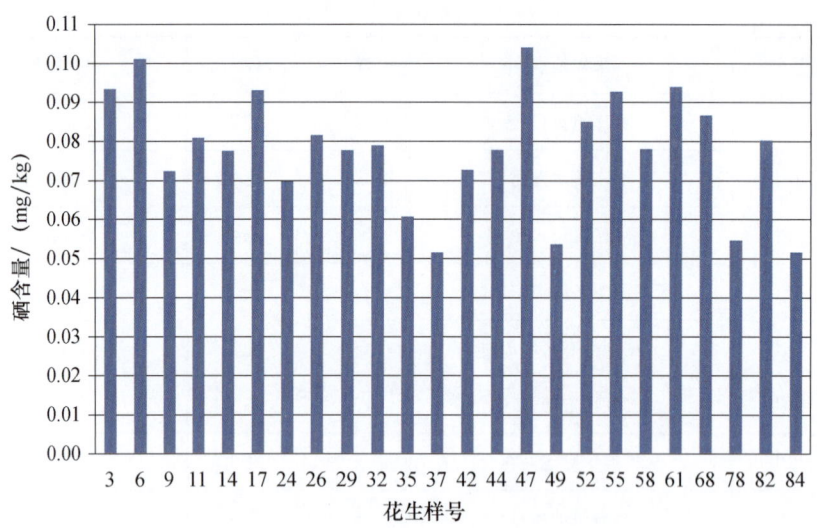

图 10-14　蒙阴花生样品硒含量比较

表 10-13　蒙阴县芝麻样品测定结果　　　　　　　　　　　　　　　单位：mg/kg

样号	钾	钠	钙	镁	铝	铁	硒	锌	锰	锂
66	5765	146	5710	3965	55.6	95.9	0.141	51.4	27.6	0.27
参考值[b]	3351	164	10093	3576	956	112.3	0.041	42.0	14.1	0.15

样号	锶	磷	铜	镍	钴	钼	铅	镉	铬	砷
66	19.6	7718	17.8	0.87	0.11	0.26	0.04	0.12	0.07	0.03
参考值[b]	18.0	6484	14.1	2.51	0.03	0.88	—	—	0.48	—
限值[a]	—	—	—	—	—	—	0.2	0.5	1.0	0.5

a GB 2762—2017 食品安全国家标准：食品中污染物限量．
b 综合综合中国疾病预防控制中心营养与食品安全所编《中国食物成分表》(2009 版)、耿薇等"微波消解 ICP-OES 法测定白芝麻中的 18 种矿质元素"和高桐梅等"食用白芝麻营养成分分析"等资料．

3）核桃样品的测定结果及评价

从蒙阴核桃样品的矿质元素测定值及国内报道的部分核桃样品元素含量参考值可以看出，与一般核桃相比，蒙阴核桃的钾、钙、硒、磷等相对较高，其中硒含量均达到了报道核桃参考值的 7 倍多。需要限制的铅、镉、砷等含量均符合国家食品安全标准的要求（见表 10-14）。

表 10-14　蒙阴县核桃样品测定结果　　　　　　　　　　　　　　　单位：mg/kg

样号	钾	钠	钙	镁	铝	铁	硒	锌	锰	锂
18	5013	70.2	1067	2191	30.9	40.2	0.070	33.3	31.0	0.19
参考值[b]	2370	111	570	3060	—	68	0.009	64.2	81.4	—

续表

样号	锶	磷	铜	镍	钴	钼	铅	镉	铬	砷
18	4.8	5583	12.3	0.32	0.06	0.15	0.02	0.06	0.10	0.02
参考值[b]	—	5210	21.4	—	—	—	—	—	—	—
限值[a]	—	—	—	—	—	—	0.2	0.05	1.0	0.5

a GB 2762—2017 食品安全国家标准:食品中污染物限量.
b 综合中国疾病预防控制中心营养与食品安全所编《中国食物成分表》(2009 版)和于沛沛等"不同产地核桃仁的成分分析及营养评价"等资料数据.

4)板栗样品的测定结果及评价

与报道的板栗相比,蒙阴板栗的钾、钙、镁、铁、硒、锌、锰、磷、铜等相对较高,其中硒的含量为报道参考值的 2 倍多。需要限制的铅、镉、砷等元素含量均符合国家食品安全标准的要求(见表 10-15)。

表 10-15　蒙阴县板栗样品测定结果　　　　　　　　　　　　　　　单位:mg/kg

样号	钾	钠	钙	镁	铝	铁	硒	锌	锰	锂
18	8188	35.0	333	1190	7.6	25.8	0.023	9.8	36.0	0.08
参考值[b]	4420	69	170	500	—	11	0.011	5.7	15.3	—

样号	锶	磷	铜	镍	钴	钼	铅	镉	铬	砷
18	1.0	1654	5.2	0.82	0.04	0.09	0.03	0.03	0.11	0.03
参考值[b]	—	890	4.0	—	—	—	—	—	—	—
限值[a]	—	—	—	—	—	—	0.2	0.05	1.0	0.5

a GB 2762—2017 食品安全国家标准:食品中污染物限量.
b 综合中国疾病预防控制中心营养与食品安全所编《中国食物成分表》(2009 版)和刘璐等"用电感耦合等离子体发射光谱法检测北方主栽板栗品种矿质元素含量"等资料数据.

4. 果蔬类(果品、蔬菜,油桃杏茄子西红柿辣椒扁豆)样品矿质元素含量的分析及评价

(1)果蔬类样品的采集及处理

蔬菜水果样品主要由桃墟镇采集送交,共 6 个样品,均为鲜样,其中分别为油桃、杏、茄子、西红柿、扁豆、辣椒各 1 个(见表 10-16)。样品运回实验室进行清洗干净,晾干水后,茄子、西红柿、扁豆、辣椒直接用搅拌机匀浆待测,油桃、杏去核后匀浆待测。

表 10-16　果蔬类样品说明

样号	品名	采样地点	样号	品名	采样地点
70	茄子	桃墟镇大庙村	73	辣椒	桃墟镇大庙村
71	西红柿	桃墟镇大庙村	75	油桃	桃墟镇山南河村
72	扁豆	桃墟镇大庙村	79	杏	桃墟镇山南河村

(2)果蔬类样品的测定方法

消解参照食品安全国家标准 GB 5009.268—2016,仪器测定同谷物类样品。

(3)果蔬类样品的测定结果及评价

1)蔬菜样品的测定结果及评价

与报道的茄子参考值相比,蒙阴的茄子钾、铁、锰等矿质元素含量相对较高,其中铁高了约1倍,钾、锰高10%以上。与报道西红柿参考值相比,蒙阴的西红柿样品中铁较高,其他除钠外相差不大;与报道的扁豆参考值相比,蒙阴的扁豆样品中钾较高,钙锰相差不大,其他则较低。与报道的辣椒参考值相比,蒙阴的辣椒除铁、锰相差不大外,其他均略低。所有蔬菜样品中的铅、镉、砷等需要限制的元素含量均低于我国标准规定的蔬菜污染物限量值,表明蒙阴蔬菜没有受到污染,且富含钾、钙、铁、锰等矿质营养元素,属于绿色健康食品(见表10-17、表10-18)。

表 10-17　蔬菜测定结果　　　　　　　　　　　　　　　　单位:mg/kg

样品名	钾	钠	钙	镁	铝	铁	硒	锌	锰	锂
茄子	1541	36.3	89	114	27.0	9.9	0.004	1.86	1.53	0.01
参考值a	1420	54	240	130	—	5	0.005	2.3	1.3	—
西红柿	1562	18.2	87	74	3.4	4.6	0.001	1.35	0.61	0.01
参考值a	1630	50	100	90	—	4	0.002	1.3	0.8	—
扁豆	1973	12.1	320	267	6.4	9.0	0.006	3.05	2.89	0.02
参考值a	1780	38	380	340	—	19	0.009	7.2	3.4	—
辣椒	1349	13.6	53	85	6.2	6.5	0.003	1.56	1.37	0.02
参考值a	2090	22	150	150	—	7	0.006	2.2	1.4	—

a 综合中国疾病预防控制中心营养与食品安全所编《中国食物成分表》(2009版)

表 10-18　蔬菜测定结果(续)　　　　　　　　　　　　　单位:mg/kg

样号	锶	磷	铜	镍	钴	钼	铅	镉	铬	砷
茄子	0.23	175	0.47	0.08	0.01	0.04	0.04	0.01	0.06	0.02
参考值a	—	230	1.0	—	—	—	—	—	—	—
西红柿	0.21	173	0.30	0.03	0.01	0.02	0.01	0.01	0.03	0.01
参考值a	—	230	0.6	—	—	—	—	—	—	—
扁豆	0.89	428	0.55	0.27	0.02	0.12	0.02	0.03	0.06	0.02
参考值a	—	540	1.2	—	—	—	—	—	—	—
辣椒	0.11	171	0.58	0.13	0.02	0.02	0.02	0.02	0.05	0.01
参考值a	—	330	1.1	—	—	—	—	—	—	—
标准限值b	—	—	—	—	—	—	0.3	0.2	0.5	0.5

a 中国疾病预防控制中心营养与食品安全所编《中国食物成分表》(2009版).

b GB 2762—2017 食品安全国家标准:食品中污染物限量.

2)水果样品的测定结果及评价

与桃的一般矿质营养元素含量比较,蒙阴油桃样品中的钙、镁、铝、锶、铜含量较高,其他元素略低或相当。与杏的一般矿质元素参考值相比,蒙阴杏样品中的镁、铁、硒、锌、锰、磷等含量较高。两个水果样品中需要限制的铅、镉、砷等元素含量均未超过国家标准限值,表明蒙阴所测油桃和杏富含钙、镁、铁、硒、锌、锰等矿质元素的优质健康食品(见表10-19)。

表10-19 蒙阴水果测定结果 单位:mg/kg

样品名称	钾	钠	钙	镁	铝	铁	硒	锌	锰	锂
油桃	1427	13.0	63	80	3.6	3	0.002	0.84	0.49	0.02
参考值a	1660	57	60	70	2.1	8	0.002	3.4	0.7	0.05
杏	1326	14.1	129	121	11	10	0.005	3.53	1.27	0.02
参考值a	2260	23	140	110	—	6	0.002	2	0.6	—

样品名称	锶	磷	铜	镍	钴	钼	铅	镉	铬	砷
油桃	0.19	177	0.54	0.05	0.00	0.02	0.01	0.02	0.07	0.01
参考值a	0.15	200	0.5	0.11	0.01	0.03	—	—	0.02	—
杏	1.18	212	0.76	0.14	0.01	0.02	0.03	0.03	0.09	0.01
参考值a		150	1.1							
标准限值b	—	—	—	—	—	—	0.2	0.05	0.5	0.05

a 中国疾病预防控制中心营养与食品安全所编《中国食物成分表》(2009版).
b GB 2762—2017 食品安全国家标准:食品中污染物限量.

5. 药材类样品的测定结果及评价

(1)药材样品的采集及处理

药材样品共3个,其中丹参2个,板蓝根1个(见表10-20)。样品采集时为新鲜样品,运回实验室后洗净烘干剪成小段,取50克左右粉碎均匀待测。

表10-20 药材样品说明

样号	品名	采样地点	样号	品名	采样地点
39	丹参	坦埠镇张家庄山上	40	板蓝根	坦埠镇黄家庄
74	丹参	桃墟镇山南河村			

(2)药材样品测定方法

同谷物类样品。

(3)药材类样品的测定结果及评价

1)丹参样品测定结果及评价

丹参是蒙阴县的特色中药材之一,有较大种植面积。两个丹参样品的测定结果,所测丹参样品的矿质元素含量平均值与报道的丹参含量参考值相比,钾、钠、钙、铁、锶、磷等的含量较高,其中钠、铁、锶、磷含量均比参考值高10%以上,其他元素则与参考值相差不大或略低。需要限制的铅、镉、砷等元素的含量均符合"药用植物及制剂外经贸绿色行业标准"的要求(见表10-21)。

表10-21 丹参样品测定结果　　　　　　　　　　　　单位:mg/kg

样号	钾	钠	钙	镁	铝	铁	硒	锌	锰	锂
39	18930	175.4	6051	5885	1599	1432	0.152	19.4	37.9	0.79
74	16048	153.0	5546	6682	2375	1604	0.181	24.7	36.3	0.91
平均值	17489	164.2	5799	6284	1987	1518	0.166	22.0	37.1	0.85
参考值[a]	17000	130	5480	6860	2100	1200	0.19	35	48	1.29
样号	锶	磷	铜	镍	钴	钼	铅	镉	铬	砷
39	33.4	1522	7.10	1.76	0.12	0.53	0.12	0.11	0.83	0.08
74	29.4	791	5.68	1.16	0.31	0.51	0.24	0.13	1.35	0.08
平均值	31.4	1157	6.39	1.46	0.22	0.52	0.18	0.12	1.09	0.08
参考值[a]	22.6	788	14.3	1.57	0.33	0.90	—	—	1.44	—
限值[b]	—	—	—	—	—	—	3.0	0.3	—	2.0

a 参见李增禧等"中药微量元素数据(9)",广东微量元素科学,2013,20(10):45-70.
b WM/T 2—2004:药用植物及制剂外经贸绿色行业标准.

2)板蓝根样品测定结果及评价

与报道的板蓝根参考值相比,蒙阴板蓝根中钾、钙、镁、铝、铜、钼等含量较高,其他矿质元素的含量均相对较低,需限制的铅、镉、砷也低于行业标准的限值,是一种较为优质的板蓝根(见表10-22)。

表10-22 板蓝根样品测定结果　　　　　　　　　　　　单位:mg/kg

样号	钾	钠	钙	镁	铝	铁	硒	锌	锰	锂
40	15797	69.0	3726	1320	31	38	0.084	4.0	9.4	0.04
参考值[a]	7180	160	3065	643	20	43	0.28	7.5	11.8	0.43
样号	锶	磷	铜	镍	钴	钼	铅	镉	铬	砷
40	9.0	470	1.24	0.08	0.05	0.26	0.01	0.08	0.17	0.03
参考值[a]	20.3	2250	1.0	0.80	0.79	0.18	—	—	1.48	—
限值[b]	—	—	—	—	—	—	3.0	0.3	—	2.0

a 参见李增禧等"中药微量元素数据(4)",广东微量元素科学,2013,20(5):35-62.
b WM/T 2—2004:药用植物及制剂外经贸绿色行业标准.

6. 其他样品(树皮、树枝、培养基、兔毛)的矿质元素含量分析及评价

(1) 其他类样品的采集及处理

其他类样品主要是根据当地要求采集的非食物类生物样品,共4个,其中松树皮、桂树枝、香菇培养基料和兔毛样品各1个(见表10-23)。样品取回后,树皮、树枝洗净后剪短粉碎均匀待测,培养基、兔毛剪碎混匀备用。

表10-23 其他类样品说明

样号	种类	采样地点	样号	种类	采样地点
87	松树皮	岱崮镇上茶局峪村将军树1500年	89	培养基	山东御苑生物公司
88	桂树枝	垛庄镇河头泉村泰丞家庭农场	90	兔毛	维蕾克纺织公司

(2) 其他类样品的测定方法

消解参照食品安全国家标准GB 5009.268—2016,仪器测定同谷物类样品。

(3) 其他类样品的测定结果及评价

内蒙古500年老榆树皮检测值相比,蒙阴县所检4个样品中锌、钼含量均高于榆树皮,桂树枝的硒、锰、磷、铜、镍、铅和兔毛的硒、铜、镍等也较榆树皮含量高,其他则均低于榆树皮。4个样品之间,桂树枝的钙、硒、锌、锰、锶、钴、铅、镉等含量最高,兔毛的钠、铜、镍、钼、铬、砷等含量最高,钾最高为培养基,镁、铝、铁、锂则是松树皮的含量最高(见表10-24)。

表10-24 其他类样品测定结果 单位:mg/kg

品名	钾	钠	钙	镁	铝	铁	硒	锌	锰	锂
松树皮	491	20.3	16263	466	309	343	0.195	23	15.2	0.36
桂树枝	705	28.1	17538	344	262	305	0.588	168	134.1	0.18
培养基	1488	16.6	1344	342	57	41	0.016	7.8	9.7	0.21
兔毛	859	66.6	318	78	96	95	0.437	119	1.7	0.10
参考值*	2552	143	29510	1405	1206	800	0.245	3.8	21.9	1.13
品名	锶	磷	铜	镍	钴	钼	铅	镉	铬	砷
松树皮	13.5	105	2.27	0.36	0.12	0.20	0.27	0.16	0.64	0.03
桂树枝	38.8	577	5.26	0.80	0.26	0.23	1.84	0.22	0.92	0.06
培养基	10.5	198	1.96	0.35	0.06	0.19	0.02	0.07	0.51	0.07
兔毛	0.8	157	5.79	1.28	0.09	0.42	0.35	0.13	1.84	0.19
参考值*	361.1	280	3.43	0.78	0.40	0.03	1.61	0.23	3.13	0.25

*中科院地理资源所环境化学实验室检测的内蒙古榆树皮数据

10.2.4 长寿老人头发指甲元素的含量特征分析

1. 长寿老人头发的元素含量特征分析

（1）样品采集及处理

头发样品19个(见表10-25)，均为90岁以上老人头发，现场收集后置于干净的自封袋中保存。带回实验室后，用2‰洗涤剂浸泡24 h，其间搅拌数次去除油脂及灰尘，清水洗至无泡沫，然后超纯水淋洗2~3次，放于干净的滤纸上自然风干。用特氟隆剪刀剪至2 mm，放于干净的纸袋中，储于干燥处备用。

表10-25　头发样品说明

样号	姓名	年龄	性别	居住地
h1	段兆荣	105岁	女	垛庄镇黄仁村
h2	黄培英	103岁	女	垛庄镇水莲峪
h3	王新英	90岁	女	垛庄镇田家庄
h4	王安荣	102岁	女	云蒙湖生态区河东新村
h5	卢刘氏	101岁	女	云蒙湖生态区双山村
h6	李彦兰	101岁	女	开发区新城社区
h7	秦王花	99岁	女	开发区宝德社区
h8	张继兰	103岁	女	蒙阴镇茶棚村
h9	侯存芬	101岁	女	蒙阴镇南竺院
h10	张桂兰	101岁	女	桃墟镇前城村
h11	郑传河	100岁	男	联城镇常马庄社区
h12	孙熊氏	95岁	女	坦埠镇褚夏村
h13	包彦英	95岁	女	坦埠镇下东门村
h14	鞠振艾	100岁	女	旧寨乡向阳峪村
h15	张圣义	95岁	男	旧寨乡莲王崖村
h16	李长兰	92岁	女	高都镇洪沟社区
h17	秦成香	90岁	女	常路镇茶沟村
h18	闫兴东	103岁	男	岱崮镇十字涧
h19	赵光兰	96岁	女	坦埠镇东西崖村

(2)头发样品测定方法

准确称取一定量样品(精确到 0.0001 g)置于 25 ml 比色管中,加入 8 ml 高纯硝酸、2 ml 优级纯过氧化氢加盖静止过夜,置电热消解仪中加热消解至溶液 2 ml 左右,若溶液浑浊,则放冷再加入 2 ml HNO_3 及 2 ml H_2O_2 继续加热消解,直至冒尽棕色烟雾,溶液呈无色透明或略带黄色,放冷后用 1% HNO_3 溶液定容至刻度。定容后的样品溶液用 ELAN DRC 电感耦合等离子体质谱仪测定 Cr、Cd、Pb、Ni、Cu、Zn、Mn、Co、Li、Mo、As、Se 等元素含量,其中 As、Se、Cr 分别用加碰撞池的方法单独测定。用 Optima 5300DV 电感耦合等离子体光谱仪测定 K、Na、Ca、Mg、Al、Fe、P、Sr 等元素含量,同时做标样和试剂空白的分析测定。

(3)测定结果及评价

除硒、铬、铅、镍、铜、钙、锶外,各矿质元素测定结果的平均值与中位数均相差不大,基本呈正态分布。元素镍的含量变化最大,相对标准偏差达到 140%,其次是铬,相对标准偏差为 87%。与秦俊法等(2003)报道的成人头发含量平衡点参考值比较,蒙阴县长寿老人头发样中的人体必需营养元素镍、锌、锰、铁、钠、镁、锂、锶、钼等含量相对较高,均高出成人参考值 10% 以上,其中锰、镁、锶是报道的百岁老人头发中普遍偏高的 5 个元素中的 3 个。对人体健康有害的铅、砷等低于成人参考值,镉则相差不大。与我国海南岛部分百岁老人头发含量比较,蒙阴县长寿老人头发样中的人体必需营养元素硒、锰、铁 3 个元素的含量较为相近,镍、铜、锌、钾、钠、磷等含量则相对较高,均比海南岛百岁老人高 10% 以上。对目前人体健康长寿较关注的硒,蒙阴县长寿老人发样平均含量为 0.435 mg/kg,略高于我国海南岛百岁老人头发硒含量的 0.42 mg/kg。从检测的 19 个长寿老人头发硒含量的比较看,头发硒含量最高的是旧寨乡向阳峪村的长寿老人,发硒含量达到 0.671 mg/kg,其次是蒙阴镇茶棚村老人,发硒含量为 0.630 mg/kg,最低的是坦埠镇东西崖村老人头发,发硒含量为 0.307 mg/kg(见图 10-15、表 10-26)。

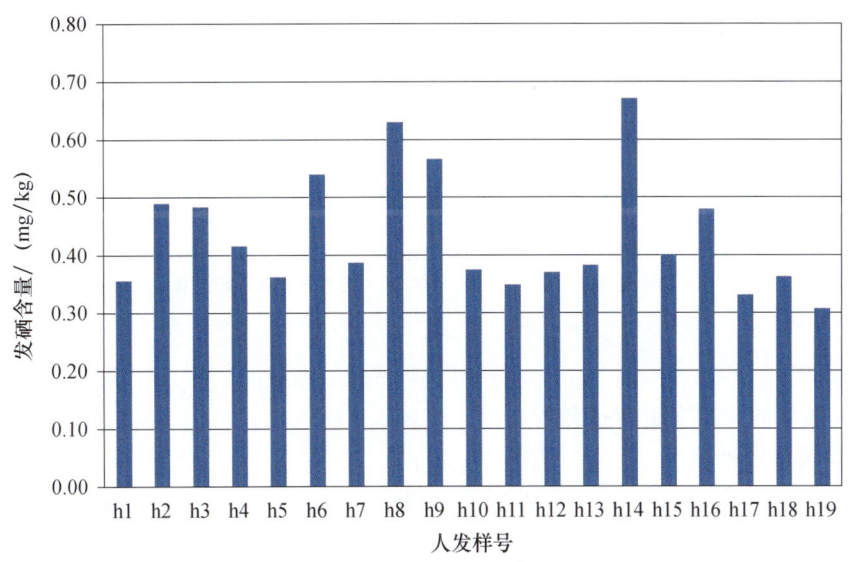

图 10-15 蒙阴县长寿老人头发中硒含量比较

表 10-26　头发各测定项目统计信息及部分参考指标　　　　　　　　　　　单位：mg/kg

测定项目	平均含量及标准偏差	相对标准偏差(%)	中位数	最大值	最小值	成年人头发参考值[a]	我国海南岛百岁老人头发含量[b]
硒(Se)	0.435±0.104	24	0.388	0.671	0.307	0.49	0.42
砷(As)	0.15±0.06	39	0.15	0.27	0.01	0.38	—
铬(Cr)	0.53±0.46	87	0.41	2.24	0.13	0.82	2.93
镉(Cd)	0.10±0.05	50	0.10	0.17	0.01	0.08	0.06
铅(Pb)	2.26±1.48	66	1.78	6.56	0.94	4.13	1.37
镍(Ni)	3.56±4.96	140	1.98	22.07	0.85	0.84	0.85
铜(Cu)	11.8±4.5	38	10.5	21.1	7.1	11.3	8.24
锌(Zn)	201±51	26	196	274	104	151.3	166
锰(Mn)	2.45±1.37	56	2.24	5.11	0.85	1.84	2.25
铝(Al)	32.4±14.8	46	33.6	58.1	11.6	21.3	—
铁(Fe)	46.6±20.5	44	46.5	82.0	18.8	38.1	45.0
钾(K)	112.5±47.0	42	108.3	210.3	46.7	207.3	31.3
钠(Na)	748±358	48	752	1427	270	637.6	130
钙(Ca)	967±474	49	811	1833	353	946.5	1470
镁(Mg)	99±42	43	103	179	47	75.3	222
锂(Li)	0.37±0.22	58	0.33	0.85	0.07	0.07	—
磷(P)	176±27	15	169	216	125	185.6	149
锶(Sr)	3.32±2.13	64	2.84	7.92	0.89	2.18	6.41
钴(Co)	0.08±0.06	72	0.07	0.22	0.01	0.06	—
钼(Mo)	0.26±0.08	30	0.23	0.41	0.13	0.38	—

a 综合李增禧等"头发微量元素分级诊断"和骆如欣"人发中34种无机元素的分析及其应用研究"等资料数据.
b Zhe Hao et al. Hair elements and healthy aging: a cross-sectional study in Hainan Island, China[J]. Environ Geochem Health, 38: 723-735, 2016.

2. 百岁老人指甲的元素含量特征分析

（1）样品采集及处理

指甲样品共19个（见表10-27），现场用干净的不锈钢指甲剪采集90岁以上老人手指甲，置于自封袋内封好。带回实验室后，指甲样品用1‰洗涤剂浸泡，其间搅拌数次去除污垢及黏附的土壤及灰尘，用清水冲洗至无泡沫，再用超纯水淋洗2～3次，放于干净的滤纸上自然风干后置于60℃的烘箱烘干，用不锈钢剪刀剪至约1mm备用。

表 10-27 指甲样品说明

样号	姓名	年龄	性别	居住地
j1	段兆荣	105 岁	女	垛庄镇黄仁村
j2	黄培英	103 岁	女	垛庄镇水莲峪
j3	王新英	90 岁	女	垛庄镇田家庄
j4	王安荣	102 岁	女	云蒙湖生态区河东新村
j5	李彦兰	101 岁	女	开发区新城社区
j6	张桂兰	101 岁	女	桃墟镇前城村
j7	郑传河	100 岁	男	联城镇常马庄社区
j8	孙熊氏	95 岁	女	坦埠镇褚夏村
j9	包彦英	95 岁	女	坦埠镇下东门村
j10	鞠振艾	100 岁	女	旧寨乡向阳峪村
j11	张圣义	95 岁	男	旧寨乡莲王崖村
j12	李长兰	92 岁	女	高都镇洪沟社区
j13	王永和	92 岁	男	高都镇上温村
j14	刘安营	103 岁	男	常路镇西下庄
j15	秦成香	90 岁	女	常路镇茶沟村
j16	李英才	103 岁	男	岱崮镇东峪村
j17	闫兴东	103 岁	男	岱崮镇十字涧
j18	朱为芝	94 岁	男	野店镇东山村
j19	赵光兰	96 岁	女	坦埠镇东西崖村

(2) 指甲样品测定方法

准确称取样品 0.1 g 左右(精确到 0.0001 g)置于 25 ml 比色管中,加入 8 ml 高纯硝酸、2 ml 优级纯 H_2O_2 加盖静止过夜,置电热消解仪中加热消解至溶液 2 ml 左右,若溶液浑浊,则放冷再加入 2 ml HNO_3 及 2 ml H_2O_2 继续加热消解,直至冒尽棕色烟雾,溶液呈无色透明或略带黄色,放冷后用 1% HNO_3 溶液定容至刻度;定容后的样品溶液用 ELAN DRC 电感耦合等离子体质谱仪测定 Cr、Cd、Pb、Ni、Cu、Zn、Mn、Co、Li、Mo、As、Se 等元素含量,其中 As、Se、Cr 分别用加碰撞池的方法单独测定。用 Optima 5300DV 电感耦合等离子体光谱仪测定 K、Na、Ca、Mg、Al、Fe、P、Sr 等元素含量,同时做标样和试剂空白的分析测定。

(3) 测定结果及评价

从表 10-28 可以看出,除铬、铝、钠、锶外,其他元素测定结果的平均值与中位数均相差不大,基本呈正态分布。相对标准偏差最大的是锶含量,达 92%,其次是铬、铝和钠,分别为 59%、53% 和 52%。与报道的成人指甲参考值比较,蒙阴县长寿老人(见表 10-28)指甲样中的人体必需矿质营养元素硒、铬、镍、锌、锰、铁、钠、钙、镁、锂、磷、锶、钴、钼等含量相对较高,其中镍、锰、铁、镁、锂、锶、钴、钼等均高1倍以上。对人体有害的元素砷、镉、铅等含量也略高于成人指甲参考值。与报道的我国部分百岁老人指甲微量元素相比,蒙阴县长寿老人指甲的硒、铅、锌、铁、锂、锶、钴等具有较为近似的含量(见表10-28)。对于长寿健康较为关注的硒含量,检测的19位老人指甲硒平均含量为0.380 mg/kg,其中以旧寨乡向阳峪村老人指甲硒含量最高,为0.491 mg/kg,其次是高都镇洪沟社区老人,含量为0.481 mg/kg,最低的为高都镇上温村老人,指甲硒含量为0.258 mg/kg,次低的为常路镇茶沟村老人,硒含量为0.279 mg/kg(见图10-16)蒙阴县百岁老人分布见表10-28。

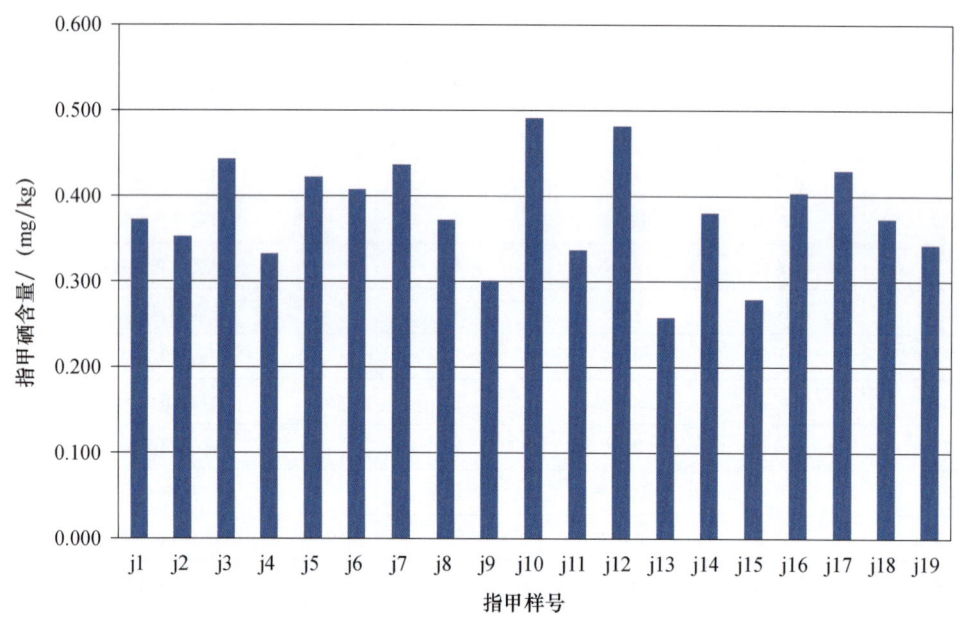

图10-16 蒙阴县长寿老人指甲硒含量比较

表10-28 指甲各测定项目含量平均值及部分参考指标

单位:mg/kg

测定项目	平均值及标准差	相对标准偏差/%	中位数	最大值	最小值	成人指甲元素含量参考值[a]	我国部分百岁老人指甲含量[b]
硒(Se)	0.380±0.064	17	0.373	0.491	0.258	0.315	0.44
砷(As)	0.33±0.22	49	0.31	0.65	0.08	0.269	0.138
铬(Cr)	1.83±1.07	59	1.45	4.31	0.69	1.16	0.82
镉(Cd)	0.18±0.07	40	0.19	0.29	0.02	0.11	0.03
铅(Pb)	1.97±0.61	31	1.92	3.45	0.97	1.38	1.86
镍(Ni)	3.87±1.92	50	3.69	8.40	1.09	1.65	0.95
铜(Cu)	6.85±2.71	40	6.32	13.07	3.54	8.40	3.71
锌(Zn)	147.1±18.3	12	151.1	172.1	107.9	120	148

续表

测定项目	平均值及标准差	相对标准偏差/%	中位数	最大值	最小值	成人指甲元素含量参考值[a]	我国部分百岁老人指甲含量[b]
锰(Mn)	8.6±4.2	48	7.7	16.3	3.4	0.90	3.09
铝(Al)	56.6±30.1	53	51.3	111.4	19.6	36.0	—
铁(Fe)	133.9±62.1	46	120.6	275.4	59.9	42	154
钾(K)	100.0±33.6	34	92.9	178.7	52.0	210	5.7
钠(Na)	278±146	52	242	626	101	240	108
钙(Ca)	1163±367	32	1121	1867	679	670	869
镁(Mg)	202.7±67.4	33	188.4	361.4	127.2	100	61
锂(Li)	0.43±0.20	47	0.40	0.83	0.19	0.073	0.31
磷(P)	428±94	22	410	643	229	335	—
锶(Sr)	5.86±5.39	92	3.75	20.10	1.41	0.43	6.20
钴(Co)	0.19±0.09	48	0.20	0.35	0.06	0.035	0.10
钼(Mo)	0.35±0.15	44	0.36	0.64	0.05	0.059	0.04

a 综合秦俊法"指甲元素分析的生物学基础及医学应用"和蔡达"广西长寿之乡老人饮食与代谢特征及其相关性研究"等资料数据.

b 综合蔡达"广西长寿之乡老人饮食与代谢特征及其相关性研究"和 Yonghua Li et al. Trace Elements in Fingernails of Healthy Chinese Centenarians 等资料数据.

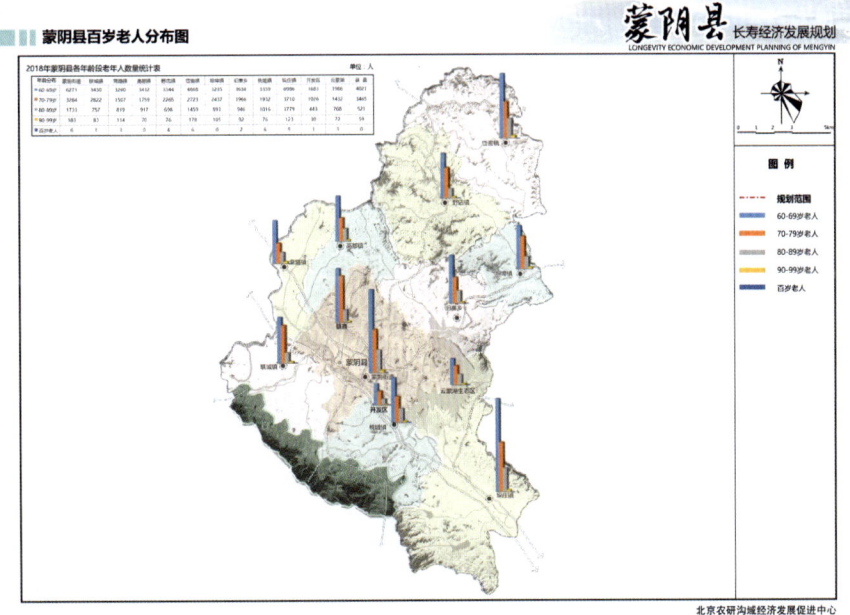

图 10-17　蒙阴县百岁老人分布图

10.2.5 结论

(1)蒙阴县土壤中钾、钙、镁、锶、铁、锂、镍、硒等元素含量都较为丰富,其中土壤硒的平均含量为 0.215 mg/kg,虽低于我国土壤背景值,但高于山东省土壤的平均含量值,是山东省平均值的 1.65 倍,土壤硒含量最高的是云蒙湖生态区,平均为 0.278 mg/kg,其次是岱崮镇,平均为 0.248 mg/kg,联城镇最低,平均为 0.151 mg/kg。土壤各元素的含量中,镍、铬含量的相对标准偏差较大,均超过 100%,主要原因可能是蒙阴县土壤母岩中这 3 个元素差异较大造成的,从 33 个土壤样品 10 种微量元素累加值的比较看,累加值超过 1500 mg/kg 的土样有 5 个,依次是旧寨乡向阳峪村(21 号)、蒙阴镇茶棚村(8 号)、云蒙湖生态区河东新村(5 号)、云蒙湖生态区双山村(6 号)和桃墟镇前城村(15 号),此外,岱崮镇东峪村(27 号)和桃墟镇野老峪村(10 号)土壤的 10 种微量元素含量累加值也较高,均超过了 1300 mg/kg。土壤中需要限制的有害元素绝大多数都低于国家农用地土壤污染风险管控标准规定的土壤污染风险筛选值,是生态环境风险较低的农业用地。综合比较土壤中主要营养元素钾磷钙镁铁和十种微量元素含量情况,可以认为蒙阴县土壤以旧寨乡向阳峪村、蒙阴镇茶棚村、云蒙湖生态区河东新村和双山村、桃墟镇前城村和野老峪村、岱崮镇东峪村等村庄土壤中的各类矿质营养元素含量相对较为丰富,对改善作物品质较为有利。

(2)蒙阴县水样中溶解性总固体(TDS)平均 225 mg/L,水质矿化度总体不高,水质属中硬度。水样 pH 平均为 7.58,属微碱性水。109 个水样中除 3 个井水样的 TDS 和 3 个水库水样 pH 不符合饮用水标准外,其他 103 个水样所测指标均符合饮用水国标的规定。各项目检测结果的平均值与我国著名长寿之乡巴马县的矿泉水检测值相比,硒、镍、铁、pH 等相差不大,钾、钠、钙、镁、锌、锰、锶、钼等对人体必需的矿质营养元素平均含量均比巴马矿泉水高 50% 以上,铜、锂、钴、偏硅酸等的平均含量则比巴马矿泉水低 50% 以上。综合来看所测的 109 个水样中 82 个饮用水样都有开发成锶型或偏硅酸型或偏硅酸—锶型或锶锌型矿泉水的可能性。

对于较为关注的硒元素,109 个饮用水样中硒的平均含量为 0.88 $\mu g/L$,与我国著名长寿之乡广西巴马的矿泉水样硒含量(0.95 $\mu g/L$)相当。最高的是岱崮镇马子石沟村 1 号井水,3 月(7 号)和 6 月(89 号)两次取样的平均值为 4.97 $\mu g/L$。另外,硒含量超过 1.5 $\mu g/L$ 的水样还有 5 个,依次是蒙阴镇茶棚村张继兰家自用井(50 号,2.44 $\mu g/L$)、岱崮镇青冈岭军工旅社用井(96 号,1.97 $\mu g/L$;11 号,1.87 $\mu g/L$)、蒙阴镇茶棚村村用井(51 号,1.80 $\mu g/L$)和蒙阴镇南竺院井水(52 号,1.72 $\mu g/L$)。

综合各项指标,以下几处水源值得推荐:①岱崮镇马子石沟村 1 号井水,锶含量极高,达 9600 $\mu g/L$,且硒、锌等的含量也不低,372 mg/L 的 TDS 含量适中,可以开发富硒锌的锶型矿泉水。②垛庄镇水莲峪村主任家井水,锶含量为 5367 $\mu g/L$,偏硅酸含量为 40.6 $\mu g/L$,且锂、钼、锰的含量也较高,可以开发富锂钼锰型的偏硅酸-锶型矿泉水。③坦埠镇下东门村井水,锌含量为 216 $\mu g/L$,锶含量为 400 $\mu g/L$,可以开发锶—锌型矿泉水。④坦埠镇张家庄井水、岱崮镇十字涧山泉水和岱崮镇东峪村井水的锶含量均超过 2000 $\mu g/L$,均可开发锶型矿泉水,其中坦埠镇张家庄井水和岱崮镇十字涧山泉水也可兼偏硅酸型。⑤垛庄镇贾家庄、旧寨乡山旺农庄、高都镇下薛家峪、高都镇蔡庄、蒙阴镇姜家沟村、蒙阴镇三教堂村等井水的偏硅酸均超过 50 mg/L,且蔡庄和山旺农庄井水的锂也较高,这 6 个井水可开发偏硅酸型矿泉水。⑥蒙阴镇茶棚村井水可以开发成富钙、镁、硒的偏硅酸锶型高矿化水。

(3)蒙阴县谷物类样品中,小麦的硒、钾、钙、铝、锰、锂、锶、镍、钴等平均值均比报道的小麦含量高 10% 以上,其中钾、硒、铝、锰、锂、锶、镍、钴等高 15% 以上。小麦样品的平均值为 0.047 mg/kg,超过了报道的一般谷物硒含量高约 18%,含量最高的为高都镇洪沟社区小麦,硒含量为 0.069 mg/kg,其次为开发区宝德社区小麦,硒含量 0.062 mg/kg,超过 0.05 mg/kg 的样品有桃墟镇野老峪村、野店镇东山村和常路镇西下庄村样品。与我国一般玉米含量的参考值比较,蒙阴县玉米样品中锂、铁、钾、锰的含量相对较高,分别高约 175%、16%、5% 和 5%。硒的平均含量与一般玉米硒含量参考值相比略高一点,其中 9 个样品的含量超过了 0.03 mg/kg,最高的为常路镇茶沟村玉米的 0.043 mg/kg,其次是云蒙湖生态区双山村的 0.042 mg/kg;超过 0.02 mg/kg 的样品有 23 个,按照重庆富硒农产品标准(DB50/T 705—2016)中评价,蒙阴县这 23 个玉米样均属于富硒玉米,即蒙阴县 88% 的玉米都属于富硒玉米。高粱米样品中钾、镁、硒、锌、锰、锶、磷含量均较高,其中镁、硒、锌和锰的含量均比参考值高 10% 以上,高粱米的锶在徐娟的报道中未检出,蒙阴高粱样品为 0.56 mg/kg。蒙阴县小米中富含人体必需的钾、镁、硒、锰、锂、锶等,其中钾、硒、锰、锂的含量比一般小米参考值高 10% 以上,锶在报道的小米中未检出,蒙阴小米平均含量达到了 1.23 mg/kg。

(4)蒙阴黄豆中营养元素钾、镁、硒、铝、锰、锂、锶、磷、钼等的平均含量相对较高,其中硒、锰、锂、锶、磷、钼等的平均值均比报道值高 10% 以上。对于长寿较为关注的硒元素,在 5 个黄豆样品中以野店镇东山村样品含量最高,为 0.109 mg/kg;其次是开发区宝德社区,样品硒含量为 0.099 mg/kg,5 个样品硒含量平均值为 0.090 mg/kg,比报道值高 31%。

(5)坚果种子类样品中,所测蒙阴花生中人体必需的元素钾、钠、钙、镁、铁、硒、锰、锂、锶、磷等均高于一般花生的含量,除镁外,均比参考值高 10% 以上,其中硒含量为 0.078 mg/kg,是一般花生的 2 倍,24 个样品中有 19 个样品的硒含量达到了富硒花生 0.07~0.30 mg/kg 的要求(江西省地方标准 DB36/T 566—2017)。与一般芝麻相比,蒙阴芝麻的钾、镁、硒、锌、锰、锂、锶、磷、铜、钴等相对较高,其中硒的含量均达到了一般参考值的 3 倍多。与一般核桃相比,蒙阴核桃的钾、钙、硒、磷等相对较高,其中硒含量均达到了报道核桃参考值的 7 倍多。与报道的板栗相比,蒙阴板栗的钾、钙、镁、铁、硒、锌、锰、磷、铜等相对较高,其中硒的含量为报道参考值的 2 倍多。

(6)蔬菜水果类样品中,蒙阴的茄子钾、铁、锰等矿质元素含量相对较高,其中铁高了约 1 倍,钾、锰高 10% 以上,与报道西红柿参考值相比,蒙阴的西红柿样品中铁较高,其他除钠外相差不大,与报道的扁豆参考值相比,蒙阴的扁豆样品中钾较高,钙锰相差不大,其他则较低;与报道的辣椒参考值相比,蒙阴的辣椒除铁、锰相差不大外,其他均略低。所有蔬菜样品中的铅、镉、砷等需要限制的元素含量均低于我国标准规定的蔬菜污染物限量值,表明蒙阴蔬菜没有受到污染,且富含钾、钙、铁、锰等矿质营养元素,属于优质健康食品。

与桃的一般矿质营养元素含量比较,蒙阴油桃样品中的钙、镁、铝、锶、铜含量较高,其他元素略低或相当。与杏的一般矿质元素参考值相比,蒙阴杏样品中的镁、铁、硒、锌、锰、磷等含量较高。两个水果样品中需要限制的铅、镉、砷等元素含量均未超过国家标准限值,表明蒙阴所测油桃和杏富含钙、镁、铁、硒、锌、锰等矿质元素的优质健康食品。

(7)药材类样品中,蒙阴丹参样品的矿质元素含量平均值与报道的丹参含量参考值相比,钾、钠、钙、铁、锶、磷等的含量较高,其中钠、铁、锶、磷含量均比参考值高10%以上,其他元素则与参考值相差不大或略低。与报道的板蓝根参考值相比,蒙阴板蓝根中钾、钙、镁、铝、铜、钼等含量较高,其他矿质元素的含量均相对较低,两种药材中需限制的铅、镉、砷均低于行业标准的限值,符合优质药材的要求。

(8)其他生物类样品中,与内蒙古500年老榆树皮检测值相比,蒙阴县所检4个样品中锌、钼含量均高于榆树皮,桂树枝的硒、锰、磷、铜、镍、铅和兔毛的硒、铜、镍等也较榆树皮含量高,其他则均低于榆树皮。4个样品之间,桂树枝的钙、硒、锌、锰、锶、钴、铅、镉等含量最高,兔毛的钠、铜、镍、钼、铬、砷等含量最高,钾最高为香菇培养基,镁、铝、铁、锂则是松树皮的含量最高。

(9)蒙阴县长寿老人头发中除硒、铬、铅、镍、铜、钙、锶外,各矿质元素测定结果的平均值与中位数均相差不大,基本呈正态分布。元素镍的含量变化最大,相对标准偏差达到140%,其次是铬,相对标准偏差为87%。与秦俊法等(2003)报道的成人头发含量平衡点参考值比较,蒙阴县长寿老人头发样中的人体必需营养元素镍、锌、锰、铁、钠、镁、锂、锶、钼等含量相对较高,均高出成人参考值10%以上,其中锰、镁、锶是已有报道的百岁老人头发中普遍偏高的5个元素中的3个。对人体健康有害的铅、砷等低于成人参考值,镉则相差不大。与我国海南岛部分百岁老人头发含量比较,蒙阴县长寿老人头发样中的人体必需营养元素硒、锰、铁3个元素的含量较为相近,镍、铜、锌、钾、钠、磷等含量则相对较高,均比海南岛百岁老人高10%以上。对目前人体健康长寿较关注的硒,蒙阴县长寿老人发样平均含量为0.435 mg/kg,略高于我国海南岛百岁老人头发硒含量的0.42 mg/kg。头发硒含量最高的是旧寨乡向阳峪村的长寿老人,发硒含量达到0.671 mg/kg,其次是蒙阴镇茶棚村老人,发硒含量为0.630 mg/kg,最低的是坦埠镇东西崖村老人头发,发硒含量为0.307 mg/kg。

(10)蒙阴长寿老人指甲含量中除铬、铅、钠、锶外,其他元素测定结果的平均值与中位数均相差不大,基本呈正态分布。相对标准偏差最大的是锶含量,达92%,其次是铬、铝和钠,分别为59%、53%和52%。与报道的成人指甲参考值比较,蒙阴县长寿老人指甲样中的人体必需矿质营养元素硒、铬、镍、锌、锰、铁、钠、钙、镁、锂、磷、锶、钴、钼等含量相对较高,其中镍、锰、铁、镁、锂、锶、钴、钼等均高1倍以上。对人体有害的元素砷、镉、铅等含量也略高于成人指甲参考值。与报道的我国部分百岁老人指甲微量元素相比,蒙阴县长寿老人指甲的硒、铅、锌、铁、锂、锶、钴等具有较为近似的含量。对于长寿健康较为关注的硒含量,检测的19位老人指甲硒平均含量为0.380 mg/kg,其中以旧寨乡向阳峪村老人指甲硒含量最高,为0.491 mg/kg;其次是高都镇洪沟社区老人,含量为0.481 mg/kg,最低的为高都镇上温村老人,指甲硒含量为0.258 mg/kg,次低的为常路镇茶沟村老人,硒含量为0.279 mg/kg。

10.3 发展现状分析

10.3.1 长寿区域对比分析与评价

1. 山东省长寿经济重点区县资源对比分析

截至 2017 年 10 月,山东省拥有 1 个世界长寿之乡:临沂市费县;6 个中国长寿之乡:威海市文登区、潍坊市高密市、菏泽市单县、威海市乳山市、潍坊市青州市、烟台市莱州市。山东省长寿之乡达到了 12 个:单县、青岛市城阳区、乳山市、平邑县、费县、蒙阴县、枣庄山亭区、金乡县、东明县、蓬莱市、烟台市牟平区、郓城县(见图 10-18)。

图 10-18 山东长寿之乡分布图

(1)临沂市费县

2015 年 9 月,联合国老龄事业可持续发展峰会组委会为费县颁发了"世界长寿之乡"牌匾,费县成为被联合国老龄事业可持续发展峰会严格审核达标通过的全国首批"世界长寿之乡"之一。截至 2015 年年底,全县 60 岁以上老年人口 15.2 万人,占总人口的 17.9%;90 岁以上高龄老人 3713 人;百岁老人 126 人,百岁老人占总人口的 14.8/10 万;全县人口平均预期寿命 78.08 岁。费县的长寿资源主要包括以下几个方面:

生态环境方面,费县属暖温带半湿润大陆性季风气候,四季分明,阳光充足,降雨充沛,温度适宜。费县境内河流密布,水系发达,水资源丰富,大小河流103条,南部许家崖水库是全省八大水库之一。水质优良,水质富含对人体有益的锶、钼、钾等多种微量元素,口感清甜。环境优美,山清水秀,空气清新,大气质量达到国家二级标准,境内大小山头1400个,森林覆盖率达到45.72%,蒙山国家森林公园森林覆盖率达99%。

文化习俗方面,费县是中国板栗之乡、核桃之乡、西瓜之乡,盛产小麦、玉米、大豆、花生、苹果、山楂等农产品,富硒苹果、富硒山楂等有机产品享誉全国。在饮食上,费县人喜欢土生土长且富有营养价值的绿色食物,长期以来形成了"主食小麦、喜食杂粮、素荤搭配、清淡膳食、结构合理"的健康饮食生活习惯。费县大部分百岁老人喜欢早睡早起、勤于耕作、劳逸结合、心情平静、坦然从容,无不良嗜好。很多百岁老人现在依然可以做一些力所能及的家务和农活,生活基本可以自理。费县民风淳朴,家庭和美,生活幸福,尊老爱幼,尊老孝亲,"家有一老,如同一宝"的观念深入人心。

经济方面,2015年全县实现生产总值258.3亿元,公共财政收入15.5亿元,固定资产投资157.2亿元,居民人均可支配收入19606.9元。全县70%的财力用于民生事业,不断加大对老龄事业的投入。努力扩大养老保障覆盖面,建立起社会救助、医疗保险、社会保险和城乡低保制度四大保障体系。各类养老机构快速发展,民办养老机构如雨后春笋,养老形式多种多样,保障了老年人"病有所医、老有所养、住有所居"。

(2)威海市文登区

文登区位于山东半岛东部,与韩国隔海相望。文登因秦始皇东巡"召文人登山"而得名,已有1400多年的建置史,是胶东半岛少数千年古县之一。文登属于大陆性季风气候,地形复杂,丘陵起伏。拥有156 km海岸线、5处高品质温泉和国家森林公园昆嵛山、省级森林公园天福山、道教圣地圣经山、李龙故里回龙山,是中国温泉之都、中国长寿之乡、中国最美养生栖居地、中国最佳休闲小城、国际滨海养生之都、全国科技创新百强区、全国新型城镇化质量百强区、全国绿色发展百强区。悠久的历史、丰富的文化、优美的环境、和谐的社会、繁荣的经济使文登人民安居乐业、健康长寿,成为全国十三大"长寿之乡"之一。全市80岁以上老人有19000多位,占到总人口的3.26%,百岁以上老人有47位,被誉为"中国最新成长的长寿之地"。

生态环境方面,文登四季分明,气候宜人,年均气温12 ℃,空气质量优良率达95%以上,是一处可以畅享绿、深呼吸的天赐养生福地。拥有山、海、温泉等得天独厚的自然资源,海上仙山之祖昆嵛山、道教全真派发祥地圣经山、李龙故里回龙山、省级森林公园天福山4座名山,聚福祥瑞,景色秀美;汤泊温泉、天沐温泉等5处高品质天然温泉,水量充沛,水质优良;156 km海岸线,岬湾相间,风光旖旎;12 km金色沙滩,万亩滨海松林,国家级生态湿地公园,构成一幅秀色天成的山水画卷。

人文环境资源。文登历史悠久,人文荟萃,有1400多年的建置史,是山东省历史文化名城,久享"文登学"美誉。士学文化、道教文化、红色文化、李龙文化等各种文化交相辉映,凝练熔铸成独具特色、源远流长的"文登学"文化,赋予文登自强不息、和谐向上的精神风貌和严谨理性、求真务实的优良品格。全力打造"君子之风·仁孝文登"城市品牌,是全国平安建设先进区、全国文明城市。

经济方面,文登商贸物流和大健康产业发展迅猛。文登是全国最大的西洋参产地和特种毛皮动物养殖基地。商贸物流业致力构建泛在的商贸支撑网络,加快建设物流园区和专业市场,大力培植电子商务产业,推进韩货专业市场、保税物流仓库和中韩跨境电商产业园等平台建设,打造区域商贸中心和韩国商品采购中心,处处涌动着勃勃商机。大健康产业,依托山、海、温泉和整骨、中心医院2家三甲医院等优质康养资源,重点突破养生旅游、医养康疗、养老服务等产业,积极引进资源开发和产业合作项目,"康养圣地"城市品牌越发闪亮。

(3)潍坊市高密市

2014年,高密被评选为"中国长寿之乡"。截至2013年年底,高密市60岁及以上老年人有16.89万人,占总人口的19.23%;百岁及以上老人106人,超过"中国长寿之乡"规定的"存活百岁老人占户籍人口比例十万分之七"的标准。2010年高密人口平均预期寿命达77.90岁。超过76.8岁的规定标准。

高密具有长寿地区普遍具备的地质背景、土壤基础、水脉水质和气候条件,四者有机配合构成了立体的长寿空间。其中,主要水源胶河水中含有丰富的矿物质,pH值呈弱碱性,硬度适中、氧分充足、充满活性,被群众称之为"长寿水"。据统计,胶河水系流域百岁老人69人。占高密市百岁以上老人总数的65%,其中有两位已过110岁。

高密百岁老人生活方式都较好。高密市大部分老人都比较勤劳,闲不住、爱劳动,注重散步等锻炼活动,平时一日三餐定时定量。粗粮细粮合理搭配,喜欢早睡早起,生活作息很有规律。

孝亲敬老的文化传承,在高密也蔚然成风。高密市形成了一整套孝亲敬老理论体系和实践载体,家庭和睦、孝敬老人是评价家庭的重要标准,"文明户""好媳妇""五好家庭"等评选,首要一条就是"孝",子孝家和人长寿成为生活常态。

发展惠及民生事业,增进百姓生活质量和幸福指数,这种良好的发展方式是推进一个城市人口持续长寿的法宝。2013年。高密市用于教育、医疗卫生、文化、社会保障、环境保护等各类民生支出占财政总支出的62.1%。其中,在关心保障老年人权益、增进老年人福祉方面的投入大幅增长,贫困老年人100%纳入城乡低保。

(4)菏泽市单县

截至2017年年底,单县90～99周岁高龄老人近4800人;100周岁以上老人186人。2013年,单县被评为"中国长寿之乡"。

生态环境方面,单县气候宜人,被称为"天然氧吧"。21条河流纵横单县全境,地下有优质矿泉水,森林覆盖率达到33.2%,横亘全境的黄河故道,草木茂盛、湿地无垠,被称为"天然氧吧",与故道绿色长廊一衣带水的浮龙湖,是国家AAA景区,还拥有国家AAAA级生态文化旅游基地,据统计,单县150位百岁老人中,近一半分布在南部黄河故道及北部东渔河沿岸乡村。

历史文化方面,单县地近孔孟之乡,有着深厚的儒学文化积淀。境内浮龙湖南岸有道家养生鼻祖——老子行医传教的老君寨。单县长寿文化在漫漫的历史长河中传承发展,在普通百姓的日常生活中潜移默化。单县人重德行,深得修身养生之真谛,长寿现象突出。另外单县长寿文化源远流长,尤以长寿民俗文化、饮食文化、养生文化等有显著的特点。百寿坊和百狮坊是长寿民俗文化的地标建筑。

单县是农业大县,资源丰富,有香瓜、草莓、山药、罗汉参、大蒜、芸豆、芦笋等诸多丰富农产品,瓜果蔬菜种植面积达75万亩,有63个农产品获得了"三品一标"认证。单县盛产五谷杂粮、蔬菜水果,是青山羊之乡、西红柿之乡,有罗汉参、芦笋、山药、大蒜、牛蒡等具独特抗癌功效和养生功能的农作物。

(5)威海市乳山市

截至2015年,乳山的总人口不足58万,而百岁以上老年人达到73人,90岁以上的老年人高达3000余人,80岁以上的老年人更是多达2万余人,人均预期寿命超过76岁,比全国平均水平高出近5岁。2005年至2011年,乳山百岁老人占总人口的比例连续七年超过7/10万的"长寿之乡"标准。2010年5月,乳山便被评为"山东省长寿之乡",2012年获评"中国长寿之乡"的荣誉称号。

乳山市是"国家环境保护模范城市""国家园林城市",没有严重的工业污染,空气洁净,山清水秀。乳山市涌现众多的百岁老人,与自然地理环境因素有密切关系。乳山市不靠海的北部地区,大多是山岭起伏、植被茂密的地方,各种植物产生大量的负氧离子。而负氧离子能改善肺的换气功能,促进新陈代谢,提高免疫力,预防高血压、气喘、流感、失眠、关节炎等疾病的发生。近年来,乳山市投资数亿元,植树3000多万株,境内城市绿化覆盖率达到38.4%,人均占有绿地18 m^2,达到国际中等城市水平。

(6)潍坊市青州市

截至2015年年底,青州市存活实足百岁及以上老人98人,占全市户籍总人口的10.72/10万;第六次全国人口普查数据显示,全市人口平均预期寿命达79.48岁,80岁及以上老人占60岁及以上老人总数的14.64%。2016年1月,中国老年学和老年医学学会授予青州市第二届"中国长寿之乡"称号。

青州成为"中国长寿之乡"首先得益于它是人类宜居环境,有着得天独厚的自然地理优势。青州市处于暖温带半湿润季风气候区。气候温和,四季分明,夏季炎热多雨,冬季寒冷干燥,春秋温暖适中。青州水资源丰富,且质量优良,自来水常年检测合格率保持100%。青州土层深厚,土壤中富含有机质以及钾、钙、镁、铁、锰等微量元素,质地多为耕性良好的壤质土,保水、保肥性能良好。青州先后获得国家卫生城市、国家园林城市、国家级生态建设示范区等荣誉称号,并于2017年获评"中国人居环境奖"。

青州市孝文化源远流长,在元朝郭居敬辑录的二十四孝故事人物中,有14位生在青州或与青州有关。该市依托青州深厚的孝文化底蕴,把加强孝德教育、弘扬孝德文化作为老龄工作的切入点和着力点,将孝文化建设贯穿于治家、治村、治镇、治市之中,开辟了老龄工作新途径,为老年人做好事、办实事、谋幸福。通过建立长效机制、打造平台载体,以"倡树典型"为示范引领,不断拓展和丰富孝德文化的时代内涵,推动了老龄工作向更高层次的发展。

(7)烟台市莱州市

截至2010年年底,莱州现有60周岁以上老年人18.2万人,其中百岁以上老人129人,占总人口的15/10万,明显超过了7/10万的长寿之乡标准。80岁以上老人30434人,占总人口的3.54%。莱州人均预期寿命达到了77.55岁,高出全国平均水平6.97岁。2009年5月,莱州市被中国老年学学会正式命名为"中国长寿之乡"。这是我国第10个、山东省第1个获此殊荣的城市,也是我国北方地区第一个长寿之乡。

良好的生态居住环境,成为莱州百姓健康长寿的宜居家园。莱州四季分明,气候宜人,土壤肥沃,水质优良,绿化率高,空气清新,这些都为莱州百姓提供了长寿的良好条件。此外,莱州的长寿老人都有一些非常明显的特点:情绪非常乐观,起居有常,生活有序,心态平和,热爱他人,吃本地的粮食、蔬菜、水果、海鲜、杂食等。

莱州有悠久的敬老爱老传统。长期以来,老年人,特别是高龄老年人,都能得到全社会的尊敬和爱护。近年来,莱州市开展了以"爱父母、敬老人"为主题的"孝德工程",每年组织评选"二十四孝贤"。

2. 蒙阴县长寿产业优劣分析

(1)优势

1)生态环境条件优越

蒙阴县位于泰沂山脉腹地、蒙山之阴,山水资源丰富,生态环境优越。一直以来,通过生态建设与环境保护方面的不懈努力,蒙阴县的生态优势不断突显。全县森林覆盖率达55%,林木覆盖率达70%以上,生态环境质量优良率保持全国前列,是国家级生态示范区。良好的生态环境基础是蒙阴县发展长寿经济的根本保障。

2)长寿资源丰富多样

蒙阴是典型的农业大县,是全国果品生产十强县、中国桃乡,林果面积达100万亩,果品产量稳定在13亿kg;其中蜜桃65万亩、产量11亿kg,均居全国县级首位。全县累计认证"三品一标"188个,蒙阴蜜桃、蒙阴苹果、蒙山蜂蜜、蒙山全蝎4种产品通过地理标志认证,"蒙阴蜜桃"品牌价值达266亿元,稳居全国桃品牌第1位。同时,蒙阴是全国第一养兔大县,还有五谷杂粮、蜂蜜、麦饭石、煎饼、奇石、桃木工艺品等20余种特色产品。丰富的长寿农产品资源为蒙阴县长寿经济的发展奠定了坚实的基础。

蒙阴拥有丰富的长寿旅游资源。蒙山国家森林公园是国家AAAA级旅游区,并于2005年被评为"山东十大最美的地方"第二名和国家级地质公园。孟良崮旅游区是全国红色旅游经典景区、国家森林公园、国家3A级旅游区、全国爱国主义教育基地、山东省传统教育基地。蒙阴县城东15 km处的云蒙湖为山东省第二大人工湖,中国北方大型人工湖之一。

3)长寿文化底蕴深厚

蒙阴县历史悠久,文化底蕴深厚,自西汉初置县,距今已有2000多年,是秦朝大将蒙恬和东汉天文历算学家、珠算发明人"算圣"刘洪的故乡。革命战争年代,这里是沂蒙山革命根据地的中心,闻名中外的"孟良崮战役"发生地,涌现出了"沂蒙六姐妹"等一大批支前模范,是沂蒙精神的重要发源地。近年来,在注重历史文化传承保护的同时,全面打响红色文化、绿色文化、乡土文化"三大品牌",不断为沂蒙精神注入新的时代内涵。重点实施了刘洪文化园、沂蒙六姐妹纪念馆、宣传文化中心等一批文化产业项目,成为"中国算圣文化之乡"。孟良崮成为全省党员干部党性教育基地和全国爱国主义教育示范基地,进一步奠定了蒙阴作为"沂蒙精神标志地"的特殊地位。

(2)限制与不足

1)对外交通不便

蒙阴县是一个典型的山地县,辖区范围内中山丘陵区占27%,低山丘陵区占54%。其中,东汶河以北系新甫山脉,东汶河以南系蒙山山脉。同时,蒙阴县位于山东省中南部,蒙山北麓,东汶河上游,是沂蒙山区的腹地,其交通区位条件也不够理想,距最近的中心城市——济南市186 km。地形起伏较大,以及交通区位条件有限,使得蒙阴县的交通至今仍然主要依靠公路运输。铁路运输,尤其是高速铁路仍未建成。受限于自然条件,水路运输也难以发展。目前蒙阴大部分的对外交通只能依赖京沪高速公路。对外交通不便已经成为蒙阴社会经济发展过程中的主要限制因素。

2)国民经济基础薄弱

长寿经济的发展需要区域内农业、工业、旅游业、服务业等多个产业的支持。但是,出于多方面的原因,蒙阴县的经济基础仍然较为薄弱,许多经济指标在全省的排名均较低,不利于长寿经济的培育和发展(见表10-29)。

表10-29 蒙阴县主要经济指标与省内各市的比较(2017年)

区域	人均GDP(元)	人均GDP排名	区域	人均工业总产值(元)	人均工业总产值排名	区域	人均固定资产投资(元)	人均固定资产投资排名
山东省	72807	—	山东省	28689	—	山东省	54204	—
东营市	177962	1	东营市	107170	1	东营市	118697	1
威海市	124463	2	威海市	50035	2	威海市	104116	2
青岛市	119215	3	烟台市	46681	3	青岛市	83710	3
烟台市	103771	4	淄博市	46365	4	烟台市	78910	4
淄博市	101569	5	青岛市	42547	5	淄博市	66585	5
济南市	98275	6	莱芜市	33387	6	济南市	59602	6
日照市	69062	7	日照市	28746	7	日照市	57987	7
滨州市	66668	8	滨州市	28544	8	滨州市	55924	8
莱芜市	65046	9	济南市	27360	9	泰安市	53010	9
泰安市	63433	10	枣庄市	27092	10	潍坊市	51858	10
潍坊市	62553	11	潍坊市	24645	11	莱芜市	48557	11
枣庄市	58798	12	泰安市	24186	12	枣庄市	45852	12
济宁市	55430	13	聊城市	23316	13	德州市	45568	13
德州市	54222	14	德州市	22850	14	济宁市	41470	14
聊城市	49806	15	济宁市	22158	15	聊城市	40732	15
临沂市	41227	16	菏泽市	14666	16	临沂市	35649	16
蒙阴县	37139	17	临沂市	14543	17	蒙阴县	26261	17
菏泽市	32558	18	蒙阴县	9957	18	菏泽市	15151	18

数据来源:《山东统计年鉴2018》《蒙阴统计年鉴2018》.

3)农村经济发展较为缓慢

在长寿经济的发展过程中,中药材、健康农产品等是重要的长寿资源。因此,农业经济的发展情况也是区域长寿经济发展过程中的重要组成部分。虽然蒙阴的果业发展态势良好,特色突出。但仍然存在着诸多问题:第一,以果业为主的土地利用结构单一,生态安全风险大。第二,蒙阴县农业产业化总体水平较低,特色农畜产品绝大部分直接进入消费环节,转化增值非常有限,而且发展不平衡,农业的商品化程度较低,没有形成有效的农业产业链。第三,村庄规划缺乏特色,村庄排水设施、污水处理、垃圾收集和处理建设不到位和滞后;居民点沟路林渠绿化完整率不高,且树种单一,群落简单,村庄建设缺乏地域乡土景观风貌和特征的提升。第四,农民收入偏低。从总体上看,蒙阴县的农业生产条件仍没有从根本上改善,抗御自然灾害能力较弱,同时支柱产业规模不大,市场体系建设相对滞后,农民增收难度加大,农业产业化和市场化程度有待提高。从表10-30中可以看出,在山东省仍然有农业户籍人口的130个区县中,蒙阴县的农村居民人均可支配收入仅为11840元,位于山东省的123位,也是临沂市的最后一位(见表10-30)。

表 10-30 山东省部分区县农村居民人均可支配收入情况(2017年)

所属地级市	县级单元	农村居民人均可支配收入(元)	排名	所属地级市	县级单元	农村居民人均可支配收入(元)	排名
青岛市	崂山区	22176	1	聊城市	东阿县	12304	111
青岛市	城阳区	21175	2	临沂市	费县	12300	112
威海市	荣成市	20731	3	聊城市	冠县	12292	113
烟台市	莱山区	20625	4	聊城市	阳谷县	12239	114
烟台市	龙口市	20554	5	聊城市	临清市	12196	115
烟台市	长岛县	20455	6	临沂市	沂南县	12105	116
烟台市	福山区	20292	7	枣庄市	山亭区	12061	117
威海市	文登区	20217	8	临沂市	临沭县	12030	118
青岛市	胶州市	19948	9	菏泽市	郓城县	12030	119
烟台市	蓬莱市	19756	10	临沂市	莒南县	12020	120
烟台市	招远市	19755	11	菏泽市	牡丹区	11929	121
淄博市	张店区	19635	12	菏泽市	巨野县	11926	122
青岛市	即墨区	19571	13	临沂市	蒙阴县	11840	123
烟台市	莱州市	19557	14	菏泽市	成武县	11836	124
淄博市	临淄区	19499	15	菏泽市	单县	11718	125
济南市	章丘区	19438	16	菏泽市	定陶区	11669	126
青岛市	黄岛区	19407	17	菏泽市	东明县	11640	127
潍坊市	寿光市	19249	18	菏泽市	曹县	11608	128
青岛市	莱西市	19026	19	菏泽市	鄄城县	11399	129
济南市	市中区	18847	20	济宁市	泗水县	11315	130

数据来源:《山东统计年鉴2018》

10.3.2 长寿经济发展问题研究

1. 长寿农业发展现存问题

(1)长寿农业生产专业化和组织化水平较低

长寿种植业主要是家庭分散经营,经营规模较小,生产效率低,难以形成规模经济效益,环境污染的潜在风险也较大。相比畜牧业发达县,全县养殖大户、养殖小区、养殖场偏少,建设档次不高,规模化、标准化养殖尚未占主导地位。即使现已建成的养殖小区和养殖场,也与真正意义上的标准化规模化还有一定差距。全县畜牧养殖专业合作社和协会数量不少,但实际真正发挥作用的很少,没有形成真正的"利益均沾、风险共担"的利益共同体。蒙阴县果品生产、经营主要以家庭为单位进行,多数村缺乏基本的信息服务设备和技术人员,不能有效指导果业生产及果品销售。全产业链果品质量安全监测检验机构尚未建立,果品质量安全工作存在隐忧。蜜蜂饲养规模化程度较低。养蜂业发达的省份每户蜂农均为 200 箱蜂,国外发达国家均为 2000 箱以上,而专业化蜂场不多,绝大部分只作为家庭副业养蜂,蜂箱数量大部分在 100 箱以下,规模较小,使蜜蜂资源利用低,蜜源浪费严重。长毛兔养殖的散户也较多,万兔村达到 36 个,千兔场 180 个,500 只养兔户达到 4520 个。

(2)长寿农业基础设施建设差

农业基础设施较差,主要表现灌溉设施陈旧,渠道渗漏严重,田园景观内存在乱堆、废弃、裸露地表,脏乱差是导致田园景观质量差的主要因素。防护林残缺断带率较高,结构和植物群落简单,缺乏四季变化和近自然种植。有 30% 左右的沟渠需要维护修缮,田间道路破损严重,生态景观化建设水平低,坑塘湿地、溪流存在一定程度的严重破坏,缺乏生态化建设。植物篱、灌丛受损,田园景观风貌受损,缺乏生态景观化建设,缺乏缓冲带、护岸植被建设,生物多样性较低。例如,林下经济发展普遍存在路、电、水等基础设施不完善、不配套问题,致使一些先进的种养方式无法推广,导致现有一些种植、养殖户在做大规模、拉长链条方面止步不前,林下经济发展后劲不足。

(3)优良品种选育和推广力度不够

果园的结构单一,单一品种大面积和高密度的种植模式,导致结构单一,水土流失严重,生态安全性降低,抵御自然灾害能力差。对特色品种的选育与发展还存在不足,有些果树长期沿用老品种,有许多品质好,特色非常突出的品种没有规模化种植。蒙阴县畜牧业内部畜种结构中,耗粮型牲畜和节粮经济型草食畜禽占牧业产值的比重分别是 45% 和 55%,耗粮型牲畜比重相对较大,这种结构不能充分利用丰富的饲料饲草资源,而且造成养殖成本高、效益低。品种结构中,良种畜禽比例偏小、档次低、产品质量不高,缺乏市场竞争力。产品结构中,肉类产量大,但蛋奶产量较低。此外,蒙阴县自 20 世纪 70 年代引入的意大利蜂等对中蜂具有很强的攻击力,致使中蜂数量锐减,而由于外界气候变化,蜜源条件恶化及病虫害威胁等原因,仅剩的中蜂品种退化严重,蜂群的生活力和抗逆性衰退、生产能力大幅度下降。

(4)农业绿色生产技术较落后

尽管蒙阴县政府大力推进农业清洁化生产,配方测土施肥,但仍然存在如下问题,一是化肥投入量大,有机肥投入不足和施肥方式粗放。二是病虫害综合防治推广不到位,高毒农药控制难,农药施用技术粗放,生物防治和物理防治滞后。调研显示约60%农户凭经验施肥和病虫害防治,农业清洁化生产技术推广不到位,资源利用效率低,面源污染风险高。三是农膜回收技术落后、模式简单,有待提升。四是健康养殖技术推广力度低,缺乏健康养殖布局规划,养殖方式粗放,畜禽粪便堆肥化水平低。五是秸秆处理方式单一,缺乏秸秆收集贮存体系,秸秆处理关键技术薄弱。六是蜜蜂授粉业发展缓慢。经济发达国家都十分重视利用蜜蜂为农作物授粉,而我国蜜蜂授粉业还没有成为一项产业,菜农和果农对蜜蜂授粉的认识不够,蜜蜂授粉业发展缓慢。

(5)农业产业化水平较低

蒙阴县农业产业化总体水平较低,特色农畜产品绝大部分直接进入消费环节,转化增值非常有限,而且发展不平衡,农业的商品化程度较低,没有形成有效的农业产业链。畜牧业未真正形成一批具有市场竞争优势和话语权的养殖基地和龙头企业,缺乏"市场牵龙头、龙头带基地、基地连农户"的有效对接。产业链前端,兽药生产需要GMP(兽药生产标准)认证,门槛较高,全市仅有4家生产企业,蒙阴县还是空白;饲料生产企业规模小,没有形成优势品牌,全县养殖户用成品料仅占30%,个人加工占70%。产业链后端,畜禽产品大部分是原产原卖、小作坊个体户简单加工,全县仅有的几家肉食加工企业,都以屠宰场、食品厂为主的小型企业居多,产品品种少、包装档次低、附加值不高,缺乏大型精深加工企业。兔业缺少兔毛高端加工企业。

(6)技术人才和后备人才缺乏

以养蜂业为例,养蜂技术落后,后备人才缺乏。大多养蜂人员文化素质偏低,年龄偏大,蜂农学习新技术较难,推广应用新技术较少,养蜂队伍多为自发产生的"师带徒"而后"徒带徒"的落后模式,而传授的养蜂技术多为传统的养蜂经验。另一方面,有文化、接受新技术能力强的年轻人不愿扎根山区,多数外出务工,愿意从事养蜂业的年轻人更少,导致养蜂人员年龄结构老化,后备人才缺乏。

2. 长寿产品加工业发展现存问题

(1)长寿加工业企业营商环境有待改善

企业得到信贷支持较为困难,严重制约了企业的规模增长。原材物料价格问题。各种工业原材料的价格大幅上涨,使企业生产成本激增,盈利空间紧缩。

(2)规模以上长寿加工业企业数量少、体量小

从企业发展来看,规模以上长寿加工业企业数量少、体量小,部分长寿加工企业产品结构单一、精细化管理程度不高,企业设备陈旧老化、生产效率低、管理不完善等问题突出。部分企业家小成即满、小富即安,企业间缺乏交流合作,经常单兵作战甚至内耗不断,市场竞争力和抗风险能力较低。例如,从事蜂产品生产开发的企业有3家,但是大多数蜂农饲养规模太小,出售的主要为原生态的初级蜂产品,经济效益不高,抵御市场风险能力较弱,产业链得不到很好的延伸。而对蜂产品生产、收购缺乏统一的质量标准和价格,对蜂产品收购缺乏有效的检验手段,导致蜂产品市场鱼龙混杂。

(3)长寿加工业产业结构不尽合理

从产业发展来看,传统长寿加工业(如果品加工业)占比大,部分企业处于产业链条底端,

附加值小、产品同质化等问题严重,新兴长寿加工业(如防辐射功能服饰)虽然得到了一定发展,但仍不足以支撑带动全县工业经济转型升级,部分产业关联度差,产业链条衔接和配套不够。

(4)长寿加工园区基础配套有待提升

煤改电、煤改气后缺乏充足有效的替代能源,企业生产成本上升、产能受限。热电强电、污水处理等配套工程相对滞后。园区吸纳能力不足,高端人才"引不进、留不住"。

(5)长寿加工业产业链不健全

长寿林果业产后的储藏、运输、加工、销售、品牌管理等相对较薄弱,果品商品化处理程度仍很低,尚未建立产后分选、清洗、包装的专业机构,产后处理还主要依靠人工。果品的储藏量仅占果品总产量的20%,加工企业和生产基地缺乏有机联系,果品加工量仅占果品总产量3%。营销体系组织化程度不高,营销信息平台缺乏,严重制约着果树产业的发展和产业化水平的提高。中药材产业链的生产加工环节薄弱,中药材资源未得到充分的加工利用,中医药保健品加工业产值较低。

(6)长寿工业的人才和技术支撑较薄弱

目前,蒙阴县长寿工业企业的总体科技水平较低,设备陈旧落后,专业技术人员贫乏,一些产品技术含量低。这些因素直接影响着企业的竞争能力,制约着企业在新形势下的发展。

(7)长寿产品知名品牌较少

高附加值的精深加工长寿食品等开发力度不够,尚未占领价值链高端,全国知名品牌较少,仅有新银麦啤酒、欢乐家食品、六姐妹煎饼等少数知名健康食品品牌,抵御市场风险能力仍然较弱。部分企业创新能力不足,以初级加工为主,产品附加值低,产品的保健功能有待提升。

3. 长寿服务业发展现存问题

医疗服务方面,一是多元化医疗服务格局尚未全面形成。蒙阴县高水平、专业化的社会办医医疗机构数量少,护理、老年病、康复等专业化的民办医院不足。2015年社会办医诊疗人次很低,与公立医院相比服务量少、床位利用率低,对公立医院的补充作用不足,还难以满足人民群众多样化、多层次的医疗卫生服务需求。二是医疗服务体系管理不够协调。服务体系碎片化问题比较突出,医院、基层医疗卫生机构、专业公共卫生机构分工协作机制不健全、缺乏联通共享,各级各类医疗卫生机构合作不够,协同性不强,对日益凸显的慢性病、高发病等健康问题整体服务效率不高,基层首诊、双向转诊、急慢分治、上下联动的分级诊疗服务体系尚未全面形成。

养老服务方面,蒙阴县老龄人口呈现快速化、高龄化、失能化的趋势发展,特别是农村空巢、失能、返贫老年人会形成社会的沉重负担。预计2020年老龄人口占总人口的比例将超过20%,高龄、失能、空巢老年人口比例也将大幅增加,养老和医疗保障支出持续增长,农村养老形势更加严峻,家庭和社会养老压力进一步加大,养老服务供给的短板明显。养老服务业模式陈旧、结构不合理,城乡、区域发展不平衡,产业化、市场化、社会化水平不高,农村老龄服务事业起点低、困难大,老年宜居环境建设基础弱、欠账多,老年人消费市场供需矛盾突出、老年人精神关爱不够、服务供给不足,老龄工作体制机制不健全、基层基础薄弱、人才队伍短缺。

长寿旅游业方面,一是资源开发程度空间分布不均,缺乏区域性旅游资源的系统整合与整体组织,旅游景点分布无序,缺少长寿旅游中心和基地。蒙阴南部的蒙山森林公园及农家乐、孟良崮战役纪念馆及遗址、西部地下银河景区发展相对成熟、客流量较大,而在以桃园、岱崮地貌、云蒙湖风景区等自然风光为特色的东部和北部,大量潜在资源还未得到重视与利用。现有的农家乐设施布局零散,旅游产品停留在观光的初期层面,周边地区生态环境受到一定程度的破坏。二是现阶段蒙阴旅游线路的组织方式较为传统,比较重视对知名观光型景点(如地下银河溶洞旅游、孟良崮战役纪念馆、蒙山森林公园等)的推荐和开发,缺少将新兴的景点及未来有潜力的景点加入线路规划中,使得蒙阴县旅游线路发展停滞,渐失新意。三是资源利用的深度层次不够,产品较低级。未能充分利用蒙阴县丰富的生态景观资源,大量自然绿地无法服务于长寿旅游产业,生态环境的整体景观化提升不足,旅游特色产品产出较少,缺少养生度假产品的开发和利用,多停留在发展初期。四是长寿旅游市场缺乏整体开拓。蒙阴周边旅游市场主体依托于临沂为主市场,呈现客源结构近、低、偏不平衡的状态,亟需扩展;蒙阴县域旅游空间结构出现"南热北冷""西热东冷"不平衡的现象,潜力巨大的北部崮乡康养游和果乡养生游还没有形成市场;区域旅游联动发展格局尚未形成,缺乏整合。同时旅游活动季节性强、市场营销力度不够、旅游专业人才匮乏、旅游管理体制不顺也是长寿旅游服务的问题。

　　康养服务方面,蒙阴县拥有优良环境、绿色食品等康养旅游资源,但缺乏知名的康养基地和康养综合体品牌。云蒙湖康体小镇、麦饭石康养小镇、田庄养生服务项目、中山禅意养生园等康养服务项目均处于前期酝酿、规划或建设中,康养旅游产品品牌的市场影响力未形成。蒙阴养生休闲项目并不是很多,并且场所非常分散,设施也很简陋。乡村旅游和休闲农业的养生元素挖掘不够深,养生元素融入少,长寿养生类餐馆和宾馆酒店比较缺乏,康养服务不够规范、设施配套不全、服务管理体系建设尚缺乏标准,缺乏经营理念创新和健全的组织管理系统;在高端养生文化打造等环节挖掘力度不够。

10.4　发展定位、目标和路径研究

10.4.1　发展定位

1. 总体定位

长寿养生旅游目的地城市

(生态蒙阴　幸福寿乡)

　　建设长寿宜居、生态休闲、特色鲜明、主业突出、功能完善、带动性强的长寿旅游目的地城市,以"长寿+旅游+目的地"为融合创新,促进长寿养生旅游业转型提升,由点线布局向集聚发展转变,由单点模式向全域模式转变,全面提升长寿产业专业化、市场化、规模化水平,不断提高长寿产业综合竞争力,让蒙阴长寿之乡的名号"实至名归"。

2. 功能定位

　　生态农业示范区:农业+长寿。将传统的"体力型农业"向"康养型、智慧型、审美型、参与

体验型"的长寿农业转变。以健康为前提条件,以现代科技手段为支撑,积极开展可持续发展的能够提高和促进人体健康、调节人体机能的优质化、营养化、功能化农产品的开发,特别是蒙阴蜜桃、泉水农业、丹参、红山羊等具有浓郁崮乡特色的农产品,要进行品牌推广和集中打造。

精品绿色养生食品加工基地:食品加工业+长寿。大力发展绿色优质食品,改善供给结构,提高供给质量,优化产品结构,加快发展老年食品和满足特定人群需求的功能性食品,支持发展养生保健食品。提升产品品质,搭建基于标识解析等技术的质量追溯信息化平台,形成上下游产业食品质量安全可查询可控制可追究的追溯体系和责任机制。推动长寿与教育文化、健康养生深度融合,鼓励发展食品工业旅游、制造工艺体验、产品设计创意等新业态。

现代长寿服务业先行区:服务业+长寿。发展与长寿服务上下游相关的产业与行业,以全域理念统领长寿服务业发展。依托"山水"的空间布局,对全域康养资源进行全盘谋划、系统设计、统筹管理,按照"集点、连线、汇面"的要求,深度整合资源,把"珍珠"串成"项链",形成地域特色鲜明、配套齐全、融合发展的康养服务业体系。

10.4.2 发展目标

1. 总体目标

长寿产业规模显著扩大。长寿产品日益丰富,产业链不断完善,产业规模进一步壮大,长寿产业增加值占 GDP 比重显著提升,涌现一批带动力强的龙头企业,形成一批长寿产业服务集群、生产集群,培育一批知名品牌。

发展环境更加优化。长寿产业政策体系建立健全,行业标准和服务体系科学规范,政府监管和行业自律机制更加有效,"长寿+"的融合发展体制机制全面形成,全社会健康意识显著增强,长寿文化深入传承,形成独具自贡特色、文化氛围浓、创新活力强、行业自律好、政府监管有效的发展环境。

服务体系健全、服务能力提升。建成以公立机构为主体、社会机构为补充、覆盖全民全域全方位的长寿服务体系,满足多层次、多样化健康服务需求,实现医疗、康疗、养生、养老、健康文化旅游和健康保险、健康管理、医药商贸物流、健康地产协同融合发展,培育和建成一批高端、特色鲜明的健康服务机构和现代企业。优质资源不断聚集,人才支撑能力明显提高,信息化水平进一步提升,长寿产业新技术、新产品研究及应用水平不断提高。

2. 阶段目标

要坚持政府引导与市场驱动相结合、坚持深化改革与创新发展相结合、坚持突出特色与示范引领相结合、坚持整体推进与重点跨越相结合,到 2022 年,实现绿色农产品基地认证占 30%,绿色有机产品认证 20 个,地理标志产品认证 6 个,无公害产地认证率达到 100%。完成果品业的生态化改造,建成一批绿色无公害蜜桃生产基地,长寿文化、黄蟠桃等蜜桃产品形成品牌效应。完善现有苹果基地基础设施,提高苹果品质和单产,打造富硒苹果为特色的产业。中药材面积发展 5 万亩,主要是丹参种植和全蝎养殖规模化,实现农业种植效益 4 亿元,综合产值 6 亿元;蒙阴蜂蜜、蒙阴长毛兔形成全国知名品牌,农产品加工转化率达到 70%左右,农产品加工企业产值到达 110 亿元,实现蜜桃产业产值 10 亿元以上,建成全国最大的蜜桃产业基地。旅游业占 GDP 比重达到 30% 以上。长寿服务体系趋于完善,初步建成覆盖全市、辐射鲁中南、面向京津冀的现代化长寿产业发展高地。到 2025 年,促进长寿产业发展的制度体系更加完善,健康生活方式得到普及,长寿服务质量和长寿保障水平不断提高;基本建成覆盖全生命周期、特色鲜明、结构合理、具有较强区域竞争力的长寿产业体系,打造长寿养生旅游目的地城市,成为山东乃至整个华北地区长寿产业发展标杆和样板城市。

10.4.3 发展路径

1. 打破行政分割格局,促进区域经济协调发展

一般而言,邻近区域范围内的行政单元其地理条件基本相同,自然资源基本相似,经济发展水平基本相当,同质化现象严重。只有打破现有行政分割格局,消除行政壁垒影响,提高区域自然资源的整合利用程度,推动长寿产业和市场的规模化、集约化水平,才能促进长寿经济形成大产业发展。

2. 推动长寿相关产业发展,形成市域经济的主导力量

开发长寿资源,探讨长寿秘诀,打造长寿品牌是时代的呼唤。大力发展长寿经济,通过"长寿之乡"品牌示范带动引导其他区域的长寿经济文化发展,也有利于带动其他产业发展,形成区域经济的主导力量。一是发展长寿旅游业。二是长寿旅居养老产业。三是发展保健疗养业。四是发展健康服务业。五是加强长寿产品的开发与生产。

3. 发扬孝道文化优良传统,营造尊老、爱老、助老的氛围

长寿的原因有遗传、生态环境、生活方式等多方面因素的影响,受到尊敬、生活有满足感,也是长寿的主要原因。通过鲜活的尊老、爱老的典型示范,进一步发扬中国传统文化中"百善孝为先"的优良传统,在全社会营造尊老、爱老、助老的氛围。

4. 增强地域认同感,促进区域协调发展

长寿之乡的形成与当地人群的生活习惯、生活方式、文化精神是密切相关的。通过长寿经济的培育,能够进一步提高长寿区域的知名度,使更多的国内外游客了解和体验当地长寿文化,促使当地群众进一步认同自己的地域特色文化,增强地域自豪感和认同感,从而产生使家庭和谐、民族团结的强大凝聚力和向心力。

5. 弘扬"两山理论",促进生态文明建设

自古以来,中国人敬畏自然,提倡人与自然和谐相处,形成了代代相传的环境保护意识,造就了天蓝水碧、绿意盎然的良好生态环境。长寿经济的发展,应紧紧围绕"两山理论",将其与区域生态文明建设和长寿经济发展有机地结合起来。其内在联系主要体现在以下几个方面:一是绿水青山形成了原生态宜居的自然环境和富集延年益寿的心理基因;二是绿水青山伴生出优良的气候环境,天然的"绿色空调"和"天然氧吧",富集延年益寿的体能基因;三是绿水青山孕育出丰富的原生态绿色食品,生津爽口,健脾养胃,富集延年益寿的饮食基因;四是绿水青山催生出丰富的原生态民族文化,天籁之音,鼓舞飞扬,富集延年益寿的快乐基因。

6. 依托长寿文化主题,加大长寿旅游商品的开发力度

按照"绿色、养生、旅游、长寿"主题,拓展文化外延,在更高层次和更宽领域深入挖掘和开发长寿养生旅游文化。积极开发户外徒步休闲养生、水疗养生、理疗养生、登山养生、森林养生等养生项目。充分利用长寿之乡独有的特色手工艺品等,开发一批有特色、易携带、有竞争力的长寿旅游商品,鼓励企业和群众进行生产和销售,形成特色长寿旅游商品品牌。

7. 整合长寿资源,集中力量打造长寿养生旅游目的地城市

树立打造"中国长寿养生旅游目的地"的品牌理念,着力提高长寿休闲养生旅游活动的策划水平和促销效果。积极做好长寿养生休闲"候鸟"工程和养生名牌产品研发生产。扩大长寿文化的对外影响,促使旅游品位更高、旅游品牌更响、旅游核心竞争力更强。把树立品牌意识作为突破口,整合旅游资源,加大基础设施和景区建设,大力开发休闲养生旅游产品体系,逐步完善软硬件设施,构建以长寿文化为主题、以养生度假、乡村休闲为主要功能的长寿旅游目的地。

10.5 长寿经济发展空间布局和示范区建设

10.5.1 长寿经济空间布局

长寿经济发展总体上规划为"一心一湖一环、七区支撑、多沟联动、多组团发展"的空间布局(见图10-19)。

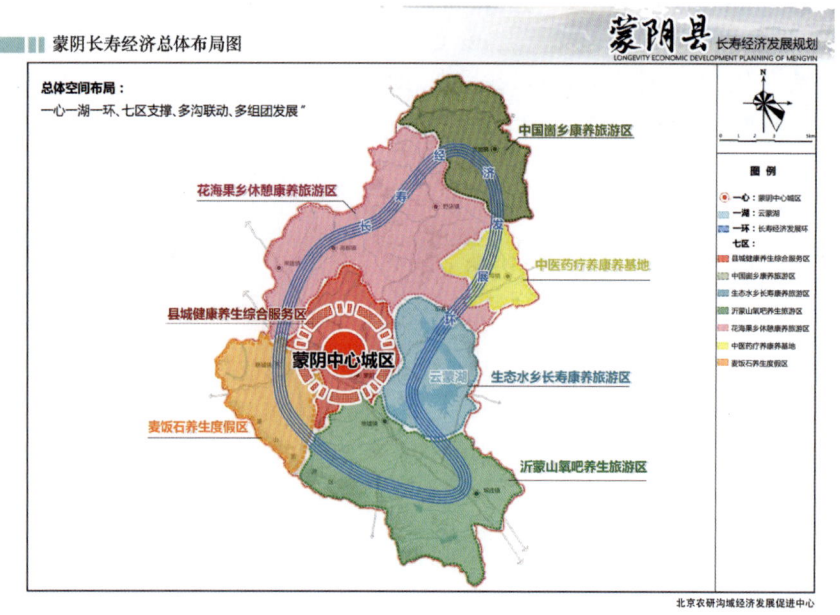

图10-19 蒙阴长寿经济总体布局图

"一心"指蒙阴城区。蒙阴城区主要作为长寿经济发展的服务区、健康养生美食区、高端医疗区、沂蒙文化、红色文化浓缩体验区。区域涉及蒙阴街道。

"一湖"是指云蒙湖。云蒙湖是蒙阴县最重要的生态和环境资源,对区域长寿经济的发展具有重要的影响。该区域是蒙阴长寿旅游、长寿文化的集中展示区。区域涉及垛庄镇、旧寨乡。

"一环"是指环蒙阴城区。一环主要作为长寿经济发展的副中心,是蒙阴长寿旅游集中区域,区域涉及常路镇、高都镇、桃墟镇、联城镇。

"七区支撑"指蒙阴县发展长寿经济的7大重点功能区域,包括县城健康养生综合服务区、中国崮乡康养旅游区、生态水乡长寿康养旅游区、沂蒙山氧吧养生旅游区、花海果乡休憩康养旅游区、中医药疗养康养基地、麦饭石养生度假区(见图10-20)。

图10-20 蒙阴长寿经济七大功能分区图

"多沟联动"指长寿经济发展的主要沟域有24条,分别为黄仁沟(黄仁河 垛庄镇)、金水沟(金水河 桃墟镇)、银麦沟(银麦河 联城镇)、莫庄沟(莫庄河 高都镇/旧寨乡)、高都沟(高都河 高都镇)、常路沟(常路河 常路镇)、黄家洼沟(黄家洼河 坦埠镇)、上峪沟(周家寨河 旧寨乡)、十字涧沟(十字涧河 岱崮镇)、野店沟(野店河 野店镇)、张庄沟(宝德河 蒙阴街道)等,分别依托各自特色,发展长寿沟域经济。

"多组团"指长寿经济围绕镇、村、园区地域特色组团式发展,主要有药旅组团,茶园养生组团、古镇养心组团、高端医疗康养组团、红色文化旅游组团、休闲农业组团、长寿植物科普组团等。

10.5.2 沂蒙长寿发展示范区建设

1. 沂蒙长寿发展示范区的空间范围

沂蒙,主要指的是以蒙山和沂水为地质坐标的地理区域。四五十万年前,沂蒙是沂源猿人生存的地区,是中华民族古文化起源之一的东夷文化的核心分布区,也是春秋时期鲁国、莒国等诸侯国的主要分布地域。革命战争年代,这里是著名的、全国举足轻重的红色根据地。

山东省临沂市的三区九县(兰山区、罗庄区、河东区、沂南县、沂水县、郯城县、费县、平邑县、苍山县、莒南县、蒙阴县、临沭县)位于沂蒙大地的腹地区域,是沂蒙文化的核心区域之一,也是中华文明的重要发祥地之一。该区域生态环境本底相通,长寿文化共融,长寿现象突出。因此,综合各种因素,拟将该部分区域确定为沂蒙长寿发展示范区。

2. 沂蒙长寿发展示范区的目标定位

以蒙山山系和沂水流域为生态环境本底,以融合了红色文化、绿色文化、乡土文化等各种文化类型的沂蒙文化为魂,依托世界地质公园、世界长寿之乡、世界著名养生长寿旅游圣地、中国生态名山、国家5A级旅游景区、国家森林公园、国家地质公园等荣誉为骨架,将沂蒙长寿发展示范区建设成为"国际知名、国内领先、中原一流"的长寿经济发展示范区,大力构建"四区一地"的发展格局:健康养老产业融合发展先行区、长寿产业发展改革试验区、中医药文化传承创新区、生态宜居示范区、康养休闲旅游目的地。

3. 沂蒙长寿发展示范区的分工与协作

依托自然资源、区位优势和文化底蕴,按照产业集聚、错位协同、均衡发展的原则,坚持三角发力、全域协同战略,强化区域中心引领作用,发挥环山沿河地带集聚效应,构筑"一城一圈,一脉一带"的沂蒙长寿经济发展格局。

(1)一城引领

即临沂城区,主要包括兰山区、河东区、罗庄区。要发挥城市在交通、经济、人口等区位优势,聚集优质资源,促进产业集群发展,重点建设医养健康产业园、健康产品采购分拨中心、温泉休闲度假区等,打造产业聚集发展核心区,发挥核心的聚集和带动作用。

1)兰山区

发挥中心城区辐射带动作用,依托优质医疗资源、孝文化以及商贸物流产业优势,集聚发展高端医养健康产业和健康产品贸易,加快推进凯旋医养健康、金锣绿色康养综合体等特色项目,推动鲁南制药自主创新,打造高端医疗健康服务业高地、健康产品贸易分拨中心以及医药制造业转型升级的示范区。

2)罗庄区

发挥医药产业既有优势,以罗欣药业为龙头,做大做强医药制造业,打造国家级医药产业集群;加快推进中华健康国际中心等建设,逐渐形成特色健康服务业产业集群。

3) 河东区

发挥生态宜居、温泉疗养等生态资源优势,建设和发挥市肿瘤医院、人民医院东城医院的龙头带动作用,打造特色健康医疗产业园;以汤头煤炭温泉疗养院为龙头,打造健康服务业创新发展试验区。

(2) 一圈支撑

即在临沂城区周边的沂水县、莒南县、兰陵县、平邑县4个县城,应以做强医疗服务为基础,以发展健康养老、康养旅游为抓手,满足群众多样化健康需求的同时辐射周边地市,积极打造多个健康产业高地,形成环临沂长寿经济发展的多极支撑发展圈层。

1) 沂水县

发挥沂蒙山腹地山水生态资源优势和临沂市中心医院的区域医疗中心辐射作用,加快建设景区运动康养综合区、田园综合体项目,发展特色医疗服务业,壮大康养旅游、体育健身等新业态;立足"中国食品城"、"全国食品工业强县"基础,推动健康食品等优势产业壮大。

2) 莒南县

以养生度假旅游为主题,整合红色文化、中医药文化、茶文化,加快继春堂野生中药养生谷项目、莒南茶溪川田园综合体项目建设,打造集养生休闲、旅游度假、科普体验等功能为一体的养生休闲度假区。

3) 兰陵县

利用现有特色农业、物流优势,发展特色健康农产品生产和贸易,推进大蒜、牛蒡等蔬菜标准化、规模化和品牌化发展,建设百草谷、国家农业公园、压油沟等为代表的观光休闲农业项目,打造优质农产品生产基地和观光休闲农业产业园区。

4) 平邑县

依托优质医疗资源和丰富自然资源,建设集医护疗养、居住养老、生态休闲、文化娱乐于一体的颐养安老之区;发挥中医药资源优势,提升金银花特色品牌,做好深加工和产业链延伸,加快建设中医药产业发展示范区。

(3) 一脉带动

以蒙山山脉为空间脉络集聚发展,重点发展蒙山旅游度假区、蒙阴县、费县,同时辐射平邑县、沂水县、沂南县等。充分发挥森林、山地、温泉、地磁、水库、湿地等生态环境优势,依托医学前沿科技和先进健康管理理念,建设旅游养老、温泉养生、养生健身、健康管理、中草药等产业为重点的医养健康产业集群,整体打造蒙山康养圣地的国际品牌。

1) 蒙山旅游度假区

统筹周边医疗、养老养生、生态旅游资源,完善基础设施,优化投资环境,推进康谷温泉康养旅游综合体、金线河山水文化养生带、中草药基地等项目建设,努力打造融健康旅游、康复疗养、健康养老、养生休闲为一体的国际高端康养旅游服务中心。

2) 蒙阴县

发挥生态资源、红色旅游等优势,加快健康养老、中医药养生、休闲健身、健康旅游等产业发展,做强森林康养产业,加快建设特色鲜明的健康旅游目的地和全域旅游示范区、医养健康产业发展先行示范区。

3) 费县

发挥"世界长寿之乡"优势,抓住建设全域旅游先行区和县级医院综合改革省级试点的发展机遇,统筹深化改革和产业创新发展,构建"康体寿养"服务新模式;挖掘孝文化、养生文化、养心文化等内涵,结合现代健康管理和智慧医疗,加快建设健康文化传承发展示范区,发展健康管理和健康文化产业。

(4) 一带聚集

即以沂河、沭河两岸为发展带,包括沂南县、临沭县、郯城县,发挥沿沂沭河生态走廊的河湖、湿地养生资源和生态农业优势,打造以康养旅游、体育健身、健康农业为重点的健康产业集聚带,培育新的经济增长点。

1) 沂南县

发挥红色文化和温泉疗养度假的品牌优势,发展温泉疗养、生态农业、中医药养生等产业,建设一批自然生态环境适宜、医疗服务条件良好的康养旅游特色镇村,推动健康旅游主导产业快速发展。

2) 临沭县

沿苍源河、沭河重点打造生产制造、健康服务两个产业线。依托滨海高新产业区,重点发展医疗器械制造业、老年保健用品制造业;依托小蒙山风景区和苍马山风景区等生态旅游资源,加快发展健康旅游、养老养生服务业和特色中草药种植业。

3) 郯城县

充分发挥银杏原料资源优势,推进医药产业园建设,打造以银杏类健康产品和医药制造为特色的生物医药产业园区。发挥水生态资源优势,结合银杏文化、郯国古文化开发,加快推进鲁地天沐温泉、银杏温泉小镇等项目,发展健康农业,推动健康旅游产业园区和示范基地建设。

10.6 长寿经济体指标体系

考虑蒙阴长寿经济所涉及的各个方面及其内在联系,同时结合蒙阴特殊的社会生产条件,参考《中国长寿之乡评审标准》、"中国绿色农业""绿色化工业"发展水平、《康体养生旅游目的地评价指标体系构建及应用研究》《国家康养旅游示范基地创建标准》(LB/T 051—2016),参照数据的可获得性,建立了宏观指导性质的指标、经济发展水平、生态环境、长寿农业、长寿工业、长寿旅游、人居环境、可持续发展水平8个领域的评价指标,具体指标35小项,采用列表形式展示,并区分约束性指标、参考性指标和特色指标。其中约束性指标23项,参考性指标9项,特色参考指标3项,指标数据的获取来源于课题组问卷调研数据和蒙阴县统计年鉴及各部门的统计数据(见表10-31)。

表 10-31 蒙阴县长寿经济发展指标体系

领域	序号	指标名称	单位	指标值	指标属性	现状值 2017	水平	规划值 近期 2025	规划值 远期 2030
宏观指导	1	长寿之乡	—	申报认定	约束	认定	达标	达标	达标
宏观指导	2	长寿经济发展规划	—	制定实施	约束	制定	不达标	制定实施	制定实施
经济发展	3	恩格尔系数	%	≤40	约束		达标	达标	达标
经济发展	4	城镇居民人均可支配收入	元/人	35000	参考	33918	不达标	36842	56686
经济发展	5	农村居民人均纯收入	元/人	15000	约束	11053	达标	16182	26062
生态环境	6	森林覆盖率	%	≥60	约束	51.8%	不达标	60	65
生态环境	7	全县环境空气质量优良天数	d	≥220	约束	201	不达标	240	280
生态环境	8	地表水质	%	达到或优于Ⅲ类比例≥75	约束	—	达标	100	100
生态环境	9	土壤质量	—	达到或优于无公害食品产地环境质量标准	约束	—	达标	达标	达标
生态环境	10	主要污染物总量减排	—	达到考核要求	约束	达标	达标	达标	达标
长寿农业	11	"三品一标"农产品数量	个	180	约束	186	达标	220	250
长寿农业	12	农业灌溉用水有效利用系数	个	0.7	约束	0.63	不达标	0.75	0.8
长寿农业	13	休闲农业与乡村旅游收入占GDP比值	亿元	≥10	约束	10.07	达标	12	15
长寿农业	14	乡村旅游旅游人次	万次	500	约束	540	达标	700	900
产品质量控制	15	农业投入品合格率	%	100	约束	100	达标	100	100
产品质量控制	16	化肥用量	kg/亩	30	约束	38.8	不达标	达标	达标
产品质量控制	17	农药用量	kg/亩	0.1	约束	0.13	不达标	达标	达标
产品质量控制	18	农产品质量追溯体系	—	建立	约束	—	不达标	建立	建立
产品质量控制	19	食用农产品质量	—	达到或优于无公害食品标准	约束	—	达标	达标	达标
长寿工业	20	农副食品加工业总产值	亿元	—	参考	5.24	—	10	15
长寿工业	21	食品制造业总产值	亿元	—	参考	7.67	—	15	20
长寿工业	22	医药制造业产值	亿元	—	特色参考	0.78	—	1.8	2.5
长寿工业	23	康养制造业产值	亿元	—	特色参考	—	—	2	4

续表

领域	序号	指标名称	单位	指标值	指标属性	现状值 2017	水平	规划值 近期 2025	规划值 远期 2030
长寿服务业	24	农林牧渔服务业占农业总产值比重	%	≥10	参考	5.81	不达标	≥15	≥30
	25	旅游业总收入占GDP比重	%	≥35	参考	29.35	不达标	≥35	≥40
	26	第三产业占GDP比重	%	≥45	参考	48.3	达标	≥55	≥60
	27	每千人拥有医疗从业人员数	个	达到或超过全国平均水平	约束	4.61	不达标	≥10	≥15
	28	康养用地所占国土面积比例	%	达到或超过全国平均水平	参考	—	—	—	—
人居环境	29	城镇(乡)供水水源地水质达标率	%	100	约束	100	达标	100	100
	30	乡镇生活污水集中处理率	%	≥80	约束	60	不达标	≥80	≥90
	31	城镇生活垃圾无害化处理率	%	≥90	约束	90	达标	100	100
	32	农村卫生厕所普及率	%	≥95	参考				
可持续发展	33	农作物秸秆综合利用率	%	≥80	参考	80	达标	85	90
	34	工业固体废物综合利用率	%	≥90	参考	70	不达标	90	95
	35	主要再生资源回收利用率	%	≥60	参考	50	不达标	70	80

指标解释:

(1)恩格尔系数:食品支出总额占个人消费支出总额的比重。根据联合国粮农组织提出的标准,恩格尔系数在59%以上为贫困,50%～59%为温饱,40%～50%为小康,30%～40%为富裕,低于30%为最富裕。计算公式为:恩格尔系数=(食物支出总额/家庭或个人消费支出总额)×100%。

(2)城镇居民人均可支配收入:是指反映居民家庭全部现金收入能用于安排家庭日常生活

的那部分收入。它是家庭总收入扣除交纳的所得税、个人交纳的社会保障费以及调查户的记账补贴后的收入。

(3)农村居民人均纯收入:指农村居民家庭全年总收入中,扣除从事生产和非生产经营费用支出、缴纳税款和上交承包集体任务金额以后剩余的,可直接用于进行生产性、非生产性建设投资、生活消费和积蓄的那一部分收入。也包括工资性收入、经营性收入、财产性收入、转移性收入。

(4)森林覆盖率:指地区森林面积占土地面积的百分比。用林地面积/国土总面积×100%。

(5)全县环境空气质量优良天数:执行国家环境空气质量标准(GB 3095—2012)二级标准。

(6)地表水环境质量:指行政区内主要监测断面水环境质量水质达到或优于Ⅲ类水的比例,执行《地表水环境质量标准》(GB 3838—2002)。要求行政区地表水达到水环境功能区标准,且Ⅰ、Ⅱ类水质比例不降低,过境河流市控以上断面水质不降低。

(7)土壤质量:指土壤在生态系统中保持生物的生产力、维持环境质量、促进动植物健康的能力。长寿农业与土壤质量环境息息相关。长寿农业以生态安全与环境友好为基础;确保不受不良环境因素影响,同时不对生态环境造成危害。长寿农业土壤环境质量标准按国家无公害农产品产地环境质量标准、绿色食品产地环境质量标准(NY/T 391—2013)执行。

(8)主要污染物总量减排:该指标旨在强调按时完成上级政府下达的主要污染物总量减排任务,重点关注国家责任书项目和年度减排计划工程措施的完成情况。主要污染物包括化学需氧量、二氧化硫、氨氮、氮氧化物等,其种类随国家相关政策的调整作相应调整。

(9)"三品一标"农产品数量:无公害农产品、绿色食品、有机农产品和农产品地理标志统称"三品一标"。"三品一标"标准要求参照全国其他地区的一般水平确定。

(10)农业灌溉用水有效利用系数:是指在一次灌水期间被农作物利用的净水量与水源渠首处总引进水量的比值。它是衡量灌区从水源引水到田间作用吸收利用水的过程中水利用程度的一个重要指标,也是集中反映灌溉工程质量、灌溉技术水平和灌溉用水管理的一项综合指标,是评价农业水资源利用,指导节水灌溉和大中型灌区续建配套及节水改造健康发展的重要参考。按《水利部办公厅关于做好2018年农田灌溉水有效利用系数测算分析工作并按时报送2017年系数成果的通知》执行。

(11)休闲农业与乡村旅游收入占GDP比值:休闲农业与乡村旅游收入占GDP的比重,反映休闲观光农业经营收入状况,用来衡量农业功能拓展和各类休闲观光农业发展水平。

(12)乡村旅游旅游人次:反映一定时期乡村旅游发展水平变化程度的指标,也是反映区域内乡村旅游是否具有活力的基本指标。

(13)农业投入品合格率:有机食品、绿色食品、无公害食品生产及加工过程中使用的农药、肥料、兽药、畜禽饲料及饲料添加剂、渔药、渔业饲料及饲料添加剂、食品添加剂合格与否需经检测确定。农药、兽药、渔药等投入品使用要符合国家制定的绿色食品、有机食品、无公害产品农药、兽药、渔药、肥料使用准则、畜禽饲料及饲料添加剂使用准则、畜禽卫生防疫准则、渔业饲料及饲料添加剂使用准则、食品添加剂使用准则等规定。

(14)化肥用量:指行政区内每亩耕地的化肥施用强度。2017年每亩耕地的化肥施用强度是根据蒙阴县2014—2017年化肥使用量计算得出的4 a平均值。

(15)农药用量:指行政区内每亩耕地的农药施用强度。2017年每亩耕地的农药施用强度是根据蒙阴县2014—2017年农药使用量计算得出的4 a平均值。

(16)农产品质量追溯体系:指行政区建立了农产品生产、加工、销售全过程质量监管控制体系,因地制宜出台了产品质量调查、监测、评估等相关管理制度和政策措施,形成了多部门联合监管工作机制。建立了农产品的追溯信息系统。

(17)食用农产品质量:指行政区内生产出的鲜活食用农产品、初加工的食用农产品及其加工品质量达到或高于国家无公害农产品相关标准。

(18)农副食品加工业总产值:反映农产品的加工能力,是农副产品加工业总量规模。

(19)食品制造业总产值:反映食品制造业的加工能力,是食品制造业的总量规模。

(20)医药制造业产值:反映医药制造业的加工能力,是医药制造业的总量规模。

(21)康养制造业产值:反映医疗器械、养老设备、移动检测设备等康养制造业的加工能力,是康养制造业的总量规模。

(22)农林牧渔服务业占农业总产值比重:指区域经济和产业结构优化调整情况统计。计算方法是指辖区农林牧渔服务业占GDP的比例。

(23)旅游业占GDP比重:区域经济和产业结构优化调整情况统计。计算方法是指辖区旅游业总收入占GDP的比例。计算方法:

旅游业占GDP比重=旅游业总收入(万元)/GDP(万元)。数据来源:统计、旅游等部门。

(24)第三产业占GDP比重:指区域经济和产业结构优化调整情况统计。计算方法是指辖区第三产业产值占GDP的比例。计算方法:

$$第三产业占\text{GDP}比重=\frac{第三产业产值(万元)}{\text{GDP}(万元)}$$

(25)每千人拥有医疗从业人员数:反映区域内医疗卫生服务提供情况的统计指标。计算方法是指辖区医疗从业人员数/总人口。

(26)康养用地所占国土面积比例:指辖区内康养用地面积占国土面积的比例。计算方法:

康养用地比例=辖区内康养用地面积(平方千米)/辖区内土地总面积(平方千米)×100%

(27)城镇(乡)供水水源地水质达标率:辖区内城市和乡镇饮用水水源地的水质达标率。

(28)乡镇生活污水集中处理率:指乡镇生活污水集中处理率是指乡镇生活污水经过污水处理厂或其他污水处理设施(土地、湿地处理系统等)处理,且达到排放标准的排水量占乡镇生活污水排放总量的百分比。参考《城镇排水与污水处理条例》(国务院令第641号)有关规定。计算公式:

乡镇生活污水处理率=

$$\frac{污水处理厂达标排放量+其他污水处理设施(土地及湿地处理系统等)达标排放量}{乡镇生活污水排放量}\times100\%$$

(29)城镇生活垃圾无害化处理率:指县城及城镇建成区生活垃圾无害化处理量占行政区垃圾产生量的比例。执行《生活垃圾焚烧污染控制标准》(GB 18485—2014)、《生活垃圾填埋污染控制标准》(GB 16889—2008)。计算公式:

$$城镇生活垃圾处理率 = \frac{生活垃圾无害化处理量}{行政区生活垃圾总量} \times 100\%$$

(30)农村卫生厕所普及率：指行政区使用卫生厕所的农户占农户总数的比例。执行《农村户厕卫生标准》(GB 19379—2003)。

(31)农作物秸秆综合利用率：农作物秸秆综合利用率是指行政区内综合利用的秸秆量占秸秆产生总量的比例。秸秆综合利用方式包括秸秆肥料化、饲料化、能源化、原料化、基质化等。计算公式：

$$秸秆综合利用率 = \frac{综合利用的秸秆量(t)}{秸秆总产量(t)} \times 100\%$$

(32)工业固体废物处置利用率：指行政区内工业固体废物处置及综合利用量占工业固体废物产生总量(当年工业固废产生量、处置往年贮存量和综合利用往年贮存量之和)的比值。有关标准参照《一般工业固体废物贮存、处置场污染控制标准》(GB 18599—2001)执行。计算公式：

$$一般工业固体废物处置利用率 = \frac{一般工业固体废物处置量(t)}{一般工业固体废物产生量 + 处置往年贮存量 + 综合利用往年贮存量(t)} \times 100\%$$

(33)主要再生资源回收利用率：是指再生资源回收量占再生资源总量的比重。

10.7 长寿经济生产体系：长寿农业和长寿产品加工业研究

10.7.1 长寿农业产业体系构成

1. 长寿农业生产指标考核体系

长寿农业生产指标体系应以《全国农业可持续发展规划(2015—2030年)》(农计发〔2015〕145号)为指导、以农业农村部《农业绿色发展技术导则(2018—2030年)》(农科教发〔2018〕3号)为纲领,参考蒙阴县所处的优化发展区——黄淮海区提出的农业可持续发展方向和重点,以及蒙阴县农业资源承载力、环境容量、生态类型和发展基础等因素,参照农业农村部的《农业绿色发展技术导则》农业绿色技术体系,结合长寿农业特点来制定长寿农业生产体系指标。

长寿农业生产指标体系采用 GB/T 19630.1—2011《有机产品 第1部分：生产》、原农业部 TY/T 391—2013 绿色食品产地质量环境部分,包括长寿农业产地(示范基地)生产环境、长寿农业绿色品投入、长寿农业绿色生产技术、药食同源品种比例4项24个评价指标,采用列表形式展示,并区分约束性指标、参考性指标(见表10-32)。

表 10-32 蒙阴县长寿农业生产指标体系

领域	序号	指标名称	单位	指标值	指标属性	现状发展值 2019	现状发展值 2020—2022	规划值 近期 2022	规划值 远期 2027
长寿农业产地生产环境	1	环境空气质量标准	—	GB/T 19630.1—2011 或 NY/T 391—2013	约束	试点筛选	集成示范	推广应用	达标
	2	农田灌溉水质标准	—	GB/T 19630.1—2011 或 NY/T 391—2013	约束	试点筛选	集成示范	推广应用	达标
	3	生活饮用水卫生标准	—	GB/T 19630.1—2011 或 NY/T 391—2013	约束	试点筛选	集成示范	推广应用	达标
	4	保护农作物的大气污染最高允许浓度	—	GB/T 19630.1—2011 或 NY/T 391—2013	约束	试点筛选	集成示范	推广应用	达标
	5	渔业水质标准	—	GB/T 19630.1—2011 NY/T 391—2013	约束	试点筛选	集成示范	推广应用	达标
	6	土壤环境质量标准	—	GB/T 19630.1—2011 NY/T 391—2013	约束	试点筛选	集成示范	推广应用	达标
	7	畜禽养殖业污染物排放标准	—	GB/T 19630.1—2011 NY/T 391—2013	约束	试点筛选	集成示范	推广应用	达标
长寿农业绿色投入品	8	长寿农业品种应用率	%	≥90%	约束	重点研发	集成示范	推广应用	达标
	9	环保高效肥料	%	排放强度和负荷分别削减30%和40%以上	约束	重点研发	集成示范	推广应用	达标
	10	高效低毒低风险农业药	%	排放强度和负荷分别削减30%和40%以上	约束	重点研发	集成示范	推广应用	达标
	11	生物制剂	%	≥80%	参考	重点研发	集成示范	推广应用	达标
	12	节能低耗智能化农业装备应用率	%	≥70%	约束	重点研发	集成示范	推广应用	达标

续表

领域	序号	指标名称	单位	指标值	指标属性	现状发展值 2019	现状发展值 2020—2022	规划值 近期 2022	规划值 远期 2027
长寿农业绿色生产技术	13	农业控水与雨养旱作技术	%	标准化生产覆盖率达到60%以上	参考	重点研发	集成示范	推广应用	达标
	14	化肥农药减施增效技术	%	标准化生产覆盖率达到60%以上	约束	重点研发	集成示范	推广应用	达标
	15	农业废弃物循环利用技术	%	标准化生产覆盖率达到60%以上	约束	重点研发	集成示范	推广应用	达标
	16	农业面源污染治理技术	%	标准化生产覆盖率达到60%以上	约束	重点研发	集成示范	推广应用	达标
	17	重金属污染控制治理技术	%	标准化生产覆盖率达到60%以上	约束	重点研发	集成示范	推广应用	达标
	18	畜禽水产品安全绿色生产技术	%	标准化生产覆盖率达到60%以上	约束	重点研发	集成示范	推广应用	达标
	19	草畜配套绿色高效生产技术	%	标准化生产覆盖率达到60%以上	参考	重点研发	集成示范	推广应用	达标
药食同源品种比例	20	谷物类(11类)	%	≥90%	约束	品种筛选	集成示范	推广应用	达标
	21	水果类(7类)	%	≥90%	约束	品种筛选	集成示范	推广应用	达标
	22	蔬菜类(11类)	%	≥90%	约束	品种筛选	集成示范	推广应用	达标
	23	畜禽水产类(5类)	%	≥90%	参考	品种筛选	集成示范	推广应用	达标
	24	中药类(39类)	%	≥90%	约束	品种筛选	集成示范	推广应用	达标

(1)农业绿色发展5大行动：由农业部2017年5月发布，内容包括启动：畜禽粪污资源化利用行动、果菜茶有机肥替代化肥行动、东北地区秸秆处理行动、农膜回收行动和以长江为重点的水生生物保护行动，旨在推动农业走上可持续发展道路。

(2)五区一园：指国家现代农业示范区、粮食生产功能区、重要农产品生产保护区、特色农产品优势区、农业可持续发展试验示范区。一园：现代农业产业园。

(3)药食同源品种。卫生部/卫计委/卫健委于2002年、2014年、2018年公布了《按照传统既是食品又是中药材物质目录管理办法》(征求意见稿)，共有111个品种名单。

丁香、八角、茴香、刀豆、小茴香、小蓟、山药、山楂、马齿苋、乌梢蛇、乌梅、木瓜、火麻仁、代代花、玉竹、甘草、白芷、白果、白扁豆、白扁豆花、龙眼肉（桂圆）、决明子、百合、肉豆蔻、肉桂、余甘子、佛手、杏仁、沙棘、芡实、花椒、红小豆、阿胶、鸡内金、麦芽、昆布、枣（大枣、黑枣、酸枣）、罗汉果、郁李仁、金银花、青果、鱼腥草、姜（生姜、干姜）、枳子、枸杞子、栀子、砂仁、胖大海、茯苓、香橼、香薷、桃仁、桑叶、桑葚、桔红、桔梗、益智仁、荷叶、莱菔子、莲子、高良姜、淡竹叶、淡豆豉、菊花、菊苣、黄芥子、黄精、紫苏、紫苏籽、葛根、黑芝麻、黑胡椒、槐米、槐花、蒲公英、蜂蜜、榧子、酸枣仁、鲜白茅根、鲜芦根、蝮蛇、橘皮、薄荷、薏苡仁、薤白、覆盆子、藿香（第一批）；人参、山银花、芫荽、玫瑰花、松花粉、粉葛、布渣叶、夏枯草、当归、山奈、西红花、草果、姜黄、荜茇（第二批）；党参、肉苁蓉、铁皮石斛、西洋参、黄芪、灵芝、天麻、山茱萸、杜仲叶（第三批）。

涉及蒙阴县能够生产的谷物11种、水果7种、蔬菜11种、畜禽水产品5种、中药类39种左右。

(4) 指标属性。指标属性分为约束性指标、参考指标。约束性指标是要求在一定的时间范围内达到该项指标；参考指标为实施单位可以参照这项指标值，根据自身实际情况进行调整。

(5) 现状发展值、规划值。参考《农业绿色发展技术导则（2018—2030年）》中的重点研发、集成示范、推广应用3个阶段的指标值，在现状发展值（目前发展现状）、规划值（未来推广应用和达标）中设置了试点筛选、集成示范、推广应用、达标四项指标。

2. 长寿农业植物栽培系统规划

(1) 谷类栽培系统

蒙阴县现有谷类作物的种植比较分散，还远远满足不了蒙阴县居民日常的消费量，还需要从外面购进大部分大米、面粉、油脂类等食品。食品的质量安全性虽然有保障，但过于精细化加工的精细米、面谷产品，其营养指标缺失严重，因此，就地挖掘和引进地方谷类特色品种进行生产，解决谷物类农产品过于精细化的营养缺失问题，满足蒙阴县全县居民健康长寿的需求，吸引更多的消费者消费沂蒙山区长寿农产品很有必要。

规划建设优质特色小麦—玉米—大豆长寿农作物示范基地、谷黍—花生—豆类长寿农作物示范基地、麦饭石花生长寿农作物种植示范基地、麦饭石红薯长寿农作物种植示范基地。

(2) 蔬菜类栽培系统

蒙阴县现有的蔬菜栽培的方式为露地和设施温室。各类蔬菜的产量基本上能够满足本地的需求，黄瓜、西红柿、香椿苗等品种还销往全国各地。在满足以经济效益为前提的蔬菜生产同时，蒙阴县应借助山东省"长寿之乡"的长寿资源优势，充分挖掘健康养生蔬菜资源与本地长寿乡镇（街道）、长寿村、高龄人群的饮食关系，筛选具有一定健康养生功能的蔬菜品种，开发系列养生蔬菜产品，提升城乡居民健康长寿的水平，推动地方蔬菜产业的结构调整和产业升级。规划建设优质特色苋菜蔬菜种植示范基地、香椿苗蔬菜种植示范基地、麦饭田园红薯茎尖蔬菜种植示范基地、芽苗菜种植示范基地、莲藕种植示范基地、牛蒡蔬菜种植示范基地。

(3) 水果类栽培系统

蒙阴县果树品种已经涉及鲜食、干果、坚果、浆果等几大水果系列近百个品种。在发展特色水果品种，提高果品质量、品质的同时，开发水果的保健、养生功能，充分挖掘水果的养生价值是未来果品高效升值的一个发展方向。规划建设优质特色蒙阴长寿桃(蒙阴蜜桃)栽培示范基地、长寿樱桃栽培示范基地、长寿苹果栽培示范基地、长寿杏栽培示范基地、长寿葡萄栽培示范基地、长寿蓝莓栽培示范基地、长寿板栗栽培示范基地、长寿核桃示范基地、长寿榛子栽培示范基地。

(4) 中草药栽培系统

蒙阴县现有中草药种植情况是①品种资源丰富,但人工栽培面积小。②土地资源有限,部分山区土地资源没有得到合理利用。③中草药和康养结合的不够。④既有道地药材,也有十分丰富的药食同源中药。⑤单位果树亩产的经济效益比中药材的效益高,中药材种植面积难以恢复到历史最高水平。因此,蒙阴县中草药的产业发展应以在开发"药食同源"的中草药,以满足地方居民健康生活需求为导向,以发展"道地药材"满足中药企业市场的需求为目标,发展中草药定制园、观光园和示范基地,为创建全国长寿之乡提供支撑。规划建设优质特色丹参长寿中药材栽培示范基地、徐长卿长寿中药材栽培示范基地、金银花长寿中药材栽培示范基地、板蓝根长寿中药栽培示范基地、桔梗长寿中药栽培示范基地、葛根长寿中药栽培示范基地、紫草长寿中药栽培示范基地、花椒长寿中药栽培示范基地、何首乌长寿中药栽培示范基地、中草药资源示范基地(园区)。

3. 长寿农业动物养殖系统规划

蒙阴县主要的动物养殖品种除了常规的肉鸡、蛋鸡、肉牛、生猪和山羊外,还有蒙阴长毛兔、蒙阴黑山羊,蒙阴全蝎、中华蜜蜂、蒙阴大银鱼等特种养殖业。蒙阴县在长寿动物养殖产业中充分利用现有的特种动物品种资源,引进适合蒙阴地区气候条件的特种动物品种,开发为健康长寿服务的优质动物食材、药材。

(1) 蒙阴山羊养殖系统

蒙阴县地方现有的山羊品种主要有:蒙山黑山羊、沂蒙黑山羊、白山羊、济宁青山羊、波尔山羊等品种。

发展思路:蒙阴县具有饲养草食动物的自然优势,而沂蒙黑山羊作为山东优良地方品种,更是有着悠久的饲养历史。目前,蒙阴县沂蒙黑山羊存栏约有 10 万头,主要集中分布在岱崮镇、桃墟镇、垛庄镇及联城镇。蒙阴县鲁西南活羊交易市场日均交易量达 1000 只以上,辐射济宁、枣庄、日照、莱芜等周边市区。单胎繁殖,地方优势品种,因生长周期缓慢,且是单胎繁殖,单纯养殖效益比不上现在一些杂交新品种。

因此,就地挖掘和引进地方山羊特色品种进行品种资源保护,繁育出黑色、红(棕)色、青色系列的特色山羊品种,提高山羊的生产性能(一年两胎及二年三胎型、一胎 2 羔或 3 羔型、或肉毛绒兼用品种型),通过与优质牧草及中草药牧草结合,开发出健康长寿的羊肉蛋奶品食品,满足长寿之乡居民的营养美食需求。

规划内容:"蒙山黑山羊"地方优势种质资源保种繁育基地、"沂蒙红山羊"品种资源繁育基地、"沂蒙青山羊"品种保护繁育基地、"沂蒙奶山羊"品种繁育基地。

(2) 蒙阴十足全蝎养殖系统

"蒙山全蝎"具有驱毒、防癌、治病之奇效而驰名中外。"油炸蒙山全蝎"更是蒙阴县餐桌上的珍品佳肴。蒙山全蝎是贵重特产动物药材之一,全蝎入药始见于《蜀本草》,已有 1100 年历史。全蝎具有祛湿、通络、消炎、攻毒等功能,主治风湿、半身不遂、皮肤病、各类炎症、口眼歪斜、破伤风、淋巴结核,疮疡肿毒等功效。

发展思路:针对蒙山全蝎品种资源越来越少,人工养殖技术难度较大的状况,选择蒙山全蝎最佳的生活繁殖区域,率先在全县建立"蒙山全蝎野生中药资源抚育区"、蒙山全蝎生态养殖基地,应用室内立体太阳能加温养殖方式、黄粉虫养殖技术、种蝎装杯产子技术、产房中温湿度的控制技术、幼蝎分离育肥技术"等科学养殖技术,通过"蒙山全蝎"养殖基地建设,带动全县全蝎中药材、养生食材的产业发展,将蒙阴县创建成全国"蒙山全蝎"动物药规模化、标准化、生态化养殖示范区。

规划内容:高都镇忠诚全蝎养殖示范基地、桃墟镇金鑫村全蝎养殖示范基地、旧寨乡东里庄全蝎养殖基地、联城镇蒙阴县康泰中药材种植专业合作社示范基地、蒙山全蝎自然保护区(筹备宋家林村)。

(3)蒙阴中华蜂养殖系统

蒙阴中华蜜蜂属于华北生态类型,华北中华蜜蜂的特征是工蜂个体较大,但吻短,耐寒性强,防盗蜂能力强,一般群势也可达 2 kg 的蜂量。2012 年蒙阴县成功通过了"蒙山蜂蜜"地理标志产品认证。2013 年被批准为"山东省中华蜜蜂保护区"。2016 年依托现代农业项目建成 2 处标准化中蜂养殖场。

发展思路:蒙阴县的养蜂业由蜜蜂为农作物授粉已经为当地的林果业及温室蔬菜产业带来了较高的经济收益,蜜蜂授粉不仅使农作物产量大幅度提高,而且品质也能够显著改善,种子生命力加强,因此蜜蜂被誉为"农业之翼"。

规划内容:蒙阴深山蜜坊蜂业养蜂场、蒙阴县巩氏蜜蜂园、蒙阴县甜庄中华蜜蜂种蜂场。

(4)蒙阴长毛兔养殖系统

蒙阴长毛兔品种源于 20 世纪 80 年代从西德引进的德系种兔;90 年代与山农大动科院历经 8 年(1991—1999 年)合作育成了具有当地特色的"沂蒙长毛兔"新品系,至此,全县良种长毛兔的选育推广及饲养管理水平得到了迅速提高。蒙阴的长毛兔产业逐渐走向正规,单兔产毛量也已经达到了国际水平。

蒙阴县的"红烧兔头制作技艺",因其独特的吃法,成为地方特色餐饮和宴请嘉宾的美食,获得非物质文化遗产名录。

发展思路:蒙阴县长毛兔存栏 600 万只,按照每年 30% 的淘汰率,长毛兔的淘汰数量为万只。利用优质的饲料桑等中草药资源,可以开发出独具健康营养的兔肉系列食品,满足长寿之乡人口的需求。

规划内容:沂蒙长毛兔种质资源保护与利用、沂蒙长毛兔综合标准化示范区、种养结合示范区 10 个(兔—沼—果循环种养模式)、肉兔养殖示范基地。

(5)蒙阴水产品养殖系统

发展思路:近年来蒙阴县在提高大银鱼产品附加值方面做了很多重要的工作。一是指导"沂蒙湖"大银鱼通过有机水产品"双认"认证。二是配合市渔业局成功举办了山东临沂市银鱼菜肴烹饪大赛、承办了"中国大银鱼产业发展研讨会"、成立了临沂市沂蒙湖大银鱼合作社。三是在传统的冷冻银鱼及干品的基础上,积极开展银鱼深加工和新产品研发,加大休闲方便银鱼食品、保健品、美容化妆品等研发探讨,进一步提高大银鱼产品附加值。下一步在大银鱼及其他鱼类产品长寿养生方面加大力度,开发出具有较高长寿价值的鱼类产品。

规划内容:云蒙湖大银鱼 2000 hm² 的国家级水产种质资源保护区、云蒙湖渔业有限公司有机水产品养殖基地(大银鱼)、部级健康养殖示范场。

4. 长寿农业菌类栽培系统规划

发展思路:积极拓展以香菇为重点的食用菌产业,制定"十四五"期间新的食用菌发展规划,配套建设鲜菇分拣、包装、储运、加工等项目设施,扩大出口规模,力争菌棒和鲜菇出口创汇超越"十三五"指标。同时,积极鼓励以荣鑫菌业有限公司为代表的平菇生产企业发展,强化技术培训支持,示范带动农民利用闲置资源,大力发展平菇、鸡腿菇、大球盖菇、竹荪、榆黄蘑、银耳、长根菇、羊肚菌、灵芝、猴头菇、蛹虫草、乳牛肝菌、红汁乳菇等食用菌的种植,打造提升以香菇为重点的食用菌健康长寿产业,除了满足出口创汇和国内市场需求的食用菌品种外,扩大和满足蒙阴县食用和药用相结合的高端食用菌类品种,为蒙阴县长寿之乡城乡居民提供健康长寿的食材。

规划内容:特色香菇栽培示范基地、特色平菇栽培示范基地、特色鸡腿菇栽培示范基地、特色羊肚菌栽培示范基地、特色药食兼用菌栽培示范基地。

10.7.2 长寿产品加工业规划

1. 发展思路

以"蒙阴蜜桃""蒙阴苹果""沂蒙长毛兔""蒙山蜂蜜""蒙山全蝎"等生态原产地健康产品加工为主线,助强扶新,壮大绿色保健食品加工酿造业、健康纺织服装两大主导产业,培育麦饭石系列用品加工、中药材加工和老年人健康用品生产三大新兴产业,构建"2+3"长寿加工产业体系。以创新发展理念为引领,以"转方式、调结构、上水平"为主线,以补齐短板为目标,以提高经济发展质量和效益为核心,做好长寿加工产业发展、企业培育、平台建设、项目引进"四篇文章",着力打造活力蒙阴、长寿蒙阴。

坚持以绿色理念建设"长寿产品加工强县"。以绿色招商为抓手,严格项目源头把控,提高项目准入门槛,引导企业发展循环经济和清洁生产。引进带动性强、规模较大、产业集聚效应明显、绿色无污染的企业和项目,形成产业集群。

运用高新技术和先进适用技术改造提升传统产业,集中发展清洁生产技术和绿色环保健康新材料,大力扶持企业创新,加快企业技术装备更新、工艺优化和产品升级换代,淘汰落后产能,顺应"互联网+"发展趋势,推进信息化与工业化深度融合,推进长寿加工业提质增效。

2. 发展目标

总体目标:加快转型升级,推进结构调整,强化产业融合,推进技术创新,壮大贯穿城乡的产业链条,培育产业化龙头企业,完善长寿产品加工产业体系,重点做优银麦啤酒、全蝎酒和麦饭石矿泉水等饮料品牌,开发蒙阴煎饼、干鲜果蔬菌、速冻及调制品等休闲食品,扶持欢乐家、御苑生物、百康源、问道科技等企业全面达产,有效提升长寿加工业的竞争力和品牌影响力,打造北方最大、国内一流的健康长寿产品生产基地。

产业竞争力显著提升:进一步完善长寿产品生产加工体系,优化产业链条,培育产业集群,提升产业规模与质量,推进生产技术和工艺创新,提高生产效率,到2025年时再增加5家以上规模以上长寿产品加工企业,使得长寿产品加工业成为蒙阴县的主导产业,"3+1"产业的产值突破300亿元,到2035年时长寿产品加工业产值突破600亿元。

龙头企业数量有所增加:培育龙头企业的集团公司,到2025年力争实现5个以上的长寿加工业集团产值过10亿,创建至少2个亿元以上的长寿产品加工旗舰型产业集团。

空间格局整体优化:产业总体空间格局进一步完善,逐步形成县城和小城镇共同发展的长寿加工生产网络。以集聚发展和集群发展为思路,继续引进工业项目,快速集聚一批农业产业化龙头企业,土地集约利用水平显著提升,空间结构更为合理。

品牌影响力明显提升:坚持品牌打造与声誉提升相结合,着力提品质、打品牌、拓市场,现有长寿产品品牌知名度和美誉度明显提升,同时新培育一批产品品牌,争取到2025年时新培育国家级品牌5个,省级品牌10个。

3. 产业布局

(1) 总体布局

与蒙阴县产业布局相协调,构建"两核统领,轴线带动,多园发展"的产业布局。一轴:沿京沪高速产业发展轴;两核:以经济开发区和农创园为载体的县域长寿加工发展主核心;以孟良崮产业园为载体的县域长寿加工业发展次核心;多园:常路工业园、坦埠农产品加工园等镇级工业园(见表10-33、图10-21)。

表10-33 长寿产品加工主要基地发展方向

园区名称	长寿产品加工业发展方向
蒙阴经济开发区	重点发展生态保健食品饮料、健康纺织等产业,并培育医药等新兴产业
孟良崮工业园	建成集不锈钢、农产品深加工、新能源新材料为主导的新型工业园区
沂蒙农业创业创新示范园	形成农产品生产、研发、加工、仓储、销售、电子商务等全链条,以果兔产业为主体,以兔绒深加工、果品加工、菌蔬加工、农业电商为重点的现代循环农业展示区
常路工业园	积极承接区域产业转移,重点发展生物医药,依托农产品资源,大力发展食品深加工及相关产业,重点培育本土企业成长

(2) 健康优质纺织服装业

发展方向:加快推进设备更新、技术改造、产品创新,重点对接新郎、如意、中银绒业等国内知名家纺、服装企业来蒙阴投资办厂,向家纺服装、功能性纺织品等产业链条高端发展,抢占产业链条制高点。着力发挥兔毛产业优势,全力对接全国毛纺织行业协会及内蒙鹿王羊绒有限公司、深圳百多尔时装有限公司等国内大型精纺毛呢纺织服装品牌企业入驻,加快推进"维蕾克"兔绒深加工等项目建设进度,带动纺织服装产业的良性发展。

产业布局:在蒙阴经济开发区重点发展功能性纺织以及无纺布生产,作为外部地区产业转移基地,在双创园重点发展高端兔绒纱线,孟良崮工业园重点发展水晶绒和无纺布。

图 10-21　加工业生产方向示意图

(3)绿色保健食品加工酿造业

发展方向:发挥县域资源优势,依托果蔬加工、粮油、酿造等优势产业,不断拉伸产业发展链条,开发调理快餐食品,推动发展冷链物流,提高产品附加值,重点扶持欢乐家、美华农业、边家风味、富亿农等一批经营水平高、辐射带动能力强的龙头企业实现集群发展。对新银麦啤酒、山东蒙山酿酒有限公司等多家保健酒骨干企业重点扶持,促转型升级,建立产业集群。围绕果蔬脆片、冻干果蔬、速干果粉等果品精加工项目加大对外招引力度,提升产业规模。开展质量体系建设,进行 GAP、HACCP 等国际质量认证和管理体系认证,强化质量保障。鼓励企业争创省著名商标、名牌产品和中国驰名商标,提升企业产品的档次和附加值。增强老年食品、药品、保健品和生态产品的供给能力。

产业布局:在孟良崮工业园、常路工业园以及其他乡镇工业集聚区布局果蔬精深加工项目。在蒙阴中心城区重点发展芝麻香型及浓香型白酒及蒙山全蝎酒等保健酒。

(4)中医药材加工产业

积极利用中药材优势资源,发展中医药保健用品生产行业。依托联城镇、坦埠镇中药材种植基地,拉长产业链条,积极鼓励蒙阴神农中药饮片有限公司、山东天惠御健康产业集团、天济国医养生院开展中医药饮片、高档养生茶等中医药保健品研发和加工,建设集药文化观光体验、药酒药膳、中药饮片加工等为一体的中医药健康养生旅游综合体,瞄准美容、康健市场,社会需求大,经济效益高,前景广阔。成立种植合作社,推动村企共同发展,申请中药材等地理标志产品,进一步扩大知名度。

产业布局:坦埠镇依托张黄阙藏黄金流域中药材种植传统优势,以天济国医养生院、神农中药饮片公司为载体,以中医健康养生理念为指导,大力发展中医药加工产业。联城镇主要依托山东天惠御健康产业集团开展金银花、徐长卿、丹参等中药材加工。

(5) 老年健康用品生产业

加大老年产品研发力度,开发和生产门类齐全、品种多样、经济适用的老年用品,编制扶持老年人产品、用品行业目录。扶持生活护理、检测呼救、生理恢复等产品、用品开发,重点关注残疾、失能、失智、高龄老人的特殊服务需求,优先发展健康促进、健康监测可穿戴设备、慢性病治疗、康复护理、辅助器具和智能看护、应急救援、旅游休闲等产品。提升老年用品科技含量。支持技术密集型企业、科研院所、高校等加强适老科技研发,加快成果转化应用。引导装备制造企业向老年人用品延伸,研制适销对路的老年人用品。落实相关税收优惠政策,支持老年用品产业领域科技创新与应用。

产业布局:主要依托蒙阴经开区的装备制造业发展老年健康用品生产。

(6) 麦饭石加工业

联城镇具有得天独厚的麦饭石资源优势,利用这一优势积极发展麦饭石矿泉水生产、麦饭石制品加工等,生产麦饭石系列高档养生口杯、健康饮用器具、厨具、日用品等200余种产品,同时利用麦饭石资源特有的属性,大力发展康养饮料食品的生产,延长产业链条。

产业布局:主要布局在蒙阴县联城镇。

4. 重点任务

(1) 构建长寿产品加工产业集群

以集群化和专业化对长寿健康产品加工产业进行规划和引导,发展不同类型的产业集群。大力推进产业集群建设,围绕提升产业配套能力,延长产业链条,着力在健康纺织服装、绿色保健食品饮料制造、保健用品等领域建设产业集群。打造现代农业产业园区,产园相融推动发展,建设沂蒙农业创业创新示范园、现代渔业产业园,完善蒙山桂花产业园,大力发展香菇、食用菌等高效设施农业,鼓励发展种植与加工一体化园区。

(2) 壮大贯穿城乡的绿色农副产品加工业链条

通过产业集聚与产业链条的延伸,大力推动蒙阴县城乡经济的整体发展。围绕"原料生产(水果、长毛兔、蒙阴草鸡……)—原料加工(农副产品粗加工、兔毛分梳加工……)—产品制造(肉制品、水果制品、酿酒、生物制品……)—产品流通(电子商务、物流、会展……)"这条主线,完善产业链条中的塌陷环节,积极对接设备制造、酒文化、食品文化等相关产业,丰富产业链条。

第一,延长果品产业链,打造蒙阴"精品果业"。产业链前端加强绿色农产品基地建设,对现有果园进行现代化改造和品种结构调整,后端抓好农产品深加工和包装、营销等环节,积极推动果品脆片、果酱、果胶等精深加工项目落地,重点支持欢乐家食品、康维农业科技等龙头企业扩大产能、提升竞争力,拓展国内市场,扩大对外出口,打造全国优质果品生产加工基地。以御苑生物科技为龙头,推广"公司+基地+合作社+农户"模式,扩大菌棒培育基地,拉长香菇产业链,新上香菇酱、香菇片、香菇多糖提取等深加工项目,打造全国食用菌生产加工出口基地。

第二,着力打造全国兔绒健康高端服饰"高地"。推动产业链向种兔培育和兔绒深加工两端延伸,构建链条完整、特色彰显的现代兔产业体系,以益达兔业、瑞林毛纺等企业为龙头,加快推进"蕾维克"兔毛深加工项目,打造全国兔产业体系建设示范基地,抢占全国兔绒深加工技术的制高点,打造全国兔绒生产基地。开展产学研合作,采用纳米纺织技术,开发纯兔绒面料和内衣、毛衫等健康无害、质量上乘的面料服饰。

(3)构建快捷高效的物流体系

以蒙阴县各个大型要素交易中心为依托,开拓林果、畜产品等长寿加工品以及纺织品等大宗商品种类,推进电子商务与交易平台、大宗商品市场和专业市场融合。优化物流产业布局,保障长寿产品快捷高效运输与销售。根据长寿产品加工基地的布局,设立两处综合物流园,十处物流基地。两处物流园为:京沪高速蒙阴西出口综合物流园和青梁高速莫庄出入口综合物流园,十处物流基地分别为:岱崮果品物流基地、野店果品物流基地、坦埠工业物流基地、常路综合物流基地、旧寨物流基地、垛庄物流基地、桃墟物流基地、联城物流基地、双创园物流基地和经开区物流基地。加快物流行业标准化、信息化、智慧化建设,促进物流业与现代信息技术的深度融合,推动物流管理和服务模式创新,打造智慧物流生态圈。推进物流园区升级改造工程,实现集群化发展。加快推进传统商贸物流产业与电子商务融合发展。加快推进基础设施建设,强化电子商务支撑体系。加快基础通信设施、光纤宽带网和移动通信网建设。发展大宗商品电子交易,促进贸易要素市场向专业电子商务营运中心转型。

(4)健全长寿产品加工服务体系

加快行业协会等中介组织的建立和完善,以专业协会为纽带、企业为龙头,带动现代农业专业化产业带形成和产业体系建立,提高农民组织化水平。创新企业战略合作机制,积极推动农业产业化企业进行兼并、战略重组,鼓励和引导工商资本到农村发展适合企业化经营的现代种养业,创新产学研结合机制,推进蒙阴与全国知名院校、科研院所,在现代农业发展和技术研发方面进行战略合作;推动蒙阴县政府与中国农业科学院等农业科研院所建立院地合作关系,共同开展现代农业产业体系技术研究,成立研究中心、技术示范基地和产业发展基地。创新现代农村金融服务,结合本地实际,组建县级农业农村投资公司;探索成立"蒙阴县现代农业产业投融资平台",为扶持家庭农场、专业协会及产业化企业等新型经营主体提供融资平台。加大长寿产品加工业人才培养和引进力度。鼓励职业教育和社会培训机构发展多层次教育和培训体系,加快建立吸引电子商务高素质专门人才的优惠政策。

(5)鼓励长寿健康产品生产工艺与技术创新

开展产学研合作,创建高新技术企业和技术工程研究中心,着力突破新技术、新工艺,支持企业自主研发新型长寿产品,增强长寿产品的养生保健功能。针对蒙阴县长寿产品加工业的技术短板。

10.8　长寿经济流通体系:品牌、渠道和营销研究

10.8.1　长寿产品品牌建设规划

打造"山东长寿之乡——蒙阴"品牌及对其进行科学有效的市场推广是蒙阴长寿经济整体发展的重要组成部分。

1. 发展思路

以各种农特产品的品牌服务中心建设为平台,积极推进农业产业化经营,延伸农业产业链,发展以农产品储藏保鲜、农产品精深加工为主体的第二产业,发展以农业观光旅游、农产品物流为主体的第三产业,推动一二三产业融合发展。积极组织龙头企业、农民专业合作社、协会、生产大户参加各种形式的展示展销活动,加大蒙阴蜜桃、蒙阴苹果、蒙山蜂蜜、蒙山全蝎等地理标志农产品和蒙阴樱桃、核桃等名优农特产品的品牌创建和宣传。瞄准蒙阴旅游大市场,大力发展农业旅游产品,解决蒙阴旅游"购"的问题,不断提高农特产品经济效益和社会效益。充分利用电视、广播、网络、新闻媒体等对蒙阴县丰富的旅游资源、生态旅游和特色农产品宣传,逐步引导建立生产、加工、展示、广告、销售、物流为一体的市场营销网络。加强农业信息化建设,大力实施蜜桃、蒙阴苹果、蒙山蜂蜜、蒙阴樱桃等品牌产品的电商平台体系建设,抓好农特产品包装,推动蜜桃、苹果、樱桃等农特产品进入淘宝等电商销售网络,全面推进以电商平台为主要载体的"互联网+"现代农业,让更多农产品走出蒙阴、走向全球。

2. 重点任务

加快"三品"认证,提高长寿产品的品牌质量。把开展无公害、绿色和有机农产品认证,作为长寿品牌培育的重要基础。积极进行国家有机产品、绿色产品和无公害产品的"三品"认证工作,针对农、林、中药材里不同种类的产品以及同种产品不同品质的分别进行认证和注册(如大米,可以根据品质分别注册为有机大米、绿色大米、无公害大米,其他产品类同)。利用龙头企业(如益达兔业、乐丰农业等)带动和地方政府推动的形式促进产品品牌的建立、塑造、提升与发展。同时,针对休闲生态旅游、生态候鸟式养老等绿色健康的旅游生活方式加强品牌打造和建设,把蒙阴打造为临沂之命脉、山东之花园、国之长寿瑰宝。

推进地理标志产品品牌建设。据统计,获得地理标志注册的农产品价格普遍上涨15%~20%。在地理标志商标的规范引导下,统一标准、统一商标、统一包装、统一营销,进一步促进蒙阴整体发展。另外,鼓励和引导龙头企业和专业生产合作社争创著名商标、驰名商标和商标品牌基地,不断提高地理标志产品的市场知名度和竞争力,积极争取国家地理标志产品保护示范县等项目资金。

利用广告效应,打出响亮的广告语。充分利用山东长寿之乡、孟良崮红色文化、沂蒙山世界地质公园等荣誉称号进行宣传。在品牌打造上,要充分和这些历史文化相融合,既要较多地呈现"本土特色",同时也要进一步引入健康时尚的国际化元素,和现代健康、绿色、科学的生活理念相结合,加速"山东长寿之乡——蒙阴"成为知名品牌的进程。

3. 推广策略

(1)线下和线上销售结合

在武汉、北京、上海等城市的中心城区开设多家蒙阴长寿加工品专卖店,在家乐福、沃尔玛、物美等超市大卖场设立蒙阴农超对接专区专柜。利用网络和一些销售网站联合销售,像淘宝、京东、一号店、当当网等,实现直销和网销的充分结合,共同推广和发展。

(2)品牌展销

积极参加山东省组织的特色农产品推介会,参加国际或国家级农业会展。组织或参与农产品品牌整合。组织农产品品牌策划、宣传和推广活动等,抓住省内、国内、国际相关会展的机会,大力推广蒙阴品牌。

(3)广告平台

在山东卫视、央视 7 套《聚焦三农》等栏目做 5~10 s 的广告宣传,在《农民日报》《山东日报》等报刊平面媒体,以产品系列形式不定期宣传蒙阴品牌。在百度搜索做长寿之乡蒙阴、蒙阴长寿等关键词的竞价排名推广,充分利用网络推广(百度、微博、微信等)。

(4)高层论坛及商贸洽谈峰会

联合农业农村部、商务部、绿色产业发展联盟及国际商贸有关组织举行每年一届的"康养旅游(蒙阴)高峰论坛暨展销活动",开发"会展经济",并以此为依托,邀请"中国长寿之乡"的代表,有关专家、学者,有关生态养生、旅游、和联盟合作的公司等企业负责人以及全国知名媒体、记者参加,扩大蒙阴"山东长寿之乡"这一品牌影响力。

10.8.2　长寿产品流通渠道规划

1. 发展思路

抢抓"一带一路"建设战略机遇,强化基础设施和信息化建设,大力培育和引进物流企业,持续推动传统物流业向现代商贸物流和智慧物流方向创新发展,构筑具有蒙阴特色的面向国内国外、协同开放、智慧高效和绿色生态的现代商贸与物流服务体系,将蒙阴建设成为山东省果品商贸物流中心和公路物流重要节点。

2. 发展目标

到 2025 年,实现商贸物流一体化发展,山东省现代商贸物流网络重要节点的地位得以确立;覆盖县域果品产业的现代智慧物流体系基本形成,成为全国果品智慧物流基地,推动产业升级和经济发展;现代化流通体系与生产深度融合,涌现出一批龙头物流企业,蒙阴物流品牌享誉全国;现代物流业对二三产业的带动和组织作用明显,与制造业深度融合;物流业标准化、国际化水平明显提升,国际物流体系基本完善。

到 2030 年,"县—乡镇—村"三级物流体系完全形成,全县物流基础设施网络和政策体系基本成熟,现代商贸物流发展新格局全面形成,建成山东省现代商贸物流网络重要节点;商贸物流产业标准化、信息化、集约化和国际化水平显著提高,规模效应初步显现;智慧物流、冷链物流、电商物流、国际物流等增值型、创新型物流业态稳步发展,物流业溢出效应更加明显;制造业物流得到快速发展,并与二三产业深度融合发展。

3. 重点任务

(1)优化物流业发展布局,构建科学的蒙阴物流体系

第一,规划建设蒙阴综合物流园区,搭建一站式物流服务平台。依托周边 G2 京沪高速、G205 国道、S234 等多条交通要道汇集的交通便利条件和双创园的特色果品精深加工产业,于 G2 京沪高速新设出口处,分期投资建设蒙阴综合物流园。综合物流园主要提供市场交易、冷藏仓储、物流信息收集与发布、电商快递集散中转、产品检验、商品展销、进出口服务、物流配载、办公中心、综合服务(餐饮、商业、住宿)等功能,提供一站式综合物流服务。第二,规划建设乡镇物流基地,构建乡镇物流服务枢纽。充分利用现有的 G2 京沪高速、G205 国道、S234 省道

和规划中的董梁高速、张临高速等交通网络形成的交通优势,和各乡镇工业、农业、物流业发展基础和特点,规划建设乡镇物流基地。

(2)完善"县—乡镇—村"三级物流体系,降低物流成本

第一,完善三级物流配送网络,加强城乡配送网络衔接。完善以综合物流园区、乡镇物流基地和农村物流站为支撑的三级物流网络,实现快递、快运、电商、农资产品、消费品的下行和农产品的上行运输。第二,改进乡(镇)—村快递物流模式,实现物流模式和盈利模式创新。创新快递运营模式,整合快递末端。在乡镇区域建立共同配送服务平台,实现物流模式和盈利模式创新,降低运营成本。推动各大快递、电商企业加入此公共服务平台。第三,完善"县—乡镇—村"三级物流体系基础设施和设备。加强农村高等级公路等基础设施建设,进一步提高城乡道路网络连通度。提高广大农村物流基础设施网络覆盖面,支持乡村末端配送点建设,大力发展智能快件箱等末端公共物流服务点。

(3)打造温控物流产业链,服务果品商贸

第一,完善冷链物流基础设施网络。加强冷链物流基础设施的统筹规划,逐步构建覆盖果品主要产地的冷链物流基础设施网络。蒙阴县综合物流园区规划建设冷链物流功能区域,推动冷链物流业积聚发展;乡镇农产品批发市场建设冷藏冷冻、流通加工设施,农产品产地建设规模适度的预冷、贮藏保鲜等初加工冷链设施。第二,引进国内外知名冷链物流企业。大力推广先进的冷链物流理念与技术,加快培育、引进一批技术先进、运作规范、核心竞争力强的专业化规模化冷链物流企业。鼓励有条件的冷链物流企业与农产品生产、加工、流通企业加强基础设施、生产能力、设计研发等方面的资源共享,优化冷链流通组织,推动冷链物流服务由基础服务向增值服务延伸。第三,加快冷链物流技术装备创新和应用。政府制定相应优惠政策,对进行库房设备更新换代的仓库所有者进行适当的补贴。加速淘汰不规范、高能耗的冷库和冷藏运输车辆,鼓励企业向国际低能耗标准看齐,利用绿色、环境友好的能源,使用安全环保节能的制冷剂和制冷工艺,发展新型蓄冷材料,采用先进的节能和蓄能设备。

(4)发展果品电商和国际物流,聚焦过境物流

第一,线上线下融合,拓展果品销售新模式,实现O2O高效联动。发挥农业合作社、供销社引领作用,与大型电商平台签订合作协议,进行线上销售生鲜果品。以开设"蒙阴馆"方式入驻淘宝、京东、亚马逊等国内外著名电商平台,推进蒙阴果品等特色产品的销售;探索生鲜果品销售线上线下相结合的销售模式,实现线上线下联动融合发展。第二,以服务果品进出口为主,打造山东省果品进出口中心。蒙阴物贸集团有限公司主导,吸收供销社与农业合作社参与,与周边的青岛港等大型港口合作。依托综合物流园的交通区位优势,充分利用蒙阴县物流资源,服务蒙阴县以及周边县市的果品进口业务,积极发展国际物流服务和跨境电商。对于大型的、集中度高的海外市场,探索建立海外仓。第三,发挥交通区位优势,服务过境物流。发挥蒙阴物流运力充沛和交通区位优势,发展过境物流服务和国际物流服务业务。

(5)制造业物流业深度融合,实现物流需求社会化

推动制造业与物流业联动和深度融合,实现企业物流需求社会化和集约化,扩大企

物流需求。第一,促进蒙阴制造业与物流业的联动和深度融合。拓展物流配送功能,加强与生产制造、采购销售、农产品生产等环节的协同衔接。第二,鼓励传统运输、仓储企业向供应链上下游、业务链上下游延伸服务。建设第三方供应链管理平台,为制造业企业提供供应链计划、采购物流、入厂物流、交付物流、回收物流、供应链金融以及信息追溯等集成服务。

(6)搭建智慧物流信息平台,推进物流新业态发展

针对蒙阴物流信息化和标准化建设滞后、物流效率不高的问题,搭建公共智慧物流信息平台,实现物流全过程的信息化、标准化和智能化。第一,搭建蒙阴公共物流信息平台,实现物流信息互联共享。筹建蒙阴物流信息有限公司,开发建设蒙阴物流公共信息平台。蒙阴物流服务信息平台作为蒙阴物流的基础物流平台,具有公益性,并与省(区、市)、国家、社会其他物流平台相对接。对接智慧运力服务平台和智慧云仓服务平台。第二,搭建蒙阴智慧运力服务平台,实现运输业转型发展。建设智慧运力服务平台,实现批量配送、协同配送、循环取送货、车辆路径优化等功能。依托蒙阴公共物流信息平台,积极与主要货车管理平台,如滴滴货运、云鸟科技等实现数据共享与对接。通过信息网络实现了零散运力、货源、站场等资源的集中调度和优化配置,逐步引导和带动行业从"零、散、小、弱"向集约化、规模化、组织化方向发展,促进运输业转型升级。第三,搭建智慧"云仓"服务平台,实现仓储运营协同模式。针对蒙阴县现有中小仓库独立经营、没有形成规模和信息联系的现状,开发建设智慧"云仓"服务平台。平台依托蒙阴物流公共信息平台,整合现有仓储资源、恒温库资源,实现仓储资源的集中展示、交易,积极接洽并接入第三方云平台。第四,搭建果品质量安全追溯平台。应用物联网技术构建果品质量安全追溯系统,追溯果品在存储、运输过程中的状态监控,实现果品"物流有记录,质量有保证"的全过程的追溯和监控。第六,制定物流标准化推进政策,鼓励企业参与物流相关标准的制定与实施。

(7)加强物流市场主体建设,引进龙头物流企业

针对蒙阴物流企业"小、散、弱",缺少大型物流企业的现状,加强物流市场主体建设,统筹全县物流产业资源打造具有区域物流网络组织功能的大型物流企业。第一,加大招商引资力度,引进国内外知名物流企业。重视物流企业招商,创新招商模式,加强招商资源整合优化,引进具有市场竞争力的第三方、第四方物流企业,努力引进国内外知名物流企业。第二,扶持本土大型物流企业,整合中小企业。积极培育本土大型物流企业,按照"扶大、扶优、扶强"原则,通过参股控股、兼并重组、合资合作等方式做大做强,发挥龙头企业在产业集群成长和发展区域现代物流业中的带动作用。第三,将蒙阴物贸集团有限公司打造为大型物流龙头企业。蒙阴县政府统筹全县物流产业投资、融资、建设资源,全面支持该公司在蒙阴物流发展中起到引领作用,将其打造为一家集运园区、外贸、信息平台、金融于一身,具备区域网络组织能力的大型物流企业。

4. 建设项目

(1)蒙阴综合物流园区建设项目

结合双创园和常路物流园选址,在京沪高速以北,西外环西侧,G2京沪高速新设出口处,分期投资建设蒙阴综合物流园。蒙阴综合物流园区是全县物流网络的核心节点,以及物流、加

工、贸易中心。该园区的建设有助于发挥规模效应，降低物流成本，与临沂市物流体系实现有效衔接，是全市"1579"体系的重要组成部分。园区开发面积约 1600 亩，分为货车物流区、专业市场区、仓储区、配送加工区、商务配套区、高端商务区、政务配套区等功能区，由蒙阴县政府筹建蒙阴物贸集团有限公司，通过招投标等方式引入国内外大型物流企业作为合作伙伴，成立专业项目公司。项目公司负责园区相关功能区的建设和运营。

（2）乡镇物流基地建设项目

乡镇物流基地是蒙阴县物流网络体系的中间节点，是综合物流园区的集货、分拨二级点，兼具仓储功能。拟在以下 5 个乡镇建设乡镇物流基地：第一，野店镇果品物流基地。在野店镇与 234 省道交汇处，规划建设用地 200 亩。第二，岱崮镇果品物流基地。在岱崮镇南塔线与 S332 交汇处，规划用地建设 300 亩。第三，经开区物流基地。在经开区北外环和 S335 之间，占地 200 亩。第四，垛庄镇物流基地。在垛庄镇 G2 京沪高速与 G205 之间，占地 400 亩。第五，坦埠镇工业物流基地。在坦埠镇 S335 省道和 X073 县道附近，占地 150 亩。

（3）农村物流站建设项目

农村物流站是实现农村物流"最后一公里"重要载体，利用行政村内的农家店、综合服务社、村邮站等。具有快递收寄、电商服务、便民服务、短时保管、接取送达等功能。

（4）农特产品展销中心

在蒙阴综合物流园、乡镇物流基地、蒙阴街道等地建设农特产品商贸展销服务中心。为果品和农产品的展销活动提供冷链仓储，货品展示交易，电子拍卖，加工包装，电子信息以及金融服务等。

（5）农产品综合批发市场

在蒙阴街道、乡镇驻地等地建设农产品综合批发市场，加强蒙阴各类农产品的商贸流通。

10.8.3 长寿服务营销规划

1. 长寿服务市场细分

根据地理、人口与消费者行为进行市场细分，主要开发针对老人长寿市场、男士养生保健市场、女士养生美容市场、患病人群高端康养市场、亚健康人群休闲市场。

2. 重点任务

（1）积极发展金融业

重点围绕中心城镇、建制镇、工业区、开发区等进一步完善金融网点布局，加快发展壮大地方金融机构，积极支持农村信用社发展和民营金融机构建设，促进金融业发展。

（2）深入挖掘养生美食业

抓住蒙阴旅游业快速发展机遇，在蒙阴街道、云蒙湖、重点城镇、重点景区的周边区域建设一批档次较高、服务质量优良、特色鲜明的星级宾馆、商务酒店、产权式度假酒店和公寓、餐饮企业等，在旅游景区周边布局一批富有乡村特色的"农家旅馆"和"农家饭店"，利用中草药优势，挖掘一批药食同源的特色美食，建成与康养业和旅游业发展相匹配的宾馆、酒店和餐饮服务业。进一步发掘包装传统美食，打造一批健康养身美食品牌。

(3)配套发展商务服务业

重点发展会展服务、科技服务、信息服务、咨询评估、会计、工程设计、广告等服务业。在中心城镇和工业区周边规划一定区域作为生产性服务业集聚区,积极鼓励和吸引大中型生产性服务企业落户蒙阴,以配套服务外包等多种方式加强与生产企业合作,延长产业链。

(4)适度发展旅游地产业

结合国际休闲旅游城市建设,在城区、景区周边规划一定区域旅游地产。依托环境优美、空气优良的生态环境,做好旅游地产发展规划,采取BT、BOT等合作模式,引入有实力的集团参与蒙阴旅游地产业的开发,打造宜居蒙阴、休闲蒙阴、会展蒙阴。

3. 建设项目

五星级、四星级宾馆建设。重点城镇、重点旅游景区以及工业园区周边特色、经济型酒店和餐饮业项目。长寿文化展示广场建设项目。常路镇等的高速公路服务区建设项目。重点乡镇商贸市场建设项目。旅游美食文化城建设项目。特色农产品交易市场建设项目。万村千乡市场建设工程。

10.9 长寿经济消费体系:长寿旅游业和健康服务业

10.9.1 长寿旅游业规划

1. 蒙阴长寿旅游资源评价分析

(1)蒙阴长寿旅游资源调查

依据研制的长寿旅游资源分类表,对蒙阴县长寿旅游资源进行调查,发现蒙阴县有209个旅游资源单体,有31个基本类型、16个亚类,分别占总数的62%、76.19%,说明蒙阴县覆盖了大部分长寿旅游资源,但也还缺乏一部分长寿旅游资源(见表10-34)。

表10-34 蒙阴长寿旅游资源分类表

主类	亚类	基本类型	单体名称
长寿环境	气候地	避暑气候地	—
		避寒气候地	—
	空气	高负氧离子地	蒙山负氧离子集聚区
	水	天然矿泉水	
		加工型矿泉水	麦饭石矿泉水
	矿物岩石与化学元素	药用矿物	麦饭石
		人体微量元素富集地	富硒土壤区

续表

主类	亚类	基本类型	单体名称
长寿地文景观	综合自然休养地	山岳型休养地	岱崮地貌旅游区、九女山公园、瞭阳崮民俗文化旅游区
		谷地型休养地	椿树沟旅游区、沂蒙山吉宝峪度假区、杨家峪风景区、中山寺旅游区、豆角峪乡村旅游区
		滩地型休养地	—
	地质地貌过程形迹	凸峰	腾龙崮、卧龙崮、梭子崮、石人崮、安平崮、大崮、孟良崮、龙头崮、拔垂子崮、南岱崮、北岱崮、保崮、阁老崮、板崮、北马头崮、西马头崮、东马头崮、木林崮、小崮、龙须崮、卢崮旺、崮山鞍、芦崮后、板崮前、板崮崖、崮西头、卢崮坡、崮西洼、崮山前、晨云崮、神佛崮、油篓崮、莲花崮
		独峰	—
		峰丛	—
		峡谷段落	—
	岛礁	岛区	—
		岩礁	—
长寿水域风光	河段	观光游憩河段	东汶河、梓河、野猪河、坦埠西河、东住佛河、东高都河、上庄河、东儒来河、银麦河、保德河、曹庄河、閆庄河、桃墟河、金水河、麻店子河、蒙河、黄仁河、石马庄河、九女河、坝下漂流
	湖泊与池沼	天然观光游憩湖区	金桂湖
		沼泽与湿地	八台轿沟、云蒙湖湿地、东汶河湿地、石龙湾湿地公园
		水库游憩区	云蒙湖、石马庄水库、井旺庄水库、东指水库、朱家坡水库、石泉水库、石峰峪水库、胜景水库、五沟峪水库、薛家峪水库、高都水库、天井旺水库、黄家洼水库、上峪水库、洪沟水库、完庄水库、黄土山水库、张庄水库、龚家庄子水库、洪山水库、青山水库、虎路坡水库、杨庄水库、石家水营水库、山南河水库、孙家麻峪、河头泉水库、司家庄水库、石山后水库、大草场水库、黄仁水库
	泉	冷泉	东泉、眼光泉、孝妇泉、南泉、龙王泉、旺夫泉、龙泉、西崖泉
		地热与温泉	沂蒙山温泉
长寿生物景观	森林	林地	柿林
		丛树	旧寨岩杏林、烟庄苹果老树
	草原和草地	草地	—
		疏林草地	—
	花卉地	草场花卉地	—
		林间花卉地	—

续表

主类	亚类	基本类型	单体名称
长寿建筑与设施	综合性康养旅游地	园林游憩区域	蒙山桂花园、刘洪文化园
		康体游乐休闲度假地	孟良崮旅游区、樱之崮旅游区、金水田园旅游区、山旺农庄旅游区、时代山乡旅游区、蔡庄生态旅游区、大崮旅游区、东西崖乡村旅游区、迎仙桥儿童采摘欢乐世界、沂蒙六姐妹旅游区、琅琊王酒文化主题公园、山蒙野毛旅游区、马子石旅游区、孝和文化园旅游区、蒙阴地下银河旅游景区
	长寿文化与活动场馆	长寿文化展馆	—
		长寿活动场馆	蒙阴县公共体育场
	疗养机构与场馆	康复中心	—
		疗养院	县中医医院、蒙阴北城医院、蒙阴福寿仁康医养院、蒙阴天济国医医院
		旅居式养老机构	托福太阳城
	长寿居住地	百岁老人村	洪河头村、西儒来村、西彭吴村、西里庄村、马家庄村、北莫庄村、艾山前村、金钱官庄村、响水庄村、西河南村、水明崖村、坡里村、朱家庄村、石槽村、朱家坡村、寨后万村、南峪村、下薛家峪村、北楼村、大常路村、李家榛子崖村、闫庄村、布联庄村、桑元村、程家庄村、黄仁村、小田庄村、里仁庄村、邵家沟村、召子官庄村、东住佛村、王家庄村、杨宝泉村、柳树头村、黄土良村、西官庄村、陡兴庄村、陈古庄村、小旺庄村、大谢庄村、张家庄村、海龙万村、下东门村、阚家庄村、西界牌村、手巾峪村
		百岁老人社区	南竺院社区、北关社区、东关社区、街道家属院
长寿商品	绿色农产品初级品	地方菜品饮食	岱崮全羊、坦埠绺子、岱崮豆腐、孟良崮煎饼、蒙阴炒鸡、蒙阴光棍鸡、红烧兔首
		农林畜产品与制品	蒙阴苹果、蒙阴蜜桃、长毛兔、岱崮全蝎、岱崮香椿、蒙山蜂蜜
		水产品与制品	云蒙湖生态鱼
		中草药材料及制品	黄芪、丹参、桔梗、板蓝根
	长寿加工品	绿色保健加工食品	欢乐家罐头
		健康用品	水波尔床垫
长寿活动	长寿习俗	长寿风俗与民间礼仪	—
		长寿民间节庆	—
		民间健身活动与赛事	—
		长寿饮食习俗	—
	长寿节庆	长寿文化旅游节	坦埠中草药文化旅游节
		长寿体育节	环青海湖自行车联赛云蒙湖站、美丽乡村迷你马拉松赛(旧寨)
		长寿商贸农事节	旧寨桃花节

注：—表示该类型蒙阴县缺乏相关资源单体。

(2)长寿旅游资源评价

参考《旅游资源分类、调查与评价》(GB/T 18972—2003)中的旅游资源评价指标,根据长寿旅游资源的定义,建立长寿旅游资源评价指标体系,并由调研组对蒙阴县长寿旅游资源单体逐一进行评分(见表10-35)。

表10-35 长寿旅游资源评价表

评价项目	评价因子	评价依据	赋值
资源要素价值(65分)	观光康养使用价值(30分)	全部或其中一项具有极高的观赏价值、康养价值、使用价值	30～22
		全部或其中一项具有很高的观赏价值、康养价值、使用价值	21～13
		全部或其中一项具有较高的观赏价值、康养价值、使用价值	12～6
		全部或其中一项具有一般观赏价值、康养价值、使用价值	5～1
	规模、丰度与几率(20分)	独立型长寿旅游资源单体规模、体量巨大;集合型长寿旅游资源单体结构完美、疏密度优良级;自然景象和人文活动周期性发生或频率极高	20～16
		独立型旅游资源单体规模、体量较大;集合型旅游资源单体结构很和谐、疏密度良好;长寿人文活动周期性发生或频率很高	15～11
		独立型旅游资源单体规模、体量中等;集合型长寿旅游资源单体结构和谐、疏密度较好;长寿人文活动周期性发生或频率较高	10～6
		独立型旅游资源单体规模、体量较小;集合型旅游资源单体结构较和谐、疏密度一般;长寿人文活动周期性发生或频率较小	5～1
	珍稀奇特程度(15分)	有大量珍稀物种,或景观异常奇特,或此类现象在其他地区罕见	15～13
		有较多珍稀物种,或景观奇特,或此类现象在其他地区很少见	12～9
		有少量珍稀物种,或景观突出,或此类现象在其他地区少见	8～4
		有个别珍稀物种,或景观比较突出,或此类现象在其他地区较多见	3～1
资源影响力(15分)	知名度和影响力(10分)	在世界范围内知名,或构成世界承认的名牌	10～8
		在全国范围内知名,或构成全国性的名牌	7～5
		在本省范围内知名,或构成省内的名牌	4～3
		在本地区范围内知名,或构成本地区名牌	2～1
	适游期或使用范围(5分)	适宜游览的日期每年超过300 d,或适宜于所有游客使用和参与	5～4
		适宜游览的日期每年超过250 d,或适宜于80%左右游客使用和参与	3
		适宜游览的日期超过150 d,或适宜于60%左右游客使用和参与	2
		适宜游览的日期每年超过100 d,或适宜于40%左右游客使用和参与	1

续表

评价项目	评价因子	评价依据	赋值
长寿旅游资源开发条件（20分）	资源组合度（10分）	相邻长寿旅游资源超过5项	10~8
		相邻长寿旅游资源有3~5项	7~5
		相邻长寿旅游资源有1~2项	4~3
		无相邻长寿旅游资源	2~1
	交通条件（5分）	有高速公路通过	5
		有国省干线公路通过	4
		有县道经过	3
		有乡镇村道经过	2
		无公路	1
	建设用地条件（5分）	建设用地占比10%以上	5
		建设用地占比超过5%~10%	4
		建设用地占比超过3%~5%	3
		建设用地占比低于1%~3%	2
		建设用地占比低于1%	1
附加值	环境保护与环境安全（正分或负分）	已受到严重污染，或存在严重安全隐患	-5
		已受到中度污染，或存在明显安全隐患	-4
		已受到轻度污染，或存在一定安全隐患	-3
		已有工程保护措施，环境安全得到保证	3

资料来源：根据《旅游资源分类、调查与评价》（GB/T 18972—2003）中的旅游资源评价指标体系改编

评价结果得出，蒙阴县209个资源单体中，五级长寿旅游资源4个，占1.91%，四级长寿旅游资源为5个，占2.39%，三级长寿旅游资源33个，占15.31%，二者构成优良级长寿旅游资源，总计41项，占19.62%。一级和二级长寿旅游资源数量较多，分别占17.22%、63.16%（见表10-36、表10-37）。

表10-36 蒙阴县长寿旅游资源单体等级结构

级别	单体数量	占比/%
一级	36	17.22
二级	131	62.68
三级	33	15.79
四级	5	2.39
五级	4	1.91
总计	209	

表 10-37　蒙阴县长寿旅游优良级资源名录

级别	长寿旅游资源单体	数量
五级	岱崮地貌旅游区、孟良崮、云蒙湖、孟良崮旅游区	4
四级	蒙山负氧离子集聚区、麦饭石、旧寨岩杏林、烟庄苹果老树、蒙阴蜜桃	5
三级	麦饭石矿泉水、富硒土壤区、椿树沟旅游区、中山寺旅游区、腾龙崮、卧龙崮、瞭阳崮民俗文化旅游区、东汶河、梓河、银麦河、金水河、云蒙湖湿地、东汶河湿地、石龙湾湿地公园、朱家坡水库、石峰峪水库、高都水库、孝妇泉、沂蒙山温泉、刘洪文化园、樱之崮旅游区、金水田园旅游区、沂蒙六姐妹旅游区、琅琊王酒文化主题公园、蒙阴地下银河旅游景区、托福太阳城、蒙阴苹果、蒙阴光棍鸡、红烧兔首、长毛兔、岱崮全蝎、蒙山蜂蜜、云蒙湖生态鱼	33

在空间分布上,岱崮镇为长寿地文景观的集聚区,云蒙湖为长寿水域风光的集聚区,蒙山北侧的联城、桃墟、垛庄镇是长寿旅游环境资源的集中分布地带,而野店、旧寨、高都、常路镇、坦埠镇分布有较多的长寿旅游商品,其中,坦埠镇的道地中药材种植独具特色(见图 10-22)。

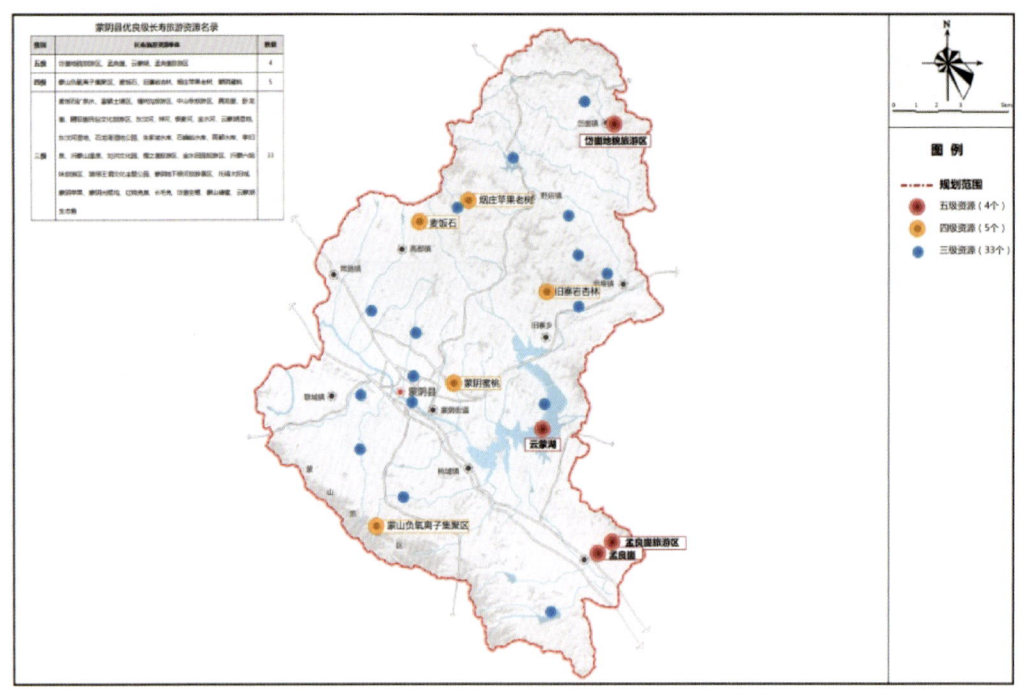

图 10-22　蒙阴县优良级长寿旅游资源空间分布

(3)资源的长寿旅游开发价值分析

蒙阴县物产丰富,蒙阴蜜桃、长毛兔、麦饭石、蒙阴蜂蜜等是蒙阴县的重要特产,对身体健康之功效显著,可以开发成蒙阴养生系列旅游商品。

从环境质量来看,蒙阴有极佳的健康环境,无雾霾环境污染,水土环境清洁度和负氧离子含量高,健康绿色食品丰富,是生活与饮食健康的绝佳场所,适宜发展养生食品、健康餐饮等多种旅游产品。

从地理条件看,蒙阴县拥有适宜人居的经度、纬度、海拔高度,无地震、无台风、无重大地质灾害、无地方病瘟疫流行病,有适宜健康养生长寿居住环境,是打造健康养生度假的绝佳场所,高低起伏的山地丘陵的地理条件,是户外运动的理想场所,国际徒步、马拉松、自驾、自行车、攀岩的户外天堂。

蒙阴山水景观优美,山岳、湖泊、山林、田园、城镇、乡村、文化等旅游资源具有多层次、多样性的价值,尤其是春季花季景色尤为美丽,适宜建设康养基地和长寿小镇。

从人文环境看,历史文化、红色文化、革命精神、民俗风情、古村古镇等人文元素齐全,与长寿旅游融合发展的潜力大,可以与长寿健康养生旅游结合开发。

旅游资源具有全年候、全天候的开发价值。从四季旅游看,蒙阴县每季一个主题,分为春季赏花踏青、夏季运动休闲好时节、秋季采摘休闲、冬季民俗体验。从四时旅游看,星空、月亮、日出、日落等气象旅游资源突出,适合构建全天旅游时间价值。此外还有健康的四时生活环境:以早读、早锻炼、早茶、跑步为代表的健康早间时光;以光棍鸡、红烧兔子头等为代表的午间美味时光;普照夕阳金碧辉煌的下午中山晚照时光;以龙泉漱玉为代表的夏月临之、冷然忘暑的浪漫夜间时光。

优良级资源占10%,特色较明显。在类别构成上,蒙阴旅游资源以红色文化、历史文化、地质地貌、绿色生态、水域风光、人文活动为主。其中,现有孟良崮、岱崮地貌、绿色生态、云蒙湖、麦饭石是现有蒙阴县的拳头资源。

发展"旅游+"和"+旅游"条件得天独厚。相关特色产业与旅游业发展融合度非常好,发展文化产业、健康养生、体育运动、休闲农业等优势突出,且与旅游天然融合联动。

旅游资源开发利用的面已经铺开,但整合和开发深度不够。旅游产品主要以景区、特色旅游村镇、农家乐、采摘园、开心农场为主,在全域范围内均有分布,但中高端的休闲度假、康养旅游、娱乐购物的综合体缺乏,旅游商品知名度有待提高,产业竞争力不强。资源总量众多,但精品供给不足。A级旅游景区总量偏少,龙头景区辐射带动能力弱,旅游景区发展不平衡,主要集中在垛庄镇和岱崮镇。

2. 蒙阴长寿旅游总体发展定位

(1)总体定位

以蒙阴优良生态环境为基底,整合红色文化、青山、碧水、蓝天、自然保护区、乡村农业、民俗文化等自然资源和文化资源,重点发展旅居养老、康养度假、运动健康、绿色保健食品等产品,全面实施"健康+"战略,即健康+红色教育、健康+文化体验、健康+餐饮住宿、健康+旅游商品、健康+乡村旅游、健康+生态,以构建健康服务体系为支撑,将蒙阴县打造成为国内一流的康体养生目的地。

(2)形象定位

主题形象:康养"崮乡",长寿蒙阴。

形象宣传口号：中国"崮乡"。

形象宣传口号解读：蒙阴是岱崮地貌主要区域，岱崮地貌在国家地理地貌类型史上和世界地貌类型历史上都很罕见，现已发展岱崮地貌旅游区，境内山清水秀，奇崮遍布，风景宜人，"春则林海花潮，秋则果香四溢"，是让人记得住乡愁的"崮乡"。"崮乡"与故乡同音，随着现代人工作日益繁重，故乡成为人们享受优良环境质量与绿色健康食品的短暂休养生息的度假休闲地，与"长寿蒙阴"的主题相呼应。

（3）产业定位

将长寿旅游业定位为蒙阴县优先支持的龙头产业、优化环境的美丽产业和普惠共享的民生产业，政策上优先扶持、资源上优先保障、投资上优先驱动，在用地、资金、政策等方面优先考虑，把长寿元素融入城乡环境，打造健康大产业旅游目的地，推进"文旅兴县"，率先实现美丽突围，带动老百姓致富，全面提升人民的幸福感和游客的满意度。

（4）市场定位

立足山东市场，重点开发京津冀、长三角市场，巩固周边省份，扩展一线城市，专项市场瞄准亚健康群体、家庭长寿旅游市场、青年健康养生旅游市场、老年人养老养生市场、体育运动健康旅游市场，着力打造具有一定影响力的全国性长寿康养旅游目的地。

3. 蒙阴长寿旅游产业发展方向

在加强生态建设与保护的基础上，大力发展长寿旅游经济，优化长寿旅游环境，打造长寿旅游小镇，弘扬长寿文化，创新养生养老服务体系和管理体制，把生态环境优势转化为长寿旅游优势，推进县域经济结构调整，壮大特色产业，提升经济质量效益。具体为：

发展康养度假旅游：充分发挥自然环境优势，围绕旅游供给侧调整，完善长寿旅游产业体系建设，加快旅游转型升级，推动观光旅游向康养度假转变，建设康养度假旅游区和综合体，以山地观光、生态休闲、养生度假等为特色旅游项目。

发展绿色健康休闲农业：充分依托生态优势和物种优势，根据特色农牧业产品区域布局，引导农民大力发展绿色休闲农业，提供农家绿色食品、养生养老民宿。

发展长寿旅游商品加工业：大力发展绿色休闲食品、健康器具等精深加工产业、绿色产业深加工和循环经济型生态工业，如麦饭石健康养生系列商品以及蜂蜜、果汁等绿色休闲食品，依托孟良崮工业园区、沂蒙农业创业创新示范园，发展板栗、香肠、果品饮料等绿色保健食品加工贸易。

发展山地体育运动休闲产业：以自然山体景观、山地水体景观、动植物景观和山地立体气候景观等为资源，以山地运动休闲为主，山地野营、野外拓展、丛林探险等为重要补充的原生态山地运动休闲区。

发展康养旅居住宿业：引导发展康养型宾馆与酒店，鼓励发展旅居式养生养老住宿业，并依托传统村落民居特色改造，大力发展特色精品民宿和乡村度假客栈。优化住宿业结构，建设布局合理、中高端搭配的康养住宿接待服务体系。

发展长寿餐饮业：重点推出蒙阴"非吃不可"美食系列和蒙阴"红色主题宴""特色养生宴""沂蒙风情宴"系列。突出长寿特色，引导和鼓励养生与餐饮、疗养与餐饮等相结合的复合型餐饮业态。发挥"老字号"在蒙阴旅游餐饮中的带头作用，形成品牌体系，全面提升档次，打造蒙阴名宴品牌。引导支持各地开发精品饮食,如把岱崮镇打造成"寿城食府",建成岱崮美食一条街,举办蒙阴美食节,蒙阴烹饪竞赛。

4. 蒙阴长寿旅游产业空间布局

(1)总体布局

基于蒙阴县旅游资源空间格局,在全域化交通基础上,结合全域旅游发展趋势,将蒙阴长寿旅游发展空间布局为"双核突破、三带联动、六区支撑"的空间格局。

双核突破:即城湖一体,蒙阴城区与云蒙湖互动发展,作为长寿旅游的双核进行突破。

三带联动:G205旅游发展带、S335旅游发展带、S234旅游发展带构成三条连通各区域的旅游景观道。

六区支撑:"崮乡"康养旅游区、"红色旅游+绿色食品"融合发展区、麦饭石康养旅游区、红韵果乡低密度乡村养生度假区、生态田园养生度假区、云蒙湖体育康养度假区。

(2)双核突破

区域范围:即城、湖双核,该区域包括蒙阴县城、蒙阴街道及云蒙湖周边区域。

发展思路:坚持城湖一体发展战略,将中心城区、云蒙湖作为旅游发展两大核心引擎,在中心城区配套设置长寿康养旅游综合服务中心、旅游集散中心,大力发展城市旅游产品,完善基础设施配套以及餐饮、住宿、购物、娱乐、休闲、商贸、商务、会务、会展等旅游业态,打造核心服务区,构建康养小镇、刘洪文化旅游区、特色商业街区等活动空间,形成夜间养生休闲空间,通过美食、酒吧、康养住宿等业态的聚集,打造夜间游客聚集区。整合云蒙湖及其周边山峪、林果、乡村等资源,内外结合,上下互动,以运动、休闲、观光、康养、度假等功能为主题,打造环云蒙湖运动休闲康养产品集群。大力发展大健康产业;依托云蒙湖及周边良好的生态环境、文化氛围以及现有的运动康养资源,发展蒙阴县健康产业,建设大健康养生小镇,作为蒙阴县康养产业发展的有力抓手。

功能定位:蒙阴城区与云蒙湖一体化发展,发展城市休闲、养生度假、运动休闲、旅居养老等休闲娱乐项目,承担行政、文化、商业、金融、居住、旅游、休闲等功能,是核心城市化地区,对蒙阴县全域的旅游发展发挥服务和集散作用。

(3)三轴联动

依托蒙阴县境内G205、S234、S335三条交通主干道,整合沿线空间、旅游资源,打造3条特色旅游风景道,形成一个贯通蒙阴全境的支撑体系。通过三带连接县内各交通道路、景观道、旅游点,形成全域旅游的核心脉络。将三条公路和环湖公交线以"旅游+公路"打造最美风景路,构建全域旅游供给新体系。

G205旅游发展带:205国道是连接蒙阴东西方向及县城的重点旅游带。规划依托现有的205国道和城湖公交线双线并进,结合G2高速公路,以及各个县乡道路,串联整合沿线垛庄、桃墟、县城、联城、常路等乡镇的长寿旅游产品,打造东西横贯的旅游产品带。将沿线打造成为蒙阴全域旅游的第一印象区和优先发展带。

S335旅游发展带:依托335省道,串联起坦埠镇、旧寨乡、蒙阴街道、蒙阴城区、联城镇等乡镇,对外联系沂水县、平邑县,形成一条"生态原美、人文丰美、和谐质美"旅游发展带。

S234旅游发展带:234省道南北方向贯穿蒙阴全境,联系桃墟镇、蒙阴街道、蒙阴县城、旧寨乡、野店镇、岱崮镇。串联起南部山水养生度假;中部城区休闲;中北部乡村旅游、林果田园、红色文化;北部岱崮地貌等旅游资源,打造纵贯南北的蒙阴旅游产品带。

(4)六区支撑

六区支撑:"崮乡"康养旅游区、"红色旅游＋绿色食品"融合发展区、麦饭石康养旅游区、红韵果乡低密度乡村养生度假区、生态田园养生度假区、云蒙湖体育康养度假区。

1)"崮乡"康养旅游区:依托岱崮独特的崮状地貌景观发展康养度假休闲,融合崮群观光、地貌探秘、沂蒙民俗、红色文化和三线文化体验、休闲度假、科普修学等为主题,对接周边著名的崮及美丽乡村,完善各项服务设施建设,引进先进养生保健服务,大力发展生态文化养生体验,打造特色"中国崮乡"康养休闲旅游区。

2)红韵果乡低密度乡村养生度假区:区域内红色文化底蕴深厚,沂蒙六姐妹支前文化、知青文化、三同教育基地、六十八棵老苹果树故事等红色文化资源,以红色文化为主题,整合区域内优势林果生产资源,依托蜜桃、苹果、樱桃等林果资源发展林果生产、果乡观光、乡村旅游、果品贸易、旅游节庆、旅游购物等功能,构建集山、水、果、村于一体的,观光、娱乐、度假集一身独具蒙阴红色果乡特色的乡村养生度假地。东部环湖康养休闲农业示范区。

3)麦饭石康养旅游区:整合该区域的历史文化、古村、新村、麦饭石等旅游资源,以麦饭石康养休闲度假为主体功能,以齐鲁风情、蒙恬故里等历史文化为依托,以近地域的城市近郊休闲市场为主体目标市场,重点拓展临沂、泰安、莱芜三大周边都市圈周末休闲市场,形成以历史文化体验、乡村风情观光以及康养休闲度假为主体的综合型旅游产品体系。

4)氧吧养生度假区:依托蒙山天然氧吧的优势,结合蒙山、金水河的山水生态资源优势,融合区域悠久的历史文化、独特的民俗风情文化,打造一处集山水观光、休闲娱乐、养生度假、民宿体验等功能于一体的综合性生态田园养生度假区。开发长寿之乡——蒙阴天然氧吧休闲养生度假游旅游产品体系。

5)"红色旅游＋绿色食品"融合发展区:依托孟良崮红色文化,结合小城镇建设及旅游发展,完善基础设施配套,同时对现有的项目进行提升,使展览活态化,增加参与性、体验性项目,同时与周边社区、蒙河沿线等项目结合,丰富产品体系。依托孟良崮工业园区和孟良崮物流园区,发展板栗、香肠、果品饮料等绿色食品加工贸易,打造一个特色红色文化旅游、革命传统教育、特色绿色食品加工贸易为主要内容的片区。

6)云蒙湖体育康养度假区:以云蒙湖为核心景观吸引,生态化开发,向上下游、向周边各种村落深入发展,大力发展生态旅游,使旅游项目从单一的水库工程观赏,到初步形成吃、住、行、游、购、娱、商、养、学、闲、情、奇有机结合,集观光、休闲、度假、运动、康养等功能于一体,建设沂蒙山最具生态特色的滨水康养度假综合体(见图10-23)。

5. 长寿旅游村镇体系

根据长寿旅游资源的集聚情况,筛选出岱崮镇、联城镇、垛庄镇、云蒙湖生态区四个长寿旅游特色镇(区),将之打造成具有长寿旅游特色的中国旅游名镇。这些小镇突出长寿养生文化包装、长寿产业支撑、特色风貌景观建设、康养业态消费、生态、长寿与红色文化等融合模式推进。按照3A景区以上标准建设(见表10-38)。

第 10 章　山东省蒙阴县长寿养生典型区域发展研究

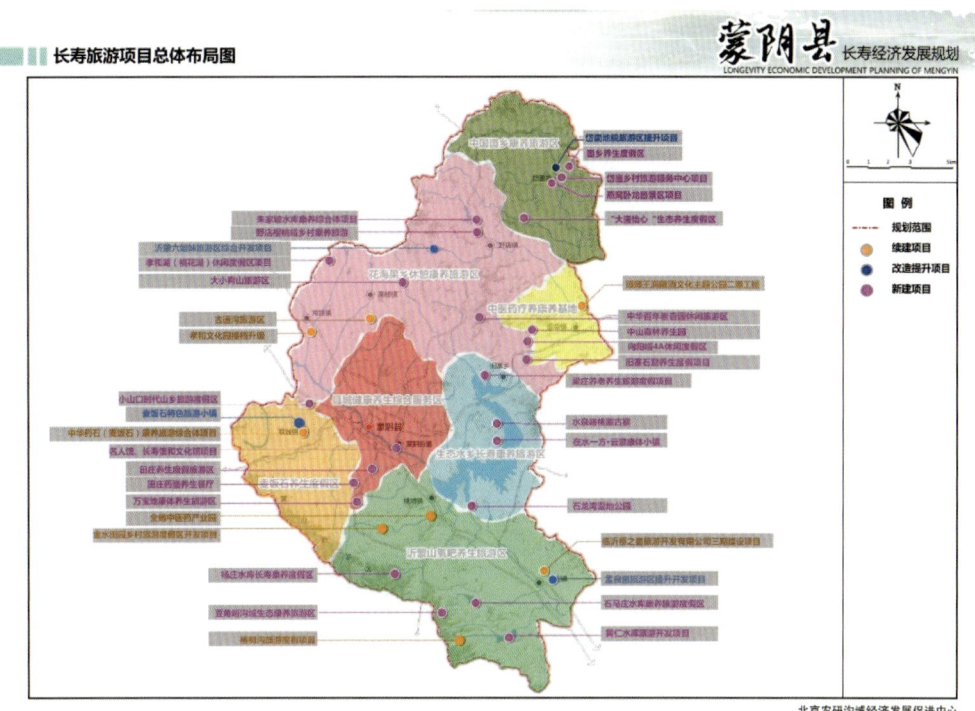

图 10-23　长寿旅游项目总体布局图

表 10-38　长寿旅游镇(区)与定位

名称	发展定位
岱崮镇	与健康长寿高度融合,打造长寿旅游基地和世界寿乡。把全域养生的概念落实,发展生态农业,把岱崮山耕、岱崮蜜桃推出去,辐射其他食品业,经营好"岱崮"这一品牌。按"城"的概念,配套医疗康养设施,打造"寿城食府",把岱崮美食建设好,建成美食一条街
联城镇	麦饭石和蒙恬应该是联城镇的名片。打造药石农业,将种植业、食品加工业等产业与麦饭石结合起来,休闲农业上,将丹参作为道地药材,将所有农业靠向养生农业。在麦饭石区域,以药优先,将黄烟逐渐淡化出麦饭石区域,构造"石城药府"。银麦河作为工农业旅游的结合点,将银麦河做活
云蒙湖生态区	立足"百里长堤、千处荷塘、万顷云蒙湖光山色,世外桃源"的生态资源优势,做足山水文章,通过精准招商、选商,引进桃源古寨、康体小镇、石龙湾田园综合体等重点项目。重点建设集体育运动、大健康产业、乡村康养旅居住宿业为主的"多彩生活地、长寿云蒙湖"长寿旅游小镇
垛庄镇	定位为红色旅游和生态康养旅游融合发展小镇,充分利用孟良崮红色文化和军事文化吸引客源,加强周边椿树沟、豆角峪等地的生态氧吧康养旅游开发,利用长寿养生产品留住客源,吸引游客重游

根据各乡镇的行政村的生态文明建设和长寿旅游资源赋存，初步筛选出一批长寿旅游村，将它们打造为具有长寿旅游特色的中国旅游名村，形成蒙阴长寿旅游的示范性，并以示范村点带动蒙阴县全域长寿康养旅游发展（见表10-39、图10-24）。

表10-39 长寿旅游村名录

乡镇街道或管理区	长寿旅游村
岱崮镇	燕窝村、笊篱坪村、马子石沟村、蒋家庄村
野店镇	烟庄村、樱桃峪村、南峪村、毛坪村
坦埠镇	诸夏社区、东西崖村
常路镇	常路社区
高都镇	蔡庄社区、上温村、下温村
旧寨乡	晏子峪村、旧寨村、向阳峪村、杏山子村（杏山园）、大洼村
云蒙湖生态区	东汶村、西官庄村、北太平社区
蒙阴街道	焕峪村、三教堂、大田庄村、小田庄村、万宝地村
联城镇	刘家官庄村（中华药石康养综合体）、常马庄村、小山口村（时代山乡）
垛庄镇	孟良崮村、东孟良崮村、西孟良崮村、红日村、椿树沟
桃墟镇	前城村、安康村

图10-24 长寿旅游村镇体系构建图

10.9.2 长寿健康服务业规划

1. 蒙阴长寿健康产业发展思路

编制养老产业发展指导目录,积极培育和推动养生服务、医疗服务、健康管理与促进、健康保险以及相关服务,以及药品、医疗器械、保健用品、保健食品、健身产品等支撑产业,贯彻落实《国务院关于促进健康服务业发展的若干意见》(国发〔2013〕40号),广泛动员社会力量,多措并举发展健康服务业。到2025年,基本建立覆盖全生命周期、内涵丰富、结构合理的健康服务业体系,打造一批知名品牌和良性循环的健康服务产业,并形成一定的知名度和竞争力。健康服务业总规模达到亿元以上,成为推动经济社会持续发展的重要力量。蒙阴县重点发展的健康服务业门类如下:预防保健、卫生应急、卫生监督服务设施建设,优生优育、生殖健康、母婴护理等咨询与服务,全科医疗服务,远程医疗服务,卫生咨询、健康管理、医疗知识等医疗信息服务,医疗卫生服务设施建设,传染病、儿童、精神卫生专科医院和护理院(站)设施建设与服务,心理咨询服务,中医养生服务,残疾人社会化、专业化康复服务和托养服务,优抚收养性社会福利机构及相关配套服务设施建设,救助管理站及相关配套设施建设,家政服务,养老服务,社区照料服务,病患陪护服务,农民工留守家属服务设施建设,社会保障一卡通工程,工伤康复中心建设。

2. 蒙阴长寿健康产业发展方向

(1)大力发展养老照护产业

以高端、优质为方向,鼓励发展个性化健康检测评估、健康咨询服务、营养保健指导、健身美容和养老养生等非医疗性健康管理服务产业。加快蒙阴县"山东省长寿之乡"品牌建设。扶持有实力的大型养老机构和社区居家养老服务组织走集团化发展道路。引导和鼓励社会资本以独资、合资、合作等形式投资老龄产业,整合养老、医疗、康复等公共服务资源,推动健康、养老、保险、医疗、旅游等产业融合发展。支持建立老龄产业、产品生产基地、研发基地和销售基地,发展集生活居住、文化娱乐、康复训练、医疗保健等为一体的养老养生社区和大型养老综合体,打造推出健康养生、快乐游学和休闲养老的老年旅游系列产品。主要体现在如下方面:大力发展社区居家养老服务,健全社区居家服务网络,提高农村养老服务水平。

(2)积极发展康养旅游产业

依托蒙山"天然氧吧""岱崮地貌"、河流湖泊和城区温泉等生态资源优势,在云蒙湖、黄仁水库、桃花湖、朱家坡水库等周边建设康养恢复、休闲度假区,实行科学设计、一体化健康服务和度假酒店式管理,开展"候鸟式""旅游式""度假型"和"互助型"等多样化康养模式,让入住人群在休闲、度假中检查、治疗、养老养生。鼓励蒙阴县各乡镇街道结合自身的林果产业、医疗资源、红色旅游、保健食品等资源优势规划建设康养旅游综合体。充分将养生健康元素融入餐饮、住宿、购物、娱乐等旅游要素中,发展养生餐馆、康复疗养酒店和长寿产品购物业。

(3)稳步发展医疗服务产业

加强老年病医院、老年护理院、老年康复医院、安宁疗护机构和综合医院老年病科建设。充分结合医疗卫生体制改革政策,大力发展民营医院,补充公立医院服务空缺和不足。加强现有社会办医院的管理,鼓励社会力量举办中医类、康复护理类、老年病和慢性病类专科医疗机构和投入,优先支持举办非营利性医疗机构,引导社会办医向规范化、规模化、高水平化方向发展。优化社会办医环境,在市场准入、技术准入、重点专科建设、职称评定、等级评审等方面与公立医院同等待遇。严格按照社会办医相关政策和审批标准,简化审批流程,提高审批效率。在现有三家社会办医院的基础上,根据国家、省、市为社会办医院预留发展空间要求,结合蒙阴县实际情况,按每千常住人口0.5标准预留床位,鼓励社会资本举办以康复、老年护理为主的医疗机构,与公立医疗机构形成有益补充,满足群众多层次、多元化医疗服务需求。

(4)进一步推进医养结合

在县域范围内积极推动医疗机构与养老机构的广泛合作,让本地和外来中老年人就近享受到快捷、优质的医疗卫生服务,通过开通双向转诊、急诊急救绿色通道,对转诊老年患者提供优先接诊、优先检查、优先安排住院等服务。进一步推进蒙阴县"医中有养、养中有医"养老方式的施行,使老年人能够时刻享受到专业医护人员的照料,大大降低老年人突发疾病所带来的风险。

3. 蒙阴长寿健康产业空间布局

结合蒙阴县城镇与生态环境资源分布、长寿加工业与长寿旅游业的布局,规划构建"一心三基地多节点"的健康产业布局(见图10-25)。

图10-25 健康产业布局图

一心：即指县城区，包括蒙阴开发区、蒙阴街道，城区依托医疗服务、养老服务的优良基础，进一步提升医疗、养老养生服务水平和服务能力，完善建设服务设施和体系建设，建成蒙阴县养老康复服务中心。

三基地：云蒙湖康养服务基地，依托云蒙湖优良生态环境，在外围村镇建设健康养老示范园、健康运动示范区、康养旅游综合体，打造生态康养旅游片区；联城康养服务基地，主要依托联城镇麦饭石特色小镇建设和中药材产业，充分挖掘麦饭石和中医药的养生保健功能，让来联城的人，喝上生产出天然健康的麦饭石水、吃上种植出绿色有机的麦饭石农产品、购买麦饭石系列养生用品、体验中医药健康养生园；坦埠镇医疗保健服务基地，主要依托天济国医养生院、神农中药饮片公司等企业和中山禅意养生园项目，发展特色医疗和保健服务。

多节点：在岱崮镇、野店镇、旧寨乡、高都镇、常路镇、桃墟镇、垛庄镇的镇区、湖泊和森林观光区域建立休闲农业、度假酒店、保健食品饮料加工基地等多种形式的康复休养服务基地。

4. 蒙阴长寿健康产业发展路径

（1）推动医疗与养老服务融合发展

养老机构通过内设医疗机构、建立协作机制、设置医疗分点等方式提高医疗服务能力。建立养老机构内设医疗机构与合作医院间双向转诊、急诊急救等绿色通道。对养老机构设置的医疗机构，符合条件的按规定纳入基本医疗保险定点范围。鼓励各级医疗卫生机构开展养老服务，推动医疗卫生服务向社区、家庭延伸，依托基层医疗卫生机构，开展老年人医疗、康复、护理、家庭病床等服务，提高康复、护理床位占比。鼓励执业医师到养老机构设置的医疗机构多点执业，支持有专业特长的医师及专业人员在养老机构规范开展疾病预防、营养、中医调理养生等非诊疗行为的健康服务。推动家庭医生签约服务，实现每个老年人家庭拥有一名合格的家庭医生，引导保障对象优先利用居家护理和社区护理服务。完善社区全科医生上门服务制度，重点保障失能失智、空巢老人医疗需求。开发中医药与养老服务相结合产品，鼓励举办以中医药健康养老为主的护理院、疗养院，建设一批中医药特色医养结合示范基地。所有医疗机构为老年人就医开辟绿色通道，所有养老机构能够以不同形式为入住老年人提供医疗护理服务。统筹落实医养结合优惠扶持政策，推进医养融合发展，建立健全医疗卫生机构与养老机构合作机制，积极为老年人提供治疗期住院、康复期护理、稳定期生活照料以及安宁疗护一体化服务。加强老年康复医师、康复治疗师与康复辅助器具配置人才培养。

（2）培育健康服务市场主体

鼓励支持各类投资主体参与健康服务业发展，鼓励和支持企业、慈善组织、金融机构及境外资本采取独资、合资、合作、PPP等方式参与健康服务业发展。发展医养结合型医疗养老机构，优化床位结构，完善服务功能。鼓励企事业单位厂房、办公用房、商业设施、培训中心、疗养院或休养机构转型用于养老服务。支持养老服务企业发展，鼓励养老服务业连锁化经营、集团化发展，培育一批特色明显、管理规范、服务标准、绿色生态的龙头企业和知名品牌，形成产业链条长、覆盖领域广、经济社会效益好的产业集群。

（3）构建智慧化健康服务体系

建立健康服务信息网络与服务网络，开展智慧养老、智慧社区建设，整合养老资源，推动互联网、物联网技术在养老服务全领域应用。大力推进"互联网＋养老"，整合人社、民政、公安等部门数据资源,推广应用健康服务管理平台,和健康服务信息宣传网,实现省级研发、五级应用和资源共享,形成养老服务大数据链,对接养老需求,联结服务组织,打造线上线下相结合的服务模式。

(4)保障健康服务产业发展用地需求

一是全力保障健康产业用地。合理布局休闲、医疗保健、养生养老、长寿食品等产业用地,保障项目用地。为全县健康服务产业开辟用地报批和抵押融资登记"绿色通道",实行"超常规"服务。对材料齐全的即时办理、特事特办、能快则快、快上加快。二是为大健康产业布局提供发展空间。注重规划引领,为健康产业项目提供充足的落地空间。积极做好土地利用总体规划与健康产业衔接工作,对土地利用总体规划进行局部调整。未确定相关规划及具体位置的项目,继续加强与相关部门的沟通对接,为项目顺利建设预留好用地空间。三是研究政策,主动学习外地国土部门先进经验,主动谋划、积极作为,将大健康产业用地保障工作与耕地保护、规划调整、建设用地审批、土地供应等日常工作紧密结合,加强与相关部门的沟通协调,及时掌握用地需求,做好健康产业资源保障工作。

10.10 重点项目体系

10.10.1 长寿农业生产体系项目

长寿农业生产体系项目详见表10-40。

表10-40 长寿农业生产体系项目　　　　单位:万元

类别	项目名称	建设地点	类型	投资额
长寿农业植物栽培系统	谷类栽培示范项目	蒙阴10个乡镇及蒙阴街道	新建	1000
	蔬菜类栽培示范项目	蒙阴10个乡镇及蒙阴街道	新建	5000
	水果类栽培示范项目	蒙阴10个乡镇及蒙阴街道	新建	3000
	中草药栽培示范项目	联城镇、野店镇和高都镇等	新建	5000
长寿农业动物养殖系统	山羊养殖示范项目	垛庄镇、岱崮等9个乡镇	改建	1000
	十足全蝎养殖示范项目	桃墟镇、联城镇、高都等	改建	500
	中华蜂养殖示范项目	蒙阴街道	改建	300
	长毛兔养殖示范项目	蒙阴街道、坦埠镇等	改建	2000
	水产品养殖示范项目	云蒙湖、坦埠镇	改建	8000
长寿农业菌类栽培系统	香菇种植示范基地项目	联城镇、蒙阴街道	改建	2000
	平菇栽培示范基地项目	经开区	改建	400
	鸡腿菇栽培示范基地项目	经开区	改建	500
	羊肚菌栽培示范基地项目	垛庄镇	改建	500

10.10.2 长寿产品加工项目

长寿产品加工项目详见表 10-41、图 10-26。

表 10-41 长寿产品加工项目

项目名称	地点	项目介绍	类型	总投资/亿元	投资主体
兔业小镇	蒙阴街道驻地西 4.5 km 处	以果兔产业为主体,以种兔养殖、兔绒服饰加工、兔产品等为重点。目前落户小镇的维蕾克纺织服饰有限公司成功生产出了宽度 12 μm 的兔绒纺纱,攻克了兔绒服饰掉毛、缩水、起球的三大世界纺织难题。2020 年园区建设完成后,形成市场商贸核、生活服务核、休闲农业体验核三个发展核心,包含商贸服务板块、生活居住板块、兔毛产业板块、休闲农业板块、高都产业板块等五个功能板块	续建	65	PPP 模式
兔业小镇临沂百康源食品项目	蒙阴街道	主打以兔肉为主的保健肉制食品深加工,产品主要通过冷链物流出口日、韩等国家和地区。占地 150 亩。项目分二期建设,目前,现已建成生产车间 28900 m²,新建研发中心 3000 m²,已购置生产设备近 200 台套,完成投资 2.3 亿元。200 余名职工已到诸城市全润福食品公司跟班培训,计划 4 月底投产运营。项目于 2017 年进行二期建设,计划扩建厂房 70000 m²,增加生产设备 400 台套,项目全部建成投产后,年可生产速冻调制食品 5 万 t,实现产值 10 亿元,税收 3000 万元,安置劳动力 1000 个	续建	5	蒙阴县山东华建集团
兔业小镇维蕾克兔绒服装加工	蒙阴街道	建设完成年可消化加工兔毛 1000 t 以上,服饰 600 万件。该项目建成投产后,为当地长毛兔养殖户培育优良品种、帮助解决养殖过程中出现的防疫等疑难问题,同时还可解决上万人的就业	提升	12	企业投资
田庄田园综合体	蒙阴街道大小田庄村	完善服务设施,发展特色农业、长寿保健食品加工、休闲旅游、养生产业,结合蒙山旅游主干道交通优势,发展沿线商业,初步形成集现代养殖、循环农业、旅游服务、优质果品于一体的产业格局,做大做优做强以伟业种禽、蒙甜蜂业、九州果品、甜锶锶水业为核心的龙头企业	整合	11.488	政府、企业

续表

项目名称	地点	项目介绍	类型	总投资/亿元	投资主体
九州果品水果生产园	蒙阴街道大小田庄村	九州果品水果生产园,把各种水果将以冷冻、冻干、罐头等形式进行加工,以水果、浆果为原料,用物理、化学或生物等方法处理(抑制酶的活性和腐败菌的活动或杀灭腐败菌)后,加工制成食品而达到保藏目的的加工过程。水果通过加工,可改善水果风味,提高食用价值和经济效益,有效地延长水果供应时间	提升	0.3	企业投资
甜锶锶泉水观光工厂	蒙阴街道大小田庄村	利用甜锶锶水业现有的水资源品牌,打造甜锶锶泉水观光厂,让游客可以更好地参观体验矿泉水的生产全过程,也可以将二产与旅游相结合,互相带动,促进发展	提升	0.25	企业投资
蒙甜蜂产品生产区	蒙阴街道大小田庄村	安装国内最先进的蜂蜜加工流水线,形成世界级的蜂蜜生产加工中心,并利用自动化分拣与配送,产品转型升级,从蜂蜜、蜂胶初加工,到日化、化妆品、药品、食品等产品研发	提升	0.24	企业投资
麦饭石循环产业园项目	联城镇	利用联城镇得天独厚的麦饭石资源优势,统筹规划麦饭石矿泉水生产、麦饭石制品加工、麦饭石文化产业园、麦饭石特色旅游小镇、特色种植和养殖等产业,打造麦饭石循环产业园	新建	3.9	企业、政府
水果加工项目	经开区、孟良崮工业园等地	①引进具有提高人体免疫力功能的酵素原液、酵素片等产品生产企业,新上果蔬酵素加工生产线;②引进桃酒、苹果酒、柿子酒、梨酒、草莓酒、山楂酒、石榴酒等功能性健康饮品生产企业;③引进高端果脯、果酱、果汁、果蔬脆片、饮料、泡腾片、罐头等果品深加工项目;④引进桃胶、桃花制品深加工及桃木工艺品加工项目	新建	待定	企业
中药材加工项目	坦埠镇、联城镇等	按照国家GMP标准建立中药浓缩颗粒及饮片生产基地,同时进行药食两用保健食品的研发、生产、销售	新建	待定	企业
山水丰禾农产品加工项目	蒙阴街道东儒来、西儒来村	聚焦农业优势产业,坚持走出去和引进来相结合的招商模式,引入农产品加工企业,目前已与九州集团、天津好来科技发展有限公司、颐高集团三家公司进行对接洽谈	新建	2	企业

图 10-26　长寿加工业项目布局图

10.10.3　长寿论坛与节事活动项目

长寿论坛与节事活动项目详见表 10-42。

表 10-42　长寿论坛与节事活动项目

旅游项目名称	地点	项目介绍	投资估算/亿元	投资主体
长寿论坛	蒙阴街道等	打造全国知名节事品牌	0.01	企业、政府
长毛兔产业发展大会及赛兔会等赛会	蒙阴街道等	全国知名节事品牌	0.01	企业、政府
桃花节	岱崮镇等	全国知名节事品牌	0.01	企业、政府
孟良崮槐花旅游节	垛庄镇	山东省知名节事品牌	0.005	企业、政府
刘洪—中国算圣文化节	刘洪文化园·海浪谷景区	全国知名节事品牌	0.01	企业、政府
岱崮地貌民俗节	岱崮镇	全国知名节事品牌	0.01	企业、政府
蒙山桂花文化旅游节	垛庄镇	山东省知名节事品牌	0.005	企业、政府
岱崮地貌伏羊美食节	岱崮镇	全国知名节事品牌	0.01	企业、政府
崮上草原运动会	岱崮镇	山东省知名节事品牌	0.005	企业、政府
银麦乡村啤酒节	蒙阴开发区	国际知名节事品牌	0.02	企业、政府
环云蒙湖自行车	云蒙湖	国际知名节事品牌	0.02	企业、政府
蒙阴长寿美食节	蒙阴街道等	全国性品牌节事，展销蒙阴县极具代表性的长寿食品、长寿饮品等	0.02	企业、政府

10.10.4 中医药产业项目

中医药产业项目详见表10-43。

表10-43 中医药产业项目布局

项目名称	地点	项目介绍	类型	总投资/亿元		投资主体
中药饮片深加工项目	山东顺天中易中药饮片有限公司	洪河头村	15000	15000		购置新型中药精细化深加工设备,建设中药成品浓缩洗片生产线一条、中药超微粉生产线一条,配套建设标本室、样品室和检验室。年产各类中药饮片700个品种规格,各类保健浓缩饮品、超微粉100个品种规格
神农中医中药养生园	江苏客商师荣辉	东坦埠村	30000	16000		新开发中药材种植基地200亩,新建特色别墅式楼房5栋、特色木质结构楼房2栋,中医保健馆、中药诊疗馆等设施
云蒙湖中医中药健康旅游观光基地项目	山东尚泽医药有限公司	潘家沟村	10000	7000		建设中草药种植园区、中草药展示馆、药用种植观赏区、中草药制作坊、中草药研究开发中心、保健康复中心、中草药主题公园、中药长廊、名人养生院、养生文化馆、药膳馆等16个场馆

10.10.5 医疗服务产业项目

医疗服务产业项目详见表10-44、图10-27。

表10-44 医疗服务产业项目

项目名称	地点	项目介绍	类型	投资估算/亿元	投资主体
蒙阴县人民医院提质升级项目	蒙阴县人民医院、孟良崮中心卫生院	发展医联体模式,拓展服务内容,开展医养结合服务,开设医养结合床位500张。充分发挥龙头、辐射、带动作用,投资9000万元建设孟良崮中心卫生院(县医院分院),第一期工程建筑面积18000 m^2,打造蒙阴县东南区域医疗卫生服务中心	提质	1	政府

续表

项目名称	地点	项目介绍	类型	投资估算/亿元	投资主体
蒙阴县中医医院医养结合项目	蒙阴县中医医院	新建建筑面积16000 m^2的门诊病房综合楼一栋和建筑面积18000 m^2的医养结合楼一栋,以及水电、暖等配套设施及绿化等景观提升工程	提质	1	政府
蒙山路社区医院	古城东路北、蒙山路东	对蒙山路社区医院进行改造,扩容提质	原中医院旧址改建	0.03	政府
蒙阴第二人民医院	文庙路北、刘洪路东	对蒙阴第二人民医院进行改造,扩容提质	现状改建	1	政府
苏家庄社区医院	新城路以北、文昌路东	对苏家庄社区医院进行改造,扩容提质	现状改建	0.03	政府
蒙阴县城西综合医院	创新路东、新城路北	对蒙阴县城西综合医院进行改造,扩容提质	新建	1	政府
精神卫生防治中心	蒙阴镇卫生院	建设蒙阴县精神卫生防治中心。具体承担县域内精神卫生的医疗、预防、医学康复、健康教育、心思收集等工作	新建	2	政府
养老养生项目	选址待定	以"休闲养老基地,度假养生乐园"为主题,引进高端养老品牌企业,新建养老公寓、综合医院、特色疗养院、康复中心、老年大学等内容的复合型养生养老基地	新建	待定	企业
山东兴弘医疗器械有限公司	垛庄镇	生产电动轮椅车、老年代步车、手动轮椅车、四轮购物车、便桶椅、洗澡椅、拐杖等	提质	1.1	企业

图 10-27　医疗服务产业项目布局图

10.10.6　长寿旅游项目

1. 县城健康养生综合服务区

在养老服务设施的基础上,不断创新,充分挖掘城乡"养老产业"价值,放大"医养结合"特色效应,大力发展田园养生养老、旅居养生养老等模式,积极培育健康食品、老人用品等产业,不断提升县城健康养生服务档次水平(见表 10-45、图 10-28)。

表 10-45　县城健康养生综合服务区长寿旅游项目

项目名称	地点	项目介绍	建设类型	投资估算/亿元	投资主体
田庄养生度假园	蒙阴街道大田庄和小田庄	养生度假园种植多种中草药,集养生餐饮、住宿、亚健康调理和医学美容于一体,是个结合知识与休闲的度假胜地。园内的设施有不同的功能,以中草药为主题,从知识、体验、观光等不同方面深入呈现。种植及野生药用植物多种,每一种皆设立解说牌,并设置参观步道,游客可深入园内尽情享受一年四季的花季都可以来这里漫步、拍照	新建	0.12	PPP

续表

项目名称	地点	项目介绍	建设类型	投资估算/亿元	投资主体
田庄药膳养生餐厅	蒙街道大田庄和小田庄	餐厅坚持传统养生理论与现代烹饪工艺相结合,制作的药膳菜品不仅具有一般菜品的色香味形,更对人体有良好的健康调理作用。餐厅坚持原材料新鲜,卫生。烹饪过程中不使用半成品,不使用添加剂,结合科学营养配比,尽可能以天然调料释放菜品最本真滋味,诠释本味烹饪的艺术之美。每个节气推出相应的菜品,满足顾客对时令养生的需求	新建	0.04	PPP
万宝地康体养生旅游区	蒙阴街道万宝地	开发建设万宝山舍、蒙阴美食坊、蒙阴八大民俗文化园、梯田茶社。一期开发建设家庭休闲体验区;二期建设家庭康体养生产品;三期整体改造现有的黄土崖子村,建设文化生活展馆、沂蒙艺术研究分院、艺术写生基地。同时,完善水电路基础设施,建设寺院、祈福场所、宗教文化讲堂、养生会馆等	新建	1	企业合资或独资
沂蒙温泉度假村项目	蒙阴街道	占地800亩,依托地下优质温泉,建设集园林宾馆、温泉疗养、商务会务、高档住宅于一体的旅游度假城市综合体,温泉大酒店建有388个标准套房,104个高档会员套房。项目建成后,可带动1000余人就业。2017年温泉度假村二期项目已全部完工并通过政府综合验收,消防验收。2018年总投资5500万,目前酒店正由香港华艺空间设计公司装修设计,深圳南利装饰集团公司工程施工	续建	13	企业
名人馆和长寿馆文化馆项目	蒙阴街道	对蒙阴县名人文化进行集中展示,对蒙阴县的长寿文化、孝文化进行挖掘和展示。引入互动体验设备,如飞行影院、人机对话等,增强参观的体验性、参与性和趣味性	新建	1	企业或PPP

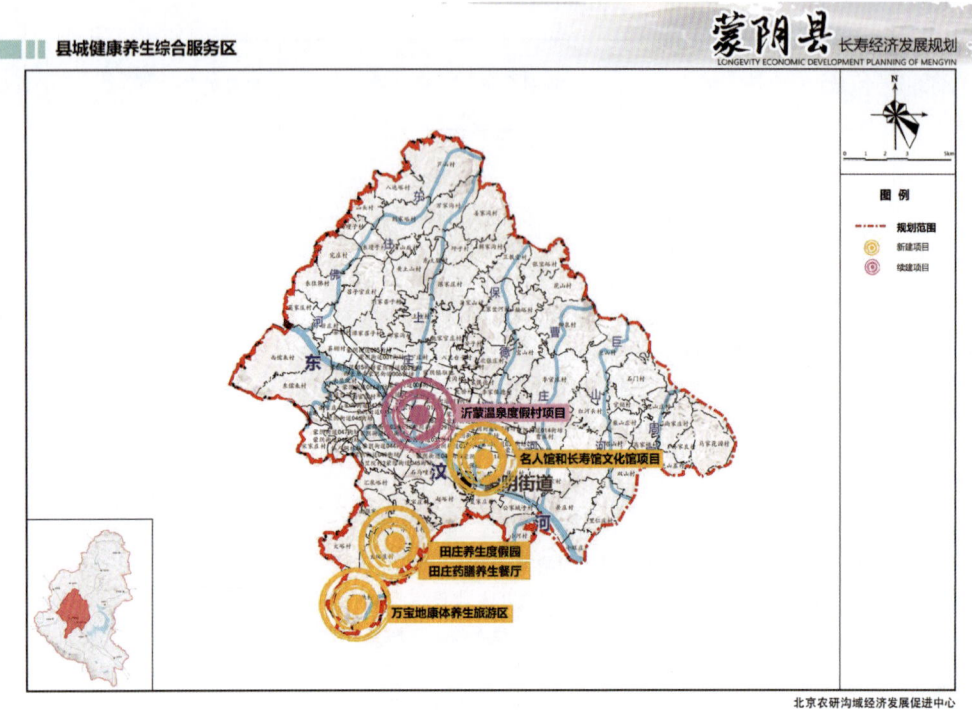

图 10-28　县城健康养生综合服务区

2. 中国崮乡康养旅游区

以岱崮地貌景观为依托,把卧龙崮、梭子崮、大崮等岱崮地貌景观与周边的燕窝村、笊篱坪等村落的旅游开发结合起来,融入民俗风情、知青文化、三线建设元素,打造集地质地貌观光、乡野度假以及文化体验的综合性休憩康养产品,塑造"家"的感觉,成为蒙阴北部康养旅游目的地(见表 10-46、图 10-29、图 10-30、图 10-31)。

表 10-46　崮乡康养旅游区长寿旅游项目

项目名称	地点	项目介绍	建设类型	投资估算/亿元	投资主体
岱崮地貌旅游区提升项目	岱崮镇	规划面积 25 km²,建设上山下乡度假村、地质博物馆、崮上草原、南北要塞等项目及旅游配套设施建设	提升	2.5	企业
岱崮乡村旅游服务中心项目	岱崮镇	在镇驻地景区入口处建设一处占地 80 亩的大型游客服务中心。建设内容:①大型生态停车场;②大型游客综合服务中心;③通往上山下乡旅游度假村的旅游观光小火车站;④岱崮客运服务中心	新建	1.4	企业

续表

项目名称	地点	项目介绍	建设类型	投资估算/亿元	投资主体
燕窝卧龙岗休闲度假区	岱崮镇	在燕窝村打造一处 2 km² 范围的度假休闲娱乐景区。建设内容：①卧龙岗景点的打造及旅游服务基础设施建设；②燕窝古村的恢复性修缮、利用燕窝古井和相邻水系打造邻水亲水的度假休闲娱乐区；③在燕窝村浴龙湾建设一处占地 50 亩的房车露营地。④建设桃源"崮乡"度假山庄	新建	1.7	企业
崮乡养生度假区项目	岱崮镇东峪村	依托遗留的历史性建筑，进行改造提升，建设养老公寓、综合医院、康复中心、活动中心等养老基地，以乡村生态的自然环境、闲适的生活节奏和完善的健康服务对接城市退休人群的养老度假需求。依托红色文化、军工文化，打造主题化的拓展营地，建设干部培训中心，发展红色基因教育，传承"沂蒙精神"	新建	2	PPP
"大崮怡心"生态养生度假区	岱崮镇大崮村	充分利用区域良好的自然风景条件，定位中高端客户群体，开发融生态养生、休闲度假、社交娱乐、时尚运动于一体的生态养生度假区	新建	2	企业

图 10-29　中国崮乡康养旅游区项目分布图

图 10-30　岱崮乡村旅游综合服务中心鸟瞰效果图

图 10-31　岱崮乡村旅游综合服务中心效果图

3. 生态水乡长寿康养旅游区

托云蒙湖及周边良好的生态环境、文化氛围以及现有的运动与康养资源,大力发展大健康产业,建设体育休闲小镇和健康养生小镇,作为蒙阴县康养产业发展的有力抓手(见表10-47、图10-32)。

表10-47 生态水乡长寿康养旅游区长寿旅游项目

项目名称	地点	项目介绍	建设类型	投资估算/亿元	投资主体
在水一方·云蒙康体小镇	云蒙湖生态区	项目总占地1120亩,由山东东蒙企业集团与山东峻瑞农业有限公司联合开发建设,将打造集康养服务、康体运动、庄园游乐等功能于一体"康养+体育+休闲"的特色小镇	新建	17.7	企业
水泉峪桃源古寨度假区	云蒙湖水泉峪村	以蒙阴县"桃文化"、"寨文化"和沂蒙民俗文化为核心,引入河南嵩山中岳庙"道医养生文化",提炼整合沂蒙山区最具特色的建筑符号,计划打造六大景区主体:景区大门(具有旅游集散服务功能)、药王庙、王母殿、杨家寨、民俗体验综合体、温泉度假酒店,致力于打造蒙山仙境"世外桃源"(见图10-33、图10-34)	新建	15.13	企业
梁庄养老养生旅游项目	旧寨乡梁庄村	对旧寨乡梁庄村住户进行搬迁安置,重新规划建设高端民宿30套,在北山上规划建设养老养生中心,为日益老龄化的人们提供良好的养老养生服务,实现"快乐养生、健康养老"	新建	1	企业

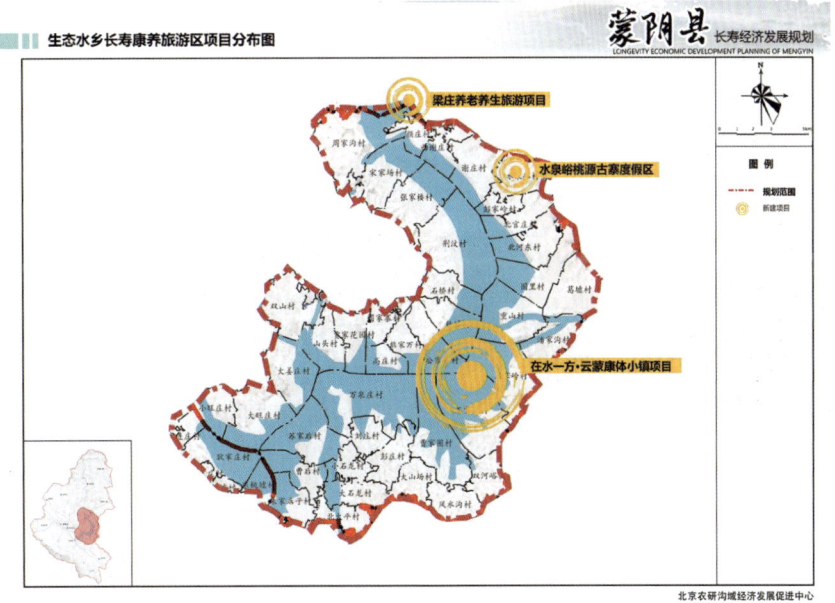

图10-32 生态水乡长寿康养旅游区项目分布图

图 10-33　水泉峪桃源古寨度假区世外桃源效果图

图 10-34　水泉峪桃源古寨度假区入口大门效果图

4. 沂蒙山氧吧养生旅游区

依托蒙山天然氧吧的优势,结合蒙山、金水河的山水生态资源优势,融合区域独特的红色文化、历史文化、民俗风情文化,开发长寿之乡——蒙阴天然氧吧养生游产品体系,打造一处集生态体验、休闲娱乐、养生度假、民宿体验等功能于一体的综合性森林养生旅游区(见表10-48、图10-35、图10-36、图10-37)。

表10-48 沂蒙山氧吧养生旅游区长寿旅游项目

项目名称	地点	项目介绍	建设类型	投资估算/亿元	投资主体
临沂樱之崮旅游开发有限公司三期建设项目	垛庄镇西孟良崮村	主要建设樱桃和黄桃种植区扩建提升、景观果园、躬耕地、五彩大棚、七彩花海、主题民宿、野嬉温泉度假区、拓展基地、茶马古道、传统游戏、露天电影院、萌宠乐园、农事DIY、儿童乐园、森林课堂、生态游乐场、军事拓展、景观水系、滨水长廊、停车场、卡通地标、游客中心、月牙湖、樱桃广场、滑雪场、竹林天然氧吧等项目	续建	1.8	企业
椿树沟旅游度假项目	垛庄镇黄姑庵村	立足原生态优势和椿树沟《舌尖上的中国》知名度,以"原味椿树沟,筑梦新田园"为主题,主打煎饼沂蒙美食品牌,融入民俗文化,发展以板栗、金银花、四季香椿等为主导的特色产业,延伸以煎饼产业为主的农业产业链,打造集田园美食、生态宜居、健康养生、休闲禅养为一体的旅游综合体	提升	1.8	企业
豆角峪沟峪生态康养旅游区	垛庄镇豆角峪村	利用豆角峪山水环境、乡土文化资源,在区域内重点建设精品民宿、乡村客栈、文化主题酒店等业态,打造一条特色乡村旅游度假带。各项设施打造过程中,将整个区域的乡村按照"六统一"的标准发展成为一个乡村精品民宿度假集群,整个流域打造成为一个乡村酒店,进行统一管理、运营	新建	0.5	企业
孟良崮旅游区提升开发项目	垛庄镇孟良崮景区	建设模拟战场、拓展基地、高地实战游戏场等体验性、参与性项目,增加经营业态	提升	0.1	PPP
黄仁水库旅游开发项目	垛庄镇	拟建设垂钓区、民宿、休闲区、农业观光区等项目,同时完善旅游道路、游客接待服务中心、旅游标识等基础设施	新建	1	PPP
石马庄水库康养旅游度假区	垛庄镇	新建度假别墅、医疗康复中心、休闲娱乐区、垂钓区、步道、养生餐馆,建成综合性康养旅游度假区	新建	2	企业

续表

项目名称	地点	项目介绍	建设类型	投资估算/亿元	投资主体
金水田园乡村旅游度假区开发项目	桃墟镇金水河流域	对占地200亩的前城古村落进行修复、重建等保护性开发，发展高端民宿，建设公鼐书院；打造"安口—树上村庄"，发展高端民俗，完成商业街立面改造50间，民宿木屋10套，树屋别墅4套，栗园民宿8家，建成栗园湖木栈道、游客接待中心等一系列旅游景点和配套设施；建成前城香椿采摘园、安康葡萄采摘园、水营蜜桃采摘园、魏城苹果采摘园、前城石榴种植示范基地共5处现代农业园区，占地面积6500亩	整合	20	企业
全蝎中医药产业园	桃墟镇	全蝎养殖、蝎子保护、蝎子保健品加工等为一体的园区	新建	0.05	企业、PPP
杨庄水库长寿康养旅游区	桃墟镇	美化湖泊岸线，开发滨湖度假民宿，打造湖泊型康养旅游地	新建	1	企业、PPP

图 10-35　沂蒙山氧吧养生旅游区项目布局图

图 10-36 孟良崮拓展训练 CS 模拟战场效果图

图 10-37 黄仁水库大坝景观效果图

5. 花海果乡休憩康养旅游区

以生态线为基础，整合三镇一乡的花海果园，串联乡村旅游点，把生态线打造成为乡村旅游的景观廊道和组织带。把整个片区打造成为江北最大的果园和花海，对岩杏园、沂蒙六姐妹红色文化、毛坪村、樱桃峪等资源进行高端化开发，打造高端休闲、商务会议、养生度假地，成为江北最美乡村休憩康养区（见表10-49、图10-38、图10-39、图10-40、图10-41、图10-42）。

表10-49 花海果乡休憩康养旅游区长寿旅游项目

项目名称	地点	项目介绍	建设类型	投资估算/亿元	投资主体
旧寨石窟养生度假项目	旧寨石窟旅游区	以石窟洞群旅游开发为中心。以旧寨石窟洞群开发为中心，配套建设高端民宿旅游、农业休闲观光、冷泉养生度假于一体的文化旅游中心	新建	3	企业
中华岩杏园养生旅游区	旧寨镇大洼村	以岩杏游赏为主打产品，挖掘岩杏精神进行讲解，配套精致民宿、餐饮设施，出售杏花酒、杏花保健食品等，新建观光亭台、游客休息区、精品甜杏采摘园、幸福一生摄影基地，打造成一家高品质长寿养生旅游区	新建	0.03	PPP
云蒙药谷项目	旧寨乡莫庄河流域	以"云蒙药谷 康养家园"为定位，主要包括何首乌、丹参、金银花、远志、芍药等中草药材的种植、中药茶、药膳等衍生产品的开发应用和中医铺、中药浴、中药餐饮等中药理疗产业链打造。目前已种植丹参、桔梗等中草药100亩；正与民政部爱晚工程对接，洽谈一个中药康养项目	续建	0.1	企业
沂蒙六姐妹旅游区综合开发项目	野店镇	沂蒙六姐妹纪念馆二、三楼展示升级、接待服务中心等基础设施建设；苹果主题公园项目"一带四区两馆"建设工程；毛坪农业公园建设农业综合开发、自然风光展示等项目	整合	0.2	PPP
朱家坡水库康养综合体项目	野店镇	依托朱家坡水库建设集生态观光、养生休闲、医疗保健服务、健康美食品尝为一体的康养旅游综合体	新建	2	企业
樱桃峪乡村康养旅游开发项目	野店镇樱桃峪村	以樱桃产业和山水资源为依托，打造原生态民宿休闲景观，规划建设樱桃养生养颜、现代农业生态观光园、寨后万古村风貌、朝阳洞寻幽探险等项目	提升	0.05	PPP或企业
瞭阳崮禅修养生旅游区	野店镇东坪村	以瞭阳崮宗教民俗旅游区为基础，对其进行基础设施完善、宗教文化挖掘提升、外观风貌整治，打造一处以宗教祈福文化为主题、以放松身心、涤荡心灵、祈福祷寿、民俗体验、碑刻考古为主要功能的宗教民俗旅游区	新建	0.5	企业

续表

项目名称	地点	项目介绍	建设类型	投资估算/亿元	投资主体
桃花湖休闲度假区项目	常路镇石峰峪村	桃花湖景区改造升级,绿化周围山体,对景观进行美化,在湖边建设度假民宿	新建	1	企业
孝和湖(桃花湖)休闲度假区项目	常路镇石峰峪村	桃花湖改为孝和湖,对景区改造升级,绿化周围山体,对景观进行美化,在湖边建设度假民宿	新建	1	企业
孝和文化园提档升级	常路镇常路社区	结合常路历史文化底蕴,打造了以"孝"为主题的孝和文化园,成为一个集居民文化、孝德文化建设、宣传教育、休闲农业、生态宜居为一体的美丽乡村孝文化圣地,开发孝和文化节和美食文化节	续建	0.36	政府投资、社会融资
大小青山旅游区	高都镇温村流域	开发旅游绿道、农家乐、采摘园等旅游设施,建设集休闲运动、健身养生、观光体验于一体的综合性旅游区	新建	1	企业或PPP
古道沟旅游区	高都镇	镇村投资对上温村水库进行了除险加固,硬化环山路5 km,开发了"怡景园""风情园""养心园"三处果品采摘园。正在恢复扩建古文化遗址五家寨、玉皇庙	续建	0.06	

图 10-38 花海果乡休憩康养旅游区

图 10-39 云蒙药谷种植园效果图

图 10-40 樱桃峪乡村康养旅游滨水绿道效果图

图 10-41 樱桃峪效果图

图 10-42 中华岩杏园度假旅游区效果图

6. 中医药疗养康养基地

依托坦埠镇中医药文化、中医药材生产以及森林资源,将"中医、生态、禅意、养生"四大元素结合起来,在生态环境中注入中医养生元素,建设一个集中药材种植、药文化观光体验、药酒药膳、中药饮片加工、中医药养生旅游为一体的疗养康养基地(见表10-50、图10-43)。

表10-50 中医药疗养康养基地长寿旅游项目

项目名称	地点	项目介绍	建设类型	投资估算/亿元	投资主体
中山森林养生园	坦埠镇中山寺	新建山门、停车场、步游道、观光亭、中山会所、探险索道、中山寺塔、景观湖泊、水潭、中山飞瀑等。以禅文化和养生文化为核心,开办禅修课堂,整合周边农家乐和民宿,提供长寿健康美食,融入中医药疗养元素,打造禅意养生休闲园	新建	3	PPP
琅琊王洞藏酒文化主题公园二期工程	坦埠镇东崖村	新上酿造、罐装等流水生产线设备,建设酒文化博物馆、展示馆、农家乐以及其他旅游景观设施	新建	2.5	企业
张黄阇戴中药百草健康养生园	坦埠镇	以天济国医养生院为载体,依托张黄阇戴黄金流域的秀丽风光,围绕中药材延伸拓展产业链条,打造万亩中药材种植基地、药文化观光体验、药酒药膳、中药饮片加工、中医药养生研究等独树一帜、别具一格的中医药健康养生休闲旅游综合体	新建	2	合资、合作或独资
山东天济国医养生院项目	坦埠镇	规划新建11层康养综合体,打造1处集中药材种植、生产、加工与国医学讲堂、中医保健馆、中药诊疗馆、中药养生体验馆、理疗健身房和休闲娱乐室等于一体的康养旅游胜地	新建	3	企业
山东天泽康养养老养生综合服务项目	坦埠镇	开展中医保健服务,中医康复、理疗、健康咨询业务。项目建成后,将辐射青岛、日照、济南、淄博等地市,可容纳1000人养老养生,成为全省的养生福地,预计实现营业收入5亿元,利税0.8亿元,安置农村剩余劳动力200人	续建	2	山东天泽健康服务有限公司

■ 中医药疗养康养基地

图 10-43　中医药疗养康养基地

7. 麦饭石养生度假区

充分发挥蒙阴县麦饭石产业的优势，依托康源麦饭石生产加工产业，结合周边环境，以麦饭石的康养功效为主题，打造麦饭石养生度假项目。同时做大做强麦饭石旅游商品，研发、生产系列麦饭石旅游购物品（见表10-51、图10-44、图10-45）。

表 10-51　麦饭石养生度假区长寿旅游项目

项目名称	地点	项目介绍	建设类型	投资估算/亿元	投资主体
麦饭石特色旅游小镇	联城镇	借助麦饭石资源优势，擦亮麦饭石特色旅游小镇名片，对现有列入全县"11351"旅游精品工程的时代山乡旅游区、蒙恬故里旅游开发、虎卧龙蟠景点开发等3个项目正在进行升级改造	改造、整合	20	企业或PPP

续表

项目名称	地点	项目介绍	建设类型	投资估算/亿元	投资主体
中华药石（麦饭石）康养旅游综合体项目	联城镇	分三期逐步实施。项目区依托当地得天独厚的麦饭石优质资源条件，以康养旅游、休闲体验为亮点，凸显麦饭石元素的核心地位，拟建设水上乐园、精品汤浴养生度假区、现代农业果品采摘园、麦饭石文化产品展销区、休闲度假综合服务区等于一体的田园综合体。当前正全力进行一期项目的塘坝建设和民宿打造	续建	15	企业
小山口时代山乡养生度假区	联城镇小山口新村、小山口旧村誉朋山庄、高楼寨、大独角等区域	结合规划区大面积柏树林资源，通过森林瑜伽、林间太极等开展相应的美容健身、养生养老活动，打造一处以美容健身、养生养老为主的养生休闲区。以"乡间情调"为主题，以"质朴生活"为本色，以"养生度假"为功能，打造富有景观特色、风貌特色、娱乐特色、文化特色的乡村养生度假片区	新建	2	企业

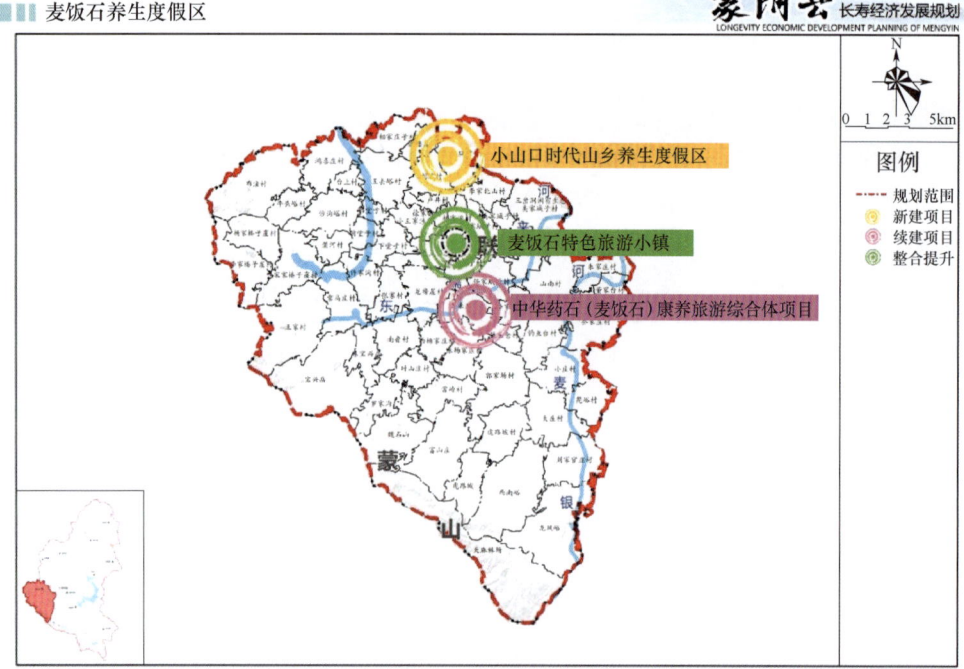

图 10-44　麦饭石养生度假区

图 10-45　麦饭石特色旅游小镇效果图

10.10.7　社区健康管理产业项目

在蒙阴街道、联城镇、常路镇、高都镇等较为成熟的城乡社区选址,单个社区健康管理中心的建筑体量为 3000~10000 m²,近期(2025 年)建设约 20 个;中长期(2030 年)建设约 50 个。根据社区周边的配套情况、社区的目标市场规划相对应的健康服务,业态设计做到线上线下联动。线下主要包括体检中心、诊所、养生馆、运动馆等业态;线上主要提供居家监测、健康档案、就医指导、健康咨询、健康评估及促进等服务。

10.10.8　智慧健康养老示范基地建设项目

在蒙阴街道、岱崮镇、垛庄镇等老年人口分布较为集中的区域,开展示范企业引进与申报、示范街道(乡镇)建设与申报、示范基地建设与申报等。

10.10.9　养老与健康科技研究院建设项目

在蒙阴街道建设 500 亩占地研究院,涉及老龄科学理论研究、老龄产业实践、老龄政策创制、适老科技研发、健康管理、精准医疗技术、智慧医疗技术、生物医药技术等。

10.11　研究结论和建议

本研究在赤水长寿典型区域研究成果基础上,对蒙阴长寿经济体系进行系统深化,分为由农业和产品加工业组成的长寿经济生产体系,由品牌、流通渠道、服务营销组成的长寿经济流通体系,由长寿旅游业和健康服务业组成的长寿经济消费体系。并针对长寿经济产业,策划农业、产品加工业、论坛与节事活动、中医药、医疗服务、长寿旅游、社区健康管理、智慧健康养老示范基地、养老与健康科技研究院九项重点长寿产业项目,作为对长寿产业的项目支撑,对产业现状对接紧密,又具有科学性和前瞻性。

遂溪、大同国际健康养生基地研究,是借助创建契机,通过研究,实现区域产业升级、经济转型。二者均为典型火山区域,属于火山型长寿区。蒙阴长寿典型区域研究,则是在前两次研究的基础上,作为北方典型长寿区域代表,具有一定的普世意义。

参考文献

阿尔弗雷·索维,1978. 人口通论:上册[M]. 查瑞传,戴世贵,译. 北京:商务印书馆.
阿尔弗雷德·马歇尔,2006. 经济学原理(上)[M]. 陈瑞华,译. 西安:陕西人民出版社.
巴里·康芒纳,1997. 封闭的循环:自然、人和技术[M]. 侯文蕙译. 长春:吉林人民出版社.
曹凤中,1997. 美国的可持续发展指标[J]. 环境与可持续发展,(2):5-8.
曹利江,金声琅,2010. 基于生命周期评价的清洁生产模式研究[J]. 环境保护与循环经济,(8):27-30.
常成,刘霞,张光灿,等,2010. 利用马尔柯夫过程预测蒙阴县土地利用/覆被格局变化[J]. 土壤,42(2):309-313.
陈才,2001. 区域经济地理学[M]. 北京:科学出版社.
陈栋生,1993. 区域经济学[M]. 郑州:河南人民出版社.
陈恭,2015. 中国生态文明建设的理论脉络及实践形式探析——以邹城市为例[D]. 厦门:集美大学.
陈泉,1991. 美国人口老龄化与老年人口再就业[J]. 人口学刊,(4):58-61.
陈树榆,王广仪,席宜平,等,2005. 长寿之乡——江苏如皋微量元素环境调查. 广东微量元素科学,12(1):13-18.
陈卫,2008. 改革开放30年与中国的人口转变[J]. 人口研究,32(6):18-29.
陈文捷,李想,2016. 广西健康养老养生产业发展策略研究[J]. 商业经济,(5):19-22.
陈相东,王彬,2012. 多因素灰色预测模型及其应用[J]. 数学的实践与认识,42(1):80-83.
陈映,2005. 区域经济发展阶段理论述评[J]. 求索,(2):16-18.
陈仲常,马红旗,谢小丽,2011. 人口承载力预警系统研究[J]. 西北人口,32(4):6-11.
谌红,1994. 模糊数学在国民经济中的应用[M]. 武汉:华中理工大学出版社.
程爱珍,梁玉红,谭斐,等,2010. 广西巴马长寿之乡气候环境特征分析[J]. 气象研究与应用,31(1):50-52.
程全国,于明华,李晔,2013. 中国低碳经济研究进展[J]. 沈阳大学学报(自然科学版),25(2):98-103.
程志强,马金秋,2018. 中国人口老龄化的演变与应对之策[J]. 学术交流,297(12):101-109.
楚明钦,2013. 装备制造业与生产性服务业产业关联研究——基于中国投入产出表的比较分析[J]. 中国经济问题,(3):79-88.
崔彩辉,苗长虹,韩志刚,2015. 河南省县域综合实力评价及区域分异特征[J]. 河南大学学报(自然版),45(3):299-307.
代明,殷仪金,戴谢尔,2012. 创新理论:1912—2012——纪念熊彼特《经济发展理论》首版100周年[J]. 经济学动态,(4):143-150.
邓聚龙,2002. 灰色理论基础[M]. 武汉:华中科技大学出版社.
丁桑岚,2003. 环境评价概论[M]. 北京:化学工业出版社.
杜鹏,邬沧萍,2001. 跨学科交叉研究与21世纪老年学的发展[J]. 中国人民大学学报,(3):68-70.
杜鹏,杨慧,2009. 中国和亚洲各国人口老龄化比较[J]. 人口与发展,15(2):75-80.

杜鹏,翟振武,陈卫,2005. 中国人口老龄化百年发展趋势[J]. 人口研究,29(6):90-93.
段锋,杨芬,2008. 灰色预测模型的研究及应用[J]. 湘南学院学报,29(2):17-21.
段宁,但智钢,王璠,2010. 清洁生产技术:未来环保技术的重点导向[J]. 环境保护,(16):21-23.
范金,2004. 应用产业经济学[M]. 北京:经济管理出版社.
方大春,张敏新,2011. 低碳经济的理论基础及其经济学价值[J]. 中国人口·资源与环境,21(7):91-95.
付晓,吴钢,刘阳,2004. 生态学研究中的熵分析与能值分析理论[J]. 生态学报,24(11):2621-2626.
傅伯杰,陈利顶,马克明,2011. 景观生态学原理及应用[M]. 第2版. 北京:科学出版社.
甘清明,2006. 庇古税和排放量限制对环境污染外部性的作用机理[J]. 环境科学与管理,31(2):32-33.
顾国达,张正荣,2007. 服务经济与国家竞争优势——基于波特"钻石模型"的分析. 浙江大学学报(人文社会科学版)[J],37(6):46-54.
顾小光,2014. 南通长寿旅游资源评价及其发展前景[J]. 中国市场,(37):146-147.
顾耀德,1997. 论中国人口老龄化的特殊性和养老方式的多元化[J]. 人口学刊,(1):21-25.
郭杰,欧名豪,刘琼,欧维新,2009. 基于BP神经网络的南通市建设用地需求预测[J]. 资源科学,31(8):1355-1361.
郭亚帆,2012. 基于全国视角的内蒙古产业结构效益分析与评价[J]. 未来与发展,(2):99-103.
韩玉堂,2008. 我国循环经济理论研究综述[J]. 经济纵横,275(10):122-124.
何东进,游巍斌,洪伟,等,2012. 近10年景观生态学模型研究进展[J]. 西南林业大学学报,32(1):96-104.
何秋香,王菲凤,2010. 福州青口投资区工业系统能值分析[J]. 福建师大学报(自然科学版),26(3):104-111.
何天祥,朱翔,2004. 湖南省产业结构效益分析及其优化对策[J]. 湘潭大学学报(哲学社会科学版),28(4):130-134.
候盼红,2016. 中国古代寿文化起源与演变探析[J]. 才智,(10):206-207.
胡洁,张艳明,杜巨豹,等,2018. 老龄化对内源性注意的影响研究[J]. 现代生物医学进展,18(7):1268-1271.
胡湛,彭希哲,2018. 应对中国人口老龄化的治理选择[J]. 中国社会科学,276(12):135-156+203.
华宏鸣,2013."积极养老"的全方位探索:应对人口老龄化方针,内容和动力的研究[M]. 上海:复旦大学出版社.
华颖,2017. 健康中国建设:战略意义、当前形势与推进关键[J]. 国家行政学院学报,(6):105-111.
黄春分,王哲,2014. 区域主导产业选择方法研究述评[J]. 安徽工业大学学报(社会科学版),31(1):3-6.
黄继忠,2000. 地区主导产业选择基准与方法[J]. 经济管理,(6):42-44.
黄陵东,2003. 西方经典社会变迁理论及其本土启示[J]. 东南学术,(6):74-78.
黄勤,曾元,江琴,2015. 中国推进生态文明建设的研究进展[J]. 中国人口资源与环境,25(2):111-120.
黄尚茂,2009. 巴马长寿现象的文化生态学解析[J]. 柳州师专学报,24(4):11-14.
惠长虹,宋灏,张雅雯,2012. 天津市工业主导产业选择与发展趋势研究——基于AHP方法与ARMA模型的实证分析[J]. 生产力研究,(6):134-136.
冀萌萌,谭雪梅,余凯伦,等,2018. 恒河猴卵巢组织中年龄相关性差异基因的生物信息学分析[J]. 郑州大学学报(医学版),53(3):289-293.
蒋远营,王想,2011. 人口发展方程模型在我国人口预测中的应用[J]. 统计与决策,(15):52-54.
蒋岳祥,2002. 面对人口老龄化的措施——瑞士和日本政府的养老保险制度改革评析[J]. 社会,(2):44-46.
金荻,2015. 基于人均需水量预测的水资源人口承载力研究[J]. 规划师,(s1):314-317.
金沙,2009. 农村外出劳动力回流决策的推拉模型分析[J]. 统计与决策,(9):64-66.
靳相木,柳乾坤,2017. 自然资源核算的生态足迹模型演进及其评论[J]. 自然资源学报,32(1):163-176.

景跃军,张宇鹏,2008.生态足迹模型回顾与研究进展[J].人口学刊,(5):9-12.

鞠方,李文君,李书娴,2019.区域差异化视角下人口老龄化对房价的影响[J].区域经济评论,37(1):101-110.

康伟,陈茜,陈波,2014.公共管理研究领域中的社会网络分析[J].公共行政评论,(6):129-151.

孔丹丹,李道芳,2016.经济欠发达地区养老服务产业模式的探索——以"中国长寿之乡"亳州市为例[J].合肥学院学报(综合版),33(2):32-36.

蓝盛芳,钦佩,2001.生态系统的能值分析[J].应用生态学报,12(1):129-131.

蕾切尔·卡森,2015.寂静的春天[M].许亮译.北京:北京理工大学出版社.

黎耀奇,谢礼珊,2013.社会网络分析在组织管理研究中的应用与展望[J].管理学报,10(1):146-154.

李甫春,黄鼎坚,2008.盘阳河流域长寿养生产业开发研究[J].经济与社会发展,6(1):61-65.

李建民,2015.中国的人口新常态与经济新常态[J].人口研究,39(1):3-13.

李健,2014.国际城市产业转型的理论、经验与启示[J].现代经济探讨,(2):82-87.

李杰,樊铁侠,2008.论人口老龄化背景下农村社会养老保障制度的构建[J].财政研究,(12):40-42.

李竞能,2004.现代西方人口理论[M].上海:复旦大学出版社.

李俊莉,曹明明,2013.基于能值分析的资源型城市循环经济发展水平评价——以榆林市为例[M].干旱区地理(汉文版),36(3):528-535.

李漫,吴良林,曾令锋,2009.巴马长寿文化旅游资源开发与可持续利用研究[J].河池学院学报,29(5):109-113.

李孟鑫,高超,2012.浅析西部地区人口老龄化现象对经济的影响及其对策——以内蒙古自治区为例[J].北方经济,(22):15-16.

李双玲,周志毅,2011.试析积极老龄化视野下老年教育的转变[J].中国成人教育,(1):12-15.

李苏,2010.生态学和经济学的桥梁——能值理论分析法述评[J].河北联合大学学报(社会科学版),10(6):62-64.

李通屏,孔令锋,向志强,2008.人口经济学[M].北京:清华大学出版社.

李玮,2017.全球价值链理论和发展中国家产业升级问题研究[J].工业技术经济,36(1):22-31.

李小建,2006.经济地理学(第2版)[M].北京:高等教育出版社.

李新,王敏晰,2008.区域主导产业选择方法研究述评[J].技术经济与管理研究,(5):114-117.

李余,詹懿,2013.人口老龄化与经济发展的实证关系研究——以四川为例[J].统计与决策,(21):109-111.

李宇,2011.清洁生产、循环经济与低碳经济:政府行为博弈市场边界[J].改革,(10):106-115.

李玉婷,2015.国外低碳经济政策研究:进展、争论与评述[J].当代经济管理,37(5):7-13.

林卡,吕浩然,2016.四种老龄化理念及其政策蕴意[J].浙江大学学报:人文社会科学版,(4):136-143.

林武民,2014.用好"中国长寿之乡"品牌打造恭城特色养生基地[J].广西经济,(12):56-58.

林艳明,赵云,2013.构建县校合作新模式促进巴马长寿医药产业发展[J].中国医药指南,(9):356-358.

林轶,熊礼明,2011.基于品牌整合旅游产业链模式的民族县域旅游产业开发研究——以广西巴马为例[J].江苏商论,(9):124-127.

凌常荣,2001.巴马盘阳河旅游资源分析与评价——广西旅游资源分析与评价系列之一[J].广西大学学报(哲学社会科学版),23(6):43-49.

凌文豪,2009.人口老龄化对养老保障体系的挑战及对策[J].求索,(10):81-83.

刘海龙,单良艳,张汉飞,2017.低碳经济政策多层比较及其研究进展[J].区域经济评论,(1):153-160.

刘慧,徐长乐,2016.基于灰色关联法与区位熵的区域产业结构与经济增长关系探究——以重庆市万州区为例[J]. 科技和产业,16(4):38-43.

刘记红,2018. 区域养老产业发展的环境分析和路径思考——以江苏省南通市为例[J]. 中国商论,(1):134-138.

刘军,2004. 社会网络模型研究论析[J]. 社会学研究,(1):1-12.

刘绮,潘伟斌,2008. 环境质量评价[M]. 第2版. 广州:华南理工大学出版社.

刘伟,蔡志洲,2018. 新时代中国经济增长的国际比较及产业结构升级[J]. 管理世界,34(1):16-24.

刘亚萍,廖蓓,金建湘,2012. 广西巴马盘阳河沿岸长寿资源的游憩价值评价——基于修正的区域旅行费用法[J]. 资源科学,34(5):964-972.

刘燕,赵曙明,2010. 生态伦理与清洁生产的双重功用:基于低碳经济背景[J]. 改革,(1):114-118.

刘拥军,2005. 论比较优势与产业升级[J]. 财经科学,(5):159-164.

刘玉龙,马俊杰,金学林,等,2005. 生态系统服务功能价值评估方法综述[J]. 中国人口·资源与环境,15(1):88-92.

刘再起,陈春,2010. 全球视野下的低碳经济理论与实践[J]. 武汉大学学报(哲学社会科学版),63(5):770-775.

陆杰华,刘芹,2018. 改革开放40年来中国老龄研究的进展、创新及展望[J]. 中共福建省委党校学报,(12):76-85.

陆雄文,2013. 管理学大辞典[M]. 上海:上海辞书出版社.

罗传清,2017.《巴马瑶族长寿歌》的长寿养生文化内涵分析[J]. 河池学院学报,37(1):70-76.

马剑平,戴艳平,2016. 健康养老战略性新兴产业发展问题研究——以广西为例[J]. 学术论坛,39(6):49-53.

马婧婧,曾菊新,2012. 中国乡村长寿现象与人居环境研究——以湖北钟祥为例[J]. 地理研究,31(3):450-460.

马克思,恩格斯,1979. 马克思恩格斯选集. 第3卷[M]. 北京:人民出版社.

毛汉英,1996. 山东省可持续发展指标体系初步研究[J]. 地理研究,15(4):16-23.

毛汉英,2005. 新时期区域规划的理论、方法与实践[J]. 地域研究与开发,24(6):1-6.

孟祥林,2016. 循环经济:从发达国家的理论与实践论中国的发展选择[J]. 中国发展,16(2):7-14.

莫龙,2009. 1980—2050年中国人口老龄化与经济发展协调性定量研究[J]. 人口研究,33(3):10-19.

穆光宗,1994. 老年人:包袱还是财富?[J]. 社会,(6):41-43.

穆光宗,1997. 有关人口老龄化若干问题的辨析[J]. 人口学刊,(1):3-8.

穆光宗,1998. 人口老龄化问题和老龄问题的再讨论——兼答陶立群同志[J]. 人口学刊,(1):3-7.

牛文元,2014. 可持续发展理论内涵的三元素[J]. 中国科学院院刊,29(4):410-415.

欧邦才,2004. 基于BP神经网络的经济预测方法[J]. 南京工程学院学报(自然科学版),2(2):11-14.

彭希哲,胡湛,2011. 公共政策视角下的中国人口老龄化[J]. 中国社会科学,(3):121-138.

齐传钧,2010. 人口老龄化对经济增长的影响分析[J]. 中国人口科学,(s1):54-65.

钱纳里,1989. 工业化和经济增长的比较研究[M]. 上海:三联书店.

秦俊法,李增禧,梁东东,2003. 头发微量元素分析与疾病诊断[M]. 郑州:郑州大学出版社.

秦昆,2010. GIS空间分析理论与方法[M]. 武汉:武汉大学出版社.

秦耀辰,张丽君,2009. 区域主导产业选择方法研究进展[J]. 地理科学进展,28(1):132-138.

曲海波,1989. 中国人口老龄化的人口学原因[J]. 人口研究,13(4):8-16.

阙立峻,2015. 主导与整合:政府在区域品牌管理和营销中的行为分析——基于"秀山丽水、养生福地、长寿之乡"品牌案例研究[J]. 丽水学院学报,(3):9-15.

邵鹏,2001.从斯宾格勒到汤因比-思辨历史哲学的终结[J].齐齐哈尔大学学报(哲学社会科学版),(6):1-4.
单忠献,2016.智慧居家养老服务的实践模式与发展对策——以青岛市为例[J].老龄科学研究,4(8):60-65.
师翠英,荆克迪,李恒宇,等,2016.基于P-S方法的天津市人口承载力分析[J].生态经济(中文版),32(10):17-21.
石扬令,常平凡,冀建峰,2004.产业创新与农村经济发展[M].北京:中国农业出版社.
石芝玲,侯晓珉,包景岭,等,2004.清洁生产理论基础[J].城市环境与城市生态,17(2):38-39,42.
史培军,周涛,王静爱,2009.资源科学导论[M].北京:高等教育出版社.
世界卫生组织,2003.积极老龄化政策框架[J].北京:华龄出版社.
宋全成,崔瑞宁,2013.人口高速老龄化的理论应对——从健康老龄化到积极老龄化[J].山东社会科学,(4):36-41.
宋涛,蔡建明,杜姗姗,倪攀,丁悦,2015.基于能值分析的北京城市新陈代谢研究[J].干旱区资源与环境,29(1):37-42.
睢党臣,彭庆超,2016."互联网+居家养老":智慧居家养老服务模式[J].新疆师范大学学报:哲学社会科学版,(5):128-135.
孙丹峰,2003.IKONOS影像景观格局特征尺度的小波与半方差分析[J].生态学报,23(3):405-413.
孙福丽,张雪飞,李喆,2010.中国环境影响评价管理[M].北京:中国环境科学出版社.
孙晓芳,2012.人口红利理论研究与扩展——中国特色人口转变的视角[J].云南财经大学学报,(5):22-27.
谭伟文,文礼章,仝宝生,等,2012.生态足迹理论综述与应用展望[J].生态经济(中文版),(6):173-181.
唐常春,2010.重点产业环节选择理论与方法研究——水晶模型分析框架[J].经济地理,30(11):1865-1870.
唐海香,张荣光,2005.环境与健康[J].北京:煤炭工业出版社.
唐钧,刘蔚玮,2018.中国老龄化发展的进程和认识误区[J].北京工业大学学报(社会科学版),18(4):12-22.
陶虹,2012.依托福寿文化打造永福养生旅游业[J].法制与经济(中旬),(5):96.
陶立群,1998.再谈人口老龄化若干问题的辨析——兼与穆光宗同志商榷有关人口老龄化的几个理论和概念问题(之二)[J].人口学刊,(1):9-14.
陶立群,2006.我国人口老龄化的趋势和特点[J].科学决策,(4):8-10.
陶裕春,2008.人口经济学概论[M].南昌:江西人民出版社.
田雅娟,甄力,2014.基于模糊聚类分析的河北省传统产业升级路径选择[J].统计与管理,(11):28-29.
童志锋,2002.论社会变迁——经典社会学家对社会变迁理论的思考[J].西部法学评论,(2):101-105.
汪志红,谌新民,李萍,2016.城市区域性人口承载力动态综合测度[J].数学的实践与认识,46(4):50-59.
王长坤,2007.先秦儒家孝道研究[M].成都:巴蜀书社.
王春耀,杜斌,2017.老龄化社会对重症医学的新挑战[J].老年医学与保健,23(1):1-2.
王德文,2007.人口低生育率阶段的劳动力供求变化与中国经济增长[J].中国人口科学,(1):44-52.
王贯中,田爱军,黄娟,等,2013.生态文明视角下江苏省生态工业园区建设及区域差异分析研究[J].环境科学与管理,38(9):173-179.
王桂新,干一慧,2017.中国的人口老龄化与区域经济增长[J].中国人口科学,(3):30-42.
王桂新,林志宗,2005."人口老龄化"挑战下国外养老金制度改革模式及其借鉴[J].人口学刊,(2):21-25.
王缉慈,2004.关于地方产业集群研究的几点建议[J].经济经纬,(2):53-57.
王江萍,马民涛,张菁,2009.趋势面分析法在环境领域中应用的评述及展望[J].环境科学与管理,34(1):1-5.
王杰秀,安超,2018.全球老龄化:事实、影响与政策因应[J].社会保障评论,2(4):16-32.

王金南,於方,曹东,2006.中国绿色国民经济核算研究报告2004[J].中国人口·资源与环境,16(6):11-17.

王军,李萍,2017.新常态下中国经济增长动力新解——基于"创新、协调、绿色、开放、共享"的测算与对比[J].经济与管理研究,38(7):3-13.

王兰坤,刘瀛纪,2010.农村社会学教程[M].北京:中国环境科学出版社.

王敏晰,李新,2010.基于粗糙集方法的国家高新区主导产业选择模型[J].商业研究,2010,(1):115-119.

王楠楠,章锦河,刘泽华,等,2013.九寨沟自然保护区旅游生态系统能值分析[J].地理研究,32(12):2346-2356.

王平,汪华,张子龙,等,2011.构建湖北特色养生与长寿文化体系的意义与思路[J].中西医结合研究,3(1):42-44.

王珊娜,2014.相对过剩人口理论与当代西方国家失业问题新特点[J].中国劳动关系学院学报,(5):56-61.

王婷,2017.国内外适度人口理论讨论与再认识——兼论中国城市化进程中的城市适度人口[J].贵州师范大学学报(社会科学版),(5):56-65.

王武林,陈瑶,2018.谁来养老:中国老年人养老经济意愿及影响因素研究[J].中共福建省委党校学报,(1):84-93.

王雪超,陈虹,2018.马克思主义人口理论及其当代价值[J].学理论,785(11):48-49.

王艳红,石爱桥,2018.中国传统体育养生文化的历史变迁[J].体育文化导刊,(1):122-126.

王云飞,2015.低碳经济的理论基础及其经济学价值[J].生产力研究,(4):16-20.

韦义勇,2018.关于打造桂西北健康休闲养老和医养结合示范区的思考——以河池市为例[J].创新,12(4):116-124.

邬沧萍,1997.创建一个健康的老龄社会——中国迎接21世纪老龄化的正确选择[J].人口研究,21(1):2-6.

邬沧萍,1999.社会老年学[M].北京:中国人民大学出版社.

邬沧萍,2013.积极应对人口老龄化理论诠释[J].老龄科学研究,1(1):4-13.

邬沧萍,杜鹏,1992.对中国人口老龄化趋势的再认识[J].中国人口科学,(3):1-5.

邬沧萍,姜向群,1996."健康老龄化"战略刍议[J].中国社会科学,(5):52-64.

邬沧萍,王琳,苗瑞凤,2004.中国特色的人口老龄化过程、前景和对策[J].人口研究,28(1):8-15.

邬沧萍,徐勤,1990.对中国人口老龄化趋势和特点的新认识及对战略对策的新思考[J].中国人口科学,(2):12-17.

邬建国,2007.景观生态学:格局、过程、尺度与等级(第2版)[M].北京:高等教育出版社.

吴琬婷,杜学峰,2017.上海人口老龄化背景下养老产业发展研究[J].山西大同大学学报(社会科学版),31(1):12-16.

吴增基,吴鹏森,苏振芳,2014.现代社会学(第5版)[M].上海:上海人民出版社.

吴忠民,2003.社会学理论和方法[M].北京:中共中央党校出版社.

武吉华,1999.自然资源评价基础[M].北京:北京师范大学出版社.

席恒,任行,翟绍果,2014.智慧养老:以信息化技术创新养老服务[J].老龄科学研究,(7):12-20.

向秀容,潘韬,吴绍洪,等,2016.基于生态足迹的天山北坡经济带生态承载力评价与预测[J].地理研究,35(5):875-884.

肖笃宁,解伏菊,魏建兵,2004.区域生态建设与景观生态学的使命[J].应用生态学报,15(10):1731-1736.

肖金成,2014.布局中国——中国区域经济学的奠基者陈栋生研究员的学术贡献[J].区域经济评论,(6):151-154.

肖游,2006.全国老龄办发布《中国人口老龄化发展趋势预测研究报告》[J].人权,(2):60-60.

谢高地,张彩霞,张雷明,等,2015. 基于单位面积价值当量因子的生态系统服务价值化方法改进[J]. 自然资源学报,30(8):1243-1254.

谢强,杜世勇,孙兆海,等,2001. 可持续发展理论基础及方法主要研究热点简述[J]. 中国人口·资源与环境,11(52):112-113.

谢瑞霞,2016. 基于互联网技术的智慧养老服务体系研究——以温州市为例[J]. 信息系统工程,(12):122-123.

邢青,2016. 辽宁省区域发展能力评价[J]. 资源与产业,18(5):78-84.

熊文慧,2012. 巴马养生旅游产品开发现状及问题分析[J]. 浙江旅游职业学院学报,(4):47-49.

徐滨,2009. 汤因比对工业革命社会变革的经济学诠释[J]. 山东师范大学学报:人文社会科学版,54(3):111-115.

徐长生,张泽栋,2015. 城镇化、老龄化及经济发展对我国医疗费用影响回归分析[J]. 中国卫生经济,34(6):54-55.

许秋星,2001. 对主导产业选择三大基准的分析[J]. 辽阳石油化工高等专科学校学报,(1):69-71.

许云峰,2016. 我国循环经济发展路径的思考[J]. 环境保护科学,42(2):33-37.

闫磊,2010. 社会变迁经典理论简述及再认识[J]. 赤峰学院学报(哲学社会科学版),31(4):41-47.

杨方,2010. 论帕森斯的结构功能主义[J]. 经济与社会发展,2010,8(10):116-118.

杨飞虎,2007. 波特国家竞争优势理论及对我国的借鉴意义[J]. 学术论坛,(5):97-100.

杨华锋,2009. 品牌建设与原生态文化节发展策略——长寿之乡巴马调研报告[J]. 大庆师范学院学报,29(4):41-43.

杨晋锋,2011. "扬弃"马尔萨斯人口理论[J]. 思想战线,37(S1).

杨娟丽,徐梅,王福林,等,2013. 基于BP神经网络的时间序列预测问题研究[J]. 数学的实践与认识,43(4):158-164.

杨军昌,罗婧,2011. 贵州民族地区高龄人口与长寿文化——基于黔东七个民族县的实证资料分析[J]. 中央民族大学学报:哲学社会科学版,(2):49-55.

杨丽霞,杨桂山,苑韶峰,2006. 数学模型在人口预测中的应用——以江苏省为例[J]. 长江流域资源与环境,15(3):287-291.

杨胜雄,2017. 挖掘长寿文化资源促进旅游产业发展——以印江土家族苗族自治县为例[J]. 知行铜仁,(5):54-56.

杨晓奇,2014. 人口老龄化对实体经济的积极影响[J]. 对外经贸,(7):134-137.

杨垚,罗庆媛,于敏章,等,2018. 积极老龄化视角下农村空巢老人精神赡养困境及对策研究[J]. 劳动保障世界,513(29):28-29.

姚文捷,2015. 生猪养殖产业集聚演化的环境效应研究——以嘉兴市辖区为例[J]. 地理科学,35(9):1140-1147.

姚星,唐爗,林昆鹏,2012. 生产性服务业与制造业产业关联效应研究——以四川省投入产出表的分析为例[J]. 宏观经济研究,(11):103-111.

叶有根,2013. 关于黔桂联手打造长寿经济文化大产业的思考[J]. 广西社会主义学院学报,(5):94-98.

尹海伟,孔繁花,祈毅,等,2011. 湖南省城市群生态网络构建与优化[J]. 生态学报,31(10):2863-2874.

尹豪,1999. 日本人口老龄化与老龄化对策[J]. 人口学刊,118(6):17-21.

于学军,2000. 中国进入"后人口转变"时期[J]. 中国人口科学,(2):8-15.

于幼军,1998. 马克思的社会发展理论及其当代价值[J]. 中国社会科学,1998,(04):4-14.

袁培,刘明辉,2016.中国与中亚五国能源贸易联系网络结构研究——基于社会网络分析方法[J].苏州市职业大学学报,27(1):2-7.

苑国华,2011.达伦多夫的社会冲突思想及其当代启示[J].中南大学学报(社会科学版),2011,17(2):72-76.

苑泽明,孙乔丹,李田,2016.实现我国经济循环与绿色发展的有效路径[J].理论与现代化,(5):8-14.

曾毅,2001.中国人口老龄化的"二高三大"特征及对策探讨[J].人口与经济,(5):3-9.

翟振武,2008.中国人口增长与人口再生产类型转变[J].人口与计划生育,(12):11-11.

张从,2005.环境评价教程[M].北京:中国环境科学出版社.

张存刚,汤勤勤,2015.马克思相对过剩人口理论与我国失业问题的比较分析[J].重庆工商大学学报(社会科学版),32(6):1-9.

张贵军,朱永明,张蓬涛,傅海利,2013.石家庄市耕地资源人口承载力评价[J].中国农业资源与区划,34(6):120-126.

张桂莲,王永莲,2010.中国人口老龄化对经济发展的影响分析[J].人口学刊,(5):48-53.

张国芳,2019.滕尼斯"共同体/社会"分类的类型学意义[J].学术月刊,51(02):80-87.

张会新,杜跃平,白嘉,2009.陕北资源产业集群的区位熵和RIS模型分析[J].资源科学,31(7):1205-1210.

张佳乐,李旭东,2014.基于人口老龄化视角的贵州经济平衡增长途径探讨[J].开封教育学院学报,(12):273-274.

张景美,2011.人口老龄化背景下我国老年社会工作的困境与选择[J].才智,(1):41-42.

张军,2008.灰色预测模型的改进及其应用[D].西安:西安理工大学.

张林英,周永章,温春阳,等,2005.生态城市建设的景观生态学思考[J].生态科学,24(3):273-277.

张美云,2012.工业化阶段划分理论综述——兼谈对我国目前工业化所处阶段的判定[J].三门峡职业技术学院学报,11(1):100-104.

张其仔,2008.比较优势的演化与中国产业升级路径的选择[J].中国工业经济,(9):58-68.

张善余,2013.人口地理学概论.第3版[M].上海:华东师范大学出版社.

张士斌,杨黎源,张天龙,2012.债务危机背景下的老龄化成本与公共财政困境——基于日本和欧美国家比较的视角[J].现代日本经济,(5):55-64.

张书凤,陈理飞,2007.区域可持续发展评估的能值分析法研究[J].生态经济:学术版,(10):45-47.

张伟,王秀红,申建秀,等,2012.伊犁地区农业生态经济系统的时空分异规律与可持续发展[J].经济地理,32(4):136-142.

张小山,1996.孔德实证主义原则论略[J].江汉论坛,(6):33-36.

张燕,张喜玲,2013.城市人口承载力的研究进展与理论前沿[J].国际城市规划,28(1):41-47.

张英飒,2008.人口承载力的理论内涵与测算方法[J].重庆社会科学,(11):53-61.

张颖,陈晓阳,杨同卫,2015.人口老龄化背景下家庭医生对社区老年人群的医学人文关怀[J].中国医学伦理学,(5):804-807.

张玉琴,2017.长寿产业发展路径研究——以广西为例[J].市场论坛,(11):11-15.

张征,2004.环境评价学[M].北京:高等教育出版社.

张治河,谢忠泉,周国华,等,2008.产业创新的理论综述与发展趋势[J].技术经济,27(1):35-43.

张忠华,刘飞,2016.我国循环经济主要发展模式及展望[J].环渤海经济瞭望,(9):3-5.

章人英,1992.社会学词典[J].上海:上海辞书出版社.

赵波,张秀利,2006.区域主导产业的选择基准研究[J].商业时代,2006,(15):74-75.

赵士洞,王礼茂,1996.可持续发展的概念和内涵[J].自然资源学报,11(3):288-292.

赵士洞,张永民,2006. 生态系统与人类福祉——千年生态系统评估的成就、贡献和展望[J]. 地球科学进展,21(9):895-902.

赵守国,2004. 科斯定理的实质及其学术纷争[J]. 经济学家,4(4):92-96.

赵先贵,肖玲,兰叶霞,等,2005. 陕西省生态足迹和生态承载力动态研究[J]. 中国农业科学,38(4):746-753.

赵晓晶,2018. 结合现实评述马尔萨斯人口理论[J]. 时代金融,(3):321-322.

赵亚莉,吴群,龙开胜,2009. 基于模糊聚类的区域主体功能分区研究——以江苏省为例[J]. 水土保持通报,29(5):000127-130.

郑爱文,黄志斌,2018. 基于两种生产理论的"中国人口老龄化-家庭老龄化"应对策略的辨证意义[J]. 中国老年学杂志,38(16):4080-4082.

郑君君,朱德胜,关之烨,2014. 劳动人口、老龄化对经济增长的影响——基于中国9个省市的实证研究[J]. 中国软科学,(4):149-159.

郑伟,林山君,陈凯,2014. 中国人口老龄化的特征趋势及对经济增长的潜在影响[J]. 数量经济技术经济研究,(8):3-20.

中华人民共和国地方病与环境图集编纂委员会. 1989. 中华人民共和国地方病与环境图集[M]. 北京:科学出版社.

钟少芬,刘煜平,李阳苹,等,2012. 浅析中国清洁生产及其相关法律法规[J]. 环境科学与管理,37(9):166-169.

周春山,杨高,2015. 广东省农业转移人口市民化成本——收益预测及分担机制研究[J]. 南方人口,30(5):20-31.

周方永,2014. 江津富硒特色养殖发展的制约因素与对策[J]. 中国畜牧兽医文摘,(11):10-11.

周志超,2016. 广西长寿产业发展的SWOT分析及对策建议[J]. 中共南宁市委党校学报,18(5):18-23.

周仲高,2014. 中国人口转变:理论趋向与教育学诠释[J]. 广东社会科学,(4):206-213.

朱慈恩,戴磊,2018. 马尔萨斯人口理论在中国的早期传播与影响[J]. 东吴学术,45(02):31-38.

朱启贵,2006. 绿色国民经济核算的国际比较及借鉴[J]. 上海交通大学学报(哲学社会科学版),14(5):5-12.

庄卫民,龚仰军,2005. 产业技术创新[M]. 上海:东方出版中心.

卓玉国,刘军,郭环洲,2012. 河北省主导产业的定量选择方法研究——基于区位熵和SSM方法的分析[J]. 经济研究参考,(47):68-73.

总报告起草组,2015. 国家应对人口老龄化战略研究总报告[J]. 老龄科学研究,(3):4-38.

邹继陈,2018. 如皋长寿产业经济体系化研究[J]. 产业创新研究,13(11):35-36.

左学金,2001. 面临人口老龄化的中国养老保障:挑战与政策选择[J]. 中国人口科学,(3):1-8.

Ahmad N A,Byrd H,2013. Empowering distributed solar PV energy for Malaysian rural housing: towards energy security and equitability of rural communities[J]. International Journal of Renewable Energy Technology,2(1):59-68.

Ali-Yrkkö J,Rouvinen P,2015. Slicing up global value chains: a micro view[J]. Journal of Industry Competition & Trade,15(1):69-85.

Annabi N,Fougère M,Harvey S,2010. Inter-temporal and inter-industry effects of population ageing: a general equilibrium assessment for Canada[J]. Labour,23(4):609-651.

Asquith,N,2009. Positive ageing,neoliberalism and Australian sociology[J]. Journal of Sociology,45(45):255-269.

Astrup A,Hjorth M F,2017. Ageing: Improvement in age-related cognitive functions and life expectancy by ketogenic diets[J]. Nature Reviews Endocrinology,13(12):695-696.

Bank W,2011. The Changing Wealth of Nations: Measuring sustainable development in the new millennium[J]. World Bank Publications,47(2):286-288.

Bartelmus P,2003. Dematerialization and capital maintenance: two sides of the sustainability coin[J]. Ecological Economics,46(1):61-81.

Besel R D,2013. Accommodating climate change science: james hansen and the rhetorical/political emergence of global warming[J]. Science in Context,26(1):137-152.

Bintu L,Buchler N E,Garcia H G,et al,2005. Economic implications of an ageing Australia[J]. Social Science Electronic Publishing,15(2):125-135.

Bloom D,Williamson J,1998. Demographic transitions and economic miracles in emerging Asia[J]. World Bank Economic Review,12(3):419-455.

Bone A E,Gomes B,Etkind S N,Verne J,et al,2018. What is the impact of population ageing on the future provision of end-of-life care? population-based projections of place of death[J]. Palliative Medicine,32(2):329-336.

Borgatti S P,Everett M G,1999. Models of core/periphery structures[J]. Social Networks,21(4):375-395.

Campbell D E,2016. Emergy baseline for the earth: a historical review of the science and a new calculation[J]. Ecological Modelling,339:96-125.

Carter L J,1970. Earth Day: A fresh way of perceiving the environment[J]. Science,168(3931):558-9.

Cassen R H,1987. Our common future: report of the world commission on environment and development[J]. International Affairs,64(1):126.

Cela K L,Sicilia M Á,Sánchez S,2015. Social network analysis in e-learning environments: a preliminary systematic review[J]. Educational Psychology Review,27(1):219-246.

Chambers D,Wilson P,Thompson C,et al,2012. Social network analysis in healthcare settings: a systematic scoping review[J]. Plos One,7(8):520-521.

Chan C M A,2013. Active aging: policy framework and applications to promote older adult participation in Hong Kong[J]. Ageing International,38(1):28-42.

Christodoulou J A,Bain B,2008. Optimising the performance of ageing assets: cross-industry learnings on getting the most out of ageing assets without compromising safety[J]. Safety & Reliability,28(1):37-39.

Clark C,1940. The conditions of economic progress. edition. London: Macmillan & Co. Ltd.

Costanza R,D'Arge R,Groot R D,Farber S,Grasso M,Hannon B,Limburg K,Naeem S,O'Neill R V,Paruelo J,1997. The value of the world's ecosystem services and natural capital[J]. Nature,387(1):3-15.

Costanza R,Groot R D,Sutton P,et al,2014. Changes in the global value of ecosystem services[J]. Global Environmental Change,26(1):152-158.

Coupland J,2009. Discourse,identity and change in mid-to-late life: interdisciplinary perspectives on language and ageing[J]. Ageing & Society,29(6):849-861.

Cramm J M,Nieboer A P,2017. Positive ageing perceptions among migrant Turkish and native Dutch older people: a matter of culture or resources? [J]Bmc Geriatrics,17(1):159.

Cumper G E,1963. Lewis' Two-sector model of development and the theory of wages[J]. Social & Economic Studies,12(1):37-50.

Daily G C,1997. Nature's services: societal dependence on natural ecosystems[J]. Pacific Conservation Biology,6(2):220-221.

Dodds F,Strauss M,Strong M F,et al,2012. Only one earth: the long road via rio to sustainable development[J]. 7(2):173-174.

Dziadkowiec O,Wituk S,Franklin D,2016. A social network analysis of south central kansas workforce innovations in regional economic development[J]. Journal of Place Management & Development,8(1):6-22.

Elfving-Hwang J,2016. Old,down and out? appearance,body work and positive ageing among elderly south korean women[J]. J Aging Stud,38:6-15.

Fei J C H,Ranis G,1971. On the empirical relevancy of the ranis-fei model of economic development: reply[J]. American Economic Review,61(4):704-708.

Fleury A,Fleury M T,2010. Alternatives for industrial upgrading in global value chains the case of the plastics industry in Brazil[J]. Ids Bulletin,32(3):116-126.

Fliervoet J M,Geerling G W,Mostert E,et al,2016. Analyzing collaborative governance through social network analysis: a case study of river management along the waal river in The Netherlands[J]. Environmental Management,57(2):355-367.

Frosch R A,Gallopoulos N E,1989. Strategies for manufacturing[J]. Scientific American,261(3):144-152.

Gendron T L,Inker J,Welleford E A,2017. A theory of relational ageism: a discourse analysis of the 2015 white house conference on aging[J]. Gerontologist,58(2):242-250.

Gereffi G,Lee J,2016. Economic and social upgrading in global value chains and industrial clusters: why governance matters[J]. Journal of Business Ethics,133(1):25-38.

Gergen M M,Gergen K J,2001. Positive aging: new images for a new age[J]. Ageing International,27(1):3-23.

Gerlagh R,Zwaan B V D,2006. Options and Instruments for a Deep Cut in CO_2 Emissions: carbon dioxide capture or renewables,Taxes or subsidies? [J]Energy Journal,27(3):25-48.

Gort M,Klepper S,1982. Time paths in the diffusion of product innovations[J]. Economic Journal,92(367):630-653.

Green K,2010. National innovation systems: a comparative analysis[J]. R & D Management,26(2):191-192.

Groezen B V,Meijdam L,2008. Growing old and staying young: population policy in an ageing closed economy[J]. Journal of Population Economics,21(3):573-588.

Grossmann A,Morlet J,Kronlandmartinet R,et al,1987. Detection of abrupt changes in sound signals with the help of wavelet transforms[J]. Advances in Electronics & Electron Physics,69(156):289-306.

Gunnar M,Lars-G Ran N,Lars W,2010. Longitudinal data for interdisciplinary ageing research. design of the linnaeus database[J]. Scandinavian Journal of Public Health,38(7):761.

Hansen J,Lebedeff S,1988. Global surface air temperatures: update through 1987[J]. Geophysical Research Letters,15(4):323-326.

Harris J R,Todaro M P,1970. Migration,unemployment and development: a two-sector analysis[J]. American Economic Review,60(1):126-142.

Harrison T,2003. Editorial: the challenges and opportunities of an ageing population for the financial services industry[J]. Journal of Financial Services Marketing,7(4):294-297.

Hasanagas N,Bekiari A,2015. Depicting determinants and effects of intimacy and verbal aggressiveness target through social network analysis[J]. Sociology Mind,5(3):162-175.

Haux R, Hein A, Eichelberg M, et al, 2010. The lower saxony research network design of environments for ageing: towards interdisciplinary research on information and communication technologies in ageing societies[J]. Informatics for Health & Social Care, 35(3-4):92-103.

Hennessy C H, Walker A, 2011. Promoting multi-disciplinary and inter-disciplinary ageing research in the United Kingdom[J]. Ageing & Society, 31(1):52-69.

Hoppes R B, 1991. Regional versus industrial shift-share analysis—with help from the lotus spreadsheet [J]. EconomicDevelopment Quarterly: The Journal of American Economic Revitalization, 5(3):258-267.

Kalache A, Kickbusch I, 1997. A global strategy for healthy ageing[J]. World Health, 50(4):4-5.

Kennedy B K, Partridge L, 2017. 2nd interventions in aging conference[J]. Aging, 9(4):1090-1095.

KlausToepfer, 李滨, 2002. 国际清洁生产宣言: 从签署到行动[J]. 生态毒理学报, 24(1):10-10.

Komp K, Johansson S, 2016. Population ageing in a lifecourse perspective: developing a conceptual framework [J]. Ageing & Society, 36(9):1937-1960.

Kruse A, 2013. Active ageing: solidarity and responsibility in an ageing society[J]. European View, 12(1):163-163.

Lafferty W M, Eckerberg K, 2000. From theearth summit to local agenda 21: working towards sustainable development[J]. Earthscan Library Collection, 26(1):128-129.

Lamster I B, 2017. Invited commentary: the ageing of populations across the globe and implications for the future of the dental profession[J]. Gerodontology, 35(1):1-2.

Langebeek N, Kooij K W, Wit F W, et al, 2017. Impact of comorbidity and ageing on health-related quality of life in HIV-positive and HIV-negative individuals[J]. Aids, 31(10):1471.

Li H, Raeside R, Chen T, et al, 2012. Population ageing, gender and the transportation system[J]. Research in Transportation Economics, 34(1):39-47.

Li J, Nishikiori N, Leung C C, et al, 2017. Is population ageing cancelling out progress made in tuberculosis control in Hong Kong Special Administrative Region SAR (China)? Age-adjusted analysis of case notification data, 1990—2015[J]. Western Pacific Surveillance & Response Journal Wpsar, 8(1):33.

Lindh T, 1999. Age structure and economic policy: the case of saving and growth[J]. Population Research and Policy Review, 18(3):261-277.

Lund-Thomsen P, Lindgreen A, Vanhamme J, 2016. Special issue on industrial clusters and corporate social responsibility in developing countries[J]. Journal of Business Ethics, 133(1):5-8.

Lv J, Wang W, Li Y, 2011. Effects of environmental factors on the longevous people in China[J]. Arch Gerontol Geriatr, 53(2):200-205.

Mackillop A, 1990. On decoupling[J]. International Journal of Energy Research, 14(1):83-105.

Mantel J, 2001. The Impact of ageing populations on the economy, a European perspective: from baby boom to baby bust? [J]. Geneva Papers on Risk & Insurance Issues & Practice, 26(4):529-546.

Mauserbunschoten E P, De F V D P, Schutgens R E, 2010. Co-morbidity in the ageing haemophilia patient: the down side of increased life expectancy. Haemophilia, 15(4):853-863.

Mccormick J, 1986. The origins of the world conservation strategy[J]. Environmental Review Er, 10(3):177-187.

Mcgarvey J C, Thompson J R, Epstein H E, et al, 2015. Carbon storage in old-growth forests of the Mid-Atlantic: toward better understanding the eastern forest carbon sink[J]. Ecology, 96(2):311-317.

Michaelides P, Milios J, Vouldis A, et al, 2010. Emil lederer and joseph schumpeter on economic growth, Technology and Business Cycles[J]. Forum for Social Economics, 39(2):171-189.

Neumayer E, 2001. The human development index and sustainability: a constructive proposal[J]. Ecological Economics, 39(1):101-114.

Ng S, Woo J, Kwan A Y, 2006. Positive ageing: the views of middle-aged and older adults in Hong Kong[J]. Ageing & Society, 26(2):243-265.

Niccolucci V, Bastianoni S, Tiezzi E B P, et al, 2009. How deep is the footprint? A 3D representation[J]. Ecological Modelling, 220(20):2819-2823.

Niccolucci V, Galli A, Reed A, et al, 2011. Towards a 3D national ecological footprint geography[J]. Ecological Modelling, 222(16):2939-2944.

Pasour E C, 2013. The ideological migration of the nobel laureates: theodore w. schultz[J]. Econ Journal Watch, 10(3):593-601.

Poon S C, 2004. Beyond the global production networks: a case of further upgrading of Taiwans information technology industry[J]. International Journal of Technology & Globalisation, 1(1):130-144.

Porter M E, 2000. Location, competition, and economic development: local clusters in a global economy[J]. Economic Development Quarterly: The Journal of American Economic Revitalization, 14(1):15-34.

Porter M, 2010. Competitive advantage of nations[J]. Competitive Intelligence Review, 1(1):14-14.

Ranzijn R, Harford J, Andrews G, 2010. Ageing and the economy: costs and benefits[J]. Australasian Journal on Ageing, 21(3):145-151.

Rees W E, 1992. Ecological footprints and appropriated carrying capacity: what urban economics leaves out[J]. Environment and Urbanization, 4(2):121-130.

Riach K, Loretto W, Krekula C, 2013. Problematizing gendered ageing in the new economy[J]. Gender Work & Organization, 20(2):202-203.

Robbins T D, Keung S N L C, Arvanitis T N, 2018. E-Health for active ageing: a systematic review[J]. Maturitas, 114:34-40.

Robinson W C, 1973. The limits to growth: A report for the club of rome's project on the predicament of mankind Donella H. Meadows, Dennis L. Meadows, Jergen Randers, and William W. Behrens, III[J]. Demography, 10(2):289-299.

Rostow W W, 1990. The stages of economic growth : a non-communist manifestoedition[J]. Cambridge, UK: Cambridge University Press.

Ruffin R, 2012. David Ricardo's discovery of comparative advantage[J]. History of Political Economy, 34(4):727-748.

Ruhmann H, Koppik M, Wolfner M F, et al, 2018. The impact of ageing on male reproductive success in Drosophila melanogaster[J]. Experimental Gerontology, 103:1-10.

Schelling T C, 1996. The economic diplomacy of geoengineering[J]. Climatic Change, 33(3):303-307.

Seedsman T, 2017. Building a humane society for older people: compassionate policy making for integration, participation, and positive ageing within a framework of intergenerational solidarity[J]. Journal of Intergenerational Relationships, 15(3):204-220.

Sjaastad L A, 1962. The costs and returns of human migration[J]. Journal of Political Economy, 70(5):80-93.

Smith R, 2007. Development of the SEEA 2003 and its implementation[J]. Ecological Economics, 61(4):

592-599.

Stenner P, Mcfarquhar T, Bowling A, 2011. Older people and "active ageing": subjective aspects of ageing actively[J]. J Health Psychol, 16(3): 467-477.

Stern D I, 2004. The rise and fall of the environmental kuznets curve[J]. World Development, 32(8): 1419-1439.

Stern N, 2007. Review on the economics of climate change[J]. South African Journal of Economics, 75(2): 369-372.

Su B, Heshmati A, Geng Y, et al, 2013. A review of the circular economy in China: moving from rhetoric to implementation[J]. Journal of Cleaner Production, 42(3): 215-227.

Sutz J, 2011. The contribution of christopher freeman to the study of national systems of innovation and beyond: some words from Latin America[J]. Innovation & Development, 1(1): 5-8.

Treffers D J, Faaij A P C, Spakman J, et al, 2005. Exploring the possibilities for setting up sustainable energy systems for the long term: two visions for the dutch energy system in 2050[J]. Energy Policy, 33(13): 1723-1743.

Vernon R, 1982. International investment and international trade in the product cycle[J]. International Executive, 80(2): 307-324.

Voss J P, 2007. Innovation processes in governance: the development of "emissions trading" as a new policy instrument[J]. Science & Public Policy, 34(5): 329-343.

Wackernagel M, Monfreda C, Deumling D, 2002. Ecological footprint of nations, 2002 update[J]. Quellen Und Forschungen Aus Italienischen Archiven Und Bibliotheken, 91(1): 1-29.

Wackernagel, Mathis, 1996. Our ecological footprint: reducing human impact on the earthedition[J]. Gabriola Island: New Society Publishers, pp. 171-174.

Wal A L J T, Boschma R A, 2009. Applying social network analysis in economic geography: framing some key analytic issues[J]. Annals of Regional Science, 43(3): 739-756.

Walker A, Maltby T, 2012. Active ageing: a strategic policy solution to demographic ageing in the European Union[J]. International Journal of Social Welfare, 21(s1): S117-S130.

Walker A, 2010. A strategy for active ageing[J]. International Social Security Review, 55(1): 121-139.

White D R, Jorion P, 1996. Kinship networks and discrete structure theory: applications and implications[J]. Social Networks, 18(3): 267-314.

Williams J S, Norström F, Ng N, 2017. Disability and ageing in China and India-decomposing the effects of gender and residence. Results from the WHO study on global AGEing and adult health (SAGE)[J]. Bmc Geriatrics, 17(1): 197.

Zadeh L A, Yuan B, Klir G J, 1996. Fuzzy sets, fuzzy logic, and fuzzy systems: selected papers by Lotfi A. Zadeh[J]. Archive for Mathematical Logic, 32(32): 1-32.

Zadeh L A, 1965. Fuzzy sets, information and control[J]. Information & Control, 8(3): 338-353.

Zheng X P, 2007. Measurement of optimal city sizes in Japan: a surplus function approach[J]. Urban Studies, 44(5): 939-951.

Zipf G K, 1946. On the dynamic structure of concert-programs[J]. J Abnorm Psychol, 41(1): 25-36.